■中华人民共和国海船船员培训合格证考试培训教材

油船货物操作

(高级培训适用)

中国海事服务中心组织编写
中华人民共和国海事局审定

大连海事大学出版社
人民交通出版社

图书在版编目(CIP)数据

油船货物操作 / 李玉平主编. — 大连 : 大连海事大学出版社 ; 北京 : 人民交通出版社, 2012.8(2023.2 重印)

中华人民共和国海船船员培训合格证考试培训教材. 高级培训适用

ISBN 978-7-5632-2728-0

Ⅰ. ①油… Ⅱ. ①李… Ⅲ. ①油船—货物运输—技术培训—教材 Ⅳ. ①U674.13

中国版本图书馆 CIP 数据核字(2012)第 205342 号

责任编辑：姜建军
封面设计：王 艳
版式设计：孙 乐
责任校对：沈荣欣

出 版 者：大连海事大学出版社
地址：大连市黄浦路 523 号
邮编：116026
电话：0411-84729665(营销部) 84729480(总编室)
网址：http://press.dlmu.edu.cn
邮箱：dmupress@dlmu.edu.cn
印 刷 者：大连永盛印业有限公司印装
发 行 者：大连海事大学出版社

幅面尺寸：184mm×260mm
印 张：29.75
字 数：751 千
印 数：13001~13500 册

出版时间：2012 年 8 月第 1 版
印刷时间：2023 年 2 月第 7 次印刷
书 号：ISBN 978-7-5632-2728-0
定 价：99.00 元(含光盘)

编委会成员

前言

《中华人民共和国海船船员培训合格证书签发管理办法》已于2012年3月1日起生效，新的《中华人民共和国海船船员培训合格证考试大纲》也将于2012年7月1日开始实施。为了更好地指导帮助船员进行适任考试前的培训，进一步提高船员适任水平，在交通运输部海事局领导下，中国海事服务中心组织全国有丰富教学、培训经验和航海实际经验的专家共同编写了与《中华人民共和国海船船员培训合格证考试大纲》相适应的培训教材。本教材编写依据STCW公约马尼拉修正案，采用图文并茂的形式，改变了长期以来以文字为主的教材编写方式。本套教材的创新模式对今后的船员专业和特殊培训具有重要的指导意义。

本套教材知识点紧扣考试大纲，具有权威、准确、系统、实用的特点，重点突出船员在专业和特殊培训并结合航海实践中需掌握的知识，旨在培养船员具备在实践中应用知识的能力，并可作为工具书帮助船员上船工作使用。

本套教材由基本安全、救生艇筏和救助艇操作与管理、快速救助艇操作与管理、船舶高级消防、船舶精通急救、船上医护、船舶保安意识与职责、船舶保安员、油船和化学品船货物操作（基本培训适用）、油船货物操作（高级培训适用）、化学品船货物操作（高级培训适用）、液化气船货物操作（基本培训适用）、液化气船货物操作（高级培训适用）、客船操作与管理、大型船舶操纵、高速船操作与管理 、船舶装载包装及散装固体危险和有害物质操作与管理组成。

本套教材在编写、出版工作中，得到了各直属海事局、航海院校、海员培训机构、航运企业以及人民交通出版社、大连海事大学出版社等单位的关心和大力支持，特致谢意。

中国海事服务中心

2012年5月

编者的话

本教材是根据中华人民共和国海事局制定的《中华人民共和国海船船员培训合格证考试大纲》和STCW公约马尼拉修正案编写的。适用于无限航区和沿海航区各个等级油船船员货物操作高级培训和考试使用。本教材也可作为航海院校师生及与油船船营运管理有关人员的参考资料。

本教材编写的指导思想是能够覆盖《中华人民共和国海船船员培训合格证考试大纲》的全部内容,兼顾课程体系的系统性和完整性,注重理论在航海实践中的应用操作,反映了现代航海技术在航海领域的具体应用,能有效地帮助和指导学员学习、实操和实践应用。本书的技术用语、缩写和代号等采用2006年4月1日实施的国家标准GB/T4099-2005"航海常用术语及其代(符)号"和1996年全国自然科学名词审定委员会公布的《航海科技名词》中的规定以及《国际油船和油码头安全指南》(ISGOTT)、石油公司国际海事论坛(OCIMF)的有关规定要求。

在编写过程中,结合国际公约、国内法规及各国的相关规定,参考了大量的油船安全和行业指南,相关图书资料、操作和设备说明书,并对搜集到的许多来自油船一线的具有实用性和针对性的操作经验加以系统总结,以提高油船船员的货物操作及管理水平。书中力求介绍现代油船的设备及使用,反映最新油船货物操作设备的技术状态,代表现代油船的技术特点。

本书共分十四章。第一章为相关国际公约和我国的规定;第二章为油船基本结构和要求;第三章为货油的理化性质;第四章为货油操作系统;第五章为油船监测和控制系统;第六章为惰性气体系统;第七章为洗舱;第八章为货物操作与管理;第九章为压载水操作与管理;第十章为货油的危害及控制;第十一章为防污染;第十二章为安全文化和管理体系;第十三章为外部检查;第十四章为油船安全操作。

本书由大连远洋运输公司李玉平主编,辽宁海事局杨春主审;由大连远洋运输公司孔宪波、李胜亚、刘亚非、翟祥文担任副主编并承担本教材具体编写工作;大连远洋运输公司周立波、李泽华、邵承亮、李长山、陈洪震、李英欣也参与编写。

由于编者水平有限,时间仓促和资料的局限,书中难免存在疏漏和不当之处,敬请广大读者、同行和海运界前辈不吝赐教、指正。

编　者

2012年5月

目录

第一章
相关国际公约和我国的规定

本章介绍了与油船相关的国际公约和行业规范，包括《国际海上人命安全公约》(SOLAS 公约)、《海员培训、发证和值班标准国际公约》(STCW 公约) 特别是马尼拉修正案、《国际油船和油码头安全指南》(ISGOTT)、《国际油污损害民事责任公约》(CLC1992)、《国际防止船舶造成污染公约》(MARPOL73/78 公约)、《国际船舶压载水和沉积物控制与管理公约》等，以及一些国家的有关特殊规定。

第一节 相关国际公约和规范

要 点

SOLAS 公约的主要内容和目的；STCW 公约马尼拉修正案的新变化和要求，以及对船公司和船员培训的影响；ISGOTT 是一部安全技术及安全操作规范；CLC 1992 规定了油污事故中肇事者和有关人员的责任，并对遭受损害的一方给予适当的赔偿；OPRC 的宗旨。

必备知识

IMO 最重要的三大公约是《国际海上人命安全公约》(SOLAS 公约)、《国际防止船舶造成污染公约》(MARPOL73/78 公约) 和《海员培训、发证和值班标准国际公约》(STCW 公约)。这三大国际公约一个是管理船舶安全的；一个是管理环境保护的；一个是管理船员质量的。另有一个公约和一个规则也很重要，即《1966 年国际载重线公约》和《1972 年国际海上避碰规则》。此外，对于国际劳工组织 (ILO) 的《2006 年海事劳工公约》，国际海事界普遍认为，海事劳工公约的通过，在世界劳工史和海运史上具有划时代的意义，必将对海事界产生深远的影响，并将成为今后全球质量航运 (Quality Shipping) 的重要内容。这项被称为全球 120 万海员的"权利法案"，将与 SOLAS 公约、MARPOL73/78 公约和 STCW 公约一起，构成世界海事法规体系的四大支柱。公约一旦生效也将会对我国船公司的船员管理运作、船员的福利待遇、船员职业安全与健康、船员招募与安置、船舶设计与建造等诸方面带来一系列较大影响。

一、《1974 年国际海上人命安全公约》（SOLAS 1974）

（一）SOLAS 公约简介

SOLAS 公约的主要内容包括结构、分舱与稳性、机电设备、消防、救生、通信、航行安全、货物装运、船舶安全营运管理、加强海上安全的特别措施和散货船的附加安全措施等内容。公约规定了船舶构造、设备和操作方面的最低标准，最终目的是保障船舶的安全管理和运行，保障海上的人命安全。对于船员而言，要特别注意公约中有关消防、救生和航行安全的操作要求，因为这些既是船舶检验的重点，又与船员自身安全紧密相连。

由于海上事故的频繁发生和科学技术的不断进步，再加上公约执行过程中发现了不少问题等因素，致使 SOLAS 公约不断被修改和更新：1994 年新增第 IX 章“船舶安全营运管理”，使公约的范围从船舶扩大到了岸上的航运公司；“9・11”事件后，IMO 以最快的速度通过了《国际船舶和港口设施保安规则》（International Ship and Port Facility Security，ISPS 规则）；2006 年又将《国际消防安全系统规则》（International Code for Fire Safety System，FSS 规则）、《救生设备规则》（Life Saving Appliance LSA Code，LSA 规则）纳入公约。

SOLAS 公约内容与时俱进，所增改内容与现代船舶安全管理息息相关，归根结底就是要将先进的技术和管理应用于船舶，尽最大努力减少海上安全事故。

扩展知识

（二）2012 年 1 月至 2013 年间生效的与油船相关的 SOLAS 公约修正案简介

1. 原油船货油舱涂层保护性能标准的决议 MSC.288 (87)

本决议提供了原油船货油舱采用涂层防腐蚀时涉及防腐蚀区域、涂层选择、钢板表面处理、涂装、检查、涂层技术文件、涂层充任土产中方面的要求，主要内容如下。

（1）防腐蚀区域：规定了货油舱强制涂装的区域（舱顶和舱底）。

（2）涂层选择：车间底漆为无机硅酸锌或等效，主涂层为环氧型，面层涂料浅色，涂料应经专门的试验。

（3）一次表面处理：达到 Sa21/2 级，水溶性盐不大于 50 mg/m^2 NaCl，粗糙度 30～75 μm。

（4）二次表面处理：边缘处理成半径至少 2 mm 的圆角，破损车间底漆和焊缝 Sa21/2 级，车间底漆与主涂层如兼容可保留、不兼容去除至少 70%并达到 Sa2 级，舱顶总破损面积大于 25 m^2 或 3%总面积时 Sa21/2 级、舱底总破损面积大于 25 m^2 或 3%总面积时 Sa21/2 级、未超过可 St3，同时合拢缝可为 St3 级，“3”级以上灰尘的分布 1 级，水溶性盐和粗糙度同一次表面处理。

（5）涂装：二预涂二喷涂，预涂用刷涂或辊涂，名义干膜厚在 90/10 原则下应达到 320 μm。

（6）涂层质量的检查由具有一定资质的检查员进行，检查内容、膜厚测量的位置和频率有规定。

（7）涂层技术涉及三方检查协议、产品说明书、规格书、产品认可证书、船厂涂装工作记录、涂装检查和修补程序、检查日志等，由船厂提交供审核。

2. 原油船货油舱涂层保护替代措施性能标准 MSC.289 (87)

该标准提供了替代原油船货油舱涂层的措施所应具有的相关性能标准（主要指耐蚀钢性能标准）、要求的技术文件、防腐蚀区域、及耐蚀钢试验程序等各方面的要求，主要内容如下。

（1）涂层替代措施：分为耐蚀钢（有性能标准）和其他替代措施（性能标准等将来技术成熟再制定）。

（2）技术文件：涉及产品认可证书、产品说明书、工作记录等，由船厂提交供审核。

（3）防腐蚀区域：规定了货油舱应用耐蚀钢的区域（舱顶和舱底）。

（4）耐蚀钢试验程序：提供了耐蚀钢认可试验程序。

3. 货油舱通风系统和电气设备的选择（Reg. II-2/11.6.2.2）

协调油船货油舱通风口附近危险区域的划分标准在 SOLAS 公约和 IEC 60092-502 标准的要求的不一致性，最后采用了危险区域 2 是超出危险区域 1 以外 2 m 距离的要求。同时 Rev.3 也对以前的修订中人为造成的文本无意中的疏漏进行了纠正。

4. 油船艏尖舱压载系统

为了协调 IEC 60092-502 与 SOLAS 公约标准中有关危险区域划分的术语及要求的一致性，具体要求涉及油船艏尖压载舱通风口与点火危险源的距离等要求。

必备知识

二、STCW 公约马尼拉修正案和规则主要修正内容

（一）本次全面审查的背景

（1）打击虚假证书及与适任证书有关的非法行为。

（2）增强船员海洋环境保护意识。

（3）新技术在船舶上的应用，如 ECDIS 等。

（4）提高船员的管理技巧和领导力的要求。

（5）提高船员的船上资源管理能力。

（6）人为因素越来越得到重视 [沟通能力（船舶内部、外部）、疲劳防止等]。

（7）离岸石油工业对船员适任能力的特殊需求。

（8）冰区航行问题。

（9）防海盗和武装抢劫等。

（二）STCW 公约和规则修改进程简要

（1）2006 年 1 月 STW37 次会议启动 STCW 公约和规则的全面审查工作。

（2）2010 年 1 月召开的 STW41 次会议完成修正案（草案）。

（3）2010 年中拟于马尼拉召开的外交大会上将通过该修正案。

（4）经 2010 年修正的 1978 年 STCW 公约和规则于 2012 生效（STCW 公约马尼拉修正案）。

（三）主要修正内容

（1）改进防止资历造假方法，加强各缔约方对履约情况评估力度。

（2）调整作息时间，防止滥用药物和酒精，提高医疗标准。修正前的规则中仅笼统规定了值班船员应每 24 h 至少休息 10 h。而修正后规则 A-Ⅷ/1 进一步细化，新增了第 2、3 条要求所有负责安全、防污染和保安的高级船员或组成值班的普通船员每 24 h 应至少休息 10 h，每周休息时间不少于 77 h 且连续休息时间的间隔不应超过 14 h；任何情况下，7 天周期内的休息时间不得低于 70 h。修正后规则 A-Ⅷ/1 部分新增第 4 条要求紧急集合、消防、救生演习及国家法律法规和国际公约规定的演习应尽量减少打扰休息时间。这些条文明显加强了对保证船员休息时间的要求。

修正后规则Ⅷ/1 中新增条文要求，主管机关应采取措施防止船员滥用药物和酒精。新规则第 A-Ⅷ/1 节要求船长、高级船员及承担安全、保安和保护海洋环境职责的其他海员的血液酒精浓度不高于 0.05%，呼吸酒精浓度不高于 0.25 mg/L。第 B-Ⅷ/1 节增加了防止药物和酒精滥用的指导性条文。修正后规则Ⅰ/9 中大幅增加了对医疗标准的规定，包括对海员体检的程序，医务人员的要求，所有海员应持有符合规定的健康证书，健康证书的签发条件和有效期（一般为 2 年，但不满 18 岁为 1 年），航行途中证书过期的解决办法等内容。

（3）值班船员新的发证需求。修正前的规则中要求，船员在申请 750 kW 及以上的无人机舱或周期性无人值班机舱的值班轮机员时，应当完成 6 个月海上服务资历等条件。而经过修正的规则Ⅲ/1 第 2 条则把该要求修改为含金工实习（Workshop Skill Training）和不少于 12 个月的海上服务资历。原规则规定，船员在申请 3 000 kW 以上等级轮机长时，应当具备不少于 36 个月的海上服务资历，且“其中具备大管轮资格并实际担任轮机部高级轮机员应不少于 12 个月”。修正后，引号内的内容被“如果具备不少于 12 个月的大管轮海上服务资历，可以缩短为 24 个月”代替。修正后的规则Ⅱ/5 增加了对在 500 总吨以上船舶服务的值班水手（Able Seafarer Deck）岗位的描述，规则Ⅲ/5 增加了对在 750 kW 以上船舶服务的值班机工（Able Seafarer Engine）岗位的描述，并分别给出了最低适任要求。此两项描述与最低适任要求均为修正案新增内容，修正前的规则无此内容。除此之外，修正后的规则删除了规则Ⅲ/1 中关于值班轮机员申请人应当满足最低 30 个月教育与培训时间的条文。

（4）现代科技水平下的发证需求，如 ECDIS 等设备操作。修正后的规则 B-I 增加了 34～66 条，均为电子海图显示与信息系统 ECDIS（Electronic Chart Display and Information Systems）操作的培训和评估有关内容，包括 ECDIS 简介及 ECDIS 培训课程内容。规则分别描述了 ECDIS 课程目标、理论表述、模拟训练、基本类型及特点、过度依赖带来的风险、错误信息发现、影响系统运行的因素。修正后的规则增强了对 ECDIS 操作的指导。

（5）增强环境保护意识及团队合作意识培训。新的修正案中规则Ⅱ和规则Ⅲ表 A-1 值班驾驶员/轮机员最低要求表中增加了多个关于保护海洋环境的要求：应当理解采取预防措施保护海洋环境的重要性；采取积极的措施保护海洋环境；应当持续观察用来保护环境的程序运行情况；在油污水和压载水的操作中应始终防止污染海洋环境。在表 A-Ⅵ/1-4 个人安全和社会责任的最低适任标准表中，增加了掌握航运对海洋环境的影响和海运环境的复杂性、多样性基本知识的要求。

经修正的规则同时大幅增加了关于团队合作的要求：轮机部和驾驶部的人员应当和对方保持信息沟通，准确告知对方自己掌握的信息。决策时应当充分考虑团队的经验。表 A-Ⅵ/1-4 个人安全和社会责任的最低适任标准表明确要求重视船员沟通能力培养，理解船上个体间和团队间的有效沟通的原则和障碍，建立和维持有效的沟通能力，学习基本团队合作原理和练习，包括对冲突的处理解决。

（6）新增 ETO、ETR 岗位和培训、发证要求。修正后的规则Ⅲ/6 要求增设主推进装置 750 kW 以上的电子电气员（Electro-Technical Officer，ETO）岗位。船员必须满足相应资格条件后方可申请成为 ETO，并持有适任证书。而根据修正后的规则Ⅲ/7 的要求，主管机关应当对主推进装置 750 kW 以上的电子技工（Electro-Technical Rating，ETR）适当发证，发证情况由缔约国自己掌握，但申请人必须满足相应资格条件。

（7）在包括液化气船在内的所有油船上服务船员适任能力的更新。修正后，原规则Ⅴ/1 液货船船长、高级船员和普通船员培训和资格的强制性最低要求被删除。新增规则 Ⅴ/1-1 油船和化学品船船长、高级船员和普通船员培训和资格的强制性最低要求和规则Ⅴ/1-2 液化气体船船长、高级船员和普通船员培训和资格的强制性最低要求。原规则中在油船上服务人员应当“完成有关培训”的要求已经被修正后规则中应当“取得相关证书”所取代。证书根据船种不同、培训级别划分为油船和化学品船基本培训合格证书、油船高级培训合格证书、化学品船高级培训合格证书、液化气船基本培训合格证书、液化气船高级培训合格证书共 5 种证书，增加表 A-Ⅴ/1-1-1、表 A-Ⅴ/1-1-2、表 A-Ⅴ/1-1-3、表 A-Ⅴ/1-2-1 和表 A-Ⅴ/1-2-2 明确了 5 种培训适任标准，并与上述 5 种证书相对应。

（8）加强保安培训。原规则仅对负有保安职责的船员提出要求，而修正后的规则Ⅵ/6 要求对所有船员强制进行保安培训和指导。所有船员应当按照 A-Ⅵ/6 的要求参加基本保安熟悉培训。负有保安职责的船员应当按照 A-Ⅵ/6 中第 6 段至第 8 段所要求的能力标准，明确提出要掌握表 A-Ⅵ/6-2 所提出的要求，做好防海盗、防武装抢劫的工作。

（9）引入现代培训方式，如远程教育、网上教育。

（10）新增对部分种类专业船员的指导。

三、《国际油船和油码头安全指南》（ISGOTT）

石油储运中的危害性及事故率较高，为保障作业人员安全健康、规范装卸储运操作，国际航运公会（International Chamber of Shipping，ICS）、石油公司国际海事论坛（Oil Companies International Marine Forum，OCIMF）以及国际港口协会（International Association of Ports and Harbors, APH）等国际组织，在分析多年来石油储运过程中发生火灾、爆炸等事故原因的基础上，参照 IMO 的有关标准，撰写了 ISGOTT（International Safety Guide for Oil Tankers and Terminals）这部安全技术及安全操作规范。为保障安全和防止水域污染，在油船、油码头和装卸设施所有生产、运输的各个环节中，相关人员均应遵守 ISGOTT 和有关规定中所提出的技术要求。

ISGOTT 第 5 版中包括 4 个部分共 26 节，具体章节如表 1-1 所示。

表 1-1　ISGOTT 第 5 版主要章节列表

第一部分 一般资料	石油的危害
	石油的基本性质
	静电
	对船舶和码头的一般危害
	消防
	安全
第二部分 油船资料	船上系统
	船用设备
	安全和紧急情况的管理
	进入封闭空间
	船上操作
	危险品的运输和储存
	人为因素的考虑
	特种船型
第三部分 码头资料	码头管理和组织
	码头作业
	码头系统设备
	货油过驳设备
	安全和消防
	应急防备
	紧急撤离
第四部分 油船与码头界面的管理	通信
	系泊
	货物装卸时的预防措施
	加油作业
	安全管理

四、《1992 年国际油污损害民事责任公约》（CLC1992）

为了规定油污事故中肇事者和有关人员的责任，并对遭受损害的一方给予适当的赔偿，1992 年 11 月，IMO 在伦敦召开的国际会议上通过了《1969 年国际油污损害民事责任公约的 1992 年议定书》（Protocol of 1992 to amend the International Convention on Civil Liability for Oil Pollution Damage）。CLC 于 1996 年 5 月 30 日生效，经国务院批准，我国于 1999 年 1 月 5 日向国际海事组织交存了 CLC1992 加入书，成为该议定书的缔约国。根据议定书第 13 条第 4 款的规定，该议定书于 2000 年 1 月 5 日对我国生效。

CLC 适用于在下列区域内造成的污染损害：（1）缔约国的领土（包括领海）；（2）缔约国按照国际法设立的专属经济区；或者如果缔约国未设立此种区域，则为该国按照国际法确立的从测量其领海宽度的基线向外延伸不超过 200 n mile 的区域（在其领海之外并与其邻海毗连）。公约同时还适用于不论在何处采取的用以防止或减少此种损害的预防措施。

CLC 实行严格责任原则，只要油类从船上溢出或排放引起的污染在该船之外造成的灭失或损害，不论此种溢出或排放发生于何处，船舶所有人就要对污染承担民事赔偿责任。但是如果是战争或不可抗拒的自然现象造成的，或船舶所有人证明，污染损害完全或部分地由于遭受损害人有意造成损害的行为或怠慢而引起，或是由于该人的疏忽所造成，则该船舶所有人即可全部或部分地免除对该人所负的责任。

CLC 第 5 条对船舶污染事故的赔偿责任限额做了如下规定："船舶所有人有权按本公约将其赔偿责任限于按下列方法算出的总额：(a) 不超过 5 000 总吨的船舶为 451 万计算单位；(b) 5 000～140 000 总吨的船舶，此总额在任何情况下不超过 8 977 万计算单位"。

国际上建立的油污赔偿机制已运行 20 多年，被实践证明是科学和行之有效的，得到世界上越来越多国家的认可。缔约国发生的船舶油污损害，基本上都可以通过国际油污损害赔偿机制获得赔偿。

五、《1990 年国际油污防备、反应和合作公约》（OPRC 1990）

为保护海洋环境、减少船舶对海洋环境造成的污染，IMO 制定了 MAROL73/78 公约、CLC1969、《1971 年关于设立国际油污损害赔偿基金的国际公约》（International Convention on the Establishment of an International Fund for Compensation for Oil Pollution Damage, 1971，FUND 1971）和《1969 年干预公海油污事件公约》（International Convention Relating to Intervention on the High Seas in Cases of Oil Pollution Casualties, 1969，INTERVENTION 1969）及其一系列的议定书和修正案等，它们都起到了积极的作用。但是，1989 年 3 月发生的"瓦尔迪兹"号油船污染事故及对该事故的处理使国际社会认识到国际上缺少一种有效的油污染防备、反应和合作机制。

1990 年 11 月 19 日至 30 日，IMO 在伦敦召开了"国际油污防备和反应国际合作"会议，顺利通过了 OPRC（International Convention on Oil Pollution Preparedness, Response and Co-operation, 1990）。OPRC 的宗旨在于促进各国加强油污防备和反应工作，在遇到重大油污事故时进行区域性或国际性合作，通过采取迅速有效的行动来减轻油污造成的损害。OPRC 共有 19 条规定，其中实质性内容有：油污报告、油污应急计划、国家和区域性防备与反应能力、国际合作与相互援助、研究与发展、技术合作与技术转让等项规定。该公约已于 1995 年 5 月 13 日生效，于 1998 年 6 月 30 日对我国生效。作为本公约缔约国，加强防治船舶及其有关作业活动污染海洋环境的应急能力建设是我国履行国际公约的义务行为。

有关的公约规范还有《1965 年便利国际海上运输公约》（Convention on Facilitation of International Maritime Traffic, 1965, as amended, FAL1965）、《1966 年国际载重线公约》（International Convention on Load Lines, 1966，LL1966）、《1969 年国际船舶吨位丈量公约》（International Convention on Tonnage measurements of Ships, 1969，TONNAGE1969）、《1976 年海事索赔责任限制公约 1996 年议定书》（Protocol of 1996 to amend the Convention on Limitation of Liability for Maritime Claims, 1976，LLMC PROT 1996）、《2001 年国际燃油污染损害民事责任公约》（International Convention on Civil Liability for Bunker Oil Pollution Damage, 2001, Bunkers Convention）和《现有油船状况评估计划（CAS）检验指南》（The Condition Assessment Scheme for Oil Tankers）等，在此不一一详述。

思考题

1. SOLAS 公约的主要内容和目的是什么？
2. STCW 公约 2010 马尼拉修正案有哪些主要的修改内容？
3. ISGOTT 的主要内容和目的是什么？
4. CLC 的适用范围及责任原则是什么？
5. OPRC 的宗旨是什么？

第二节　MARPOL 73/78 公约

要　点

MARPOL 73/78 公约的主要内容。2 个议定书和 6 个附则。“海上船舶防止油污证书”、“船上油污应急计划”和“油类记录簿”等船上必备的各种证书。

必备知识

MARPOL 73/78 公约是目前通过的所有涉及海上污染的公约中目标最高的国际条约，其不但涉及油类，还涉及除向海洋倾倒陆上生成的废物外的其他形式的海洋污染。MARPOL 73/78 公约共有 20 条，另附有 2 个议定书和 6 个附则。6 个附则是：

附则Ⅰ：防止油类污染规则。

附则Ⅱ：控制散装有毒液体物质污染规则。

附则Ⅲ：防止海运包装有害物质污染规则。

附则Ⅳ：防止船舶生活污水污染规则。

附则Ⅴ：防止船舶垃圾污染规则。

附则Ⅵ：防止船舶造成大气污染规则。

迄今为止，6 个附则已全部生效。与油船管理操作有关的附则Ⅰ、Ⅳ、Ⅴ及Ⅵ将在本节详述。

一、附则Ⅰ　防止油类污染规则

本附则已于 1983 年 10 月 2 日生效，并且同时对我国生效。

（一）检验和发证

150 总吨及以上的油船和 400 总吨及以上的其他船舶，凡驶往本公约其他当事国所辖港口或近海装卸站，在按照该附则的规定进行初次检验或换证检验后，均应予以签发“国际防止油污证书”（International Oil Pollution Prevention Certificate，IOPP）。

该证书应由主管机关或经主管机关正式授权的任何个人或组织签发或签注。任何情况下，主管机关对证书负有全部责任。该证书的有效期限应由主管机关规定，但不得超过5年。

（二）对所有船舶机器处所的要求

滤油设备的设计，应经主管机关批准，而且应保证通过该系统排放入海的含油混合物的含油量不超过15 ppm。该系统应装有报警装置，在不能保持这一标准时发出报警。该系统还应装有在排出物的含油量超过15 ppm时能保证自动停止含油混合物排放的装置。

1. 操作性排油的控制

除非符合下列条件，应禁止400总吨及以上的船舶排放油类或含油混合物入海：

（1）船舶正在航行途中；

（2）含油混合物经认可的滤油设备予以处理；

（3）未经稀释的排出物含油量不超过15 ppm；

（4）含油混合物不是来自于油船的货泵舱的舱底；

（5）如是油船，含油混合物未混有货油残余物。

2. 特殊区域以内的排放

特殊区域：由于其海洋学和生态学的情况以及运输的特殊性质等方面公认的技术原因，需要采取防止海洋污染的特殊强制办法的海域。本附则的特殊区域有：地中海区域、波罗的海区域、黑海区域、红海区域、海湾区域、北海区域（1989年修订案确定）、亚丁湾区域（1989年4月1日生效）和南极区域（1992年3月17日生效）。

除非符合下列条件，应禁止400总吨及以上的船舶排放油类或含油混合物入海：

（1）船舶正在航行途中；

（2）含油混合物经认可的滤油设备予以处理；

（3）未经稀释的排出物含油量不超过15 ppm；

（4）含油混合物不是来自于油船的货泵舱的舱底；

（5）如果是油船，含油混合物未混有货油残余物。

就南极区域而言，禁止任何船舶将任何油类或油性混合物排放入海。

3. 对南极区域以外任何区域内小于400总吨船舶的要求

在小于400总吨的船舶上，应按照下列规定将油类和含油混合物留存在船上以便随后排放至接收设备或排放入海：

（1）船舶正在航行途中；

（2）船舶所设的由主管机关进行设计认可的设备正在运转以保证未经稀释的排出物含油量不超过15 ppm；

（3）含有混合物不是来自于油船的货泵舱的舱底；

（4）如是油船，含油混合物未混有货油残余物。

4. “油类记录簿”第一部分——机器处所的作业

（1）凡150总吨及以上的油船，以及除油船以外的400总吨及以上的船舶，应备有“油类记录簿”第一部分（机器处所的作业）。

（2）每当船舶进行下列任何一项机器处所的作业时，均应逐舱填写“油类记录簿”第一部分（依照2009年修正案）：

（a）燃油舱的压载或清洗；

（b）从（a）所述燃油舱排放污压载水或洗舱水；

（c）油性残余物（油泥）的收集和处理；

（d）机器处所积存的舱底水非自动排放舷外、驳运或其他方法的处理；

（e）机器处所积存的舱底水自动排放舷外、驳运或其他方法的处理；

（f）滤油设备情况；

（g）意外或其他异常的排油；

（h）燃油或散装润滑油的罐装；

（i）附加的操作程序及一般说明。

（3）应及时将每项作业详细地记入“油类记录簿”第一部分，每项完成的作业，应由高级船员或有关作业的负责人签字，且每写完一页应由船长签字。“油类记录簿”第一部分中的记录，对于持有“国际防止油污证书”的船舶，则至少应有英文、法文或西班牙文的一种。若同时使用船旗国的官方文字作记录，则在遇有争议或不相一致的情况时，应以该官方文字记录为准。

（4）滤油设备的任何故障均应记入“油类记录簿”第一部分。

（5）“油类记录簿”第一部分应存放于可在所有合理时间随时取来检查的地方，均应存放在船上。“油类记录簿”第一部分应在进行最后一项记录后保存3年。

（三）对油船货物区域的要求

1. 结构

（1）专用压载舱。专用压载舱（Segregated Ballast Tank，SBT）容量的确定，应使该船可以不依靠利用货油舱装载压载水而安全地进行压载航行。但在所有的情况下，专用压载舱的容量应至少能使船舶的吃水和吃水差，在航行的任何部分，不论处于何类压载情况，包括只是空载加专用舱压载的情况以内，均应符合下列各项要求：

①船中部型吃水（d_m）以m计（不考虑任何船舶变形）应不小于：$d_m=2.0+0.02L$；

②在艏、艉垂线处的吃水，应相当于船中部吃水（d_m），但向艉纵倾的吃水差不得大于$0.015L$；以及

③艉垂线处的吃水，无论如何不得小于达到螺旋桨全部浸没所必需的吃水。

除下述情况外，货油舱不得装载压载水：

①在天气情况非常恶劣的少数航次，船长认为必须在货油舱中加装额外压载水以保证船舶安全时；

②在例外情况下，由于油船的具体营运特性，使其必需加装超过要求数量的压载水。

这种额外压载水应按规定进行处理和排放，并应记入“油类记录簿”第二部分。对于原油油船，额外压载水应只装载在以原油清洗过的货油舱内。

（2）污油水舱。150总吨及以上的油船，应按要求设置污油水舱。应有清洗货油舱和从货油舱将污压载水的残余物和洗舱水转移至污油水舱的适当设备。污油水舱或一组污油水舱的布置，应有留存洗舱后所产生的污油水、残油和污压载水残余物所必需的容量，此总容量不得小于船舶

载油容量的 3%，但主管机关可根据不同船舶、不同设备配备及操作，对污油水舱的总容量适当放宽要求，详见附则第 29 条。

2. 设备

（1）排油监控系统。150 总吨及以上的油船应装有一个经主管机关批准的排油监控系统。该系统应设有一个记录器，用以提供每海里排放升数和总排放量或含油量和排放率的连续记录。这种记录应能鉴别时间和日期，并至少应保存 3 年。每当有排出物排放入海时，排油监控系统即应开始工作，并应保证在油量瞬间排放率超过规定时，即自动停止排放任何油性混合物。排油监控系统遇到任何故障即应停止排放。

（2）油/水界面探测器。150 总吨及以上的油船应备有经主管机关认可的有效的油水界面探测器，以便能迅速而准确地测定污油水舱中的油/水分界面。其他舱柜如需进行油水分离并拟从其中将排出物直接排放入海者，也应有这种探测器。

3. 操作性排油的控制

（1）特殊区域外的排放。除非符合下列条件，禁止将油类或油性混合物排放入海：

①油船不在特殊区域之内；

②油船距最近陆地 50 n mile 以上；

③油船正在途中航行；

④油量瞬间排放率不超过 30 L/ n mile；

⑤排入海中的总油量，对于 1979 年 12 月 31 日或以前交船的油船而言，不得超过这项残油所属的该种货油总量的 1/15 000；对于 1979 年 12 月 31 日以后交船的油船而言，不得超过这项残油所属的该种货油总量的 1/30 000；

⑥油船所设的排油监控系统以及污油水舱正在运转。

上述规定不适用于清洁或专用压载水的排放。

（2）特殊区域内的排放。当油船在特殊区域内时，禁止将船上货油区域的油类或油性混合物排放入海。

4. 原油洗舱操作

每艘载重量为 20 000 t 及以上的新原油油船，均应装有使用原油洗舱的货油舱清洗系统。凡采用原油洗舱系统的油船，均应备有一本详细说明该系统及设备并列有操作程序的《操作与设备手册》。关于货油舱的压载，应在每一压载航次开始之前，以原油清洗足够的货油舱，以便根据该油船营运的方式及预备期的气候情况将压载水只装在经过原油清洗的货油舱内。

5. “油类记录簿”第二部分——货油/压载的作业

（1）凡 150 总吨及以上的油船，应备有“油类记录簿”第二部分（货油/压载的作业）。

（2）每当船舶进行下列任何一项货油/压载的作业时，均应逐舱填写“油类记录簿”第二部分（依照 2009 年修正案）：

• 货油的装载

• 航行中货油在船内的调驳

• 货油的卸载

- 原油洗舱（仅适合于采用原油油舱的油船）
- 货油舱的压载
- 清洁压载舱的压载（仅适合于采用清洁压载舱的油船）
- 货油舱的清洗
- 污压载水的排放
- 污油水舱水的排放入海
- 残油和其他未经处理油性混合物的收集、驳运和处理
- 货油舱内的清洁压载水的排放
- 清洁压载舱的排放（仅适用于采用清洁压载舱的油船）
- 排油监控系统的情况
- 意外或其他异常的排油
- 附加的操作程序及一般说明

（3）“油类记录簿”第二部分中应有用于洗舱和流回到储存柜中的油和水的总量的记录。

（4）每项作业应详细地记入“油类记录簿”第二部分，并应由高级船员或有关作业的负责人签字，且每写完一页应由船长签字。“油类记录簿”第二部分中的记录，应至少有英文、法文或西班牙文的一种写成。若同时使用船旗国的官方文字作记录，则在遇有争议或不相一致的情况时，应以船旗国官方文字记录为准。

（5）排油监控系统的任何故障均应记入“油类记录簿”第二部分。

（6）“油类记录簿”第二部分应存放于可在所有合理时间随时取来检查的地方，均应存放在船上。“油类记录簿”第二部分应在进行最后一项记录后保存3年。

（四）船上油污应急计划

（1）每艘150总吨及以上的油船和每艘400总吨及以上的非油船应备有经主管机关认可的“船上油污应急计划”（Shipboard Oil Pollution Emergency Plan，SOPEP）。

（2）该应急计划应以船长和高级船员的工作语言书写。该计划至少应包括：

①基于国际海事组织制定的导则，根据MARPOL73/78公约第8条和议定书I的要求，船长或其他负责报告油污事故的人员应遵循的程序；

②发生油污事故时联系的当局或人员的名单；

③事故发生后，为减少或控制排油船上人员应立即采取的措施的详细说明书；

④处理污染时与政府及地方当局协调船上行动的程序和船上联系点。

（3）所有载重量为5 000 t或以上的油船，均应备有破损稳性和剩余结构强度岸基电脑计算快速响应程序。

（五）防止油类货物过驳造成污染

1. 适用范围

适用于2012年4月1日或以后的进行海上油类货物船靠船过驳作业（Ship To Ship Oil Transfer，STS）的150总吨及以上的油船，但不适用于固定或移动式平台包括浮式生产储存卸货装置（Floating Production, Storage and Offloading Facilities，FPSO）或浮式储油装置（Floating Storage Units，FSU）对生产的油进行的过驳或储存作业。

2. 安全及环保的一般要求

任何拟进行 STS 作业的油船，应不迟于 2011 年 1 月 1 日或以后的船舶首次年度、中间或换证检验之日，备有一份需经主管机关批准的 STS 操作计划。该计划可合并到现行的 SOLAS 公约第Ⅸ章所要求的安全管理体系中；STS 作业的记录应保留在船上至少 3 年供检查。

3. 通告

在本公约缔约国领水或专属经济区内进行 STS 作业的任何油船，应不迟于 STS 作业的 48 h 前通知相关沿岸国；如果在 STS 作业发生时间少于 48 h 的特殊情况下，应尽快通知。通告中应包括船舶相关资料、船舶估计到达时间（Estimated Time of Arrival，ETA）、STS 作业时间、地点、作业方式、货油类型和数量等信息。

（六）2009 年修正案

（1）第 1 条增加了“油渣、油渣舱、含油舱底水、含油舱底水储存舱”的定义。

（2）第 12 条补充了油渣舱的相关要求，如设置专用油渣泵；无连接舱底水系统的排放接头，非油渣舱的含油舱底水储存舱、舱顶或油水分离器可设置带有手动操作自闭阀的泄放口（Drains）用于收集沉淀水，或设置其他替代布置。

（3）第 12、13、17 和 38 条：sludge 被 oil residue (sludge)替代。

（4）IOPP 证书做了相应修改。

（5）油类记录簿做了相应修改。

二、附则Ⅳ 防止船舶生活污水污染规则

本附则已于 2003 年 9 月 27 日生效，2007 年 2 月 2 日对我国生效。

（一）适用范围

（1）400 总吨及以上的新船。

（2）小于 400 总吨且核准载运 15 人以上的新船。

（3）本附则生效之日 5 年以后的 400 总吨及以上的现有船舶。

（4）本附则生效之日 5 年以后的小于 400 总吨且核准载运 15 人以上的现有船舶。

（二）检验和发证

对驶往本公约其他缔约国所管辖的港口或近海装卸站的任何船舶，再按照本附则第 4 条的规定进行初次检验或换证检验后，均应签发“国际防止生活污水污染证书”（International Sewage Pollution Prevention，ISPP）。若为现有船舶，则本要求应于本附则生效之日 5 年以后适用。

ISPP 应按与本附则附录所示样本相一致的格式写成，应至少使用英文、法文或西班牙文种中的一种。如同时使用发证国的官方语言，则在有争议或分歧时，应以该国官方文字记录为准。

ISPP 的有效期限应由主管机关规定，但不得超过 5 年。

（三）设备和排放控制

1. 生活污水系统

（1）生活污水处理装置应经主管机关型式认可，并考虑到本组织制定的标准和试验方法。

（2）经主管机关认可的生活污水粉碎和消毒系统应配备令主管机关满意的各项设施，用于

船舶在离最近陆地不到 3 n mile 时临时储存生活污水。

（3）集污舱，该集污舱的容量应参照船舶营运情况、船上人数和其他相关因素，能存放全部生活污水，并使主管机关满意。集污舱的构造应使主管机关满意，并应设有能指示其集存数量的目视装置。

2. 生活污水排放

（1）除例外规定，禁止将生活污水排放入海，但下列情况除外：

①船舶在距最近陆地 3 n mile 以外，使用主管机关按照本附则所认可的设备，排放业经粉碎和消毒的生活污水，或在距最近陆地 12 n mile 以外排放未经粉碎或消毒的生活污水。但不论哪种情况，不得将集污舱中储存的生活污水，或来自装有活动物处所的生活污水即刻排光，而应在船舶以不低于 4 kn 的航速航行时，以适当的速率排放；排放速率应经主管机关根据本组织制定的标准予以认可。

②船舶所设经批准的生活污水处理装置正在运转，该装置已由主管机关验证符合本附则所述的操作要求，同时该装置的试验结果已写入该船的 ISPP；此外，排出物在其周围的水中不应产生可见的漂泊固体，也不应使水变色。

（2）上述排放规定应不适用于在某一国家所辖水域内营运的船舶，也不适用于来自其他国家的访问船舶，这些船舶在该水域内按照该国可能施行的较宽要求排放生活污水。

（3）若生活污水与 MARPOL73/78 公约其他附则要求的废弃物或废水混在一起时，则除应符合本附则的要求外，还应符合其他附则的要求。

三、附则Ⅴ 防止船舶垃圾污染规则

该附则已于 1988 年 12 月 31 日生效，1989 年 2 月 21 日对我国生效。

（一）适用范围

除另有明文规定外，本附则的规定应适用于所有船舶。

（二）在特殊区域外处理垃圾

1. 除本附则第 4、5 和 6 条的规定外：

（1）一切塑料制品，包括但不限于合成缆绳、合成渔网、塑料垃圾袋以及可能包含有毒或重金属残余的塑料制品的焚烧炉灰烬，均禁止处理入海。

（2）对于下述垃圾，应尽可能远离最近陆地处理入海，但在任何情况下均禁止在距最近陆地不足：

①25 n mile 将漂浮的垫舱物料、衬料和包装材料处理入海；

②12 n mile 将食品废弃物和一切其他垃圾，包括纸制品、碎布、玻璃、金属、瓶子、陶器及类似的废弃物处理入海。

③本条（2）②中所述的垃圾，再通过了粉碎机和磨碎机后，可允许尽可能远离最近陆地处理入海，但在任何情况下禁止在距最近陆地不到 3 n mile 处理入海。这种业经粉碎或磨碎的垃圾，应能通过筛眼不大于 25 mm 的粗筛。

2. 如果垃圾与具有不同处理或排放要求的其他排放物混在一起时，则应适应其中较为严格的要求。

（三）在特殊区域内处理垃圾

特殊区域：由于其海洋生态学的情况以及运输的特殊性质等方面公认的技术原因，需要采取防止垃圾污染海洋的特殊强制办法的海域。本附则的特殊区域有：地中海区域、波罗的海区域、黑海区域、红海区域、海湾区域、北海区域（1989 年修订案确定）；南极区域（1990 年修订案确定）和泛加勒比海区域（1991 年修订案确定）。

1. 除例外规定外：

（1）禁止将下述垃圾处理入海：

①一切塑料制品，包括但不限于合成缆绳、合成渔网、塑料垃圾袋以及可能包含有毒或重金属残余的塑料制品的焚烧炉灰烬；

②一切其他垃圾，包括纸制品、碎布、玻璃、金属、瓶子、陶器、垫舱物料、衬料和包装材料。

（2）除（3）外，废弃食物处理入海应尽可能远离陆地，但在任何情况下，应离最近陆地不少于 12 n mile。

（3）在大加勒比海区域将已通过粉碎机或磨碎机的废弃食物处理入海，应尽可能远离陆地，但在任何情况下，离最近陆地不少于 3 n mile。这种业经粉碎或磨碎的食品废弃物应能通过网眼不大于 25 mm 的粗筛。

2. 如果垃圾与具有不同处理或排放要求的其他排放物混在一起时，则应适用其中较为严格的的要求。

（四）告示、垃圾管理计划和垃圾记录保存

（1）总长度为 12 m 或以上的船舶均应张贴告示以使船员和乘客知晓关于垃圾处理的规定。

（2）告示应以船上人员的工作语言书写，对航行于其他缔约国政府管辖权范围内的港口或近海装卸的船舶，告示还应以英文、法文或西班牙文书写。

（3）400 总吨及以上的船舶和核准载运 15 名或以上人员的船舶，均应备有一份船员必须遵守的垃圾管理计划。该计划应就收集、储藏、加工和处理垃圾以及船上设备使用等提供书面程序，还应指定负责执行该计划的人员。该计划应符合垃圾管理计划编制指南，并用船员的工作语言书写。

（4）400 总吨及以上的船舶和核准载运 15 名或以上人员、航行于其他缔约国政府管辖权范围内的港口或近海装卸站的船舶，以及从事海底矿产勘探和开发的固定和移动平台，均应备有一份“垃圾记录簿”。该“垃圾记录簿”不论是船舶的正式航海日志的一部分，还是其他形式，均应和本附则的附录格式相同。

（5）“垃圾记录簿”应记录每次排放作业或完成的焚烧作业，并应由主管高级船员在焚烧或排放当日签署。船长应在“垃圾记录簿”完成记录的每一页上署名。“垃圾记录簿”的每一项记载应至少用英文、法文或西班牙文书写。如果这些记载也使用该船船旗国的官方语言书写，在发生争执或有不同意见时，以船旗国的官方语言的记载为准。

（6）每次焚烧或排放记录应包括日期、时间、船位、垃圾种类和被焚烧或排放的垃圾的估算量。

（7）“垃圾记录簿”应存放于船上可在合理时间去来检查的地方。该记录簿应在做最后一次记录后保留 2 年。

（8）如发生排放、泄露或意外落失，垃圾记录簿上应记录落失的情况和落失的原因。

四、附则Ⅵ 防止船舶造成空气污染规则

该附则已于2005年5月19日生效，2006年8月23日对我国生效。

（一）国际防止空气污染证书

1. 证书的签发

（1）按本附则规定进行检验之后，应给下列船舶或平台签发“国际防止空气污染证书”（International Air Pollution Prevention，IAPP）：

①驶往其他缔约国管辖范围的港口或近海装卸站的所有400总吨及以上的船舶；

②驶往其他缔约国主权或管辖海域的平台和钻井平台。

（2）主管机关应在附则六生效后不迟于第一次计划进坞时，按上述第①条规定，为附则六生效之前建造的船舶签发IAPP，但在任何情况下均不得迟于该生效日之后3年。

（3）该证书应由主管机关或经其正式授权的任何个人或组织签发或签署。在任何情况下，主管机关对证书负有全部责任。

（4）对悬挂非缔约国国旗的船舶，不得签发IAPP。

IAPP应按与本附则附录所示样本相一致的格式写成，并应至少为英文、法文或西班牙文。如同时使用发证国的官方语言，则在有争议或分歧时，应以该国官方文字记录为准。

2. 证书的有效期限和有效性

（1）IAPP的有效期限应由主管机关规定，但不得超过5年。

（2）尽管有本条（1）的要求：

①如果换证检验在现有证书期满之日前3个月内完成，则新证书应从换证检验完成之日起，至现有证书期满之日后不超过5年的日期内有效；

②如果换证检验在现有证书期满之日后完成，则新证书应从换证检验完成之日起，至现有证书期满之日后不超过5年的日期内有效；

③如果换证检验在现有证书期满之日的前3个月前完成，则新证书应从换证检验完成之日起不超过5年的日期内有效。

（二）船舶排放控制要求

1. 消耗臭氧物质

（1）应禁止消耗臭氧物质的任何故意排放。故意排放包括在系统或设备的维护、检修、修理或处置过程中发生的排放，但故意排放不包括与消耗臭氧物质的回收或再循环相关的微量释放。由消耗臭氧物质泄漏引起的排放，无论此泄露是否属于故意，可由各缔约国进行管理。

（2）在下列情况下，应禁止使用含消耗臭氧物质（氢化氯氟烃除外）的装置：

①在2005年5月19日或以后建造的船舶；或

②对于2005年5月19日以前建造的船舶，设备合同交付船上的日期为2005年5月19日或以后，或者无合同交付日期，实际设备交付船上的日期为2005年5月19日或以后。

（3）在下列情况下，应禁止使用含氢化氯氟烃的装置：

①在2020年1月1日或以后建造的船舶；或

②对于2020年1月1日以前建造的船舶，设备合同交付船上的日期为2020年1月1日或以后，或者无合同交付日期，实际设备交付船上的日期为2020年1月1日或以后。

（4）本条所述的物质以及设备中含有的此类物质，当其从船上卸下时，应送到合适的接受设备中。

2. 氮氧化物（NOx）

（1）适用于：

①每台安装船上的输出功率超过130 kW的船用柴油机；

②每台2000年1月1日或以后经重大改装的、输出功率超过130 kW的船用柴油机，除非能证明，并使主管机关确信，该柴油机与其将代替的柴油机完全相同，否则将不符合上述第①条的规定。

（2）不适用于：

①仅用于应急情况使用的、或仅为安装船上的仅在应急情况下使用的任何装置或设备提供动力的船用柴油机，或仅用于安装救生艇上的在应急情况下使用的船用柴油机。

②安装在仅航行于悬挂其国旗的该国主权或管辖范围水域内的传播上的船用柴油机，但此类柴油机应受到由该主管机关制定的NOx控制替代方法的控制。

（3）尽管有上述规定，主管机关可对2005年5月19日以前建造的船舶上安装的任何船用柴油机或对在2005年5月19日以前经重大改装的任何船用柴油机免除适用本条要求，只要安装该柴油机的船舶仅航行在其船旗国的港口或近海装卸站。

（4）除免除情况或例外，柴油机的使用应满足NOx排放量（按NOx总加权排放量计算）在下列限度值内，否则应禁止使用：

①Ⅰ级——17.0 g/(kW·h)，当n小于130 r/min；

$45 \cdot n^{-0.2}$ g/(kW·h)，当n等于或大于130 r/min，但小于2 000 r/min；

9.8 g/(kW·h)，当n等于或大于2 000 r/min。

即现行全球区域标准，适用于2000年1月1日至2010年12月31日建造船舶上的柴油机；以及在船安装的1990年1月1日至2000年1月1日之间建造的、单缸排量在90 L或以上且输出功率超过5 000 kW的柴油机。

②Ⅱ级——14.4 g/(kW·h)，当n小于130 r/min；

$44 \cdot n^{-0.23}$ g/(kW·h)，当n等于或大于130 r/min，但小于2 000 r/min；

7.7 g/(kW·h)，当n等于或大于2 000 r/min。

全国区域标准，适用2011年1月1日及以后建造的船舶上的柴油机。

③Ⅲ级——3.4 g/(kW·h)，当n小于130 r/min；

$9 \cdot n^{-0.2}$ g/(kW·h)，当n等于或大于130 r/min，但小于2 000 r/min；

2.0 g/(kW·h)，当n等于或大于2 000 r/min。

排放控制区标准，适用于2016年1月1日及以后建造船舶上的柴油机。

（5）在排放控制区（Emission Control Area，ECA）外航行时，可按Ⅱ级标准排放。其中n为发动机额定转速（每分钟曲轴转速）。

3. 硫氧化物（SOx）

（1）一般要求。船上使用的任何燃料的硫含量不应超过：

①2010 年 1 月 1 日以前 4.50% m/m；

②2010 年 1 月 1 日及以后 3.50% m/m；

③2020 年 1 月 1 日及以后 0.50% m/m。

（2）SOx 排放控制区内的要求

①就本条而言，排放控制区应包括：

• 本公约附则 I 中定义的波罗的海区域，附则 V 中定义的北海海域（含英吉利海峡）；

• 由 IMO 根据本公约附则附录中所包含的标准和程序而指定的任何其他海域包括港口区域。

②当船舶在排放控制区域航行时，船上使用的燃油的硫含量不应超过下述极限值：

• 2010 年 7 月 1 日以前 1..50%m/m；

• 2010 年 7 月 1 日及以后 1.00%m/m；

• 2015 年 1 月 1 日及以后 0.10%m/m。

③上述的燃料硫含量应由供应商按本附则的要求以书面形式提供。

④使用不符合规定燃油进入或离开排放控制区域的船舶，应携有一份书面程序表明燃油转换如何完成，在其进入排放控制区域之前规定足够的时间对燃油供给系统进行全面冲洗，以去除所有硫含量超过规定的适用硫含量的燃料。在燃油转换作业进入排放控制区域以前完成或离开该区域后开始时，应将每一燃油舱中的低硫燃油的容积以及日期、时间及船舶位置记录在主管机关规定的航海日志中。

4. 挥发性有机化合物

（1）如在缔约国管辖的一个或多个港口或一个或多个装卸站对液货船产生的挥发性有机化合物（Volatile Organic Compound，VOC）排放加以控制，应按照本条规定进行。

（2）所有指定在港口或装卸站对来自液货船的 VOC 排放进行控制的缔约国，应保证在其指定的港口和装卸站配备经该缔约国根据本组织制定的蒸气排放控制系统安全标准认可的蒸气排放控制系统（Vapour Emission Control System，VECS），并确保该系统的安全操作和防止对船舶造成不当延误。

（3）上述第（1）条适用的液货船应配备经过认可的蒸气排放收集系统，并应在这些货物装载在过程中使用该系统。

（4）从 2010 年 7 月 1 日起原油油船应备有并实施经主管机关认可的 VOC 管理计划，并应根据 2009 年修订案确定的“VOC 管理计划制订导则”编写。该计划应具体到各船并至少应：

①为装载、海上航行和卸货时的 VOC 排放减至最低限度提供书面程序；

②考虑到原油洗舱产生的额外 VOC；

③指定负责实施该计划的人员；

④对于国际航行船舶，用船长和高级船员的工作语言编写，如船长和高级船员的工作语言既非英语、法语，也非西班牙语，则应包括其中一种语言的译文。

（三）船上焚烧

1. 在船舶正常操作过程中产生的污泥和油渣的船上焚烧也可以在主、副发电机或锅炉内进行，但在这种情况下，不能在码头、港口和河口内进行。

2. 除上述 1 条的规定外，船上焚烧应只允许在船上焚烧炉中进行。

3. 应禁止下列物质在船上焚烧：

（1）本公约附则Ⅰ、Ⅱ和Ⅲ中的货物残余物或有关的被污染的包装材料。

（2）多氯联苯（Polychlorinated Biphenyl – PCB）。

（3）本附则五定义的含有超过微量重金属的垃圾。

（4）含有卤素化合物的精炼石油产品。

（5）不在船上产生的污泥和油渣。

（6）废气滤清系统的残余物。

4. 应禁止在船上焚烧聚氯乙烯，但在已颁发 IMO 型式认可证书的船上焚烧炉内焚烧除外。

5. （1）除 5（2）规定外，2000 年 1 月 1 日或以后建造的船舶上的每一焚烧炉或 2000 年 1 月 1 日或以后安装在船上的每一焚烧炉均应符合本附则附录要求。符合该要求的每一焚烧炉应经《船上焚烧炉标准技术条件》予以认可。

（2）主管机关可以允许任何在 2005 年 5 月 19 日以前安装上船的焚烧炉免除（1）的适用要求，只要该船仅航行于悬挂其国旗的该国主权或管辖的水域内。

6. 本条 5（1）要求安装的焚烧炉应持有一份制造厂的操作手册。该手册应与焚烧炉装置一起存放并应规定如何在本附则附录所述的限制内操作焚烧炉。

7. 应对负责按本条 5（1）要求安装的焚烧炉操作人员进行培训，使其能执行本条 6 所要求的制造厂操作手册中规定的指导。

8. 对于按本条 5（1）要求安装的焚烧炉，在该炉进行操作的任何时候均应对燃烧室气体出口温度进行监测。如焚烧炉为连续进料型，在燃烧室气体出口温度低于 850℃时废弃物不应送入该焚烧炉装置。如焚烧炉为分批装料型，该装置应设计成其燃烧室气体出口的温度在启动后 5 min 内达 600℃且随后稳定在不低于 850℃。

（四）燃油的提供和质量

1. 各缔约国应采取一切合理措施推进符合本附则规定的燃油提供，并将其能提供合格燃油的港口和装卸站通知本组织。

2. 如果缔约国发现船舶不符合本附则规定的合格燃油的标准，该缔约国主管当局有权要求船舶：

（1）提交为达到符合标准而采取行动的记录；和

（2）提供其为根据航次计划购买合格燃油的证据，以及如不能按原计划购得，已努力寻找该燃油的替代资源，并且尽管为获得合格燃油尽了最大努力，仍不能购得该燃油的证据。

3. 不应要求船舶为符合标准而偏离其拟定的航程或不当延误航期。

4. 未能购得合格燃油的船舶应通知其主管机关和相关目的港的主管当局。

5. 交付并作为本附则适用的船上燃烧用的燃油应符合下列要求：

（1）除 5（2）规定外：

①燃油应为从石油精炼产生的烃的混合物，但并不排除少量用于改善某些方面性能的添加剂的混用；

②燃油应不含无机酸；

③燃油应不包含下列任何附加的物质或化学杂质：

· 使船舶安全遭受危险或对机械性能有不利影响；或
· 对人员造成伤害；或
· 从总体上增加空气污染。

（2）以石油精炼之外的方法得到的用于燃烧的燃油应不：

①超过本附则第 14 条中规定的硫含量；

②导致发动机超过本附则第 13 条 3、4、5.1.1 和 7.4 中规定的适用 NOx 排放极限；

③含有无机酸；或

· 使船舶安全遭受危险或对机械性能有不利影响；或
· 对人员造成伤害；或
· 从总体上增加空气污染。

6. 船舶应以燃油交付单的方式对交付并作为船上燃烧用的燃油的细节加以记录，该交付单应至少包含本附则附录Ⅴ中规定的资料。

7. 燃油交付单应存放于船上某一个在任何合理时间随时可供检查的地方。它应在燃油交付船上之后保存 3 年。

8. 燃油交付单应按《为确定符合 MARPOL73/78 公约附则Ⅵ要求的 2009 年燃油取样指南》的规定附有一份所供燃油的代表样品。该样品应由供应商代表和船长或负责加油作业的官员在完成加油作业后密封并签署，并应由船方控制直到燃油被基本消耗掉，但无论如何其保存期自加油日期算起应不少于 12 个月。

（五）MARPOL 公约附则Ⅵ修正案（第 13 条和 14 条以及附录Ⅶ的修订）MEPC.202 (62)，该修正案计划于 2013 年 1 月 1 日生效

修改内容主要包括如下几个方面：

（1）第 13 条增加 13.6.2，NOx 排放控制区增加加勒比海域（临近波多黎各共和国海岸和美国维尔京群岛）。

（2）第 14 条增加 14.3.3，SOx 排放控制区增加加勒比海域。

（3）第 14 条增加 14.8，在该修订案生效前建造的汽轮机推进的船舶（非柴油机或天然气发动机推进），2020 年 1 月 1 日之前，在北美海域、加勒比海域内航行时可以不满足第 14.4 条规定的硫含量限值。

（4）附录Ⅶ排放控制区域增加加勒比海域，并定义了该海域的具体坐标。

思考题

1. MARPOL73/78 公约对防止油类污染有哪些规定？
2. 为防止油类污染对油船货物区域在结构和设备上有哪些要求？
3. 防止船舶造成空气污染的规定有哪些？
4. 填写油类记录的注意事项是什么？

第三节 压载水公约

要 点

控制有害的水生生物和病原体通过船舶压载水和沉积物转移；沉积物接收设施；科学技术研究和检测；检验和发证；对违反事件的处理；船舶检查；对违反事件的调查和对船舶的监督；检查采取行动的通知；避免对船舶的不当延误等。

必备知识

一、压载水公约简介

近年来，船舶压载水转移引入的有害水生物和病原体对海洋环境、公众健康和社会经济形成的危害或威胁被作为海洋四大危害之一，已经引起国际社会的重视。1992 年的联合国环境和发展大会和 2002 年的世界可持续发展首脑大会要求 IMO 制定一个具有法律约束性的压载水公约，用于防止有害水生物通过船舶压载水的传播。

2004 年 2 月 13 日，IMO 外交大会审议并一致通过了《2004 年控制和管理船舶压载水和沉积物国际公约》(International Convention for the Control and Management of Ships' Ballast Water and Sediments，BWM 2004，简称压载水公约)，旨在通过对船舶压载水和沉积物的控制与管理来防止、减少和最终消除有害水生物和病原体的转移对环境、公众健康、财产和资源带来的风险。公约在合计不少于世界商船总吨位 35%的至少 30 个国家批准之后 12 个月生效。截至 2009 年 12 月 10 日，已经有 21 个国家加入了压载水公约，约占世界商船总吨位的 22.63%，尚未满足生效条件。

我国尚未核准加入压载水公约，但该公约并没有给非缔约国任何优惠和免除，因此我国也必将会在恰当时机加入，以履行海洋环境保护的国际义务，同时保护我国管辖的海域不受外来水生生物和病原体的侵害。

公约由正文的 22 条和 1 个规则组成。规则作为压载水公约的技术要求，共分 5 部分。

公约正文的内容有：控制有害的水生生物和病原体通过船舶压载水和沉积物转移；沉积物接收设施；科学技术研究和检测；检验和发证；对违反事件的处理；船舶检查；对违反事件的调查和对船舶的监督；检查采取行动的通知；避免对船舶的不当延误等。

规则的全称为“船舶压载水和沉积物控制与管理规则”，公约的技术要求都在规则内。规则由总则、船舶的管理和控制要求、某些区域的特殊要求、压载水管理标准和压载水管理的检验和发证要求 5 部分组成。

本节内容依据公约正文和规则的文本，针对油船的管理操作做了摘要。

（一）压载水装载

为减小有害水生物和病原体的加装或转移，对压载水的加装有以下建议：

1. 如果可行，应在港口水域外距岸边尽可能远的区域加装压载水；可考虑使用船坞边的供水（如淡水、饮用水等）作为压载水的来源。

2. 当加载压载水时，应尽力避免加装有害水生物，病原体和含有上述生物的沉积物。应减小或避免在下述海域和情况下加装压载水：

（1）港口国确定不宜加装压载水的。

（2）夜间，水体中的生物可能上浮。

（3）极浅的水域。

（4）推进器搅起沉积物的地方。

（5）大型浮游植物繁盛（藻类繁盛，例如赤潮）的水流区域。

（6）污水排放口附近。

（7）已知的潮流较混浊的区域。

（8）已知的潮流冲刷弱的区域。

（9）水产养殖区附近。

（二）压载水排放

压载水应在排放前进行更换，或者根据主管机关的要求进行管理。任何化学处理须使用经IMO根据公约批准的活性物质，同时在可行的条件下，常规去除沉积物的压载舱清洗应在严密布置下进行，并对产生的沉积物进行适当的处理以保证环境安全。船舶压载水管理的标准有两个，分别是压载水更换标准和压载水性能标准。

1. 压载水更换标准（第D-1条）

压载水更换的标准是压载水容积更换率至少为95%，如果使用泵入-排出方法，则需泵入—排出3倍压载水舱容的水量。已被接受的3种方法具体为：

（1）顺序法（Sequential method）——首先泵空装载压载水的压载舱，然后重新注满置换压载水，以达到95%的容积更换率。

（2）溢流法（Flow-through method）——将置换压载水从底部泵入，同时使原压载水从舱顶或其他布置溢出。

（3）稀释法（Dilution method）——将置换压载水从顶部注入，同时从舱底以相同的流速排出。

2. 压载水性能标准（第D-2条）

（1）每立方米中最小尺寸大于或等于50 μm的可生存生物少于10个；

（2）每毫升中最小尺寸小于50 μm但大于或等于10 μm的可生存生物少于10个；

（3）作为一种人体健康标准，指标微生物应小于下述浓度：

①有毒霍乱弧菌（O1和O139）少于每100 mL 1 cfu（菌落形成单位）或小于每1 g（湿重）浮游动物样品1 cfu；

②大肠杆菌：少于每100 mL 250 cfu；

③肠道球菌：少于每100 mL 100 cfu。

水质标准相当于内河和 4 n mile 以内近岸的船舶生活污水的排放标准。

表 1-2 为 D-1 和 D-2 标准适用的时间和船舶情况。

表 1-2　D-1 和 D-2 标准适用的时间和船舶情况

船舶建造时间(CT)	压载水容量/m^3	2008	2009	2010	2011	2012	2013	2014	2015	2016	2017～
CT＜2009	1 500～5 000	D-1/D-2						D-2			
	＜1 500 ＞5 000	D-1/D-2								D-2	
CT≥2009	＜5 000	—	D-2								
2009≤CT<2012	≤5 000	—	D-1/D-2							D-2	
2012≤CT	≥5 000	—				D-2					

对于参与压载水处理技术的测试和评估的船舶，经主管机关批准，第 D-2 条标准可以推迟 5 年执行。

（三）船舶管理要求

1. 压载水管理计划（第 B-1 条）

每一船舶均应在船上携带并实施压载水管理计划。此种计划应由主管机关批准并考虑到 IMO 制定的指南。压载水管理计划是各船特定的并应至少：

（1）详述与本公约要求的压载水管理有关的该船舶和船员的安全程序。

（2）详述实施本公约中所载的压载水管理要求和补充性的压载水管理实践所应采取的行动。

（3）详述沉积物的：①海上处置程序；②岸上处置程序。

（4）包括与将在其水域中进行海上排放的国家当局协调的船上海上排放压载水管理程序。

（5）指定在船上负责确保计划得到正确实施的高级船员。

（6）包含本公约规定的船舶报告要求。

（7）以船舶的工作语文写成。如果使用的语言不是英文、法文或西班牙文，则应包括其中之一的译文。

2. 压载水记录簿（第 B-2 条）

（1）每一船舶均应在船上备有至少载有公约附录规定信息的压载水记录簿。该记录簿可以是一种电子记录系统，或可以被合并到其他记录簿或系统中。

（2）压载水记录簿的记录事项应在完成最后一项记录后保留在船上至少 2 年；此后应在至少 3 年的期限内由公司控制。

（3）在依据公约规定的例外、免除或向接收设施排放压载水时，或在发生本公约未以其他方式予以免除的压载水的其他意外或异常排放时，应在压载水记录簿中做出记录，说明排放的情况的理由。

（4）《压载水记录簿》应在所有合理时间随时可供检查；对于被拖带的无人船舶，可放在拖船上保存。

（5）每一压载水作业均应及时在压载水记录簿中作出完整记录。每一记录均应由负责有关作业的高级船员签字，每一页填写完毕均应由船长签字。压载水记录簿中的记录事项应以该船的工作语言填写。如果该语言不是英文、法文或西班牙文，则该记录事项应载有其中一种语言的译文。当填写的记录事项也使用了船舶有权悬挂其国旗的国家的官方国家语言时，在发生争端或有不一致时，应以此种语言填写的记录事项为准。

（6）经当事国正式授权的官员，当船舶在该当事国的港口或离岸码头时，可在本条适用的任何船上检查压载水记录簿，并可制作任何记录事项的副本和要求船长证明该副本是真实副本。经此种证明的任何副本应在任何诉讼中被允许作为记录事项中所述事实的证据。压载水记录簿的检查和被证明的副本的制作应从速进行，不应造成船舶不适当的延误。

3. 进行压载水更换应满足（第 B-4 条）

（1）凡可能时，均应在距最近陆地至少 200 n mile、水深至少为 200 m 的地方进行压载水更换并应考虑 IMO 制定的指南。

（2）当船舶不能按第 1.1 款进行压载水更换时，应考虑第 1.1 款所述指南，在尽可能远离最近陆地的地方，并在所有情况下距最近陆地至少 50 n mile、水深至少为 200 m 的地方进行此种压载水更换。

（3）在距最近陆地的距离或水深不符合第 1.1 或 1.2 中所述参数的海区中，经视情与邻近或其他国家协商并考虑到第 1.1 款所述指南，港口国可指定船舶进行压载水更换的区域。

（4）不应为符合第 1 款的任何特定要求而要求船舶偏离其预定航线或推迟航行。

（5）如船长合理地确定：由于恶劣天气、船舶设计或应力、设备失灵或任何其他异常状况，压载水更换会威胁船舶的安全或稳性、其船员或乘客，则应视情不要求进行压载水更换的船舶符合第 1 或 2 款。

（6）当船舶被要求进行压载水更换但却未按本条这样做时，其理由应在压载水记录簿中做出记录。

4. 使用压载水管理系统

应根据系统设计标准和生产商的操作维修说明来使用经认可的压载水管理系统，并在《船舶压载水管理计划》中详细描述该系统的使用。该系统的所有失灵和故障都应在压载水记录簿中做出记录。

5. 高级和普通船员的职责

高级和普通船员应熟知其在供职船舶实施其具体压载水管理方面的职责并应熟知与其职责相应的船舶压载水管理计划。

（四）检验和发证要求

400 总吨及以上的船舶需要在压载水管理方面接受检验，检验的内容包括压载水管理计划、压载水记录簿、任何相关结构、设备、系统、配件、装置和材料或工艺等，以验证其符合本公约管理的要求。

扩展知识

二、部分国家对船舶压载水管理的要求（简介）

《船舶压载水管理公约》虽然没有生效，但是很多国家对船舶进入本国水域已经开始实施压载水管理规则，下面介绍部分国家对船舶压载水管理的要求。

（一）抵美国船舶压载水报告制度

压载水管理自2004年9月27日生效，所有船舶进入美国港口之前要求实行压载水管理，2004年8月13日开始生效。所有船舶应在抵达美国水域24 h之前向美国“国家压载信息组织”（National Ballast Information Clearinghouse，NBIC）递交美国固定格式的压载水报告，网址是：NBIC@ballastreport.org。待递交成功后，船方会得到审核的回执电文，保留该回执电文，以便USCG（美国海岸警卫队）登船检查。考虑到船舶从递交压载水报告需要2天才能收到美国“国家压载信息组织”的确认回复，通常美国压载水信息组织收到报告后,要分析压载水报告，审核报告是否符合标准.为了避免船舶抵港后，等待美国“国家压载信息组织”的确认回复才能排压载水，这样有可能耽误船期，因此，船舶呈递报告时间，要充分考虑是否有星期六、星期天和美国法定节假日，如果有，还要提前递交。

NBIC回复电文：

“You will receive an official response for this ballast water report within 2 work days (NBIC does not operate on weekends or Federal holidays). The official response will include an analysis of your ballast water report, indicating whether the report is in good order.”

压载水报告规则：

（1）所有船舶应递交压载水报告，即使船舶没有装载压载水或不从事压载水排放作业。

（2）船舶每次进入新的地区（Zone）及每一美国港口时，也就是说，从美国港口或者水域航行到美国另一个水域或者港口，如果航程较近,距离海岸线少于 200 n mile 以及水深无法满足要求，可以选择航线中最为合适一段进行更换压载水，无需绕航,操作结束后立即递交压载水报告。

（3）船舶应在抵美港口 24 h 前，若本航次航行少于 24 h，应在完成压载水操作或者离港前递交压载水报告。

(4) 报告的格式为：OMB FORM NO. 1625-0069。该表格可以向 NBIC 申请或请代理下载转给船方。

（二）秘鲁压载水管理规定（PERU BALLAST WATER REQUIREMENT）

规范船舶在抵达秘鲁港口前进行的压载水更换的规定经过了官方的修正。从 2006 年起，072-2006-DCG 号“委员会决议”将取代 1996 年生效的 178-96DCG“委员会决议”（DIRECTORIAL RESOLUTION）。所有拟在秘鲁港口排放压载水的秘鲁本国及外籍船舶必须在距离海岸 12 n mile 以外的海区更换压载水。

船舶的代理必须在船舶驶达秘鲁港口之前将更新的指示发给所有船舶，并在船舶抵达港口时将附则 A 的格式发给船舶。

072-2006-DCG“决议”增加了以下规定：

（1）船舶须根据决议附则 A 的规定向海事管理部门（港监）提交压载水通知。

（2）船舶必须有压载水登记簿。

（3）如果船舶在抵达前未更换过压载水，即使该压载水已经过处理，禁止在港内排放。如果船舶需要排放压载水，必须报经港监批准。并开往指定的海区排放/更换压载水。

（4）即使船上的压载水是在另一个秘鲁港口注入，如果船舶欲在驶达秘鲁港口排放压载水的，仍需遵循规定，即在抵港之前在距离海岸 12 n mile 以外的海区更换压载水。

（5）秘鲁当局将设置敏感区，在该区域将禁止排放压载水。

秘鲁的海事管理部门执行下列港口监督措施：

（1）确保船舶制订了压载水管理计划。

（2）确保船舶制订了主要船员负责实施压载水管理计划。

（3）查实船员是否受过上述计划的培训或者对该计划是否熟悉。

（4）对压载水取样检查是否含有有害物质。

应当注意的是，从距离海岸 12 n mile 以外的海区注入船舶的压载水可能被视为来自一个不同环境。因此，我们建议，除非基于船舶安全考虑，应当在尽量靠近距离 12 n mile 的海区更换压载水，以避免抵港后可能因水环境不一致而引发问题。

（三）巴西压载水管理要求

挂靠巴西港口和码头的船舶，现在需要执行该国一项强制性的管理要求和报告规定。该规定于 2005 年 10 月 15 日起生效，要求船舶在抵达巴西之前须先行用连续方法，流动方法或者稀释方法进行压载水交换。

所有使用压载水的船舶须有压载水管理计划，制定安全有效的管理压载水的程序。巴西籍船舶或者被租赁给巴西的船舶必须有经口岸管理局（DIRECTORATE OF PORTS COASTS）认可的船级社批准的压载水管理计划。对于从巴西开出，或者驶入巴西港口的外籍船舶，其压载水管理计划无须经批准。

船舶交换压载水，须在距离海岸至少 200 n mile 及水深不浅于 200 m 的区域操作。如果不可能满足此种要求，则应在距离海岸可能不少于 50 n mile。水深不浅于 200 m 区域进行。如果在海上无法交换压载水，须将其保留在船上。

从国际海域或者其他地理水域驶入亚马逊河（AMAZON RIVER）的船舶须经两次压载水交换，第一次交换需按上文的详细要求进行。第二次交换旨在降低压载水的盐度，须在 20 m 等深线和 MACAPA 之间进行。如果压载水的体积少于 5 000 m^3，交换为只限于在 JARI 河（JARI RIVER）；在该第二次交换时，仅需将压载水舱的水泵出一次。

从国际海域或者其他地理水域驶入 PARA 河（PARA RIVER）的船舶也须进行二次压载水交换。第一次交换需按上文的详细要求进行。第二次交换需在距离 SALINOPOLI 和 PONTA DO CHAPEU VIRADO（IIHA DO MOSQUEIRO）灯标 70 n mile 的区域内进行。

船舶无需为进行压载水交换偏离其原定航线或者延误航行，如果船长认为进行压载水交换可能会损害船舶的安全和稳性或者船上船员和乘客的安全，该船可以免予进行此种交换。但是，船舶没有进行压载水交换将会引致处罚，除非船舶因安全问题，航行限制或者其他特殊原因而被免除此种义务。

船方应呈交压载水报告表，并由船长或者船舶代理在船舶抵港前 24 h 前提交港口船长。压载水历史记录应在船保留2年。所有为装卸货物或者为其他目的而抵达巴西港口和码头的船舶均需接受检查，以确保其遵照上述规定。

（四）中东波斯湾水域有关国家规定

波斯湾区域压载水管理规则修改的内容：

考虑到公约规定的细节，根据新的压载水管理协定取代过去自愿参加的指导性方针，新的规则期望采取措施减少有害生物介入的风险，同时，协调国家和整个地区对海洋环境保护区域组织签署压载水处理方针。

海洋环境保护区域组织指定的海域范围（RSA）其地理位置详细说明如下：

北纬：16°39′　　东经：53°3′30″

北纬：16°00′　　东经：53°25′

北纬：17°00′　　东经：56°30′

北纬：20°30′　　东经：60°00′

北纬：25°04′　　东经：61°25′

船舶压载水是很大的数量，每年有超过50 000艘船舶进入海洋环境保护区域和排出大量的压载水。海洋环境保护区域主要是半封闭海湾，夏天海水温度很高，冬季凉爽时间短，空气和水温起伏和海水含盐度高。同样，波斯湾海水浑浊与船舶在公海换水不够充分有关。因此，船舶有必要履行在海洋环境保护区域以外交换压载水，管理和控制船舶有害生物的传播。

从2009年11月1日起开始生效，所有船舶无论悬挂哪个国家国旗，在海洋环境保护区域组织规定的海域，这个区域包括：巴林、伊朗、伊拉克、科威特、阿曼、卡塔尔、沙特阿拉伯以及阿联酋。凡是在这个海洋环境保护区域以外携带的压载水都需要交换，处理或者将压载水排放到岸上接收设备。

考虑到公约B-4款规定的压载水管理协定，应该遵守以下各点：

• 船舶从海洋环境保护区域以外的区域抵达该区域，应当保证在航行途中距最近陆地200 n mile，水深至少200 m进行压载水交换。

• 假如这种方法无法完成，那么船舶将要向有关当局提供为什么不能做的理由和可能需要更进一步压载水管理措施，所采取的措施要尽可能与压载水管理规定和国际法规相一致。

• 压载水设备系统符合国际海事组织的标准，压载水经过该设备处理后，不需要交换压载水。

• 依据国际海事组织的指导方针，船舶需要配备认可的压载水管理计划，并保持压载水连续记录簿。

• 从以上指定的日期（2009年11月1日），所有船舶通过霍尔木兹海峡之前要求完成填写区域压载水报告表格。港口国监督检查官员将检查船舶，确保区域管理要求得到彻底贯彻执行。

（五）挪威国家颁布的压载水管理规则

适用范围：所有船东、船舶管理公司和租船人。

从2010年1月1日起开始生效，所有船舶，无论悬挂哪一个国家国旗，只要是在巴伦支海、挪威海、北海、爱尔兰海、比斯开湾和伊比利亚半岛周围及大西洋北部以外水域携带的所有压载水都要求进行交换、处理，或者排放到岸上接收设备。这条规则同样适用以上所列的任何一个区域泵入压载水，并且在另一个海域排放。以上规定适用停靠挪威港口和挪威领海水域。

在解释和理解本条款时，首先要弄清楚以下 2 个问题：

（1）什么是以内区域（Inside），即是巴伦支海、挪威海、北海、爱尔兰海、比斯开湾和伊比利亚半岛周围及大西洋北部。在这些区域泵入压载水，可以不交换、处理，直接在挪威港口，领海水域排放。

（2）什么是以外区域（Outside），即是在巴伦支海、挪威海、北海、爱尔兰海、比斯开湾和伊比利亚半岛周围及大西洋北部以外水域。在以外水域泵入压载水，要求进行交换、处理，然后可以直接在挪威港口，领海水域排放，或者排放到岸上接收设备。

（3）压载水在操作上的要求。交换水域水深至少 200 m 和距离最近陆地至少 200 n mile。假如不可能这样操作，压载水交换可以在水深 200 m，距离岸线至少 50 n mile。船舶不需要有意偏离原来制订的计划航线以满足压载水交换的水深和距海岸的距离要求。假如船舶不能满足在规定的水深或者规定的距离外的水域交换压载水，那么船舶必须在远离挪威海岸线三个指定换水区域，选择其中一个区域内完成压载水交换。

假如船舶在安全方面受到威胁，或者船舶稳性，不利的天气威胁船员、旅客的生命安全，船舶设计上，设备缺陷或者其他特别条件，那么，船长根据实际情况，做出合理的决定，压载水可以不需要交换。

依据国际海事组织的指导方针，船舶需要配备认可的压载水管理计划，并保持压载水连续记录簿。

悬挂挪威国旗的船舶使用的压载水处理技术需要得到挪威当局检验认证。这个要求不适用悬挂其他国旗的船舶。

思考题

1. 《船舶压载水管理公约》的主要目的是什么？
2. 对船舶加装和转移压载水有哪些建议？
3. 船舶置换压载水的方法和要求有哪些？
4. 简述美国压载水的报告制度。

第四节　我国及其他国家的相关规定

要　点

修订后的《中华人民共和国海洋环境保护法》的相关内容。2010 年 3 月 1 日起施行的《中华人民共和国防治船舶污染海洋环境管理条例》的主要内容及适用范围。《中华人民共和国船舶污染物排放标准》（GB 3552-8）3 项污染物排放标准。《中华人民共和国海洋倾废管理条例》的适用范围。美国《1990 年油污法》（OPA90）的目的和对船公司的影响。《中华人民共和国船舶污染海洋环境应急防备和应急处置管理规定》的主要规定。最新版本（Version 2/5/2009）的“国家污染物排放消减（NPDES）船舶通用许可”（以下简称“VGP”）要求。

必备知识

一、我国的船舶防污染管理法规

（一）《中华人民共和国海洋环境保护法》

1982年由全国人民代表大会常务委员会颁布，于1983年3月1日生效的《中华人民共和国海洋环境保护法》(以下简称《海洋环境保护法》)，是我国第一部为保护海洋环境及资源，防止污染损害，保护生态平衡，保障人体健康，促进海洋事业发展的国家法律。

该法共8章48条：

第一章 总则；

第二章 防止海洋工程对海洋环境的污染损害；

第三章 防止海洋石油勘探开发对海洋环境的污染损害；

第四章 防止陆源污染物对海洋环境的污染损害；

第五章 防止船舶对海洋环境的污染损害；

第六章 防止倾倒废弃物对海洋环境的污染损害；

第七章 法律责任；

第八章 附则。

《海洋环境保护法》自1983年实施以来，对保护我国的海洋环境，防止污染损害，保障人体健康，发挥了十分重要的作用。但随着我国改革开放的不断深入，经济的快速发展，该法已有许多条款不能满足现实情况的需要。因此《海洋环境保护法》于1999年12月25日由中华人民共和国第九届全国人民代表大会常务委员会第十三次会议修订通过，并由中华人民共和国国家主席第二十六号令公布，自2000年4月1日起施行。修订后的《海洋环境保护法》以可持续发展战略和环境保护基本国策等大政方针为依据，用法律的形式确定了现行的一些行政法规和规章中的行之有效的海洋环境管理制度和措施；增加了“海洋环境监督管理”和“海洋生态保护”两章；在有关污染防治的章节中，增加和完善了海洋环境保护法律制度的规定，细化了法律责任，加大了行政处罚力度；调整了部门职责分工；增加了国际履约的相关内容。

现行的《海洋环境保护法》共10章98条。

1. 第一章 总则

本章共5条，即第1条到第5条，主要规定了《海洋环境保护法》的适用范围和海洋环境保护管理体制。

（1）适用范围。本法适用于中华人民共和国的内水、邻海、毗连区、专属经济区、大陆架以及中华人民共和国管辖的一切其他海域。

在中华人民共和国管辖海域内从事航行、勘探、开发、生产、旅游、科学研究及其他活动，或者在沿海陆域内从事影响海洋环境活动的任何单位和个人，都必须遵守本法。

在中华人民共和国管辖海域以外，造成中华人民共和国管辖海域污染的，也适用本法。

（2）海洋环境保护管理体制。国务院环境保护行政主管部门作为对全国海洋环境保护工作统一监督管理的部门，对全国海洋环境保护工作实施指导、协调和监督，并负责全国防止陆源污染物和海岸工程项目对海洋污染损害的环境保护工作。

国家海洋行政管理部门负责海洋环境的监督管理，组织海洋环境的调查、监测、监视、评价和科学研究，负责全国防治海洋工程建设项目和海洋倾倒废弃物对海洋污染损害的环境保护工作。

国家海事行政主管部门负责所辖港区内非军事船舶和港区水域外非渔业、非军事船舶污染海洋环境的监督管理，并负责污染事故的调查处理；对在中华人民共和国管辖海域航行、停泊和作业的外国籍船舶造成的污染事故登船检查处理。船舶污染事故给渔业造成损害的，应当吸收渔业行政主管部门参与调查处理。

国家渔业行政主管部门负责渔港水域内非军事船舶和渔港水域外渔业船舶污染海洋环境的监督管理，负责保护渔业水域生态环境工作，并调查处理前款规定的污染事故以外的渔业污染事故。

军队环境保护部门负责军事船舶污染海洋环境的监督管理及污染事故的调查处理。

沿海县级以上地方人民政府行使海洋环境监督管理权的部门的职责，由省、直辖市人民政府根据本法及国务院有关规定确定。

2. 第二章 海洋环境监督管理

这是新增加的一章，共 14 条，即第 6 条到第 19 条。主要规定了国家各有关行政主管部门、沿海各级人民政府对海洋环境监督管理的职责，同时规定了单位和个人保护海洋环境的责任和义务。

（1）国家海洋行政主管部门会同国务院有关部门和沿海省、自治区、直辖市人民政府拟定全国海洋功能区划，报国务院批准。沿海地方各级人民政府应当根据全国和地方海洋功能区划，科学合理地使用海域。

（2）国家根据海洋环境质量状况和国家经济、技术条件，制定国家海洋环境质量标准。

（3）直接向海洋排放污染物的单位和个人，必须按照国家规定缴纳排污费。向海洋倾倒废弃物，必须按照国家规定缴纳倾倒费。

（4）国家海洋行政主管部门，管理全国海洋环境的调查、监测、监视，定期评价海洋环境质量，发布海洋巡航监视通报。

（5）国家根据防止海洋环境污染的需要，制订国家重大海上污染事故应急计划。国家海洋行政主管部门负责制订全国海洋石油勘探开发重大海上溢油应急计划，报国务院环境保护行政主管部门备案。沿海可能发生重大海洋环境污染事故的单位，应当依照国家规定，制订污染事故应急计划，并向当地环境保护行政主管部门、海洋行政主管部门备案。沿海县级以上地方人民政府及其有关部门在发生重大海上污染事故时，必须按照应急计划解除或者减轻危害。

3. 第三章 海洋生态保护

该章也是新增加的一章，共 9 条，即第 20 条至第 28 条，主要规定有：

（1）国务院和沿海地方各级人民政府应当采取有效措施，保护红树林、珊瑚礁、滨海湿地、海岛、海湾、入海口、重要渔业水域等具有典型性、代表性的海洋生态系统，珍稀、濒危海洋生物集中分布区，具有重要经济价值的海洋生物生存区及有重大科学文化价值的海洋自然历史遗迹和自然景观。对具有重要经济、社会价值的已遭到破坏的海洋生态，应当进行整治和恢复。

（2）国务院有关部门和沿海省级人民政府应当根据保护海洋生态的需要，选划、建立海洋自然保护区。

（3）凡具有特殊地理条件、生态系统、生物与非生物资源及海洋开发利用特殊需要的区域，可以建立海洋特别保护区，采取有效的保护措施和科学的开发方式进行特殊管理。

（4）国家鼓励发展生态渔业建设，推广多种生态渔业生产方式，改善海洋生态状况。

4. 第四章 防治陆源污染物对海洋环境的污染损害

这一章共13条，即第29条到第41条，主要规定有：

（1）向海域排放陆源污染物，必须严格执行国家或地方规定的标准和有关规定。

（2）入海排污口位置的选择，应当根据海洋功能区划、海水动力条件和有关规定，经科学论证后，报设区的市级以上人民政府环境保护行政主管部门审查批准。

（3）禁止向海域排放油类、酸液、碱液、剧毒废液和高、中水平放射性废水。严格限制向海域排放低水平放射性废水。严格控制向海域排放含有不易降解的有机物和重金属的废水。

（4）含病原体的医疗污水、生活污水和工业废水必须经过处理，符合国家有关排放标准后，方能排入海域。

（5）向海域排放含热废水，必须采取有效措施，保证邻近渔业水域的水温符合国家海洋环境质量标准，避免热污染对水产资源的危害。

（6）禁止经中华人民共和国内水、邻海转移危险废物。经中华人民共和国管辖的其他海域转移危险废物的，必须事先取得国务院环境保护行政主管部门的书面同意。

5. 第五章 防治海岸工程建设项目对海洋环境的污染损害

本章共5条，即第42条到第46条，主要规定海岸工程建设项目，必须遵守国家有关建设项目环境保护管理的规定；立项时必须编报环境影响报告书；建设项目的环境保护设施必须与主体工程同时设计、同时施工、同时投产使用（“三同时”）。禁止在沿海陆域内新建不具备有效治理措施的化学制浆造纸、化工、印染、制革、电镀、酿造、炼油、岸边冲滩拆船以及其他严重污染海洋环境的工业生产项目。

6. 第六章 防治海洋工程建设项目对海洋环境的污染损害

本章共8条，即第47条到第54条，对建设项目的立项、施工、环保设施的要求，与海岸工程的规定一样，另外规定海洋工程建设项目，不得使用含超标准放射性物质或者易溶出有毒有害物质的材料，需要爆破作业时，必须采取有效措施，保护海洋资源。海洋石油勘探开发及输油过程中，必须采取有效措施，避免溢油事故发生，并要按有关规定编制溢油应急计划。海洋石油钻井船、钻井平台和采油平台的油污水和油性混合物，必须经过处理达标后排放，残油、废油必须回收，不得排放入海；不得向海域处置含油的工业垃圾。

7. 第七章 防治倾倒废弃物对海洋环境的污染损害

本章共7条，即第55条到第61条，主要规定有：

（1）任何单位未经国家海洋行政主管部门批准，不得向中华人民共和国管辖海域倾倒废弃物。禁止中华人民共和国境外的废弃物在中华人民共和国管辖海域倾倒。

（2）国家海洋行政主管部门负责选划海洋倾倒区。

（3）获准倾倒废弃物的单位，必须按照许可证注明的期限及条件，到指定的区域进行倾倒。应当详细记录倾倒的情况，倾倒后向批准部门做出书面报告。倾倒废弃物的船舶必须向驶出港的海事行政主管部门做出书面报告。

（4）禁止在海上焚烧废弃物。

8. 第八章 防治船舶及有关作业活动对海洋环境的污染损害

本章共 11 条，即第 62 条到第 72 条，主要规定有：

（1）在中华人民共和国管辖海域，任何船舶及相关作业，不得违反规定向海洋排放污染物、废弃物和压载水、船舶垃圾及其他有害物质。从事船舶污染物、废弃物、船舶垃圾接受，船舶清舱、洗舱作业活动的，必须具备相应接受处理能力。

（2）船舶必须配置相应的主防污设备和器材。

（3）国家完善并实施船舶油污损害民事赔偿责任制度；建立船舶油污保险、油污损害赔偿基金制度。

（4）载运具有污染危害性货物进出港口的船舶，必须事先向海事行政主管部门申报。

（5）港口、码头装卸站和船舶修造厂必须备有足够的用于处理船舶污染物、废弃物的接收设施。装卸油类的港口、码头、装卸站和船舶必须编制溢油污染应急计划，并配备相应的溢油污染应急设备和器材。

（6）船舶在港区水域内使用焚烧炉；进行洗舱、清舱、驱气；排放压载水、残油、含油污水接收；舷外拷铲及油漆、冲洗沾有污染物、有毒有害物质的甲板等作业；船舶、码头、设施使用化学消油剂；从事船舶水上拆解、打捞、修造和其他水上、水下船舶施工作业等活动时，均需事先按照有关规定报经有关部门批准或者核准。

9. 第九章 法律责任

本章共 22 条，即第 73 条到第 94 条，新的《海洋环境保护法》加大了行政处罚力度和法律责任。

（1）对违反《海洋环境保护法》有关规定的各类行为，海洋环境监督管理部门依据违法程度，有权给以警告、责令限期改正、停止生产或施工、吊销许可证等行政处罚和罚款决定，罚款额度最少为 2 万元人民币，最高为 100 万元人民币。

（2）造成海洋环境损害的责任者，应当排除危害，并赔偿损失；完全是由第三者的故意或者过失，造成海洋环境污染损害的，由第三者排除危害，并承担赔偿责任。对破坏海洋生态、海洋水产资源、海洋保护区，给国家造成重大损失的，由海洋环境监督管理部门代表国家对责任者提出赔偿要求。

（3）对违反《海洋环保法》规定，造成海洋环境污染事故的单位，由海洋环境监督管理部门处以罚款，其数额按直接损失的 30%计算，但最高不得超过 30 万元人民币。负有直接责任的主管人员和其他直接责任人员属于国家工作人员的，依法给予行政处分。对造成重大海洋环境污染事故，致使公私财产遭受重大损失或者人身伤亡严重后果的，依法追究刑事责任。

（4）海洋环境监督管理人员滥用职权、玩忽职守、徇私舞弊，造成海洋环境污染损害的，依法给予行政处分；构成犯罪的，依法追究刑事责任。

10. 第十章 附则

本章共4条，即第95条到第98条。

本法用语含义：

海洋环境污染损害，是指直接或间接地把物质或者能量引入海洋环境，产生损害海洋生物资源、危害人体健康、妨碍渔业和海上其他合法活动、损害海水使用素质和减损环境质量等有害影响。

内水，是指我国领海基线向内陆一侧的所有海域。

滨海湿地，是指低潮时水深浅于6 m的水域及其沿岸浸湿地带，包括水深不超过6 m的永久性水域、潮间带（或洪泛地带）和沿海低地等。

海洋功能区划，是指依据海洋自然属性和社会属性，以及自然资源和环境特定条件，界定海洋利用的主导功能和使用范畴。

渔业水域，是指鱼虾类的产卵场、索饵场、越冬场、洄游通道和鱼虾贝藻类的养殖场。

油类，是指任何类型的油及其炼制品。

油性混合物，是指任何含有油分的混合物。

排放，是指把污染物排入海洋的行为，包括泵出、溢出、泄出、喷出和倒出。

陆地污染源（简称陆源），是指从陆地向海域排放污染物，造成或者可能造成海洋环境污染的场所、设施等。

陆源污染物，是指从陆地污染源排放的污染物。

倾倒，是指通过船舶、航空器、平台或者其他载运工具，向海洋处置废弃物和其他有害物质的行为，包括弃置船舶、航空器、平台及其辅助设施和其他浮动工具的行为。

沿海陆域，是指与海洋相连，或者通过管道、沟渠、设施，直接或者间接向海洋排放污染物及其相关活动的一带区域。

海上焚烧，是指以热摧毁为目的，在海上焚烧设施上，故意焚烧废弃物或者其他物质的行为，但船舶、平台或者其他人工构造物正常操作中，所附带发生的行为除外。

（二）《中华人民共和国防治船舶污染海域管理条例》

《中华人民共和国防治船舶污染海洋环境管理条例》已经2009年9月2日国务院第79次常务会议通过，自2010年3月1日起施行。

该法的意义主要体现在三个方面：一是建立了污染预防体系。加强了防治船舶及其有关作业活动污染海洋环境的日常应急能力建设，完善了船舶污染物的排放与接受制度，充实了对船舶有关作业活动的污染防治制度。二是强化了污染处置力度。确定了船舶溢油量和直接经济损失的双重选择性污染事故等级划分标准，详细规定了事故报告的程序和内容，明确了事故应急指挥机构的地位、作用和成立机制，并对各级相关管理部门应急预案的启动工作提出了要求，进一步完善了事故的调查处理制度。三是全面建立了船舶污染事故损害赔偿制度。

在污染预防方面，主要确立了安全营运和防治船舶污染管理体系审核制度、防污应急设备专项验收制度、污染物接收作业许可制度、污染危害性货物进出港许可制度、污染危害性不明货物评估制度、开箱查验制度、散装液体污染危害性货物过驳作业许可制度以及污染清除作业协议制度等八项制度。

在船舶污染的预控、应急反应、污染事故的调查、油污损害的赔偿以及有关法律责任等方面增设了一系列的规定。主要体现在三个方面：一是建立了船舶污染预防体系，主要确立了安全营运和防治船舶污染管理体系审核制度、污染防治设备专项验收制度、污染物接收作业的许可制度、污染危害性货物进出港的许可制度、污染危害性不明货物的评估等九项制度，加强了海洋污染的源头管理。二是强化了船舶污染事故应急管理力度，主要确定了船舶污染事故应急反应制度和船舶污染事故调查处理制度，以保障船舶污染事故应急防备和反应能力的提高。三是根据我国《海洋环境保护法》、《海商法》以及中国加入的《1992 年民事责任公约》、《2001 年燃油公约》的规定，建立了船舶污染事故损害赔偿制度，包括船舶污染事故损害的赔偿原则，船舶污染事故损害的赔偿责任限额，船舶油污损害强制保险制度以及船舶油污损害赔偿基金制度。

船舶污染事故报告应当包括下列内容：船舶的名称、国籍、呼号或者编号；船舶所有人、经营人或者管理人的名称、地址；发生事故的时间、地点以及相关气象和水文情况；事故原因或者事故原因的初步判断；船舶上污染物的种类、数量、装载位置等概况；污染程度；已经采取或者准备采取的污染控制、清除措施和污染控制情况以及救助要求；国务院交通运输主管部门规定应当报告的其他事项。作出船舶污染事故报告后出现新情况的，船舶、有关单位应当及时补报。

污染事故等级是成立事故应急指挥机构、启动应急预案，确定组织事故调查主体的重要依据，反应程序和处置权限则是污染事故应急处置的核心内容。按照溢油量和经济损失的双重选择性量化标准，将船舶污染事故划分为特别重大、重大、较大、一般四个等级，每一等级事故的应急反应对象和处置权限均不相同。

该条例对船舶污染事故的应急处置权限予以了明确，即发生特别重大船舶污染事故时，国务院或者国务院授权国务院交通运输主管部门应当成立事故应急指挥机构。发生重大船舶污染事故时，有关省、自治区、直辖市人民政府应当会同海事管理机构成立应急指挥机构。发生较大船舶污染事故和一般船舶污染事故时，有关设区的市级人民政府应当会同海事管理机构成立事故应急指挥机构。

船舶污染事故赔偿责任限制制度。船舶污染事故可以分为两类，油污事故和非油污事故。对于非油污事故，其赔偿责任限额依照《海商法》关于海事赔偿责任限制的规定执行。对于油污事故，该条例则完全适用了《1992 年国际油污损害民事责任公约》（CLC92），规定无论是国际航行船舶，还是国内航行船舶，均应当按照公约的要求承担赔偿责任，即 5 000 总吨以下的油船责任限额为 451 万特别提款权（相当于 5 412 万元人民币），每增加一总吨其责任增加 631 特别提款权，但最高不超过 8 977 万特别提款权（约等于 10 亿人民币）。

（三）《中华人民共和国船舶污染物排放标准》

1983 年 4 月 9 日国务院环境保护领导小组颁布的《中华人民共和国船舶污染物排放标准》（GB 3552-8）共有 3 项污染物排放标准。

（1）船舶含油污水（油船压载水、洗舱水及船舶舱底水）排放标准（见表 1-3）。

表 1-3　船舶含油污水排放标准

内　河		不大于 15 mg/L
沿　海	距最近陆地 12 n mile 以内	不大于 15 mg/L
	距最近陆地 12 n mile 以外	不大于 100 mg/L 注

注：根据 1992 年 MARPOL73/78 公约修正案[MEPC.51(32)号决议]，自 1998 年 7 月 6 日起，均应为 15 ppm。

（2）船舶生活污水（包括粪、尿和船舶医务室排出的污水）排放标准（见表 1-4）。

表 1-4　船舶生活污水排放标准

项　目	内　河	沿　海	
		距最近陆地 4 n mile 以内	距最近陆地 4~12 n mile
生化需氧量（5 天）	不大于 50 mg/L	不大于 50 mg/L	
悬浮物	不大于 150 mg/L	不大于 150 mg/L	无明显虚浮固体
大肠杆菌	不大于 250 个/100 mL	不大于 250 个/100 mL	不大于 1 000 个/100 mL

（3）船舶垃圾（包括纸制品、破布、玻璃、金属、瓶子、陶瓷器及其他类似废弃物）排放标准（见表 1-5）。

表 1-5　船舶垃圾排放标准

排 放 物	内　河	沿　海
塑料制品	禁止投入水域	禁止投入水域
漂浮物质	禁止投入水域	距最近陆地 25 n mile 以内，禁止投入水域
食品废弃物及其他垃圾	禁止投入水域	未经粉碎的，禁止在距最近陆地 12 n mile 以内投弃入海；经过粉碎，且颗粒直径小于 25 mm 时，可允许在距最近陆地 3 n mile 之外投弃入海

（四）《中华人民共和国海洋倾废管理条例》

《中华人民共和国海洋倾废管理条例》1985 年 3 月 6 日由国务院颁布，于 1985 年 4 月 1 日起实施。以下是该条例的主要内容。

1. 适用范围

本条例适用于：向中华人民共和国的内海、领海、大陆架和其他管辖海域倾倒废弃物和其他物质；为倾倒的目的，在中华人民共和国陆地或港口装载废弃物和其他物质；为倾倒的目的，经中华人民共和国的内海、领海及其他管辖海域运送废弃物和其他物质；在中华人民共和国管辖海域焚烧处置废弃物和其他物质。

2. 倾倒废弃物的分类

废弃物根据其毒性、有害物质含量和对海洋环境的影响等因素，分为 3 类：

（1）禁止倾倒的废弃物。本条例附件一所列物质，这种废弃物在紧急情况，经国家海洋局批准，获得“紧急许可证”，可到指定的区域按规定的方法倾倒。

（2）需要获得特别许可证才能倾倒的废弃物：本条例附件二所列物质，这种废弃物倾倒，须事先获得“特别许可证”。

(3)低毒或无毒的废弃物：未列入附件一和附件二的物质，倾倒这种废弃物，须事先获得“普通许可证”。

3. 废弃物倾倒的管理

凡需向海洋倾倒本条例所规定的废弃物质，均应事先向国家海洋局或其派出机构提出申请，获得批准的相应级别的“许可证书”，按规定进行倾倒。未经批准的单位和船舶不得擅自向海洋倾倒废弃物。获准向海洋倾倒废弃物的单位在废弃物装载时，应通知主管部门予以核实。主管部门如发现实际装载的与许可证所注明的内容不符，应责令停止装运，情节严重的，应中止或吊销许可证。凡需要使用船舶倾倒废弃物的，要向起运港的港务监督［（或港航监督）现为海事管理机构］提交国家海洋局或其派出机构的批准许可证，经核实后，方可办理船舶进出港签证。如发现船舶实际装载的与所批准的许可证的内容不符，则不予办理签证，并及时通知批准许可证的机构。船舶在执行倾倒任务时，船方要在航海日志上如实记录倾倒情况。

附件一　禁止倾倒的物质

①含有机卤素化合物、汞及汞化合物、镉及镉化合物的废弃物；

②强放射性废弃物及其他强放射性物质；

③原油及其废弃物、石油炼制品、残油以及这类物质的混合物；

④鱼网、绳索、塑料制品及其他能在海面漂浮或在水中悬浮，严重妨碍航行、捕鱼及其他活动或危害海洋生物的人工合成物质；

⑤含有本附件①、②项所列物质的阴沟污泥和疏浚物。

附件二　需要获得特别许可证才能倾倒的物质

(1)含有下列大量物质的废弃物：

- 砷及其化合物
- 铅及其化合物
- 铜及其化合物
- 锌及其化合物
- 有机硅化合物
- 氰化物
- 氟化物
- 铍、铬、镍、钒及其化合物
- 未列入附件一的杀虫剂及其副产品

但无害的或能在海水中迅速转化为无害物质的除外。

(2)含弱放射性物质的废弃物。

(3)容易沉入海底，可能严重障碍捕鱼和航行的容器、废金属及其他笨重的废弃物。

(4)含有本附件(1)、(2)项所列物质的阴沟污泥和疏浚物。

(五)《中华人民共和国船舶污染海洋环境应急防备和应急处置管理规定》

该规定已于2010年12月30日经第12次部务会议通过，自2011年6月1日起施行。《规定》共分8章48条以及1个附件，主要规定体现在以下几个方面：

1. 构建了我国船舶污染事故应急预案体系

完善的应急预案体系是事故应急的关键之一。本《规定》根据《突发事件应对法》关于应急预案体系要求，针对船舶污染事故建立了一套完善的预案体系，并明确了各级预案的批准、报备和演练要求。第八条规定了国家专项应急预案、沿海省、自治区、直辖市以及沿海设区的市两级政府应急预案的制订要求。第九条规定了船舶以及有关作业单位要制订防治船舶及其有关作业活动污染海洋环境的应急预案，并报海事管理机构批准。港口、码头、装卸站的经营人应当制订防治船舶及其作业活动污染海洋环境的应急预案，并报海事管理机构备案。同时第八条规定了交通运输部、沿海设区的市级以上地方人民政府应当定期组织防治船舶及其有关作业活动污染海洋环境应急预案的演练。第九条规定了船舶以及有关作业单位应当按照制订的应急预案定期组织应急演练的要求。

2. 建立了船舶污染清除协议制度

船舶污染清除协议制度旨在通过引导船舶和船舶污染清除单位签订污染清除协议，一方面有效提高船舶自身的应急防备和处置能力，履行船舶及其所有人、经营人履行船舶污染应急职责；另一方面，可有效促进社会专业船舶污染清除单位应急处置能力的提高，从而提升社会整体的应急防备能力。根据我国《防治船舶污染海洋环境管理条例》（下称《防污条例》）的规定，本《规定》对国内沿海的船舶污染清除单位实施了四级资质管理。《规定》第十七条根据服务区域和污染清除能力的不同，船舶污染清除单位的能力等级由高到低分为四级，四级单位的具体能力要求在本《规定》的附件中做出了规定。此外，《规定》第十八条至第二十四条还进一步明确了船舶污染清除单位应具备的条件，资质认可的程序及相应的管理规定。遵循船舶的污染风险与专业清污单位的应急防备能力相适应的原则，本《规定》第二十五至二十八条规定了船舶应当根据其航行作业的区域不同、船舶类型或吨位大小的不同，与相应等级的船舶污染清除单位签订污染清除协议。

3. 完善了港口码头专项验收制度

对港口、码头、装卸站的专项验收制度是《防污条例》所确立的一项新制度。其立法目的是督促港口码头等单位承担防治船舶污染海洋环境责任，这些单位要履行这一法律责任，需要建立健全管理制度，配备硬件设备器材，满足国家有关标准和规范的要求。本《规定》设置了专章对专项验收行为进行了规范，主要包括了专项验收的内容、条件和程序要求等。

4. 完善了船舶污染事故应急反应程序规定

本《规定》根据《防污条例》和《突发事件应对法》的要求，在第三十一条至第三十八条规定了船舶污染事故应急程序要求，其中第三十一条至三十四条是对船舶报告事故、采取应急行动、海事管理机构开展监视监测、事故评估和成立事故应急指挥机构的要求，第三十五条、第三十六条是政府征用和海事管理机构采取强制措施的规定，通过这些规定，进一步完善了船舶污染事故应急反应程序。

5. 引入清污效果评估制度

清污效果评估是国际上广为实施的机制之一。因此，本《规定》第三十八条规定了船舶应当在污染事故清除作业结束后，对污染清除行动进行评估，并将评估报告报送当地直属海事管理机构。事故应急指挥机构应当在污染事故清除作业结束后，组织对污染清除作业的总体效果和污染损害情况进行评估，并根据评估结果和实际需要修订相应的应急预案。通过对清污过程的控制和对清污效果的评估，来达到减轻环境损害，防止二次污染，改进应急技术，完善应急预案的目的。

6. 建立了专业应急设备器材检验和备案制度

船舶污染应急所用的设备和器材多为专业性强的特殊设备和器材，其质量的好坏直接影响到水上清污的效果，也关系到操作这些设备、器材的人员安全，为此，有必要对这类设备和器材要求检验，对生产和销售企业要求备案。根据《防污条例》的规定，本《规定》第十条规定了船舶防治污染设施、设备和器材应当符合国家有关标准，并按照国家有关要求通过型式和使用性能检验，其生产、供应单位应当将其所生产、销售的设施、设备和器材的种类及其检验证书向国家海事管理机构备案。

（六）《中华人民共和国海上船舶污染事故调查处理规定》简介

《海上船舶污染事故调查处理规定》（交通运输部 2011 年 10 号令）已于 2012 年 2 月 1 日起生效。

本《规定》第六条要求，发生污染事故的船舶、有关作业单位，应当在采取应急措施的同时及时、妥善地保存相关事故信息，立即向就近的海事管理机构报告以下事项：

（1）船舶的名称、国籍、呼号、识别号或者编号；

（2）船舶所有人、经营人或者管理人、污染损害赔偿责任保险人的名称、地址和联系方式；

（3）相关水文和气象情况；

（4）污染物的种类、基本特性、数量、装载位置等情况；

（5）事故原因或者事故原因的初步判断；

（6）事故污染情况；

（7）已经采取或者准备采取的污染控制、清除措施以及救助要求；

（8）签订了船舶污染清除协议的，还应当报告船舶污染清除单位的名称和联系方式；

（9）船舶、有关作业单位认为需要报告的其他事项。

《规定》第七条要求，发生污染事故的船舶、有关作业单位，应当在事故发生后 24 h 内向就近的海事管理机构提交《船舶污染事故报告书》，因特殊情况不能在规定时间内提交《船舶污染事故报告书》的，经海事管理机构同意后可予适当延迟，但最长不得超过 48 h。

（七）《中华人民共和国海上交通事故调查处理条例》

1990 年 1 月 11 日经国务院批准，1990 年 3 月 3 日交通部令第 14 号发布施行，自发布之日起生效。共 8 章 37 条。主要内容包括：

1. 总则

（1）适用于船舶、设施在中华人民共和国沿海水域内发生的海上交通事故。

（2）实施机关为港务监督机构（现为海事管理机构，以下同）。

（3）“海上交通事故”：①碰撞、触碰或浪损；②触礁或搁浅；③火灾或爆炸；④沉没；⑤在航行中发生影响适航性能的机件或重要属具的损坏或灭失；⑥其他引起财产损失和人身伤亡的海上交通事故。

2. 报告

（1）船舶、设施发生海上交通事故，必须立即用甚高频电话、无线电报或其他有效手段向就近港口的港务监督报告。

（2）向港务监督提交《海上交通事故报告书》和必要的文书资料：①在港区水域内发生的，须在事故发生后 24 h 内向当地港务监督提交；②在港区水域以外的沿海水域发生的，必须在到达中华人民共和国的第一个港口后 48 h 内向港务监督提交；③引航员在引领船舶的过程中发生海上交通事故,应当在返港后 24 h 内提交。

（3）《海上交通事故报告书》内容：①船舶、设施的概况、所有人、经营人及地址；②事故发生的时间、地点及发生时的气象与海况；③详细经过（碰撞事故应附相对运动示意图）；④损害情况；⑤沉没概位；⑥与事故有关的其他情况；⑦报告必须真实、不得隐瞒或捏造。

3. 调查由港务监督进行

4. 处理

港务监督应当根据调查，做出《海上交通事故调查报告书》，查明原因、判明当事人的责任；构成重大事故的，通报当地检察机关。

5. 调解

（1）由事故引起的民事侵权赔偿纠纷，当事人可以申请港务监督调解；但凡已向海事法院起诉或申请海事仲裁机构仲裁的，当事人不得再申请港务监督调解。

（2）调解应在事发之后 30 日内提出。

（3）调解协议达成后当事人翻悔或逾期不履行的，视为调解不成。

（4）3 个月内未能使当事各方达成调解协议的，可以宣布调解不成。

（5）中途不愿调解的，应当提交撤销调解的书面申请，并通知对方当事人。

（6）申请调解的应缴纳调解费。调解费按过失比例或约定的数额分摊。

6. 罚则

（1）对当事人（自然人）处以警告或者 200 元以下罚款；对船舶所有人、经营人处以警告或者 5 000 元以下罚款的情况：①未按规定的时间向港务监督报告事故或提交《海上交通事故报告书》或判决书、裁决书、调解书副本的；②未按港务监督的要求驶往指定地点或擅自驶离指定地点的；③报告或报告书不符合规定或不真实；④拒绝、阻挠、干扰调查的；⑤隐瞒事实或提供虚假证明的。

（2）对事故发生负有责任的人员；若是中国籍船员、引航员或设施上的工作人员，可以给予警告、罚款或扣留、吊销职务证书；是外国籍船员或设施上的工作人员，可以给予警告、罚款或将其过失通知其所属国家的主管机关。构成犯罪的，由司法机关依法追究刑事责任。

7. 特别规定

（1）中国籍船舶在我国沿海水域以外发生的海上交通安全事故。应向船籍港港监报告，并于事故发生起 60 日内提交《海上交通事故报告书》。并在法律程序结束后 60 日内将判决书、裁决书或调解书的副本或影印本报船籍港的港监。

（2）外派船员对海上交通事故的发生负有责任的，其派出单位应当在事故发生之日起 60 日内向签发该职务证书的港务监督提交《海上交通事故报告书》。

8. 附则

对违反海上交通安全管理法规进行违章操作，虽未造成直接的交通事故，但构成重大潜在事故隐患的，港务监督可以依据本条例进行调查和处罚。

扩展知识

二、美国的相关规定

(一)《1990 年油污法》(OIL POLLUTION ACT 1990，简称 OPA90)

1. 背景

在人类还未知使用矿油的时代之前，油船就已经存在了，她的用途就是运送植物油、动物油，甚至运送醇酒。那个时代的船舶所承运的是桶装液体。直到 1859 年，人类发现矿油并开始使用矿油作为能源之后，真正的油船才诞生。1861 年第一艘油船“伊丽莎白·瓦特西”(ELIZABETH WATTS）号采用桶装石油装载在普通货船上，从美国宾夕法尼亚州，横渡大西洋，运到英国伦敦。从石油海上运输的发展史来看，美国在海上石油运输一直占主导地位，并对国际海事组织制定有关液货船设计标准和防止污染措施等方面公约和规则起到了促进作用。每一个公约的制定，都有它的起因和一个悲惨的事件，1989 年 3 月 24 日，美国埃克森公司的一艘油船“埃克森·瓦尔迪兹”(EXXON VALDEZ）号装载 270 000 桶原油（约 37 000 t）在美国阿拉斯加威廉王子海峡触礁，所载原油全部溢入海峡之中，“埃克森·瓦尔迪兹”号油船溢油事件在世界特大油污染事故中排列第 35 位，而其他特大油污染事故由于没有直接冲击海岸线，没有直接造成大的环境损害，因此不为公众所熟悉。“埃克森·瓦尔迪兹”号油船失事溢油影响了整个美国沿岸，美国埃克森石油公司为此先后付出了高达 40 亿美元的罚款赔偿。“埃克森·瓦尔迪兹”号事件发生后，针对这一起恶性事故以及海洋污染的形势，美国参议院及国会在环境保护主义者和社会舆论的压力下，通过了《1990 年油污法》，时任美国总统布什于 1990 年 8 月 18 日签署生效。《1990 年油污法》的颁布，对世界航运界产生重大影响，可以说“埃克森·瓦尔迪兹”号油船失事催生出了 OPA90。

OPA90 针对油污染提高了责任罚款限额，扩大了油污责任的范围.其主要内容：从油船的设计到石油运输的安全操作，以及威廉王子海峡灯标改建提出了一系列更为严格的要求，以力求从油船自身、船舶管理人员、海洋环境设施等方面来减少油污染海洋的恶性事故。

美国参议院和国会颁布的 OPA90，其目的是建立由于船舶和设施损坏导致污染和其他损失，规定了它们的责任范围，并且建立基金支付赔偿.。美国《1990 年油污法》共分 9 章 78 节，具体可参见 OPA90 英文版。

2. 美国《1990 年油污法》的内容

美国 OPA90 是由美国参议院和国会制定的一部法规，其目的是建立由于船舶和设施损坏导致污染和其他损失，规定了它们的责任范围，并且建立基金支付赔偿。这部法规的内容如下：

（1）概况

《1990 年油污法》共 9 章 78 节，涉及美国已颁布的 4 项法律，即：《联邦水域污染控制法》、《公海干预法》、《深水港口法》、《外部大陆架地带法》(1978 年修正案)。

《1990年油污法》从油污责任与赔偿，油污事件的预防与清除等方面，就防止船舶和海洋石油勘探开发等造成的污染，做出了一系列严格规定。

（2）油污赔偿

◆赔偿限额（责任限制）

责任方（船舶拥有者、经营者或光船租赁该船的任何人）的赔偿责任以及负责方就每一油污事件造成的或在其名下的任何清污费用的总额不超出下列规定的范围：

①3 000总吨以上的液货船限额为每总吨1 200美元或1 000万美元，取其大者；

②3 000总吨以下的液货船限额为每总吨1 200美元或200万美元，取其大者；

③其他船舶限额为每吨600美元或50万美元，取其大者。

◆无限赔偿

如果油污染事故是由于负责方或其代理人、雇员或按照与负责方的合同关系的人员下列行为，则将承担无限赔偿，即不享受责任限制的权力：

①有重大过失或故意不当行为；

②违反适用的联邦安全、构造或操作规则和命令，其中包括没有按规定报告该事故或没有向有关方面提供关于清污活动和一切合理的合作与协助；

③从外部大陆架设施运载货油时，油污染事故所产生的一切清污费用全部由船东或经营人承担，不享受责任限制。

◆免责

由下述原因造成的油污事故，可免除赔偿损害和清污费用：天灾；战争行为；第三方的行为或不为，但负责方的雇员或代理人或其行为或不为涉及与负责方的任何合同关系的第三方不在此例。在要求免责时，必须进行抗辩，即负责方以占优势的证据证明自己：

①考虑到油类的特性并根据一切有关的事实和情况，已对油类给予适当的注意；

②已采取措施防止可以预见到的第三方的行为或不为及后果。

尽管上述理由可以抗辩，但由于下列原因仍要承担赔偿责任：负责方知道或有理由知道事故，而没有或拒绝按照法律要求报告该事故；没有或拒绝向负责官员提供关于清污活动和一切合理合作与协助；没有执行有关法律颁布的命令。

◆拒赔

油污事故由索赔人的严重过失或故意不当行为所造成的，则负责方不对索赔人负责赔偿。

（3）清污费和损害赔偿

◆清污费用

①根据联邦、州或印第安部落的有关法律规定所付出的一切清污费用；

②任何人为其采取的符合国家应急计划的行动所付出的任何清污费用。

◆损害赔偿

①自然资源损害——因自然资源的破坏、损坏、损失或失去用途而遭受的损害，包括评估损害的合理费用；

②不动产或个人财产损害——因不动产或个人财产的毁坏或其破坏引起的经济损失而遭受的损害；

③生活用途损害——因损失自然资源的生活用途而遭受的损害；

④总收入损害——相当于不动产、个人财产或自然资源的毁坏、破坏或损失造成的税收、使用费、租金、收费或净利润份额的净损失的损害；

⑤利润和盈利能力损害——相当于不动产、个人财产或自然资源的毁坏、破坏或损失造成的利润损失或盈利能力削弱的损害；

⑥公共服务损害——清污活动期间或之后为提供排油引起的新增的或额外的公共服务（包括防水、安全或防治卫生危害）的净费用损害。

（4）基金

为减少事故后油污的扩散和减轻受害者的损失，设立油污基金，从每桶石油征收 5 美分，拟筹集 10 亿美元。

（5）财务责任能力证书

为使油污事故受害者得到应有赔偿，按《1990 年油污法》规定建立财务责任制，颁发统一的财务能力证书。

（6）对船员的要求

①对船员酗酒和吸毒进行严厉处罚，严重者追究刑事责任；

②凡到美国的船舶尤其是油船，其船上的船员要接受美国主管机关的考核，其内容包括配员、培训、资历和值班标准。油船还要求"原油洗舱"培训与证书、航行计划及英语能力，必须具备为防止和消除油污行动的应急反应能力，其他国家船员发证标准至少相当于美国法律或美国所接受的国际标准规定的能力；否则禁止其进港。

（7）对液货船航行安全标准的规定

①配备完善的足够的航行设备和系统；

②制订符合规定的航行计划和规定驾驶台常规命令；

③用船旗国官方语言和英文对照的船东管理船舶的规章制度；

④实施船位报告制度；

⑤威廉王子湾、华盛顿的罗萨里欧海峡和普福特海峡等水域，强制雇用拖船护航。

（8）对油船构造和货油系统的要求

①油船必须建造成双层壳体；

②货油舱必须设置液位和舱内压力监测装置、超高液位报警装置；

③设置舱内油气回收装置，保证油气不放入大气。

（二）美国环保署关于"国家污染物排放消减船舶通用许可"的有关规定

1. 背景介绍

美国环保署（EPA）根据美国联邦"清洁水法（CWA）"有关规定，颁布了最新版本（Version 2/5/2009）的"国家污染物排放消减（NPDES）船舶通用许可"（以下简称 VGP）要求。VGP 长达160页，有关内容摘录介绍如下。

1.1. VGP 的生效时间：自2008年12月19日（对阿拉斯加和夏威夷为2009年2月6日）至2013年12月19日。

1.2. VGP 的适用范围：在美国水域——包括其领海（距海岸3 n mile 内）或内河运营的、船长为24.08 m 及以上的所有本籍或外籍商用船舶。

1.3. VGP 的相关规定：

1.3.1 VGP 第1至第4部分给出所有适用船舶正常运营产生的污染物排放通用要求和具体限制条件；第5部分给出特定船泊（大型游艇、中型游艇、大型渡船、驳船、油船和石油产品船、科研船、消防船和警用船、实施压载水处理系统试验的船舶等）附加特殊要求；第6部分给出了各洲和印第安保护区的特殊要求；第7至15部分为附录，包括定义、意向通知（NOI）、终止通知（NOT）、附加许可要求、附加信息等。

1.3.2 根据 VGP 第1部分1.2.2规定，VGP 适用以下26类船舶污染物排放：冲洗甲板及水线以上外板污水、舱底水/油水分离后污水、压载水、防污底涂层沥出物、水成膜泡沫、锅炉冷凝水、阴极保护、锚链舱污水、可调距螺旋桨和推进器液压油及其他油、海水界面（包括明轮、艉轴管、螺旋桨轴、稳流器、舵轴、全回转推机器、吊舱式推进器等）的润滑油排放、蒸馏和反渗透海水（海水淡化装置）、电梯井坑污水、消防总管、淡水管接头、燃气轮机冲洗水、生活污水灰水、动力汽油和补偿排放、机器处所非油类废水、制冷和空冷排放、海水冷却水舷外排放（包括非接触类型机器冷却水、液压系统冷却水、制冷系统冷却水）、海水管线防止生物污染、船舶发动机湿排气、声呐导流罩水的排放、船舶水下维修、船台甲板排放、船舶生活污水和灰水混合物、废气洗涤器废水排放等。

1.3.3 VGP 的有效期限。按 VGP 第1部分1.5.2规定，如果在现 VGP 规定失效期限（2013年12月19日）前 EPA 未重新签发或替换 VGP，则现 VPG 保持有效。在下述情况下现 VGP 将失效（以早者为准）：

• 船舶已经取得的 VGP 经重新签发或替换时。相应船方需及时并适当地按新许可的要求重新递交一份完整的 NOI 以取得新的排放许可；或

• 船舶递交了“终止通知（NOT）”；或

• 对于不需递交 NOI 即可获得排放许可的船舶，签发新的 VGP 时；或

• EPA 对要求持有单独排放许可的船舶签发、或者拒绝签发单独排放许可时；或

• 当 EPA 正式决定不再重新签发 VGP，并对现 VGP 所覆盖的排放以变通排放许可或单独排放许可方式给出一个合理的时间期限时，现 VGA 排放许可终止于所述的时间期限结束时。

1.3.4 VGP 的终止。对于通过提交 NOI 取得 VGP 的船舶（300总吨及以上或压载水容量8 m^3以上船舶），在以下情况下需通过提交“终止通知（NOT）”以终止排放许可：船舶更换新船东或管理公司；船舶永久性停止在美国水域运营而不再进行排放；船舶取得了 EPA 签发的单独排放许可或变通排放许可。

对于不需通过提交 NOI 取得 VGP 的船舶（300总吨以下且压载水容量8 m^3及以下船舶），在上述情况下不必提交“终止通知（NOT）”即自动终止排放许可。

EPA 建议通过电子方式提交 NOT（www.epa.gov/npdes/vessels/eNOI），完成提交后当日晚1159时终止所授权的排放许可。

2. 船舶自我检查及报告要求

根据 VGP 第4部分“检查、监控、报告和记录保管”的规定，取得 VGP 的船舶应进行自我检

查监控（包括常规目检、分析监控、综合年度检查、干坞检验报告等）并保存相应记录，另对压载舱有附加的记录要求。所有要求的记录应由船舶保管至少3年，供EPA或其授权人员必要时核查。

当船舶发生不符合 VGA 排放限制、及排放物中危险品和油类超过规定数量等情况下应按VGA规定的时限报告EPA。另EPA要求各船舶在获得VGP后30个月至36个月期间向EPA做一次反馈报告（可通过网址www.epa.gov/npdes/vessels/eNOI填报，预计填报时间不超过30 min），以作为EPA下次更新VGP的参考依据。

3. CCS级船舶坞检声明签发的有关事项

根据 VGP 第4部分第4.1.4条规定，取得 VGP 的船舶应保存船级社或主管机关签发的干坞检验报告供EPA或其授权代表查阅。如船舶未持有船级社或主管机关签发的坞检报告，则船方也可自行准备一份这样的坞检报告。

3.1 结合干坞检验签发坞检声明。针对上述 VGP 要求，中国船级社自本通函发布日起在对CCS级船舶进行坞检时，应船公司申请，验船师在对以下项目进行检查、验证满意情况下，使用空白证书纸签发坞检声明［Form SOC（US-VGP）］：

（1）检查确认船舶锚链舱的沉淀物、活海生物已经清除。

（2）检查确认船体外板、螺旋桨、舵、推进器格栅、海底阀及其他船体水下外表面上所附着的海生物已经予以清除或抑制。

（3）验证船舶现有的或新施涂的防污底涂层不含在美国水域禁止使用的生物杀虫剂或毒性成分（符合AFS公约要求的防污底系统可认为等效满足该要求）。对于在美国境内采购或分发的防污底涂层，无论施涂、维修或移除，均应验证其与FIFRA（美国联邦杀虫剂、杀菌剂、灭鼠剂法案）标签相一致。

（4）若设有阴极保护系统，检查确认阳极块、介质膜已经予以清洗和/或更换，以减少碎片脱落。

（5）所有的防污染控制设备（包括油水分离器、排油监控系统等，若适用）处于正常工作状态。

（6）对舵承、艉轴管、可调距螺旋桨叶片（若安装）等的防护密封装置进行检查并在必要时更换。

3.2 现有船舶补发坞检声明。若正在或拟于美国水域运营的现有船舶未持有上述VGP要求的最近一次坞检声明，船长/船公司可按VGP第4.1.4条所列项目进行验证后自行签发坞检符合声明。船公司如需申请本社签发坞检声明，则可根据船期就近向中国船级社有关检验单位提交申请，中国船级社验船师将根据 VGP 第4.1.4条所涉及的六方面检验项目核查船舶最近一次坞检、防污底检验、防污染检验报告、及确认最新船舶检验信息中无上述项目遗留条件，并登船对上述项目尽实际可行进行检查或验证结果满意后签发坞检声明。

3.3 检验种类说明。中国船级社签发上述坞检声明的检验属于应船东申请而签发符合美国EPA要求证明文件的鉴证检验。

附件1. 中国船级社坞检声明格式［Form SOC（US-VGP）］。

附件2. 美国环保署（EPA）发布的“国家污染物排放消减船舶通用许可”（略）。

附件3. 美国环保署（EPA）发布的“船舶一般性许可证要求”（612号公告-12/08）。

自2008年12月19日起，所有除商业渔船以外、长度为79 ft（24.08 m）或超过79 ft，在正常营运过程将包括但不限于压载水的污染物排放至距离美国陆地3 n mile 的美国领海或内水的商船，将要受环保局最终的船舶一般性许可证要求的约束。

（1）许可证制度规范。船舶一般许可证规定了适用于所有船舶的五种排放限制要求：

• 物质储存

• 有毒及危险物质

• 燃油泄漏及溢出

• 排放含油物或油水混合物

• 遵守其他规则及法规

此外，船舶一般许可证确定和规定了船舶“正常营运过程中”涉及的28种具体的排放物种类。许多这些排放物，例如油类、污水及压载水的排放已有相关规定，因此目前的管理作法可能并不需要作任何改变。其他大多数限制排放物可以通过被视为实用方法的“最佳管理实务”使其排放量最小化或清除。

这28种列明的排放物中的一部分，例如声呐导流罩水的排放以及燃气涡轮清洗污水，不大可能为大多数营运的商船所产生。

除了上述情形以外，还有8种按船舶具体种类而定的要求：大中型邮船、大型渡船、油船、驳船、考察船、救助船以及带有实验压载水处理系统的船舶。

（2）文件。船舶一般许可证的要求比较广泛，涉及一系列检验、纠正行动以及违规行为的自我申报。许多活动，例如常规检验和培训，已为勤勉的船东所执行，并且可能是其船舶管理系统所要求的。但是，该项船舶一般许可证制度有一些新的和额外、需要遵守的记录要求和报告要求。

（3）公司及船舶目前应做的事项。

• 加强船员不得将污染物排放离船、特别是排放入美国领海的意识。

• 审查下述表格记载的28种排放物，开始实施“如何遵守”一栏所述的程序。除了同时受其他规定及船舶一般许可证要求规范的部分排放物（例如含油污水和压载水），大多数排放物限制可以通过实施“最佳管理实务”实现。

• 确保适当地积载及保护有毒及危险物质。

• 收集干坞报告，特别关注所有的船壳油漆证书，因为涂刷含三丁基的外层油漆的船壳污水的排放数量为零，因此禁止含有此种物质。油漆应当符合美国《联邦杀虫剂、杀真菌剂及灭鼠剂法案》（40 CFR 142.15）的规定。

• 定期检查排放到船外的物质，调查异常的原因并予以纠正。

• 纠正舵承或艉轴润滑油泄漏。

• 在美国领海外进行以下操作：冲洗甲板、排放轻水泡沫溶液（AFFF）、锅炉/加温器排污、抽吸锚链舱积水、抽吸可利用废水、操作油水分离器、海水管路化学处理（抗化学污垢）。

4. 遵守国家污染物排放消减制度的要求（见表 1-6）

表 1-6　GMS 国家污染排放消减制度遵守的内容

排放物	限额	如何遵守
1. 甲板冲洗污水	控制在最低值	若有可能，应将甲板冲洗推迟至船舶处于管理区域以外，在港内如有冲洗甲板的需求，应提前清理所有碎片、垃圾和渣滓。若有可能，应当使用环境友好/可以生物降解的清洁剂。使用机器置放容器/承油盘，定期清洁，适当处理含油污物。排放的甲板冲洗污水不应含有固体物质、明显的泡沫、卤化苯酚混合物及分散剂
2. 压载水	法规 33 CFR 第 151 部分+不允许含有油类、有毒液体物质或者危险物质	符合现行的压载水管理规定
3. 舱底污水	如需排放经处理的压载水，船舶必须在航行中（已超过 6 kn 的速度航行），除非此种航行会危及到船舶的安全及稳性	符合法规 40CFR 第 110 部分（油类的排放）、116 部分（危险物质的指定）、117 部分（决定危险物质的可报告数量）以及法规 33CFR § 151.10 部分（控制油类的排放）的规定。MARPOL 公约附则满足了许可要求。不要将未经处理的舱底污水排入受许可证制度管制的水域。排放舱底污水时，不要使用分散剂、清洁剂、乳化剂、化学品或者其他物质清除明显可见得油斑。不要添加会流入非船舶正常经营过程中生产的舱底污水的物质。船舶不应在距离岸上 1 n mile 以内的水域排放经处理的压载水，但为了维持船舶的安全和稳性除外
4. 船壳涂料抗污垢浸出液	三丁基为许可证制度所禁止。因此，受该制度规范的船舶经营人对于三丁基的排放数量为零	船舶若违规的，需要采取一切措施在下次干坞时申请经许可的船壳涂料。购自美国公司的船壳涂料必须符合法规 40CFR142.15《联邦杀虫剂、杀真菌剂及灭鼠剂法案》的规定，若购自海外，船壳涂料不得含有任何禁止在美国使用的材料
5. 轻水泡沫溶液（AFFF）		轻水泡沫溶液经批准可以为了紧急的目的和需要保证船舶的安全排放。禁止为了保养及培训的目的在港内排放。除非排放出于紧急的目的，在距离岸上 1 n mile 的保护区域以内操作的船舶不得排放轻水泡沫溶液，船舶若在这些区域排放的，必须提供理由

续表

排放物	限额	如何遵守
6. 锅炉/加温器排污	锅炉/加温器污水不得在许可证制度第 12.1 规定的，在距离岸上 1 n mile 的保护区域及该区域排放，处于紧急目的的排放除外	船舶在港时，如果使用了化学品或其他添加剂来减少杂质或防止水垢的形成，需要根据最佳航海实务实用技术上、经济上及操作上可行的控制措施（包括最佳管理实务）尽可能减少或不进行锅炉/加温器排污。除非出于安全考虑，每周离开领海至少一次的船舶不得在许可证制度的水域内排放污水
7. 阴极防蚀	使剥离最小化	保护性的金属必须干坞时更换或清洁，从而通过根据最佳航海实务使用技术上、经济上以及操作上可行的控制措施（包括最佳管理实务）减少/清除释放到环境中的金属分子。镁是使用的毒性较低的金属，无论何时如有可能，经济上和操作上可行的话，应当使用
8. 锚链舱污水		在将锚链舱从水里拉上来的过程中对其进行彻底的清洗是一种可以清除沉淀物的普遍和好的做法，船舶干坞时，应当清洁锚链舱。在清洁锚链舱后，应当在航海日志上做相应的记录
9. 可控螺距螺旋桨液压机液体		符合法规 33CFR 第 155 部分、VRP/NTVRP
10. 蒸馏及反渗透盐水		不得含有或者与被有害物质或废弃物污染了的机器接触
11. 升降机井无水	必须用油水分离器处理，若按照环保局 1644 号方法测量油分含量低于 15 ppm，则可以排放	除非升降机井污水已经正常工作的油水分离器处理，否则不得排放，紧急情况下的排放除外
12. 消防总管系统		除非在紧急情况下，或者在冲洗锚链舱时，仅在需要确保船舶的安全及保安的情况下才可以排放消防总管系统积水
13. 淡水储存		淡水储备时仅可以使用极少量的消毒剂以防止水生物繁衍
14. 燃气涡轮清洗污水		禁止排放入受许可证制度规制的水域，应当用一个单独的罐收集并排放到岸上。若有可能，应当避免将燃气涡轮的清洗污水和允许在许可证规制区域排放的（经油水分离器处理的）舱底污水混合在一起

续表

排放物	限额	如何遵守
15. 可再利用废水		有能力储存可再利用废水的船舶不应当在保护区内排放此种废水，应当尽可能减少可再利用废水中的厨房油污处理。使用的无毒性的清洁剂必须不含有在生物体内积聚的化合物，并且必须不得影响接受水域的酸碱值。具有充足的储存能力的船舶不得在 Chesapeake Bay 或者 Puget Sound 营养物质受损的水域排放。不具有充足储存能力的船舶只能在水循环充分、水深的水域，在航行当中排放
16. 动力汽油及补偿排放	按照环保局 1644 号方法测量，污水的油分含量低于 15 ppm	是动力汽油机缸内的补偿排放数量最小
17. 不含油机器废水		必须不含有油类和有毒的或者在生物体内积聚的添加剂
18. 制冷及空气冷凝剂排放		不能与含油或有毒物质接触
19. 舵承润滑油排放		船封必须处于良好的工作状态以防止油的溢漏。若发生溢漏或排放，依据法规 33CFR 第 155 部分处理
20. 海水冷却排放入海	环保局建议，若需排入水里，应当在距离岸边 50 n mile 的地方排放	若有可能，船舶在航行时可以将海水冷却排入海。清理的污损生物体不得排入受许可证制度规制的水域
21. 海水管路生物污垢预防		受法规 40CFR142.15《联邦杀虫剂、杀真菌剂及灭鼠剂法案》的规定约束的化学品必须按照生产商的标签使用。禁止排放任何杀虫剂或被禁用的化学品。排放物里含有的氯的数量应尽可能少。管系内的污损生物必须定期清除，且只能在距离岸上超过 50 n mile 的水域排放
22. 小船艇机器温废气		小船艇机器（通常在救生艇上）必须按照制造商的要求维护和调试，应当用低硫磺的燃料或代用燃料。环保局建议，对于受许可证制度规制的船舶，其经纪人应使用四冲程而非二冲程的机器。使用四冲程的机器可以使污染物排入美国水域的数量最小化
23. 轴管污水排放		良好维护轴管封以减少泄漏的机会。若发生泄漏/排放，依据法规 33CFR 第 155 部分处理
24. 声呐导流罩水排放		不得排放声呐导流罩内的积水

续表

排放物	限额	如何遵守
25. 水下船舶管理	使用铜基抗污损油漆的船舶在涂刷油漆之日起最初365日内，不得在受铜损害的水域（如圣地亚哥）清洗船壳，除非船壳有很明显的污损	若有可能，应仅在干坞的时候从事清洁船壳的活动
26. 并行甲板污水排放	清洁设备和工具的污水不得有垃圾，不得含有数量达到有害性的油类	不得在受许可证制度规制的水域排放
27. 与船舶生活的污水混杂的可再利用的废水		与船舶生活污水混杂的可再利用的废水的排放必须符合可再利用废水排放要求和《清洁水法案》312节规定的生活污水标准
28. 废弃洗刷水排放	还有数量达到有害性的油类、含有混合物、泥状洗刷水禁止排放	禁止在许可证规制区域排放

5. 附录船坞检验报告、整改报告和中国船级社坞检声明格式

DRYDOCK INSPECTION CERTIFICATION REPORT

(Date/Time): ____________________

The chain locker has been cleaned for both sediment and living organisms.

The vessel hull has been inspected for attached living organisms and those organisms have been removed or neutralized.

Antifoulant hull coatings have been applied, maintained and removed consistent with FIFRA label if applicable; any exposed existing or any new coating does not contain biocides or toxics that are banned for use in the United States.

The vessel hull has been inspected for attached living organisms and those organisms have been removed or neutralized.

For all cathodic protection, anodes or dialectic coatings have been cleaned and/or replaced to reduce flaking.

All pollution control equipment is properly functioning.

Verified by: ______________________ ______________________

Print Name; Title Signature

Certified by: ______________________ ______________________

Print Name; Master Signature; Master

CORRECTIVE ACTION ASSESSMENT

Discovery (Date/Time) : ____________________

Description of the problem(s) discovered:

____

____

____

Locations on board the vessel where the discharge occurred:

____

____

Type of impacts observed:

____

____

____

____

Identified by: ______________________ ______________________

Print Name; Title Signature

Recorded by: ______________________ ______________________

Print Name; Title Signature

Detailed explanation of the cause of the problem(s), if known:

____

____

____

____

If unknown, what steps will be taken to determine the cause:

____

____

____

____

1 of 2

CORRECTIVE ACTION ASSESSMENT

Description of the corrective actions to be taken necessary to eliminate the problem:

____

____

____

____

Schedule of activities for completing corrective actions in accordance with timeframes established in Part 3.3:

____

____

____

____

Does the corrective action require the vessel to be in dry dock (circle one): Yes / No

If so, the next planned date the vessel will be dry docked is:

____

____

Corrective action implemented (Date/Time): ______________________

Description of the corrective action implemented:

____

____

____

____

Recorded by: ________________ ________________

Print Name; Title Signature

中国船级社坞检声明书

STATEMENT OF DRYDOCK INSPECTION

Name of ship____

Class No. ____

Distinctive number or letters________________________________

IMO No. ____

Port of registry____

Gross Tonnage____

Date of Docking/Undocking________________________________

THIS IS TO CERTIFY that:

Upon the request of the owner/operator of the subject Ship, and in accordance with the requirements as stated at paragraph 4.1.4 of Vessel General Permit For Discharges Incidental To The Normal Operation Of Vessels (VGP) released by the U.S. Environmental Protection Agency (EPA) on National Pollutant Discharge Elimination System (NPDES), the following items have been verified to the surveyor's satisfaction:

1. The chain locker has been cleaned for both sediment and living organisms ____________________

2. The vessel hull, propeller, rudder, thruster gratings, sea chest, and other surface areas of the vessel have been inspected for attached living organisms and those organisms have been [removed or neutralized]*

____

3. Any antifoulant hull coatings have been applied, maintained and removed consistent with the FIFRA label (only applies to coatings sold/marketed in USA) if applicable; any exposed existing or any new coating does not contain biocides or toxics that are banned for use in the United States ____________

4. For all cathodic protection, anodes or dielectric coatings have been [cleaned and/or replaced]* to reduce flaking. ____

5. All pollution control equipment (including oily water separator, and/or oil discharge monitoring system as applicable) is properly functioning____

6. Protective seals for rudder bearing, stern tube [and controllable pitch propellers blades if fitted]* have been inspected and replaced as necessary. ______________________________________

Date of completion of the survey on the basis of which this Statement is issued Place (　　).

Date Surveyor to CHINA CLASSIFICATION SOCIETY

（三）关于美国加州沿海水域航行时所使用燃油含硫量的限制规定

国际海事组织（IMO）与2004年5月19日批准并且生效的硫氧化物排放控制区域（SOx EMISSION CONTROL AREAS—SECA）要求从规定生效之日起，船舶在SECA区域内航行必须使用1.5%m/m以下含硫量的燃油。

美国加州大气资源局（CALIFORNIA AIR RESOURCE BUREAU—CARB）关于燃油硫含量限制的生效日期具体内容见表1-7。

表1-7　燃油硫含量限制的生效日期和要求

生效日期	燃油
第一阶段　2009年7月1日	船用轻质燃油（DMA）硫含量在1.5%或以下；船用柴油（DMB）硫含量在0.5%或以下
第二阶段　2012年1月1日	船用轻质燃油（DMA）或船用柴油（DMB）硫含量在0.1%或者以下

美国加利福尼亚州（以下简称加州）要求自2009年7月1日起，船舶进入其海岸线24 n mile内必须遵守硫氧化物排放控制的以上规定。

1. 船舶进入美国加州水域的记录要求

（1）进出加州水域日期，当地时间和船舶位置。

（2）进出加州水域换油操作完成日期、当地时间、船舶位置。

（3）在加州水域内任何燃油的转换操作日期、当地时间、船舶位置。

（4）在加州水域内，主机、每一台燃油发电机，以及锅炉、副锅炉使用的燃油型号（例如：HEAVY FUEL OIL, MARINE DIESEL OIL, MARINE GAS OILS, ETC）。

（5）加油报告妥当存档，以便备查（其中包括加油数量、型号和实际含硫量）。

2. 船舶保持的文件应满足检查要求

（1）燃油系统图纸（包括：燃油沉淀柜、日用柜、混油柜、燃油加装管系、泵管系、处理设备、阀门以及辅助管系、图纸上标明燃油舱位置、舱容积）。

（2）详细的燃油转换程序。

（3）主机、辅机和副锅炉的详细资料（包括：制造商、型号、额定功率、常用功率，以及各种设备数量）。

三、欧盟水域沿岸国家的有关特殊规定

（一）油船进入欧洲水域船舶报告制度

在西欧特别易受伤害的敏感水域建立“油船进入西欧水域报告系统”（WESTERN EUROPEAN TANKER REPORTING SYSTEM，简称 WETREP）。此规定已于 2005 年 7 月 1 日世界时零点生效。西欧水域报告系统要求，凡是大于 600 载重吨各类型的油船，承运重质原油、重质燃料油，在 15℃，比重大于 900 kg/m^3，在 50℃，黏度大于 180 mm^2/s 沥青、焦油和其承载的货油含有放射性质，应向参与报告系统的沿岸国家或者通信联系岸站报告。报告标准格式、报告内容、报告时间和呈送报告的地理位置等的规定包含在 Annex 32 of IMO Resolution MSC.190 (79)中。

1. 船舶向沿岸国家报告联系方式

详见 Annex 32 of IMO Resolution MSC.190 (79)。

2. 呈报时间和地理位置

（1）进入报告区域。

（2）在报告区域离开港口。

（3）在报告区域绕航、锚泊。

（4）船舶绕航报告。

（5）离开报告区域报告。

3. 报告格式内容

（1）航行计划（SAILING PLAN，SP）。

（2）报告的相应台站。

（3）WETREP-SP：

- 船名
- 时间，日期（GMT）
- 地理位置
- 航向
- 航速
- 上一个港口
- 下一个港口，预计抵达时间，日期（GMT）
- 载货量，载货名称
- 要了解船舶所载货物信息通信联系方式.（装货港代理或货主）
- 在船人数
- 其他信息

（4）最后报告（FINAL REPORT，FR）

WETREP-FR

- 船名
- 时间，日期（GMT）
- 地理位置
- 航向
- 航速

（5）绕航报告（DEVIATION REPORT，DR）

WETREP-DR

- 船名
- 时间，日期（GMT）
- 地理位置
- 航向
- 航速

➤ 下一个港口，预计抵达时间，日期（GMT）

➤ 其他信息

（二）欧洲水域防止船舶造成空气污染

1. 消耗臭氧物质

（1）禁止消耗臭氧物质的任何故意排放。故意排放包括在系统或设备的维护、检修、修理或处理过程中发生的排放，但故意排放不包括与消耗臭氧物质的回收或再循环相关的微量释放。

（2）除 2020 年 1 月 1 日前允许含有氢化氯氟烃（HCFCS）的新装置以外，所有船上应禁止使用含有消耗臭氧物质的新装置。

（3）以上所述的物质以及设备中含有的此类物质，当其从船上卸下时，应送到合适的接受设备中。

2. 氮氧化物

（1）本条适用于 2000 年 1 月 1 日或之后建造或经重大改建的船舶，其上安装的输出功率大于 130 kW 的柴油机（不包括仅用于应急情况的柴油机）。每台柴油机对氮氧化物的排放应限制在 MARPOL73/78 公约关于防止大气污染的附则Ⅵ的相应规定值之内。对于在 2005 年 5 月 19 日前建造或改建的国内航行船舶上安装的柴油机可免除此要求。

（2）所有适用的柴油机应在入级的船级社监控下测量氮氧化物的排放并取得 EIAPP 证书或符合证明。船上安装的柴油机的 EIAPP 证书或符合证明、技术文件、柴油机参数的记录簿及船上直接测量和监控设施的操作手册（要求时）应保存在船上。

（3）对柴油机的排放产物有影响的各种操作（检修、调整、改造、备件更换等）均应满足公约规定的排放要求并按技术文件的要求进行，并保存完整、详细的记录以备查。

（4）在日常管理中，主管轮机员应确保主机、副机、锅炉良好的燃烧状态。如甲板值班或其他人员发现烟囱冒黑烟，应立即通知机舱值班人员或轮机长，以便尽快采取有效措施予以消除。

在 NOx 排放控制方面，修正案根据船舶的建造年份制定了三层控制标准，其中第三层标准最为严格，要求 2016 年 1 月 1 日及以后建造的船舶上安装的柴油机 NOx 排放量（按 NO_2 的排放总重量计算）在下列限值内：

①3.4 g/(kW·h)，当 n 小于 130 r/min；

②9·n(−0.2)g/(kW·h)，当 n 等于或大于 130 r/min，但小于 2 000 r/min；

③2.0 g/(kW·h)，当 n 等于或大于 2 000 r/min。

修正案还允许缔约方或者多个缔约方联合向 IMO 申请指定 SOx、PM 和 NOx 或这三种污染物的共同排放控制区。

3. 硫氧化物

MARPOL 公约附则 VI 的修正案对船舶大气污染物的排放提出了进一步的要求。修正案要求从 2012 年 1 月 1 日开始，全球燃油的硫含量从现在的 4.50%降低至 3.50%；并在 2018 年之前作出可行性评估。如果通过评估，则到 2020 年 1 月 1 日，将要求全球船用燃油硫含量降低到 0.5%。对于硫氧化物排放控制区，从 2010 年 7 月 1 日开始，该区域船舶所使用的燃油硫含量不得超过 1.00%；从 2015 年 1 月 1 日开始不得超过 0.10%。

（1）船上使用的任何燃油的含硫量不应超过规定标准（从2012年1月1日开始，全球燃油的硫含量从现在的4.50%降低至3.50%；并在2018年之前作出可行性评估。如果通过评估，则到2020年1月1日，将要求全球船用燃油硫含量降低到0.5%）。

（2）船舶处于硫氧化物排放控制区时所使用的燃油的含硫量不应超过规定标准（从2010年7月1日开始，该区域船舶所使用的燃油硫含量不得超过1.00%；从2015年1月1日开始不得超过0.10%）

（3）对于2005年5月19日及以后供应上船的燃油，燃油供应记录连同燃油样本应保存在船上。加油细节在加油记录单中应做相应的记载，并保存在船上，加油记录单中应包括如下资料：接收燃油供应船舶的名称和IMO编号、港口、供应开始的日期；船用燃油供应商的名称、地址和电话号码、产品名称、数量、15℃时的密度、含硫量（m/m%）、1份由燃油供应商代表签署和证明的声明。

（4）任何燃油转换操作都应在主管机关规定的《航海日志》中以及《船舶燃料油硫分记录簿》中做出相应的记载。

（5）船舶进入欧洲特殊区域前，一定要留有足够的时间进行高硫油向低硫油的转换，确保船舶在正式进入特殊区域时（以规定的经纬度为准），系统中的燃油全部达到低硫油的标准。船舶在驶出特殊区域后（以规定的经纬度为准），才可以进行低硫油向高硫油的转换。船舶的燃油转换须严格按照“船用高硫油、低硫油转换程序”进行操作，并将转换过程详细记入《船舶燃油转换记录簿》中备查。

（6）对有特殊要求的国家、地区或港口，船舶必须按其特殊要求执行相关操作和管理。

4. 挥发性有机化合物

（1）所有航行于1997年议定书缔约国指定的应按MARPOL73/78公约关于防止大气污染的附则Ⅵ的对挥发性有机化合物排放进行控制的港口或装卸站的液货船均应配备由主管机关认可的蒸气收集系统。

（2）大副应确保货物蒸气系统始终处于良好的工作状态，定期进行阀件功能测试和系统密封性实验，并建立相应的记录。

（3）在货物装载过程中应正确使用该系统，使得液货船产生的挥发性有机化合物得到有效控制。

（4）对具有接收货物蒸气能力和接收要求的港口、码头，船舶应按要求进行货物蒸气排岸操作，而不得将其排入大气中。

（5）蒸气收集系统的图纸、资料、操作手册应保存在船上。

5. 船上焚烧

（1）禁止下列物质在船上焚烧：

- MARPOL公约附则Ⅰ、Ⅱ和Ⅲ中的货物残余物以及有关的被污染的包装材料
- 多氯联苯（PCBs）
- MARPOL公约附则Ⅴ定义的含有超过微量重金属的垃圾
- 含有卤素化合物的精练石油产品

（2）在船舶正常操作过程中产生的污泥和油渣的船上焚烧也可以在主、副发电机或锅炉内进行，但在这种情况下，不能在码头、港口和河口内进行。

（3）禁止在船上焚烧聚氯乙烯（PVCs），在颁发了 IMO 型式认可证书的船上焚烧炉内焚烧除外。

（4）由主管机关颁发的焚烧炉型式认可证书、焚烧炉制造厂的操作手册应妥善保存在船上。

（5）负责焚烧炉操作的人员均应经过培训、并能执行制造厂操作手册中规定的程序（操作）。

（6）任何时候均应对燃烧烟道烟气出口温度进行监测，在温度低于 850℃的最小许可温度时废弃物不应送入船上连续进料焚烧炉。对于分批装料的船上焚烧炉，该装置应设计成其燃料室的温度在启动后 5 min 内达 600℃。

6. 吹灰操作

（1）锅炉管在离港后和到港前应吹灰。

（2）禁止在港内、码头和货物操作期间进行主机透平增压器、废气炉和辅锅炉的吹灰操作，防止烟囱产生火星和港内大气污染。

思考题

1.《中华人民共和国船舶污染海洋环境应急防备和应急处置管理规定》的主要内容。

2.《中华人民共和国防治船舶污染海域管理条例》事故报告的内容包括那些

3.《中华人民共和国海洋环境保护法》的主要内容有哪些？

4. 废弃物是如何进行分类的？

5. OPA90 责任赔偿有哪些规定？

6. NOI 的主要内容有哪些？

7. VGP 适用的船舶污染物排放有哪些？

8. 船上如何正确执行 VGP 的要求？

9. 加州沿海水域航行时对燃油含硫量有哪些限制规定？

10. 欧盟水域的船舶报告制度的主要内容有哪些？

11. 欧盟水域对燃油含硫量有哪些限制规定，应如何遵守？

12.《中华人民共和国海上交通事故调查处理条例》的主要内容有哪些？

第二章 油船基本结构和要求

本章主要介绍了双壳油船的结构，包括货油舱、专用压载舱及通风系统；压载舱的结构检查；油船腐蚀特点及其对涂层的要求。

第一节 船舶结构

要 点

船体基本结构包括单壳和双壳油船结构特点，隔离装置及油船舱壁和甲板在防火性能方面的特殊要求，高强钢的使用，货油的热效应，油船结构腐蚀的控制，及船舶结构共同规范。

必备知识

一、船体基本结构

（一）单壳油船的结构

载重量小于600 t的油船允许是单壳结构。载重量大于等于600 t，但小于5 000 t，每个货油舱容积小于700 m^3的油船允许是双层底单舷侧结构。一般来说，在货油舱区域设置中心纵舱壁，将货油舱分为左、右两舱；也有在货油舱区域不设中心纵舱壁，主要是根据稳性和装载要求而定。单壳油船的结构形式大多为纵骨架式。也有将底部和甲板设计成纵骨架式，舷侧设计成横骨架式。货油舱区域油密横舱壁和纵中舱壁多数为槽形舱壁，槽形可以垂向布置也可以水平布置。若为平面舱壁，则扶强材可以垂直布置也可以水平布置。

（二）双壳油船的结构

载重量大于等于5 000 t的油船必须设置双壳。双壳油船是在货油舱范围内由舷边舱和双层底组成，其空间可作为专用压载舱，如图2-1所示。典型的VLCC横舱壁布置和实船剖面见图2-2和图2-3。

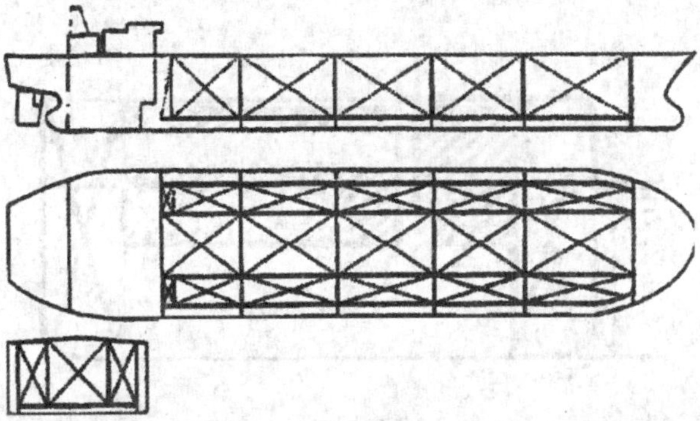

图 2-1 双壳油船

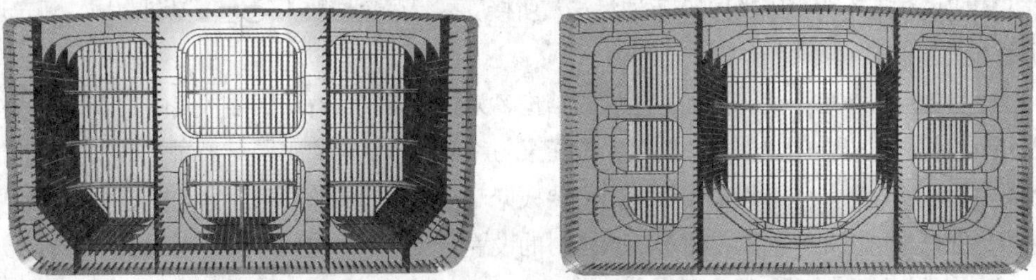

图 2-2 典型的 VLCC 横舱壁

图 2-3 典型的 VLCC 横舱壁实船剖面

另外，油船可以采用“中层水平中隔舱”作为可替代的方案。在这样的油船上，有双层边舱但没有双层底，而是另一甲板安装在货舱内并有通风设备，当船底壳被破坏，这样的结构使外面向上的压力大于货油舱内部的压力。从而防止货油流出。

IMO 于 1992 年 3 月通过了 MARPOL73/78 公约修正案附则 I 新增 13F 和 13G 条规定：1996 年 7 月 6 日以后交船的 5 000 载重吨以上的新造油船需为符合 13F 条的双壳［13F（3）］或中层水平中隔舱［13F（4）］的构造，见图 2-4。

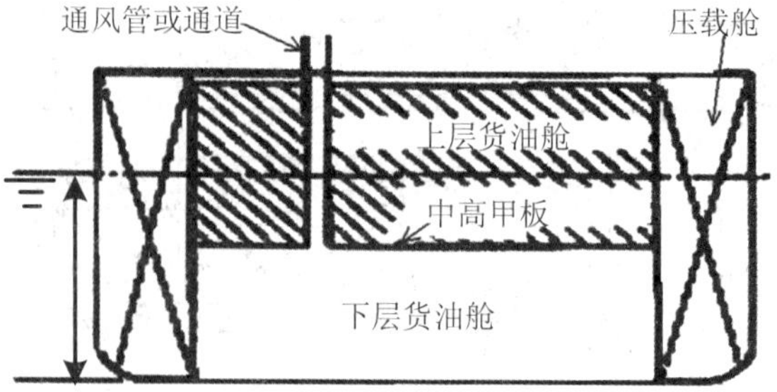

图 2-4　中层水平中隔舱

尽管采用中层水平中隔舱结构和采用双壳结构均满足 MARPOL73/78 公约的要求，但由于中层水平中隔舱构造不为美国《1990 年油污法》所接受，为避免油船不能进入美国水域，新建造的油船基本上都采用了双壳结构。

载重量 20 000 t 以下油船货油舱区域的结构多为纵骨架式；双层底强构架由肋板和船底纵桁组成，舷边舱内设横向的强框架。肋板、强横梁与舷边舱强框架位于同一平面，组成横向肋框。强横梁可设在甲板下，也可设在甲板上，主要根据对货油舱的清舱要求而定；横舱壁和纵舱壁可以是槽形的，也可以是平面的，槽形或扶强材的设置方向可以为垂向，也可以为水平方向；一般来说，船体结构较少采用高强度钢。

载重量 20 000～150 000 t 类型油船货油舱区域结构基本特征是：

（1）纵骨架式。

（2）双层底、双壳舷边舱、单甲板。

（3）斜底边舱与双层底和舷边舱相连。

（4）斜顶边舱与舷边舱和单甲板相连，也可以不设斜顶边舱。

（5）双层底结构由实肋板、中桁材（若设置垂直槽形中心纵舱壁时，通常在其槽形下壁凳斜板平面部分下设置旁桁材）和左右各 1 道 2 道旁桁材（其中有一道旁桁材设置在斜底边舱的纵舱壁下）组成。

（6）舷边舱内设置横向强框架，该横向强框架与肋板、强横梁位于同一平面，组成横向强肋框。舷边舱内设置一定数量的开孔平台，有的构成斜底边舱上翼板或斜顶边舱的下翼板。

（7）甲板强横梁由位于纵中剖面处纵舱壁或组合的甲板纵桁（不设置中心纵舱壁情况）支撑。为使运输成品油的货油舱内具有光滑的边界，便于清舱，有时将甲板的构件（甲板纵骨、强横梁和甲板纵桁）设在甲板上面。

（8）可以设也可以不设纵骨架式的中心纵舱壁。

（9）油密横舱壁可以采用槽形或平面的结构。但在选择槽形结构时，往往是在其上下两端设置壁凳结构。平面舱壁是由垂直扶强材和水平桁组成。

载重量超过 150 000 t 的超大型油船一般都是原油船，其结构的基本特征是：

（1）纵骨架式。

（2）双层底、双壳舷边舱和单甲板。

（3）两道纵舱壁，将货油舱在横向范围内划分为一个中油舱和左、右边油舱。

（4）斜底边舱与双层底和舷边舱相连。

（5）双层底结构由实肋板与中桁材、左右至少 2 道旁桁材（在纵舱壁及斜底边舱的纵舱壁下）组成。

（6）舷边舱内设置横向强框架。该横向强框架与肋板、强横梁位于同一平面，组成横向强肋框。舷边舱内置一定数量的开孔平台，其中有一道开孔平台在斜底边舱与内壳纵舱壁相交之处。

（7）在中油舱的纵舱壁垂直桁之间或在边油舱的纵舱壁垂直桁之间设置 1～2 道水平撑杆。

（8）油密横舱壁和纵舱壁采用平面结构居多，油密横舱壁的垂直扶强材由舱壁水平桁支撑，舱壁水平桁位置与舷边舱开孔平台对齐。

（三）高强钢的使用

20 世纪 60 年代末，建造船舶几乎还全部采用低碳钢。在 70 年代中期高强度钢开始用于 VLCC 的甲板和船底，自 90 年代起 VLCC 货油舱区域的纵向构件及其横向构件全都应用高强度钢，高强度钢的比例高达 80%。若货油舱区域所有纵向构件都采用高强钢，则船体重量可以减少 20%左右。

高强度钢具有强度高、重量轻的优点，但是它的主要弱点是抗疲劳强度并没有明显提高，其原因在于采用了高强度钢，构件减薄，相应的变形增大，在建造时构件的接头处，易产生附加载荷。20 世纪 80 年代末发现，采用 HT36 高强钢建造的 VLCC 出现了大量的疲劳裂缝，使人们对应用高强度钢有了新的认识，就是使用高强钢不能以减少船舶寿命为前提。高强度钢的屈服极限越高，越显示出结构的抗疲劳特性的弱点，因此大型油船的结构设计中极少采用屈服极限大于 355 N/mm^2（HT36）的高强度钢。

（四）货油的热效应

规范允许双壳油船运载加热的货油，在海水温度低于 0℃时（是指船壳外的海水温度），热油可以允许达到 65℃；在海水温度为 5℃时，热油可以允许达到 75℃，此时货油舱结构不需做任何附加的强度计算。如货油超过上述温度，应对船体结构进行热应力计算。热应力计算是采用标准温度为 65℃（有的船级社规定 75℃），纵向构件应结合规范规定的静水弯矩、波浪弯矩所确定的设计应力和稳定性标准根据要求的运载温度与实际的静水弯矩，以及规范规定的波浪弯矩对结构强度进行核算。对于新设计的船舶，建议增加板厚或减小骨材间距以增加热应力附加强度，对现有船舶可采取装载状态的调整，以适当减小许用静水弯矩值来保证结构强度。

（五）油船结构腐蚀的控制

腐蚀损耗是船体构件暴露在腐蚀环境中一个不可避免的老化过程。为了防止安全裕度过分地减小，同时也为了避免在过短的时间内更新构件，就必须对满足强度的构件适当考虑腐蚀因素。不同的船级社对腐蚀余量的处理有不同的方法，主要有下述两种：

（1）计算构件的尺寸或剖面模数的公式中增加一定的量值。

（2）腐蚀因素加入许用应力值中。

（六）船舶结构共同规范（CSR）

2005 年 12 月召开的国际船级社协会（下简称 IACS）大会，世界各国和地区船舶所有人、经营人、设计人、建造人、行业组织人、法规制定人、政府当局等代表之间通过广泛协商，深入研究后达成共识，制定了“船舶结构共同规范”（Common Structural Rules，CSR），于 2006 年 4 月 1 日正式生效，并强制执行。

CSR 不仅具有船舶设计、建造、维修和保养等方面的技术指导意义，而且对于船舶所有人和经营人日后船舶的订造、购置和交易，将发挥巨大的经济作用。CSR 新规范是 IACS 成立以来，第一次系统地制定的单一类型船舶规范，避免了过去在统一要求、统一解释、推荐性须知制定中的不全面性，使得 IACS 的共同规范更加贴近设计与建造现场以及船东的使用目标。同时，CSR 避免了 IACS 成员之间由于竞争而降低技术标准的可能性，降低了船厂的标准选择余地，使得利用规范差别进行市场竞价的做法在船厂方面受到了限制。另外，CSR 极大地吸收 IACS 成员的成功经验，增强了规范的透明度，同时还增加了一些灵活性的条款，有利于各国造船业进行技术创新。

CSR 规范有以下新的特点：

（1）2006 年 4 月 1 日后签订的 150 m 或者以上的油船和 90 m 以上的散货船必须按 25 年的使用寿命进行设计；把船舶贸易寿命（Trading lives of ships）规范重新定位在船舶本身经济价值或逐渐被淘汰的标准上，而不是单纯建立在船舶具体腐蚀状况基础上；为涵盖世界各地的贸易营运，同时也为对付船舶未来航行模式的不确定性和将会遇到的相应海况，在设计评估中使用严重波浪环境。规范的要求基于船舶在其整个设计使用寿命期间航行于北大西洋波浪环境；风和潮流对结构的影响视为可以忽略不计，因而没有包括在内；规范不包括结冰的影响。规范假定结构评估在以下设计温度下有效：（a）最低日均空气温度为 -15℃；（b）最低日均海水温度为 0℃。对于长期在较低的日平均气温下营运的船舶可满足各船级社的附加要求。

（2）本规范基于以下货油设计温度：（a）货油最高温度为 80℃；（b）货油最低温度为 0℃。也就是可以理解为按照 CSR 标准建造的油船货油舱能装载的货油温度范围是 0～80℃。

（3）CSR 代替原来的有关船级社规范，而且延伸到船舶设计标准、船舶防腐蚀规范、船舶结构环境保护标准、船壳钢板质地、性能和厚度以及船舶各种结构材料标准等。

（4）明确了船舶肋骨的结构质量和数量要求，同时船舶建造过程中必须采取的船体防腐蚀措施和标准。

（5）关于油船首压载水舱、散货船艏艉压载水舱的技术规范，把压舱水产生的静水中垂应力效应降低到最低限度，进一步提高新设计建造船舶肋骨强度和密度。

（七）燃油舱保护

在 MARPOL73/78 公约附则 I 中新增第 12A 条“燃油舱保护”。根据新的燃油舱保护规则的要求，2010 年 8 月 1 日之后完工的船舶均需要进行燃油舱保护设计，此款的附则有详尽的计算要求和隔离措施。

此规则仅适用于燃油舱总容积（98%装载）大于 600 m^3 的船舶。燃油舱包括重燃油舱和轻柴油舱，但是不包括渣油舱和溢油舱。特别注意，沉淀舱和日用舱是包括在内的。

容积小于 30 m^3 的燃油舱不适用此规则。

容积大于 30 m^3 的燃油舱需要双壳保护，而且舱底距船壳外底的距离 h，要大于 $B/20$（B 为船宽）或 2 m（取小者），且最小值为 0.76 m。

对于燃油舱总容积大于 600 m^3 小于 5 000 m^3 的船舶，双壳保护的宽度不得小于 $W=0.4+2.4\times C/20\,000$（m）（$C$ 为燃油总容积（98%装载））；单舱容积小于 500 m^3 的，双壳 W 不小于 0.76 m；单舱容积大于 500 m^3 的，双壳 W 不小于 1.00 m。

对于燃油舱总容积大于 5 000 m^3 的船舶，双壳保护的宽度不得小于 $W=0.5+C/20\,000$（m）

或2.0 m，取小者，但不得小于1.0 m。

如果不采用以上所述之双壳保护方法，则需要进行意外泄油计算，并到达相关要求，即平均溢油指数不得高于规范值。实践证明，采用双壳保护是满足附则Ⅰ第12A条的最佳方法。

二、双壳油船的典型结构

双壳油船的典型结构如图2-5所示。

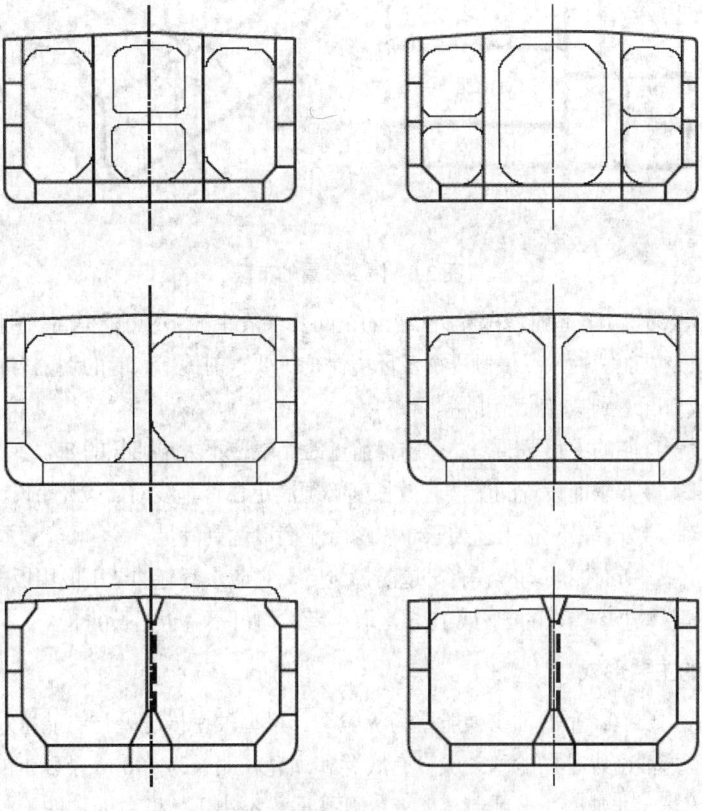

图2-5　双壳油船的典型结构

三、隔离装置及油船舱壁和甲板在防火性能方面的特殊要求

机器处所应仅位于货油舱和污油水舱的后方，并以隔离空舱或货油泵舱或燃油舱或固定压载舱同货油舱和污油水舱隔开。

起居处所、货油控制室、控制站和服务处所均应仅位于货油舱和污油水舱与机器处所相隔离的处所的后方，但不必位于燃料油舱和压载舱的后方。

环围起居处所的上层建筑和甲板室其面向货物区域的全部限界面，以及面向货物区域边界端面之后3 m之内的外表面，应隔热至A-60级；驾驶台甲板、机舱顶部的主甲板为A-60防火隔热标准。

通往起居处所、服务处所、控制站和机器处所的出入门、空气进口和开口，均不应面向货物区域。仅能位于不面向货物区域的横围壁上，或位于上层建筑或甲板室的外侧，距离上层建筑甲板室面向货物区域边界端部至少为船长的4%，但不少于3 m，也不必大于5 m。如图2-6所示。

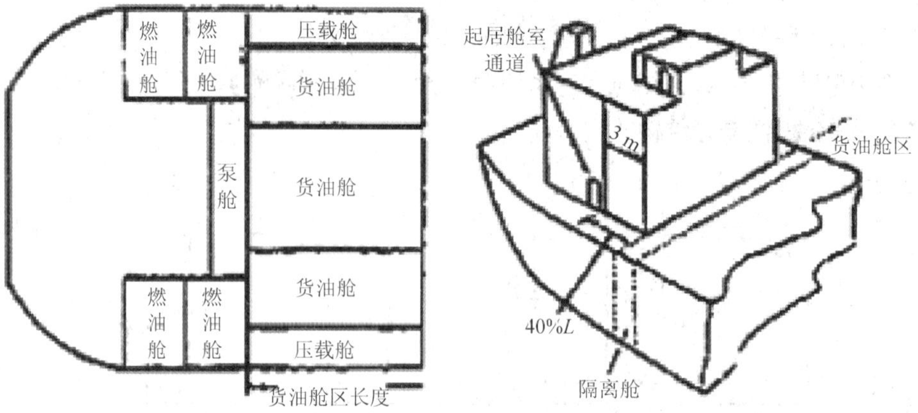

图 2-6　隔离装置的布置

在满足安全及对机电设备维修保养所必需的空间要求条件下，尽可能提高营利区间的利用率。

在满足完整及破舱稳性、纵横倾平衡及环境保护等要求前提下，舱的划分与布局使船体总纵强度处于低负载情况达到减轻空船重量。

对在艏部设置球艏的中小型船，注意防撞舱壁距艏端应不大于船长的 8%。

为满足艏部干舷要求而设置的艏楼有效长度必须满足在首垂线向后 7%船长，及为了布置锚机链轮应在危险区域外等，应按上述要求予以综合平衡以达到满足。

防撞舱壁位置：所有船舶均应设有一道防撞舱壁，它应水密延伸至干舷甲板。防撞舱壁与首垂线之间的距离应不小于船长的 5%或 10 m，取小者，但可不大于船长的 8%

四、舱壁的主要形式

舱壁的形式主要有：平面油密横舱壁与纵舱型、槽型油密横舱型与纵舱壁及非油密舱壁和制荡舱壁等；槽形油密纵、横舱壁一般设有底凳和顶凳。船长为 190 m 及以上的油船一般不采用槽形纵舱壁；横向非油密舱壁或制荡舱壁的开孔面积不小于舱壁总面积的 10%，且设有不小于 600 mm×800 mm 的通道开口。

五、双壳船与单壳船之间的差异及国际公约的相关要求

（1）双壳油船与单壳相比较，优势是非常明显的。双层壳油船在搁浅、低速航行时发生一般性的碰撞事故，仅外层船体易被击穿，而液货舱依然完整，从而防止海上溢油的发生，减少了海上污染。而且货油舱具有光滑的平面，从而使残油量减小，洗舱容易，减少含油污水总量。但双层壳油船也存在一些不可忽视的问题，如重量增加、造价提高、净载重量下降和维修工作量加大等。

（2）单壳油船淘汰期限。第 1 类船舶，即不能满足公约有关专用压载舱保护位置要求的 20 000 载重吨及以上的原油船（运载原油、燃油、重柴油或润滑油）或 30 000 载重吨及以上的成品油船（运载其他油类）的船舶已于 2005 年淘汰。第 2 类船舶，即满足公约有关专用压载舱保护位置要求的 20 000 载重吨及以上的原油船（运载原油、燃油、重柴油或润滑油）或 30 000 载重吨及以上的成品油船（运载其他油类）。第 3 类船舶，即 5 000 载重吨及以上不属于上两类的油船，将按表 2-1 的规定进行淘汰。

表 2-1 5 000 载重吨以下油船的淘汰期限

交船日期	淘汰日期
1977.4.5 及以前	2005.4.5
1977.4.5～1978.1.1	2005 年交船日
1978 年和 1979 年	2006 年交船日
1980 年和 1981 年	2007 年交船日
1982 年	2008 年交船日
1983 年	2009 年交船日
1984 年及以后	2010 年交船日

思考题

1. 载重吨为多少的油船可以是单壳油船？有何要求？
2. 为什么中层水平中隔舱结构的油船较少见？
3. 载重量为 20 000 t 以上的油船的基本结构特点？
4. 使用高强钢的优缺点是什么？
5. 按照 CSR 标准建造的油船货油舱能装载的货油温度范围是多少？

第二节 货油舱

要 点

货油舱（COT）区前后两端的隔离舱；货油舱的分割和布置要求；污油水舱的作用；MARPOL73/78 公约对油舱尺寸的限制；IMO 将实施油船货油舱耐蚀钢标准。

必备知识

一、货油舱区的隔离舱

货油舱区前后两端应设有隔离舱，以便与机舱、干货舱、居住舱室等隔离。隔离舱舱间应有足够的距离，以便于进出，至少不小于 760 mm，且应遮隔全部货油舱端部舱壁面积。泵舱、压载舱、燃油舱可兼作隔离舱。与货油舱相邻的舱室的出入口应设在露天甲板；穿过或邻接货油舱的通道和管隧，当未设置隔离舱进行隔离时，应设有机械通风，且出入口也应设在露天甲板。典型的货油舱分隔如图 2-7 所示。

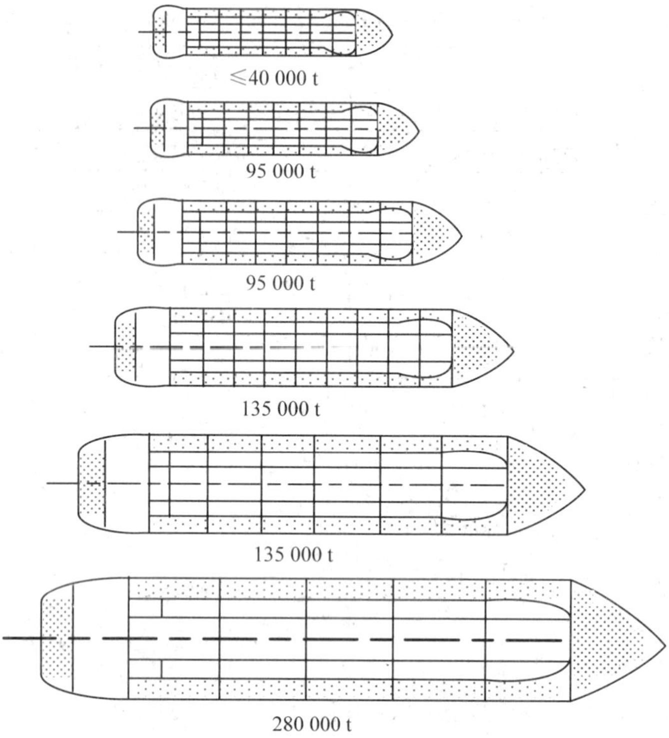

图 2-7　典型的货油舱分隔

二、污油水舱

污油水舱的作用是能留存洗舱后所产生的污油水、残油或污压载水等，此总容量不得小于货油舱容积的 3%。对设有专用压载舱和使用原油洗舱的货油清洗系统，可为 2%。对于这种油船，当污油水舱或一组污油水舱装入洗舱水后，如果这些水量足以用水洗舱，并供给喷射器（如适用时）作为驱动液，同时该系统无需再添加水。这样的洗舱布置其污油水舱或一组污油水舱的总容量可进一步减少为该船货油舱容量的 1.5%。载重量为 70 000 t 及以上的油船至少应设有两个污油水舱。有两个以上的污油水舱能实现多级分离。

三、油舱尺寸的限制

该要求与货舱结构有关，并且适合于所有的油船。MARPOL73/78 公约规定限制了当油船货舱遭到损坏时，溢入海洋环境内的油的数量。该规定限制了货舱的长度和宽度，还限制了边舱舱容应少于 40 000 m^3。中舱舱容最大为 50 000 m^3。

四、货油舱分隔

根据装载货油的品种、货油舱的许用长度和容积、稳性和抗沉性、船体结构的强度和有利于减轻空船重量、货油装卸程序和速度及防污染等要求划分货油舱。对装载同一品种油的货油舱，尽可能使其容积相等或相近，达到同时装卸完毕。

五、制荡舱壁

制荡舱壁是设在油舱或水舱内的带有一定开孔的舱壁。在船舶横摇和纵摇时，它能减轻液体的晃动，并减轻液体对周围结构的冲击。

随着油船的大型化，货油舱的长度也随之增大，30 000 吨级油船的每个货油舱长度从 9～12 m 增加到 15 m 左右，而 VLCC 的每个货油舱长度可达 50 m 左右。货油在如此长的货油舱中晃荡对前、后横舱壁的冲击力也是非常大的。此时货油舱内设置 1～2 道制荡舱壁，以减小货油的晃荡是十分有效的。劳氏船级社认为货油舱长度大于 0.15*L* 时，就应考虑在油舱中部设置横向制荡舱壁。制荡舱壁是非水密的。常见制荡舱的形式如图 2-8 所示。

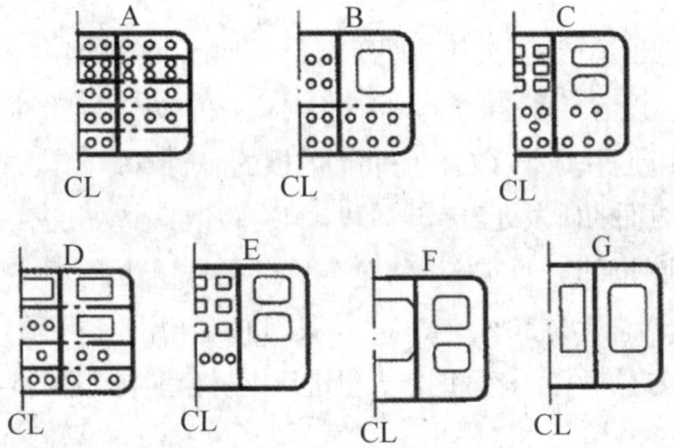

图 2-8　常见制荡舱壁形式

六、布置要求

为确保全面的检查，应直接从开敞甲板安全进入隔离空舱、压载舱、液货舱和货物区域的其他处所。可从泵舱、深隔离空舱、管隧、货舱、双壳处所或不拟载运油或危险货物的类似处所安全进入双层底处所。长度为 35 m 或以上的液舱和液舱的分舱，应至少设置 2 个出入舱口和梯子，并根据实际情况尽可能相互远离。长度小于 35 m 的液舱应至少设置 1 个出入舱口和梯子。当 1 个液舱被 1 道或多道制荡舱壁或类似的隔堵所分开，若不易于布置从舱室的一端到另一端的通道，则至少应设置 2 个出入舱口和梯子。

每个货舱应至少设置 2 个尽可能相互远离的出入通道。通常，出入通道应对角线布置，即 1 个出入通道布置在左舷靠近货舱前端舱壁处，另 1 个出入通道布置在右舷靠近货舱后端舱壁处。通过水平开口、舱口或人孔的通道的尺寸应足以保证穿戴自储式呼吸装置和保护设备的人员上下梯子不受阻碍，而且净孔尺寸应便于将受伤人员从舱底提升上来。最小的净孔尺寸应不小于 600 mm×600 mm。如通过货舱口进入货舱，梯子的顶部应尽可能靠近舱口围板；如舱口围板的高度超过 900 mm，则在梯子同一位置的舱口围板外侧应设置踏步。

如通过制荡舱壁、肋板、纵桁和宽板肋骨上的垂向开口和人孔贯穿到达该处所长度或宽度范围，这些开孔的最小尺寸应不小于 600 mm×800 mm，除非设有格栅或踏板，否则这些开孔应位于从船底板量起不超过 600 mm 的高度处。

对于载重吨小于 5 000 t 的油船，如能证明这些开口的通行和转移伤员的能力并使主管机关满意，在特殊情况下，主管机关可允许设置尺寸小于上述要求的开口。

七、IMO 将实施油船货油舱耐蚀钢标准

在 2010 年 2 月举行的船舶设计与设备分委会（DE）53 次会议上，国际海事组织完成了油船货油舱（COT）耐蚀钢性能标准和试验程序的制定工作，并将其作为 COT 涂层标准的唯一等效

替代方案。该强制性标准在 2010 年 5 月中旬召开的海上安全委员会（MSC）87 次会议上获得批准，并按照惯例于 18 个月后正式生效。

COT 耐蚀钢标准对货油舱建造过程中的使用要求进行了规定，其中包括相关技术文档的建立和保存、技术文档应该包含的内容、建造过程要求记录的详细数据等。COT 耐蚀钢的目标使用寿命为 25 年，大体与船舶使用年限一致，其具体使用部位主要包括货油舱的甲板、舱底、支撑架等。另外，由于货油舱的甲板和舱底腐蚀环境不同，该标准对应用于甲板和舱底耐腐蚀钢的试验认可程序也作出了不同要求。

COT 耐蚀钢标准是日本在进行大量前期研究的基础上，于 2004 年向 IMO 提出的，并要求将其纳入 COT 用钢强制性规范。目前，日本拥有相对成熟的技术，已经将该型钢在 20 多艘大型油船上应用。另外，韩国也已完成了 COT 耐腐蚀船板的前期研发工作，正准备进行试样装船贴片考核。而目前我国在这方面的研发处于起步阶段，只有鞍钢等少数几家钢厂开展了一些前期研究。

据了解，COT 耐蚀钢标准一旦实施，将对造船、钢铁、航运等相关行业产生深远影响。油船货油舱用钢量占油船用钢总量的 30%～40%，从我国油船年用钢情况看，货油舱用钢量每年应在 200 万吨左右。如果国内不能生产该型钢，大量进口钢材会推高造船行业的建造成本。

思考题

1. 油船污水舱的舱容要求是什么？
2. 制荡舱壁的作用有哪些？
3. 货油舱人孔的数量和尺寸有哪些要求？

第三节　专用压载舱

要　点

压载的目的是减小过大的中拱和船体振动并有利于获得较大航速。压载舱的布置需满足调整纵倾的要求，专用压载舱（SBT）的分隔及类型。

必备知识

油船一般有 45%～65%的时间处于压载状态。而压载的目的是减小过大的中拱和船体振动并有利于获得较大航速。因此，油船空航压载时，其中部压载舱尽可能注满，以减小中拱；压载舱的布置还需满足下列调整纵倾的要求：

（1）尽可能在部分装载时平浮，即无纵倾。

（2）满足整个装卸油过程中所必需的纵倾调整要求。

（3）满足原油洗舱时为保证舱内液体有效排出所期望的纵倾要求。

（4）满足航行状态时驾驶台视线的有关要求。

（5）由调整纵倾而加压载水后，产生的船体静水弯矩尽可能处于相对低值。

（6）满足对压载航行时纵倾值、螺旋桨的浸深等其他有关要求。

一、专用压载舱容量

根据MARPOL73/78公约的要求，总载重吨不小于20 000 t的原油船和不小于30 000 t的成品油船的专用压载舱容量应使船舶的吃水和吃水差在整个航行中符合表2-2要求，而对于船长小于150 m的空船加压载也要符合表2-2的要求。

表2-2 专用压载舱容量的要求

载重量不小于20 000 t的原油船 载重量不小于30 000 t的成品油船	船长小于150 m的油船
$T_M=2.0+0.02L$	公式A 风力不大于蒲福风级5级 $T_V=0.200+0.032L$ $T_A=(0.024-6\times10^{-5}L)L$
$\delta T<0.015L$	公式B 浪级6级 $T_V\geqslant0.700+0.170L$ $T_A\geqslant2.300+0.03L$ $T_M\geqslant1.550+0.023L$ $\delta T\geqslant1.600+0.013L$
螺旋桨全部浸没	公式C 对长度较大的船，防止推进器露出水面 $T_V\geqslant0.5000+0.5225L$ (m) $T_A\geqslant2.0000+0.0275L$ (m)

二、边舱宽度与双层底高度

边舱与双层底的尺度必须满足MARPOL73/78公约附则Ⅰ13F的要求，见表2-3。根据要求，综合考虑选定边舱宽度与双层底的高度。

表2-3 边舱与双层底的尺度要求

	600 t<载重量<5 000 t		载重量>5 000 t
	每一油船容积		
	≤700 m³	>700 m³	
边舱宽度 *w*/*m*	无要求	0.4+2.4DWT/20 000 最小值0.76 m	0.5+DWT/20 000或2.0 m（取二者中较小者） 最小值1.0 m
双层底高度 *h*/*m*	*B*/15		*B*/15或2.0 m（取二者中较小者） 最小值1.0 m
载重量大于20 000 t	假定船底擦损 纵向范围：小于75 000 t——0.4*L*至艏垂线（FP） 大于75 000 t——0.6*L*至艏垂线（FP） 横向范围：*B*/3 垂向范围：外壳板破裂		

三、专用压载舱的分隔

为了满足 MARPOL73/98 公约的要求，专用压载舱的形式，即双壳体形成的边舱与双层底舱可采用下面几种形式（见图 2-9）：

（1）L 形舱是传统的双壳双底组成形式。

（2）U 形舱是把 L 形舱的双层底纵中桁材打通，采用此形式具有布置简单、管系少、容易安排通道与通风等优点，但是产生很大的自由液面。特别是在装卸油和加压载水同时作业时，产生大自由液面，故很有可能由初稳性不足而产生大角度横倾。很多船东不喜欢采用 U 形压载舱，不但因上面的原因，还有当在风浪中航行时，当压载水不满舱时噪声大而且对船体的冲击负载大。船级社也对 U 形压载水舱还要求特殊加强。

边纵舱壁通至基线组成边舱，内底板与纵舱壁相连接组成双层底舱。双层底舱左右打通，此解决上述两型舱的不足之处。但在船底擦破位于边舱内的情况下，若产生很大的横倾力矩，会有许多装载情况都不能满足公约的破损要求。

内底通至舷侧，边纵舱壁位于内底之上，此是解决上一种形式的缺点，但是进入双层底舱的通道与通风需经过边舱，以及两者之间的水密分隔较为困难。

（3）J 形舱与 S 形舱的组合解决了 L 形舱与 U 形舱两者不足且具有两者的优点。其思路是：当船底撕裂时，舷边舱进水减少，S 形的边舱起储备浮力作用；同时解决了第三、第四分隔的缺点，即通入双层底舱需要打开两重水密盖、通风与通道等困难。结构也较为复杂。

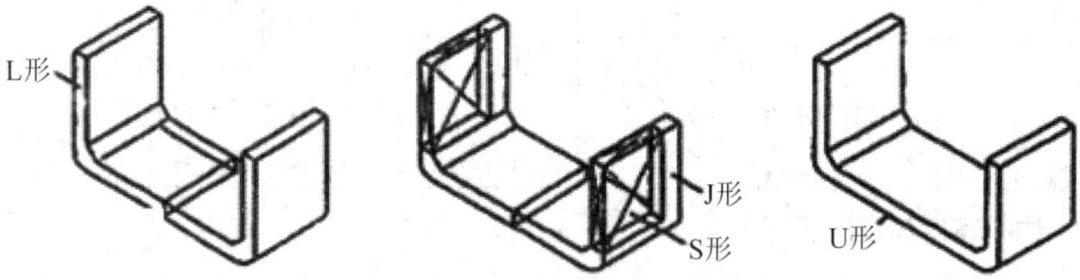

图 2-9　常见专用压载舱的形式

四、布置要求

在货油舱区起保护作用的双壳体结构通常是作为压载舱的。结构基本上为箱格式，必须有安全通道进入，以方便检查和维修保养。每一个专用压载舱应设有两个从露天甲板进入双壳体舱内的人孔通道，甲板上开口最小净开口尺寸为 600 mm×600 mm，其中一个要大于或等于 600 mm×800 mm 的净开口尺寸人孔，主要作为救助伤员使用（见图 2-10），此开口位置能从船底直通至露天甲板。从甲板人孔至舱底必需设置固定的梯子，梯子的形式可为直梯或斜梯，在边舱内应设水平走道，走道最小宽度为 600 mm，在通至双底的走道应能满足人员穿上保护服装，携带氧气瓶和防护设备等能安全通过，设置必要的栏杆、扶手、踏步或踏脚孔等通至双底的走道应能满足人员穿上保护服装、携带氧气瓶和防护设备等能安全通过，在双底内的肋板与纵桁板上必须按人员通道的路线上开设人孔。

压载管路和其他诸如压载舱的测深管及透气管应不通过货油舱。货油管路和货油舱的测深管及透气管应不通过压载舱。对全焊接或等效的短管，可同意免除上述要求。

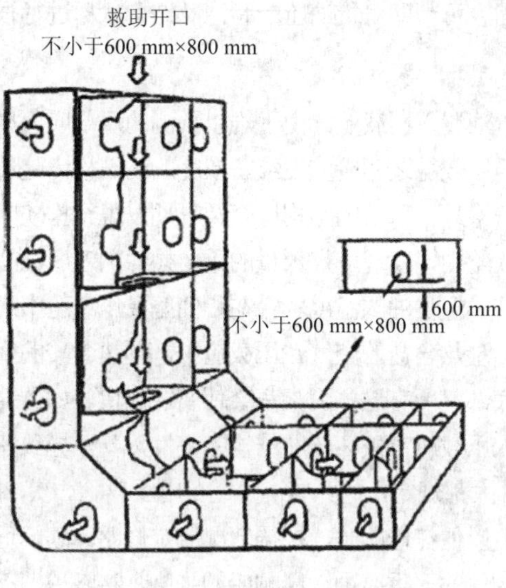

图 2-10 救助开口布置

思考题

1. 载重量大于 30 000 t 的双壳油船在压载状态下对吃水的要求？
2. U 形专用压载舱的优缺点有哪些？
3. 专用压载舱对人孔的要求是什么？

第四节 结构检查

要 点

船舶结构检查的目的及舱内重点检查部位；双层底包括底边舱结构的检查；船首部分底版的检查。

必备知识

按照 ESP（Enhanced Survey Programme）强制要求，应建立船舶结构及涂层检查的程序，通过外部组织及船上的检验与检查，测量锈蚀损坏的程度，记录结构缺陷，评定舱室的等级，可为其制定维修保养计划提供客观的信息。

一、货油舱检查

检验目的是为了确定舱中腐蚀及耗蚀情况及缺陷。为了得到这种信息，首先应明确货舱中关键位置，熟悉船舶的检验报告，历史问题及同级别、同类型船的情况。时刻注意船舶出现的一些典型结构缺陷及产生的原因。可帮助对货油舱的腐蚀及结构状况进行很好的评估。

二、压载舱检查

双壳船的最大风险是货油漏入压载舱。由于难以预测的局部应力集中，结构缺陷或涂层保护失效而产生腐蚀造成货舱与压载舱之间舱壁裂纹。双壳船的结构比起单壳船更易产生上述缺陷。除在设计、建造阶段更加严格外，日常的结构检查及早期发现结构缺陷也十分重要。

在双壳油船货舱与压载舱中，发现一定数量的重要构件加速腐蚀的现象。这就是大家熟悉的“热瓶效应”：长时间保持加温货油的温度，会在货油舱及压载舱中产生极端腐蚀的环境，当温度上升时，腐蚀过程加快，湿热含盐的空气在压载舱中，湿热含酸的空气在货舱的上部空间，水及腐蚀细菌集聚在货舱的底部，所有这些因素都会使腐蚀加快。如若这些腐蚀在检验或检查中未被发现，就会发生货油漏入压载舱，破坏船舶结构完整性，甚至导致船体结构破损。

目前，船公司体系文件大都规定，至少半年检查专用压载舱一次，检查结果上报到主管部门，建立连续的记录跟踪档案。以便在修船时，根据情况制定修船计划，适时加以修理，防止涂层损坏严重而导致压载舱内部构件的严重腐蚀，影响船舶强度，将隐患消灭在萌芽中。

压载舱内部的纵向构件的剖面模数约占整个中剖面模数的70%～80%，对船舶的纵向强度起着举足轻重的作用；所有的横向构件对纵向构件起支撑及加强局部强度的作用。

上述构件总和要承受船舶所有状态下（装载、装载航行、卸货、压载状态下航行）的弯矩、剪力及扭曲变形等应力变化作用的绝大部分，部分区域还会产生应力集中。确保上述构件完好，是双壳体油船安全营运，不发生污染，延长使用寿命的关键所在。

检查中需重点关注的是压载舱内部强度构件，具体包括：

（1）水密舱壁；（2）船底肋板及舷侧肋板；（3）各种加强肘板；（4）扶强材；（5）中心纵桁；（6）旁桁材；（7）水平桁材（平台）；（8）内底纵骨；（9）外底纵骨；（10）主甲板下纵骨、强横梁；（11）加强型材等；（12）内外底板；（13）纵舱壁板；（14）舷外板。

三、进舱检查

明确检查的顺序、范围和检查的级别，备妥检查工具。应遵守进入封闭场所的程序，做好风险评估。对于船龄长、锈蚀严重的船舶应先除锈再检验；如果预检面积大，检查时间短，为了提高检验效率，应选择怀疑区域进行检验。

怀疑区域包括：腐蚀快的部位；高应力部位；疲劳部位。

易出现缺陷的部位：

（1）主梁、桁、横舱壁、撑柱及相关的肘板的端部，特别注意肘板的指端。

（2）船板、甲板及舱壁加强材的肘板端部。

（3）船板、甲板及舱壁纵桁与横向肋板连接处。

（4）构件连接不对中或变截面处。

（5）具有切口或开孔的板及有损伤或变形的部分。

四、检查的项目

（1）舱室的总体状态。

（2）涂层状态。

（3）腐蚀控制系统状况、牺牲阳极的耗蚀状况、外加电流阴极保护系统状态。

（4）船体结构缺陷、有无裂纹、折皱、漏泄等。

（5）舱中的附件及设备状态，如管路、阀、测量管、液压控制系统、保护电极等。

（6）舱底泥渣状况，沉淀层厚度。

（7）点腐蚀及沟槽腐蚀状况。

（8）确认以前修理过部位的状况，包括未修理过的裂纹扩展情况。

应对舱内的泥沙状态有一个清楚认识，包括数量、分布情况及黏稠度等。因此在检查时，应逐舱记录泥沙的厚度并对泥沙堆积量最多和最少的舱室加以标注。泥沙沉积会增加额外重量使装货量减少；长时间沉积后难以清除；如在被工业污染的地方进行压载时，还会引起化学腐蚀；长期沉积在舱底的泥沙，可能出现有厌氧菌引起的穿孔腐蚀。

如果泥沙沉积过厚，应对泥沙进行 pH 值检测。钢板上的蚀点、凹陷和缝隙腐蚀是由于酸或细菌引起腐蚀的特殊形式。它们虽是局部现象，但具有极强的穿透力,因此是十分危险的。

五、检查后的评估

检查结束后，根据检查的情况对整个舱室的状态做出评估，并报告船公司，包括钢件涂层的状况，腐蚀的速率，建议修理与保养计划，标注出需涂层的部位等。

图 2-11 给出了在双壳油船典型横剖面的结构关键点。

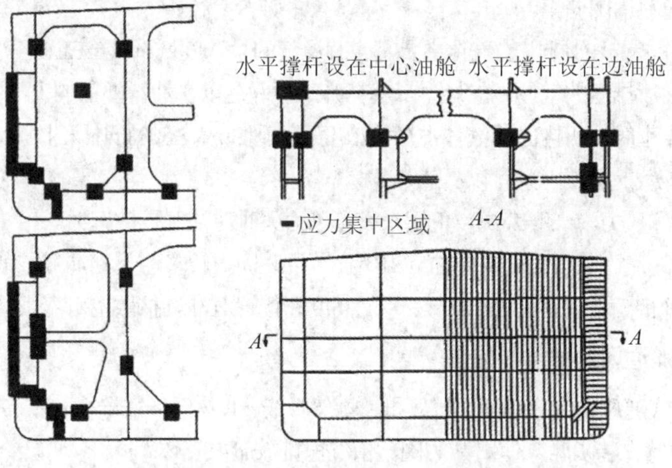

图 2-11　双壳油船典型剖面的结构关键点

思考题

1. 对于船龄长的油船，如何进行结构检查？
2. 油船易出现缺陷的结构部位有哪些？
3. 长期装载高温货油对船舶结构有什么危害？
4. 为什么压载舱淤泥对结构也有损害？

第五节　通风系统

要　点

影响油气扩散的因素，以及货舱通风的种类和方法，专用压载舱的通风。起居舱室通风系统布置和使用要求。

必备知识

一、影响油气扩散的因素

由高于甲板之上的垂直通气管低速排放；或者由靠近甲板的高速阀门高速排放。这种方式促进烃类蒸气在大气中的稀释。通风系统位于经选择的位置，以防止可燃气在油舱甲板上，或是任何生活区或机舱室周围储集。

装油过程中，首先被排出的气体主要是含有烃气的且浓度低于其 LEL 的空气或惰气。随着装载的继续进行，所排出的气体中的烃含量就会升高，并足以在油舱外部的大气中产生可燃混合气体。接近装油结束时，所排出的气体中烃气浓度可达到 30%～50%的体积比。

影响油气扩散的主要因素有以下几点：

（1）风向和风力。一般来说，正横来风、风力大时对油气扩散有力。

（2）装货速度。装货速度快时油气溢出在单位时间内较多，不利油气扩散。

（3）P/V 阀或/和惰气桅（Mast riser）的高度和位置对油气扩散也有着很重要的影响。

二、货油舱通风的种类和方法

（1）固定式通风系统。包括惰气风机、惰气管线、P/V 阀、惰气桅、P/V Breaker、油气回收系统（VECS）等。装货时，使用 P/V 阀、惰气桅排放舱内气体。

（2）移动式通风系统。压缩空气驱动风机和水力风机，大型风机能力一般能达到 8 000 m^3/h。

（3）自然通风。按照 SOLAS 公约的要求小型油船可以使用自然通风。

三、压载舱通风

对油船的双壳体处所应提供适当的布置达到透气、除气和通风的要求，而且为了保证安全必须对货油舱区域的双壳体进行惰化。除气和通风的要求能可靠地清除双壳体内的货油气或惰气，对大型 L 形双壳体舱，驱气管应一直布置到双层底船中纵桁处。在人员进入双层底处所内时，应保持连续和足够的通风量。

对双壳体内进行惰化，若采用固定式接管与货油舱的惰性气体系统相接则太复杂，因此必须设置独立的甲板水封和止回阀来防止货油舱的油气和双壳体相通。可采用可拆卸式的接管，此方法较为简单，并得到了 IMO 的认可。惰化的方法是在卸去压载水时将惰气送入双壳体内，故进口的位置应布置在该处所的顶部，出口位置在远离尾部靠近舱底处。系统应设计成能用惰气系统进行驱气。

四、起居舱室通风系统布置和使用要求

所有通风系统的主要进口和出口都应能从被通风处所的外部予以关闭。关闭装置操作位置应易于到达，有显著的永久性标志，且应指示出关闭装置是处在开启位置还是处在关闭位置。起居处所、服务处所、货物处所、控制站和机器处所的动力通风，应能从其所服务的处所外面易于到达的位置将其停止。此位置在其服务的处所失火时应不易被切断。

通往起居处所、服务处所和控制站的入口、空气进口和开口不得面向货油区域。它们应位于不面向货油区域的端舱壁上，或位于上层建筑或甲板室的外侧，距离上层建筑或甲板室面向货油区域的端壁至少为船长的4%，但不少于3 m，也不必超过5 m。

如果油船上装有中央空调设备，生活区舱室应保持正压力，以防止烃蒸气的吸入。将中央空调设备的通风口放置于安全区域，正常情况下蒸气都不会被吸入生活区舱室。只有在空调装置的通风口打开，并且所有的舱门都关闭，偶尔用于瞬时出入时，生活舱内才能保持正压力。空调设备运行时不应将通风口完全关闭（即 100%的空气再循环模式），因为船上厨房和厕所排气风扇的运行会将生活区舱室的大气压力降低至低于外部环境的压力。

将气体探测和/或报警系统安装于空调的通风口上大有益处。当空调空气进口检测到有烃蒸气时，应关闭通风系统并停止货油装卸作业，直到周围的环境已不再存在烃蒸气时再恢复作业。

上述规则同样适用于安装有可选择的空调装置或另外安装有其他类似装置的油船。对这些装置进行调解的总体原则是：禁止烃蒸气进入生活区舱室。

安装在外部的空调装置，比如窗式空调或分体式空调，在进行货油作业时，都不得使用，除非此类空调装置被安装在安全区域或被证明能在有可燃性蒸汽的环境中安全使用。

如果油船使用的是自然通风装置，应保持对通风设备的调整，以防止石油气的进入。如果通风设备所处的位置使其无论调整到什么方向都会有石油气进入，则应将该通风设备盖住、塞住或关闭。

思 考 题

1. 货油舱通风有哪些种类和方法？
2. 货油操作期间生活区内的气压要求是什么？
3. 如果空调空气进口检测到有烃蒸气时，如何处理？
4. 使用自然通风的油船在烃气进入生活区时如何处理？

第六节 舱 漆

要 点

船体结构腐蚀与舱室腐蚀的特点和趋势，船舶不同部位涂料施工的工艺要求标准以及表面的处理要求。船用涂料种类和IMO的船舶压载舱保护涂层性能标准。

必备知识

一、船体结构腐蚀与表面处理

（一）油船结构缺陷与腐蚀的关系

油船结构缺陷大致可分为焊接缺陷、屈曲、裂纹及腐蚀几种，它们贯穿于油船的建造以及运营的各个阶段，对船舶结构的安全性构成威胁。从某种程度上讲，这些缺陷不是孤立产生的，而是时刻相互作用、相互影响的，比如裂纹常常产生于焊道的起止端、扶强材的圆角或构件交接处等存在潜在焊接缺陷的部位；再如由于腐蚀的过度，厚度减薄的构件在受到外力作用时其防挠和防裂的能力下降，从而导致大量裂纹和屈曲等缺陷的产生，而屈曲较大的板材又容易使防腐涂料分层、脱落，产生严重的腐蚀现象。

综合比较而言，对于油船船体结构影响最大的还是腐蚀问题。由于油船船型及所载货物的自身特点，腐蚀现象出现的比较普遍，分析其规律，不仅能为验船师对船舶结构检验提供经验，而且可以为船东对油船进行结构维护、保养及修理提供必要的参考。

（二）油船典型腐蚀种类

（1）普遍性腐蚀。普遍性腐蚀一般发生在没有涂层或涂层失效的构件表面，其特征是腐蚀分布较均匀，锈层持续剥落、堆积，对构件本身的厚度尺寸影响较大，但从外观上又往往难以准确判断腐蚀量。

（2）点腐蚀。点腐蚀属局部点状腐蚀．一般发生于油船舱室的舱底板及构件的水平表面等经常积水的部位，对有涂层保护的区域，点腐蚀一般表现为深度较大但直径较小的锈坑；对无涂层保护的区域，锈坑较浅，并呈较大范围的疤状分布。

（3）槽状腐蚀。槽状腐蚀属局部线状腐蚀，主要发生在构件交接的水流不畅或水流过快处，也容易发生在挠曲变形的舱壁板的平面或垂直构件上。

（4）焊接金属腐蚀。焊接金属腐蚀属电化腐蚀。一般发生在手工焊接的焊缝及热影响区附近，尤其是存在焊接缺陷的部位。

（三）影响腐蚀的因素

压载舱受腐蚀的主要原因是浸水钢板部分发生了电化学反应。海水是一种很强的电解质，由于船体钢铁不是单纯的理想金属，而是由铁与碳及其他金属元素共同构成的合金。在钢铁表面，由于各部位的电极电位不一样，会形成无数对微电池。微阳极区遭受腐蚀，微阴极区不受腐蚀．根据电化学腐蚀理论，船体钢板在海水中的腐蚀就是由于微电池作用所致。

腐蚀问题是油船结构维护保养的重点，总结分析其规律性，一方面有利于制订合理的日常维护保养计划，另一方面也有利于进行针对性的检验，从而保障结构的安全。归纳起来，影响油船结构腐蚀的因素主要有以下几个方面：

（1）油舱清洗的频率。频繁洗舱将破坏原油在舱内构件表面残留的保护性油膜，从而增加腐蚀的速度，在油舱内洗舱喷头直接喷射到的区域往往呈现较明显的带状腐蚀。

（2）洗舱介质。洗舱介质一般分为高温海水、环境温度下的海水以及原油等，所有介质都会对原油在舱内构件表面残留的保护性油膜有破坏作用，其中以高温海水影响最大，原油的影响最小。

（3）货油种类及特性。原油黏结性较强，其卸完后将部分残留在舱内构件表面，从而形成保护性油膜，起到减小腐蚀的作用，但汽油的黏结性较差，一般较难形成保护性油膜。原油成分中如果含硫量较大，同水结合将产生腐蚀性较强的酸性物质，尤其原油卸完后，残留在舱底的酸水具有很强的腐蚀性，是舱底板点腐蚀的主要原因。货油（如汽油）中如果含水、氧量大，则腐蚀性也较大；惰气中也含二氧化硫等酸性气体，与水蒸气结合后对涂层和钢板有很强的腐蚀作用。

（4）压载的时间及压载水的质量。一般而言，舱室的压载时间越长，腐蚀量越大，另外，受到污染的压载水中微生物含量较高，腐蚀的速度也较快。

（5）空舱的湿度。空舱的湿度越大，腐蚀越快，尤其是阳极保护装置在无水的状态下不起防腐作用。

（6）相邻舱室的温度。相邻舱室如果装载加热的货油及燃油，则腐蚀速度增加。

（7）涂层的脱落。在敷满涂层的舱室，如果局部区域涂层脱落，在同等条件下，该区域的腐蚀速度甚至将超过完全无涂层的舱室构件的平均腐蚀速度。

（8）阴极保护装置。阴极保护装置只有在水中才能起到保护作用，因而对舱室的中下部区域的保护作用明显，对甲板区域的构件保护作用不大，阳极块应按照设计布置，同时应注意在安装时表面清洁，尽量避免油膜和涂料覆盖，影响其防腐效果。

（9）结构设计。结构设计应尽量避免产生水流过快或水流积滞的区域，也应避免因设计时刚性不足产生板材屈曲而使涂层脱落失效。

二、舱室腐蚀的特点和趋势

（一）货油舱

货油舱的腐蚀没有压载水舱严重，但由于货油之中所占的水分通常积聚在舱底，因此舱底板存在腐蚀的可能性，同时由于船舶的尾倾，导致积水通常积聚在舱室的后半部，从而使后半部的舱底板腐蚀更加明显。另外位于吸口附近的舱底板受到冲击侵蚀和空泡腐蚀，该位置船底板的腐蚀较为严重。

（二）专用压载舱

压载舱始终处于空舱/海水压载这样的干湿交替状态，而且难以维修，其腐蚀环境非常严酷。早期，对船舶压载舱的腐蚀不重视，没有保护措施，靠增加钢板厚度来提高腐蚀余量，这就多用了大量钢板，增加了空船重量。后来曾涂过水泥浆，也无甚作用。近20多年来尽管做了涂装，但对涂料和涂装工艺没有严格规定，因此腐蚀还是相当严重，甚至引起海难事故。

1. 压载舱构件腐蚀的原因

（1）在纵舱壁上的纵骨与舱壁的焊缝连接附近容易发生明显的腐蚀，尤其在相邻舱室的货油和压载水的周期性的交互作用力下，舱壁板和纵骨较容易发生挠曲，加上水、污泥和锈块的积聚，更加剧了这种腐蚀，这两种因素相互交替产生作用，使得这种状况更趋恶化。

（2）随着船龄的增加，腐蚀不仅影响到构件的强度，也影响到其刚性，构件的挠曲变形又使得涂层产生分层和剥落现象，防腐作用减弱，从而形成恶性循环。

（3）经常进行部分压载的舱室，压载水在水平面处容易因振荡产生砰击作用，从而加剧腐蚀。

（4）使用不清洁的压载水，舱室的下半部由于水流不畅，污泥容易淤积，滋生的微生物容易产生酸性物质，从而破坏涂层。

（5）纵舱壁上的垂向桁材以及环形框架上的交叉桁材承受较强的剪切力，从而加剧了腐蚀。结构腐蚀可以通过下列方式避免或者降低。

（6）尽管造船时双壳体油船压载舱内部采用了船级社要求的油漆涂层保护并加装锌块，但由于调整船舶吃水的需要，不可能达到满舱位置，部分构件仍然暴露在潮湿空气之下且没有接触到海水，锌块起不到保护作用，所以加速其腐蚀速度。

（7）在造船时对所有的构件的过渡导缘处、焊缝处和钢板表面处理不符合要求，使油漆的附着力不够，导致油漆容易脱落而出现腐蚀，而局部一旦油漆脱落，腐蚀速度就特别快。

（8）在应力集中区，由于应力集中使得漆膜破裂，造成构件表面与海水和空气直接接触，同时在应力作用下使得腐蚀速度更快。

（9）如果外界温度为 30℃时，压载舱内部温度将达 50℃左右（热瓶效应）；如果货油舱加温，其内部的温度会更高，进而加大了腐蚀速度。

2. 压载舱内部构件的易腐蚀部位

（1）压载舱内上部平台以上部位的肋板和平台的人孔道门导缘两侧附近。

（2）压载舱内上部平台以上部位的梯子上部。

（3）压载舱内上部平台以上部位的压载舱两侧及主甲板下部加强肋骨的凸缘处、焊缝处和少量的平面板处。

（4）压载舱内上部平台以上部位的液压阀管线固定卡。

（5）海水和空气频繁交界处。

（6）距离锌块 1.5 m 以外处。

（7）应力集中区。

三、底材表面处理

为了使涂层系统满足设计要求，正确地进行底材表面处理非常必要。最关键的因素为：

（1）充分打磨所有的自由边，以及焊缝等部位。

（2）彻底的清理底材表面。

（3）严格按照指定的标准进行底材表面的处理。

1. 机械表面清理方式

采用诸如钢刷、砂轮或者其他机械打磨设备并不能获得与喷砂清理相同的清洁度和粗糙度效果，涂层和底材的附着力也会因此而降低。例如，使用针枪时，经常会不可避免地使底材表面粗糙过度或者损坏底材表面。

2. 喷砂清理

为了确保最佳的底材和涂层间的附着力，需要底材表面具有一定的粗糙度。从这个角度上讲，喷砂清理是最好的表面处理方式。该方式可以去除旧涂层，锈迹和其他碎屑，并可产生出足够清洁、粗糙的表面。其中，最可能的方式是干喷砂清理，砂浆喷射清理（加水），以及湿喷砂清理（加水和其他的磨料）。干喷砂清理可产生出清洁、干燥的表面以及所需要的粗糙度，但是会产生相当多的、直接污染环境的灰尘；砂浆喷射清理以及湿喷砂清理可以得到合适粗糙度且清洁的底材表面，无灰尘产生，但不足之处会产生闪锈。但同时也发现，喷砂清理结束后，会在底材表面残留很多的磨料碎屑，尤其在一些合金底材上，可能会在碎屑处形成点腐蚀。对于不锈钢、铝材和镀锌件来讲，使用非金属磨料进行底材表面处理至关重要。

3. 超高压喷射水清理

该表面处理方式现在正变得越来越普遍。采用高压（水压高达 250 MPa）喷射水清理可以去除底材表面的污染物、腐蚀性物质和旧涂层。该表面处理方式具有两个显著的优势：与常规的喷砂清理相比，高压喷射水不会产生直接污染环境的灰尘，并且可以去除水溶性盐分。选用洁净的清理用水十分重要，因为不洁净的水可能会给待清理表面带来污染。该清理方式可以产生足够清洁的底材表面，但是可能并不能在钢材表面产生足够的粗糙度。底材上的完整旧涂层会被去除，但涂层下钢材原本的粗糙度不会变化，但应该注意的是，若钢材已被腐蚀，应避免将粗糙的腐蚀表面计入粗糙度。高压喷射水清理的不足之处在于清理过程中会在底材表面引入潮气，因此产生闪锈。闪锈程度则取决于底材的相对湿度、底材及大气温度以及底材表面的清洁度。

表 2-4 为除锈标准的对照。

表 2-4　除锈标准对照表

中国标准 GB8923	国际标准 ISO8501-1	瑞典标准 SIS055900	德国标准 DIN55928	美国标准 SSPC
Sa1	Sa1	Sa1	Sa1	Sp7
Sa2	Sa2	Sa2	Sa2	Sp6
Sa2.5	Sa2.5	Sa2.5	Sa2.5	Sp10
Sa3	Sa3	Sa3	Sa3	Sp5

注：喷射或抛射除锈以字母“Sa”表示。本标准有 4 个除锈等级：

Sa1—轻度的喷射或抛射除锈。钢材表面应无可见的油脂和污垢，并且没有附着不牢的氧化皮、铁锈和油漆涂层等附着物。

Sa2—彻底的喷射或抛射除锈。钢材表面应无可见的油脂和污垢，并且氧化皮、铁锈和油漆涂层等附着物已基本清除，其残留物应该是附着牢固的。

Sa2.5—非常彻底的喷射或抛射除锈。钢材表面应无可见的油脂、污垢、氧化皮、铁锈和油漆涂层等附着物，任何残留的痕迹应仅是点状或条纹状的轻微色斑。

Sa3—钢材表面外观洁净的喷射或抛射除锈。钢材表面应无可见的油脂、污垢、氧化皮、铁锈和油漆涂层等附着物，该表面应显示均匀的金属色泽。

四、涂料施工

（一）施工方法

1. 高压无气喷涂

就是利用高压柱塞泵不断往密闭的涂料管路内输送涂料，从而在密闭空间内形成高压（15～20 MPa），然后释放连接于涂料管末端的喷枪扳机，使高压涂料流强制通过极为细小的喷嘴而形成雾化，从而射达被涂表面。

高压无气喷涂的主要优点：喷涂效率高、产量高，非常适用于工程；较少“过喷”和涂料反弹；较高的传递效率，节约涂料；能喷涂较高黏度涂料，无需过度加稀料；一次成膜厚度较厚，无需多度喷涂；渗透力强，增加涂层与钢板的机械咬合力；喷涂质量好、降低施工成本提高竞争力。由压缩空气或电力驱动。

2. 压缩空气驱动喷涂

空气喷涂是利用压缩空气的气流流过喷枪喷嘴孔形成负压，负压使漆料从吸管吸入，经喷嘴喷出形成漆雾，漆雾喷射到钢板表面上形成均匀的漆膜。特点是雾化细，但存在空气反弹，涂料飞散损耗严重；可喷涂料的黏度低（不宜高于 25 S（S 为一种黏度单位）），稀释剂消耗量较大；流量小，不易获得较厚的涂层；经雾化后空气中的油分子及水分子对涂层质量有直接粉化影响；作业效率较手工提高 10 倍。

3. 人工使用滚刷和板刷直接涂漆

（二）正确施工的关键因素

对于确定的涂料施工来讲，如何选用正确的涂料配套应该取决于表面处理、施工环境，以及暴露环境等因素。对于双组分涂料来讲，只有采用机械搅拌装置将两个组分完全混合均匀后方可有效；对于底材边缘、焊缝等部位的预涂装，将会显著延长涂层系统的寿命周期；涂料的施工和固化受环境因素的影响非常大。涂装前必须确保底材温度高于空气露点温度至少 3℃以上。

（三）新造船涂装作业流程简述

（1）钢材预处理：氧乙炔焰除油水，喷丸除锈/氧化皮,增加钢板表面粗糙度，增加涂料附着力（标准 Sa3/ Sa2.5/ Sa2），喷涂车间底漆（保养漆）。

（2）分段涂装：喷砂除锈/杂物（标准 Sa2），焊道预涂，无气喷涂底漆。

（3）总组/合拢涂装：气动钢丝刷除锈/杂质（标准 Sa2），焊道预涂，无气喷涂底漆。

（4）完工涂装：气动钢丝刷除锈/杂质（标准 Sa2），补涂底漆。

五、船用涂料种类

（一）涂料的组成

涂料的旧名称为油漆，为了便于管理和使用，我国原石油化工部规定，统一命名时仍可用油漆这个名称。涂料主要由四部分组成：成膜物质、颜料、溶剂、助剂。

（1）成膜物质——是涂料的基础，它对涂料和涂膜的性能起决定性的作用，它具有黏结涂料中其他组分形成涂膜的功能。可以作为成膜物质的使用的物质品种很多，当代的涂料工业主要使用树脂。树脂是一种无定型状态存在的有机物，通常指高分子聚合物。过去，涂料使用天然树脂为成膜物质，现代则广泛应用合成树脂，例如：醇酸树脂、丙烯酸树脂、氯化橡胶树脂、环氧树脂等。

（2）颜料——是有颜色的涂料（色漆）的一个主要的组分。颜料使涂膜呈现色彩，使涂膜具有遮盖被涂物体的能力，以发挥其装饰和保护作用。有些颜料还能提供诸如：提高漆膜机械性能、提高漆膜耐久性、提供防腐蚀、导电、阻燃等性能。颜料按来源可以分为天然颜料和合成颜料；按化学成分，分为无机颜料和有机颜料；按在涂料中的作用可分为，着色颜料、体质颜料和特种颜料。涂料中使用最多的是无机颜料，合成颜料使用也很广泛，现在有机颜料的发展很快。

（3）溶剂——能将涂料中的成膜物质溶解或分散为均匀的液态，以便于施工成膜，当施工后又能从漆膜中挥发至大气的物质，原则上溶剂不构成涂膜，也不应存留在涂膜中。很多化学品包括水、无机化合物和有机化合物都可以作为涂料的溶剂组分。现代的某些涂料中开发应用了一些既能溶解或分散成膜物质为液态，又能在施工成膜过程中与成膜物质发生化学反应形成新的物质而存留在漆膜中的化合物，被称为反应活性剂或活性稀释剂。溶剂有的是在涂料制造时加入，有的是在涂料施工时加入。

（4）助剂——也称为涂料的辅助材料组分，但它不能独立形成涂膜，它在涂料成膜后可以作为涂膜的一个组分而在涂膜中存在。助剂的作用是对涂料或涂膜的某一特定方面的性能起改进作用。不同品种的涂料需要使用不同作用的助剂；即使同一类型的涂料，由于其使用的目的，方法或性能要求的不同，而需要使用不同的助剂；一种涂料中可使用多种不同的助剂，以发挥其不同作用（例如：消泡剂、润湿剂、防流挂、防沉降、催干剂、增塑剂、防霉剂等）。

（二）船用涂料种类

利用涂料保护船舶结构，是一项经济有效的措施。但是由于船舶各部位所处环境不同，对涂料亦有不同要求，大体分为船底漆、水线漆、船壳漆、甲板漆、舱室漆、液舱漆等等。

油船的液舱分为水舱和油舱两大类。水舱又分为淡水舱、饮水舱、压载水舱、冷却水舱、舱底水舱等；油舱则分为燃油舱、滑油舱、污油水舱，以及原油船的货油舱和成品油船的货油舱等。由于各种液舱所装载的液体不同，腐蚀条件不同，采用的涂料也各不相同。

（三）压载水舱涂料

用于船舶的各种压载舱、艏尖舱、艉尖舱、舱底水舱等内表面，所处环境和施工条件恶劣。压载水舱涂料通常为厚浆型的抗腐蚀性优良的涂料，一次涂装得到厚膜，由同类型涂料2～3道组成压载水舱涂料配套系统。

性能要求：压载水舱涂料应具有优良的耐水、耐油、耐盐、耐干湿交替性能；涂膜寿命长，接近船舶使用期限。

国家标准GB/T 6823-86《船舶压载漆通用技术条件》规定的压载水舱涂料配套系统的技术指标如表2-5所示。

表2-5 船舶压载水舱涂料配套系统的技术指标

项 目	指 标
附着力/MPa	≥3
耐冲击性	3G落锤冲击后，无裂纹、剥落
耐盐雾性	600 h后，按GB 1740进行评定，1级
耐盐水性	25℃盐水，连续浸泡21天，漆膜无起泡、电裂、剥落、锈斑等
耐热盐水性	80℃热盐水，浸泡2 h，漆膜无起泡、脱落、龟裂、起皱等

压载水舱涂料主要类型有：

（1）厚浆型环氧沥青涂料；

（2）环氧古马隆树脂涂料（俗称漂白沥青环氧涂料）。

（四）饮用水舱、淡水舱涂料

饮用水舱是船舶用来贮存饮用水的舱室，因而饮用水舱涂料有不同于其他涂料的特殊性，既要有良好的附着力等物理机械性能，又有耐水性能以保护饮水舱的钢板不受到腐蚀，还要求涂膜清洁无毒，不能使有毒物质渗入水中，以保证饮用水的质量，使水质符合生活饮用水卫生的标准，不污染水质，不影响人体健康。所用品种应获得有关卫生当局许可。

另外涂装时还要求气味小，毒性低，施工方便，能在通用的自然条件下干燥和固化。近年来，国外对饮用水舱涂料进行了大量的研究工作，饮水舱涂料从基料上分为两大类，即有机的和无机的。美国和俄罗斯多采用乙烯类为基料的饮用水舱涂料；日本多采用环氧树脂为基料的饮水舱涂料；中国的饮水舱涂料品种通常使用有机锌粉底漆，乙烯铝粉漆等。

性能要求：饮水舱漆应在常温条件下干燥，为减少污染应不用或少用挥发性溶剂，与车间底漆或钢材之间附着牢固，漆膜坚韧，具有优良的耐水性和耐久性，并符合涂料卫生鉴定的要求。

国家标准 GB/T 5369-85《船用饮水舱涂料通用技术条件》对饮水舱涂料配套系统的性能要求规定如下：

附着力——涂层与底材及涂层之间的附着力不得低于 3 MPa。

柔韧性——涂层在曲率半径为 2.5 mm 的芯棒上弯曲后不得出现网状裂纹及剥落等现象。

耐盐雾性——涂层经过连续 600 h 盐雾试验后，按 GB 1740 进行评定，1 级。

（五）油舱涂料

燃油舱：因其对舱壁的腐蚀性不大，一般仅涂车间底漆或树脂漆，防止在建造期间生锈，只作短期保护。

滑油舱：为防止污染油质，涂纯环氧涂料。也有船东不要求涂漆，打磨光亮后涂保护油，防止在加注滑油前生锈。

原油船：装载原油的货舱一般采用环氧沥青涂料保护，而现今更多的油船货舱则无涂层保护或者仅在货油舱的底部或和顶部有涂层保护，只是依靠货油在舱内表面形成的油膜来保护；其污油水舱（SLOP TANK）由于经常水油交替或长期装载水油混合物，一般采用环氧沥青涂料保护或其他环氧涂料。

（六）成品油船的特殊性

1. 所载货物特殊

（1）白油：汽油（工业、汽车、航空等用）、喷气发动机燃料油、煤油、柴油、石脑油等。

（2）黑油：重柴油、燃料油等。

（3）润滑油：机油等。

上述装载对象，有的具有很强的溶解性和渗透性，有的具有很强的腐蚀性，因此它们对涂层提出了很高的要求。还有的成品油船的货油舱在空载时往往被兼做压载舱，这样货物与海水的交替装载使舱内的涂层处于十分严酷的腐蚀环境，所以，必须具备特殊性能的涂料才能当此重任。

2. 对涂层的要求特殊

作为成品油船的货油舱（包括 SLOP 舱）涂料，必须具备以下性能：化学结构致密，能抵抗各种装载对象的溶解、渗透和腐蚀，并且不会污染所装载的货物；具有优良的耐海水性和耐货物—海水交替装载的性能，即使是涂层吸附了部分货物，本身发生了溶胀也不会遇水剥落或失去原来的抗水能力。而在货物卸下后溶胀的涂层会恢复原有的性能；涂层沾上货物或其他污物后清洗容易并且涂层应具有一定的耐热性，以抵抗货物的加热和热水清洗。

目前世界上用来作为成品油船货油舱的涂料、一般多是环氧涂料、酚醛环氧涂料、无机锌涂料和聚氨酯涂料等。而环氧类涂料耐油效果好，使用期效长，且对底材处理相对要求不高，最为常用。这些类型的涂料各有各的特点。但是，到目前为止还没有一种涂料能适应所有种类的货物。涂料的选择应该根据船舶的主要装载对象来确定。

成品油船货油舱涂料的供应厂商，通常都提供一本耐载荷清单（Cargo Resistance List）表明其涂料对各种载荷的抵抗能力。对于船舶来说，应根据此表确定本船适合装载何种货油。

3. 施工条件特殊

必须在船上作整体涂装时，先作分段涂装，然后再整体修补；必须进行温度和露点管理，即环境温度大于10℃、相对湿度在85%以下、被涂表面温度高于露点3℃以上。

4. 表面处理特殊

众所周知涂装质量的好坏最关键的环节在于表面处理的质量。而成品油船由于装载特殊的货物，需要在特定的条件下施工。

结构性处理在分段组装前应当对所有尖锐的自由边缘作倒角处理，达到边缘呈半径2 mm左右的圆角状态。在分段组装后应对所有由于切制焊接所引起的表面不平整处进行补焊、磨光等处理，以求得良好的光滑的被涂表面状态；

整体喷砂处理在整体涂装以前，分舱进行喷砂处理，要求在车间底漆受破坏的区域达到标准Sa2～Sa3级；车间底漆完好区域，应达到70%～80%的车间底漆被去除。现在国内外成品油船建造时，面向货油舱的钢材表面在预处理后已不再涂装车间底漆。这样可避免车间底漆的残留物对测定钢板表面盐分的干扰。

5. 船体结构设计的特殊

为有利于货油舱的特殊涂装，船体结构设计时应尽可能使货油舱的构造趋于简单，具体应有以下措施：减少船体构件，尽量采用槽形舱壁；加强材尽量安装于压载舱内和甲板上。简化船体构件；舱内部件采用耐腐蚀材料；舱内舾装件安装位置优化。

（七）常用船用涂料简介

1. 醇酸涂料

醇酸漆以醇类和脂肪酸为原料。它们多用作为装饰用途，也用来防护暴露于相对轻度的腐蚀环境中的钢结构。施用简便，使用无气喷涂、刷涂、滚涂都可以。

2. 乙烯基涂料

乙烯基涂料是物理干燥型涂料。容易用无气喷雾、刷涂和滚涂施工。不建议在长期暴露于75～80℃以上温度的环境中使用乙烯基涂料。因为漆膜有效成分会分解，并导致变黄，容易使漆膜碎裂。

许多不同种类的涂料都可视为“乙烯基涂料”。原因在于乙烯基涂料的配制方法很多。它们能够以乙烯基树脂为基料用其他的黏合剂等加以改良。优点是耐化学性能和耐水性能好，干燥速度快且不依赖于温度。

3. 氯化橡胶涂料

氯化橡胶涂料可用于船舶以及其他在水线以上和以下的部位。它是物理干燥型涂料，耐水性能好，在施工和干燥过程中，它们对环境温度不是很敏感。它也是可溶解性涂料，可以被认作是积极特征，但是也可能是消极特性：其积极影响在多数情况下会是主导因素，因为可溶性给予了灵活的覆涂时间间隔，基本上各涂层之间不会有脱落的危险。消极影响在于氯化橡胶产品对多数溶剂不具抵抗性，这意味着强性溶剂可能会损坏漆膜，另外还有溶剂被滞留在漆膜里的危险。

4. 环氧涂料

环氧涂料种类繁多，每种涂料在使用中都有特定的需求。环氧涂料具有一些大体相同的特性。

最主要的优点是耐水性能良好；对底材的附着力好；耐化学性能好；耐碱性能好；最大限度地耐机械磨损；持久性好；耐热温度高达 120℃（对某些系列会略有变化）；固体含量高，挥发性有机物含量低。缺点是它们是双组分产品，抗紫外线性能差：日照时会粉化。

（1）环氧乳胶涂料：为通用涂料，适用于工业、船舶和离岸平台工业设施。

（2）纯环氧涂料：作为一种通用涂料体系可用在化学储罐、饮用水储罐等。表面喷砂清洁处理至少要达到 Sa2.5 级。

（3）酚醛环氧涂料：适用于化学储罐。比纯环氧漆的性能更好。表面喷砂清洁处理至少要达到 Sa2½级。

（4）焦油环氧涂料：适用于船舶、水线以下设施，特别是压载水舱。

（5）无溶剂环氧涂料；适用于饮用水舱和对环保有严格要求的区域。

（八）IMO 的船舶压载舱保护涂层性能标准（PSPC）介绍

由于腐蚀对船舶安全带来极大的威胁，国际海事组织对压载舱涂层的性能和质量越来越重视。在 2006 年 12 月 8 日通过了《所有类型船舶专用海水压载舱和散货船双舷侧处所保护涂层性能标准》（Performance Standard for Protective Coatings for Dedicated seawater ballast tanks in all types of ships And double-side skin spaces of bulk carriers，简称 PSPC），并于 2008 年 7 月 1 日生效。

PSPC 是 IMO 关于新建船舶压载舱防护涂层性能标准。该标准包括涂料、涂层性能标准及造船涂装全过程质量控制要求两部分，要求海水压载舱防护涂层具有预期 15 年使用寿命，从防护涂层膜厚、涂装施工质量控制、防护涂层性能基本要求、涂层质量评定验收、涂层资格认可试验方法、设备等各环节进行全面控制。该标准适用于 2008 年 7 月 1 日后签订建造合同、2009 年 1 月 1 日开始建造及 2012 年交付使用的所有 500 总吨以上船舶。目前船舶压载舱涂层主要采用环氧类硬涂层涂装。根据国外船舶涂料实验室的检测结果，厚膜环氧硬质涂层有良好的附着力和耐模拟摇摆试验舱加速试验性，PSPC 将环氧压载舱涂料作为涂料类型加以规定。

PSPC 与有关的要点说明：

（1）表面处理和涂装。结构表面处理应达到 Sa2。涂装工作应控制在湿度和表面的条件下进行。此外，下述情况不应进行涂装：

• 相对湿度超过 85%，或

• 钢材表面温度低于露点以上 3℃

在涂层涂装和固化阶段，应监控钢板表面温度、相对湿度和露点，并予以记录。

（2）表面缺陷处理。去除毛边，打磨焊珠，去除焊接飞溅物和任何其他的表面污染物，使之达到 ISO 8501-3 的 P2 等级。涂装前边缘应处理成半径至少为 2 mm 的圆角或经过 3 次打磨，或至少经过等效的处理。这样的边缘处理要求，已达到 ISO 8501-3 的 P3 等级，相当于成品油船特殊涂装的要求。

（3）涂装前对表面可溶性盐的限制（ISO 8501-3）。钢材在涂装前的表面预处理—表面清洁度目视评定—第 3 部分：焊缝、切边及其他有表面缺陷部位的预处理。

P1：轻度预处理——施涂前所需的最低的预处理程度。

P2：彻底预处理——修复了大部分缺陷。

P3：非常彻底的预处理——表面无明显可见缺陷。

要求不大于 50 mg/m^2（相当于氯化钠）。在钢材预处理和分段涂装两个阶段都要进行测试。

目前一般不测量涂装前钢板表面盐分含量，如果检测的话，大多数是在 50～100 mg/m^2 之间。用淡水冲洗的话，要考虑部分地区淡水本身含盐较高的情况。

（4）灰尘。颗粒大小为 3、4 或 5 的灰尘分布量为 1 级（测试方法依据 ISO 8502-3）。更小颗粒的灰尘，如不用放大镜在待涂表面可见时，应去除。

小颗粒灰尘不用 ISO 8502-3 标准（采用胶带粘贴）检查的话，“不可见”的“分布”情况是“2～3”级，比我们目前的行业标准“允许灰尘痕迹存在”要高。为达到“不可见”的要求，船厂需要增加大功率的吸尘设备的投入，增加清理的人工，这对成本和周期都会有相当的影响。

（5）涂层厚度。名义干膜厚度 320 μm（90/10 规则）。目前压载舱涂层膜厚一般是 250 μm，膜厚分布按 85/15 规则。涂料商推荐的单道涂层干膜厚度为 125 μm。250 μm 只需两道，320 μm 的厚度就要分 3 次涂装。膜厚分布符合 90/10 的规则，即 90%的测量点膜厚不小于规定要求 320 μm，余下的 10%测量点膜厚要达到规定膜厚的 90%，即 288 μm。相对于我国行业标准，85/15 规则的要求高，这不仅使涂料用量增加，关键是三次涂装造成涂装工时增加、周期延长。但这个问题可要求涂料厂商通过开发厚模型涂料来解决。

至于多道涂层系统，每道涂层的颜色要有对比，表面涂层应为浅色，要求预涂和喷涂。

思考题

1. 油船主要有哪几种腐蚀？
2. 货油舱腐蚀的主要原因是什么？
3. 货油舱、压载舱易腐蚀的部位有哪些？
4. 船用涂料有哪些组成成分？
5. 与原油船相比，成品油船在结构和涂装方面有哪些特殊性？
6. PSPC 对双壳油船压载舱涂层的寿命和颜色有何要求？

第三章 货油的理化性质

本章主要介绍了原油的物理性质和化学性质，石油的组成和分类，以及石油及其石油产品的特性；介绍物质安全数据表的相关知识和内容。

第一节　原油的理化性质

要　点

原油的性质包含物理性质和化学性质两个方面。物理性质包括颜色、密度、黏度、凝固点、溶解性、发热量、荧光性、旋光性等；化学性质包括化学组成、组分组成和杂质含量等。

必备知识

一、原油的物理性质

石油是由各种烃类和非烃类化合物所组成的复杂混合物。石油的性质包含物理性质和化学性质两个方面。物理性质包括颜色、密度、黏度、凝固点、溶解性、发热量、荧光性、旋光性等。

1. 原油的颜色

依产地和成分不同，一般有黄褐色、棕色、深棕色和黑色。石油颜色与原油中含有的胶质、沥青质数量的多少有密切关系。深色原油密度大、黏度高；液性明显的原油多呈淡色，甚至无色；黏性感强的原油，大多色暗，从深棕、墨绿到黑色；凝析气田所产凝析油从浅黄色到无色。

2. 石油的嗅味

是由于原油中所含的不同挥发组分而引起。芳香组分含量高的原油具有一种醚臭味，含硫化物较高的原油则散发着强烈刺鼻的臭味。

3. 石油的密度

密度大小与石油的化学组成及所含杂质数量有关。胶质、沥青质含量高，容量大，颜色就深；低分子量烃含量高，密度就小。我国生产的原油密度变化也较大，以轻质和中质原油为主，也产部分重质原油。

4. 原油黏度

是指原油在流动时所引起的内部摩擦阻力。原油黏度大小取决于温度、压力、溶解气量及其化学组成。温度增高其黏度降低，压力增高其黏度增大，溶解气量增加其黏度降低，轻质油组分增加，黏度降低。一般来说，黏度大的原油密度也较大。

5. 石油的荧光反应

石油在紫外光照射下受激发发光，并在照射后所发光立即消失的这种荧光反应特性，普遍被用于野外工作时作为判断岩石中是否含有石油显示的重要标志。按发光颜色的不同以及分布的情况，大体可推测所显示的石油组分及其百分含量。一般油质呈天蓝色，胶质呈黄绿色，沥青质呈棕褐色。

6. 石油的旋光性

石油在偏光下，具有把偏光面向右旋转的特性。偏转度一般小于1°。旋光性是有机质所特有的一种性质，而且当加温至300℃时即消失。因此，在研究石油生成时，常以这种旋光性和在石油中发现的素（由动植物色素如叶绿素或血红素变化而成，并在温度超过200℃时被破坏）的存在作为石油有机成因的依据。

7. 石油的溶解性

石油不溶于水，但可溶于有机溶剂，如苯、香精、醚、三氯甲烷、硫化碳、四氯化碳等，也能局部溶解于酒精之中。原油又能溶解气体烃和固体烃化物以及脂膏、树脂、硫和碘等。

8. 石油的馏分组成

由于石油是由不同沸点的烃化合物混合而成，因此通过控制不同的温度而可分别获得不同的石油产品。随着温度的增高，首先是轻组分馏出，继而为较重的烃馏分，最后剩余胶质，沥青质残渣。通过实践测定，我国原油的初沸点在70～100℃。在一次加工中，产品的馏出顺序大致为：95℃以下首先是石油醚，40～180℃为航空汽油，205℃左右为汽车汽油，120～240℃为重汽油，200～315℃为煤油，270～300℃为润滑油，190～350℃为柴油，350℃以上则为残余物（渣油）。

9. 石油的热值

热值系指单位质量燃料燃烧时所产生的热量，单位以MJ/kg表示。平均低位发热量石油为41.87 MJ/kg，折算标准燃料系数为1.428 6。

10. 凝固点

原油的凝固点是指原油冷却过程中由流动态到失去流动性的临界温度点，它与原油中的含蜡量、沥青胶质含量及轻质油含量等有关，影响因素十分复杂。轻质组分含量高，凝固点低；重质组分含量高，尤其是石蜡含量高，则凝固点就高。原油凝固点在-56～50℃之间。凝固点高于40℃称为高凝油。

11. 含蜡量

是指在常温常压条件下原油中所含石蜡和地蜡的百分比。石蜡是一种白色或淡黄色固体，由高级烷烃组成，熔点为37～76℃。石蜡在地下以胶体状溶于石油中，当压力和温度降低时，可从石油中析出。地层原油中的石蜡开始结晶析出的温度称为析蜡温度，含蜡量越高，析蜡温度越高。析蜡温度高，油井容易结蜡，对油井管理不利。

12. 含硫量

是指原油中所含硫（硫化物或单质硫分）的百分数。原油中含硫量较小，一般小于 1%，但对原油性质的影响很大，对管线有腐蚀作用，对人体健康有害。根据硫含量不同，可以分为低硫或高硫石油。

13. 含胶量

是指原油中所含胶质的百分数。原油的含胶量一般在 5%～20%之间。胶质是指原油中分子量较大（300～1 000）的含有氧、氮、硫等元素的多环芳香烃化合物，呈半固态分散状溶解于原油中。胶质易溶于石油醚、润滑油、汽油、氯仿等有机溶剂中。

14. 含盐量

原油从油井采出，其中含有大量的盐分，最高可达 1 000 ppm，它们多为钠、钙、镁和氯化物的混合物。通常原油含盐量在 0.02%～0.055%之间。

15. 沥青质含量

原油中沥青质的含量较少，一般小于 1%。沥青质是一种高分子量（大于 1 000 以上）具有多环结构的黑色固体物质，不溶于酒精和石油醚，易溶于苯、氯仿、二硫化碳。沥青质含量增高时，原油质量变坏。

16. 烃类成分

原油中的烃类成分主要分为烷烃、环烷烃、芳香烃。根据烃类成分的不同，可分为石蜡基石油、环烷基石油和中间基石油三类。石蜡基石油含烷烃较多；环烷基石油含环烷烃、芳香烃较多；中间基石油介于二者之间。

目前我国已开采的原油以低硫石蜡基居多。大庆等地原油均属此类。其中，最有代表性的大庆原油，硫含量低、蜡含量高、凝点高，能生产出优质煤油、柴油、溶剂油、润滑油和商品石蜡。胜利原油胶质含量高（29%），比重较大（0.91 左右），含蜡量高（15%～21%），属含硫中间基。汽油馏分感铅性好，且富有环烷烃和芳香烃，故是重整的良好原料。

二、原油的化学性质

原油的化学性质包括化学组成、组分组成和杂质含量等。

辛烷是石油中存在的一种碳氢化合物。图 3-1 为辛烷分子的球棍模型，其中黑色线段表示 C—H 单键，黑色球体表示碳原子，白色球体表示氢原子。

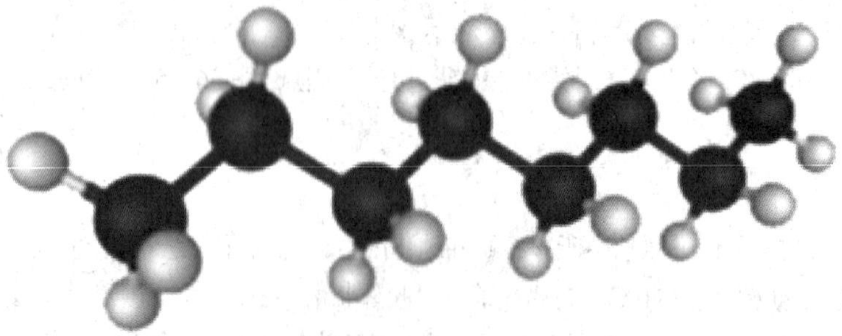

图 3-1　辛烷分子的球棍模型

据统计，石油的平均元素组成是：碳为84.5%，氢为13.0%，硫为1.5%，氮为0.5%，氧为 0.5%。

石油主要由碳和氢组成，碳和氢的总量在95%～99%之间。石油中已鉴定出3 000多种化合物，其中烃类化合物230种以上，分属于烷烃、环烷烃、芳香烃，是组成石油的基本化合物。石油中还有由氧、氮、硫组成的非烃类化合物，如含氧化合物中的有机酸（环烷酸、脂肪酸、C10～C15的异戊间二烯酸）、酚、酮类化合物，含氮化合物中的卟啉、喹啉、吡啶、咔唑等，含硫化合物中的硫醇、硫醚、噻吩和二硫化物等。

不同的化合物具有不同的沸点，对石油加热蒸馏可将石油分离成不同沸点范围（即馏程）的若干部分，其每一部分就是一个馏分。由石油分馏出的全部馏分被称做石油的馏分组成。

石油对中性有机溶剂和吸附剂有选择性溶解和吸附的性能。可以选用不同有机溶剂和吸附剂，将石油分成若干部分，每一部分就是一个组分。石油的组分一般可划分为3种：

（1）油质。可溶于石油醚，而不被硅胶所吸附的部分。它主要是饱和烃和一部分低分子芳烃。

（2）胶质。用苯、酒精－苯从硅胶吸附的产物。溶于苯的组分称为苯胶质，主要是芳烃和一些具有复杂元素的芳烃结构化合物。用酒精和苯的混合溶剂可得到酒精—苯胶质，这类胶质主要是复杂元素的非烃化合物。

（3）沥青质。可以溶解于氯仿但不溶于石油醚的部分。也是非烃的一部分，它不同于胶质的是高分子化合物含量增加，分子量很大，具有高分子的稠环芳烃和烷烃侧链组成的复杂结构。

思考题

1. 石油的物理性质包括哪些?
2. 原油中的烃类成分主要分为哪几种？根据烃类成分的不同，可将石油分为哪三类?
3. 石油的化学性质包括哪些?
4. 石油的组分一般可划分为哪三种?

第二节　石油和石油产品的特性

要　点

石油及石油有产品的特性。石油产品按其主要性能和用途，分为石油燃料、石油溶剂和化工原料、润滑剂、石油沥青和石油焦六大类。按照石油产品用途，通常可分九类：石油燃料类；溶剂油类；润滑油类；电气用途类；润滑脂类；固体产品类；石油气体类；石油化工原料类；石油添加剂类。

必备知识

一、石油的特性

石油是由一系列碳氢化合物分子所组成，随分子重量由轻到重排列。其结构基本上是由以各种形式与碳原子相连的氢原子组成。分子草图可以解释饱和的和不饱和的碳氢化合物、环分子结构和苯环（如图 3-2 示）。此外在原油中也含有有毒物质。

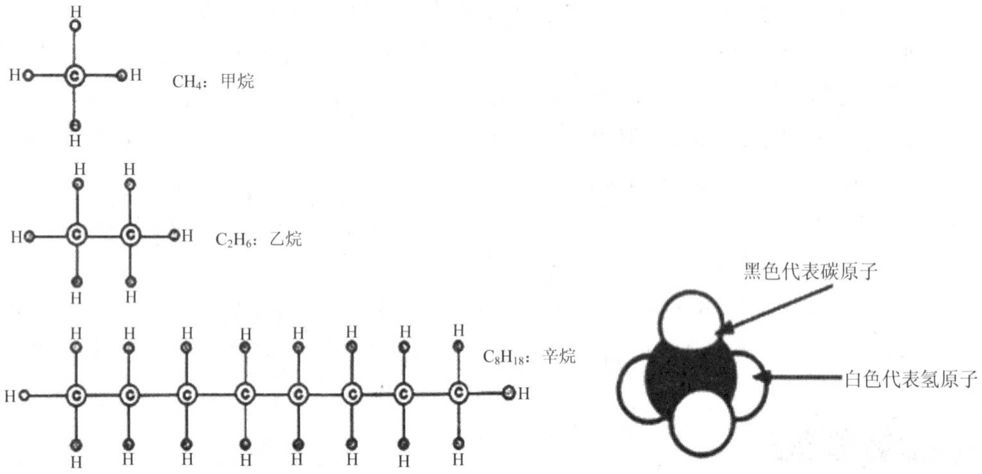

甲烷分子的空间结构　　碳氢化合物分子结构

图 3-2　分子草图

轻、重碳氢化合物分子之间的关系可以用图 3-3 来解释：

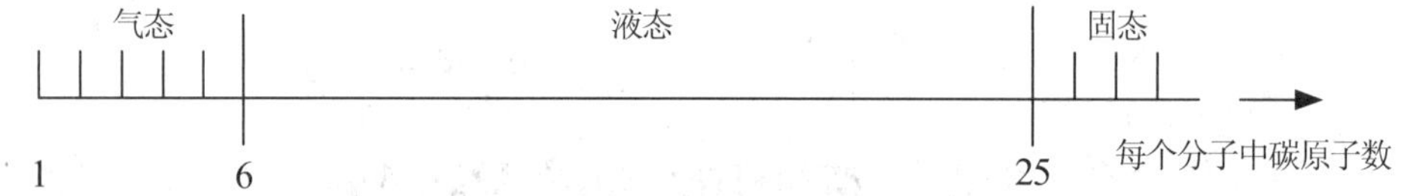

图 3-3　轻重碳氢化合物分子之间的关系

最轻的是气态分子甲烷，最重的是固体分子，除去气态及固态分子后的液态部分称为原油。精炼原油的过程会产生各种石油产品，每种产品都是由一系列石油分子组成。这些石油分子在大气压力和常温下将会是气体、液体或固体状态。精炼原油的过程不会改变石油分子的成分。精练过程改变了石油分子结构，通常是由长链裂解成短链称为裂解，由此产生了更轻的石油产品。

（一）绝对蒸发压力

所有原油和一般石油产品基本上是大范围碳氢化合物的混合物（即，碳、氢原子的组合）。这些化合物的沸点范围从 -162℃（-260℉）到超过 400℃（750℉）；任何特殊混合物的挥发性（即原油或石油产品有产生气体的趋势）基本上取决于易挥发成分的数量（即低沸点成分）。

挥发性由蒸发压力来表征。当石油混合物装到除过烃气的油舱或容器中时，它将开始蒸发；

也就是说，释放了气体到上部空间。释放了的气体也有再溶解进液体的趋势，最终由于一定量的气体平均分配到整个空间而达到平衡。由这个气体产生的压力称为液体的平衡蒸发压力，一般简单地叫做蒸发压力。

纯化合物的蒸发压力只取决于其温度。混合物的蒸发压力取决于其温度和发生蒸发的气体空间体积，那就是说它取决于温度和气体变成液体的体积率。

绝对蒸发压力（TVP）或气泡点蒸发压力是气液转换率为零时混合物的平衡蒸发压力。它是在任何特定温度下可能蒸发的最高蒸发压力。

随着石油混合物温度的增加，它的 TVP 也增加。如果 TVP 超过大气压力，液体开始沸腾。

石油混合物的 TVP 很好地表明了其生成气体的能力。不幸的是，尽管它可以根据液体成分的详细资料进行计算，但这一特性极难测量。对于原油，也可以根据稳定条件，考虑不同温度或组成的相应变化进行估算。对于石油产品，由于存在可靠的相关性，可根据更简单地测量相对蒸发压力（RVP）和温度得出 TVP。

（二）李德氏蒸气压

李德氏蒸气压（RVP）的测定，是测量石油液体挥发性的简便而又常用的方法。这种测定用标准仪器并严格按限定的方法进行。在大气压条件下将液体样品引入测试的容器中，使液体体积达到该容器内部总体积的 1/5。将容器密封并浸没于水盆中，加热至 37.8℃。经急速摇晃容器使得大致达到均匀状态之后，由于蒸发而上升的压力可从装在容器上的压力表读出。该压力表的读数就给出以“巴（bar）”为单位的各种石油液体在 37.8℃时蒸气压的精确的近似值。用李德氏蒸气压测定石油液体挥发性进行比较的方法被实践中广泛采用。然而，主要由于 RVP 是在 37.8℃的标准温度和以固定的气/液体积比的条件下测定的，因此，作为测评在特定条件下，气体可能逸出程度的方法时，RVP 本身就没有多大价值。就这样的目的而言，正如已经提到的，在 TVP、RVP 和温度之间存在着可靠的相互关系，因而在某些场合 TVP 更加有用。

（三）易燃性

在燃烧过程中，碳氢气体与氧气在空气中反应产生二氧化碳和水。这个反应产生足够的热量形成可见的火焰，通过碳氢化合物气体和空气的混合而蔓延。当点燃液态碳氢化合物之上的气体时，产生的热量可以产生足够的新的可燃气体维持火焰，这种情况被称为液体燃烧。事实上，燃烧的是不断从液体中产生的气体。

（四）燃烧极限

除非烃气在空气中的比例在所谓的“可燃范围”内，才能被点燃和燃烧。这个范围的最低值，称为可燃下限（LFL），也就是说如果碳氢化合物的浓度低于可燃烧下限时，就没有足够的碳氢气体维持持续的燃烧。这个范围的最高值，被称为可燃上限（UFL），即碳氢化合物的浓度超过可燃上限，就没有足够的空气维持持续的燃烧。

燃烧极限对不同的纯碳氢化合物气体和从不同石油液体中产生的气体混合物来说稍有变化。一般来说，产生于原油、汽车汽油或航空汽油、天然气产品的气体可以分别由纯碳氢化合物气体丙烷、丁烷、戊烷代表。表 3-1 给出了这些气体的可燃极限。

表 3-1　可燃极限（碳氢化合物在空气中体积的百分比）

气体	上限	下限
丙烷	9.5	2.2
丁烷	8.5	1.9
戊烷	7.8	1.5

事实上用油船运输的油，一般来讲，其上、下燃烧极限可以分别采用 10%、1%的体积比。

（五）可燃性实验

由于具有可燃性的碳氢化合物气体和空气的混合物的浓度范围比较小，也由于其在空气中的浓度取决于蒸发压力，因此碳氢化合物气体和空气的混合物在原则上是可以通过测量蒸发压力进行可燃性实验的。实际上，种类繁多的石油产品及需要考虑的温度范围有碍于这一简单可燃性实验。

（六）闪点

在这个实验中，一种液体的样品在一个专门的容器内逐渐加热，反复地用一个小火焰去点燃液体表面。闪点就是液体表面被小火焰点着发生闪火的最低液体温度，这也表明液体表面上存在可燃气体和空气的混合物。此时可燃气体和空气的混合物就是所对应的可燃下限混合物。

闪点实验装置有许多不同的形式，但基本上分为两类。一类，液体加热时其液体表面始终开放于大气，这样的实验结果被称为开口闪点。另一类，除了当通过一个小口点火的简短时刻外，液体表面上的空间是被封闭的，这类的实验结果称为闭口闪点。

因为在开口闪点实验中有更多的可燃气体流失到大气中，所以石油液体的开口闪点总是比闭口闪点高一点（6℃或 10℉）。在闭口实验装置中限制气体流失也导致更多的可用于指导石油分类的结果的重复。无论怎样，从开口实验得出的数据仍然可以在各种国家的法律、船级社规范以及其他类似的文件中找到。

（七）石油的可燃性分类

基于闪点和蒸发压力，把石油液体分成不同可燃等级的方法有很多。这些方法在各个国家间有相当大的差别。通常的基本原则认为，当液体在环境温度下，其上部空间是否能形成可燃气体和空气的混合物。

一般把石油液体分成两类已经足够了，定名为“不挥发”和“挥发”，它们以闪点定义如下：

1. 不挥发

由闭口实验方法测定闪点在 60℃（140℉）或以上。在正常环境温度下，这些液体产生的可燃气体浓度在燃烧下限以下。它们包括渣油、重质汽油和柴油。

2. 挥发

由闭口实验方法测定闪点在 60℃（140℉）或以下。这一类中的某些石油液体在正常环境温度下能产生的平衡的可燃气体浓度在可燃范围内；而大多数石油液体产生的达到平衡的可燃气体浓度超过可燃极限上限。前者的例子是航空燃油和煤油，后者的例子是汽油和大多数原油。事实上，由于汽油和原油经常在获得平衡条件之前就被处理，所以油气混合物可以呈现出可燃烧范围内的状态。

选择 60℃（140℉）的闪点作为衡量标准区分不挥发和挥发液体，在某种程度上是武断了。

由于对不挥发液体缺乏严格的预防措施，排除其有可能产生可燃油气混合物的液体是非常必要的，尽管偶然地会把其归为不挥发类液体。因而分界线的选择必须考虑到在闪点测量中可能由于温度不准确而产生的判断错误这样的因素，以及被更易挥发物质轻微污染的可能性。闭口闪点 60℃（140℉）充分考虑了这些因素，也与 SOLAS 公约的 II-2/55 规则以及世界上许多立法委员会所采用的标准一致。

（八）碳氢化合物气体的密度

从石油液体中蒸发的气体混合物的密度，在不被空气稀释的情况下，比空气的密度大。因而，就会在空气下面堆积成层，结果给装卸货操作带来了麻烦并增加了危险状况。

表 3-2 提供了代表分别产生于原油、汽车汽油或航空汽油和天然气产品的气体混合物的三种纯碳氢化合物的气体——丙烷、丁烷、戊烷相对于空气的气体密度。如果用惰性气体代替空气，这些数字没有很大变化。

表 3-2　丙烷、丁烷、戊烷相对于空气的气体密度

气体	相对于空气的密度		
	纯碳氢化合物	以体积计的与碳氢化合物和空气的相等部分	在可燃下限的混合物
丙烷	1.55	1.25	1.0
丁烷	2.0	1.5	1.0
戊烷	2.5	1.8	1.0

从表 3-2 中看到那些产生于汽车汽油的不稀释气体的密度大约是空气的两倍，是原油所产生的气体的 1.5 倍。这些高密度和堆积多层的结果仅在气体浓缩的情况下才有意义。由于被空气稀释，三种石油气体和空气混合物的密度都接近空气密度，在燃烧下限无法与之区分的。

（九）毒性

无论是气态还是液态石油都具有一定的毒性。

对人体的毒害途径主要有：呼吸、皮肤接触和误吞食。

石油的毒性主要来自于石油中的某些成分，主要有苯类、芳香烃、硫化氢，还有四甲铅、四乙铅等。

（十）扩散性

扩散是指两种不同的物质彼此进入对方的现象。

石油挥发出的油气比空气略重，在无气流的情况下油气覆盖于石油液体的上方，不会扩散。通常在气流的作用下，便产生了扩散性。在 5 m/s 的风速下，油气仍可密集扩散到较远的距离。在 10 m/s 风速下，油气可迅速扩散。

（十一）流动性

石油的流动性与其黏度和温度关系很大。通常石油的黏度小或温度高，则流动性好，反之则差。然而石油的黏度又受温度影响很大，温度高则可降低黏度，所有石油及其产品的流动性，最终表现为温度。各种油品都有一个最低加热温度，它应是高于凝点适于泵送的温度，便于输送。

二、石油产品的特性

石油产品根据生产方法和最终用途可分为燃料、溶剂和化工原料、润滑剂和有关产品、蜡、沥青、石油焦等几大类。这里简要介绍石油燃料类。

（一）汽油

一般来说，汽油按马达法辛烷值分为 70 号和 85 号两个牌号，按研究法辛烷值分为 90 号、93 号、95 号和 97 号车用汽油四个牌号，目前日常生活中大家习惯的汽油牌号就是按研究法辛烷值分类的。汽油通常用作汽油汽车和汽油机的燃料。车用汽油根据发动机压缩比的高低选用不同牌号的汽油；压缩比较高的，可选用较高牌的汽油；反之，则选用较低牌号的汽油。航空汽油则通常用作活塞式航空发动机燃料，按研究法辛烷值分为 75 号、95 号、100 号三个牌号，目前只在小型飞机尤其是军用飞机上使用。

（二）煤油

煤油旧称灯油，因为煤油一开始主要用于照明。煤油按质量分为优质品、一级品和合格品三个等级，主要用于点灯照明、各种喷灯、汽灯、汽化炉和煤油炉等的燃料；也可用作机械零部件的洗涤剂、橡胶和制药工业溶剂、油墨稀释剂、有机化工裂解原料；玻璃陶瓷工业、铝板辗轧、金属表面化学热处理等工艺用油。航空煤油则主要用作喷气式发动机燃料，目前大型客机均使用航空煤油。航空煤油分为 1 号、2 号、3 号三个等级，只有 3 号航空煤油被广泛使用。

（三）轻柴油和重柴油

轻柴油按质量分为优质品、一级品和合格品三个等级，按凝点分为 10 号、0 号、－10 号、－20 号、－35 号和－50 号六个牌号，10 号轻柴油表示其凝点不高于 10℃，其余类推。轻柴油用作柴油汽车、拖拉机和各种高速（1 000 r/min 以上）柴油机的燃料。根据不同气温、地区和季节，选用不同牌号的轻柴油。气温低，选用凝点较低的轻柴油，反之，则选用凝点较高的轻柴油。重柴油是中、低速（1 000 r/min 以下）柴油机的燃料，一般按凝点分为 10 号、20 号和 30 号三个牌号，转速越低，选用的重柴油凝点越高。

（四）燃料油

1. 燃料油的特性和分类

一般来说，在原油的加工过程中，较轻的组分总是最先被分离出来，燃料油（Fuel oil）作为成品油的一种，是石油加工过程中在汽油、煤油、柴油之后从原油中分离出来的较重的剩余产物。燃料油广泛用于船舶锅炉燃料、加热炉燃料、冶金炉和其他工业炉燃料。燃料油主要由石油的裂化残渣油和直馏残渣油制成的，其特点是黏度大，含非烃化合物、胶质、沥青质多。

燃料油作为炼油工艺过程中的最后一种产品，产品质量控制有着较强的特殊性。最终燃料油产品形成受到原油品种、加工工艺、加工深度等许多因素的制约。

根据不同的标准，燃料油可以进行以下分类：

（1）根据出厂时是否形成商品量，燃料油可以分为商品燃料油和自用燃料油。商品燃料油指在出厂环节形成商品的燃料油；自用燃料油指用于炼厂生产的原料或燃料而未在出厂环节形成商品的燃料油。

（2）根据加工工艺流程，燃料油可以分为常压燃料油、减压燃料油、催化燃料油和混合燃料油。常压燃料油指炼厂常压装置分馏出的燃料油；减压燃料油指炼厂减压装置分馏出的燃料油；催化燃料油指炼厂催化、裂化装置分馏出的燃料油（俗称油浆）；混合燃料油一般指减压燃料油和催化燃料油的混合。

（3）根据用途，燃料油可以分为船用燃料油和炉用燃料油及其他燃料油。

2. 燃料油的主要质量指标

燃料油的主要技术指标有黏度、含硫量、闪点、水、灰分和机械杂质等。

（1）黏度。黏度是燃料油最重要的性能指标，是划分燃料油等级的主要依据。它是对流动性阻抗能力的度量，它的大小表示燃料油的易流性、易泵送性和易雾化性能的好坏。目前国内较常用的是40℃运动黏度（馏分型燃料油）和100℃运动黏度（残渣型燃料油）。我国过去的燃料油行业标准用恩氏黏度（80℃、100℃）作为质量控制指标，用 80℃运动黏度来划分牌号。油品运动黏度是油品的动力黏度和密度的比值。运动黏度的单位是 Stokes，即斯托克斯，简称斯。当流体的动力黏度为 1 泊，密度为 1 g /cm^3时的运动黏度为 1 cSt。cSt 是 Centistokes 的缩写，意思是厘斯，即 1 斯托克斯的百分之一。

（2）含硫量。燃料油中的硫含量过高会引起金属设备腐蚀和环境污染。根据含硫量的高低，燃料油可以划分为高硫、中硫和低硫燃料油。

（3）闪点。闪点是涉及使用安全的指标，闪点过低会带来着火的隐患。

（4）水分。水分的存在会影响燃料油的凝点，随着含水量的增加，燃料油的凝点逐渐上升。此外，水分还会影响燃料机械的燃烧性能，可能会造成炉膛熄火、停炉等事故。

（5）灰分。灰分是燃烧后剩余不能燃烧的部分，特别是催化裂化循环油和油浆掺入燃料油后，硅铝催化剂粉末会使泵、阀磨损加速。另外，灰分还会覆盖在锅炉受热面上，使传热性变坏。

（6）机械杂质。机械杂质会堵塞过滤网，造成抽油泵磨损和喷油嘴堵塞，影响正常燃烧。

目前我国还没有关于燃料油的强制性国家质量标准。为了与国际接轨，中国石油化工总公司于 1996 年参照国际上使用最广泛的燃料油标准——美国材料试验协会（ASTM）标准 ASTMD 396-92 燃料油标准，制定了我国的行业标准 SH/T 0356-1996，见表 3-3。

1 号和 2 号是馏分燃料油，适用于家用或工业小型燃烧器上使用。4 号轻和 4 号燃料油是重质馏分燃料油或是馏分燃料油与残渣燃料油混合而成的燃料油。5 号轻、5 号重、6 号和 7 号是黏度和馏程范围递增的残渣燃料油，为了装卸和正常雾化，在温度低时一般都需要预热。我国使用较多的是 5 号轻、5 号重、6 号和 7 号燃料油。

新标准中 5 号～7 号燃料油黏度控制和牌号是按 100℃运动黏度来划分的，国外进口的燃料油基本是按 50℃运动黏度分类，它们是 50℃运动黏度≥180 mm^2/s 和 50℃运动黏度≥380 mm^2/s 两大类。

表 3-3　燃料油主要技术要求（SH/T0356-1996）

项目	质量指标							
	1 号	2 号	4 号轻	4 号	5 号轻	5 号重	6 号	7 号
闪点（闭口），℃ 不低于	38	38	38	55	55	55	60	—
闪点（开口），℃ 不低于	—	—	—	—	—	—	—	130
馏程，℃								
10%回收温度，不高于	215	—	—	—	—	—	—	—
90%回收温度，不低于	—	282	—	—	—	—	—	—
不高于	288	338	—	—	—	—	—	—
运动黏度，mm^2/s								
40℃ 不小于	1.3	1.9	1.9	5.5				
不大于	2.1	3.4	5.5	24.0				
100℃ 不小于	—	—	—	—	5.0	9.0	15.0	—
不大于	—	—	—	—	8.9	14.9	50.0	185
10%蒸余物残留，%（v/v） 不大于	0.15	0.35	—	—	—	—	—	—
灰分，%（v/v） 不大于	—	—	0.05	0.10	0.15	0.15	—	—
硫含量，%（v/v）不大于	0.5	0.5	—	—	—	—	—	—
铜片腐蚀（50℃，3 h），级 不大于	3	3	—	—	—	—	—	—
密度（20℃），kg/m^3	—	—	872	—	—	—	—	—
不小于	846	872	—	—	—	—	—	—
不大于								
倾点，℃ 不高于	-18	-6	-6	-6	—	—	—	—

思考题

1. 燃烧极限的定义。
2. 石油对人体的毒害途径有哪些?
3. 石油的流动性与其黏度和温度关系。
4. 燃料油的主要技术指标有哪些?

第三节　物质安全数据表

要　点

物质安全数据表的主要内容及主要作用。

必备知识

一、物质安全数据表（MSDS）的简单介绍

MSDS（Material Safety Data Sheet），即物质安全数据表，亦可译为化学品安全技术说明书或

化学品安全数据说明书。在欧洲国家，MSDS 也被称为安全技术/数据说明书 SDS（Safety Data Sheet）。国际标准化组织（ISO）11014 采用 SDS 术语，然而美国、加拿大，澳洲以及亚洲许多国家则采用 MSDS 术语。

MSDS 是一份危险物质的详细的安全数据说明书，主要内容包括危险物质的理化参数，危险特性，毒性参数，接触限制，健康和环境危害，安全运输、贮存和使用注意事项，泄漏应急处置，急救措施以及有关的法律法规等方面的信息。其主要作用是使用户明了危险物质的有关危害，在运输、储存、使用、处置的过程中能主动进行防护，从而减少职业危害、预防危害事故发生并减少对环境的负面影响。

二、MSDS 基本格式要求

目前在 MSDS 行业内常用的格式有以下几类：

（1）美国 OSHA 要求的 MSDS 格式。

（2）加拿大 WHMIS 要求的 MSDS 格式。

（3）美国标准协会（ANSI）以及国际标准机构 ISO 建议实行的 MSDS 格式。

（4）中国为同国际标准 ISO 11014-1:1994(E)接轨制定的 MSDS 格式。

上述四种格式在下面将做简单介绍。

1. 美国 OSHA 要求的 MSDS 格式

第一项：制造商和联系方法；

第二项：危险化学品组分；

第三项：理化特性；

第四项：燃烧与爆炸数据；

第五项：反应活性数据；

第六项：健康危害数据；

第七项：安全操作和使用方法；

第八项：防护方法。

2. 加拿大 WHMIS 要求的 MSDS 格式

第一项：产品名称和制造商信息；

第二项：危险化学品组分；

第三项：物理特性；

第四项：消防或燃爆数据；

第五项：反应活性数据；

第六项：毒理学特性；

第七项：预防措施；

第八项：急救方法；

第九项：编制信息。

3. 美国标准协会(ANSI)以及国际标准机构ISO建议实行的MSDS格式

第一项：化学品名称和制造商信息；

第二项：化学组成信息；

第三项：危害信息；

第四项：急救措施；

第五项：消防措施；

第六项：泄露应急处理；

第七项：操作和储存；

第八项：接触控制和个人防护措施；

第九项：理化特性；

第十项：稳定性和反应活性；

第十一项：毒理学信息；

第十二项：生态学信息；

第十三项：废弃处置；

第十四项：运输信息；

第十五项：法规信息；

第十六项：其他信息。

4. 中国为同国际标准ISO 11014-1:1994(E) 接轨制定的MSDS格式

第一项：化学品及企业标志（Chemical product and company identification）；

第二项：成分/组成信息（Composition/information on ingredients）；

第三项：危险性概述（Hazards summarizing）；

第四项：急救措施（First-aid measures）；

第五项：消防措施（Fire-fighting measures）；

第六项：泄露应急处理（Accidental release measures）；

第七项：操作处置与储存（Handling and storage）；

第八项：接触控制/个体防护（Exposure controls/personal protection）；

第九项：理化特性（Physical and chemical properties）；

第十项：稳定性和反应性（Stability and reactivity）；

第十一项：毒理学资料（Toxicological information）；

第十二项：生态学资料（Ecological information）；

第十三项：废弃处置（Disposal）；

第十四项：运输信息（Transport information）；

第十五项：法规信息（Regulatory information）；

第十六项：其他信息（Other information）。

三、物质安全数据表（MSDS）在船舶运输中的应用

2003年6月通过的经修订的国际海事组织海安会150（77）号决议促使各政府部门保证提供和携带决议附录2中所确定的货品的物质安全资料表。该MSDS应参照决议附录1中的格式或参照国际认可的16开本格式，并考虑到决议附录2中的指导标准。

根据经修订的国际海事组织海安会150（77）号决议，供货商有责任在开始装载前，为要装载货物或燃油的油船提供物质安全资料表（MSDS）。在MSDS中应指明拟装载货物或燃油的所有成分中，具有危险性或有毒构成成分的类型和大致浓度，尤其是H_2S和苯。

提供了MSDS，并不保证所装载的特殊货物或燃油中的所有危险或有毒构成成分已得到确认或已经归档。而没有提供MSDS也并不说明不存在危险或有毒构成成分。作业人员应备有适当的程序，以确定他们所预计的可能含有有毒成分的货物中是否存在有毒构成成分。

船舶应向收货人提供欲卸载货物的MSDS。该船舶还应告知码头和货舱检查员或验船师，所运载的前票货物是否含有任何有毒物质。

船舶相关工作人员应按要求熟悉本航次所载货油的MSDS中所述的特性及发生危急时所采取的应急措施，特别是物质安全数据表中的货物特性，货物危害，防护措施，应急措施等内容，并将其张贴在公共场所，便于让所有人员熟悉和参考。

思考题

1. 物质安全数据表主要内容有哪些?
2. 物质安全数据表的主要作用是什么?

第四章

货油操作系统

本章主要从货油泵系统、货油管系及舱内装置、货油的加温系统、压载系统、污油水舱及油气回收系统等方面介绍了货油操作系统的各相关知识。

第一节 货油泵

要 点

离心泵的特点，货油泵的管理要点及货油泵操作注意事项。喷射泵和扫仓泵的特点及操作管理要求。自动卸货系统的工作原理，操作和管理要点。

必备知识

一、离心泵

(一)离心泵的组成、工作原理及工况特性

1. 离心泵的组成

在现代大型油船上装设的主货油泵大都为离心泵。其原动机可以是汽轮机、电动机或柴油机。现大多数船舶选用蒸汽透平驱动的离心泵作为主货油泵。典型的离心泵外形与结构组成如图 4-1 所示。

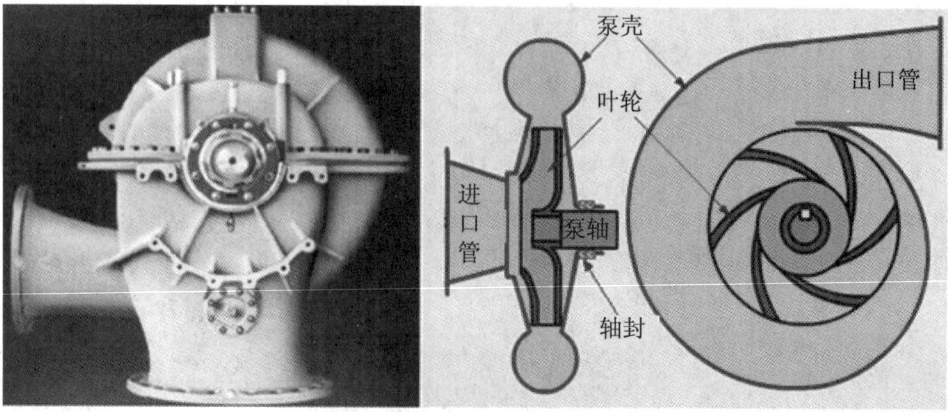

图 4-1 典型的离心泵外形和结构

离心泵种类繁多，结构上有许多差异，但就一般结构来说，主要由工作叶轮、泵壳、泵轴、轴承、密封装置、轴向力平衡装置、进出口短管和托架等部分组成。

2. 工作原理

离心泵是利用叶轮旋转时的离心力作用，吸入液体提高液体压力能获得压头的泵。

叶轮流道中的液体随叶轮转动，因离心力作用而沿流道向外缘流出来，其中心处形成低压，不断吸进液体充满叶轮。液体在叶轮流道中流过时，获得机械能，使其压力和速度均得到提高，在蜗旋状泵壳中或在固定的扩压流道中，高速液体的动能部分转换为压力能，连续排出泵外，如图 4-2 所示。

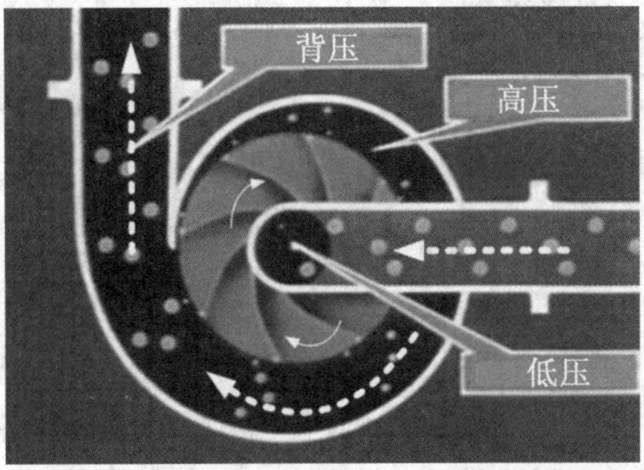

图 4-2 离心泵的工作原理

严格地讲，泵本身并不能把液体吸引上来，只是在吸入口处建立真空，允许大气把液体压入泵内。原理上，泵能够把液体拉到相当于一个大气压的液柱高度，即相当于 10 m 水柱。（水的相对密度为 1）

在实际中，情况是不同的。大气压力、惰性气体压力及液体在舱内的高度使理论上的吸入高度增加，而泵的净正吸入压头（NPSH）、管路中的摩擦阻力损失、要泵送的液体的实际蒸发压力、泵及吸入管系在舱底之上的高度使理论吸入高度减少。所有这些都可表示为多少米液柱。

对船上的特定的泵，泵的 NPSH 就是摩擦和真空损失之和。通过降低流过泵的液体速度，也就是降低流量，可以降低这些损失。

管路摩擦阻力损失是由液体经过吸入管时引起的，取决于管长、阀和弯头数量及液体流速。摩擦阻力损失可能通过降低流量而减少，液柱高度可以通过调整船的吃水差而提高。

表 4-1 列出了不同相关因素的要求数值，忽略液体在舱内的高度，负因素总和相当于或接近于相对密度为 1 的液体的 10 m 高液柱，也就是所考虑的因素的压头之和。

表 4-1 相关因素的要求

参　数	液柱高度/m	备注
NPSH	4～5	单级泵
管系摩擦	1～5，或以上	取决于油舱、阀和弯头数
蒸发压力	5～9	海湾区域石油
泵与管系在舱底之上高度	2～2.5	取决于船的类型
吃水差	0～3.5	取决于舱位置和排放顺序
液位	0～舱的高度	取决于排放顺序
大气压力	大约 10	取决于天气和惰性气体

为了认识到所涉及的因素的重要性，图 4-3 显示互相之间的平衡关系。

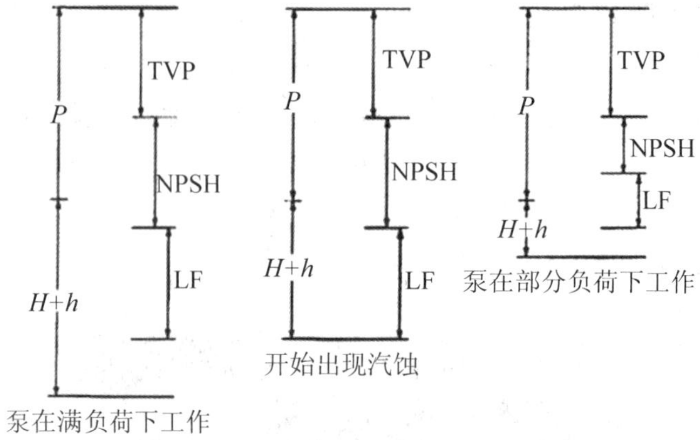

P =大气压　　*H*+*h*=修正后的液位高度

TVP=实际汽化压力　NPSH=汽蚀余量　LF=管阻

图 4-3　影响泵吸入的因素

应该清楚，当正因子大于负因子时，泵能吸入，否则，泵将发生汽蚀，并且不能吸入。

$P+H+h>\mathrm{NPSH}+\mathrm{LF}+\mathrm{TVP}$　　泵正常

$P+H+h=\mathrm{NPSH}+\mathrm{LF}+\mathrm{TVP}$　　汽蚀开始

$P+H+h<\mathrm{NPSH}+\mathrm{LF}+\mathrm{TVP}$　　无吸入

随着吸入压头达到最大值，液体达到饱和压力，液体变成气体，也就是液体汽化。短时间内产生了相对密度变化的气液混合物，由吸入液柱引起的压力波动和泵的功率波动可以通过排除压力和泵的转速的波动显示出来。可以明显听到气蚀发生和气泡破碎的声音。由于泵正在输送气液混合物，所以在吸入管内液体速度下降，管路内阻力损失下降，泵在短时间内保持吸入。不久，尽管舱内仍然有大量的油，仅有的气体被吸入而液体流动停止。

如果要泵保持工作，降低排量能影响 NPSH 和管内的阻力。低的液体流速能减少 NPSH 和管内的阻力，确保达不到饱和压力。

3. 离心泵的工况特性

通过定速下测定的一系列曲线可以看到给定的泵的特性，也通常可以在不同的转速下测定特性曲线。图 4-4 显示离心泵在 1 800 r/min 时的特性。

纵坐标表示不同曲线的标度，横坐标表示排量，即扬程的一个函数。扬程的单位可表示为米液柱。泵在不同转速下都有一个表示扬程与流量的关系的 *Q*—*H* 特性曲线。应该注意到扬程并不相当于背压。为把背压转变成扬程，背压与吸入压力之差应转变成米水柱，再除以输送液体的相对的密度。曲线上标注的点代表泵的最经济的工作状态。从效率曲线（EFF）上也可以看出这一点。其他的还有 NPSH 及功率特性曲线，功率单位为 HP。

在 1 800 r/min，泵工作于 *Q*—*H* 特性曲线上的某一点。实际的工况点取决于 *Q*—*H* 特性曲线与接岸管路特性曲线的交点，代表泵要克服的压力。这个压力部分为静压头，它取决于岸上和船上的液位高度差；部分为由于管路阻力而引起的动压头。

并联泵的特性曲线可以通过把每个泵的曲线沿水平方向叠加而成。有意思的是，如果管路特性曲线很陡，也就是说背压高，那么，一个泵与一个以上的泵并联后的流量差别并不大。而与说明背压低的逐渐倾斜的管路特性曲线的情况相反。

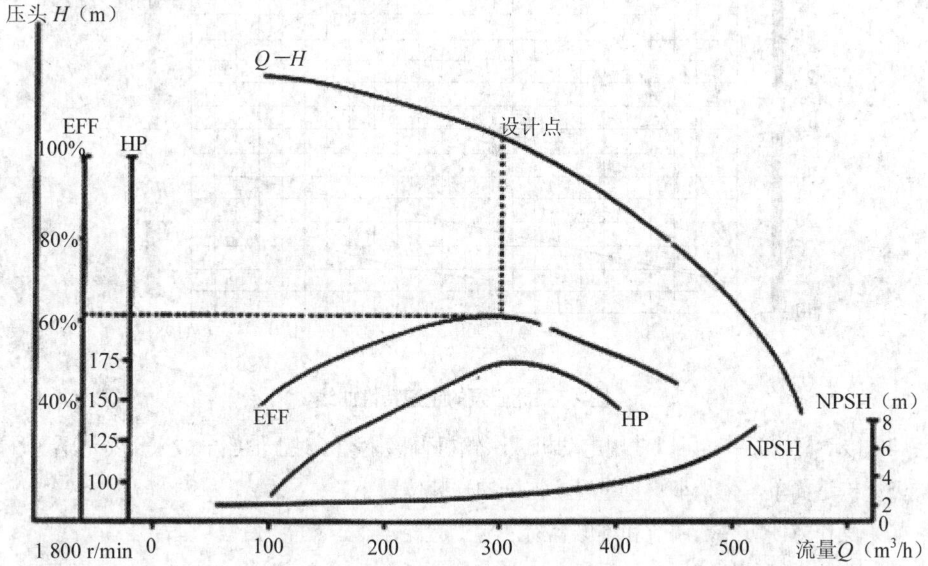

Q=流量　EFF=泵的效率　HP=功耗（液体的相对密度为1.0）NPSH=汽蚀余量

图 4-4　泵的特性曲线

串联泵在船上一般很少用，但在码头为了二次或多次加压可能会用到，主要是为了减小背压，增大扬程，此时船方操作时应注意，尽量保持货物流量，特别是降低流量时一定要通知岸方，及时调整泵的状态，确保泵的安全。

（二）离心泵的特点

（1）离心泵能在很广的排量和压头范围内使用，排量和压力都比较平稳，没有波动，流量均匀连续。排量较大时效率很高，吸入性能好。采用后弯叶片，其压头流量（*H*—*Q*）曲线总的趋势是下倾的，即随着流量的增大，其工作扬程（压力）降低，如图 4-5 所示。

（2）离心泵的功率流量（*P*—*Q*）曲线是向上倾斜的，即泵的轴功率随着流量的增大而增加，在泵流量为零（例如排出阀关闭）时，其轴功率最小，一般仅为额定功率的 35%～50%，此时泵的封闭扬程也不很高，仅为额定扬程的 1.1～1.3 倍，由于离心泵关闭排出阀启动时原动机负荷较低，但封闭运转时全部功率都用来搅拌液体，效率为零，泵会很快发热，所以不允许泵长时间封闭运行，一般说明书要求最大不超过 3 min。蒸汽透平驱动的货油泵一般不鼓励关闭排出阀启动，这有别于电马达驱动会造成启动电流过大对电网造成较大冲击。

（3）由离心泵的流量效率（*Q*—η）曲线可以看出，泵只在额定工况附近工作时，才能具有较高的效率，这时因为叶轮和压出室等都是按照额定工况设计的，因此当泵在非额定工况下工作时，液体进出叶轮时的撞击损失就会较大，一般规定离心泵工作时的效率不应与最高效率相差 5%～8%。

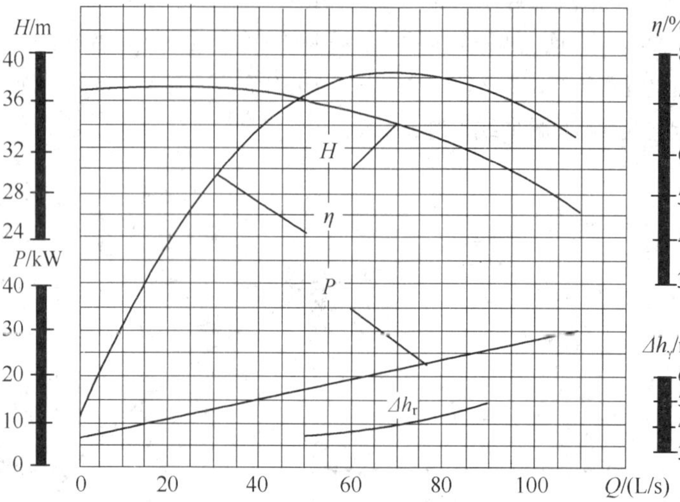

图 4-5　离心泵的定速特性曲线

（4）传动机构简单，可以使用电动机或汽轮机直接驱动（对于油船一般采用蒸汽透平驱动）。

（5）构造简单，体积小、重量轻，占据的安装位置小。

（6）操作方便可靠，调节和维修容易，易于遥控操作。

（7）能输送污秽的液体。

（8）没有干吸能力，启动时必须要预先引泵。在油船上，货油泵泵体一般安排在泵间最低位置，也就是低于货油的位置，并备有 AUS 系统，因此自吸能力不成问题。

（9）液体黏度对泵的性能影响较大。当液体黏度增加时，泵的流量、扬程和效率都会显著下降。如遇到黏度较高的货物，应按要求进行事先加温，使黏度降到合理范围。

（10）吸入气体或货油汽化时，影响泵的效率，甚至不能正常工作，应按操作规程的要求使用 AUS 系统配合货油泵的运转。

（11）离心泵的流量随工作扬程而改变。当扬程即背压升高，流量降低，背压太大时，效率也会下降。

（三）货油泵的管理

1. 防止货油泵的汽蚀

（1）汽蚀的危害。任何泵在工作时其吸入真空度都必须低于该泵允许真空度，否则液体在泵吸入侧就可能汽化，出现“气穴现象”。如果液体的压力降低到饱和蒸汽压力或更低时，则液体就会汽化而产生许多气泡，其中还有原来溶于液体现因压力降低而逸出的气体。这些小气泡随液体流到高压区，其中的蒸汽就会迅速凝结，而气体也会重新溶入液体，从而造成局部真空，这时四周的液体会以极大的速度冲向真空中心，并且相互撞击，产生局部高达几十兆帕的压力，引起噪声和振动。这时泵的流量、扬程和效率都将降低，严重时还会导致吸入中断。气穴破灭区的金属因受到高频高压的液击而发生疲劳损坏。另外，由于液体逸出的氧气等借助气泡凝结时的放热，也会对金属起化学腐蚀作用。在上述双重作用下，叶轮外缘的叶片及盖板、蜗壳或导轮等处会产生麻点和蜂窝状的破坏。

（2）汽蚀余量。泵的有效汽蚀余量是指泵工作时实际所具有的汽蚀余量，它取决于泵的吸入条件和液体的饱和压力，与泵无关。它表示液体在泵进口处的压头超过汽化压头的富余能量。

泵的必需汽蚀余量是指泵为了避免汽蚀所必需的汽蚀余量，它取决于泵进口部分的几何形状以及泵的转速和流量，反映了液体进泵后压力进一步降低的程度，而与泵的吸入条件及所吸液体的蒸发压力无关。必需汽蚀余量越小，表明泵的汽蚀性能越好。

（3）防止汽蚀的措施。要防止汽蚀，除了在设计上进行改善外，在实际的管理中要提高装置的有效汽蚀余量，即尽可能减小吸入管路的阻力，如开足吸入管路上的阀门，及时清洗吸入滤器，防止流量超过额定值等。工作中如果出现汽蚀现象，可采取的措施有：

- 设法降低液温
- 减小吸入高度或增加流注高度
- 设法减小吸入管路阻力
- 关小排出阀或降低转速以降低流量等

2. 货油泵的工况调节

离心泵在实际工作中的扬程和流量是由泵的特性曲线和管路特性曲线的交点－工况点所决定的，工况调节可借助改变泵的特性或管路特性来实现，船用泵常用的工况调节方法主要有以下几种。

（1）节流调节法。增大或减小离心泵排出阀的开度，可使流量增大或减小。节流调节简便易行，故应用很普遍，但经济性差；如果节流程度太大，当以很小流量工作时，泵有可能发热，这也取决于泵的特性曲线。在油船上，透平驱动的货油泵一般不采用关小排出阀的节流调节法，而一般多使用变速调节法，因为透平货油泵一般装有调速器，是可以进行无级变速的，在货控室操作很方便。

（2）回流调节法。改变旁通回流阀的开度，从而改变液体从泵排出口流回吸入管路的流量，以调节主管路的实际流量。回流调节法对于离心泵来说经济性很差，因为开大回流阀，减少了主管路中的流量，泵的流量和轴功率反而增加，甚至可能超过额定功率，这里有相当部分功率浪费于回流液体的阻力损失上了。而且随着泵的流量增大，允许吸入真空度降低而实际吸入真空度却增大，若后者超过了前者，即可能发生汽蚀，因此，只有在某些特殊场合下，则可用回流调节作为补充调节手段。

（3）变速调节法。当原动机或传动机构的转速容易调节时，可通过调节其转速来改变泵的特性，从而实现工况调节。变速调节能在较大范围内保持较高的效率，经济性比节流调节、回流调节都好，而且降速不会引起汽蚀。

（四）货油泵的安全保护

货油泵大都装有安全保护装置。通过停供蒸汽停止驱动透平来避免泵的不正当使用或异常情况发生造成的设备损害。其应急停车安全连锁装置有：

（1）泵壳高温停车（一般为 80℃）；

（2）泵过压停车（一般为额定排压的 110%）；

（3）泵轴承过热停车（一般为 80～90℃）；

（4）舱壁盘根箱过热停车（一般为 80℃）。

（五）货油泵操作注意事项

（1）透平驱动的货油泵应提前一定时间进行暖机，预润滑等准备工作。通常起泵前 1 h 通知机舱备泵，放掉透平部分及蒸汽管路内的残水，供给适量蒸汽至货油泵透平预热，启动凝水泵、准备康定生系统等。

（2）启动前要全开货油泵吸入阀，使用重力或相应的设备排出泵内的气体，使泵充满液体。如有自动卸货系统（AUS）可配合操作。

（3）泵启动后逐渐增加转速，加速不能太快。

（4）正常运转期间不可调节泵进口阀节流，以免使泵干吸。

（5）无论何种情况不能使泵干转（即泵内吸入大量气体或没有液体造成断流）。泵一旦有大量气体吸入造成断流就使泵干转，在这种情况下，泵消耗的功率全部转化成热量，使泵很快发热，严重威胁各部件安全；由于大多数泵为机械轴封密封，其润滑和冷却液取自所驳运的液体，一般由泵出口经管路引入，断流干转必然使机械轴封的润滑和冷却得不到保障，会很快损坏轴封，严重干摩擦可能发热，造成火灾。

（6）当货油舱满舱时，可能会使泵浦的排量大于设计的排量，这会使泵超负荷运转，此时应该调整货油泵转速以得到泵浦性能曲线所需的恒定的输出压力。

（7）在两台以上货油泵并联运转的情况下，应确保每台泵的排出压力一致。如果某泵转速下降造成其排压低于其他泵的排压，即使出口阀全开也会使泵没有流量。这种情况下应尽量使泵的转速与其他并联工作的泵相同，若不能做到应立即停止。

（8）随着吸入侧液位的下降，吸入压力下降到液体蒸发压力，那么在吸入管线和泵吸口处就产生了液体蒸汽，甚至空气也会通过喇叭口吸入，致使泵的排量减少直至无排量（干转）。为了防止这种情况发生，进入泵内的蒸汽和空气必须使用相应的设备抽除。

（9）如果发生了气蚀，泵速降到了最低时气蚀仍然不能消除，则必须调节出口阀节流减少流量，如仍不奏效则应停泵，使用 AUS 协助或改用扫舱泵卸货。

（六）货油泵驱动透平

货油泵透平的操作及管理主要由机舱人员来完成，甲板人员可作为知识来了解。

船用货油泵驱动透平（蒸汽轮机）一般是单级或多极叶轮、立式、位于货油泵间外而通过泵轴穿过有盘根箱密封的舱壁与货油泵相连。

1. 货油泵透平使用前的检查和准备

（1）系统及调速器润滑油位、油质的常规检查。

（2）透平和泵之间齿轮式联轴节的检查，可通过拆下联轴节上的丝堵来检查油位和油质。

（3）启动预润滑油泵达到要求的滑油压力，一般在 0.03 MPa 以上。

（4）供应滑油冷却的冷却水，一般要求调节出口阀进行温度控制，以保证运行中滑油的温度在 20～45℃之间。

（5）确定其他有关设备如冷凝器冷却水泵、凝水泵等都处于良好状态。

（6）全开汽水分离器、调速器阀、透平壳体以及管路上的放残阀。暖管路的工作应在之前完成，全开回汽阀，对透平盘车检查，确认转动平顺。

（7）将调速器设定在最小速度，慢慢打开到透平盘根的密封蒸汽阀直到透平轴边有少量的蒸汽漏出（密封蒸汽的压力一般为 0.01～0.05 MPa）。

（8）稍微打开蒸汽进口阀进行暖透平机。

2. 启动及运行中的管理

（1）启动时要逐渐打开透平蒸汽进口阀，在 100～200 r/min 转速下保持运行 25 min，并检查确认透平的运转处于良好状况。

（2）确认放残彻底后关闭每个放残阀。

（3）试验手动停车按钮确保调速器能够立即关闭。

（4）充足暖机后，打开透平蒸汽进口阀逐渐加速，大约 5 min 加到额定的转速。

（5）无论是检修后还是长期未使用，在使用前都要保证应急停车装置处于良好状态。

3. 蒸汽透平应急停止及安全保护

为了蒸汽透平的安全运行，一般都提供了下面的应急停车保护装置，通过直接自动关闭调速器阀来实现透平的停止。

（1）超速停车（一般设定为 113%～115%额定转速）。

（2）低压力滑油停车（一般设定为 0.05 MPa 以下）。

（3）高蒸汽背压（一般设定 0.15 MPa）。

（4）机旁手动应急停车。

（5）遥控紧急停车。遥控开关一般分别设置在船舶货油通岸出口阀处、泵间门口、泵间底层以及货油控制室内。

二、喷射泵

（一）喷射泵的工作原理

喷射泵在运转时，必须有驱动液体，在进行扫舱时，由主货油泵带动，其工作原理如图 4-6 所示，高压流体经喷嘴高速流动，造成喷嘴喉部形成真空，产生吸压，从而吸、排被输送的介质。喷射泵最大的优点就是当吸入气体或气液混合物时，不影响其工作效率，因而它很适合于用来扫舱。

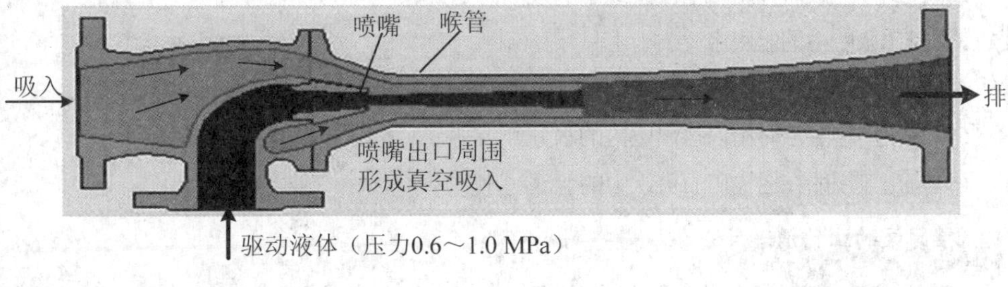

图 4-6　喷射泵的工作原理

（二）喷射泵在船上的用途

（1）用于疏水或是扫舱。

（2）用作各种真空泵。

(三)喷射泵的特点

(1)喷射泵的效率低。

(2)结构简单,体积小,价格低廉。

(3)没有运动部件,工作可靠,噪声小,使用寿命长,很少需要修理。

(4)可造成较高的真空度,自吸能力强。

(5)可输送含固体杂质的污浊液体,即使在水下也能工作。

(四)喷射泵的管理要点

(1)喷射泵的驱动流体必需保持一定的压力范围才能正常工作。

(2)管理中要防止排出止回阀卡阻造成排出背压过高。

(3)要防止吸入止回阀卡阻或其他原因引起的吸入压力不必要的降低,这会导致额定真空度下降。

(4)工作液体或引射液体温度不宜过高,否则在低压处可能产生气穴。

(5)如果喷嘴过渡磨损则需要换新。

三、扫舱泵

在大多数油船上,一般都配备至少一台扫舱泵用于在卸货结束时排出舱底及管路中的残油,它还可以用来抽除货油泵中的空气,排出泵舱中的舱底污水。扫舱泵一般有螺杆泵,齿轮泵和往复泵等,现在大多数船舶采用蒸汽驱动式往复泵。

(一)往复泵

1. 往复扫舱泵的作用

(1)由于主货油泵及其吸入喇叭口尺寸较大,对舱底各角落等处不能卸出干净,故需有小型扫舱泵以排除残余物,即在离心泵尚未吸入空气之前(在货油舱液位为50~30 cm),停止货油泵运转。启动扫舱泵继续卸油。

(2)在卸油完成时,用来清扫管线中的残油。

(3)排出泵舱中的舱底水。

(4)抽出货油泵中的空气。

(5)在采用顶装法时用以排出舱内的水分。

(6)排出兼用船在运输矿石航次中的舱底污水。

2. 往复泵的工作原理

往复泵是依靠活塞在泵缸中作往复运动,使泵缸内工作空间容积变化,产生吸排作用,从而实现能量传递的一种容积式泵。

往复泵的工作过程是:当泵缸内容积增大时,形成低压,排出阀关闭,吸入阀打开,液体经吸入阀吸入,当泵缸内容积减小时,压力提高,关闭吸入阀而顶开排出阀,排出液体。其过程如图4-7所示。

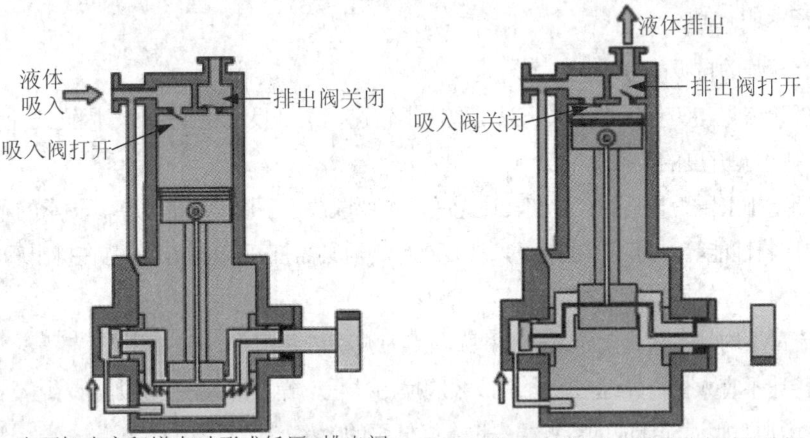

当泵缸内容积增大时形成低压 排出阀关闭，吸入阀打开 液体经吸入阀吸入

当泵缸内容积减小时压力提高 关闭吸入阀而顶开排出阀排出液体

图 4-7 往复泵的工作原理

3. 双缸蒸汽往复泵的工作过程

一般油船上配备的都是双缸蒸汽直接作用式华盛顿泵。双缸蒸汽直接作用泵就是将气缸活塞杆与泵缸活塞杆直接连在一起，以使作用在气缸活塞上的蒸汽压力直接传递给泵缸活塞从而完成往复吸排动作的泵。

双缸蒸汽直接作用泵具有两个气缸和两个泵缸，两泵并列，一侧泵的动作通过十字头和摇臂带动另一侧的配汽滑阀。为了使供入气缸的蒸汽压力在活塞的全行程中保持不变，就需使配汽滑阀具有不变的开度，为此在配汽滑阀杆上具有“空动”。然而，“空动”过大又会使活塞的行程过长，从而造成“敲缸”现象，“敲缸”可能会使气缸受到严重破坏。

活塞在往复运动的过程中，在其运动接近气缸的上止点或下止点之前就应将排气孔遮蔽，以使残留在气缸中的蒸汽受到压缩，起气垫缓冲作用，从而使泵的运动比较平滑，其工作情况如图 4-8 所示。

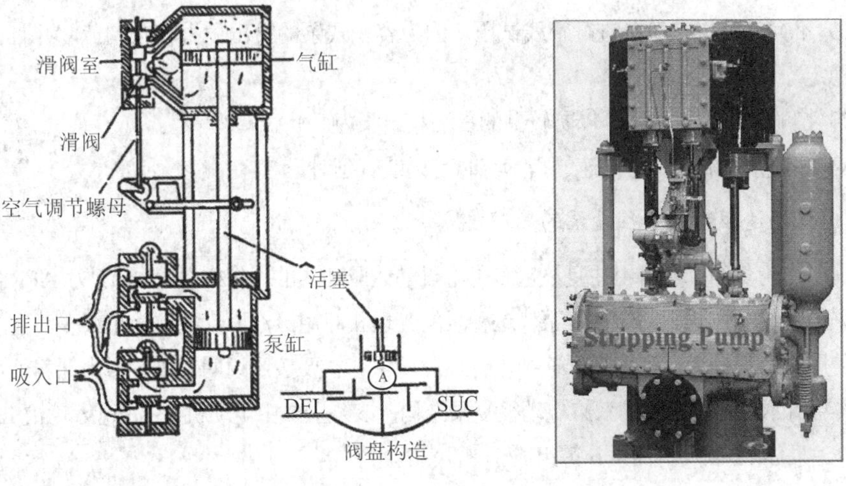

图 4-8 双缸扫舱泵工作情况

4. 往复泵的特点

（1）有较强的自吸能力。

（2）理论流量与工作压力无关，只是取决于转速、泵缸尺寸和作用数。因此，流量调节不能采用调节排出阀开度的节流调节法。

（3）额定排出压力与泵的尺寸和转速无关，主要取决于泵原动机的功率、轴承的承载能力、泵的强度和密封性能等。为了防止过载，往复泵启动前必需打开排出阀，而且在排出阀的内侧必需装有安全阀。

（4）流量不均匀，从而会导致排出和吸入压力波动。

（5）转速不宜太快；转速过高会造成泵阀撞击严重，噪声增大，磨损加剧。运动部件的惯性力也随之增加，阀迟滞造成的容积损失也会降低泵的效率。

（6）输送含有固体杂质的液体时，泵阀容易磨损和漏泄。所以滤器要保证完好。

（7）结构较复杂，需要加强保养。

5. 蒸汽驱动往复泵的管理要点

目前，作为货油扫舱所用往复泵大多为蒸汽驱动式，使用管理中有以下注意事项：

（1）除了按要求进行日常的保养工作以外，使用时要提前对蒸汽驱动装置进行暖缸、放残，对活塞杆等注油润滑，通过阀箱上部旋塞释放出内部的空气。

（2）工作时泵的排出阀要保持全开，不允许关闭排出阀启动运转。

（3）蒸汽或液体漏泄量较大时可以适当上紧盘根，但要保持少量的漏泄以利于润滑和冷却，防止干摩。

（4）假如货油舱内液位降低，气体进入吸入管线使得泵的排出压力突然降低，这将导致泵速上升。当液体的压力变化时，如果蒸汽阀的开度保持不变也会导致泵速的上升或下降。这种情况下，随着泵速的提高，尤其当超过额定转速的125%时将给蒸汽活塞环及气缸带来不正常的磨损。

（5）当气体被带入泵内时，最好降低泵速，并手动控制以代替遥控。

（6）不允许使用扫舱泵进行管线试压。因为容积式泵的排出压力较难调节，并且往复泵的排压不稳定。

（7）扫舱结束注意放残，以防较黏的货油凝结泵内。

（8）注意泵速的调整，泵速的指示有时有误或有延时。

6. 电机马达驱动式的往复泵的管理要点

目前，作为货油扫舱所用往复泵也有用电机马达驱动式的，像中远公司11万AFRA型的船舶就是采用的这种方式驱动的往复泵，这种泵的管理相对用蒸汽驱动的要简单很多，它一般转速恒定，使用时可根据情况采用高低速挡进行作业，保养主要按照说明书进行日常保养就可以了。

图4-9所示为一种常见的双缸电动往复泵结构，该泵主要由电动机4，减速齿轮箱1、曲柄连杆机构7、泵体18以及滑油泵6等组成。

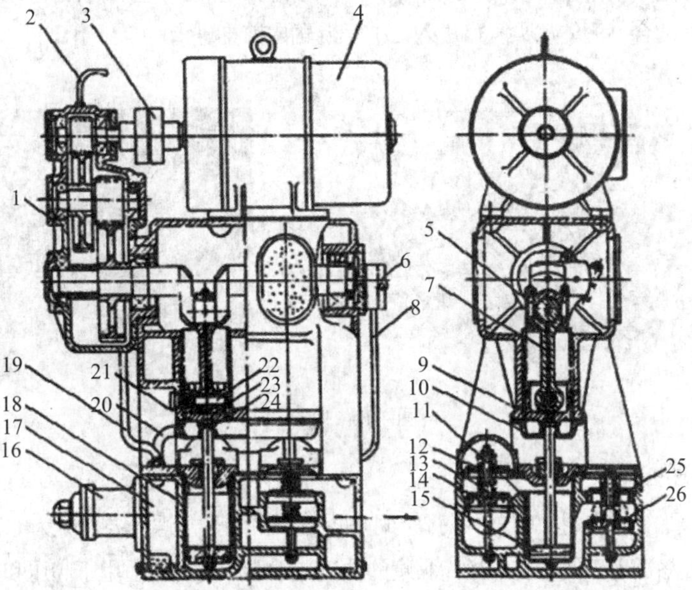

图 4-9　电动往复泵

1—减速齿轮箱；2、8、19、20—油箱；3—联轴器；4—电机；5—固定螺栓；6—滑油泵；7—曲柄连杆机构；9—十字头；10—油盘；11—缸套；12、25—排出阀；13—阀杆；14、26—吸入阀；15—活塞；16—安全阀；17—滑油箱；18—泵本体；21—堵头；22—十字头销；23—卡簧；24—活塞杆

电动机安装于泵的顶部其转向必须与机体上的标志一致，以防止由曲轴带动的齿轮滑油泵反转而不能供油。

减速齿轮箱的主动齿轮由电动机经挠性联轴器 3 驱动。采用两级圆柱齿轮减速。拆卸曲轴时必须拆卸减速齿轮箱的壳体，曲轴方能通过减速齿轮箱侧的圆孔取出。

曲轴右侧一个轴承是可做轴向移动的自位轴承，使曲轴可自由地热胀冷缩。曲轴的两个曲柄互呈 90° 角，以减小排量和耗功的波动。曲柄销与曲柄连杆机构 7 的大端轴承相连，连杆小端经十字头 9 与泵的活塞杆相连。

泵的缸体与位于泵缸前后的两个阀箱由铸铁整体浇铸而成，缸体内镶有青铜缸套。每一阀箱内装有两组盘阀，下部为吸入阀 26 和 14，上部为排出阀 12 和 25。在阀箱上还装有安全阀 16，用以限制泵的最大工作压力。其开启压力应为 1.1～1.15 倍额定工作压力。阀箱上部排出腔接排出管，下部吸入腔接吸入管。

泵采用压力润滑。齿轮滑油泵 6 安装于泵轴右端，由曲轴直接带动回转。来自滑油箱 17 沿油管 8 吸入经泵增压后的油，一路经曲轴和连杆中的孔道去润滑曲轴各轴承和连杆大小端轴承，另一路经油管 2 去润滑减速齿轮，并分别经管 19、20 流回油箱。工作时轴承温度和滑油温度不应超过 70℃，滑油压力应保持在 0.08～0.12 MPa。

（二）螺杆泵

螺杆泵（图 4-10）是一种利用螺杆相互啮合来吸入和排出液体的回转式泵。螺杆泵的转子由主动螺杆（可以是 1 根，也可有两根或 3 根）和从动螺杆组成。主动螺杆与从动螺杆做相反方向转动，螺纹相互啮合，流体从吸入口进入，被螺旋轴向前推进增压至排出口。

图 4-10　螺杆泵

1. 螺杆泵的分类和工作原理

（1）螺杆泵的分类。按工作时吸排空间是否被严格隔开，螺杆泵可分为非密封式与密封式两类。非密封式只适用于低压和输送高黏度的油液或油脂，密封式适用于高压和输送低黏度的油液。按泵内工作的螺杆数，可分为单螺杆泵、双螺杆泵和三螺杆泵等，船上以三螺杆泵和单螺杆泵应用最广。

（2）螺杆泵的工作原理。螺杆泵主要由泵缸和装与其内的主动螺杆、从动螺杆组成。

当原动机带动主动螺杆转动时，从动螺杆或由于螺牙的相互啮合或由传动齿轮传动作反向转动。主、从动螺杆螺牙的相互啮合，沿轴向形成许多分隔的螺旋槽容积。螺杆的一端，螺牙逐渐退出螺旋槽，使螺旋槽容积增大，经泵的进口吸进液体，直至该螺旋容积被封闭；在此同时，螺杆的另一端，螺牙啮入螺旋槽，螺旋槽的容积减小，槽内的油液经泵的排出口排出，直至该螺旋槽容积消失。螺杆转一圈，螺杆两端分别形成一个封闭的螺旋槽容积（吸液）和消失一个螺旋槽容积（排液），中间的各封闭螺旋容积均向排出端移动一导程。只要螺杆不断地转动，液体就连续地从一端吸入，沿轴向向另一端输送并从另一端排出。可见，泵的输液过程也就是封闭螺旋容积形成、轴向移动和消失的过程。

从螺杆泵的工作原理可以看出：一般螺杆泵的吸排端决定于主动螺杆的转向，故不能反转。由于吸、排端存在压差，故主、从动螺杆上存在不平衡的轴向力，工作压力越高，其值越大。吸排腔是靠螺杆与泵缸的径向间隙和螺牙的啮合实现密封的。螺杆长度的导程数越多，密封性能越好。

2. 几种常见的螺杆泵

（1）三螺杆泵。三螺杆泵的螺杆螺牙为摆线，双头螺纹，属密封式螺杆泵，在船上被广泛用于主机滑油泵、燃油泵以及液压动力油泵。图 4-11 所示为船用立式三螺杆泵的结构。

从图 4-11 中看出，主动螺杆 2 及与之相啮合的两个从动螺杆 1 和 3，装在泵体 4 的衬套（泵缸）5 中。主动螺杆的排出端由滑动轴承支承，吸入端插入平衡轴套 8 中。从动螺杆的排出端未设轴承，吸入端插在平衡轴套 7 中。当主动螺杆被原动机带动作逆时针方向回转时，与其啮合的两根从动螺杆就反向转动，油液从泵缸下部进入上部排出。

轴向力的平衡，除了在主动螺杆的排出端设平衡活塞 19，以平衡其大部分推力外，还在吸入端设有平衡轴套 7、8 和盖板 9，以便形成三个平衡轴向推力的油腔。通过主动螺杆中央的油孔，可将排出端的油液引至上述腔室，因而泵运行中，在螺杆下端产生一个与轴向力方向相反的平衡力。平衡活塞的背面有泄油管 17，将漏油泄回吸入腔，使其背压和平衡力保持稳定。此外，泵还设有推力垫圈 6、18，用来承受未平衡的轴向推力。

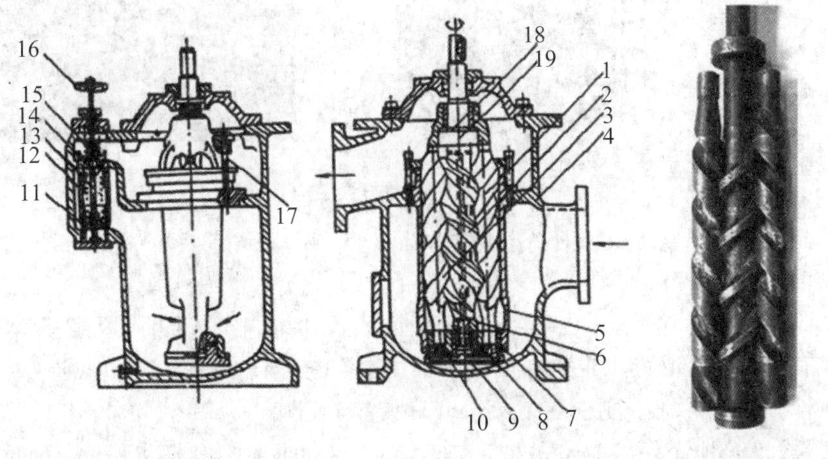

图 4-11　立式三螺杆泵的结构

1—从动螺杆；2—主动螺杆；3—从动螺杆；4—小泵体；5—泵缸；6、18—推力垫圈；
7、8—平衡轴套；9—盖板；10—推力垫块；11—防转滑销；12、15—弹簧；
13—调节螺杆；14—阀芯；16—手轮；17—泄油管；19—平衡活塞

为了防止螺杆泵排出压力过高而引起泵体损坏或电机过载．在泵体侧面设有双向安全阀。当排出压力大于调定值时，弹簧 12 被压缩（弹簧 15 受凸肩限制不动），阀芯 14 下移开启，将高压油泄回吸入空间；当因用辅泵供油而使吸入压力过高时，作用在阀芯 14 下部环形端面上的液压作用力就克服弹簧 15 的张力，使阀芯 14 上移开启，将油液泄入排出口。转动手轮 16 可使弹簧 12 的下座（与调节螺杆 13 为螺纹配合）上下移动，调节阀的开启压力。

（2）双螺杆泵。图 4-12 所示为方形螺牙、双头螺纹的双螺杆泵。它是一种非密封式的螺杆泵，工作压力不高。每根螺杆的螺牙都做成对称的左、右螺纹。主动螺杆 1 通过传动齿轮 3 和 4 驱动从动螺杆 2 反向转动。液体由后侧吸入口 6 经长方形轴向流道 5 从两端进入泵缸，从前侧中间的排出口 7 排出。由于这种泵采用了双侧吸入液体，这不仅可减小吸入流速；而且还使轴向力自动平衡，因而无须设置止推轴承或轴向推力平衡装置。由于主从动螺杆两端均有轴承支承，主从动螺杆采用齿轮传动，因此，螺杆的磨损减小，使用寿命长。

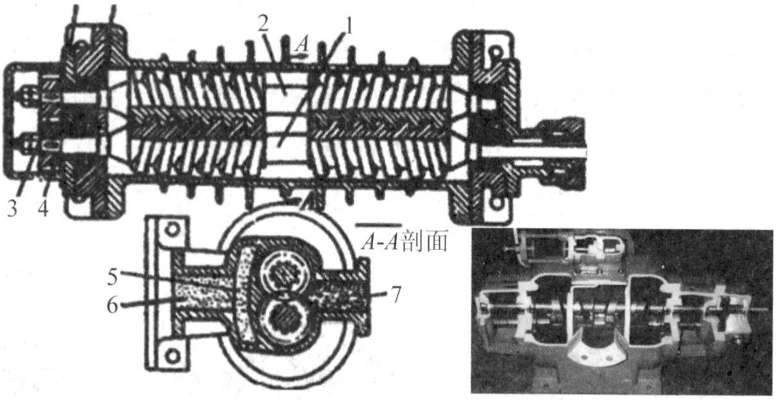

图 4-12　双螺杆泵结构

1—主动螺杆；2—从动螺杆；3、4—传动齿轮；5—吸入流道；6—吸入口；7—排出口

（3）单螺杆泵。这是一种内啮合的密封型螺杆泵。由一圆形截面的单头螺杆和一个椭圆形截面的具有双头螺纹的衬套（也称定子）组成，如图 4-13 所示。螺杆 1 通常由钢制成，衬套 2 通常采用弹性材料（如橡胶）制造，以便于加工和具有嵌让性。

由于螺杆偏心地置于衬套内，故泵工作时，螺杆转动的同时还作摆动，即螺杆的中心线将绕衬套的中心线以椭圆形轨迹转动。螺杆与衬套的啮合就将螺杆与衬套围成的螺旋空间分隔成几个密封段（每个密封段的轴向长度为 2 倍螺杆的导程）。

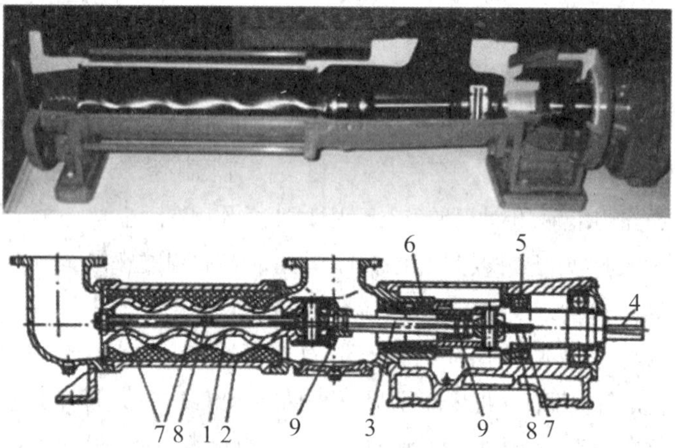

图 4-13　单螺杆泵结构

1—螺杆；2—衬套；3—万向轴；4—主动轴；5—轴承；6—填料箱；7—弹簧；8—小活塞；9—挠性保护套

如图 4-14 所示为其中一密封段，为便于理解泵的吸排过程，设螺杆长度为 2 倍导程（即一密封段的长度）。

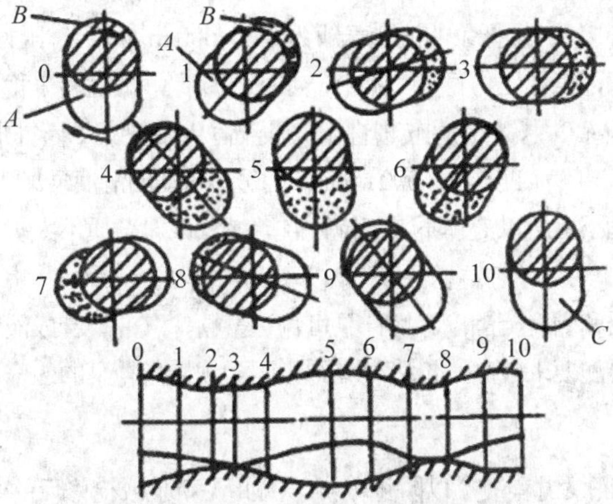

图 4-14 单螺杆泵工作时截面的变化

螺杆处于图示的位置时，螺旋容积也刚好被左右两端的啮合线（见 0、10 截面）所封闭，形成新的密封容积，前面的一个密封容积也刚好消失；从截面 0 至 5 的螺旋容积 *A* 与左端的排出腔相通，正在排油；从截面 5 至 10 的螺旋容积 *C* 与右端吸入腔相通，正在吸油。随着螺杆的继续转动，啮合线向左移，即相当于截面左移：10—9—8—7—6—5—4—3—2—1—0—9。螺旋容积 *B* 与左端排出腔相通而开始排油。当螺杆转过一圈时，啮合线就前进了一个导程，即相当于截面 5 移至了截面 0（也是 10）的位置，截面 4 移至 9 的位置，截面 0 移至 5 的位置，螺旋容积 *B* 已排出 1/2 容积的液体，螺旋容积 *A* 已完成排油过程而消失，螺旋容积 *C* 两端被啮合线封闭而形成新的密闭容积。可见泵的吸排过程与三螺杆泵、双螺杆泵一样，仍是密闭螺旋容积形成（容积增大吸油）和消失过程（容积减小排油）。与原动机连接的主动轴 4 和螺杆之间用万向轴 3 连接。为了保护万向轴连接部分不受工作液体浸蚀，通常还设有隔离作用的挠性保护套 9。万向轴的销轴与轴套靠油枪加注的油脂和储存于小活塞 8 右侧或左侧空腔内油脂润滑。注油脂时，小活塞 8 受油压作用而压缩弹簧 7，让出空间贮油。

单螺杆泵在船上多用做污油泵或油水分离器的供给泵。在管理中应避免干转，否则会因螺杆与衬套间的摩擦热使橡皮衬套接触面烧坏。为此，启动前需引液。

3. 螺杆泵的性能

（1）螺杆泵的流量。螺杆泵的理论流量与泵缸的有效过流面积（泵缸或衬套内腔横截面与螺杆端面截面之差），螺杆的导程和泵轴转速成正比而与压力无关。由于其轴向流速为导程和转速的乘积，不随时间而变化，故泵的瞬时流量是均匀的。

容积效率，三螺杆泵一般为 0.70～0.95；单螺杆泵为 0.65～0.85。螺杆泵的容积效率主要与泵的漏泄量和转速有关。而泵的内漏泄量与径向间隙的立方及吸排腔的压差成正比，与螺杆的有效长度及油液黏度的平方根成反比。漏泄量虽与直径成正比，但理论流量与螺杆的节圆直径立方成正比，故直径增大时泵的容积效率是提高的；另外，泵的转速增加漏泄量不变，但理论流量增加，所以泵的容积效率亦相对提高。增加转速和螺杆直径虽可提高泵的流量和容积效率，但圆周速度过大会增加摩擦损失而导致发热，液流轴向速度过大，则会使吸入端压力降低而使泵产生汽蚀。

（2）螺杆泵的工作特点。螺杆泵除具有容积式泵的一般特点外，还有以下特点：

①流量与压力范围广。三螺杆泵的流量一般为 0.6～600 m^3/h，工作压力一般为 0.34～34 MPa。

②流量均匀无脉动，工作压力稳定，不会产生困油现象，故运转平稳、噪声小。

③泵的转速可以很高。因螺杆的回转惯性小，且液体从轴向吸入不作回转运动，不受离心力影响，吸入性能好。转速一般为 1 450～3 000 r/min，由透平带动的滑油泵甚至高达 10 000 r/min 以上。

④泵内液体的扰动小，所以液体不易起泡，且单螺杆泵对杂质不太敏感，故特别适宜作油水分离器的供给泵。

⑤输送液体的种类和黏度范围广。螺杆泵可输送蜜糖、汽油及合成液体等各种黏度的液体。

⑥螺杆的加工和装配要求较高，价格高（约为同类规格齿轮泵的 5 倍）。

4. 螺杆泵的管理

（1）启动前应保证泵内有液，以防止干转。因此，新泵或检修后的泵在启动前应向泵内灌注工作液体，并打开排出管路上的放气旋塞，以驱尽吸入管路和泵壳内的空气。

（2）泵应在吸、排截止阀全开的状态下启动，以防电机过载或吸入空气。当泵在油温低黏度大的情况下启动时，还应在旁通阀全开的情况下启动。但启动后应立即关闭旁通阀，以免油液长时间发热，造成机损事故。

（3）一般螺杆泵应防止反转，以免吸排方向改变时不能输液和推力平衡装置丧失作用而使泵损坏。

（4）三螺杆泵吸入管路必须装设 40～60 目滤器，油面应超过滤器顶面 100 mm 以上。

（5）运转中要严防吸入空气、油温太低、黏度过高，以防引起泵的损坏和产生过大的振动和噪声。

（6）停泵时，应在断电后先关闭排出阀，待泵完全停转后再关闭吸入阀，以保证泵完全停转以前，泵内始终有油和停转后泵内存有油液。

（7）螺杆泵的螺杆较长，刚性较差，在拆装和取出存放时应特别注意。吸、排管路应可靠地固定，并与泵的吸、排接口对中，尽量避免牵连泵体引起变形；泵轴与电机轴的联轴节应在泵装完之后很好地对中；螺杆拆装起吊时要防止受力弯曲；备用螺杆保存时最好悬吊固定，以免放置不平而变形；使用中应防止过热导致螺杆因膨胀而顶弯。

（三）齿轮泵

齿轮泵具有一对互相啮合的齿轮，齿轮主动轮固定在主动轴上，轴的一端伸出壳外由原动机驱动，另一个齿轮从动轮装在另一个轴上，齿轮旋转时，液体沿吸油管进入到吸入空间，沿上下壳壁被两个齿轮分别挤压到排出空间汇合(齿与齿啮合前)，然后进入压油管排出。

1. 齿轮泵的基本结构与工作原理

齿轮泵按齿形分有正齿、斜齿和人字齿齿轮泵；按啮合方式分有外（啮合式）齿轮泵和内（啮合式）齿轮泵；按转动方向分有可逆转和不可逆转齿轮泵。

图 4-15 所示为齿轮泵的工作原理。在泵体 3 中装有一对完全相同且互相啮合的齿轮，其中由电动机驱动的齿轮 1 为主动齿轮，被带动回转的齿轮 2 为从动齿轮。主、从动齿轮、泵壳和泵盖构成的吸、排腔被啮合的轮齿隔离。

当主动齿轮按图示方向顺时针回转时，左腔齿轮退，出啮合，容积增大，吸入液体；充满齿间的液体随齿轮转动而带到右腔；右腔齿轮进入啮合，容积减小，齿间被挤压的液体从出口排出。只要齿轮连续回转，泵就不断地吸入和排出液体。

从上述工作原理可知：(1)泵吸排液体是靠齿轮退出和进入啮合实现的。轮齿退出啮合一侧为吸入腔，进入啮合一侧为排出腔，故泵不能反转。(2)泵吸排腔的密封是靠中间啮合的轮齿、齿顶与泵体内壁的径向间隙和端盖与齿轮端面间的轴向间隙实现的。(3)主、从动齿轮均存在不平衡径向力。

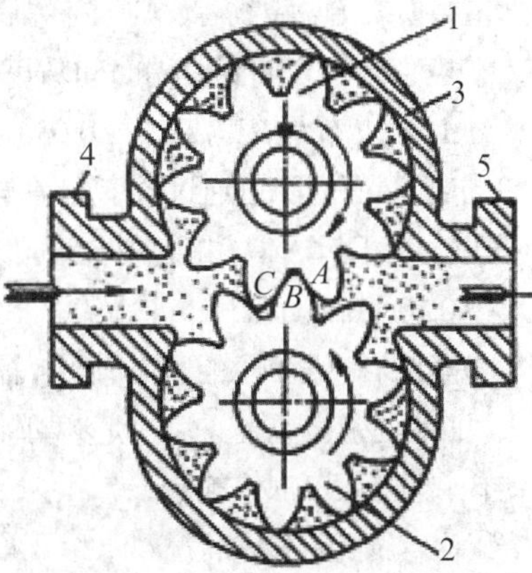

图4-15 齿轮泵的工作原理图

1—主动齿轮；2—从动齿轮；3—泵体；4—吸入口；5—出口

2. 齿轮泵的流量与特性

(1)齿轮泵的流量。齿轮泵的理论流量主要取决于齿轮的结构尺寸和泵轴的转速，随齿轮的转速、直径、宽度的增大和齿数的减小而增大。齿轮泵的实际流量总是小于理论流量。这是因为：①吸油时油液不能完全充满齿间；②油气和空气从油液中析出；③存在内、外部泄漏。齿轮端面与泵盖间的轴向间隙、齿顶与泵壳的径向间隙、两齿轮的轮齿啮合面的不严密处均会产生内漏；泵轴伸出泵盖处的轴封装置等会产生外漏；其中以轴向间隙的影响最为严重。

(2)齿轮泵的特点：①具有容积式的共同特性(能自吸、可产生很高的压力、理论流量与工作压力无关)；②齿轮泵的吸、排方向取决于原动机的回转方向，故一般齿轮泵不能反转；③流量连续，但存在脉动。流量脉动率(瞬时最大与最小流量的差值与平均流量的比值)与齿数和齿形有关，齿数多，脉动率小；④主、从动齿轮存在不平衡径向力。这是由于沿主、从动齿轮圆周液压分布不均匀所致，工作压力越高，不平衡的径向力就越大，常采用泵的端盖上开压力平衡槽或缩小排油口的宽度来平衡，以减小不平衡径向力。⑤结构简单，价格低廉；⑥摩擦面较多，且密封间隙较小，故适宜泵送不含固体颗粒而有润滑性的油料。

3. 齿轮泵的管理

(1)齿轮泵的运行管理要点：

①启动前必须确保泵内有油，以免启动过程中，油吸入泵内以前发生干摩擦，造成工作面严重磨损。

②注意泵的转向是否正确，以免泵反转改变吸排方向。

③不宜在超出额定压力的情况下工作，以免电机过载或泵损坏。

④检查轴封工作情况。轴封允许有渗漏，以利于密封面的润滑和冷却。但也不能滴液成串。

⑤油泵的吸入压力不应过低，以防发生汽蚀，为此，在管理中应经常清洗滤器，开足吸入截止阀，保持合适的油温。

⑥防止吸入空气。空气的进入不仅会引起泵的流量下降，而且是产生噪声的主要原因，为此应保持吸入油面有足够的高度，确保吸入管路严密。

（2）齿轮泵的维修保养要点：

①仔细检查齿轮，泵体及端盖的工作表面有无擦伤、划痕，如有，应进行研磨加以消除，对于严重磨损或出现裂纹者，则应补焊后精加工或换新。

②检查各配合间隙，端面间隙可用压软铅丝的方法测量，一般要求，外齿轮泵为 0.04～0.08 mm，内齿轮泵应为 0.02～0.03 mm，对于压力较低的滑油泵和驳油泵间隙允许增至 0.1～0.25 mm。端面间隙可通过改变端盖与泵体之间的纸垫片厚度来调整，若磨损过大靠垫片不能再调小时，可将泵体与端盖的结合面磨去少许。齿顶与泵体内壁的径向间隙可用塞尺测量，其值一般为 0.10～0.15 mm。

③检查泵轴与轴承的磨损情况。轴与轴承的径向间隙，一般为 0.03～0.08 mm，间隙超过磨损极限时，应换新。若采用的是滚动轴承，发现滚珠或滚子有较大的磨损或座圈有裂纹或内圈的转动有卡阻不灵活时应换新。

④检查轴封的技术状况。

⑤泵检查装复后，用手转动泵轴，应转动灵活而无卡阻。

四、自动卸货系统

船舶的自动卸货系统（AUS）其控制系统装置虽然型号不同，但各元件基本相同，只是个别部件存在较小的差别，工作流程基本相同。

（一）概述

自动卸货系统的设计是为了满足货油泵能单独完成卸货工作。AUS 可以防止气体的吸入并尽可能地减少货油舱内残油，使扫舱工作更加有效。这套系统的优点之处在于：

（1）由于大排量的货油泵可以独自进行扫舱工作，缩短了卸货时间。

（2）在扫舱工作前，对货油泵排出阀的操作不需要频繁进行。

（3）不需要从货油泵转换到扫舱泵或喷射泵，而这些转换需要操作人员频繁上下泵舱，并要求有较高的经验及判断技能。

（4）整合了自吸功能，在货油舱低液位时货油泵能实现迅速启动。

（二）工作原理（图 4-16）

货油液体的吸入和气体的抽除由真空泵实现。在扫舱阶段，液体（残油）和大量的气体一起从货油舱中货油吸入喇叭口被真空泵吸入到分离器中，在这里气液被分离，气体由真空泵抽走，只有液体被吸入货油泵中。

货油泵排出流量由排出控制阀进行调节，在扫舱阶段，货油泵的排出控制阀的开度由被真空泵吸入分离器的液量决定，而吸入液量是由分离器的液位反映出来的。为了达到货油泵不吸入气体的目的，货油泵的排量应能被调节。

当液体被真空泵吸入分离器，分离器液位上升时，货油泵的排出控制阀被开启，从而货油泵排量增加。

当货油泵排量增加并且分离器液位下降时，泵的排出控制阀被关小，从而避免货油泵吸入更多气体，同时货油泵排量下降。

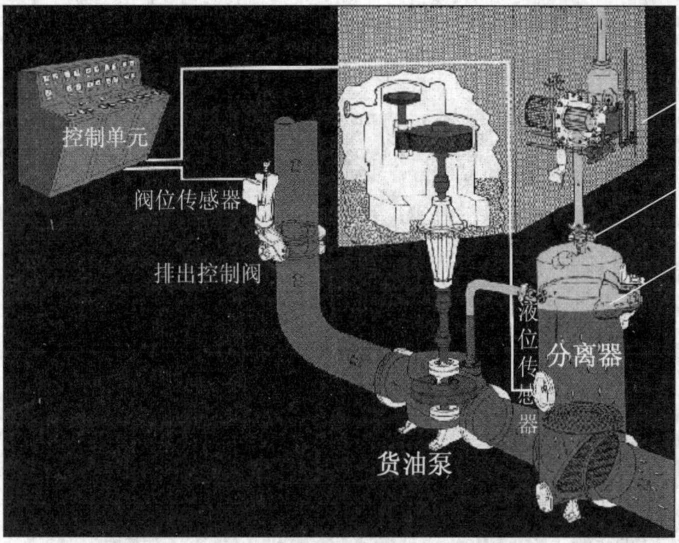

图4-16 AUS工作原理

（三）主要部件及其功能

（1）分离器。连接在货油泵进口管路上的一个容器，可以分离从货油舱喇叭口吸入的货油中的气体。通过连接在分离器顶部的管路，被分离出的气体由真空泵抽走。

（2）液位传感器。将分离器的液位转换成气动信号，用以控制系统的主要设备。

（3）排出控制阀。由手动或自动信号控制气动执行气缸推动的蝶阀，从而控制货油泵的排量。

（4）阀位传感器。将货油泵排出控制阀的开度转换成气动信号，传到货控室的阀位表来指示阀的开度。

（5）真空泵。一般是卧式水环泵，用于抽除分离器中的气体，并排入SLOP舱。真空泵可选择自动或手动控制。

（6）密封水柜。为水环式的真空泵提供密封水，并分离密封水中的气体。

（7）吸入阀。一般是角形止回阀，装于真空泵进口。当真空泵停止后防止密封水和气体流回气体抽除管线。

（8）气体抽除阀。一般是气动活塞型阀，安装于气体抽除管路，其开、关由真空泵的起停和分离器的液位高低决定。

（9）再循环阀。一般是气动活塞型阀，可选择自动或手动控制，连接在惰气供应管路，目的在于气体抽除停止后，用于置换真空泵及其排出管路中的气体。

（四）自动卸货系统工作流程（参见图4-17）

（1）当货油舱的液位处于高液位时，此系统不起作用。货油泵运行于分离器的液位70%（预设值）及以上。

（2）当货油舱液位下降，货油泵的吸入压力也下降至接近货油的蒸发压力，在此情况下部分货油将转变成蒸汽并积聚在分离器的顶部而导致分离器的液位下降。

（3）当分离器的液位下降到低于50%（预设值），由液位传感器气动信号触动压力开关来启动真空泵；同时气体抽除阀打开、货油泵排出控制阀关小以控制节流。

（4）当分离器的液位恢复到70%以上，气体抽除阀关闭20 s（由时间继电器设定）后，真空泵停止，货油泵排出控制阀打开。

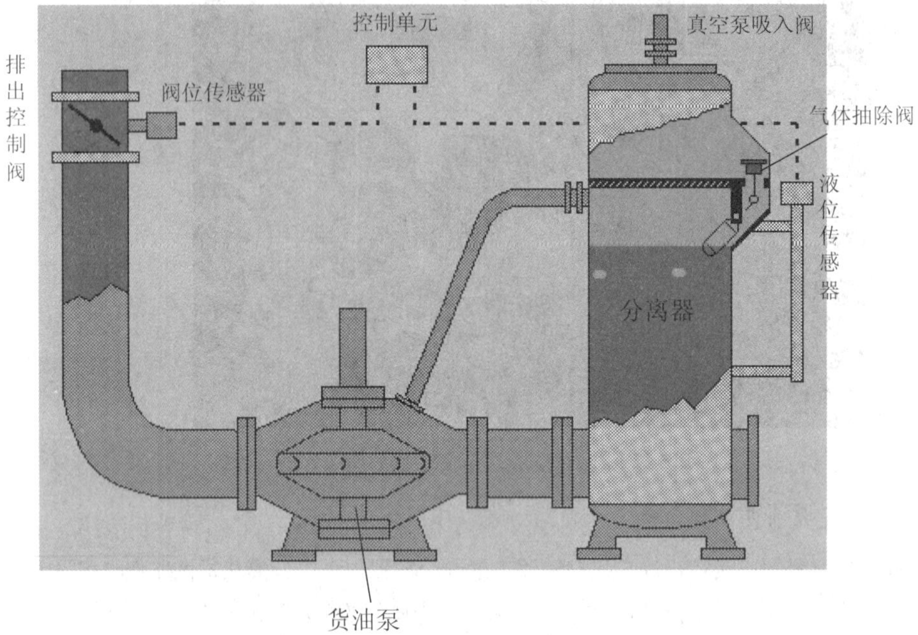

当分离器的液位下降到低于**50%**（预设值），由液位传感器气动信号触动压力开关来起动真空泵；同时气体抽除阀打开、货油泵排出控制阀关小以控制节流

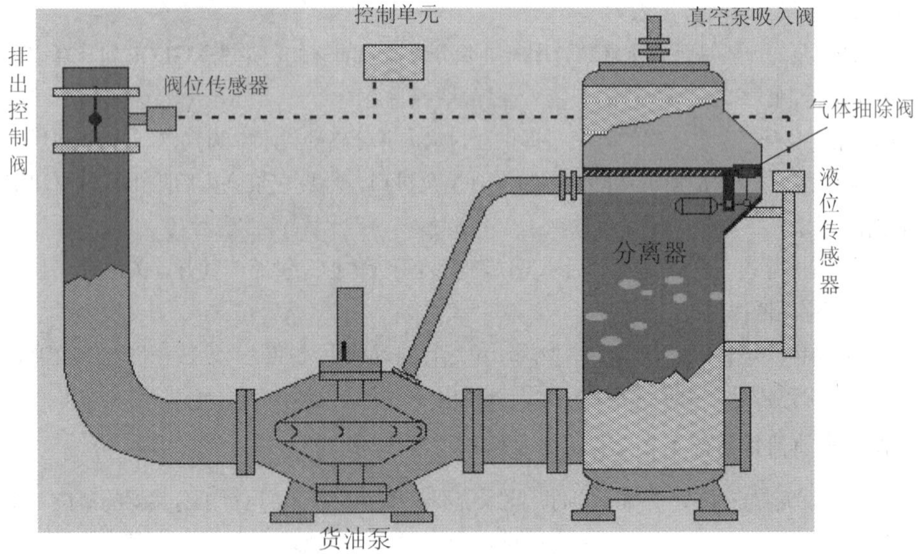

当分离器的液位恢复到**70%**以上，气体抽除阀关闭**20**秒（由时间继电器设定）后，真空泵停止，货油泵排出控制阀打开

图4-17　AUS 工作流程示意图

（5）每当货油蒸汽积聚在分离器的顶部，以上的步骤自动重复，这就防止了货油泵吸入气体而使卸货工作得以进行。

（6）当货舱的液位进一步降低，货油舱内吸入喇叭口处开始产生漩涡。当漩涡的凹陷底部到达吸入喇叭口的底面，气体开始被吸进喇叭口。

（7）在分离器中，吸入的气体被从货油中分离出来并且积聚在顶部，分离器的液位下降，此时以上的步骤也将重复。

（8）当货油舱的液位更进一步下降时，沿着喇叭口的液体表面变得波动剧烈，并且大量的气体被直接从喇叭口的底面吸入。这种情况下，即使真空泵一直在工作，分离器的液位也将更大程度的下降。

（9）此时，液位传感器的气动信号值极度下降，致使货油泵的排出阀开启角度大大减小，即货油泵的排量大量减少，从而导致货油流入喇叭口的速度减少，液面的波动程度也相应减小。这样，气体被吸入喇叭口的量也减少了。

（10）当被吸入的气体量变得少于真空泵抽除的气体量时，分离器的液位又开始上升。同时，货油泵排出控制阀逐渐打开，排量也开始增加。

（11）接下来，被吸入的气体量又开始增加，分离器液位回落而货油泵排出控制阀又开始关小。

（12）在这种情况下，上述的两个步骤开始重复，货油舱液位进一步下降。这期间由于气体量较大，真空泵一直连续运转。

（13）当货油舱的液位下降到极端，大量的气体被吸入使分离器液位也降到极端，货油泵排出控制阀也达到完全关闭。此时，分离器的液位又上升了一点，货油泵的排出控制阀也相应地打开了一点，然后气体又大量的被吸入，货油泵排出控制阀随即又完全关闭了。当分离器的液位低于 5%（预设值）时，“分离器液位低”灯点亮，指示卸货工作进入了扫舱阶段。

（14）在扫舱进行中，虽然真空泵连续运转，分离器液位也不会再上升，致使货油泵排出阀一次次完全关闭。

（15）这种情况长时间继续意味着不再有残油被卸出。当“分离器液位低”指示灯亮持续 3 min（由时间继电器设定），此时“扫舱完成”指示灯亮，蜂鸣器报警。这表明卸货工作完成。如果选择开关设定在“自动扫舱后货油泵停止”，则泵自动停止，否则货油泵继续运行，这时可以手动停止货油泵，或根据判断继续手动操作进行扫舱。

（五）仪表和传感器的调整

由于卸货系统的正常工作主要取决于各个仪表、传感器的正常动作，所以当仪表或传感器不能正常动作或换新部件时就必须对其进行调整；否则整个系统就将不能工作。

（1）分离器液位传感器的调整。首先确认分离器液位传感器各个截止阀的位置，然后反复进行零点和量程的调整，最后进行中点的确认。

（2）货油泵排出阀阀位传感器的位置调整。首先进行凸轮的调整，然后反复进行零点和量程的调整。

（3）货油泵排出控制阀开关速度的调整。为了防止货油泵吸入气体，设定货油泵排出控制阀的关闭速度快于其开启速度，以便在分离器液位降低时货油泵排出控制阀能够迅速关闭，在分离器液位上升时排出控制阀缓慢开启以使系统运行平稳。

（4）阀位控制器的调整。AUS 在自动运行时根据分离器液位来控制货油泵排出控制阀的开启大小，首先确认调节供应的压缩空气是要求的压力，确认阀位传感器的工作正常，确认安装位置，然后调整阀位控制器的凸轮，再根据指定流程进行调节，完成调节后将相应的阀转到正确的工作位置。

（5）锁闭阀的调整。锁闭阀的作用是为了在驱动空气压力不正常下降时保证货油泵排出控制阀被锁定在当前的开度。调整时首先将货油泵排出控制阀手动全开或全关来调整手动控制器械的压力，然后逐渐的关闭供气阀，货油泵排出控制阀停止时的压力即是锁闭压力。如果压力与要求的设定压力有偏差，调整调节螺丝进行重新设定。

（6）压力开关的调节。各个压力开关的设定值可依据说明书的要求设定。

（六）AUS 在使用中的注意事项

（1）排出控制阀一般是蝶阀，根据其特点，在 40%～100%开度范围内，对流量变化的影响很小，而在 30%开度内对流量影响很大。从货油泵的特性来看，在相同排出流量下，要求减少输入功率就得尽可能减少货泵的转速。我们既不希望关小排出控制阀角度而使其受高压，因此承受了不适当的受力；也不希望货泵低转速时排出控制阀开度很大；更不希望货油泵高转速时排出控制阀开度很小。所以当排出控制阀在自动控制且节流很大时，应尽可能多地降低货泵转速。

（2）如果货油舱的液位很高，打开货油泵进口阀时要小心，不要太快，以免造成液击而损坏液位传感器、压力传感器等。

（3）舱内液位较高时，当对分离器和货油泵注油驱气时，真空泵的气体抽除阀一定要保持全关以免液货直接灌入真空泵。

（4）多台货油泵并联运行时，要保证各货油泵的转速大概一致，因为货油泵的转速变化对泵的特性影响很大，其速度差越大，低转速货油泵的排量就越低，甚至为零而造成货油泵过热，损坏货油泵轴封、轴承，甚至使泵卡死。

（5）当需要减小排出管路压力时，最好采用减少货油泵转速的方法，而不是手动排出控制阀节流。

（6）当排出控制阀的开度被自动节流到 25%～30%或货油泵排量减少到 25%～30%时，最好调低货油泵转速，从而使排出控制阀的开启角度超过 40%。重复上述的操作使卸货更加有效。

（7）卸出高蒸汽压货物（HVPC）时应注意：高蒸汽压货物一般是指其李德氏蒸气压（RVP）大于 8 PSI 的货物，但是真正影响货油泵操作的是真蒸汽压（TVP）。真蒸汽压（TVP）的数值随温度的升高而增大，这将不利于货物的卸出。为避免汽蚀，应逐步降低货油泵的转速；但达到一定压力时，操作者应根据经验来相应关小排出控制阀进行流量控制。在卸出高蒸汽压货物时，为了避免汽蚀，即使货舱液位很高，也需很长的卸货时间。为了缩短卸货时间要安排尽可能高的货油泵吸入压头。为此，在装卸高蒸汽压货物（HVPC）时应尽可能集中在船首的货舱以利用较大的船舶吃水差。另外，应制定相应的卸货计划，当某舱液位降低至将要发生汽蚀时，可以打开其他高液位货舱的货油泵吸入阀以提高货油泵的吸入压头。

（8）进入扫舱阶段时，要特别注意真空泵的运行和操作。手动操作时，要防止吸入液货而使其过载跳掉。

（9）在卸货的最后阶段，尤其是当货舱的液位下降到大约 1 m 以下时，调整尽可能大的尾吃水差以利于货油流向喇叭口。太小的吃水差将不能保证货油泵的吸入流量，以至于分离器的液位将极端下降，使卸货时间延长。

（10）当货油舱的液位降低到 1 m 以下时，尽可能降低货油泵的转速，比较合适的额定转速大约为 60%～70%。

（11）当分离器指示低液位时，表明将要进入扫舱阶段，此时要格外注意货油泵的工作状况。

（12）在扫舱阶段，当排出控制阀的动作较大时，应该根据扫舱情况，手动减小排出控制阀最大开度的上限，以控制排出控制阀的开度，防止排出阀的动作过于剧烈。

思考题

1. 简述离心泵的工作原理。
2. 离心泵的操作注意事项有哪些？
3. 防止汽蚀的措施是什么？
4. 简述喷射泵的工作原理。
5. 喷射泵的用途是什么？
6. 简述喷射泵的管理要点。
7. 简述往复泵的工作原理。
8. 往复泵的特点是什么？
9. 简述螺杆泵的工作原理。
10. 螺杆泵的特点是什么？
11. 齿轮泵的工作原理
12. 齿轮泵的特点有哪些？
13. 自动卸货系统的优点是什么？
14. 简述自动卸货系统的工作流程。

第二节 货油管系和舱内装置

要 点

油船上的货油管路系统一般分为主货油管路系统和扫舱管路系统；主货油系统的管路的尺寸一般是与船舶的载重吨位成比例增大。现代油船操作作业都要求封闭作业，舱内装置主要是一些探测和监控装置。

必备知识

一、货油舱管系

油船上的货油管路系统一般分为主货油管路系统和扫舱管路系统；主货油系统的管路的尺寸一般是与船舶的载重吨位成比例增大。

1. 主货油管系

主货油管路系统是为装油、卸油时（有时部分货油舱压载水压入和排出时）使用的最重要的大口径管路。货油舱内的主货油管路固定在舱底横桁上，距舱底的高度为 2 000～3 000 mm，通常都通过中舱，最后在通入货油泵间与同组的货油泵相连。直径较主货有管略小的一些支管自主货油管路分出，分别通往到各个货油舱的最后端的舱底。图 4-18 所示为船舶的管线结构分布图和管线图。

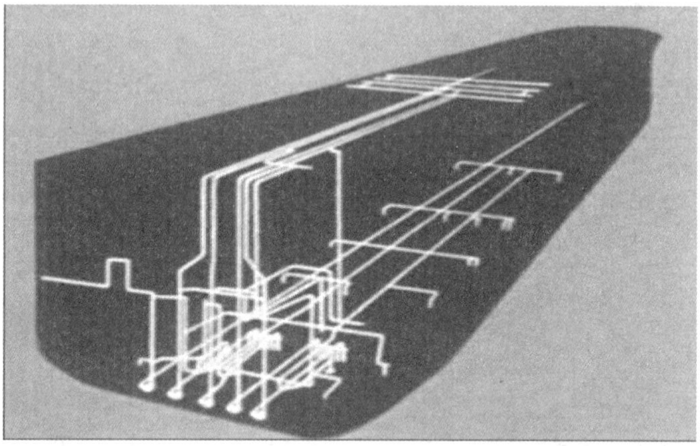

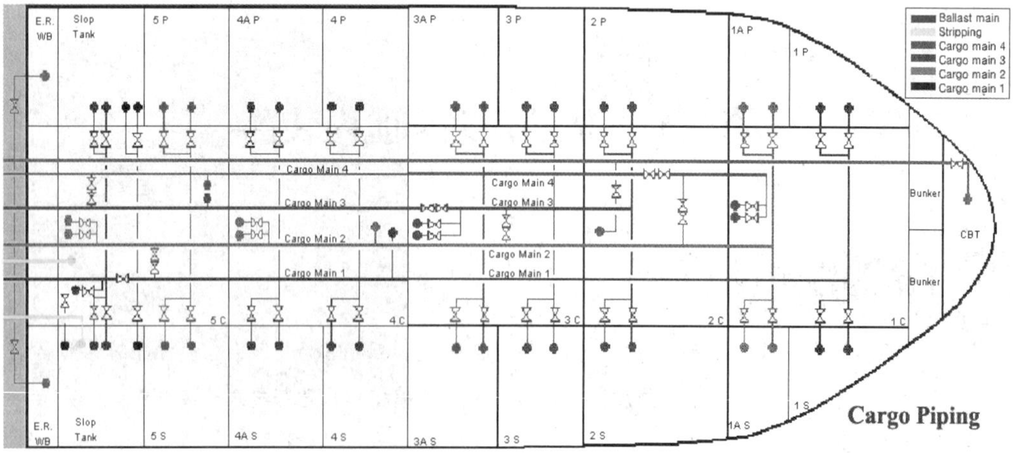

货油管线布置图（货油底管线图）

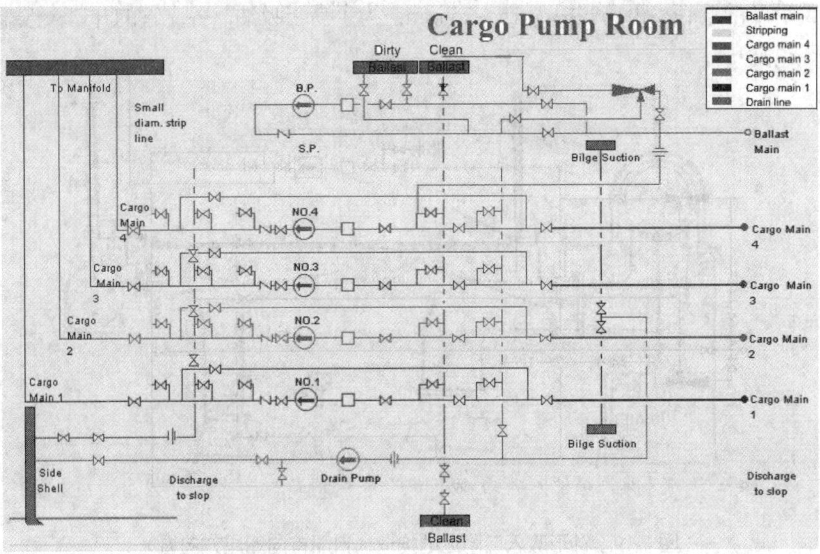

货油管线布置图（货油泵间管线图）

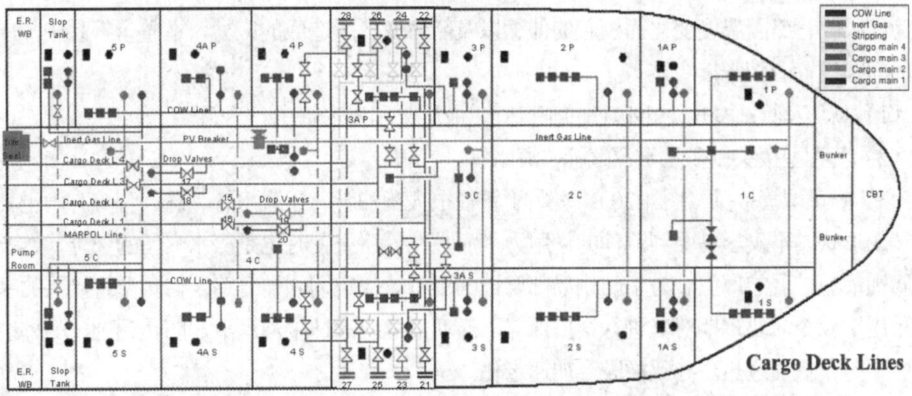

货油管线布置图（货油甲板管线图）

图 4-18　船舶的管线结构分布图和管线图

2. 扫舱管路系统

扫舱管路系统则主要是在卸油时借以卸除货油舱和管路内残油的小口径管路。而扫舱系统管路的尺寸则受限于泵的排量，基本保持不变。最近新建造的油船的主货油泵都装设有自动扫舱装置，代替了专用扫舱系统，因而这些油船就省去了专用的扫舱系统。

3. 货油管系图

画在货油控制室（CCR）控制板上的主货油管路系统、扫舱管路系统和压载水系统，按组和系统的不同分别以不同的颜色绘制而成。习惯上按直接服务于此系统的货油泵的序号，将货油管系统一般自右舷一侧开始顺次地分为 1 号管系、2 号管系和 3 号管系。

4. 吸入口

为便于吸油，吸入口作成喇叭形状，主喇叭口距离底板约 100 mm，支喇叭口分别通到各个货油舱的最后端的舱底，距离底板为 15～25 mm；为了易于吸油，各支管的开口一般都设计成如图 4-19 所示的钟形。

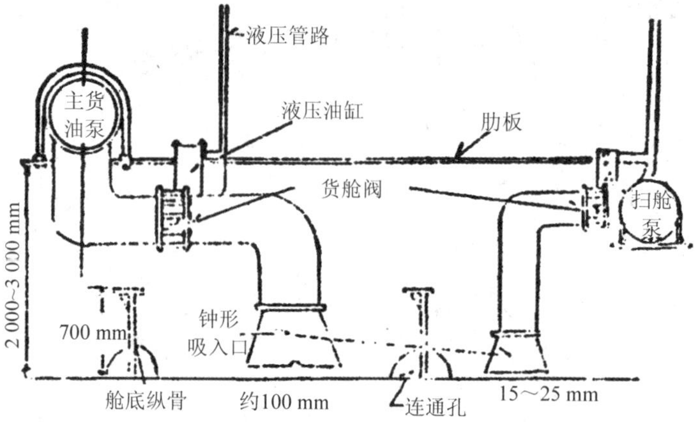

图 4-19　钟形吸入口附近的构造（自船首向船尾方向看）

5. 货油管路的接头

为能吸收管路因温度变化而引起的伸缩以及船体变形所造成的应力，在整个管系中，应每隔适当的间隔设置一膨胀接头。

（1）U 形弯管：多用于小口径的空气管、液压管和淡水管中。

（2）套管型接头：多见于蒸汽管、海水管。

（3）修正型管接头（图 4-20）：多用于管径很大货油管、压载水管、透气管等。由于其具有不连续的形状，不仅容易受到流体的作用力，而且在管路空置时也是凝水滞留的部位，这一部位也是腐蚀最易扩展的部位。为了防止局部腐蚀的影响，应定期回转管路。修正型管接头的密封一般都采用橡胶令，要定期对其进行维护保养，活动部位应涂抹牛油润滑，防止锈蚀。另外装卸货过程中要防止货油过热，导致橡胶令加速老化。

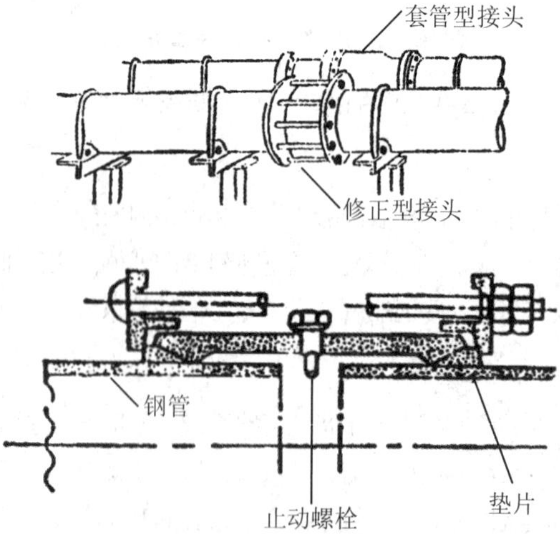

图 4-20　修正型及套管型接头和修正型管接头剖面图

二、泵舱管系

泵舱内的货油泵及扫舱泵都通过泵舱管系与货油舱内的输油干管及扫舱管相连接。

任何一个货油泵都可通过泵舱管系装卸各货油舱的货油，并能在各油舱之间进行转驳。

三、甲板管系

货油泵的排出管应与甲板管系接通，故甲板管系的进出口阀门一般都设在货泵舱的上面。

油船装油时经常不用船上的货油泵，而在船上另设竖向管系或旁通管，货油从岸管上船后，绕过泵系由竖向管或旁通管直接进入货油舱。

四、舱内装置

现代油船操作作业都要求封闭作业，舱内装置主要是一些探测和监控装置，主要包括：

（1）测深或测空档装置——主要用来探测舱内液位。

（2）温度探测装置——主要用来探测舱内温度，一般装备上中下三个探测器，能探测上中下部位的温度。

（3）压力探测装置——主要用来探测大舱气体压力，一般装在顶部。

（4）货舱溢流及高位警报系统（Overfill and high level alarm）。

思考题

1. 油船上的货油管路系统一般分为那两个管路系统?
2. 舱内装置一般有哪些?

第三节 货物加温系统

要 点

货油加温系统是为提高某些黏度较高的货油温度，降低黏度，以获得较好流动性的管系。其形式有蛇形管、盘香管、截形螺旋管和铸铁肋片加热器等。采用材料有钢管、铸铁管、铝黄铜和铝合金等。加热系统一般以蒸汽为热源，甲板上设有蒸汽总管和排气总管。每一货油舱的加热器应各自成一组，各组各有其独立进气管和排气管、凝水支管、控制阀或分配阀箱等。排气管上装有截止止回阀和凝水阻气器。管系布置在货油舱底部，越低越好。

必备知识

一、货物加温的目的与原理

1. 目的

在船舶运输的石油中，某些原油、燃料油和润滑油等流动点较高，黏度大。为了能使卸货顺利进行，则在装货后的航行途中货油需维持在一定的温度，或在卸油前要加热到某一指定的温度。

2. 原理

货油加温是用锅炉的蒸汽经固定的管系送至货油舱舱底设置的加热盘管来进行的，加热盘管内蒸汽凝结放出大量汽化潜热，经盘管壁传递给货油，从而达到加热货油的目的。

二、加热盘管的类型与材料

用于制作加热盘管的材料一般为钢管、铸铁管、黄铜管和铝合金管。目前所造的油舱、甲板上的管系，大都用钢管，有的进行渗铝处理，使之抗蚀、防锈。钢管的抗蚀性较差，但造价较低，传热性能比铸铁好，使用较可靠。黄铜管和铝合金管，传热性能好，抗蚀性能较强，在过去一般用于舱内，但造价太高，而且抗腐蚀的能力也不太理想，现在造船一般舱内都用不锈钢管，而且无法兰接头

货油舱加热盘管一般有两种，即蛇型盘管和螺旋形加热盘管。在过去，蛇形盘管是铸铁造成的，这种盘管在造价、传热和安装等方面都不如钢制的蛇形盘管，尽管检修换垫方便，但要经常检修。螺旋形加热盘管在用法上有两种：一种是用在货油吸入口处，另一种是在货油舱内设几个大的螺旋盘管，利用对流的方法来进行货油加温，如图 4-21 示。

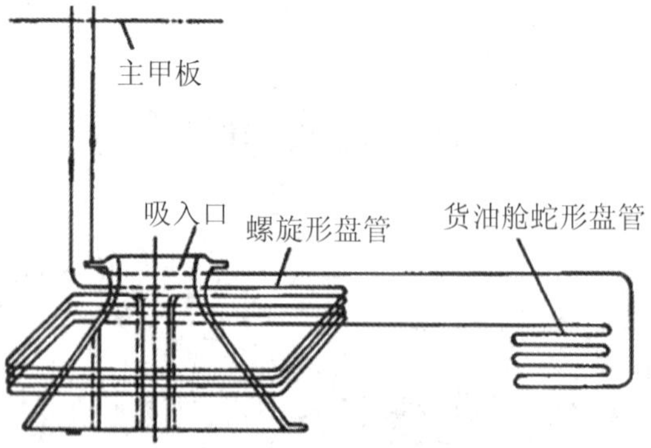

图 4-21　螺旋形加温盘管

三、货油加温装置的组成与布置

由锅炉或辅助锅炉供给蒸汽。

每个油舱的加热管系各自成一组，各组管系有其独立的进气和回水管，它们分别连接于主甲板的加热系统的进气和回水总管上。

在加热回水管上装设有供检查加热管是否渗漏用的检查旋塞。如有渗漏会使石油进入加热管内，则凝水中必有油花。利用检查旋塞还可以判断舱内温度是否已经升高或进气阀开启是否过大，

若气阀开启过大，则会有大量蒸汽从旋塞口排出。

图 4-22 为加温系统的组成简图。

在冬季加热货油后，应用压缩空气吹出蛇形管内的冷凝水，以防止货油卸空后可能冻破管系。

加热管在舱内布置的特点：在吸油喇叭口装设有螺旋盘管。以便使货油能顺利流进吸入管内。整个货油舱加热管的布置从宏观上看来是蛇形盘管铺在舱底，从纵向看，加热管是沿船首尾线铺设的直管。一般油船加热管距舱底的高度都在 15～20 cm。

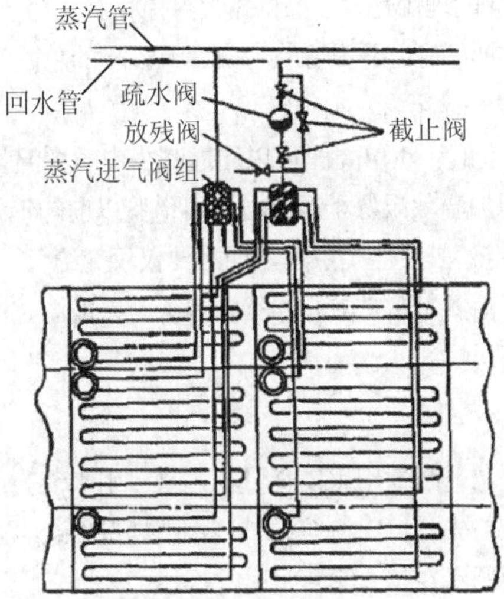

图 4-22　加温系统的组成

四、货物加温系统的使用和维护

1. 加温效能

一般来说，标准的货油加温系统在船舶设计上均能达到所需货油温度。通常按下列值设计：在 2℃ 环境温度、5℃ 海水温度情况下，大约 4 天内货油能从 44℃ 加温到 66℃（158.8℉）。

对于常规的原油船，其加温系统具有较高的安全加温系数。通常能够每天提升货温 3～4℃，即使只用货舱内 60%～70%的加温盘管。

应充分利用蒸汽的潜能。如果蒸汽只是循环一圈又回到锅炉供水系统是不够的。所以正确控制蒸汽压力及回流就显得十分重要。

对于热水井，要密切关注回汽中是否含有货油。若货油进入锅炉，将产生非常严重的后果。机舱值班人员应定期循环检查，也可在热水井中放置吸油毡并定期更换，以吸收意外泄漏进入热水井中的货油。现大多数船上装设有回水含油检测传感器，能给出声光报警，但传感器应定期清洁检查，确保功能正常；发现警报应立即检查，确认热水井中是否有货油从加热盘管回流并及时处理。

加温系统汽水分离器（也叫阻汽器或疏水阀）扮演着重要角色，应给予关注并定期拆检，保证功能有效。

2. 加温的一般程序

（1）加温前应暖线，防止水击。

（2）加温阀应逐渐慢开，防止盘管受水击而损伤。

（3）进汽阀先开再关闭，管线建压后慢开放残阀，检查凝水情况。

（4）整个管线前后的压力应予注意，所有阀全开时，船头可能无压力显示。调节各阀使甲板加温蒸汽总管前、中、后压力一致，最好在这三个部位装上独立的压力表。

（5）以甲板加温蒸汽管线压力表为准，不要仅凭机舱的供气压力表。

（6）推荐的调节方法是：全开进汽阀，调节回汽阀。比如前边回汽阀开 100%，中间开 70%，最后的舱开 40%。调节回汽阀的理由是为了保持盘管内相对于舱内有正压，避免货油进入凝水系统。

（7）调节每个盘管的回汽阀是不明智的，应调节该舱的总回汽阀，可以增减加温盘管数量来控制该舱的温升速度。

（8）为达到希望的温度值，对单壳船可以通过减少中舱加温量，将更多的蒸汽供向边舱。加温温度应缓慢提升，锚地加温效果好于航行时，可借鉴以前的记录。

（9）建议由大副或指定驾驶员监控加温，而不要仅仅交给负责泵的轮机员。

（10）在船的前、中、后各部位放置记录簿，每天记录舱温、汽压及回汽阀的开度，有助于快速找到平衡点。

3. 加温前检查

加温前应了解下列情况：一是饮用水消耗量；二是日用水消耗量。

对于日用水的消耗，应首先计算出机舱设备淡水消耗量。这对开始加温极为重要，否则之后很难找到水量消耗过大的问题所在。

4. 加热盘管的保护

尽管货油会对加温盘管造成腐蚀，但如果预防措施到位，则会延长其寿命：

（1）在低于零度的寒冷气温且货油舱空置的情况下，用压缩空气将加温盘管吹干。

（2）不加温时将防残阀打开，破坏真空。

（3）开始加温时，一定在低汽压状态下慢慢打开进汽总阀以避免水击。

（4）所有管线固定卡码应保持紧固，应尽可能利用一切进舱机会检查舱内管线及盘管固定卡码。

5. 盘管漏泄

（1）货油舱内盘管泄漏时会出现如下现象：

一是热水井内有油迹。

二是蒸汽压力变高，热水井内回油消失但蒸汽消耗量增大，即耗水量增加。可通过如下方法快速辨别：分别短暂关闭各舱进汽阀 15～20 min，降低供汽压力，若该舱盘管漏泄，货油会进入凝水系统，重新供汽后油迹可从放残处出来，然后将该漏泄盘管隔离重新加温。

三是若加温管破裂出现在主甲板下面，货油液面上方，周围钢板会变热，漏泄很大时可在甲板上面听到声音。

（2）泄漏检查及试验。厂修时最好做加温盘管压力试验，试验压力为 1.5 倍工作压力。推荐的方法为：将系统充满淡水，关闭所有阀，用液压泵打压。观察压力表的变化，安排人员下舱检查。

也可用船上的压缩空气对系统进行试验。两种试验程序基本相似。如果 4～5 min 内压力没有明显下降，可以认定加热系统不漏。若压力下降很快，应逐个关闭进行试验。

思考题

1. 货物加温的目的与原理是什么？
2. 试述加温的一般程序。
3. 货油舱内盘管泄漏时会出现哪些现象？
4. 怎样检查及试验加热盘管？

第四节 压载系统

要 点

专用压载水舱与货油和燃油系统完全分开并且永久地只作压载舱使用，有独立的泵和管系供它们使用，舱容应满足的条件，专用压载系统的特点。

必备知识

一、专用压载舱（SBT）

新的总载重量在20 000 t以上的原油油船及总载重量在30 000 t以上的成品油船必须配有专用的有足够大容量的压载舱，以便只有在特殊情况下才能把压载水排到油舱。SBT减少了油舱清洗的需要，因此减少了油水混合物。但只有在舱容足够的情况下才有效。专用压载舱定义为与货油和燃油系统完全分开并且永久地只作压载舱使用。独立的泵和管系供它们使用。舱容应该是这样的，在航次的任何时候：

（1）船中间的吃水不低于$2.0+0.02L$（L为垂直之间的长度）。

（2）艉部吃水差不超过$0.015L$。

（3）螺旋桨完全浸入水中。

提供足够的压载舱容，可以保证中间吃水深度和吃水差。除此之外，压载舱还应布置在对搁浅和碰撞有一定的保护作用的地方。理想情况是，具有双层壳体和双层底，这样对搁浅和碰撞具有保护作用。在实际中没有这个必要，而是，总的侧面和底部的保护面积应符合一定的参数。

二、专用压载系统

专用压载系统的特点应在于具有自身专用的压载泵、管系和阀门，并与货油系统不相干。而且该独立的专用管系不允许穿过货油舱，压载泵通常是离心泵，离心泵有透平蒸汽驱动的也有用电马达驱动的，至于压载泵的管理要与货油离心泵的管理同样精心和维护。压载舱内的主要装置有液位测量装置，可燃气探测装置等，在定期进行压载舱的检查的同时应该对这样的设备进行认真的检查和维护。有一段管线可以在特殊的情况下将压载系统的管系和货油管系连接起来使用，这段管线在平时不用时一定要将连接短管拆下并用盲板分别将压载系统的管系和和货油管系连接管头封严。

三、清洁压载舱（CBT）

清洁压载舱其实就等同与货油舱，在此不做详细介绍。

思考题

1. 专用压载舱的舱容要求？

2. 专用压载舱的管系是否可通过货油舱？

3. 有一段管线可以在特殊的情况下将压载系统的管系和货油管系连接起来使用，对于这段管线在平时不用时有何要求？

第五节　污油水舱

要　点

MARPOL 公约附则 I 第 15 条规定，凡 150 总吨及以上的油船应设有能将货油舱污压载水的残余物与洗舱水转移至经主管机关批准的污油水舱的适当设备，现有油船，可指定任一货油舱作为污油水舱，并连接于货油舱的扫舱系统。

必备知识

污油水舱（SLOP tank）应有一定的容量，保证洗舱污水和其他油水混合物能保存在船上，以便油水分离，并且按照 LOT 程序排水。附则 I 要求总载重小于 70 000 t 的船，至少有一个污油舱，对更大的船要求至少两个污油舱。污油水舱的容量表示为载货量的百分比，而且取决于所使用的洗舱方法。开式的清洗需要污油水舱的舱容比闭式的要大。SBT 和 COW 和联合式的油船需要较小舱容的污油水舱。污油水舱的设置必须有利于油水的分离。简单的和复杂的两种污油水舱的布置如图 4-23 所示。

按 MARPOL 公约附则 I 第 15 条规定，凡 150 总吨及以上的油船应设有能将货油舱污压载水的残余物与洗舱水转移至经主管机关批准的污油水舱的适当设备，现有油船，可指定任一货油舱作为污油水舱，并连接于货油舱的扫舱系统。对污油水舱要求的安全等级必须与货油舱要求一样，应用隔离空舱把污油水舱与机舱以及位于污油水舱上面的船员居住处所隔开。特别是在设计污水出口、入口、挡板或堰（若设有时）的位置方面，应能避免油类的过分湍流和被带走或与水形成乳化，否则将不利于油水分离。最好使舱底部表面积远远小于顶部表面积，以使大量的水在油水交界面降到出口之前就被吸引出去。为达到有效的扫舱目的，在设计建造时，还应注意，舱底后部的扫舱吸口（钟形吸口）距船底板的高度为 50～35 mm 较为理想，且与船底板尽可能平行布置为好。

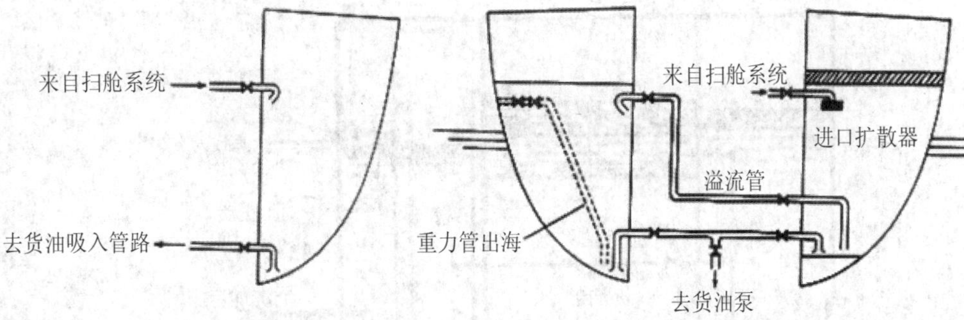

（a）最简单的污油舱布置　　（b）高效的污油舱布置

图 4-23　两种污油水舱的布置

污油水舱可以由一两个或三个舱组成。简单的单级分离舱只有一个舱（或指定一个货油舱），并在洗舱开始之前灌水，使水位达到海水水平面，接着将洗舱后的含油污水泵入该污油水舱舱内。经过一段时间的分离、沉淀后，将底部的水排放到大海，上部残油留在船上，或转送至岸上或驳至其他货油舱内。这种形式的污油水舱有一个主要缺点，就是容量有限，当注入污油水舱的洗舱水满负荷时，洗舱工作必须停止，待油分离出来将污油水舱中的澄清水排掉后才允许重新接受洗舱的油污水。然而，在污油水胎底部的水排放入海过程中，仍有把油带出去的潜在危险。为了解决这一问题，目前又出现了双级式污油水舱。它由两个舱组成，其中第一级是主分离舱，在水被排至大海之前，还要在另外的第二级舱内逗留一段时间作进一步分离、沉淀，然后再将底部的大部分澄清水排放入海。

三级式污油水舱，如图 4-24 所示，即在将水排入海以前，又增加一个分离阶段。第一个舱是一种马鞍形结构，位于尾部某一货油舱的上面，使油和水在第一级更容易分离出来。三级分离系统对现代船舶来说也许是最有效的，但是，这种系统现在已经不怎么用了。因为按公约要求，凡经污油水舱处理后的水，必须经排油监控系统进行监视才能排放入海，因此，也就没有必要将污油水舱搞得那么复杂了。

污油水舱内的油污水应给以尽可能长的时间（至少 36 h）进行分离、沉淀。在把底部的经分离后的清洁水排设入海时，操作上应谨慎一些，即所用的排放泵容量应该较小，并以尽可能慢的速度运转，避免任何油品被带入泵的吸口而排入大海，造成意外的污染事故。将水排入大海以前，还应利用油 / 水界面探测器精确测定油，水分界面的位置。该界面探测器的读数应能指出水位下降的情况，并表明何时能到达临界点。虽然排放的意图是想将舱底的留存水降到最低程度，但必须注意不得让超过允许含油量的水排入大海。为此，在油/水分界面降到接近临界点时，需要不断地观察排放情况，以防监控设备万一失灵，一旦发现有向外排油的迹象，必须立即停止排放舱底水。对污油水舱中澄清水的排放作业只能在白天进行，并且澄清水排放口应当设在满载水线以上的位置，以便值班人员能清楚地看到，在油迹一经出现就能很快地觉察出来。

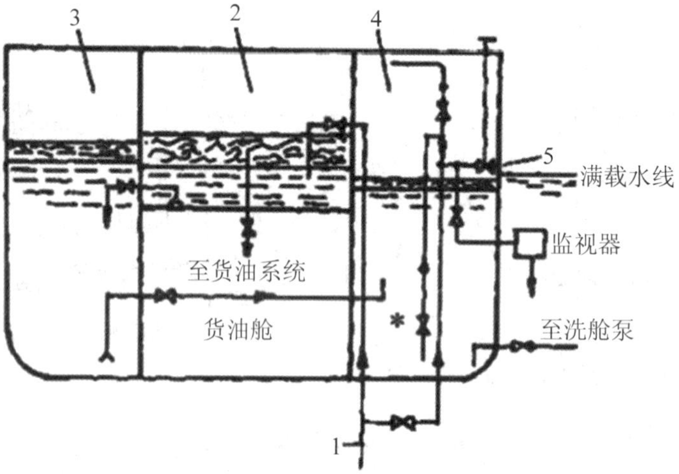

图 4-24　典型的三级式污油水舱

1—来自货油泵、扫舱泵或喷射泵的排放；2—第一级污油水舱；3—第二级污油水舱；4—第三级污油水舱；5—排至舱外；*当借用货油泵直接排放压载水至舷外时，该阀应予关闭

剩留下来的残油可以采用下面三种方法中的任何一种进行处理：

（1）把这些残油排至岸上的接收设备。

（2）在船上，但要和正在装入的货油分隔开来。

（3）把新的货油装在残油的上部。

污油水舱内的透气布置，液面测量装置，加热管系及含油污水和货油输送管系均应符合有关货油舱的规定，另外污油水舱还应该有单独的加温管系，而且能与货油舱的加温管系能很好地隔离，便于给污油水或洗舱水单独加温，达到更好的油水分离和洗舱效果。

思考题

1. 对污油水舱要求的安全等级必须与货油舱要求一样，应用采用什么措施将污油水舱与机舱以及位于污油水舱上面的船员居住处所隔开？

2. 污油舱中污油残油的处理方法有哪些？

第六节 油气回收系统

要 点

在油船上油气回收系统（Vapour Emission Control System）的建造主要是为了适应美国相关法规的要求，满足其空气环保的目的，即在某些港口货物作业期间，舱内气体（主要为惰气）不能随意排放，而应排放至岸上接收装置。

必备知识

一、概述

油气散发控制装置的基本概念比较简单。当油船在码头进行装载时，把被进舱的货油或压载水置换的油气收集起来，然后将其输送到岸上进行处理和加工。然而，重要的是牵涉到操作上和安全上的问题，由于共通的油气气流关联到船舶和码头，因此使作业介入了许多另外的必需有效地加以控制的危险。

关于油气散发控制与处理装置的详细技术指导的出版物有许多来源。IMO 已制定了油船油气收集装置和码头油气散发控制装置的设计、建造和操作的国际标准，OCIMF 关于油气管汇设备布置的指导内容也已经发表了。

应注意油气散发控制系统可以用于安装惰气系统的油船，也可以用于无惰气系统的油船。

在油船上油气回收系统的建造主要是为了适应美国相关法规（USCG rules-46CFR Part 39）的要求，满足其空气环保的目的，即在某些港口货物作业期间，舱内气体（主要为惰气）不能随意排放，而应排放至岸上接收装置。

二、组成

油气回收系统通常由以下各部分组成。

（1）气体收集管线（Vapour collecting line）：位于上甲板，与惰气系统为同一管线。

（2）船岸连接总管（Vapour manifold）：位于上甲板船中，与货油船岸连接处于同一位置，通常在管路上标注上不同颜色。

（3）货油溢流保护装置（Liquid overfill protection）：在每个货油舱装有具有高位报警功能的封闭式量舱装置并在货控室内给予显示。同时独立的溢流警报系统，可以在货控室及生活区前面给予声光报警。

（4）通气系统（Venting system）：在每个货油舱装有高速释放阀（Hi-velocity venting valve）和真空泄放阀（Vacuum relief valve）。

（5）气体压力探测（Vapour pressure detecting）：传感器安装在惰气总管的后部（靠近泵间），

显示位置在货控室。

（6）含氧量检测（O_2 analyzer）：取样在船中通岸处，显示位置在货控室。

（7）隔离阀（Isolation valve）：在惰气总管尾部，用于隔断甲板惰气管线同机舱的连通。

三、油气管线的识别与标志

为防止船上的油气管汇可能错误地连接到码头的液体装载管线上，油气管的接头必须清楚地加以识别：在接头靠舷侧 1 m 长的一段用油漆 漆上黄色和红色条带并用黑色印上“VAPOUR”字样。

此外，各个外接法兰的表面应在法兰螺栓的圆周上 12 点的位置处永久装配一个圆柱形的定位销。为了防止错误地把标准的液体输送软管接上这种外接法兰，该定位销应垂直地突出法兰表面 25.4 mm（1 in），直径应为 12.7 mm（0.5 in）。油气管线的异径接头和软管朝向船舷内侧端部各法兰/盲板要有额外的洞孔以适应外接法兰上突出的定位销。如图 4-25 所示。

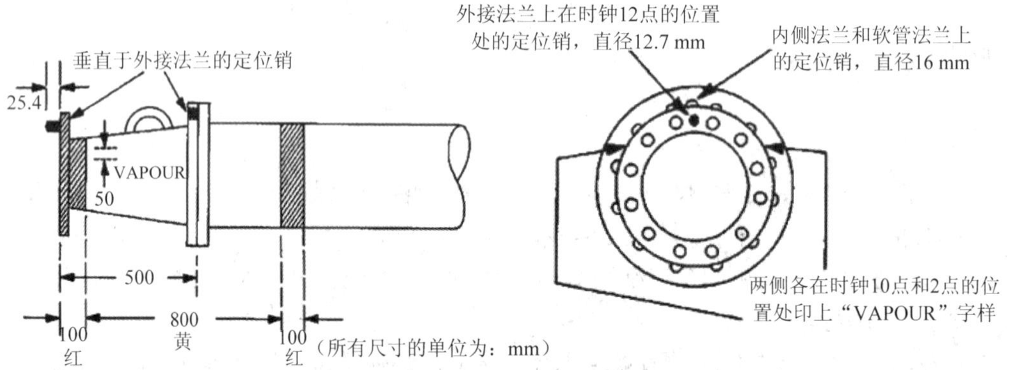

图 4-25　油气管汇外接法兰定位与标志

四、油气管线中的冷凝液

船上的设备应具备有效地泄放和收集可能积蓄于油气管线内任何冷凝液的设施。油气管线中任何液体的聚集会阻碍油气自由通过而增加管内的压力，同时会导致在这些液体表面产生大量的静电荷。特别是在寒冷的冬天，管中的液体可能会冻结，可能会导致设备损坏和导致系统无法正常工作，所以在船舶管路设备各低点处要安装泄放器并检查这些泄放器良好以保证不存在液体。

由管路连通的油气收集设备内部的压力应由多个传感器 连续进行监测，传感器应具有高压和低压报警功能并连接着听觉和视觉警报器。

思考题

1. 安装油气散发控制系统的目的是什么？
2. 简述油气散发控制系统的组成。
3. 油气散发控制系统的识别和标志。
4. 油气管线中的冷凝液有哪些危害？

第五章
油船监测和控制系统

本章主要介绍油船的货油监控系统、液位测量系统、温度和压力监控系统、排油监控系统、可燃气体监测系统等。

在现代油船上，按照国际公约的要求和安全的需要，配备了许多种自动监测的电子设备。如自动连续测量的液位测量系统；自动连续监测货油温度系统；对货油舱内气体压力的监测系统（具有惰气系统的油船）；生活区、泵舱及压载舱气体监测系统；排油监控系统；独立的货油舱高高位报警系统等。

第一节　货油监控系统

要　点

货油监控系统是控制和监测货油、污油水、压载水和燃油的一个完整综合装置。主要由控制装置、传感器系统、装载仪（包括主计算机、显示器、键盘和打印机）和若干工作站组等组成。

必备知识

该系统是控制和监测货油、污油水、压载水和燃油的一个完整综合装置。货油监控系统主要由控制装置、传感器系统、装载仪（包括主计算机、显示器、键盘和打印机）和若干工作站组等组成。

系统控制装置和主机都装设在货油控制室内。主机有一至两个显示器，一部键盘和一台打印机。在甲板办公室、船长办公室和轮机长办公室也可装设分机，用来监测本船装载状态，甚至在船公司内也能安装同样终端系统，通过卫通，则可成为一个分机，以便随时调出船舶实时装载数据，了解全部装载状况。

该系统一般具有如下功能：

（1）连续显示舱内液位（或空档）读数。

（2）可发出高/低液位警报（可设定）。

（3）连续显示液体温度读数。

（4）可发出高/低油温警报（可设定）。

（5）连续显示惰气压力读数。

（6）可发出高/低 IG 压力警报（可设定）

（7）自动计算体积、重量。

（8）自动检测货油密度。

（9）在出现纵/横倾时，自动修正液位。

（10）公制与非公制单位之间的换算。

（11）干舱探测。

（12）四面吃水遥测。

（13）装卸货速度显示。

（14）压载水舱、燃油舱、淡水舱内的液体参数及数量等。

装载仪在“在线”或“离线”状态下一般有下列功能：

（1）计算排水量、载货量、压载量等，还可以计算货油和压载水的体积及货油膨胀值。

（2）计算纵倾和横倾角、计算艏艉和船中吃水。

（3）计算港内/海上的弯曲力矩、计算港内/海上的剪力。

（4）计算 *VGC*、*LGC*、*KG* 和 *GM*（无论是否有自由液面）、计算 *GZ* 曲线。

思考题

1. 货油装载仪有哪些功能？
2. 货油装载仪能否实时监测船舶的受力情况？

第二节 液位监控系统

要 点

油船液位测量系统目前主要有雷达式、压力差式、浮子式、吹气式等几种类型以及它们的工作原理。

必备知识

油船液位测量系统目前主要有雷达式、压力差式、浮子式、吹气式等几种类型。

一、雷达式液位测量装置

雷达式只有一个固定的雷达天线暴露在油舱，与被测液位没有接触，能在极其恶劣的环境下工作，测量精度高，安全可靠，很少发生故障且维护保养方便，故被油船广泛采用。

雷达式液位测量装置采用无线电波段在没有接触的情况下，测量爆炸危险度较高的液货油舱液位，是安全防爆的液位测量装置。

1. 工作原理

为了保证测量精度，大舱液位测量系统的雷达天线发射频率扫描调制的连续窄波，即雷达波的频率随时间变化。假设某一时刻 T_1 的频率是 F_1：到了时间 T，发射波频率已转为 F，而此时由大舱液面反射回到雷达接收天线的频率仍为 F_1，频差即 $F-F_1$ 的绝对值。这样，雷达波在雷达天线和大舱液面之间（即大舱空档）传播所需的时间 T 与频差有关，频差是空档的函数. 所以只要测频差，就可以计算出大舱的空档。

2. 特点

（1）采用液位自动追踪功能使之准确捕捉舱内的液位变化。

（2）使用放射电磁波（EMI）方式实现了传感器部分及信号处理部分的安全运转。

（3）将传感器内部用惰性气体进行保护，以防电子部件受潮。

（4）使用平面天线不但减轻了重量也便于安装及维修。

现在还出现了一种导波雷达液位测量装置。波形呈喇叭状的雷达液位计通常会受到加热盘管的影响，或者在狭小空间时受到周围结构的影响而不能准确测量液位。而导波雷达液位测量装置是使雷达波沿着特制的绳索或杆传输，这样雷达波的能量将集中在导波绳索或杆周围，而且导波雷达液位计还可以安装在狭窄的空间。

注意：每半年要对舱内的雷达天线按照说明书的要求进行清洁，或者当雷达没有回波，不能测量空档时，应考虑天线是否污脏。

二、压力差型测量装置

主要用于测量货油舱液位高度。但在液位没有达到第二个压力传感器时，需要手动输入货油密度才能计算液位高度，因此存在一定误差。另外，压力式的传感器由于接触被测液体，故易发生故障。一旦压力传感器故障，就须洗舱通风后才能进入油舱内修理或更换。而实际情况下常常要等到船舶计划厂修时才能进行这项工作。

这类液位测量装置使用压力转换器来测量舱底部的静压，同时根据舱顶部测得的舱内压力修正这个读数。许多不同种类的结构都有图 5-1 所示的主要的特点。

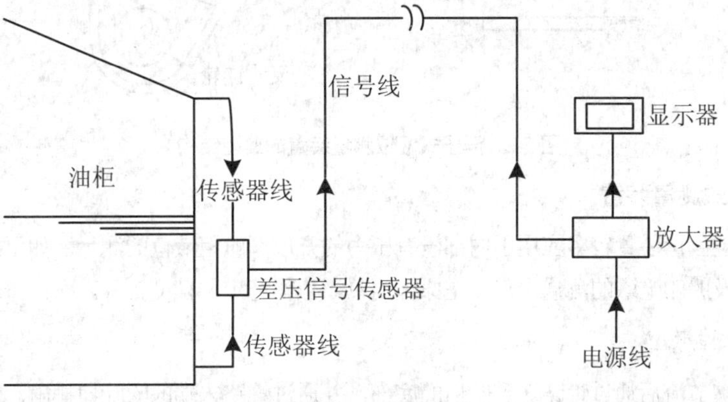

图 5-1　压力差型测量装置的构成

该系统通常在一个货舱中装有 3 个压力/温度传感器：第一个位于油舱顶部，装于接线箱中靠近甲板，用于惰气压力的监测；第二个位于油舱的上部；第三个位于油舱底部。上部和底部的传感器之间有一定的间距，因而在这个间距出现压差时，即可计算出货油的密度，并能进行修正。但当装货时液位上升至舱容 60%时才可显示当时货油的密度。在实际运输过程中，都是靠微机来计算各种参数的，即首先测出油温和压力，计算机再根据当时的油温和压差来计算货油的密度、重量、容积和空档高度（或液位）、船舶受力状态等。只有液位到达上部传感器位置时，才可测定出准确的密度来进行其他用途的运算。因而当液位未到达上部传感器时，只能手动输入参考密度来进行其他用途的计算。

三、浮子式测量装置

浮子式的功能单一（只能测量液位，而不能测量密度、装载量、介质温度、惰性气体压力、船舶倾角等），精度低，可靠性差，不能自动控制有关阀门，故目前新造油船很少选用。

在这种类型的装置中，测量元件是一个浮子。带动机械装置的动力，部分来自于浮子的运动，部分来自于平衡机械装置。

浮子通过线带或其他机械的或磁力的连接方式连接在机械装置上。

图 5-2 显示了这种类型的液位测量装置的典型结构。浮子被连接在测量线带上，线带通过一个滑轮系统进入表头。在表头里面线带通过一个链轮，链轮驱动一个计数器机构，然后连到储存转筒上。弹簧使与线带储存转筒相连的动力转筒带上动力保持线带处于紧绷状态，恰好使浮子不离开油面。随着容器中液位增加，弹簧传递给卷尺的张力拉起线带松弛的一端。在较好类型的测量装置中，弹簧张力随着液位下降而增大以补偿所用线带的附加重量。

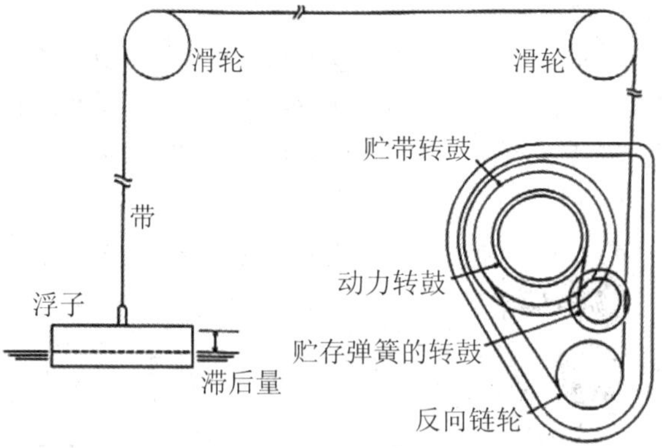

图 5-2　浮子式液位测量装置的典型结构

四、吹气式测量装置

吹气式液位测量装置较多应用于内部没有压力的开放型舱柜液位的测量。如压载水舱、燃油舱、滑油舱以及船舶吃水的测量。特点是原理简单，工作稳定，精度较差。

1. 基本工作原理

压缩空气被节流后通过管路送到舱柜的底部，并通过管路末端的吹除口排出，管路内的压力与吹除口所在舱的液位所处压力相一致，此时根据液体的比重就可以计算出舱内液体的深度。将吹除管内的压力信号引入到货控室就可以实现远程监测。

典型吹气式液位测量装置的组成：

（1）空气供应部分。控制空气通过减压阀减压到0.4～0.5 MPa设定压力供应到系统。

（2）测量部分。设定好压力的空气依次经过干燥过滤器、节流元件供给自动截止阀，然后通过吹除管路到达位于舱底的吹除口排出。

（3）显示部分。吹除管内的压力通过管路引入到控制室，一般经过四通阀到达压力表或压力传感器来指示相应的压力。经过对舱内密度的设定，就可以通过转换直接显示出舱内的液位高度。

2. 装置的使用

装置的操作通过四通阀的转换来进行，其4个位置有：

（1）信号管的吹除位置。利用供应的压缩空气吹除信号管内的锈、脏物及残余物等。

（2）截止位置。所有的通道都被截止。为了防止吹除的较高压力的空气从信号管进入指示部件造成损坏，从吹除位置向测量位置转换时，应该在这个位置停留至少10 s。

（3）测量位置。测量舱内的液体的液位高度。

（4）检查校正位置（通大气）。使指示元件的管路通大气，检查确认指示器的零点，如有必要进行调节。

通常的测量状况下，应该始终保持四通阀在测量位置，每半个月定期将四通阀转到检查和吹除位置进行校正和吹通。

图5-3所示为一种气泡式液位表。应该注意，压力计必须因舱内压力而进行修正，否则液位读数将完全错误。

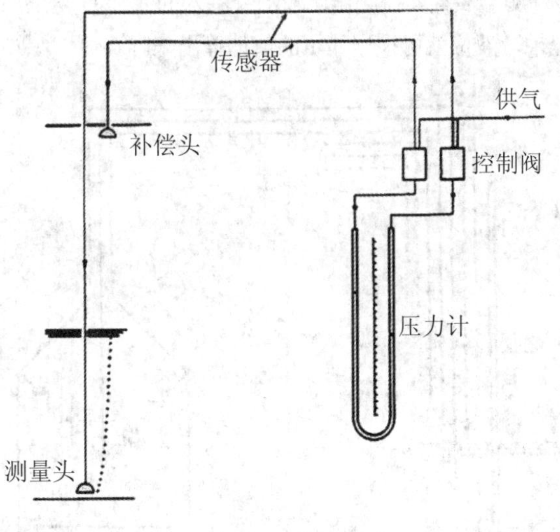

图5-3　气泡式液位表

五、其他液位测量装置

1. 电动伺服测量装置

在这种仪表中，测量元件是一个表面感应装置，借助一个伺服机构追随液位变化。可用各种电的或机械的方法来显示液位。

典型的伺服液位表如图5-4所示。触头被设计用来感应液体表面以及显示从这个表面到控制机构之间的距离。控制机构通过控制驱动马达来尽量保持触头在油面以上的某个固定距离。实际上，卷尺通过一个链轮带动计数器机构。但是为简化起见，图中省略了该部分。

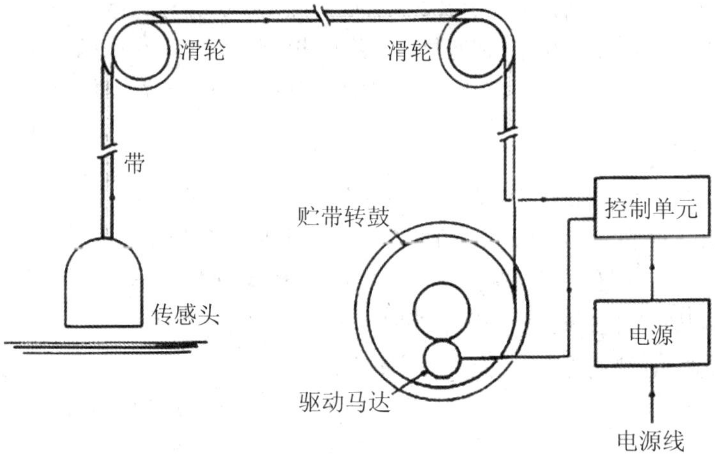

图 5-4　伺服液位表

2. 电容量测量装置

这种测量装置通过比较部分浸入的元件与全部浸入的元件的电容来测得液位，相似元件都是电桥。图 5-5 所示为该种测量装置。探测器比较部分浸入的元件 D 与全部浸入的元件 C。全部浸入的元件的数目也要记录，液位就可根据显示的值计算出来。

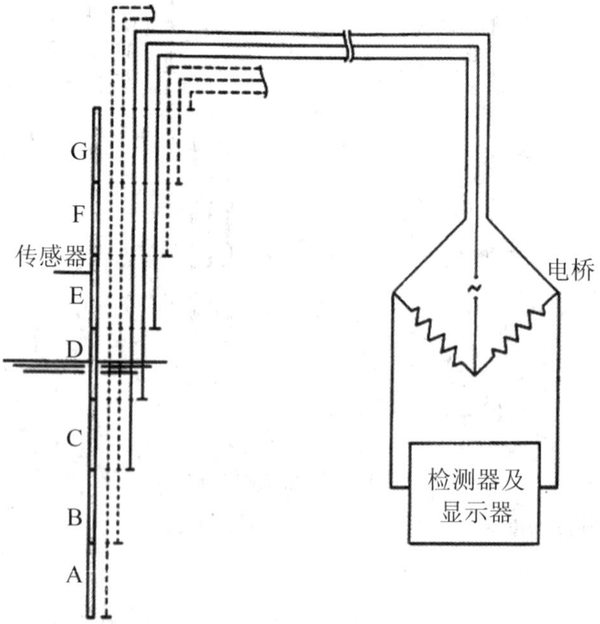

图 5-5　电容量测量装置

3. 超声波测量装置

有一些类型的液位表利用这种原理。最普遍应用的类型是测量信号从发射器到液面返回接收器之间的时间差。仪表可以装在舱顶部或底部，如图 5-6 所示。

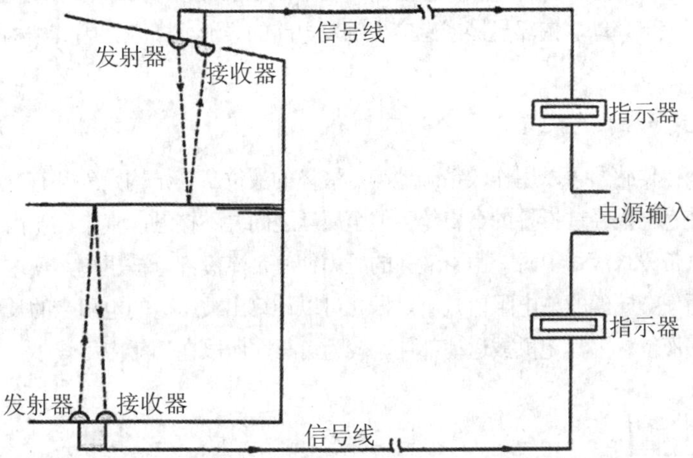

图 5-6 超声波测量装置

4. 封闭空间内使用的气动或液压式液位表

此类液位测量装置多用在小型油柜及淡水舱内。结构简单，精度不高。在这些液位表中，一个感压包被放置在舱底附近，压力的变化通过电的、气压或液压的方式传递到远处。传导压力的毛细管系统应有因环境温度的变化而进行的修正。如图 5-7 所示。

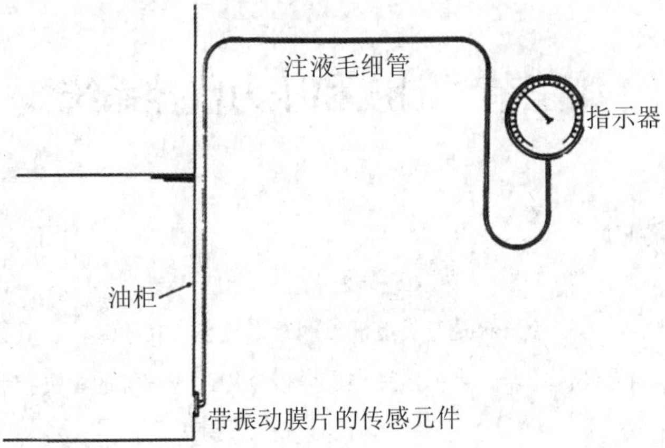

图 5-7 气动或液压式液位表

六、液位报警装置

依据国际公约的要求油船应安装一套独立的高高位报警系统，以适用于油船的高高位液位的集中监测。当货油舱的液位达到设定值时，发出相应的声光报警指示。

高高位报警系统独立于高位报警系统和货舱液位测量系统。高高位报警系统能在失电或舱内液位传感器电路故障时发出故障报警；并且能在每次输送作业前对本系统的正常运行做检查，包含一个能监测报警电路和传感器状态的自检系统。

油船上应用较多的液位报警系统为浮子式和电阻带式。

1. 浮子式液位报警装置

浮子式液位报警装置有多种形式，但其原理基本相似。根据浮力，即当液位变化时，漂浮在液体表面的浮子上下移动，依靠机械或感应去触发电路的导通或断开。因其结构简单，所以在油船上应用较广。

2. 电阻带式液位报警装置

电阻带式液位传感器可以用作较精确地测量液体的液位。其结构是外部有一个始终保持充气的气带，内部装有 根经过折叠的金属丝，但金属丝之间并不接触，气带在舱内竖直安装。当液位上升使部分气带浸入液体中时，由于液体的压力使气带淹没部分被压瘪，使这部分金属丝相互接触造成短路而使金属丝的总电阻值减小。据此可以计算出被压瘪的电阻带的长度，进一步就可以计算出液舱的液位。因其无机械运动部件，较为可靠，所以在油船应用较多。

思考题

1. 雷达式液位测量装置有何优点?
2. 在众多种类的测量装置中哪种比较适合现代油船货舱?
3. 吹气式和雷达式测量装置如何进行保养?
4. 油船的高高位报警装置有哪几种?

第三节　温度和压力监控系统

要　点

货油舱温度和压力监控系统是与货舱液位测量系统整合在一起的。其原理是在舱内部安装压力传感器和温度传感器。再把温度和压力信号传回该系统的中央控制器，并显示在货控室面板上。

必备知识

一、货油舱温度和压力监控系统

通常，货油舱温度和压力监控系统是与货舱液位测量系统整合在一起的。其原理是在舱内部安装压力传感器和温度传感器。再把温度和压力信号传回该系统的中央控制器，并显示在货控室面板上。

1. 温度传感器

一般使用铠装温度传感器。是由感温元件（电阻体）、引线、绝缘材料、不锈钢套管组合而成的坚实体。它有下列优点：体积小，内部无空隙，热惯性小，测量滞后小；机械性能好、耐振，抗冲击；使用寿命长。

2. 压力传感器

一般是陶瓷压力传感器，没有液体的传递，压力直接作用在陶瓷膜片的前表面，使膜片产生微小的形变，厚膜电阻印刷在陶瓷膜片的背面，连接成一个惠斯通电桥（闭桥）。由于压敏电阻的压阻效应，使电桥产生一个与压力成正比的高度线性、与激励电压也成正比的电压信号。该类传感器具有很高的温度稳定性和时间稳定性，传感器自带温度补偿 0～70℃，并可以和绝大多数介质直接接触。

二、警报装置和报警值的设定

（1）温度报警装置：在装载仪内可设定，其音响报警仪在货控室内。

（2）压力报警装置：在装载仪可设定货舱高/低压力报警值。按照大石油公司的要求，设定高压是 P/V 阀压力值的 1.1 倍；低压设定则不必为负压。

（3）温度和压力如超出警报设定范围，其音响报警仪在货控室内，并在装载仪上显示。

三、温度和压力监测系统的布置

有货舱加温设备的油船：每个货油舱上部一个压力传感器，上、中、下各一个温度传感器。

无货舱加温设备的油船：每个货油舱上部一个压力传感器，仅在污油水舱有温度传感器。

思 考 题

1. 装载仪内的惰气压力报警设定在多少？

第四节 排油监控系统

要 点

根据 MARPOL 公约的有关规定：对于大于 150 总吨及以上的油船必须装有排油监控系统。这个系统能对油船上排放的含油压载水进行连续的监测并对排出的油分进行连续记录。排油监控系统的种类及工作原理。

必备知识

一、排油监控系统的作用

根据 MARPOL 公约的有关规定，大于 150 总吨及以上的油船必须装有排油监控系统。这个系统能对油船上排放的含油压载水进行连续的监测并对排出的油分进行连续记录。这种记录应能鉴别时间和日期，并至少保存 3 年。每当有含油废水排放入海时，监控系统即应开始工作。该系统还应能当排出的含油量超过标准时，自动控制停止排放，当监控系统本身有故障时也能停止含油废液的排放，同时进行记录。

应提供一个手工操作的替代方法并在出现这种故障时可以使用，但该有故障的装置应尽快予以修复。港口当局可允许该油船在驶往修理港以前使用有故障的装置进行一次压载航行。排油监控系统的设计和安装应符合 IMO 制定的油船排油监控系统的指南和技术条件。主管机关可接受在该指南和技术条件内详细叙述的这种特定的装置。

船舶设置了油分浓度监视和报警装置后，就可以有效地监视排放到舷外的舱底污水中含油量，使其处于要求的最高极限之内，并且可以较为均匀地分散在广泛的水域中。所以，从防止船舶造成污染的角度上来说，含油污水排放的监控装置和系统是一个非常重要而不可缺少的设备。

二、排油监控系统的种类及工作原理

排油监控系统的核心部分是油分浓度计。目前世界各国都在进行研究和生产。对于船用油分浓度计来说，要求构造简单，价格便宜，使用方便。精密度则不必太高，可以允许有较大的误差。但是这类仪表必须得到政府指定的专门机关按 MARPOL 公约的规定，鉴定合格之后才可以被防污染的监督机关所认可。船用油分浓度计生产的形式虽多，但就其探测油含量的原理来说不外乎以下 4 大类。

1. 荧光法油分浓度计

这主要是利用紫外光照射含油污水，使石油中具有环状共轭体分子（如芳烃）被激发产生荧光，所产生的荧光强度与含油量有一定的关系，依据这一原理而制成的油分浓度计。目前美国、日本、英国和我国均生产这类产品。并且是使用较多的一种。

2. 光学浊度法油分浓度计

让光线通过分散成胶体的油水混合液，可以测定透射光与散射光的强度。按比耳定律和瑞利散射定律，透射光与散射光和溶液中的含油量成一定的比例关系。利用这一原理所制成的油分浓度计，是目前世界上使用最多的一类（约占全部船用油分浓度计的 80%）。照射光的光源可以用可见光、近红外光和激光等。

3. 红外吸收法油分浓度计

红外吸收法是利用石油中的化合物，对 3.4～3.5 μm 波带内的红外振动波吸收的原理来测定水中的油分浓度。在测定水中油分浓度时因水对在上述波带内的红外波也有吸收的能力，所以不能用油水样直接测定其含油量，而要用对该波带内的红外波吸收很少或基本不吸收的四氯化碳或氟利昂溶液作为测取剂测取抽水样中的油分。然后再测量测取液中的含油量，从而计算出油水样

中的油分浓度。此外，由于各种石油及其产品的成分不同，对红外波的吸收能力也不同，因此需要做出各种油品的标准曲线和数值，然后才能决定油水样中的真正含油量。所以这种方法虽然具有高灵敏度的优点，但存在需要经过测取及绘制标准曲线等问题，故在陆地上虽然应用较广，但在船上却应用不多。

4. 紫外吸收法

紫外吸收法是利用石油中所含不饱和碳氢化合物，特别是芳烃等含共轭体系的化合物，在紫外线区内具有特征吸收率的原理制成的油分浓度计。尽管水也会多少吸收紫外线，但对油分扩散得比较好的油水混合液还是可以直接用油水样测出油分浓度。这类方法的一个较大问题是由于各种油品中的芳烃含量不同，必须根据不同油品做出标准曲线，然后才可确定真正的油分量。所以这类方法在船上也很少被采用。目前只有英国生产用紫外线吸收法制成的油分浓度计。

三、排油监控系统操作

排油监控系统的品牌型号很多，它们的操作规程也不尽相同，但是一些基本内容是相近的。下面就船舶普遍采用的 ODME S663 MKIII型做一简单介绍。

1. S663 MKIII型的构成

（1）计算单元包括四行数码显示器、一个打印机、一个键盘和一个声光报警信号。

（2）含油浓度表包括测量容器、气动电磁阀、一个稳压器。数据是穿过密封舱壁通过光纤传输的。

（3）电动机和泵装置穿过舱壁分别安装在机舱和泵间，之间为气密型轴封。

（4）压力套件包括一个滤器、一个稳压器和 4 个由油分浓度计驱动的气动阀。

（5）每个通道一个采样探头。

2. 设备的使用

这个设备用来进行测量排入海中碳氢化合物总量，并保持对其一个永久性的记录。而且无论什么时候如果这个量超过了国际法规强制规定的上限时，可以对操作者发出警示。这种操作能够完全自动进行。

3. 设备的功能

（1）监视：对排出水质的连续监视。在排出操作的监视期间，排出阀被控制状态，排出水的含油量 ppm 值处于监视状态，数据在打印机上被记录，设备故障警报或水质警报能被显示。

（2）校正：对零点和灵敏度的校正在任何时候都能手动进行，或每 24 h 自动进行。设备不使用时处于备用状态；污水在船舶内部驳运的监视。

（3）计算：利用了油分浓度计和其他船舶设备提供的数据，这个仪器可计算如下的排油量：每海里的排油量；每小时的排油量；排出的油总量。

一旦计算器损坏，所有必要的数据如速度、油分浓度、每小时的排量等能被手动输入。

4. 记录

（1）如果数据没有改变，在监视期间每 10 min 数据在电子打印记录仪上给出记录。并且在如下情况时也会给出记录：每次数据被修正时，每次装置被合上电源时，每次警报发出时，无论何时排油量增加到 10 L/n mile 时。

（2）被记录的数据有：日期和时间，阀的开关，排出禁止或允许，含油浓度超出警报范围，超过 30 L/n mile 警报，全部的油量，全部排油警报，船舶的船位，校正或监视，排出的产品类型。故障警报导致阀关闭，在打印机上显示排出禁止。

5. 警报

当出现警报时发出声光报警。通过确认按钮消掉声音。发出警报的相关信息在控制屏上显示。有关的警报如下：

（1）排油量超过 30 L/n mile（在 20 L/n mile 仅发出声音警示）。

（2）排油量与压载水容积比超过 999 ppm 范围。

（3）超过全部油量限制。

（4）油分浓度计故障。

（5）流量计故障。

（6）校正故障。

（7）监视期间采样水故障或校正期间清洁水故障。

（8）打印机纸故障。

（9）船速过高（超过 20 kn）。

（10）泵马达供电失常。

（11）船速太低。

（12）阀开启失常。

在 15 ppm 模式达到 15 ppm 或在 100 ppm 模式达到 100 ppm。

四、排油监控系统的维护

（1）建立系统的维护保养记录。在每次的含油污水/压载水排放之前/之后，应进行校正及反冲洗，或每周进行一次并详细记录(ODME 系统在连续开启的状态下,应每 24 h 进行一次并记录)。

（2）每月需对系统进行一次试验（Test running）运行并详细记录。

五、油类记录簿中的记录

凡 150 总吨及以上的油船和 400 总吨及以上的非油船，应备有《油类记录簿》第 I 部分（机器处所的作业）；凡 150 总吨及以上的油船还应备有《油类记录簿》第 II 部分（货油或压载水的作业）。这种《油类记录簿》不论是作为船上的正式《航海日志》的一部分或作为其他文件，均应按 MARPOL 公约附则附录 III 中所规定的格式。

注意：在 MARPOL 公约附则 III 中还有更详细的记录项目清单。

思考题

1. 按原理分，油分浓度计有哪几种？

2. 什么情况下 ODME 会报警？

3. 哪些数据会被 ODME 记录?

4. 如何对 ODME 进行维护保养?

第五节 可燃气体监测系统

要 点

可燃气体监测系统适合安装于泵舱、压载舱、主甲板生活区水密门及空调新风入口处，用于探测该处的可燃气体的浓度，并在浓度超过爆炸下限（LEL）时，发出报警，并发出相应的报警声光信号及工作原理。多点分时可燃气体采样系统的工作特点。

必备知识

一、可燃气体监测系统

适合安装于泵舱、压载舱、主甲板生活区水密门及空调新风入口处，用于探测该处的可燃气体的浓度，并在浓度超过爆炸下限（LEL）时，发出报警，并发出相应的报警声光信号。一般在油船上有下列几种可燃气体探测报警系统。

（1）在探测的现场，布置适量的探头，这些探头通过电缆将现场探测到的信号传输给主机，由主机对信号进行处理，然后完成显示、报警等功能。该仪器的工作原理是在系统中采用接触燃烧方式的传感元件，其传感测量桥由反应元件、补偿元件、电阻等组成。当被测处存在着可燃气体时，这些可燃气体通过扩散或泵吸，与已具有一定温度的元件相接触，在催化作用下，发生无焰燃烧，放出热量，使元件温度上升，这又将使铂丝的阻值发生变化，铂丝阻值的变化与可燃气体浓度成正比，因而电桥失去平衡，输出一电位差信号，再经放大处理，用于显示、判别、报警处理。

（2）另一种可燃气体监测报警系统是将在各舱室的气体通过细管抽到检测单元内进行检验，能远距离监测可燃气体的浓度；仪器有自检功能（如有故障，则发出故障报警）和巡回检测功能。

二、多点分时可燃气体采样系统

为了安全和控制，需要连续检测可燃气体的浓度。当要求对多处采样测量时，较经济的方法是采用分时、单个分析器的自动选点的采样系统。对于这种系统，如测点多、管路长，将影响响应时间，解决这个问题的方法有两种：

（1）为了减小采样点之间的延时，采用双泵系统。一个泵为分析采样，另一个泵把其他所有的点旁通，系统中采取三通阀。该方法的缺点是旁通泵的容量对于管线长、测点多的系统可能不足于保证采新样。

（2）快速响应的方法。在此系统中采用直通电磁，工作时只有下一点为旁通，把每一泵的全部容量都用于每个采样点，这不仅保证采集新样，而且速度快。

该系统的主要特点：每一采样管路都有一线路终端滤器和快关阀（对于压载舱，这一滤器是疏水型的）。采样的选择采用直通电磁阀，在分析器出口设流量计，带光电报警器，监视样品的气流，断流时发出报警；电磁阀的选通由固态选择器来实现，含自动顺序选择电路；各采样管路的进出口系统的口子都有反冲挡板；在控制面板上设有电源指示，各种报警指示如断流、高低限可燃气体浓度报警指示等；在控制柜内部，还设有可燃气体从采样元件漏泄的报警，设有独立的可燃气体传感器。

思考题

1. 哪些位置应有固定式可燃气体探测？
2. 压载舱内的可燃气体探测系统是如何工作的？

第六章 惰性气体系统

本章主要从惰性气体系统（IGS）引入、产生、要求和在实际中的应用为线索，主要介绍了惰性气体系统（IGS）工作原理、IGS设备组成的设计特点、设备各组成部分的管理和维护、IGS的在实际中的运行程序和操作方法等。

第一节 惰性气体系统概述及应用

要 点

当碳氢化合物与氧气混合达到一定的比例范围时，才会发生燃烧事故，而在此比例范围以外的区域是不会发生燃烧爆炸的,因此可人为地控制碳氢化合物的浓度或氧气的含量，使货油舱的气体状态处于可燃烧爆炸范围之外。惰气的来源和成分及在船上的应用。

必备知识

一、惰气防爆的原理

人们通过对1969年3艘VLCC级的油船爆炸事故的深入调查和研究，得出了3艘油船的爆炸全都是因为在洗舱中发生静电所引起的结论，而作为一种新的火源——静电，几乎是不可能消除和控制的，于是人们就研究控制燃烧三要素中另外的一个要素——氧气，已达到防止燃烧爆炸的目的。

经过研究石油气体（主要是碳氢气体）浓度与氧气含量之间的对应关系，得出这样的结论：当碳氢化合物与氧气混合达到一定的比例范围时，才会发生燃烧事故，而在此比例范围以外的区域是不会发生燃烧爆炸的，当为了安全地进行某项作业时，可人为地控制碳氢化合物的浓度或氧气的含量，使货油舱的气体状态处于可燃烧爆炸范围之外。其具体的原理如下述。

图6-1中CDE包括区域代表可燃爆炸范围，可燃爆炸限度值因不同的纯烃气和不同石油液体所生成的混合气而变化。为安全起见把原油油气的可燃爆炸下限和可燃爆炸上限的限度值（LEL和UEL）分别取为1%和10%的体积比。这两个数值在图中以AB线上的C点和D点表示。

图中的任意点都代表在烃气含量和氧气含量的限定条件中烃气、空气和惰气的混合气体。AB线表示无任何惰气的烃气与空气的混合气，AB线的倾斜代表氧气含量随着烃气含量的增加而减少。

在AB线左边的各点，代表由于加入惰气而使其含氧量减少的混合气体。这些点的位置越是靠左边，表示惰气的比例越大同时氧气含量的百分比越小。

随着惰气不断加入到烃气与空气的混合气体中，可燃范围逐步缩小，直至达到表示 LEL 和 UEL 相会合的 E 点。这一点相当于约为 11%的含氧量。在这样的含氧量水平，没有任何烃气/空气的混合气体能发生燃烧。在实际应用中为了留出安全余度，以 8%的含氧量定为任何环境条件下烃气/空气的混合气体不会燃烧的标准。因此，为了防止含有烃气/空气混合气体的油舱发生起火或爆炸，就需要产生和供给含氧量通常不超过 5%的惰气用于置换油舱中存在着的空气，直至最后整个舱的含氧量不超过 8%体积比。

当空气进入了惰化混合气体中，如图中 F 点所示，随着空气的逐渐进入，惰化混合气体的成分沿着 FA 线而移动，于是就进入了可燃混合气体的阴影区，这意味着在 GA 线（稀释临界线）上方整个范围内的惰化混合气体在与空气混合的过程中都要经过某一个可燃状态的阶段，例如，在进行除气的作业中，就存在一个这样的过程。在 GA 线下方，如 H 点所表示的惰化混合气体，当空气与它们混合时，都不会形成可燃范围。这就表明通过引入额外惰气，即以驱气的方法，可以把 F 点所代表的那种混合气处理成 H 点所代表的另一种混合气。

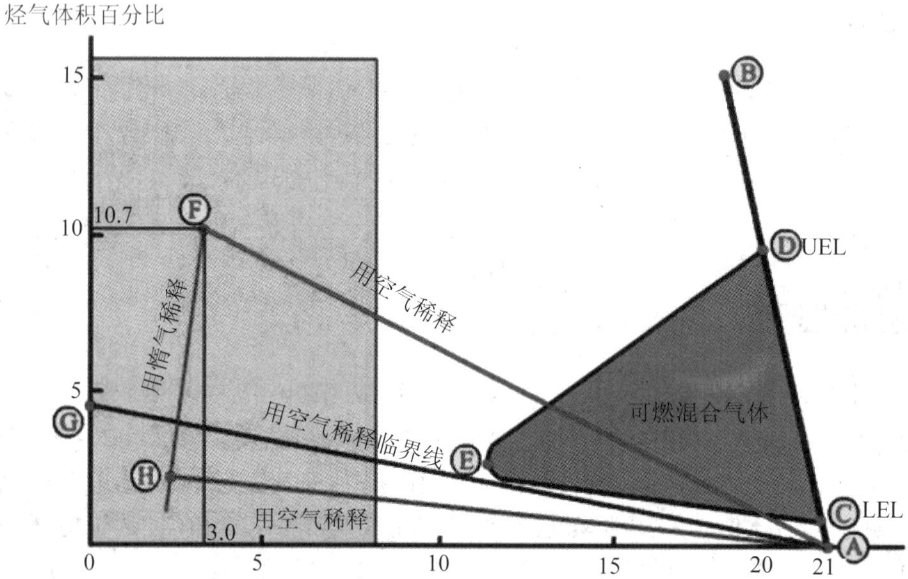

图 6-1　烃气/空气/惰气混合气体——可燃混合气体图示

二、惰气来源和成分

1. 油船上的惰气来源

（1）船舶主、辅锅炉产生的烟道废气。

（2）独立的惰气发生器。

（3）装有二次燃烧装置的燃气轮机。

2. 惰气质量和成分

公约要求，惰气系统要能够以任何需要的气流速率在惰气总管中输送含氧量不超过 5%体积比的惰气；而且，除了要对油舱除气外，任何时候都能够保持货油舱正压且含氧量不超过 8%的体积比。

利用主、辅锅炉的废气时，通常能达到低于 5%的含氧量水平，这取决于优良的燃烧控制和锅炉的负荷条件。

如果装备独立的惰气发生器或者具有二次燃烧装置的燃气轮机设备，氧气含量能够被自动地控制在更稀薄的范围内，此范围通常为 1.5%至 2.5%的体积比。

在某些港口，货油舱内惰气的最大含氧量可设为 5%，以满足特定的安全要求，例如蒸气发散控制系统。若设定了该限定值，则应在抵港前信息交流中告知船舶。

表 6-1 以体积百分比的形式，给出了锅炉废气所生产的惰气的典型成分。

表 6-1　锅炉废气所生产的惰气的成分

氮气	N_2	83%
二氧化碳	CO_2	12%～14%
氧气	O_2	2%～4%
二氧化硫	SO_2	50 ppm
一氧化碳	CO	微量
二氧化氮	NO_X	微量
水蒸气	H_2O	微量（未干燥时偏高）
煤灰和烟灰	(C)	微量
密度		1.044

三、惰气系统的应用

惰气系统在现代油船的实际操作中有着广泛的应用，主要表现在以下几个方面：

（1）空油舱惰化。

（2）在货油的卸载作业期间，保持惰气的供给以防止空气进入油舱及保持油舱适当的正压。

（3）排压载水（特别是 CBT 和风暴压载舱的压载水）保持惰气的供给以防止空气进入油舱及保持舱内适当的正压。

（4）原油洗舱和清洗油舱的作业过程中，保持供给惰气；防止含氧量降低和舱压过低。

（5）进行除气之前对各油舱驱气。

（6）在航次的其他各阶段中，必要时对货油舱进行升压。

（7）其他的特殊情况，需要要求惰气置换时，如果压载舱漏油时，为了保证安全，需要对该压载舱进行隔舱和充惰。

思考题

1. 惰气的防爆原理是什么？

2. 油船上的惰气主要来源有哪些？

第二节　惰性气体系统设备组成及设计特点

要　点

惰性气体系统（IGS）的主要组成和作用和船级社和 SOLAS 公约的要求，现代油船惰气系统安全控制装置。

必备知识

一、惰性气体系统的主要组成和作用

让我们首先认识一下惰性气体系统的主要部件及其作用。见表 6-2。

表 6-2　惰性气体系统的部件及作用

位置号	部件	主要作用
1	锅炉烟道或惰性气体发生器	废气供给
2	取气阀	隔离惰性气体装置与锅炉/惰性气体发生器
3	惰性气体洗涤塔	冷却气体，去除 SO_2 和固体微粒
3a	洗涤塔泵	为洗涤器供应冷却水和洗涤水
3b	海水出口	排出来自于洗涤器的冷却水及洗涤水
4	风机进口阀	在吸入侧隔断惰性气体向风机的供给
5	惰气风机	传送惰性气体到各舱
6	风机出口阀	隔断惰性气体发生器与货舱
7	压力调节阀	保持惰性气体管路中适当的压力
8	甲板水封	防止在停机期间货舱中的烃气回流到机舱中
9	止回阀	防止烃气回流及因过量装载原油的回流
10	隔离法或截止阀	隔断惰性气体总管与所有的油舱
11	油舱截止阀	用于切断正在除气或打开的油舱与惰气系统的联系
12	惰气桅	用于通风和释放气体压力
13	压力/真空切断器	除了一个共用的压力/真空阀外，各舱有独立的压力/真空阀，用于防止油舱过压或真空而造成损害
14	氧气分析仪	分析惰性气体中氧气的含量
15	压力指示器	指示甲板主管线的压力
16	压力指示仪	指示和记录惰性气体的压力

二、船级社和 SOLAS 公约的要求

即使惰性气体系统已作为一个主要的安全系统安装于船舶上，但惰性气体装置也会因为技术原因或者不正确的操作而引起安全方面的危险。因此惰性气体系统的结构、安装及操作都由国家管理机构和船级社做出规定。

规定主要包括以下一些要求：(1) 文件，认可的图纸和说明书。(2) 材料。(3) 结构和布局。(4) 管路安排。(5) 容量。(6) 惰性气体的质量（氧气含量）。(7) 其他，双风机和双冷却水供给泵，两个防气体回流安全装置。(8) 防腐蚀保护。(9) 使用的仪器，检验和测试。

表 6-3 摘录了根据 1980 年的 DET NORSKE VERITAS 规则的部分要求，作为一个监测程度的实例供参考。

表 6-3　DET NORSKE VERITAS 规则的要求

序号	惰性气体的监测			
	故障	警报（声光报警）	系统自动关闭	注释
1	惰气总管中氧气浓度高			8%容积含量
2	惰气总管中气压过低	X		0.001 MPa
3	惰气总管中气压过高	X		
4	洗涤塔中水位过高	X	X	自动停止水泵
5	洗涤塔的供水故障	X	X	
6	洗涤后温度过高	X	X	
7	水封中失水	X		
8	惰性气体送风机故障	X		关闭控制阀
9	设备电源故障	X		

下面举出 SOLAS 公约第 II-2 章节的补充规则中 62 条对惰性气体系统的一些比较重要要求。

1. 除非油舱需要除气，否则不论在港口或者在海上，系统应能保持任一个货舱的任何部位的气体中氧气的容积含量不超过 8%以及保持舱内气体正压。

2. 系统应该有以 125%的最大卸货速率（以体积计量）把惰性气体输送到货舱内的能力。

3. 系统应当能够以任何要求的速率把氧气容积含量不超过 5%的惰性气体从总管输送到各货舱。

4. 至少有两个止回装置，其中一个为安装在惰性气体供给总管上的水封，用于防止船舶在正常的吃水、倾斜和摇摆状况下，烃气气体回流到机舱的通风管中或者其他的免受气体攻击的场所。装置应该安装在公约中所要求的自动阀和连接货舱或货油管路上的靠近船尾那段管路之间。

5. 至少要求安装一个以上的压力/真空切断装置用于防止货舱发生以下情况：

(1) 当货舱在以最大装货速率装货以及其他的出口都是关闭时，货舱的正压超过它的测试压力。

(2) 当货舱在以最大的卸货率卸货以及惰性气体风机故障时，舱中的负压超过 0.007 MPa（700 mmH_2O）。

(3) 这种装置应当被安装在惰性气体总管上除非它们已经按照规则中的要求安装在通气系

统中或者单独的货舱上。

6. 装置应当在惰性气体供给时连续不断的显示和记录以下参数：

（1）止回装置前惰性气体总管中的气体压力。

（2）风机的排出侧惰性气体供给总管中的氧气的容积含量。

7. 在以下情况下要发出声光报警：

（1）进入洗涤塔的水压和水流过低时。（2）洗涤塔中的海水水位过高。（3）温度过高。（4）气体风机故障。（5）氧气体积含量超过 8%。（6）气体调节阀的自动控制系统及指示装置的电源故障时。（7）甲板水封低水位。（8）气体压力低于 0.001 MPa（100 mmH_2O）时，这个警报的设置是为了保证多用途货船的污油水舱中的压力能够随时被监控。（8）气体压力过高。

8. 船上应该配有详细的使用说明书，包括惰性气体系统的操作、安全和保养要求、惰性气体系统对健康的危害以及在货舱系统中的应用。说明书应当包括惰性气体系统万一发生故障或失灵时的操作指南。

9. SOLAS 公约（1983 年修订）规则 62 规定，所有 1986 年 7 月 1 日之后建造的油船都要求配有惰性气体系统。对于 1986 年 7 月 1 日前建造的油船的要求可以放宽。

三、现代油船惰气系统安全控制装置

通常船上的惰气系统包括如下安全控制功能，以利于监控。

1. 联锁装置

发生下列情况时，发出报警，惰气系统（IGS）自动停止：

（1）洗涤塔海水流量低于设定值。（2）洗涤塔海水压力低于设定值。（3）惰气风机出口温度高于 65℃。（4）控制空气压力低。（5）甲板水封流量低于设定值。（6）控制电源故障。（7）惰气风机停止。（8）洗涤塔水位高于设定值。（9）惰气含氧量高于 8%。

2. 报警装置

发生下列情况时，发出警报：

（1）惰气主管压力低于或高于设定值。

（2）惰气含氧量达到 5%和 8%时。

（3）洗涤塔海水泵停止时。

（4）洗涤塔水位低于或高于设定范围值。

（5）甲板水封液位过高或过低时。

3. 其他装置

（1）选择开关处在充惰（Inert gas）位置时，取气阀若打不开，惰气风机不能启动。

（2）选择开关在除气（Gas free）或航行（Navigation）位置时，锅炉取气阀及释放阀不能开启。

思考题

1. 惰性气体系统的主要组成有哪些？

2. 惰性气体系统的各主要组成部分的作用是什么？

第三节 惰性气体系统设备的管理和维护

要 点

惰性气体系统（IGS）设备的管理和维护知识。

必备知识

一、惰性气体系统的组成

（1）惰气产生部分：包括取气阀、洗涤塔、风机和压力调节阀。

（2）气体隔离部分：包括甲板水封、止回阀和甲板隔离阀。

（3）惰气分配部分：包括甲板惰气主管、分支管系和入舱阀。

图 6-2 是现代油船典型的惰气系统组成图。

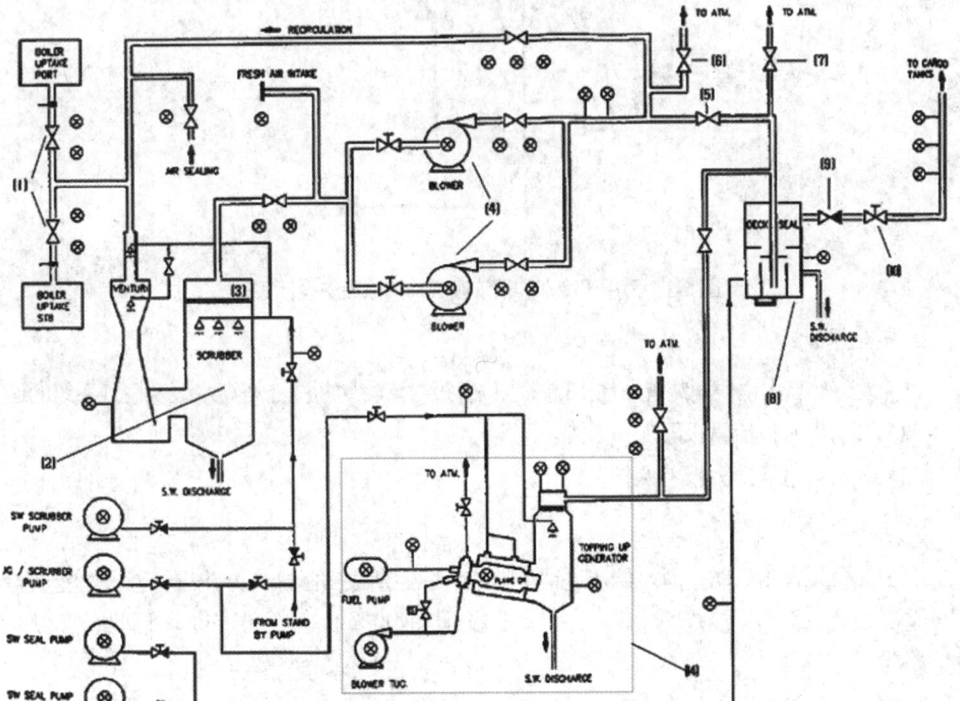

图 6-2 惰气系统组成

（1）烟道取气阀；（2）洗涤塔；（3）除湿器；（4）惰气风机；（5）压力调节阀；（6）泄放阀；（7）透气阀；（8）甲板水封装置；（9）止回阀；（10）甲板隔离阀；（14）惰气发生器

二、惰气系统主要设备的功能、管理和维护

（一）烟道取气阀

用于从锅炉烟道中取气，装于锅炉烟囱和洗涤塔之间，可在货控室内远距离操作，当系统不工作或不充惰时，该阀处于关闭状态。

（二）洗涤塔（SCRUBBER）

1. 功用

具有冷却、除尘、除硫的作用，即通过海水冷却、洗涤来清除烟气中的烟灰和硫化物等。

图 6-3 所示为用于冷却和清洁废气的洗涤器的设计实例。

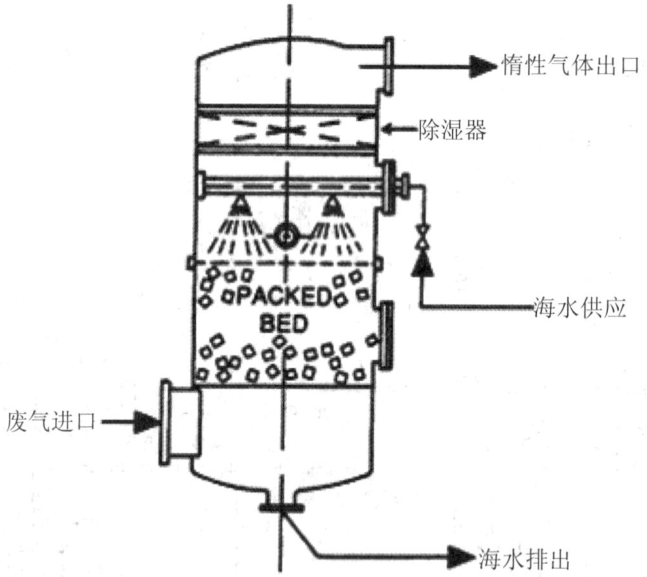

图 6-3　为用于冷却和清洁废气的洗涤器的设计实例

2. 安全保护

（1）安装有高水位检测装置，当出现高水位警报时，将切断洗涤塔海水泵及惰气系统的运转。

（2）装有海水低流量报警保护装置。

（3）装有海水低压力报警保护装置。

3. 注意事项

（1）高位警报用于防止海水倒流进锅炉烟道。应定期按实际操作方法进行警报功能试验。

（2）惰气风机停止后，洗涤塔冷却海水泵应继续保持至少运转 10 min 以上，继续冷却和冲刷洗涤塔。

4. 检查保养

（1）每航次流量情况检查。

（2）每航次冷却水压力情况检查。每季度试验压力/流量警报试验。

（3）每季度拆检浮子开关，确认警报功能可靠。

（4）内部定期检查、清洁，确认内部各组件正常。

（5）做好各项检查记录。

（三）除湿器

通常船上的除湿器直接安装在洗涤塔内。

1. 功用

进一步清除水分、微量固体物质，减少水分和硫分对货油舱的腐蚀。

2. 注意事项

定期随同洗涤塔一起检查、清洁。

（四）惰气风机（Inert gas fan）

惰气风机用于将从洗涤塔排出来的惰气输送到货油舱内。根据公约规定，为防止一台风机发生故障每条船上至少配备两台风机，且其总排量不应低于船舶最大卸货总排量的 125%（一般指所有货油泵的总排量）。

注意事项：

（1）时机为风机电源刚断开，但叶轮没有停止前，冲洗水可以是凉水或 70℃以下的热水，但不可用海水。

（2）若风机叶轮始终停在同一位置，说明清洗不干净或叶轮有问题需检修。

（3）更换风机轴承时，若需用油加温，以油温 90℃为佳，但不要超过 110℃。

（4）运行中注意关注风机振动和轴承温度情况。风机的振动多因叶轮结垢，造成叶轮不平衡所致。

（五）压力调节阀（IG pressure regulating valve）

又称为惰气控制阀，当主管内的压力设定后，自动调节阀的开度，控制惰气流量。

（六）泄放阀（Exhaust valve）

控制风机供气压力，超过设定值时，泄放阀自动打开，把剩余气体排放至大气。

（七）透气阀（Vent valve）

甲板水封装置透气之用。

（八）甲板水封装置（Deck water seal）

1. 功用

用水封住货舱内可燃、有毒气体，防止回流进入机舱和其他区域。甲板水封装置可维持 0.025 MPa（2 500 mmH_2O）的背压。

2. 甲板水封的形式

一般有三种形式：湿式、半干型和全干型。

（1）湿式（型）。这是一种最为简单的水封。在 IG 装置的运转时，因惰气管末端浸入水封水中，因而惰气流经水封水后经除湿器进至货油舱。当油舱内压力高于甲板主管压力时，水封水被反压至惰气管中，起到阻止气体逆流的作用，这种水封装置的缺点是从甲板水封出去的惰气中可能会有水滴，会造成油舱腐蚀，因此，大都在其顶部出口部位装有除湿器。如图 6-4 所示。

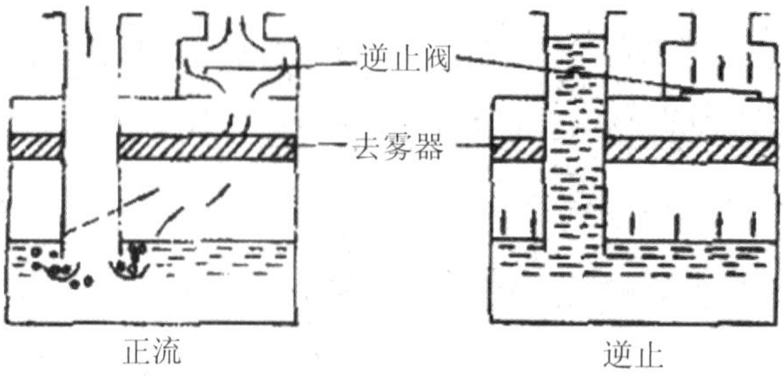

图 6-4　湿式（型）甲板水封

（2）半干型。当惰气流动时，由于文丘里管的作用，将水封水带入分开设置的储水箱，只是开始时带入一点水分，此后的惰气就不会带有水分进入油舱了。这种水封可防止或减少水封水进入货油舱。当舱内压力上升时，由 U 形管开始注水而起密封作用也阻止燃气倒流入舱。

当系统运转时，惰气由风机送入水密封管，从导向管水中向上流出。被气体夹带的水珠撞击折流板，与导向管外的水汇合泄出舷外。惰气夹带的水分通过除湿器时被除去。

当系统停止或油舱内气体上升时，进气管被水密封。其高度由于有溢流管，因而与槽内水的液位相同，如图 6-5 所示。

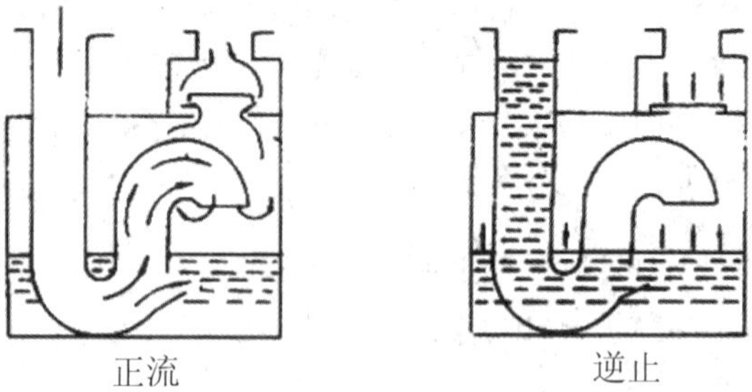

图 6-5　半干型水封

（3）全干型水封装置。全干式水封如图 6-6 所示。当 IGS 运行时，水封水被排干；而当 IGS 停止时，则由下降水箱开始注水，使进气管密封。注水和泄水由自动阀根据水封水或下降水箱的液位和风机的工作状态来控制的。这种水封装置的优点可使惰气不带有一点水分。缺点是自动控制阀会出现故障而使甲板水封装置失去作用。

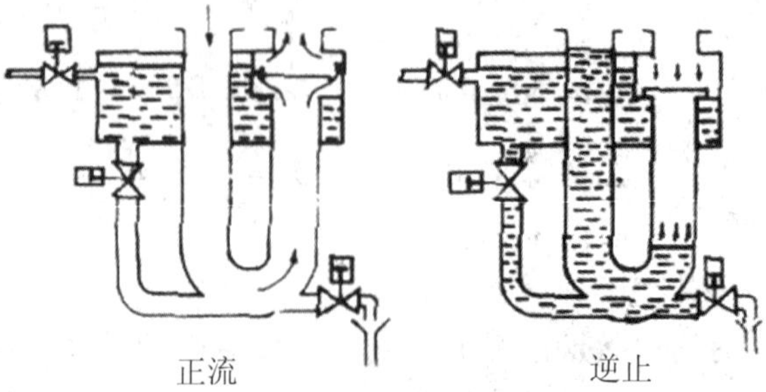

图 6-6　全干型水封

3. 注意事项

（1）甲板水封的水封水出口阀应保持常开，水封水要一直保持供给。

（2）甲板水封装有加热蒸汽盘管，这些盘管应在寒冷天气来临前就投入使用。

4. 安全保护

（1）安装有低水位警报，监测甲板水封装置始终维持在适当水位。

（2）水封塔内装有加温设施，寒冷天气时，防止装置内海水结冰，保证水封作用。

5. 检查保养

内部定期检查、清洁并记录。

（九）止回阀

装在水封和甲板隔离阀之间，防止货油舱舱气倒流，防止货油高液位流入甲板水封及机舱处所。

（十）甲板隔离阀

又称为惰气主阀或主截止阀，作用为当惰气系统（IGS）不运行时起保护作用，隔离货油舱，便于止回阀的检修。

（十一）压力/真空破断器（P/V Breaker）

每一套惰气系统都必须装有一个或多个压力/真空破断器或其他认可的装置。这是专门保护货油舱防止发生过压或真空的装置，因此必须依照厂家说明书的要求进行常规的维护，保持其处于良好的工作状态。

对于船上常用的充液式的压力/真空破断器，重要的是保证使用正确的液体和保持正确的液位。通常只有在惰气总管无压力时才可以核对其液位。在对液体状况和液位进行检查时，应考虑到蒸发、冷凝作用和可能进入海水等影响。在恶劣天气中，货油舱内液体动荡所引起的舱压骤升，可以导致压力/真空破断器中的液体被吹出。

压力/真空破断器内的液体应为防冻的液体（一般为水和防冻液的混合物），防止在寒冷的冬天液体结冰导致压力/真空破断器无法工作。其工作原理和工作过程如图 6-7 所示。

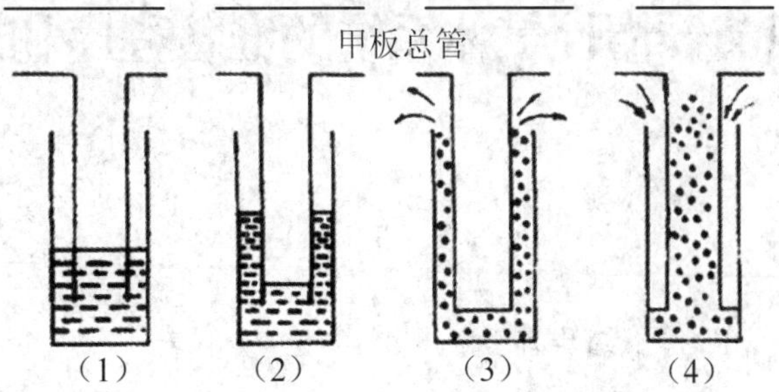

图 6-7　压力/真空破断器工作原理

（十二）压力/真空阀（P/V Valve）

压力/真空阀是准备为货油舱温度变化时而引起的少量舱气气流的流通而设计的，应在压力/真空破断器动作之前先起作用。为了避免压力/真空破断器不必要的动作，应对压力/真空阀进行常规检查和清洁，使其保持良好的工作状态。

（十三）氧气分析仪（Oxygen analyser）

分析惰性气体中氧气的含量

检查保养：

（1）每次使用前必须校验。校验应按照说明书要求的程序进行。

（2）滤器定期清洁（每月），每年滤芯更换。

（3）定期检查相关阀及管路是否堵塞、泄漏，并定期放残。

（十四）惰气桅（Mast riser）

惰气桅就是沿桅杆或立柱伸到离甲板 10 m 左右的高度处，将油气引向高空，在沉降到甲板上之前能在大气中充分扩散，以防止发生火灾和毒害船员。通气总管的出口处均装上防火网（一般为铜丝），防止火种进入通气管。

检查保养：

（1）将惰气桅放残（特别是寒冷的冬天），此时注意放残水的处理，不要将含油的放残水泄漏到海里。

（2）定期检查相关阀及管路是否堵塞、泄漏，并定期放残。

（3）检查和清洁防火网，防止放火网堵塞，影响透气效果。

思考题

1. 惰性气体系统（IGS）的主要组成有哪些？
2. 甲板水封有什么作用？
3. 甲板水封一般有几种形式？
4. 压力/真空破断器有什么作用？工作原理是什么？
5. 对甲板水封、压力/真空破断器及惰气桅的保养要注意哪些方面？

第四节　惰性气体系统的准备程序和运行

要　点

惰性气体系统（IGS）设备准备程序与运行和检查与保养。

必备知识

一、惰性气体的流程

惰性气体的大致流程参阅惰性气体系统控制面板（图 6-8）和惰性气体系统操作流程。

为将锅炉排出的高热烟气截取下来送到洗涤塔和除湿器进行洗涤、冷却和除湿，然后由 IG 风机加压，经过压力调节阀调节后经甲板水封、止回阀和甲板隔离总阀，到甲板 IG 总管，再由进舱分支管路流入各舱隔离阀送至各油舱，压力/真空破断器用于调节舱内压力，防止过高或过低时损坏舱壁结构，透气管主要用于当 IG 产生机构发生故障时释放质量很低的气体或把经压力调节阀调节剩余的气体放入大气。

图 6-8　惰性气体系统控制面板

二、惰性气体供给的准备和运行

1. 惰气系统的准备

（1）设备的校正和试验，确保惰气系统仪器包括相关设备、警报、紧急停止、压力、含氧量仪表等工况良好。

（2）每次使用惰气系统前应对固定/手动氧气分析仪进行检测并完成相应的检查单，抵泊位前将设备启动，处于正常工作状态并完成《惰性气体系统警报试验记录》。

（3）惰性气体系统保养记录包括检查 Non-return valve（单向止回阀），至少每半年对单向止回阀进行解体并保持相应的记录。

（4）真空压力释放阀和高速排气阀必须能自由开闭，惰气旁通阀检查处于正确位置，应检查防火网，并保持清洁完整。

（5）P/V 阀处于良好状况，日常的维修保养包括定期检查及清洁 P/V 阀并做好记录。

（6）P/V Breaker 使用状况良好，在冬季和预见的寒冷天气应防止内部液体结冰。

（7）日常维修保养计划应包含检查通风系统的防火网使之处于良好使用状态。

（8）上述检查记录应妥善保管。

2. 启动程序

（1）确保锅炉产生的排烟含氧量在5%以内。

（2）确保所有控制系统、警报和自动停止装置的电源可靠，运行正常。

（3）确保洗涤塔、甲板水封装置水量足够可靠。提前开启洗涤塔海水泵。

（4）警报及停止功能试验。

（5）若装有除气用新鲜空气供气阀，应予以检查，确保处于关闭状态，并用盲板封死。

（6）关闭烟道平衡空气阀。

（7）打开烟道取气阀。

（8）打开选定的惰气风机吸入阀。除非两台风机同时使用，否则应确认另一风机的吸、排阀关闭。

（9）启动惰气风机。

（10）试验惰气风机故障警报效用。

（11）打开惰气风机的排出阀。

（12）打开循环阀以使装置能够稳定运行。

（13）打开烟气调节阀。

（14）检查氧含量指示，若低于5%，关闭烟气压力调节阀与甲板隔离阀间的通大气阀。

（15）需要注意的是有些氧气分析仪可能需要近2 h方能获得稳定的精确显示。

（16）此时惰气系统已备妥，可以向货油舱供应惰气。

（17）设定好压力控制器，如果甲板主管线压力高于设定压力，此时压力调节阀关闭，泄放阀打开，如果此时甲板主管线压力低于设定压力，压力调节阀打开，泄放阀关小或关闭，压力调节阀和泄放阀的开关度大小是根据甲板主管线的压力和压力控制器的设定压力的大小自动调节的。

3. 系统关闭

（1）当所有货油舱已达到所需要压力且含氧量不超过8%，关闭甲板隔离阀/止回阀。

（2）打开烟气压力调节阀与甲板隔离阀/止回阀间的通大气阀。

（3）关闭烟气压力调节阀。

（4）停止惰气风机。

（5）关闭惰气风机的吸、排气阀，开启放残阀并检查是否干净。在电源已关闭但风机仍在转动的情况下，打开惰气风机叶轮水洗系统（除非制造商另有规定）。水洗后关闭水洗系统。

（6）关闭烟道取气阀，打开平衡空气阀。

（7）按制造商的推荐，保持向洗涤塔供应足量的冷却水，充惰完毕后应继续供水冷却10 min以上。

（8）确保甲板水封装置供水满意，水封水位保持足量，警报监控正常。

（9）惰气风机用后叶轮应用水洗。保证惰气风机叶轮清洁无垢。

4. 停后检查

（1）甲板水封装置的水封水位应定期检查确认，根据气象情况应至少每天检查一次。寒冷天气来临前，应确保安排好甲板水封装置、真空/压力破断器（P/V Breaker）等的水封水的防冻。

（2）在货油舱惰气压力降到100 mm前，应充惰恢复舱内惰压。

三、新鲜空气供给的准备和运行

（1）打开新鲜空气供气口阀和盲板。

（2）确保所有控制系统、警报和自动停止装置的电源可靠，运行正常。

（3）确保甲板水封装置水量足够可靠。

（4）警报及停止功能试验。

（5）关闭烟道取气阀

（6）打开选定的惰气风机吸入阀。除非两台风机同时使用，否则应确认另一风机的吸、排阀关闭。

（7）试验惰气风机故障警报效用。

（8）打开惰气风机的排出阀。

（9）此时新鲜空气供给的准备已妥。

（10）启动风机，设定好压力调节阀的压力就可以向货油舱供应新鲜空气。

（11）当新鲜空气供给操作结束时，停止风机，关闭新鲜空气供气口阀和盲板。

四、应急停止装置的操作

现代油船惰气系统一般都设有应急停止按钮，当惰气系统发生故障或货舱压力过高等情况发生而惰气系统没有自动停止，或在应急情况下需要将惰气系统停止，此时就需要按下惰气系统应急停止按钮，按下此按钮后，惰气系统就会停止运行。

五、操作注意事项

（1）惰气系统启动前至少 1 h，应将控制板电源合上，氧气分析仪电源最好始终保持有电，这会有助于延长传感器寿命，因通电会使氧气分析仪保持温度，避免凝水损坏传感器。

（2）甲板水封及洗涤塔水封水出口阀应保持常开，水封水要一直保持供给。

（3）惰气风机停止后，洗涤塔冷却海水泵应继续保持至少运转 10 min 以上，继续冷却洗涤塔。

（4）充惰完毕后，惰气风机叶轮一定要清洗，避免叶轮转动不平衡。

（5）所有货油舱内应始终保持一定的惰气正压力，舱内氧含量应低于 8%。

（6）控制系统若显示电池低压，应立即更换，更换时间应在 20 s 内完成，以避免数据丢失。

（7）惰气系统在寒冷天气下应注意惰气管系中的凝水结冰可能导致冻裂管线及阀，寒冷天气来临之前，应注意放残水。

（8）压力/真空破断器（PV Breaker）中的液体应加防冻液。

（9）甲板水封装有加热蒸汽盘管，这些盘管应在寒冷天气来临前就投入使用。

六、检查与保养

参阅说明书推荐及国际海事组织（IMO）关于惰气系统相关出版物中的指导要求，完成船舶计划维修保养体系中的项目。

惰气系统的检查与保养推荐如下（见表 6-4）：

表 6-4　惰气系统检查与保养项目

设备名称	检查部位	每航次	每季度	每半年	坞修时	检查方法
洗涤塔	水封流量	√				检查水封流量
	冷却海水	√				通过压力或流量开关，压力表
	海水流量或压力警报		√			实际控制流量的方法
	高水位警报		√			拆解，浮子抬起报警
	气密性			√		压力表
	内部清洗	√				取气阀关闭、风机停用时，用洗涤塔海水泵供水冲洗 10 min 左右
	内部检查				√	人员进入
	内部壳体				√	无掉皮，松落，内部积渣清除
	喷嘴				√	有无腐蚀、堵塞
	网				√	有无变形、损坏
	U 形封内垃圾清除			√		拆下 U 形封下部法兰，移除沉渣
	外部检查				√	外部壳体有无坑及热损伤（从内部看）
	进气通道			√		有无损伤，及时更换
除湿器	内部涂层				√	从检查孔检查有无脱落、损坏
	积灰				√	清除
	外部壳体				√	
甲板水封	水封流量	√				
	水封流量警报		√			手动控制流量检验警报功能
	水封液位警报		√			停供水，放存水
	气密性		√			
	除湿金属网				√	网及支架无损伤
	加温盘管				√	漏泄检查
	内部涂层					无脱落
	积渣清除					
惰气风机	滑油（牛油）		√			加油
	叶轮清洗	√				每次充惰后用淡水冲洗
	连轴节 SF-coupling		√			检查，若需要补牛油
	振动、噪声	√				运行中检查，若不正常，及时停掉，检查轴线对中
	温度	√				风机壳体最高温度 75℃ 轴承壳最高温度：机舱温度+40℃
	轴与壳间的气封		√			检查是否漏泄
	叶轮及壳体内部		√			通过观察孔检查有无松弛、脱落
	壳体放残				√	拆检、清洁
	马达绝缘测量			√		＞1.0 meg-ohms
阀	阀体放残				√	拆检、清洁
	限位开关功能				√	确认功能
	手动操作				√	确认功能
	内部胶皮座（取气阀除外）				√	检查有无损坏

思考题

1. 叙述惰性气体系统的大致流程。
2. 叙述惰性气体供给的准备和运行程序。
3. 叙述新鲜空气供给的准备和运行。
4. 在什么情况下需要进行惰性气体系统应急停止的操作?

第五节　置换舱气的方法

要　点

油舱舱气的置换方法。惰气系统船上使用操作实例。

必备知识

一、置换舱气的方法

如果整个油舱舱气可以用相等体积的惰气来置换，其结果是舱气含氧量水平应与输入的惰气一样。但实际情况并非如此，而是必须输入数倍于油舱体积的惰气量才能达到所期望的结果。

用惰气置换舱气，既可以用充惰法也可以用驱气法。在每一种方法中，稀释或置换两种不同过程，其中一种起主要作用。

1. 稀释法

实施稀释法时，进舱的惰气与原有的舱气混合，形成均匀的混合气遍布整个舱，随着这个过程的连续进行，使得原来气体浓度渐次降低。重要的是进舱惰气具有足够的进入速度可通入到舱底，为了做到这一点，必须限定可以同时进行惰化的油舱数目。在操作手册对此未明确规定的情况下，则同一时间中只应对一个舱进行惰化或驱气。

2. 置换法

置换法是根据惰气略轻于烃气的事实，在惰气自舱顶进入的同时，使较重的烃气通过合适的管道从舱底逸出。使用这种方法时重要的是使惰气有很低的进入速度，以便在进入和逸出的气体之间能够形成稳定的水平界面，但在实际上由于惰气流所引起的扰动必然会发生一些稀释作用。这种方法一般可容许同时对几个舱进行惰化或驱气。

二、惰化

（1）通常有三种方法来进行气体置换：

• 惰气上部进入上部排出——依据稀释原理

• 惰气下部进入上部排出——依据稀释原理

• 惰气上部进入下部排出——依据置换和稀释原理

(2) 稀释和置换方法的主要不同点在于：稀释法的惰气进舱速度高，而置换法的惰气进舱速度低，经验表明置换法的惰气进舱速度如低至 0.002 MPa（250 mmH_2O），效果会很好，因多个舱可被同时进行气体置换。

(3) 实际操作中，可采用稀释加置换的组合方法进行货油舱内除气，效果更佳。

(4) 气体置换时有一点很重要，就是喇叭形进口应是干的，即周围不能有水。水会阻碍惰气 IG 的流通，解决的办法是让喇叭口有点倾斜。

(5) 多舱一组同时充惰时，从上部进入的惰气应保持 0.002 MPa（200～250 mmH_2O）的压力，置换气体排出应从舱底部且最好逐次通过各舱后排至大气，应确保置换货油舱内含氧量低于 8%，含氧量的测量应从货油舱不同高度处取样。

(6) 无论采用何种方法，也不论是进行充惰还是驱气，至关重要的是含氧量或者烃气含量的测量必须在货油舱内几个不同高度和水平位置上进行以核实作业的效率。

(7) 惰气和石油气的混合气体排出时，与空气混合时能够成为可燃气体。因此，从货油舱排出石油气时，应采取防火防爆常规安全措施，不得有任何松懈和疏忽。

三、驱气

洗舱后油舱需要除气时，应首先用惰气进行驱气，使舱气的烃气含量降低到 2%或更低的体积比。这样随后进行除气时舱气的任何部分就不致进入可燃范围内，此时液舱才可以进行除气。

舱内烃含量的测定，必须相应使用专门在缺氧环境中测量烃气百分比的仪表，通常的可燃气体指示仪不适合这种用途。

如果用稀释法进行驱气，应在把惰气系统调到最大供气排量的条件下来进行，以使舱气发生最大的扰动。如果使用置换法，则应把惰气的输入速度降低到不致使舱气过分扰动的程度。

四、除气

油舱开始进行除气之前，应使其与其他油舱隔离。无论是使用便携式鼓风机还是使用与货油管系连接的固定安装的鼓风机将空气输入油舱时，均应把该舱的惰气入口加以隔离。如果利用惰气系统的鼓风机输入新鲜空气时，则应将通向惰气来源的回气管和各个要保持惰化的油舱的惰气进气口都加以隔离。

五、惰气系统使用操作实例

油船通常在下列情况下使用惰气系统：

(1) 新接的或刚出坞的油船货油舱惰气的充注。

(2) 装货时货舱惰气的排出。

(3) 卸货时为保持货舱一定程度的压力。

(4) 航行时的补气。

(5) 洗舱期间惰气的充入。

(6) 油舱洗舱后的除气。

(7) 在非 SBT 油船上，货油舱作为压载舱的压载。

1. 新接的或刚出坞的油船货油舱的惰气充注

对这种油船油舱充惰是为装货油做准备。

（1）按照IGS的基本操作程序进行启动IGS的准备工作；以下操作参见图6-9。

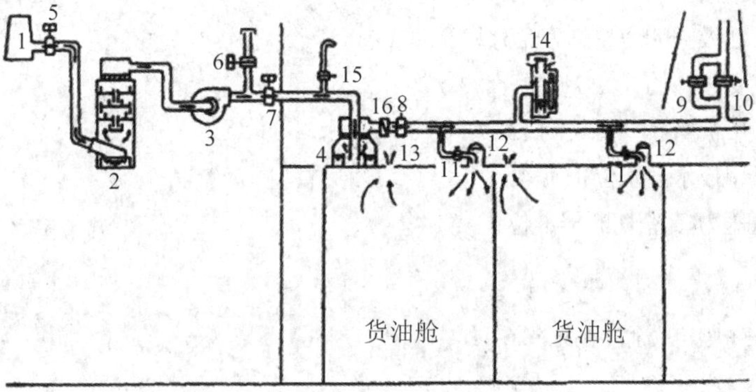

图6-9　新接船充注惰气示意图

（2）确认取气阀开5。

（3）确认放泄阀关闭6。

（4）确认甲板主阀关闭8。

（5）确认惰气阀开启7。

（6）确认呼吸阀的旁通阀关闭。

（7）确认有关支管阀完全打开。

（8）打开舱口对角线最远处的洗舱口。

（9）启动IGS，使其运转，当系统运行稳定后打开甲板主阀8。

一次可进行1～3个舱同时充注，充注时间以充入3～4倍舱容惰气。

2. 装货

装货时是无需使用惰气系统的，但在装入货油和压载水时，随着液面的上升，惰气（通过呼吸阀和旁通阀）被排逐出货舱（见图6-10）。

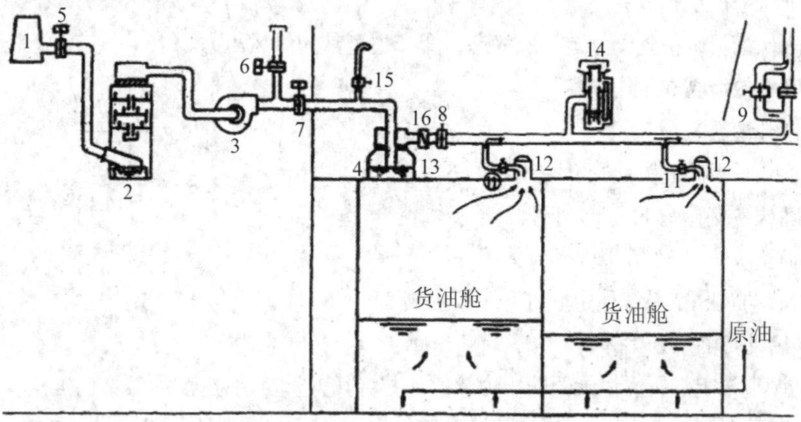

图6-10　装货时IGS的操作

(1)确认取气阀关闭 5。

(2)确认放泄阀关闭 6。

(3)确认惰气主阀关闭 7。

(4)确认甲板主阀关闭 8。

(5)确认呼吸阀的旁通阀完全开启 9。

(6)确认支管阀的开启 11。

(7)确认甲板所有开口关闭 13。

(8)确认甲板水封水位正常 4。

(9)确认压力/真空切断器液位正常 14。

3. 卸货

卸货时 IGS 操作的流程参见图 6-11。

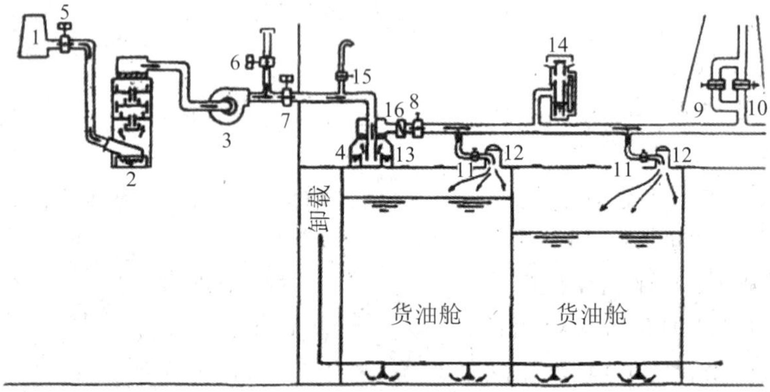

图 6-11　卸货时 IGS 操作

(1)卸货开始前应做好启动 IGS 的准备工作。

(2)打开取气阀。

(3)确认甲板主阀 8 关闭。

(4)确认惰气风机处于额定工况状态,即产生正常的供风压力。

(5)确认放泄阀 6 工作正常。

(6)打开惰气主阀 7。

(7)确认呼吸阀的旁通阀 9 关闭。

(8)确认各支管阀 11 完全打开。

(9)确认洗舱口 13 等甲板开口关闭。

(10)启动 IGS 待系统稳定后打开甲板主阀 8。

(11)启动货油泵开始卸货。

(12)调整设定好压力记录器的压力数值,并将其置于自动位置。

在卸货期间油舱内惰气压力由该记录器连续自动监视。一般压力设定在 0.007~0.10 MPa (700~1 000 mmH_2O)之间,并应保持此压力不低于 0.001 MPa。如果油舱内的压力低于 0.001 MPa

时，应减少货油泵的台数或降低货油泵的负荷。

为了测量空档高度必须打开测量孔时，可将设定压力降低或将旁通阀开启，使舱内的压力降到 0.002 MPa（200 mmH_2O）左右再以最短的时间完成测量工作。

4. 航行

在航行期间应始终保持货油舱内压力在 0.001 MPa 以上。在舱内压力降到该值以下之前就应启动 IGS 对货油舱进行补气。一般只使用一台风机即可。如果是满载，船舶装有惰气发生器（IGG）的话，还可以用 IGG 补充惰气。

5. 压载

在没有 SBT 的油船上，在货油舱装载压载水时有两种情况，即压载可能是在卸货期间，也可能是在卸货结束后进行。

如果是在卸货期间压载，应使惰气系统连续运转，在卸货量和压载量不平衡时，惰性气体系统以设定的压力自动充入货油舱内。

如果是卸货后进行压载，其透气的操作同装货时一样，要注意开启透气桅的旁通阀。

6. 洗舱

洗舱时惰气系统的操作与卸货时基本上一样，具体见图 6-12。

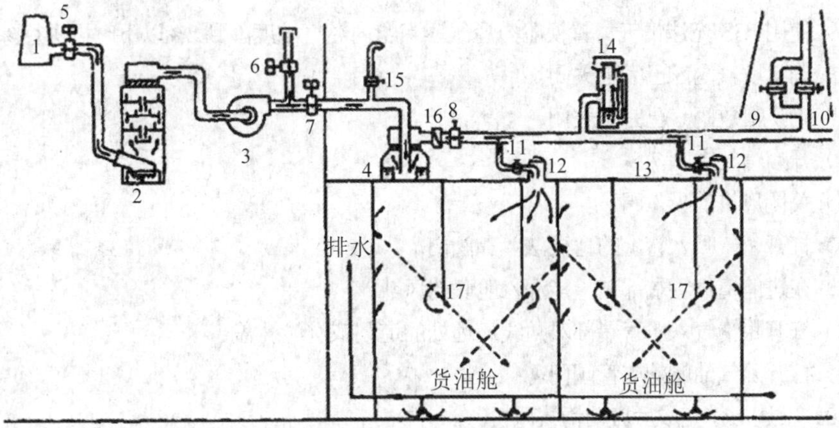

图 6-12　洗舱时 IGS 操作

（1）锅炉取气阀开 5。

（2）泄放阀 6 打开。

（3）惰气主阀 7 打开。

（4）确认呼吸阀的旁通阀 9 完全关闭。

（5）确认所有洗舱支管截止阀 11 完全关闭。

（6）确认甲板所有开口 13 都已关闭。

（7）启动 IGS，运行正常后打开甲板主阀 8。

（8）调整设定压力控制记录器，将压力设定在 0.002～0.010 MPa（250～1 000 mmH_2O）范

围内，当使用移动式洗舱机时，设定在 0.002 MPa（250 mmH_2O）左右。

洗舱时如发现舱内含氧量超过 8%时或舱内压力降到 0.002 MPa（200 mmH_2O）时，洗舱应终止，直到压力恢复到 0.002 MPa 以上时才能恢复洗舱作业。

7. 除气作业

除气作业时，IGS 的操作步骤如下，参见图 6-13。

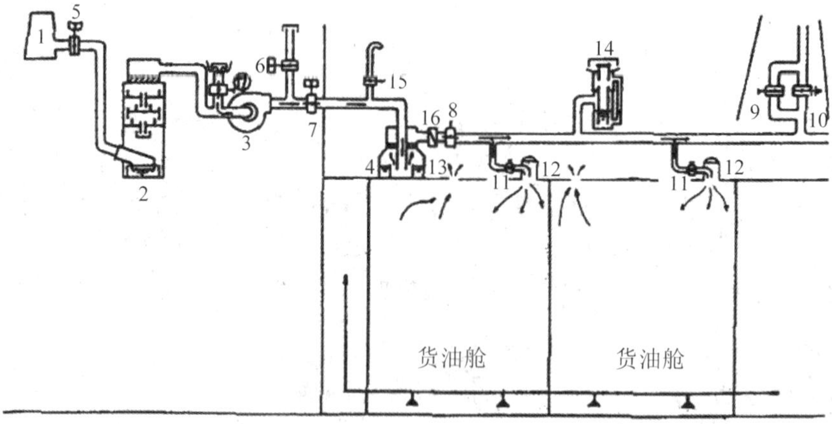

图 6-13　除气时 IGS 的操作

（1）使用 IGS 充注惰气，置换舱内烃气，当舱内烃气浓度降到 2%以下时再进行除气作业。

（2）确认取气阀 5 已完全关闭。

（3）确认泄放阀 6 已完全关闭。

（4）开启惰气主阀 7。

（5）关闭风机的吸入阀。

（6）打开空气吸入管上的盲板法兰和阀门。

（7）在进舱惰气管端部装一能深入舱底的风斗。

（8）打开距惰气入舱管端部对角线最远处的道门或洗舱孔盖。

（9）打开除气油舱的支管阀门。

（10）上述工作完成后启动惰气风机。

（11）将压力记录控制器置于手动全开的位置。

开始除气作业直到氧含量达到 21%，烃气浓度达到 LEL 的 1%或以下为止。

思考题

1. 置换舱气的方法有哪几种？
2. 惰化的方法有哪些？并说明这些方法分别依据什么原理进行？
3. 驱气和除气分别依据什么原理进行？

第六节 惰气发生器

要 点

氮气瓶系统及惰性气体发生器的工作原理。

必备知识

惰性气体系统目前分为两类:一类氮气瓶系统，另一类是惰性气体发生器。

一、氮气瓶系统

氮气瓶系统，即船上装有氮气瓶组，船舶靠岸时充氮气，然后由瓶子充入船舱实施惰化，此种成本也比较高，一般是小型液货船使用。

二、惰性气体发生器

主要有烟气式惰气系统和氮气式惰气系统。

1. 烟气式惰气系统目前油船上主要有以下三种类型:

（1）烟气式惰性气体系统。就是利用船上主辅锅炉的烟气，经过洗涤塔对其冷却、除硫、除尘。检验合格的惰性气体，通过风机经甲板水封送至惰气总管分配到货油舱中。该系统目前船上最常用一种。

（2）惰气发生器式惰性气体系统。这种惰性气体是由独立发生器惰气装置提供，它通过在该装置的燃烧室内燃烧一般的轻质柴油或重油，产生的烟气经过冷却和净化处理后输送到油舱。由于该装置中有一套特殊的燃烧装置及控制系统，使油燃烧充分，所以产生的惰气质量较高，该系统产生的惰性气体的含氧量在0.1%以下。这种惰性气体系统就是船上常用的Topping Up Generator，也常叫做惰气发生器（图 6-14）。一般在惰气用量较大时如卸货等，不用此系统。在惰气用量小如满载航行货油舱需要补气时，有时用此惰性气体系统工作。

图6-14 惰气发生器

(3)组合式惰性气体系统。既可以作为烟气惰气装置使用，即冷却净化烟气使之变为合格的惰性气体，也可以作为独立发生器惰气装置使用，即在空气助燃下，燃烧油或燃气产生高质量的惰气，还可将柴油机或燃气轮机排出的废气再燃烧，产生合格的惰性气体。

2. 中空纤维膜氮气系统，即使用空气为原材料，经过空压机、冷干机以及关键的中空纤维膜组，使氧气等先渗透掉，后渗透的氮气即为所需要的惰气，局限性是氮气产量小。

3. 变压吸附式氮气系统，与中空纤维膜氮气系统类似，关键的是用变压吸附塔代替其中的中空纤维膜组，内填有碳分子筛，此法噪声比较大，但是可以通过附件纯化装置达到 99.999%的氮气，局限性是氮气产量小。

后两种氮气式惰气系统一般不用在在大型的油船上。有些小型液货船用此系统。

思考题

1. 惰性气体系统目前一般分为几类?
2. 惰性气体发生器主要有那几种?

第七章
油船洗舱

本章主要讲述油船洗舱的种类（主要介绍水洗舱和原油洗舱）、特点，介绍公约法规等对洗舱设备及人员等的要求，介绍水洗舱及原油洗舱的操作程序及注意事项。

第一节 概 述

要 点

油船洗舱是指为了达到一定目的而使用泵将一定压力的洗舱介质经由洗舱机喷射到舱内，将舱壁、构架和舱底表面的附着物和淤渣清除掉。油船洗舱可分为水洗舱和原油洗舱。

了解洗舱机的工作原理。

必备知识

一、油船洗舱的种类及特点

油船洗舱是指为了达到一定目的而使用泵将一定压力的洗舱介质经由洗舱机喷射到舱内，将舱壁、构架和舱底表面的附着物和淤渣清除掉。油船洗舱可分为水洗舱和原油洗舱。

水洗舱是指以海水或加清洗液作为介质，通过洗舱机对货油舱进行清洗。水洗舱包括普通水洗舱和清洗液洗舱。

原油洗舱（COW）是指以船舶所载原油中的一部分原油作洗舱介质，在卸货的同时或在两卸货港间的航行途中，通过洗舱机以较高压力喷射到货油舱内表面，依靠原油本身的溶解作用，将附着在舱底、舱壁及各构件上的油渣清洗掉，并同货油一起卸到岸上。

原油洗舱具有下列优点：

（1）减少潜在污染。

（2）增加货油量。

（3）减少无效运输

（4）减少以后清洗舱的时间。

（5）减少因舱与水接触而形成的腐蚀。

原油洗舱 COW 的缺点：

（1）增加船员的工作负荷。

（2）延长卸货时间。

（3）COW 设备的花费。

（4）增加在港危险。

二、洗舱机

洗舱一般离不开洗舱机，油船上用的洗舱机一般有两种基本类型，一种是单喷嘴型，另一种是两个或两个上以上的多喷嘴型。

洗舱机主要由固定不动的本体、回转体、喷嘴和回转驱动装置等组成。每个转体上安装一个喷嘴的称为单喷嘴洗舱机，一个转体上对称安装两个喷嘴称为双喷嘴洗舱机。

洗舱机有一个组合的旋转功能，在这一功能中，压力水冲击液压透平，液压透平使洗舱机绕自身的立轴慢慢地旋转而同时喷嘴绕水平轴线旋转（也就是说喷嘴在垂直面旋转而洗舱机本体在水平面内转动）。

单喷嘴洗舱机一般用作固定式洗舱机，其喷嘴的回转速度和角度通过齿轮传递机构可以在上部进行人工调节和观察，其工作原理及结构如图 7-1 所示。

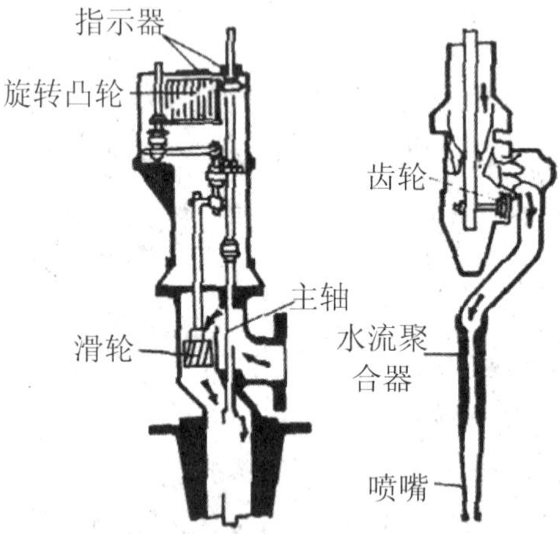

图7-1 单喷嘴洗舱机

固定式洗舱机的管线和相关设备在甲板的布置和在舱内的动作如图 7-2 所示。

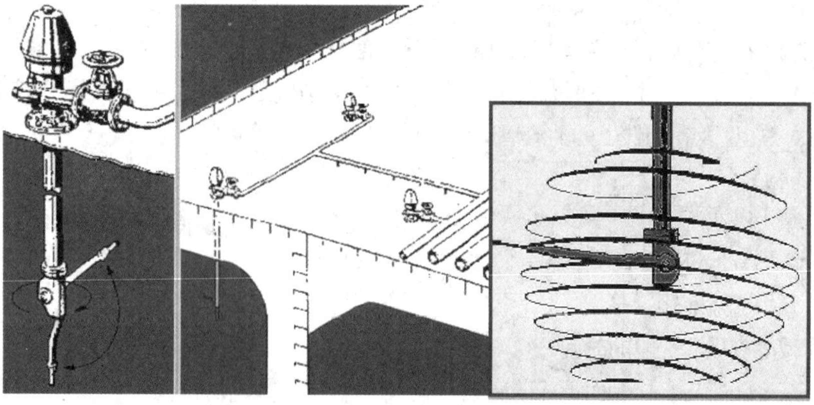

图 7-2 固定式洗舱机在甲板的布置和在舱内的动作

双喷嘴洗舱机一般都用作安装在舱底部的潜入式洗舱机或移动式辅助洗舱机，这种洗舱机的特点是喷嘴角度不能调节，转速及喷嘴方位在甲板上都没有指示，其工作是否正常只能根据声音判断。其结构如图 7-3 所示。

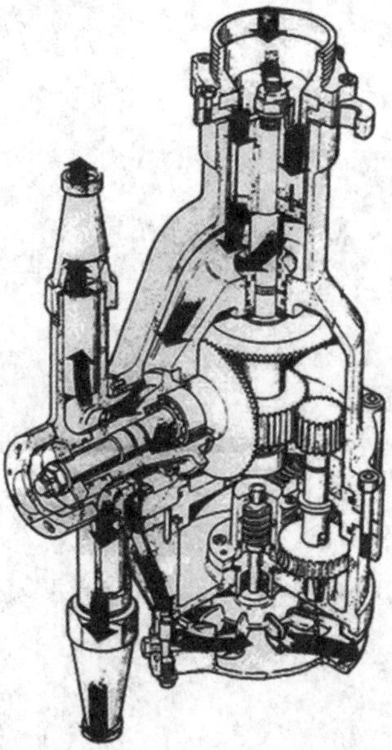

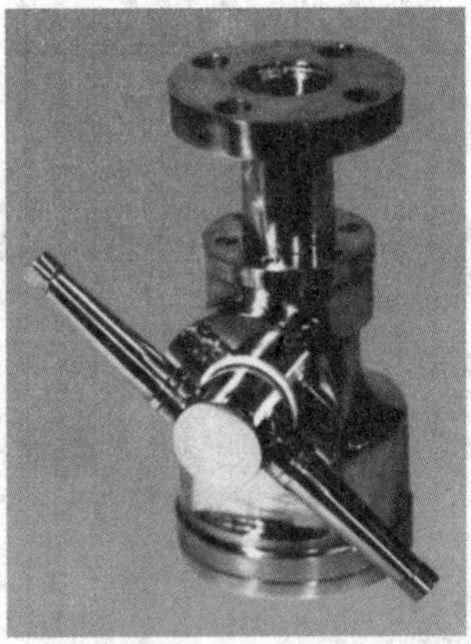

图 7-3 双喷嘴洗舱机工作原理及结构

用作移动式洗舱机时，其管线及附属设备主要包括防静电橡胶软管、接头及支架等，如图 7-4 所示。

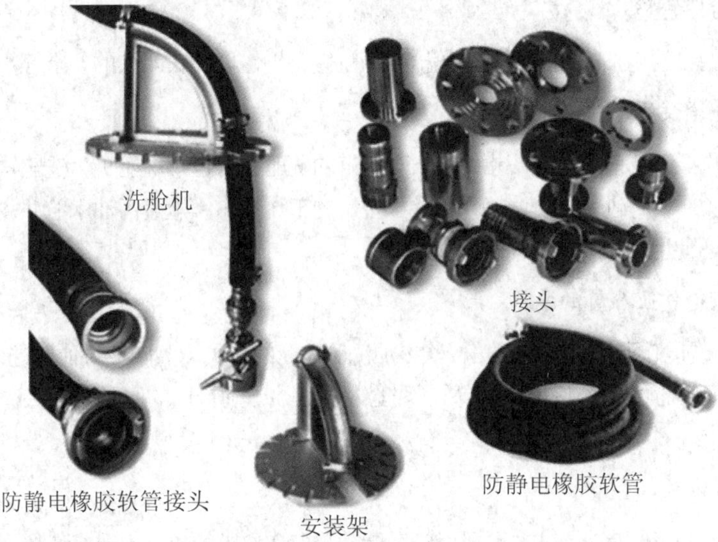

图 7-4 移动式洗舱机及附属设备

思考题

1. 油船洗舱的种类有哪些？
2. 水洗舱和原油洗舱的定义如何表述？
3. 原油洗舱（COW）与水洗舱比较的优缺点是什么？

第一节 水洗舱

要点

水洗舱是指以海水或加清洗液作为介质，通过洗舱机对货油舱进行清洗。水洗舱包括普通水洗舱和清洗液洗舱。水洗舱和加清洗液洗舱的要求及操作注意事项。洗舱时舱气控制的方法。

必备知识

一、普通水洗舱

1. 洗舱目的

水洗舱的目的包括换装油种、进舱检查、航修、坞修以及租船人的要求等。

2. 对洗舱设备的要求

在洗舱作业开始前，大副应指定专人对所有的洗舱设备包括洗舱机、洗舱软管、洗舱泵、加热器以及有关阀门等进行检查，确保其处于正常的工作状态。检查污油水舱并驳空污油水，准备为洗舱水循环使用。

3. 对洗舱作业人员的要求

（1）在洗舱作业前，尤其对第一次参加洗舱作业的人员，大副应对他们进行洗舱培训。

（2）每班洗舱应安排足够的人员，洗舱人员必须明确自己的职责，确保洗舱作业安全、顺利地完成。

4. 洗舱方式

根据航次载货的具体要求，从既经济又能满足航次要求的角度出发来选择到底采取整体清洗还是舱底清洗的方式。

5. 洗舱水的注入

采用水洗舱前，需向污油水（SLOP）舱注水。注入海水的数量，既要考虑船舶的大小、洗舱数量，也要考虑上载货种和下载货种等，不能一概而论。例如，对 PANAMAMAX 型油船来说，压入约 200 m^3 水就可进行洗舱。在注水时应谨慎操作，注意开关阀的先后顺序和泵的压力，以免造成油污染。

6. 洗舱注意事项

（1）洗舱时，应保证船舶适当的艉纵倾，以利于扫舱进行，并力争在洗舱结束时，将舱内的水排净。

（2）尽可能采用干净的海水洗舱。洗舱用过的污水应排到指定的有足够舱容的舱去。应连续监测其空档高度，防止污油水溢出。

（3）应用两个污油水舱，即初级和末级污油水舱，以便其沉淀分离。洗舱用水应从末级污油水舱抽出。

（4）若条件许可，应尽可能采用固定式洗舱机闭式循环的洗舱方式。在洗舱过程中，舱内的惰气含氧量不应超过 8%，惰气压力应保持在 0.005 MPa（500 mmH_2O）以上。

二、清洗液洗舱

由于载货的要求，所要装载的货物要远远高于上载货油的品质，仅用普通水洗舱方式不能满足其要求。因此采用清洗液洗舱，对货油舱、泵、管线以及相关设备等进行特殊清洗。

（一）洗舱用化学剂

应根据洗舱的要求，选择不同的洗舱用化学制剂。

洗舱用化学制剂包括：溶剂、表面活性剂、乳化剂、皂化剂、德鲁（奥妙能）船用洗舱产品等。德鲁（奥妙能）船用洗舱产品又包括：

- TC #4TM 清洁剂
- DEGREASER TKTM 强力脱脂剂
- HDE-777TM 强力乳化剂
- OSD/LTTM 溢油消散剂
- AMEROID® OWS 快速清洁剂
- EDGE®强力清洁剂
- LACTM 液碱清洁剂
- MUD CONDITIONERTM 压舱水处理剂

（二）洗舱方法

- 重复循环法
- 人工喷洗和雾化法
- 摇摆法
- 直喷法和热水清除法

1. 重复循环法

在污油水舱、货油舱或专门提供的液货舱中准备好稀释的化学溶液，将清洗系统管路到该舱的循环管路清洗干净，然后把清洗液收回到化学储存柜中（通常靠一个泵来完成）。可根据船上所用的设备来决定用哪一个柜来装化学溶液。加热化学溶液的最好方法是通过洗舱水加热器，然而这种方法一般不大可能，除非已做好临时性连接。加热溶液的另一种方法是用货油舱加温盘管（如果使用 LAC 液碱清洗剂一定要知道加温盘管材料是否与清洗液相容）或用蒸汽直喷法，但都需要使用锅炉，消耗燃油。在清洗 3 或 4 个舱后必须更换这些清洗液。对用过的溶液再加纯净的化学剂使用实际上是既浪费又无效果，而最有效的方法是配置新的溶液并加温清洗。

2. 人工喷洗和雾化法

用气泵和喷枪直接把未稀释的化学剂喷在液货舱表面和内部构架，然后让其充分渗透一段时间（化学剂与腊质的残余物发生反应）后，再用洗舱机或高压皮龙用水把舱内冲洗干净。

当清洗标准要求高时，通常在正常的机械清洗完成后还需要人工喷洗。

雾化法除了化学溶液在高压下通过一放入舱内的喷枪喷射浓化学剂外，其他方面基本与人工喷洗相似。在覆盖了所有表面和彻底浸泡后，再用热水冲洗该舱。使用雾化法因为不需要事先进入舱内，所以舱内就不需要除气。同时，高浓度的化学剂可触及到舱内的每一部位，并将疏松沉积物和可能渗油的污垢除去掉。这种方法不太适用于非常大的货舱，因为液货舱太大就不能保证完全浸透到所有表面。

3. 摇摆法

这种方法是通过测深管将化学剂引入双层底舱中，然后逐步注入海水至理想水位，利用海上船舶的正常摇摆运动使化学溶液不断搅动，从而使溶液与舱内所有表面充分接触。如果该舱装有加热盘管，则尽可能使溶液加温到较高的温度（80℃以上），以便得到最好的清洗效果。摇摆法通常仅用于小型燃油舱或双层底舱。

4. 直喷法和热水清除法

（1）直接喷射法。这个方法是将化学清洗剂以一定的压力与速度，通过特定接口喷入洗舱总管或甲板洗舱管并与管中高压流动的洗舱海水相混合，经固定式或移动式洗舱机进入液货舱。这种方法的优点是能以预先选定的速率把化学剂送入热洗舱水中，并且在洗舱前，可准确地估算出需要的化学剂量；从而缩短了清洗时间，也节省了人工。化学剂的供给速率通常是 1 L/t（0.1%）；但是当需要清洗的舱非常脏时，每吨水可增加到 5 L 或更多。当需要简单清洗时，每两吨水加入 1 L 化学剂（0.05%）就足够。

（2）热水清洗法。热水几乎总是能提高化学剂的清洗作用（除了对干性油和高蜡质原油外），并能缩短化学剂的清洗过程。一般来说，清洗用水越热，化学清洗效果就越好、越彻底。上述情况有两种例外：半干性油和干性油、含蜡质高的原油，因为这两种油在氧化和聚合作用下，会快速在货油舱内钢结构表面硬化，生成坚韧、牢固，似皮革状的覆层，这种覆层很难清除。

（三）清洗货油管线和污油水舱

考虑到各种船型之间阀门和管线布置的不同，每一油船管线清洗程序也会有差异。装有原油洗舱设备的船舶，清洗程序请参照原油洗舱手册。

下面叙述适合大多数油船的管线清洗常用工序：

在着手清洗管线前，必须把所有液货舱和管路中的残油扫到污油柜中。这一过程是通过主清扫管路用海水来冲洗系统完成的。

这一工序一般建议从前部货舱开始进行，系统中的主要阀门都要打开，开度尽可能地小。这一过程完成后，要将所有主管线和扫舱管线中的污油水清除干净，也就是要尽可能把液货舱清洁干净。对于货油舱中的任何其他管线要重复进行同样的操作。当这一操作完成后，如果需要，应检查和清洗扫舱泵过滤器。为了使扫舱工作顺利进行，在洗舱过程中要保持这些滤器的清洁。清洗过程是连续的，且化学溶液是通过主管路和扫舱管路进入的，因此这两条管路在最后清洗完成时要用水冲洗。为了使装卸管路和总管路都得到清洗，必须用一临时短管连接污油水舱和甲板管路。污油水舱和管路最后都应用淡水冲洗以便清除残渣、药剂和盐的残迹。所有舱底、甲板管线和扫舱管线，也包括其中的阀和滤器等此时都必须清洗干净。

（四）洗舱机循环清洗次数和化学剂量

1. 洗舱机循环清洗次数

如果得不到与船舶结构有关的专门数据，但船上装有巴式 K 型洗舱机，可用下面的公式估算出洗舱机循环洗舱的最少次数：

洗舱机循环洗舱的最少次数＝1.5×（载重吨）$^{1/2}$（船舶总载重吨的平方根）

通过上述公式求得的次数对于装运轻质—中型原油是非常准确的，这些货物在装运前没有被真空蒸发、提炼或蒸馏。

中质原油到重质原油需要的最少次数为上述值再乘以 1.25，即

洗舱机循环洗舱的最少次数＝1.5×（载重吨）$^{1/2}$×1.25

重质原油和其他腊质所需要的最少次数为上述值再乘以 1.5，即

洗舱机循环洗舱的最少次数＝1.5×（载重吨）$^{1/2}$×1.5

例如，如果某油船为 30 0000 载重吨，下面将是为获得良好的清洗效果所需的最少次数：

（1）装运轻质原油

N＝1.5×（载重吨）$^{1/2}$（N＝洗舱机循环洗舱的最少次数）

$N=1.5\times300\,000^{1/2}$

$N=1.5\times173=260$

（2）装运中质原油

N＝1.5×（载重吨）$^{1/2}$×1.25

$N=1.5\times300\,000^{1/2}\times1.25$

$N=1.5\times173\times1.25=325$

（3）装运重质原油

N＝1.5×（载重吨）$^{1/2}$×1.5

$\mathrm{N}=1.5\times300\,000^{1/2}\times1.5$

$N=1.5\times173\times1.5=390$

上述结果仅在使用巴式 K 型洗舱机时，作为一特殊的参考值。在实际工作中，洗舱次数取决于诸多因素。然而通过计算，我们就能估算出在整个清洗工作中化学剂的合理用量。每一巴式 K 型洗舱机在 1.2 MPa（12.3 kgf/cm^2）循环所用的海水量为 12 t。

2. 化学剂量

对于直接喷射法，通常 0.1%浓度的溶液就足够了。我们把用这一方法所需的化学剂量叫做 Q_d（quantity direct induction）。下面介绍某 30 万吨级油船使用 0.1%浓度溶液所需化学剂量的计算方法。

清洗装运原油的货油舱所需化学剂总量（Q_d）计算：洗舱机循环总次数＝260（根据上述计算），每一循环所需要 12 t 水，则冲洗水总量＝12×260＝3 120 t。若溶液浓度选 0.1%，则所需化学剂总量为

轻质原油　Q_d＝1 L×3 120＝3120 L

中质原油　Q_d＝1 L×120×1.25＝3 900 L

重质原油　Q_d＝1 L×3 120×1.5＝4 680 L

3. 溶液浓度

溶液的浓度取决于下列因素：

（1）被清除残余物的种类。

（2）液货舱的脏污程度。

（3）下一载货所需要的清洁度。

（4）清洗液的温度。

如果液货舱脏污且残余物清除困难，就必须增加溶液浓度，并增加化学清洗剂的供给速率。

（五）液货舱清洗程序

清洗程序是下列步骤或部分步骤的组合：

（1）预清洗（用海水冲洗液货舱）。

（2）清洗（用海水和化学清洗剂冲洗）。

（3）加温清洗（使用蒸汽且有时用清洗化学剂）。

（4）漂洗（用海水冲洗液货舱）。

（5）冲洗（用淡水冲洗液货舱）。

（6）排污（清除舱中所有液体）。

（7）干燥（通风、除味和干燥）。

1. 预清洗

在着手预清洗操作前，必须仔细研究船舶结构图以了解液货舱的内部结构。通过了解横向肋板、舱壁加强肋骨、水平支架和任何其他可能影响清洗效果的障碍物高度，制定移动式洗舱机的下降深度。移动式洗舱机应大约下降到可冲洗区域的中部位置，以便于水流能逐步地冲洗到内部构件的上、下两面，这样一次下降就可冲洗最大的区域。为了把油和其他含蜡的残余物从舱内肋板、舱壁、舱顶、舱底和任何工作管路或其他部分清除掉，通常把海水或淡水作为清洗介质，使用固定式或移动式洗舱机来预清洗油舱；如果在港卸完货后及在各种残余物还没有聚合、氧化和固定前马上洗舱，则会很容易地将舱内剩余的油和/或化学残余物清除掉，但不能过分强调预清洗的效果。为了获得有效地清洗操作，在预清洗的过程中应尽量将舱内的剩余沉积物清除。对于干性油类，则必须使用冷水（海水或淡水均可）；对于高倾点的油种，应使用比其倾点高几度的水。在高温作用下，氧化和聚合作用将使干性油类变硬，而且生成物黏附在舱壁上很难清除，这一点要特别注意。

总之，装运原油的货油舱首先必须用冷水清洗大约 2 h，如果需要的话再用温水清洗。预清洗应连续进行以得到有效的清洗。预清洗的过程没有准确的时间，它完全取决于被清除货物的级别、

种类以及被洗舱的尺寸和结构。考虑到小的液货舱内有诸如肋板、纵向桁材、纵桁等更多的障碍物，且影响清洗效果和进度，因此清洗大的液货舱与清洗小的液货舱所需时间相近。在清洗过程中，为了保证水流冲达所有表面，移动式洗舱机必须绕液货舱内壁（水平和垂直）连续地移动。当完成预清洗并认为液货舱可以安全进入时，则必须进入该舱进行检查以便确定清洗的程度和状况，应特别注意对舱底和任何隐蔽区域的检查。

2. 清洗

这一过程需要用稀释的化学溶液。通常把这种溶液加热到 40～90℃（温度越高越有效），并储存（如果使用重复循环方法）在一专门的化学品柜或污油柜或干隔舱内。选用其中任意方便的洗舱泵，且该泵有一吸入管线与储液柜连接，而从被清洗舱有一返回管线。化学溶液的供给是靠移动式或固定式（如可行）注液泵来完成。在着手化学洗舱前必须做好充分的准备工作，因一旦清洗工作开始再想进入舱内是绝对不可能的。为了获得满意的洗舱效果，需要有规律地升降移动式洗舱机。化学清洗通常持续 1～4 h，所需洗舱时间取决于上载货残余物的状态、性质以及下载货的性质和要求，还有清洗液的温度以及洗完冷却后能否适于进入舱内检查。如果检查发现没洗干净，则要继续洗舱，特别是对隐蔽部位的检查极为重要。任何不清洁的隐蔽部位必须靠人工用"纯的"（高浓度的）化学剂局部清洗，然后用引进舱内的皮龙水冲掉。

3. 加温清洗

如果需要用蒸汽加温来清洗液货舱中的任何沉积物，就必须把一种溶剂型液货舱化学清洗剂—甲苯或无氯水喷在舱内表面，然后将蒸汽皮龙插入该舱内，所有舱口的舱口盖都必须关上，但为了在舱内不产生高压，舱内通风口要保持开启。蒸汽通过蒸汽皮龙喷入舱内，并凝结在舱的顶部、舱壁和底部，将沉积的残余物从附着处清除。为了把涂层接口上的所有货物残迹清除，与蒸汽一起使用的清洗化学剂必须与该涂层相容。

4. 漂洗

在清洗操作完成之后，应马上将污油和残余物清除，然后用洗舱机和冷（或热）的海水进行漂洗。通常漂洗工作需要 1.5～2 h，并且一直进行到见不到清洗剂的痕迹为止。

5. 冲洗

用储存柜中的淡水通过带有特殊喷嘴的皮龙对舱顶、舱壁、桁材等部位进行有效的冲洗。

6. 排污

必须将舱内、管路和泵浦中的污油水全部排净，可用喷射泵（Eductor）把舱底剩余的污水全部排除。打开其中的所有旋塞并用压缩空气将管路吹净。

7. 干燥

液货舱必须彻底地通风和干燥。在确认可以安全地进舱后，检查有无渣滓残留，若有须用抹布将其擦净，然后装入垃圾袋移出舱外。此时下舱人员最好用清洁的软布把脚下包好以保持清洁，有关阀门要保持开启状态直到检查完毕为止。上述工作完成后再用风机把该舱完全风干，以驱除异味。

（六）清洗压载舱

1. 清除淤泥

淤泥能在较短时间内在压载舱生成。如果这些淤泥遗留在压载舱内，将会影响装货量，增加燃油消耗。为解决这一问题，就需要有规律地将压载水处理剂（MUD CONDITIONERTM）投入到压载舱中对压载水进行处理。

CONDITIONERTM 处理剂的参考用量为每千吨水投入 15～40 L。在泥和泥浆已经聚集的情况下，就要增加 CONDITIONERTM 处理剂的投药量，一般为每千吨水投入 100～200 L 处理剂。为使处理剂渗入污泥中应当进行良好的搅动，这可通过使用消防皮龙或移动式洗舱机来完成。

2. 松软覆层的清除

覆层的厚度将决定清洗的方法。对于 10 mil（1 mil=0.0254 mm=0.001 in）以下的覆层，可把 TC#4 清洗剂直接喷在覆层上，浸泡一段时间后再用水冲掉即可；如果覆层大于 10 mil，应对其人工清刮，清刮完成后再喷上 TC#4 清洗剂，浸泡一段时间后再用水冲掉即可。

无论上述两种情况中的哪一种，所遗留的残余物都应当清除。清除方法是加入 0.5%液碱清洗剂并向舱内注入 70%舱容的海水，然后在舱内搅动 24 h 后排除。

总之，这一方法适用于专用压载舱（SBT）或清洁压载舱（CBT）。

三、洗舱时的舱气控制

1. 舱气控制

洗舱时要特别注意对舱内气体的控制。有 4 种舱气类型：

（1）惰化舱气。充注惰性气体，使舱内气体体积含氧量低于 8%。

（2）过稀舱气。烃气浓度人为地控制在爆炸下限以下。

（3）不受控制的舱气。烃气浓度不受控制，可大于爆炸上限、小于爆炸下限或在爆炸范围内。

（4）过浓舱气。烃气浓度人为地维持在爆炸上限以上。

2. 惰化舱气中的洗舱措施

（1）洗舱作业前，必须在甲板以下 1 m 处和舱内空档的中间部位测定氧气浓度，氧气浓度按体积比不得超过 8%。

（2）使用固定洗舱机洗舱时，若氧气浓度按体积比已超过 8%或舱内惰气压力不能保持正压或惰性气体系统故障时，则洗舱作业必须中断，直到条件符合时才能恢复洗舱作业。

3. 过稀舱气中的洗舱措施

（1）洗舱开始前，先用水冲洗油舱底部，并将污油水排净，然后用水冲洗管路系统，包括货油泵、有关连通管路和卸油管路，清洗后的污油水排入污油水舱中去。

（2）洗舱开始前，油舱首先要通风、排气，从而把烃气浓度稀释到爆炸下限的 10%或更低水平。必须在不同水平高度检测气体含量，并密切注意可燃气体在局部位置的积聚现象。即使在洗舱过程中，也必须连续不断地进行机械通风和气体含量的检测。通风的范围应尽可能大，应使空气从货油舱的一端无阻碍的流向另一端。

（3）当一个货油舱的通风系统与其他货油舱共用时，则必须关闭通向其他油舱的通道，以防止从其他货油舱侵入烃气。

（4）使用移动式洗舱机时，在将洗舱机装于货油舱之前，应预先接好全部软管接头并检测其电流连续性（导电性）。把洗舱机从货油舱取出之前，不得拆开软管。为了排净软管中的水，可单独打开其中某一个接头，并在洗舱机取出之前重新将其接好。

（5）在洗舱期间，应在不同水平高度对货油舱内气体含量做定期检测。若烃气浓度上升到爆炸下限的50%时，应中断洗舱。只有在货油舱连续通风使烃气浓度降到并保持在爆炸下限的20%时，甚至在一个短时间内保持在更低水平时，才可以恢复洗舱作业。

（6）洗舱时，货油舱排水应保持畅通，一旦发生积水现象，则应暂时中止洗舱，直到将水排净为止。

（7）不得向货油舱喷入蒸汽。

（8）测深或吊放其他器具的作业，必须通过所设的测深孔进行。否则，待洗舱结束后 5 h 方可进行这类作业。若货油舱连续机械通风，则可由 5 h 缩短到 1 h。向货油舱内吊放器具不得使用合成聚合物的绳子。

（9）如果洗舱用水温度低于 60℃，可以使用化学添加剂。

（10）注意洗舱水温。当洗舱水的水温达到 60℃（或低于 60℃）但烃气浓度已达到爆炸下限的 50%时，应中止洗舱。在水温高于 60℃，但烃气浓度已达到爆炸下限的 35%时，也应中止洗舱。

4. 不受控制舱气中的洗舱措施

（1）一次使用的洗舱机数，在一个区域至多使用低容量型（流量小于 35 m^3/h）4 台，或高容量型（流量大于 35 m^3/h，而小于 60 m^3/h）3 台。

（2）在洗舱机装入货油舱之前，应接妥全部软管接头，并检测其电流连续性。从油舱取出洗舱机之前，不得拆开任何接头。为了排净软管中的水，可以打开其中某一个接头，在洗舱机取出油舱前，重新将其接好。

（3）不准采用循环水洗舱。

（4）不得使用化学添加剂。

（5）洗舱水加热后不得超过 60℃。

（6）不得向油舱内注入蒸汽。

（7）洗舱时保持排水，避免产生积水现象。

（8）测深或吊放类似的器具时应采取预防措施。

5. 过浓舱气中的洗舱措施

通常情况下应避免在这种舱气中洗舱。如不得不这样做，应采用闭式循环洗舱方式进行。

四、洗舱指南和清洗程序索引

洗舱指南

（摘自《液货舱清洗技术》）

A

- 对液货舱、泵浦、管线放残
- 用空气和/或蒸汽除气
- 干燥

B

- 用冷水洗舱 1.5～2.5 h
- 蒸汽清洗（如果需要）
- 对液货舱、泵浦、管线放残
- 干燥

C

- 用温淡水或海水洗舱 40～55℃
- 蒸汽清洗（如果需要）
- 对液货舱、泵浦、管线放残
- 干燥

D

- 用热水洗舱 1～2 h（60～80℃）
- 冲洗和蒸汽清洗（如果需要）
- 对液货舱、泵浦、管线放残
- 干燥

E

- 用冷水洗舱 1.5～2.5 h
- 用热水或淡水洗舱 1.5～2.5 h（60～80℃）
- 如果需要用淡水冲洗
- 蒸汽清洗
- 对液货舱、泵浦、管线放残
- 干燥

注：以上产品不需要化学品清洗，但为了除味可以使用 EDGE 或 LAC 清洗剂，清洗剂可在上述洗舱过程中加入。

F

- 用冷水洗舱 1～1.5 h
- 用热海水（60～80℃）和 0.1%～0.5%TC#4 清洗剂洗舱 1～2.5 h
- 蒸汽清洗（如果需要）

- 对液货舱、泵浦、管线放残
- 干燥

G

- 用冷水洗舱 1～2 h
- 用热海水（60～80℃）洗舱 1～2 h，对硅酸锌涂层的液货舱要加入 0.1%～0.5%TC#4 清洗剂；对于其他涂层的液货舱能用 0.2%～0.8%的 EDGE 或 LAC 清洗剂
- 蒸汽清洗（如果需要）
- 用淡水洗舱 0.5 h
- 对液货舱、泵浦、管线放残
- 干燥

H

- 用冷水洗舱 1.5～2.5 h
- 用温水（45～55℃）和 0.1%～0.5%TC#4 清洗剂洗舱 1～2 h
- 蒸汽清洗（如果需要）
- 用淡水洗舱 0.5～1 h
- 对液货舱、泵浦、管线放残
- 干燥

I

- 用热海水洗舱 1～2 h（80℃）
- 用热海水（80 摄氏度）洗舱 1～2 h 加入 0.1%～0.5%TC#4 清洗剂 1.5～2 h。（在涂层许可情况下，可用 0.2%～0.8%的 EDGE 或 LAC 清洗剂。）
- 用热海水洗舱 1 h（80℃）
- 用淡水冲洗
- 对液货舱、泵浦、管线放残
- 干燥

J

- 用热海水洗舱 1～2 h（80℃）
- 用热海水（80℃）加入 0.1%～0.5%TC#4 清洗剂洗舱 2.5～3.5 h
- 用热淡水洗舱 1～2 h
- 若涂层许可情况下，可用 0.2%的 EDGE 或 LAC 清洗剂冲洗
- 用热淡水和蒸汽洗舱或用热蒸馏水洗舱
- 对液货舱、泵浦、管线放残
- 干燥

K

- 用热海水洗舱 2～3 h（80℃）
- 用蒸馏水漂洗
- 干燥

L

- 用热海水（适用于低蜡）或冷海水（适用于高蜡）洗舱 2 h
- 用热海水（80℃）加入 0.1%～0.5%TC#4 清洗剂洗舱，直到消除污染物
- 若需要应局部清洗
- 蒸汽清洗（如果需要）
- 用热海水洗舱 0.5～1 h（80℃）
- 对液货舱、泵、管线放残
- 干燥

M

- 用温水洗舱 1～2 h（40～55℃）
- 对液货舱、泵、管线放残
- 干燥

N

- 用热海水（80℃）洗舱 1～2 h
- 用热海水（80℃）加入 0.1%～0.5%TC#4 清洗剂洗舱 0.5～1 h
- 蒸汽清洗
- 用热淡水洗舱
- 对液货舱、泵、管线放残
- 干燥

O

- 为了减轻清洗工作量，对于装运乳化液的液货舱在装载前，需用石蜡喷涂表面
- 用热水（80℃）加入 0.1%TC#4 清洗剂洗舱 0.5～1 h
- 用热海水（80℃）加入 0.2%～0.8%TC#4 清洗剂或 EDGE 清洗剂洗舱 2～3 h
- 人工将舱内任何乳胶状沉积物清除
- 用热海水（80℃）加入 0.1%～0.5%TC#4 清洗剂洗舱 1～2 h，以清除石蜡
- 用热海水洗舱 1～2 h
- 蒸汽清洗
- 对液货舱、泵、管线放残
- 干燥

P

- 用热海水（80℃）洗舱 1.5～2.5 h
- 蒸汽清洗
- 用热海水（80℃）加入 0.1～0.5%TC#4 清洗剂洗舱 2 h
- 蒸汽清洗
- 用热海水（80℃）洗舱 0.5～1 h
- 对液货舱、泵、管线放残
- 干燥

R

- 用热海水（60～80℃）加入 0.5%TC#4 清洗剂浸润液货舱，并使溶液在舱内摇摆 6～18 h 后排空
- 用热海水（80℃）洗舱 2 h
- 蒸汽清洗
- 对液货舱、泵、管线放残
- 干燥

S

- 卸完货后马上将舱清扫干净并注入海水
- 在空舱后 1～2 h 用冷海水洗舱
- 用冷海水加入 0.1%～0.5%TC#4 清洗剂洗舱 1～2 h
- 用 0.1%的 EDGE 或 LAC 清洗剂洗舱
- 用淡水漂洗
- 对液货舱、泵、管线放残
- 干燥

T

- 用冷海水洗舱 1～2 h
- 用热海水（80℃）加入 0.1%～0.5%TC#4 清洗剂洗舱 1.5～2.5 h
- 用海水加入 0.1%的 EDGE 或 LAC 清洗剂洗舱 1 h
- 用海水洗舱 1 h
- 对液货舱、泵、管线放残
- 干燥

V

- 用冷海水洗舱 1～2 h
- 用热海水（80℃）加入 0.1%～0.5%TC#4 清洗剂洗舱 1.5～2 h
- 用温海水（40～55℃）洗舱 0.5 小时
- 用 5～10%的醋酸溶液洗舱直到舱内铅含量在规定限度内
- 用海水加入 0.1%的 EDGE 或 LAC 清洗剂洗舱 0.5～1 h
- 用冷海水洗舱 0.5 h
- 对液货舱、泵、管线放残
- 干燥

注：健康卫生部门通常不接受以前装过含铅燃油的液货舱来装运食用油或油脂。

W

- 在本载货物后不能立即装运这些产品

Y

- 通常不需要洗舱

表 7-1　清洗程序索引（1）

序号	产　品	01	02	03	04	05	06	07	08	09	10	11	12	13	14	15	16	17	18
1	丙酮		B	B	B	B	B	B	B	B	B	B	B	B	B	B	B	B	B
2	酸油	I		I	I	I	I	I	I	I	I	I	I	C	I	I	I	I	I
3	丙烯酸	B	B		B	B	B	B	B	B	B	B	B	B	B	B	B	B	B
4	芳香族提炼物	N	N	N		N	N	N	N	N	N	N	N	C	N	N	N	N	N
5	航空汽油（含铅的）	V	V	V	V		B	B	V	V	V	V	V	V	V	V	V	V	V
6	航空汽油（不含铅的）	T	T	T	T	T		B	T	T	T	T	T	Y	T	T	T	T	T
7	航空油	J	J	J	J	J	J		J	J	J	J	J	Y	J	J	J	J	J
8	杏仁油	I	I	I	I	I	I	I		I	I	I	I	C	I	I	I	I	I
9	苯	C	C	C	C	C	C	C	C		C	C	C	A	C	C	C	C	C
10	醋酸丁脂	E	E	D	E	E	E	E	E	E		E	E	A	D	D	E	E	D
11	丁醇	E	E	D	E	E	E	E	E	E	E		E	A	D	D	E	E	D
12	樟脑油	I	I	I	I	I	I	I	I	I	I	I		C	I	I	I	I	I
13	碳黑原料	W	L	W	W	L	L	L	W	W	W	W	W		W	L	W	L	L
14	四氯化碳	F	F	F	F	F	F	F	F	F	F	F	F	F		F	F	F	F
15	漆树实油	I	I	I	I	I	I	I	I	I	I	I	I	C	I		I	I	I
16	甲醇	A	A	A	A	A	A	A	A	A	A	A	A	A	A	A		A	A
17	苛性钠溶液	E	E	E	E	E	E	E	E	E	E	E	E	E	E	E	E		E
18	椰子油	I	I	I	I	I	I	I	I	I	I	I	I	C	I	I	I	I	
19	鳕鱼肝油	G	G	G	G	G	G	G	G	G	G	G	G	G	G	G	G	G	G
20	杂酚油	P	P	P	P	P	P	P	P	P	P	P	P	P	P	P	P	P	P
21	原油	W	L	W	W	L	L	L	W	W	W	W	L	W	W	L	W	L	L
22	异丙基苯	F	F	F	F	F	F	F	F	F	F	F	F	F	F	F	F	F	F
23	柴油	H	J	F	F	C	C	C	J	F	H	H	J	F	F	J	H	C	J
24	二甘醇（防冻）	C	C	C	C	C	C	C	C	C	C	C	C	C	C	C	C	C	C
25	乙醇	A	A	A	A	A	A	A	A	A	A	A	A	A	A	A	A	A	A
26	乙苯	C	C	C	C	C	C	C	A	B	C	C	A	C	C	A	C	C	A
27	巳二胺	M	M	M	M	M	M	M	M	M	M	M	M	C	M	M	M	M	M
28	鱼油	G	G	G	G	G	G	G	G	G	G	G	G	B	G	G	G	G	G
29	脂肪酸/醇	I	I	I	I	I	I	I	I	I	I	I	I	C	I	I	I	I	I
30	燃料油	W	L	W	W	L	L	L	L	W	W	W	L	L	W	L	W	L	L
31	糠醛	T	T	T	T	T	T	T	T	T	T	T	B	T	T	T	T	T	T
32	瓦斯油	H	J	F	F	C	C	C	J	F	H	H	J	F	F	J	H	C	J
33	汽油	T	J	T	T	B	B	B	J	T	T	T	J	B	T	J	T	T	J
34	甘油	C	C	C	C	C	C	C	C	C	C	C	C	C	C	C	C	C	C

序号	产　品	01	02	03	04	05	06	07	08	09	10	11	12	13	14	15	16	17	18
35	牛油	I	I	I	I	I	I	I	I	I	I	I	I	C	I	I	I	I	I
36	花生蛋白油	G	B	G	G	G	G	G	B	G	G	G	B	B	G	B	G	G	B
37	庚烷	B	B	B	A	A	A	A	B	B	B	B	B	Y	C	B	B	A	B
38	乙烷	B	B	B	A	A	A	A	B	B	B	B	B	Y	C	B	B	A	B
39	异丁醇	D	D	D	D	D	D	D	D	D	D	D	D	D	D	D	D	D	D
40	异构烷烃	F	F	F	D	D	D	D	F	F	F	F	F	B	C	F	F	D	Y
41	喷气式发动机燃料	H	V	F	F	C	C	C	V	F	H	H	V	B	V	V	H	C	V
42	煤油	H	J	F	F	C	C	C	J	F	H	H	J	B	F	J	H	C	J
43	猪油	I	I	I	I	I	I	I	I	I	I	I	I	C	I	I	I	I	I
44	乳汁	O	O	O	O	O	O	O	O	O	O	O	O	O	O	O	O	O	O
45	亚麻子油	G	B	G	G	G	G	G	B	G	G	G	B	B	G	B	G	G	B

序号	产　品	01	02	03	04	05	06	07	08	09	10	11	12	13	14	15	16	17	18
46	润滑油	J	J	J	J	J	J	D	J	J	J	J	J	Y	J	J	J	J	J
47	甲醇	A	A	A	A	A	A	A	A	A	A	A	A	A	A	A	A	A	A
48	二氯甲烷	F	F	F	F	F	F	F	F	F	F	F	F	B	A	F	F	F	F
49	糖蜜	K	D	K	K	D	D	D	K	K	K	K	D	B	D	D	K	D	D
50	萘	P	P	P	P	P	P	P	P	P	P	P	P	P	P	P	P	P	P
51	环烷馏出物	J	J	J	J	J	J	D	J	J	J	J	J	B	J	J	J	J	J
52	环烷酸	B	B	B	B	B	B	B	B	B	B	B	B	B	B	B	B	B	B
53	烯烃类	F	F	F	I	D	D	D	F	F	F	F	F	B	F	F	F	D	D
54	棕榈油	I	I	I	I	I	I	I	I	I	I	I	I	C	I	I	I	I	I
55	石蜡	J	J	J	J	J	J	J	J	J	J	J	J	C	J	J	J	J	J
56	酚	D	D	D	D	D	D	D	D	D	D	D	D	B	D	D	D	D	D
57	松木油	G	G	G	G	G	G	G	G	G	G	G	G	B	G	G	G	G	G
58	精炼油	J	J	J	J	J	J	D	J	J	J	J	J	B	J	J	J	J	J
59	菜籽油	G	B	G	G	G	G	G	B	G	G	G	B	B	G	G	G	G	G
60	松香油	W	W	I	W	W	W	W	W	I	I	I	W	B	I	W	W	W	W
61	松香溶液	R	R	R	R	R	R	R	R	R	R	R	R	R	R	R	R	R	R
62	红花油	G	B	G	G	G	G	G	B	G	G	G	B	B	G	B	G	G	B
63	芝麻油	G	B	G	G	G	G	G	G	G	G	G	B	B	G	B	G	G	B
64	壳牌溶胶	F	F	F	D	D	D	D	F	F	F	F	F	B	F	F	F	D	F
65	浅色无定形蜡	I	I	I	I	I	I	I	I	I	I	I	I	C	I	I	I	I	I
66	溶剂油	F	F	F	D	D	D	D	F	F	F	F	F	B	F	F	F	D	F
67	豆油	G	G	G	G	G	G	G	G	G	G	G	G	B	G	G	G	G	G
68	鲸蜡油	I	I	I	I	I	I	I	I	I	I	I	I	C	I	I	I	I	I

序号	产　品	01	02	03	04	05	06	07	08	09	10	11	12	13	14	15	16	17	18
69	苯乙烯单体	S	S	S	S	S	S	S	S	S	S	S	S	B	S	S	S	S	S
70	SURFONIC	E	E	E	E	E	E	E	E	E	E	E	E	B	E	E	E	E	E
71	合成橡胶	O	O	O	O	O	O	O	O	O	O	O	O	O	O	O	O	O	O
72	妥尔油	I	I	I	I	I	I	I	I	I	I	I	I	C	I	I	I	I	I
73	脂（动物）	I	I	I	I	I	I	I	I	I	I	I	I	C	I	I	I	I	I
74	界面活性剂	E	E	E	E	E	E	E	E	E	E	E	E	B	E	E	E	E	E
75	TEXANOL	H	H	H	H	H	H	H	H	H	H	H	H	B	H	H	H	H	H
76	甲苯（TOLUENE）	C	C	C	C	C	C	C	C	B	C	C	C	C	C	C	C	C	C
77	甲苯（TOLUOL）	C	C	C	C	C	C	C	C	B	C	C	C	C	C	C	C	C	C
78	桐油	G	G	G	G	G	G	G	G	G	G	G	G	B	G	G	G	G	G
79	松木油	G	G	G	G	G	G	G	G	G	G	G	G	B	G	G	G	G	G
80	VERSENE	D	D	D	D	D	D	D	D	D	D	D	D	B	D	D	D	D	D
81	植物油	I	I	I	I	I	I	I	I	I	I	I	I	C	I	I	I	I	I
82	VORANOL	I	I	I	I	I	I	I	I	I	I	I	I	C	I	I	I	I	I
83	鲸油	G	G	G	G	G	G	G	G	G	G	G	G	B	G	G	G	G	G
84	白油溶剂	I	F	F	F	E	E	E	I	I	F	F	I	B	I	I	F	E	I
85	酒	C	C	C	C	C	C	C	C	C	C	C	C	C	C	C	C	C	C
86	二甲苯	C	C	C	C	C	C	C	C	B	C	C	C	C	C	C	C	C	C
87	（混合）二甲苯	C	C	C	C	C	C	C	C	B	C	C	C	C	C	C	C	C	C

表 7-2　清洗程序索引（2）

序号	产　品	19	20	21	22	23	24	25	26	27	28	29	30	31	32	33	34	35	36
1	丙酮	B	B	B	B	B	B	B	B	B	B	B	B	B	B	B	B	B	B
2	酸油	I	I	C	I	I	I	I	I	I	I	C	I	I	I	I	I	I	I
3	丙烯酸	B	B	B	B	B	B	B	B	B	B	B	B	B	B	B	B	B	B
4	芳香族提炼物	N	N	C	N	N	N	N	N	N	N	N	C	N	N	N	N	N	N
5	航空汽油（含铅的）	V	V	Y	V	B	V	V	V	V	V	V	B	V	B	B	V	V	V
6	航空汽油（不含铅的）	T	T	Y	T	B	T	T	T	T	T	T	B	T	B	B	T	T	T
7	航空油	J	J	Y	J	J	J	J	J	J	J	J	B	J	D	J	J	J	J
8	杏仁油	I	I	C	I	I	I	I	I	I	I	I	C	I	I	I	I	I	I
9	苯	C	C	A	C	C	C	C	C	C	C	C	B	C	C	C	C	C	C
10	醋酸丁脂	D	D	A	E	D	E	E	E	E	D	E	B	E	D	D	E	D	D
11	丁醇	D	D	A	E	D	E	E	E	E	D	E	B	E	D	D	E	D	D
12	樟脑油	I	I	C	I	I	I	I	I	I	I	I	C	I	I	I	I	I	I
13	碳黑原料	L	L	L	W	W	W	W	W	W	L	L	L	W	L	W	L	L	L

序号	产 品	19	20	21	22	23	24	25	26	27	28	29	30	31	32	33	34	35	36
14	四氯化碳	F	F	A	F	B	F	F	F	F	F	F	B	F	F	F	F	F	F
15	漆树实油	I	I	C	I	I	I	I	I	I	I	I	C	E	I	I	I	I	I
16	甲醇	A	A	A	A	B	A	A	A	A	A	A	B	A	A	A	A	A	A
17	苛性钠溶液	E	E	E	E	E	E	E	E	E	E	E	E	E	E	E	E	E	E
18	椰子油	I	I	C	I	I	I	I	I	I	I	I	C	I	I	I	I	I	I
19	鳕鱼肝油		G	B	G	B	G	G	G	G	G	G	B	G	G	G	G	G	G
20	杂酚油	P		P	P	P	P	P	P	P	P	P	P	P	P	P	P	P	P
21	原油	L	L		W	L	W	W	W	W	L	L	L	W	L	W	L	L	L
22	异丙基苯	F	F	Y		F	F	F	F	F	F	F	F	F	F	F	F	F	F
23	柴油	J	J	Y	J		J	H	F	F	J	J	B	F	B	B	H	J	J
24	二甘醇（防冻）	C	C	C	C	C		C	C	C	C	C	C	C	C	C	C	C	C
25	乙醇	A	A	A	A	A	A		A	A	A	A	A	A	A	A	A	A	A
26	乙苯	A	A	B	B	B	C	C		C	C	C	B	C	C	C	C	C	C
27	已二胺	M	M	C	M	C	M	M	M		M	M	C	M	M	M	M	M	M
28	鱼油	G	G	B	G	B	G	G	G	G		G	B	G	G	G	G	G	G
29	脂肪酸/醇	I	I	C	I	C	I	I	I	I	I		C	I	I	I	I	I	I
30	燃料油	L	L	L	W	L	W	W	W	W	L	L		W	L	W	L	L	L
31	糠醛	T	T	B	T	T	T	T	T	T	T	T	B	T	T	T	T	T	T
32	瓦斯油	J	C	Y	F	C	H	H	F	F	J	J	B	F		C	H	J	J
33	汽油	J	Y	T	B	T	T	T	T	T	J	J	B	T	B		T	J	J
34	甘油	C	C	B	C	C	C	C	C	C	C	C	B	C	C	C		C	C
35	牛油	I	I	C	I	I	I	I	I	I	I	I	C	I	I	I	I		I
36	花生蛋白油	B	G	B	G	G	G	G	G	G	B	B	B	G	G	G	G	B	
37	庚烷	B	A	Y	A	A	B	B	B	B	B	B	B	B	A	A	B	B	B
38	乙烷	B	A	Y	A	A	B	B	B	B	B	B	B	B	A	A	B	B	B
39	异丁醇	D	D	A	D	D	D	D	D	D	D	D	B	D	D	D	D	D	D
40	异构烷烃	D	D	F	F	F	F	F	F	F	F	F	B	F	D	D	F	F	F
41	喷气式发动机燃料	V	C	B	F	C	H	H	F	F	V	V	B	F	C	C	H	V	V
42	煤油	J	C	B	F	C	H	H	F	F	J	J	B	F	C	C	H	J	J
43	猪油	I	I	C	I	I	I	I	I	I	I	I	C	I	I	I	I	I	I
44	乳汁	O	O	O	O	O	O	O	O	O	O	O	O	O	O	O	O	O	O
45	亚麻子油	B	G	B	G	B	G	G	G	G	B	B	B	G	G	G	G	B	B

序号	产品	19	20	21	22	23	24	25	26	27	28	29	30	31	32	33	34	35	36
46	润滑油	J	J	Y	J	J	J	J	J	J	J	J	B	J	D	J	J	J	J
47	甲醇	A	A	A	A	A	A	A	A	A	A	A	A	A	A	A	A	A	A
48	二氯甲烷	F	F	B	F	F	F	F	F	F	F	F	B	F	F	F	F	F	F
49	糖蜜	D	D	B	D	D	K	K	K	K	D	D	B	K	D	D	K	D	D
50	萘	P	P	P	P	P	P	P	P	P	P	P	P	P	P	P	P	P	P
51	环烷馏出物	J	J	Y	J	J	J	J	J	J	J	J	B	J	D	J	J	J	J
52	环烷酸	B	B	B	B	B	B	B	B	B	B	B	B	B	B	B	B	B	B
53	烯烃类	F	D	Y	D	D	F	F	F	F	F	F	B	F	D	D	F	F	F
54	棕榈油	I	I	C	I	I	I	I	I	I	I	I	C	I	I	I	I	I	I
55	石蜡	J	J	C	J	J	J	J	J	J	J	J	C	J	D	J	J	J	J
56	酚	D	D	B	D	D	D	D	D	D	D	D	B	D	D	D	D	D	D
57	松木油	G	G	B	G	G	G	G	G	G	G	G	B	G	G	G	G	G	G
58	精炼油	J	J	Y	J	J	J	J	J	J	J	J	B	J	D	J	J	J	J
59	菜籽油	G	G	Y	G	G	G	G	G	G	G	G	B	G	G	G	G	B	B
60	松香油	W	I	Y	I	B	W	W	I	W	W	W	B	I	I	I	W	W	W
61	松香溶液	R	R	Y	R	R	R	R	R	R	R	R	B	R	R	R	R	R	R
62	红花油	B	G	B	G	B	G	G	G	G	B	B	B	G	G	G	G	B	B
63	芝麻油	B	G	B	G	B	G	G	G	G	B	B	B	G	G	G	G	B	B
64	壳牌溶胶	D	F	Y	D	D	F	F	F	F	F	F	B	F	D	D	F	F	F
65	浅色无定形蜡	I	I	C	I	I	I	I	I	I	I	I	C	I	I	I	I	I	I
66	溶剂油	F	D	Y	D	D	F	F	F	F	F	F	B	F	D	D	F	F	F
67	豆油	G	G	B	G	B	G	G	G	G	G	G	B	G	G	G	G	G	G
68	鲸蜡油	C	I	C	I	I	I	I	I	I	C	I	C	I	I	I	I	I	I
69	苯乙烯单体	S	S	B	S	S	S	S	S	S	S	S	B	S	S	S	S	S	S
70	SURFONIC	E	E	B	E	E	E	E	E	E	E	E	B	E	E	E	E	E	E
71	合成橡胶	O	O	O	O	O	O	O	O	O	O	O	O	O	O	O	O	O	O
72	妥尔油	C	I	C	I	I	I	I	I	I	C	I	C	I	I	I	I	I	I
73	脂（动物）	C	I	C	I	I	I	I	I	I	C	I	C	I	I	I	I	I	I
74	界面活性剂	E	E	B	E	E	E	E	E	E	E	E	B	E	E	E	E	E	E
75	TEXANOL	H	H	B	H	H	H	H	H	H	H	H	B	H	H	H	H	H	H
76	甲苯（TOLUENE）	C	C	B	B	C	C	C	B	C	C	C	B	C	C	C	C	C	C
77	甲苯（TOLUOL）	C	C	B	B	C	C	C	B	C	C	C	B	C	C	C	C	C	C
78	桐油	G	G	B	G	G	G	G	G	G	G	G	B	G	G	G	G	G	G
79	松木油	G	G	B	G	G	G	G	G	G	G	G	B	G	G	G	G	G	G
80	VERSENE	D	D	B	D	D	D	D	D	D	D	D	B	D	D	D	D	D	D
81	植物油	C	I	C	I	I	I	I	I	I	C	I	C	I	I	I	I	I	I

序号	产品	19	20	21	22	23	24	25	26	27	28	29	30	31	32	33	34	35	36
82	VORANOL	I	I	C	I	I	I	I	I	I	C	I	I	I	I	I	I	I	I
83	鲸油	G	G	B	G	G	G	G	G	G	G	G	B	G	G	G	G	G	G
84	白油溶剂	I	E	B	E	E	F	F	I	F	I	I	B	F	E	E	F	I	I
85	酒	C	C	Y	C	B	C	C	C	C	C	C	B	C	C	C	C	C	C
86	二甲苯	C	B	Y	C	B	C	C	C	C	C	C	B	C	C	C	C	C	C
87	（混合）二甲苯	C	B	Y	C	B	C	C	C	C	C	C	B	C	C	C	C	C	C

表 7-3 清洗程序索引（3）

序号	产品	37	38	39	40	41	42	43	44	45	46	47	48	49	50	51	52	53	54
1	丙酮	B	B	B	B	B	B	B	B	B	B	B	B	B	B	B	B	B	B
2	酸油	I	I	I	I	I	I	I	I	I	I	I	I	I	I	I	I	I	I
3	丙烯酸	B	B	B	B	B	B	B	B	B	B	B	B	B	B	B	B	B	B
4	芳香族提炼物	N	N	N	N	N	N	N	N	N	N	N	N	N	N	N	N	N	N
5	航空汽油（含铅的）	V	V	V	V	V	B	B	V	V	V	B	V	V	V	V	B	V	V
6	航空汽油（不含铅的）	T	T	T	T	B	B	T	T	T	B	T	T	T	T	B	T	T	T
7	航空油	J	J	J	J	J	J	J	J	J	D	J	J	J	J	D	J	J	J
8	杏仁油	I	I	I	I	I	I	I	I	I	I	I	I	I	I	I	I	I	I
9	苯	C	C	C	C	C	C	C	C	C	C	C	C	C	C	C	C	C	C
10	醋酸丁脂	E	E	E	E	D	D	E	D	D	E	E	E	D	D	E	D	E	D
11	丁醇	E	E	E	E	D	D	E	D	D	E	E	E	D	D	E	D	E	D
12	樟脑油	I	I	I	I	I	I	I	I	I	I	I	I	I	I	I	I	I	I
13	碳黑原料	W	W	W	W	L	L	W	L	L	L	W	W	L	W	L	L	L	L
14	四氯化碳	F	F	F	F	F	F	F	F	F	F	F	A	F	F	F	F	F	F
15	漆树实油	I	I	I	I	I	I	I	I	I	I	I	I	I	I	I	I	I	I
16	甲醇	A	A	A	A	A	A	A	A	A	A	A	A	A	A	A	A	A	A
17	苛性钠溶液	E	E	E	E	E	E	E	E	E	E	E	E	E	E	E	E	E	E
18	椰子油	I	I	I	I	I	I	I	I	I	I	I	I	I	I	I	I	I	I
19	鳕鱼肝油	G	G	G	G	G	G	G	G	G	G	G	G	G	G	G	G	G	G
20	杂酚油	P	P	P	P	P	P	P	P	P	P	P	P	P	P	P	P	P	P
21	原油	W	W	W	W	L	L	W	L	L	L	W	W	L	W	L	L	L	L
22	异丙基苯	F	F	F	F	F	F	F	F	F	F	F	F	F	F	F	F	F	F
23	柴油	F	H	H	F	C	C	J	F	J	F	H	F	J	F	C	C	F	J
24	二甘醇（防冻）	C	C	C	C	C	C	C	C	C	C	C	C	C	C	C	C	C	C
25	乙醇	A	A	A	A	A	A	A	A	A	A	A	A	A	A	A	A	A	A
26	乙苯	C	C	C	C	C	C	C	C	C	C	C	C	C	C	C	C	C	C
27	巳二胺	M	M	M	M	M	M	M	M	M	M	M	M	M	M	M	M	M	M

序号	产　品	37	38	39	40	41	42	43	44	45	46	47	48	49	50	51	52	53	54
28	鱼油	G	G	G	G	G	G	G	G	G	G	G	G	G	G	G	G	G	G
29	脂肪酸/醇	I	I	I	I	I	I	I	I	I	I	I	I	I	I	I	I	I	I
30	燃料油	W	W	W	W	L	L	L	L	L	L	W	W	L	W	L	L	L	L
31	糠醛	T	T	T	T	T	T	T	T	T	T	T	T	T	T	T	T	T	T
32	瓦斯油	F	H	H	F	C	C	J	F	J	C	H	F	J	F	C	C	F	J
33	汽油	T	T	T	T	B	B	J	T	J	B	T	T	T	T	B	T	T	J
34	甘油	C	C	C	C	C	C	C	C	C	C	C	C	C	C	C	C	C	C
35	牛油	I	I	I	I	I	I	I	I	I	I	I	I	I	I	I	I	I	I
36	花生蛋白油	G	G	G	G	G	G	B	G	B	G	G	G	G	G	G	G	G	B
37	庚烷		A	B	A	A	A	B	A	B	A	B	C	B	A	A	B	A	B
38	乙烷	A		B	A	A	A	B	A	B	A	B	C	B	A	A	B	A	B
39	异丁醇	D	D		D	D	D	D	D	D	D	D	D	D	D	D	D	D	D
40	异构烷烃	D	D	F		D	D	F	F	F	D	F	C	F	D	D	F	D	F
41	喷气式发动机燃料	F	H	H	F		C	V	F	V	C	H	V	V	F	C	C	F	V
42	煤油	F	H	H	F	C		J	F	J	C	H	F	J	F	C	C	F	J
43	猪油	I	I	I	I	I	I		I	I	I	I	I	I	I	I	I	I	I
44	乳汁	O	O	O	O	O	O	O		O	O	O	O	O	O	O	O	O	O
45	亚麻子油	G	G	G	G	G	G	B	G		G	G	G	G	G	G	G	G	B

序号	产　品	37	38	39	40	41	42	43	44	45	46	47	48	49	50	51	52	53	54
46	润滑油	J	J	J	J	J	J	J	J	J		J	J	J	J	D	J	J	J
47	甲醇	A	A	A	A	A	A	A	A	A	A		A	A	A	A	A	A	A
48	二氯甲烷	F	F	F	F	F	F	F	F	F	F	F		F	F	F	F	F	F
49	糖蜜	K	K	K	K	D	D	D	D	D	D	K	K		D	D	D	K	D
50	萘	P	P	P	P	P	P	P	P	P	P	P	P	P		P	P	P	P
51	环烷馏出物	J	J	J	J	J	J	J	J	J	D	J	J	J	J		J	J	J
52	环烷酸	B	B	B	B	B	B	B	B	B	B	B	B	B	B	B		B	B
53	烯烃类	I	I	F	I	D	D	F	F	F	D	F	F	F	D	F	D		F
54	棕榈油	I	I	I	I	I	I	I	I	I	I	I	I	I	I	I	I	I	
55	石蜡	J	J	J	J	J	J	J	J	J	D	J	J	J	J	D	J	J	J
56	酚	D	D	D	D	D	D	D	D	D	D	D	D	D	D	D	D	D	D
57	松木油	G	G	G	G	G	G	G	G	G	G	G	G	G	G	G	G	G	G
58	精炼油	J	J	J	J	J	J	J	J	J	D	J	J	J	J	D	J	J	J
59	菜籽油	G	G	G	G	G	G	B	G	B	G	G	G	G	G	G	G	G	B
60	松香油	W	W	I	W	I	I	W	W	W	W	W	W	W	I	W	W	W	W
61	松香溶液	R	R	R	R	R	R	R	R	R	R	R	R	R	R	R	R	R	R
62	红花油	G	G	G	G	G	G	B	G	B	G	G	G	G	G	G	G	G	B
63	芝麻油	G	G	G	G	G	G	G	G	B	G	G	G	G	G	G	G	G	B
64	壳牌溶胶	D	D	F	D	D	D	F	F	F	D	F	F	F	D	D	F	D	F
65	浅色无定形蜡	I	I	I	I	I	I	I	I	I	I	I	I	I	I	I	I	I	I

序号	产　品	37	38	39	40	41	42	43	44	45	46	47	48	49	50	51	52	53	54
66	溶剂油	D	D	F	D	D	D	F	F	F	D	F	F	F	D	D	F	D	F
67	豆油	G	G	G	G	G	G	G	G	G	G	G	G	G	G	G	G	G	G
68	鲸蜡油	I	I	I	I	I	I	I	I	I	I	I	I	I	I	I	I	I	I
69	苯乙烯单体	S	S	S	S	S	S	S	S	S	S	S	S	S	S	S	S	S	S
70	SURFONIC	E	E	E	E	E	E	E	E	E	E	E	E	E	E	E	E	E	E
71	合成橡胶	O	O	O	O	O	O	O	O	O	O	O	O	O	O	O	O	O	O
72	妥尔油	I	I	I	I	I	I	I	I	I	I	I	I	I	I	I	I	I	I
73	脂（动物）	I	I	I	I	I	I	I	I	I	I	I	I	I	I	I	I	I	I
74	界面活性剂	E	E	E	E	E	E	E	E	E	E	E	E	E	E	E	E	E	E
75	TEXANOL	H	H	H	H	H	H	H	H	H	H	H	H	H	H	H	H	H	H
76	甲苯（TOLUENE）	C	C	C	C	C	C	C	C	C	C	C	C	C	C	C	C	C	C
77	甲苯（TOLUOL）	C	C	C	C	C	C	C	C	C	C	C	C	C	C	C	C	C	C
78	桐油	G	G	G	G	G	G	G	G	G	G	G	G	G	G	G	G	G	G
79	松木油	G	G	G	G	G	G	G	G	G	G	G	G	G	G	G	G	G	G
80	VERSENE	D	D	D	D	D	D	D	D	D	D	D	D	D	D	D	D	D	D
81	植物油	I	I	I	I	I	I	I	I	I	I	I	I	I	I	I	I	I	I
82	VORANOL	I	I	I	I	I	I	I	I	I	I	I	I	I	I	I	I	I	I
83	鲸油	G	G	G	G	G	G	G	G	G	G	G	G	G	G	G	G	G	G
84	白油溶剂	F	F	F	F	E	E	I	E	I	E	F	F	I	I	E	E	F	I
85	酒	C	C	C	C	C	C	C	C	C	C	C	C	C	C	C	C	C	C
86	二甲苯	C	C	C	C	C	C	C	C	C	C	C	C	C	C	C	C	C	C
87	（混合）二甲苯	C	C	C	C	C	C	C	C	C	C	C	C	C	C	C	C	C	C

表 7-4　清洗程序索引（4）

序号	产　品	55	56	57	58	59	60	61	62	63	64	65	66	67	68	69	70	71	72
1	丙酮	B	B	B	B	B	B	B	B	B	B	B	B	B	B	B	B	B	B
2	酸油	I	I	I	I	I	I	I	I	I	I	I	I	I	I	I	I	I	I
3	丙烯酸	B	B	B	B	B	B	B	B	B	B	B	B	B	B	B	B	B	B
4	芳香族提炼物	N	N	N	N	N	N	N	N	N	N	N	N	N	N	N	N	N	N
5	航空汽油（含铅的）	V	V	V	B	V	V	V	V	V	V	V	V	V	V	V	V	V	V
6	航空汽油（不含铅的）	T	T	T	B	T	T	T	T	T	T	T	B	T	T	T	T	T	T
7	航空油	J	J	J	D	J	J	J	J	J	J	J	J	J	J	J	J	J	J
8	杏仁油	I	I	I	I	I	I	I	I	I	I	I	I	I	I	I	I	I	I
9	苯	C	C	C	C	C	C	C	C	C	C	C	C	C	C	C	C	C	C
10	醋酸丁脂	E	E	D	E	E	E	E	D	D	E	D	E	D	D	E	E	E	E
11	丁醇	E	E	D	E	E	E	E	D	D	E	D	E	D	D	E	E	E	E
12	樟脑油	I	I	I	I	I	I	I	I	I	I	I	I	I	I	I	I	I	I
13	碳黑原料	W	W	W	L	L	W	L	L	L	W	L	W	L	L	W	W	L	L
14	四氯化碳	F	F	F	F	F	F	F	F	F	F	F	F	F	F	F	F	F	F

15	漆树实油	I	I	I	I	I	I	I	I	I	I	I	I	I	I	I	I	I	I
16	甲醇	A	A	A	A	A	A	A	A	A	A	A	A	A	A	A	A	A	A
17	苛性钠溶液	E	E	E	E	E	E	E	E	E	E	E	E	E	E	E	E	E	E
18	椰子油	I	I	I	I	I	I	I	I	I	I	I	I	I	I	I	I	I	I
19	鳕鱼肝油	G	G	G	G	G	G	G	G	G	G	G	G	G	B	G	G	G	G
20	杂酚油	P	P	P	P	P	P	P	P	P	P	P	P	P	P	P	P	P	P
21	原油	L	W	W	L	L	L	L	W	W	W	L	W	L	L	W	W	L	L
22	异丙基苯	F	F	F	F	F	F	F	F	F	F	F	F	F	F	F	F	F	F
23	柴油	F	F	F	C	J	F	C	J	J	F	J	C	J	J	F	F	F	J
24	二甘醇(防冻)	C	C	C	C	C	C	C	C	C	C	C	C	C	C	C	C	C	C
25	乙醇	A	A	A	A	A	A	A	A	A	A	A	A	A	A	A	A	A	A
26	乙苯	C	C	C	C	C	C	C	C	C	C	C	C	C	C	C	C	C	C
27	已二胺	M	M	M	M	M	M	M	M	M	M	M	M	M	M	M	M	M	M
28	鱼油	G	G	G	G	G	G	G	G	G	G	G	G	G	G	G	G	G	G
29	脂肪酸/醇	I	I	I	I	I	I	I	I	I	I	I	I	I	I	I	I	I	I
30	燃料油	W	W	W	L	L	W	L	L	L	W	L	W	L	L	W	W	L	L
31	糠醛	T	T	T	T	T	T	T	T	T	T	T	T	T	T	T	T	T	T
32	瓦斯油	F	F	F	C	J	F	C	J	J	F	J	C	J	J	F	F	F	J
33	汽油	T	T	T	B	J	T	T	J	J	T	J	B	J	J	T	T	T	J
34	甘油	C	C	C	C	C	C	C	C	C	C	C	C	C	C	C	C	C	C
35	牛油	I	I	I	I	I	I	I	I	I	I	I	I	I	I	I	I	I	I
36	花生蛋白油	G	G	G	G	B	G	G	B	B	G	B	G	B	B	G	G	G	B
37	庚烷	A	A	A	A	B	A	A	B	B	A	B	A	B	B	B	B	A	B
38	乙烷	A	A	A	A	B	A	A	B	B	A	B	A	B	B	B	B	A	B
39	异丁醇	D	D	D	D	D	D	D	D	D	D	D	D	D	D	D	D	D	D
40	异构烷烃	D	F	D	D	F	D	D	F	F	D	F	D	F	F	F	F	F	F
41	喷气式发动机燃料	F	F	F	C	V	F	C	V	V	F	V	C	V	V	F	F	F	V
42	煤油	F	F	F	C	J	F	C	J	J	F	J	C	J	J	F	F	F	J
43	猪油	I	I	I	I	I	I	I	I	I	I	I	I	I	I	I	I	I	I
44	乳汁	O	O	O	O	O	O	O	O	O	O	O	O	O	O	O	O	O	O
45	亚麻子油	G	G	G	G	G	G	G	B	B	G	B	G	B	B	G	G	G	B

序号	产 品	55	56	57	58	59	60	61	62	63	64	65	66	67	68	69	70	71	72
46	润滑油	J	J	J	D	J	J	J	J	J	J	J	J	J	J	J	J	J	J
47	甲醇	A	A	A	A	A	A	A	A	A	A	A	A	A	A	A	A	A	A
48	二氯甲烷	F	F	F	F	F	F	F	F	F	F	F	F	F	F	F	F	F	F
49	糖蜜	D	D	D	D	D	D	K	D	D	K	D	D	D	D	K	D	D	D
50	萘	P	P	P	P	P	P	P	P	P	P	P	P	P	P	P	P	P	P
51	环烷馏出物	J	J	J	D	J	J	J	J	J	J	J	J	J	J	J	J	J	J
52	环烷酸	B	B	B	B	B	B	B	B	B	B	B	B	B	B	B	B	B	B

53	烯烃类	D	F	D	D	F	D	D	F	F	I	F	D	F	F	F	F	F	F
54	棕榈油	I	I	I	I	I	I	I	I	I	I	I	I	I	I	I	I	I	I
55	石蜡		J	J	D	J	J	J	J	J	J	J	J	J	J	J	J	J	J
56	酚	D		D	D	D	D	D	D	D	D	D	D	D	D	D	D	D	D
57	松木油	G	G		G	G	G	G	G	G	G	G	G	G	G	G	G	G	G
58	精炼油	J	J	J		J	J	J	J	J	J	J	J	J	J	J	J	J	J
59	菜籽油	G	G	G	G		G	G	B	B	G	B	G	B	B	G	G	G	B
60	松香油	W	I	W	W	W		I	W	W	W	W	I	W	W	I	W	W	W
61	松香溶液	R	R	R	R	R	R		R	R	R	R	R	R	R	R	R	R	R
62	红花油	G	G	G	G	B	G	G		B	G	B	G	B	B	G	G	G	B
63	芝麻油	G	G	G	G	B	G	G	B		G	B	G	B	B	G	B	G	B
64	壳牌溶胶	D	F	D	D	F	D	D	F	F		F	D	F	F	F	F	F	F
65	浅色无定形蜡	I	I	I	I	I	I	I	I	I	I		I	I	I	I	I	I	I
66	溶剂油	D	F	D	D	F	D	D	F	F	F	F		F	F	F	F	F	F
67	豆油	G	G	G	G	G	G	G	G	G	G	G	G		G	G	G	G	G
68	鲸蜡油	I	I	I	I	I	I	I	I	I	I	I	I	I		I	I	I	I
69	苯乙烯单体	S	S	S	S	S	S	S	S	S	S	S	S	S	S		S	S	S
70	SURFONIC	E	E	E	E	E	E	E	E	E	E	E	E	E	E	E		E	E
71	合成橡胶	O	O	O	O	O	O	O	O	O	O	O	O	O	O	O	O		O
72	妥尔油	I	I	I	I	I	I	I	I	I	I	I	I	I	I	I	I	I	
73	脂（动物）	I	I	I	I	I	I	I	I	I	I	I	I	I	I	I	I	I	I
74	界面活性剂	E	E	E	E	E	E	E	E	E	E	E	E	E	E	E	E	E	E
75	TEXANOL	H	H	H	H	H	H	H	H	H	H	H	H	H	H	H	H	H	H
76	甲苯（TOLUENE）	C	C	C	C	C	C	C	C	C	C	C	C	C	C	C	C	C	C
77	甲苯（TOLUOL）	C	C	C	C	C	C	C	C	C	C	C	C	C	C	C	C	C	C
78	桐油	G	G	G	G	G	G	G	G	G	G	G	G	G	G	G	G	G	G
79	松木油	G	G	G	G	G	G	G	G	G	G	G	G	G	G	G	G	G	G
80	VERSENE	D	D	D	D	D	D	D	D	D	D	D	D	D	D	D	D	D	D
81	植物油	I	I	I	I	I	I	I	I	I	I	I	I	I	I	I	I	I	I
82	VORANOL	I	I	I	I	I	I	I	I	I	I	I	I	I	I	I	I	I	I
83	鲸油	G	G	G	G	G	G	G	G	G	G	G	G	G	G	G	G	G	G
84	白油溶剂	E	I	E	E	I	E	I	I	I	I	I	E	I	I	F	I	E	I
85	酒	C	C	C	C	C	C	C	C	C	C	C	C	C	C	C	C	C	C
86	二甲苯	C	C	C	C	C	C	C	C	C	C	C	C	C	C	C	C	C	C
87	（混合）二甲苯	C	C	C	C	C	C	C	C	C	C	C	C	C	C	C	C	C	C

表 7-5　清洗程序索引（5）

序号	产　品	73	74	75	76	77	78	79	80	81	82	83	84	85	86	87
1	丙酮	B	B	B	B	B	B	B	B	B	B	B	B	B	B	B
2	酸油	I	I	I	I	I	I	I	I	I	I	I	I	I	I	I
3	丙烯酸	B	B	B	B	B	B	B	B	B	B	B	B	B	B	B
4	芳香族提炼物	N	N	N	N	N	N	N	N	N	N	N	N	N	N	N
5	航空汽油（含铅的）	V	V	V	V	V	V	V	V	V	V	V	V	V	V	V
6	航空汽油（不含铅的）	T	T	T	T	T	T	T	T	T	T	T	T	T	T	T
7	航空油	J	J	J	J	J	J	J	J	J	J	J	J	J	J	J
8	杏仁油	I	I	I	I	I	I	I	I	I	I	I	I	I	I	I
9	苯	C	C	C	C	C	C	C	C	C	C	C	C	C	C	C
10	醋酸丁脂	D	D	E	E	E	D	D	E	E	E	D	E	E	E	E
11	丁醇	D	D	E	E	E	D	D	E	E	E	D	E	E	E	E
12	樟脑油	I	I	I	I	I	I	I	I	I	I	I	I	I	I	I
13	炭黑	L	W	W	W	W	W	L	W	W	W	W	W	W	W	W
14	四氯化碳	F	F	F	F	F	F	F	F	F	F	F	F	F	F	F
15	漆树实油	I	I	I	I	I	I	I	I	I	I	I	I	I	I	I
16	甲醇	A	A	A	A	A	A	A	A	A	A	A	A	A	A	A
17	苛性钠溶液	E	E	E	E	E	E	E	E	E	E	E	E	E	E	E
18	椰子油	I	I	I	I	I	I	I	I	I	I	I	I	I	I	I
19	鳕鱼肝油	G	G	G	G	G	G	G	G	G	G	G	G	G	G	G
20	杂酚油	P	P	P	P	P	P	P	P	P	P	P	P	P	P	P
21	原油	L	W	W	W	W	W	L	W	W	W	W	W	W	W	W
22	异丙基苯	F	F	F	F	F	F	F	F	F	F	F	F	F	F	F
23	柴油	J	F	F	F	F	J	E	F	J	F	J	C	J	F	F
24	二甘醇（防冻）	C	C	C	C	C	C	C	C	C	C	C	C	C	C	C
25	乙醇	A	A	A	A	A	A	A	A	A	A	A	A	A	A	A
26	乙苯	C	C	C	B	B	C	C	C	C	C	C	C	C	B	B
27	已二胺	M	M	M	M	M	M	M	M	M	M	M	M	M	M	M
28	鱼油	G	G	G	G	G	G	G	G	G	G	B	G	G	G	G
29	脂肪酸/醇	I	I	I	I	I	I	I	I	I	I	I	I	I	I	I
30	燃料油	L	W	W	W	W	W	L	W	L	W	W	W	W	W	W
31	糠醛	T	T	T	T	T	T	T	T	T	T	T	T	T	T	T
32	瓦斯油	J	F	F	F	F	J	F	F	J	F	J	C	J	F	F
33	汽油	J	T	T	T	T	J	T	T	J	T	J	B	T	T	T
34	甘油	C	C	C	C	C	C	C	C	C	C	C	C	C	C	C
35	牛油	I	I	I	I	I	I	I	I	I	I	I	I	I	I	I
36	花生蛋白油	B	G	G	G	G	B	G	G	B	G	B	G	G	G	G
37	庚烷	B	B	A	B	B	B	A	B	B	B	B	A	B	B	B
38	乙烷	B	B	A	B	B	B	A	B	B	B	B	A	B	B	B
39	异丁醇	D	D	D	D	D	D	D	D	D	D	D	D	D	D	D

序号	产品	73	74	75	76	77	78	79	80	81	82	83	84	85	86	87
40	异构烷烃	F	F	F	F	F	F	D	F	F	F	F	D	F	F	F
41	喷气式发动机燃料	V	F	F	F	F	V	F	F	V	F	V	C	V	F	F
42	煤油	J	F	F	F	F	J	F	F	J	F	J	C	J	F	F
43	猪油	I	I	I	I	I	I	I	I	I	I	I	I	I	I	I
44	乳汁	O	O	O	O	O	O	O	O	O	O	O	O	O	O	O
45	亚麻子油	B	G	G	G	G	B	G	G	B	G	B	G	G	G	G

序号	产品	73	74	75	76	77	78	79	80	81	82	83	84	85	86	87
46	润滑油	J	J	J	J	J	J	J	J	J	J	J	J	J	J	J
47	甲醇	A	A	A	A	A	A	A	A	A	A	A	A	A	A	A
48	二氯甲烷	F	F	F	F	F	F	F	F	F	F	F	F	F	F	F
49	糖蜜	D	D	K	K	K	K	D	K	D	K	D	D	K	K	K
50	萘	P	P	P	P	P	P	P	P	P	P	P	P	P	P	P
51	环烷馏出物	J	J	J	J	J	J	J	J	J	J	J	J	J	J	J
52	环烷酸	B	B	B	B	B	B	B	B	B	B	B	B	B	B	B
53	烯烃类	F	F	F	F	F	F	D	F	F	F	F	I	F	F	F
54	棕榈油	I	I	I	I	I	I	I	I	I	I	I	I	I	I	I
55	石蜡	J	J	J	J	J	J	J	J	J	J	J	J	J	J	J
56	酚	D	D	D	D	D	D	D	D	D	D	D	D	D	D	D
57	松木油	G	G	G	G	G	G	G	G	G	G	G	G	G	G	G
58	精炼油	J	J	J	J	J	J	J	J	J	J	J	J	J	J	J
59	菜籽油	B	G	G	G	G	B	G	G	B	G	B	G	G	G	G
60	松香油	W	W	W	I	I	W	W	W	W	W	W	W	W	I	I
61	松香溶液	R	R	R	R	R	R	R	R	R	R	R	R	R	R	R
62	红花油	B	G	G	G	G	B	G	G	B	G	B	G	G	G	G
63	芝麻油	B	G	G	G	G	B	G	G	B	G	G	G	G	G	G
64	壳牌溶胶	F	F	F	F	F	F	D	F	F	F	F	F	F	F	F
65	浅色无定形蜡	I	I	I	I	I	I	I	I	I	I	I	I	I	I	I
66	溶剂油	F	F	F	F	F	D	F	F	F	F	F	D	F	F	F
67	豆油	G	G	G	G	G	G	G	G	G	G	G	G	G	G	G
68	鲸蜡油	I	I	I	I	I	I	I	I	I	I	I	I	I	I	I
69	苯乙烯单体	S	S	S	S	S	S	S	S	S	S	S	S	S	S	S
70	SURFONIC	E	E	E	E	E	E	E	E	E	E	E	E	E	E	E
71	合成橡胶	O	O	O	O	O	O	O	O	O	O	O	O	O	O	O
72	妥尔油	I	I	I	I	I	I	I	I	I	I	I	I	I	I	I
73	脂（动物）		I	I	I	I	I	I	I	I	I	I	I	I	I	I
74	界面活性剂	E		E	E	E	E	E	E	E	E	E	E	E	E	E
75	TEXANOL	H	H		H	H	H	H	H	H	H	H	H	H	H	H

76	甲苯（TOLUENE）	C	C	C		C	C	C	C	C	C	C	C	C	C	C
77	甲苯（TOLUOL）	C	C	C	C		C	C	C	C	C	C	C	C	C	C
78	桐油	G	G	G	G	G		G	G	G	G	G	G	G	G	G
79	松木油	G	G	G	G	G	G		G	G	G	G	G	G	G	G
80	VERSENE	D	D	D	D	D	D	D		D	D	D	D	D	D	D
81	植物油	I	I	I	I	I	I	I	I		I	I	I	I	I	I
82	VORANOL	I	I	I	I	I	I	I	I	I		I	I	I	I	I
83	鲸油	G	G	G	G	G	G	G	G	G	G		G	G	G	G
84	白油溶剂	I	I	F	F	F	F	E	I	F	F	I		F	F	F
85	酒	C	C	C	C	C	C	C	C	C	C	C	C		C	C
86	二甲苯	C	C	C	B	B	C	C	C	C	C	C	C	C		C
87	（混合）二甲苯	C	C	C	B	B	C	C	C	C	C	C	C	C	C	

思考题

1. 水洗舱注意事项是什么?
2. 四种舱气类型中的水洗舱措施是什么?

第三节　原油洗舱

要　点

原油洗舱装置是在油船卸油时引用部分货油对油舱进行清洗的一种新的洗舱设备装置。国际公约对原油洗舱的要求，原油洗舱的目的，以及原油洗舱操作和注意事项。

必备知识

一、概述

（一）原油洗舱的意义

原油洗舱是指利用本船所载的一部分原油作为洗舱介质，通过固定式洗舱机以较高压力喷射到货油舱内结构表面，依靠冲击力和原油自身的溶解作用，把附着在油舱内壁及舱底和水平结构上的沉淀物，如沥青、蜡质、胶质和杂质冲掉，使其重新溶解在原油中，随货油一起卸到岸上。原油洗舱操作通常是在卸货期间或由第一卸货港开往下个卸货港的航行途中进行。

原油开采出来经过初步加工后再装上船舶，其中含有大量水、杂质和沉淀物，特别是装自海上采油平台的原油。在长途运输过程中，杂质和沉淀物慢慢积存在货油舱底，到港卸货时无法排出，甚至通过海水洗舱也不能彻底清除。后来人们认识到传统的洗舱方法不能解决这一问题，经过试验发现原油本身也是最佳的溶剂，于是开始研究利用原油洗舱的方法，并付诸行动，直到发展现行的原油洗舱操作。

原油洗舱可以减少船上积存的油污；保持货油原来的质量；增加卸货数量；增加装货数量；减少水洗舱次数和时间；减少对海洋环境的污染机会。但是原油洗舱也带来了船员在卸货期间的工作量增加；卸货时间增加和油污的风险。

早在20世纪70年代初，船东采用原油洗舱主要是基于商业目的—即可以得到更多的货物输出，尽可能多地减少船上留存的货油量，并可消除液货舱中淤泥的生产和减少液货舱的腐蚀。依照 MARPOL 公约和油船安全和防污规则（TSPP），原油洗舱被有分隔压载舱的油船所接受，从而减少了货油舱的油污染。

（二）原油洗舱的历史背景

通常运输的原油，除主要成分碳氢化合物外，还含有硫化氢、石蜡、沥青等重质有机物和泥渣。在船舶装运途中，这些重质有机物和泥渣会渐渐地沉淀在舱底和水平构件上。卸货结束后，这些物质成为残油，久而久之，变成油脚而大量堆积在舱内。

以前洗舱时都是用海水。为了在油船坞修时将油渣、油脚等完全洗除并卸到岸上，仅凭海水洗舱需要花很多费用和时间。随着船体的巨型化，争取油船的营运时间和缩短停船时间是油船公司需要解决的紧迫问题。

20世纪70年代初期，美国埃克森（EXXON）公司开始试验使用石脑油溶解舱底油脚，作为原油油舱清洗油脚的方法，取得令人满意的效果。但是，这种洗舱方法要浪费大量的石脑油。为此，该公司于1974年利用本公司的船舶开始试验用装载的原油取代石脑油，在卸货的同时进行洗舱，取得同样的良好效果。与此同时，英国石油公司（BP）在1972年也着手对原油洗舱进行了研究，并于当年9月和11月分别在本公司的船上进行实船试验，其结果良好。之后，1973年1月，一艘在日本千叶、德山两港口卸油的该公司巨型油船，为了尽快进厂坞修，在卸货时和由千叶开往德山港的途中进行原油洗舱，获得了可观的效果。在当时，固定式洗舱机和惰性气体系统都已经安装在大型原油船上，因此不必担心在洗舱时由飞沫等引起静电的放电危险。

美国埃克森公司和英国石油公司都在1974年内结束了原油洗舱的试验。并于1975年制定了原油洗舱的操作手册，且对定期航行的油船也开始要求实施原油洗舱。1975年8月，日本海上保安厅也以内部通报的形式公布了《原油洗舱和卸货安全指导书》作为标准，并允许在日本国内船上采取这一技术。

1978年2月，国际海事组织（IMO）召开了“关于油船安全和防止海洋污染”的联席会议，以法规的形式规定了新造原油船必须设置专用压载舱（SBT）和原油洗舱设备。

1983年7月，我国大连远洋运输公司所属的6万吨级原油船“昆明湖”号首次在日本姬鹿港实施原油洗舱。其后，原油洗舱技术开始在我国推广实施。

（三）原油洗舱的特点

对于原油船来讲，用原油作为洗舱介质与只用海水作为清洗介质相比较，在防止海洋污染和经济性方面都有显著的优越性。

1. 减少残油量

由于在卸货的同时已进行了原油洗舱，使粘着在货油舱内表面及舱底的油渣被清除干净，并同货油一起卸到了岸上，因而，较过去传统的卸货方法，残油量大幅度减少。以总吨为 215 000 t 的超大型油船（VLCC）为例，用传统的卸货方法残油量可达到 1 000～2 000 t；而经原油洗舱后则减少到 300 t 左右。

2. 消除了油脚，增加了载货量

在过去，因货油舱内舱底的残油、油渣等长时间大量堆积，形成了一定的油脚，在计量油数时，要将油脚扣除，因而损失了大量的舱容。通过原油洗舱，使舱内没有机会产生油脚，从而增加了载货量。

3. 防止海洋污染

原油洗舱后，舱底油脚和残油减少，使为清洁压载或修理等目的进行的海水洗舱作业时间缩短，于是含油污水和乳浊液的存量都大为减少，从而污染海洋的程度比以前大幅度降低。

4. 减少进坞前海水洗舱时间和费用

过去油船进坞前只用海水洗舱，再进行掏舱。然后将大量的污油水和掏出的油渣等处理给污油水船或排到岸上。这样做除花费了大量的时间、人力和物力外，还有巨额的处理费用。如果用原油洗舱，即可去除用海水难以洗除的油渣，减少洗、掏舱工作量，缩短洗、掏舱时间，又可节省大量的处理费用。同时，因清洗比较彻底，舱内没有残留油渣，又避免和减少碳氢气体的形成。故修理时不易发生火灾和爆炸事故。

5. 可减少舱内构件的腐蚀

用海水洗舱后，舱内处于高温高湿状态，很容易发生腐蚀；而原油洗舱减少了海水与舱壁接触的机会，从而使腐蚀作用大大降低。

6. 卸货时间加长

由于受船舶锅炉的限制，在最初的洗舱阶段，一方面用于原油洗舱作业，另一方面又用于卸货作业，因而降低了卸货效率。其次，在洗舱/卸货的最后阶段，因洗舱介质是货油本身，且在洗舱的任何阶段都必须保证洗舱管路的压力和用于扫舱的喷射泵的驱动压力，因而需要一定量的新鲜货油在船上以用来洗舱，以至于必然降低卸货速度。其结果是同样延误了卸货时间，以 65 000 t 油船为例，若进行原油洗舱卸货一般要延长 5 h 左右。

另外，因为在卸货期间额外增加了原油洗舱作业，因而增加了船员的劳动量。

二、国际公约对原油洗舱的要求

（一）原油洗舱操作及设备手册

根据 MARPOL 73/78 公约附则 1（13B 款）的要求，实行原油洗舱的船舶，必须拥有经管理当局批准的《原油洗舱操作及设备手册》（COW Operations and Equipment Manual）。该手册为船员正确操作原油洗舱和 PSC 检查官上船检查提供程序指导，并且必须符合公约要求的固定格式。

主要内容包括：

（1）原油洗舱系统的设计、操作和控制的修订条款要求。

（2）原油洗舱系统管系图。

（3）原油洗舱系统及操作说明、设备参数。

（4）漏油的危险及预防。

（5）惰气的使用及控制。

（6）防静电措施。

（7）人员要求。

（8）联络方式。

（9）适用原油洗舱的货油要求。

（10）原油洗舱检查单。

（11）原油洗舱方法及程序。

（12）典型的原油洗舱程序。

（13）货油舱放残的方法。

（14）货油泵及管线放残的方法和顺序。

（15）典型的压载程序及防止烃气扩散的方法。

（16）遵守国际船舶防止污染的程序。

（17）设备的检查与保养。

（18）货油为原油转换为成品油的程序。

（二）对原油洗舱设备的要求

1. 管系（Piping）

（1）管系及各阀应为钢质或类似强度的材料并适当连接，能够适应需要的压力强度要求。若为铸铁材料，应能允许最大 1.57 MPa（16 kgf/cm^2）的工作压力。

（2）管系应为永久固定型，并独立于其他管系。

（3）管路上的高压安全阀释放货油应回流到货油泵的吸口。

（4）所有管路上连接的压力表或其他仪表应装有截止阀。

（5）所有洗舱系统的组成部分不应安装在机舱，原油洗舱时洗舱加热器应完全有效隔离。

（6）管系安装后应按 1.5 倍工作压力进行试压。

2. 洗舱机（Tank washing machines）

（1）应为固定式洗舱机并已获得相关机构的认可。

（2）洗舱机舱内固定应获得相关机构的认可。

（3）洗舱机的数量和安装位置应获得相关机构的认可。

（4）洗舱机应能按照洗舱手册的要求进行洗舱。

（5）每台洗舱机应能被管线上的截止阀有效隔离。

（6）应能有效清洗货油舱内顶部、底部及垂直部位的各个区域。

3. 泵（Pumps）

（1）用于向洗舱机提供原油的泵应为货油泵或特别用于此目的的专用泵。若泵为离心泵，泵壳应装设温度传感器并有高温停泵功能，防止泵壳温度过高。

（2）泵应能按照洗舱手册的要求，提供同时满足多个洗舱机和喷射泵所要求的足够压力。

（3）每台货油泵应能分别用于原油洗舱需要。

（4）若同时装载多种货物，仍可以进行原油洗舱。

4. 扫舱系统（Stripping system）

（1）货油舱底部扫舱系统的设计应获得相关机构的认可。

（2）扫舱系统的排量应为洗舱机同时工作时排出量的 1.25 倍。

（3）应能实现舱底为“干”舱，包括人工测量液位显示均为零。

（4）货油泵及管线应能被扫净，并排至岸上或其他油舱。

（5）扫舱系统设备的工况应被有效监控，包括扫舱泵、喷射泵等的压力、转速、真空度等应能在货控室显示。

（6）在洗舱手册中应体现扫舱时对船舶吃水差的要求。

5. 压载管线（Ballast lines）

若没有独立的压载管线，向货油舱压载前，泵及管线内的油应被安全有效的排空。

（三）对原油洗舱操作的要求

1. 洗舱数量

在卸港完货前，一定数量的货油舱应根据《原油洗舱操作和设备手册》中的程序进行原油洗舱，以确保：

（1）对最少量和足够的舱数进行原油洗舱，以满足船舶吃水所必需进行的压载。

（2）洗舱数量应考虑船舶经营及海况需要，不能向未进行原油洗舱的货油舱内压水。

为了控制舱内积渣，在一个循环周期内，应对大约 1/4 的货油舱进行原油洗舱，但每年单个货油舱的洗舱次数可以不超过一次。

原油洗舱不应在最后卸货港及装货港之间进行，即不能在压载航行中进行原油洗舱。

2. 货油管线的放残及扫线

所有货油舱在离开最后卸货港前，应予以扫净。卸货最后，所有货油管线及扫舱管线应被泄放、扫线，扫线泄放的残油应通过专用小口径的管线排岸。

3. 惰气的使用与控制

没有装设惰气系统不能实施原油洗舱。在所洗货油舱主甲板下 1 m 和舱内中部测得的含氧量不得高于 8%体积比。若洗舱时惰气供给的氧含量超过 8%或舱内压力为负压，洗舱应予停止。

（四）对原油洗舱人员的要求

（1）实施原油洗舱的船员应经过管理当局认可的原油洗舱培训。

（2）主管原油洗舱的人员比如船长或大副应当：

①至少有一年的油船工作资历，且经历过实施原油洗舱的卸货作业。若没有经历过原油洗舱，应业已完成管理当局认可的原油洗舱培训程序。

②曾参与过至少两次原油洗舱，其中一次曾负责卸货作业。或

③有类似船上卸货作业各程序的参与经历，且熟悉“原油洗舱操作和设备手册”的内容。

（3）若其他指定人员参与原油洗舱作业，应至少有 6 个月的油船资历且经历过卸货作业，接受过原油洗舱培训，熟悉“原油洗舱操作和设备手册”的内容和知识。

三、原油洗舱原理和目的

（一）原油洗舱的原理

装有惰气装置且在货油舱装有认可的固定洗舱设备的原油船，经常是在卸货期间利用所载原油作为洗舱介质进行洗舱，以清除附着或沉积于油舱结构表面的残留货油，洗掉的油渣可随货油一起卸出。

利用原油对沉积在舱壁和舱底的残渣固态成分具有溶解性，从而达到清除舱内油渣的目的。洗舱用原油最好不要循环使用超过 3 个舱，以免降低原油的溶解能力，影响洗舱效果。

利用洗舱机喷出的高压原油产生的高压涡（湍）流实现溶解或稀释油泥、冲刷掉附着在构架上的油渣。洗舱机喷嘴的压力应保持在 0.9～10 MPa（9～10 kgf/cm^2），以保证洗舱效果。

（二）原油洗舱的目的

货油舱长期载货后，若不及时进行洗舱会有大量淤渣堆积于舱内，待修船时处理这些淤渣需要很高的费用，并且淤渣的堆积会影响船舶装货数量。

部分固态烃类沉淀物含有腊质、水分、沉淀物和油的乳化物，不能自由流动。大多淤渣固态成分和原油相溶，洗舱时可随洗舱原油一同排出。而沙子、铁锈等不溶于原油且不能自由流动，需经一定程序后，人工进舱进行清掏。

另外，由于主甲板以下货油舱内区域保养困难，且由于惰气的作用使货油舱内腐蚀层不断增加。在营运中定期进行原油洗舱就可以有效地减少结构腐蚀。

经验证明，切实按照原油洗舱程序及要求实施原油洗舱，可大大减少货油舱舱底的淤渣，从而解决淤渣积厚的问题。

四、原油洗舱操作

（一）原油洗舱方法和操作程序

COW 通常在卸货港进行，虽然也可以在航行中进行，但用来洗舱的原油也是船上的原油的一部分。卸货管路可以作为 COW 的油源，在这种情况下，必须采取措施使用来洗舱的油流出。另一方面，污水舱可用在循环式 COW 中。

当卸货管路作为冲洗油源时，必须采取特殊的措施以确保冲洗系统中足够的压力，尤其在码头背压较低时。如果污油舱用在循环式 COW 中时，刚从油舱中清出的油渣又被喷入舱内用来进一步清洗，这可能引起争论。在任何情况下，为完成 COW 过程，足够的原油是很重要的。

为确保 COW 能有效地保护海洋环境，防止油污染，COW 系统的设计、操作和控制必须符合 IMO 规范。配有 COW 的系统的船只有其操作经过检验才能发给 IOPP 证书。设计规范包括泵和管、洗舱机和扫舱系统。操作规范包括洗舱程序、压力、静电危险保护、溢油危险和将要清洗的舱数。洗舱程序包括不同的步骤和清洗持续期间。船舶第一次检验发证时，要进行一个舱冲洗的全部程序。要记录洗舱机的数目、冲洗程序、持续期间和压力，并且验船师还要检验冲洗效果。为了检验冲洗效果，验船师要测量已用原油清洗但没用水清洗的货舱里的压载水表面的含油量。验船师还将对原油清洗后但用水冲洗前的货舱进行内部检查。最后，测量原油冲洗和水冲洗都完成的舱里的压载水中的含油量。除了这些实验，还要检查整个 COW 系统 。

在以后的 COW 操作过程中，要在与实验时相同的参数下进行，这样可获得理想的冲洗效果，这一点很重要。影响冲洗效果的因素有：(1) 洗舱机的数目和位置。(2) 喷嘴直径。(3) 放残孔的数目和大小。(4) 扫舱系统的效率。(5) 扫舱的程序。(6) 船舶的吃水差。

应该注意到许多洗舱机同时被用在一个分支管路中，会导致液体超过管内流速，在通过这个分路后会引起压力下降，影响正在使用的洗舱机的效率。因此，保持使用一定数量的油舱机是非常重要的。

为了保证船员遵守实验的参数，船上提供有关 COW 的操作和设备的手册，不仅描述了这些参数，而且给出了单组和多组的排放实例和与 COW 有关的操作。

到目前还没有提到的影响 COW 效果的一个原因是油的等级，也就是原油本身。一方面，有些原油适合 COW，另一方面，有些原油由于它们的高倾点和高黏度，不适合这种用途。这样的原油不适合用原油船运输，除非油船配有 SBT。

应该清楚对油船进行 COW 操作进行检查不是选择性的，而是强制性的。压载水不许排到没有进行原油洗舱的货舱内。这指的是离港前或刚刚离港货舱压载（离港压载），到港前压载（到港压载），以及船长决定的认为有必要的压载。进一步的要求是，为了控制油渣过多，不用作压载的货舱也应轮流地进行原油洗舱。对于配有 SBT 和 COW 的新的油船也应这样，这些油船应保证足够的进行原油冲洗的货舱，以装额外的压载水。如果需要，1/4 的货舱应进行原油洗舱，以控制油渣的形成。

鉴于原油洗舱中存在的危险，必须由经过专门训练过的人员对已惰性化的舱进行操作。如果冲洗中，氧气体积含量超过 8%或舱内大气压力不是正值的时候，应停止 COW 操作。

应特别注意，用于冲洗的原油中含有的水会引起的静电危险。只有“干原油”可以使用。在装货的油舱里，总有一些水存在于货物下面。如果正确地执行了 LOT 操作，那么水就总存在货舱内。为安全起见，为 COW 提供原油的货舱，必须首先清除底部，也就是，在为 COW 使用原油之前，必须首先排掉货物底部 1 米处的货物，水最可能积存在这里。同样原因，如果用污油舱为 COW 提供原油，污油舱必须首先完全排空，再充入干原油。

大副应根据本船特点、所载货油特性、港口条件而制定出洗舱程序。而且每舱的全部固定洗舱机都要使用。抵港时，船、岸双方应根据原油洗舱作业与卸货计划对原油洗舱作业程序和安全预防措施等进行充分磋商。原油洗舱作业的实施洗舱作业的开始时间，应尽量从白天开始。洗舱时应尽可能努力缩短原油洗舱对卸货作业的影响和时间延误。注意监控 SLOP 舱的空距，空距过小时应及时排岸，防止溢油。

原油洗舱的循环次数和洗舱时间是依据货油舱内沉淀物的状况、舱内结构、原油种类和洗舱机的循环速率而定。每次洗完舱后应检查舱内清洁情况，作为下次调整洗舱循环次数和时间的经验。通常采用单层洗舱或多层洗舱两种方式。

1. *单层洗舱法*

当油船上的固定洗舱机头无法调整洗舱角度时通常采取此种方法。此种方法是同时冲洗货油舱壁和舱底，而不划分区域。因此首先必须将舱内原油卸空，方可开始洗舱，洗舱时必须保持连续扫舱，保证舱底的渣油能及时排出，以获得最佳效果。此方法的缺点是大大延长卸货时间，而且各舱所使用的洗舱机数量受到扫舱能力的限制。

2. 多层洗舱法

此方法是当舱内油面降至任何方便的适合洗舱的时候，均可开始原油洗舱，先多层地清洗货油舱上部，最后清洗底部，大多数船舶都使用此种方法。具体做法是：当舱内货油大约剩总舱的1/3，开始洗舱。先将洗舱机角度调到120°～0°之间，以不喷到舱内液面为准，冲洗货油舱上部；当舱内剩下大约 1 m 左右的底油达到扫舱阶段时，将洗舱机角度调到0°—30°—0°，冲洗货油舱底部。此时应注意要保持连续扫舱，以达到最好的清洗效果。此方法与单层洗舱法相比，要节省时间，但增加了船员的工作量，因为要监视和调整洗舱机的角度，在洗舱底部时，使用洗舱机的数量也受到扫舱能力的限制，即如果舱底货油不能及时抽出，应考虑停止本舱前部的洗舱机。具体的洗舱步骤如图 7-5 所示。

更多的时候，我们侧重于底部洗舱，其效果好，节省时间，适用于黏度小、挂壁轻，但沉淀物多的原油。

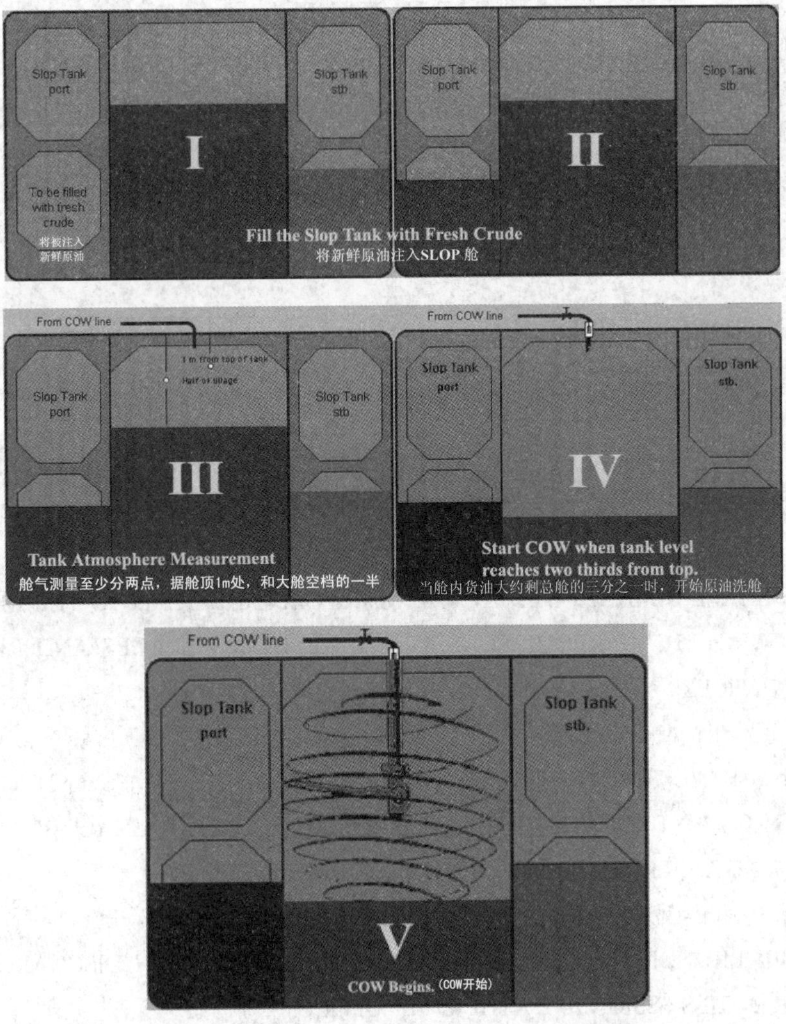

图 7-5　洗舱步骤

（二）原油洗舱计划的制订

（1）在抵卸货港前，做好切实有效的原油洗舱计划，以达到清除或控制淤渣的目的。

（2）洗舱计划应含有如下信息：原油种类、洗舱压力、洗舱机喷嘴角度、洗舱货油温度、黏度和原油浊点（黏度可用机舱的滑油黏度测量计来测量）。

（3）洗舱用原油最好不要循环使用超过 3 个舱，因为这会降低原油溶解稀释油渣的能力。

（4）洗舱记录应包含如下信息：实际洗舱的舱号、原油种类、洗舱压力、喷嘴角度、洗舱货油的温度、黏度、原油浊点、开式或闭式循环方式，标注使用洗舱机的台数，洗舱技术描述（如 3 个舱闭式循环清洗）等。

（5）必须完成边舱顶部清洗，其目的是为减少淤渣，也是制定洗舱计划的重要部分。

（6）查阅原油洗舱手册，确定所载原油是否适合进行原油洗舱。通常，货油舱内若没有加温设施，需加温的货油不适合用来进行原油洗舱。

MT. XXXXXX

CRUDE OIL WASHING PLAN

原油洗舱计划

PORT:

DATE:

VOY. NO:

PERSON IN CHARGE: CAPT.

负责人：船长

DUTY STATIONS:

CHIEF OFFICER: NORMALLY WILL BE IN CCR UNLESS HE HAS TO COME TO THE DECK/PUMP ROOM FOR CROSS CHECK.

大副：正常在货控室内,除非到甲板/泵间进行检查。

DUTY AB: SHALL BE STATIONED AT THE MANIFOLD AND TEND TO THE MOORINGS, “FIRE-WIRE’ ETC. IF REQUIRED. SHALL TAKE TANK ULLAGES AND REPORT TO DUTY OFFICER

值班水手：正常在 MANIFOLD 值班，检查调整缆绳或测量空档。

PUMPMAN: SHALL TEND TO THE STARTING /STOPPING OF PUMPS AND IG SYSTEM, TAKE FREQUENT ROUNDS CHECK OF THE PUMP ROOM AND SHALL BE AVAILABLE FOR ANY OTHER DUTIES ASSIGNED BY THE CHIEF OFFICER.

泵匠：负责启动和停止洗舱泵 IG 系统，检查泵间和其他大副分配的工作。

DUTY OFFICER: NORMALLY WELL BE IN CCR FOR OPERATION DISCHARGING AND OTHER DUTIES ASSIGNED BY THE CHIEF OFFICER.

值班驾驶员:：正常在货控室内负责正常卸货工作或者其他大副分配的工作。

COW PRECAUTIONS（原油洗舱注意）:

Please complete the **four CHECKLIST for COW**. Identify any outstanding items and immediately rectify them. Repeated checks should be made at least once every **Four** hours to ensure that the regulations are being complied with as per this list. Observe the oil spill and tanker safety precautions strictly. Also ensure that any local regulations are complied with.

YOUR ATTENTION IS DRAWN TO THE CONTINUOUS MONITORING OF OXYGEN CONTENT IN INERT GAS. THE OPERATION IS TO BE STOPPED IMMEDIATELY IF THE **OXYGEN CONTENT IN THE TANKS IS MORE THAN 8% AND OXYGEN CONTENT IN IG MAIN PIPE IS MORE THAN 5%**

TANKAGE TO BE WASHED（将要洗的货油舱）:

WE SHALL WASHING XXXXXX CARGO TANKS

WASHINGPROCEDURE（洗舱程序）:

WE SHALL BE DOING A SINGLE STAGE WASH AS DETAILED IN THE ATTACHED CARGO PLAN.

THE WASHING CYCLE SHALL BE XX° – XX° – XX° DEGREES.

ALL TANK WASHINGS ARE TO BE DIRECTLY RETURN SLOP S

AT A GIVEN TIME NO MORE THAN TWO TANKS TO BE WASHED SIMULTANEOUSLY.

WASHING PIPE PRESSURE（洗舱管线压力）:

THE COW LINE PRESSURE SHALL BE MAINTAINED AT **0.9 MPa** DURING THE OPERATION.

START COW（洗舱开始）:

WHEN ONE OF ABOVE TANKS STRIPPING IS COMPLETION, WELL BE START COW.

DRAINING（排空货油舱和管线）:

USE THE CARGO EDUCTOR STRIPPING TANKS UNTIL THE TANK IS EMPTYED COMPLETELY. THE COW LINE IS TO BE DRAINED VIA THE AFT DRAIN AND VIA THE TANK MACHINES, AT THE END OF THE OPERATION.

EMERGENCY SHUT DOWN（应急停止）:

SHUT DOWN THE DRIVE PUMP IMMIDIATELY AND RAISE ALARM IN CASE OF EMERGENCY.

MASTER:

CHIEFOFFICER:

2ND OFFICER:

3RD OFFICER:

（三）主要因素

原油洗舱应考虑的主要因素：

（1）原油种类及溶解性能。

（2）原油的黏度。

（3）油温。

（4）喷嘴处的压力。

（5）实际吃水差。

（6）安全参数。

（7）洗舱程序。

（四）原油洗舱注意事项

1. 保持合适的洗舱压力

油具有溶解性，泥性积物溶于石油而沉淀性渣滓却不相溶。从洗舱机喷头射出的原油具有两种作用：一是产生涡（湍）流溶解或稀释油泥；二是冲刷掉积聚在各构架上的泥渣。因此喷头处的压力应保持在 0.9～1.0 MPa（9～10 kgf/cm^2）。如果喷头处压力不够或因喷头叶片脱落，喷出为喷淋而非喷射状态，就会影响洗舱效果并浪费大量时间。

2. 保持适当的吃水差

多数残渣不溶于原油，只能通过油、渣混流的方法将其泵出，较大的吃水差有利于油渣混合物流向吸口。

3. 保持舱内合适液位

原油洗舱最好从舱内液位 50～70 cm 开始，通常 1 m 液位也能达到足够的涡（湍）流效果而不会引起冲洗物的堆积。

4. 泵的控制

利用喷射泵排除洗舱液体。如果利用污油水（SLOP）舱进行原油洗舱，可先将货油舱内货油卸出，保持 1～2 m 液位。洗舱后的货油可从主货油管泵出，而洗舱用油可直接从污油水舱抽出。

5. 控制油温

对于石蜡基原油，应将原油洗舱温度保持在高于货油浊点温度 10°左右，并采用闭式循环污油水舱加温的方法实现。对于芳香基原油，可采用调节温度来控制黏度。

6. 主甲板下方区域的清洗

甲板以下货油舱内区域由于酸性物质的长期积聚，特别容易受到腐蚀。根据以往经验，第二次特检时发现主甲板下货油舱内出现钢板腐蚀损伤，第三次特检时可能就不得不更换。造成此现象的原因主要是惰气引起的酸性物质积聚所造成的腐蚀。应对措施是每季度对该部位区域进行原油洗舱，去除酸性积聚物。

五、原油洗舱的安全要求

1. 预先通知

如需要在卸货过程中进行原油洗舱，船长应当至少在24 h之前或按照有关方面所要求的时限，报告主管当局和码头或船靠船（STS）时通知对方船舶。只有得到同意和认可，原油洗舱作业才可进行。

2. 安全要求

货油舱在进行原油洗舱前，确认舱内氧含量不能高于 8%。原油洗舱过程中，惰气的含氧量不能超过 5%，惰气压力及含氧量应被连续监测并保持记录。

3. 原油洗舱（COW）检查单

洗舱前、洗舱中和洗舱后，完成相关检查单，不断对照检查规定项目并严格遵守。

4. 原油洗舱（COW）应被停止的情况

（1）货油舱内或充惰氧含量高于 8%。

（2）货油舱内压力为负压。

（3）甲板或泵间出现泄漏情况。

5. 预防泄漏的措施

抵达拟进行原油洗舱的港口之前，整个洗舱系统应以正常工作压力试压并查漏，如有泄漏应加以消除，此后应重新试验洗舱系统。试验后系统内的油应排净，以免由于受热膨胀而可能造成的泄漏风险。

原油洗舱期间，保持整个系统处于不断的监控之中，使得能够立即发现泄漏并采取措施加以处理。在进行洗舱转换时，原油洗舱管线的压力应在任何系统阀门开启或关闭之前降低到最小限度，以避免造成管线内剧烈的压力波动。

6. 避免发生油/水混合

原油洗舱中，原油和水的混合液能产生带静电荷的电雾。为安全起见应消除这一现象，若货油舱内有水，应先卸出至少 1 m 的货油，以排除在航行过程中从原油中析出的沉淀到舱底的水，再进行原油洗舱作业。

7. 隔离洗舱水加热器

在原油洗舱期间洗舱水加热器必须用盲板将其隔离以防止洗舱原油进入。

8. 控制舱压

原油洗舱期间，货油舱内所产生的烃气超过通常存在的水平。各压力包括真空（P/V）阀、真空破断阀（P/V Breaker）、透气桅及甲板水封装置都必须处于良好的工作状态。

六、不适合原油洗舱的货油

不是所有的原油都适合原油洗舱，应根据所载货油的特性决定是否进行原油洗舱，表 7-6 列举了一些常见的不适合原油洗舱的原油。

表 7-6　常见的不适合原油洗舱的原油

Crude Oil Name	Assay Date	API	Pour Poin /℃	Wax Point /℃	Total Wax / % wt	Viscosity/ cSt
Bach Ho	09/99	40.2	36	48	28.5	4.92/50C
Benchamas	09/02	42.4	33	41	31.0	2.82/60C
Bu Attifel	04/78	41.0	39	42	N/A	6.50/50C
Cabinda Export	03/95	32.7	18	29	12.5	18.1/30C
Castilla	10/00	12.8	-9	72	6.5	1619/40C
Cinta	03/84	31.1	39	47	27.0	50.7/40C
Daqing	09/91	32.2	36	41	27.5	23.6/50C
Dulang	12/02	37.6	33	39	30.0	3.81/50C
Intan	12/90	30.0	48	54	40.5	38.5/50C
Laguna	08/00	10.9	21	42	1.2	1425/60C
Lalang	12/92	38.1	30	40	30.0	7.58/40C
Lufeng	12/98	32.8	42	62	38.0	16.5/50C
Maya	06/01	21.1	-21	40	4.0	161/30C
Minas	03/99	34.5	36	42	32.0	22.5/40C
Napa	01/99	18.8	-27	21	15.3	230/45C
Sembilang	03/95	36.0	42	44	35.5	13.5/50C
Shengli	12/85	25.3	30	36	13.5	116/40C
Tapis Blend	12/97	45.3	12	29	17.5	2.70/30C
Udang	06/94	37.6	39	41	34.0	6.55/60C
Widuri	06/92	32.6	42	61	45.0	40.4/50C
Yombo	01/00	17.7	-9	28	7.5	460/50C

注意：如果所载原油的倾点较高/含蜡高或者不了解所载原油特性，而该原油的产地又离上述原油产地较近，就应该格外谨慎并向发货人索取货物资料。

七、原油洗舱检查单

如需进行原油洗舱，应在抵港前、洗舱前、洗舱中、洗舱后按照如下原油洗舱检查单要求对照检查，消除缺陷。

表 7-6　抵港前原油洗舱检查单

序号 No.	检查项目（Check Item）	Yes	No
1	固定及手提式测氧仪是否试验和工作正常? Have fixed and portable instruments for recording and measuring oxygen content and pressure been tested and are they working satisfactorily?		
2	洗舱管线是否已与洗舱加热器及机舱隔离（法兰盲死或双阀截止）？ Is the tank washing pipeline isolated from the water heater and the engine room（Blank flanges or double shut-off valves）?		

序号 No.	检查项目（Check Item）	Yes	No
3	洗舱管线上的水阀门及放残阀是否关闭? Are all hydrant valves blanked and all drain cocks closed on the tank washing line?		
4	洗舱主管线的压力表是否经过检查（艏、艉、中）？ Have the pressure gauges on top of discharge line, manifold and tank cleaning main （Forward、midship and aft） been checked?		
5	是否有足够的高频对讲机用于洗舱通信联系并全部经过试验? Are the portable VHF radios of approved type, sufficient in number and tested?		
6	扫舱监测系统是否经过检查? Has the stripping system monitoring equipment been tested?		
7	卸货和原油洗舱程序是否备妥及张贴? Have a discharging and Crude Oil Washing program been drawn up and posted?		
8	所有固定式洗舱机的驱动装置是否经过检查试验? Have all drive units for fixed tank washing machines been tested?		
9	所有洗舱分管线的阀门是否全部关闭? Are all valves to fixed tank washing machine closed?		
10	准备进行洗舱操作的人员是否熟悉其职责并接受过训练? Have the personnel who shall carry out the operation been informed of their responsibilities and trained for their duties?		
11	是否已通知卸港码头?电报检查单是否填妥并已发出? Has the terminal been informed and has the standard radio check list been completed and transmitted?		
12	航行中惰气系统是否进行了良好的保养?是否处在正常工作状态? Has the Inert Gas System received good maintenance during the voyage and does it remain in good working condition?		
13	手提式气体测量仪是否试验并校正? Have portable gas detectors been tested and calibrated?		
14	是否已检测货油舱内的惰气含氧量在 8%以下并保持正压? Has IG atmosphere been checked—O_2content below 8% and positive pressure?		
15	是否备有足够的防爆型手电筒? Are the torches to be used of approved type and sufficient in number?		

表 7-7　原油洗舱作业前检查单

序号 No.	检查项目（Check Item）	Yes	No
1	是否按检查单进行过抵港前的检查并满意? Are all the pre-arrival checks and conditions in order ?		

序号 No.	检查项目（Check Item）	Yes	No
2	船岸人员是否商讨过卸货及原油洗舱计划并达成一致意见? Has discharge/crude oil wash operation been discussed with both ship and shore staff and agreed plan readily available for easy reference ?		
3	货控室与岸上人员联络的对讲机是否正常? Has communication link between the deck/control station/shore been set up and is it working properly ?		
4	原油洗舱的应急程序是否经船岸双方商讨并同意? Have the crude oil wash about condition and procedures been discussed and agreed by both ship and shore staff ?		
5	固定式和手提式氧气分析仪是否经过检测并达到正常工作状况? Have fixed and portable oxygen analyzers been checked and they working properly?		
6	惰气系统工作良好，提供惰气的含氧量低于 5%，将进行原油洗舱的货油舱含氧量是否低于 8%? Is inert gas system working properly and is the oxygen content of the inert gas being delivered below 5% by volume ? Is oxygen content of tank (s) to be crude oil washed below 8 percent by volume?		
7	所有货油舱惰气是否为正压? Has all cargo tanks positive inert gas pressure ?		
8	洗舱开始时，是否指定专门人员检查甲板管路的漏油情况? Has a responsible person been assigned to check all deck lines for leaks as soon as working starts ?		
9	供应洗舱用油的货油舱是否在洗舱前卸掉 1 m? Are oil in tanks for supply cow discharged 1m before cow operation ?		
10	将要进行原油洗舱的货油舱内洗舱机的阀是否已打开? Are the valves for first cow tank open ?		
11	在慢慢开启洗舱机前，由货油泵供给洗舱管线的压力是否减至 5 kgf/cm^2? Has the cow pipe line pressure reduced to 5 kgf/cm^2 by adjusting cop rpm before gradually open the cow machines valve?		

表 7-8　原油洗舱作业中检查单

序号 No.	检查项目（Check Item）	Yes	No
1	是否经常检查所供惰气的含氧量并做好记录? Is the oxygen contents of the Inert Gas being delivered frequently checked and recorded.		
2	是否经常检查所有甲板管线及洗舱机有否漏油? Are all the deck lines and machines being delivered frequently checked for leaks.		

序号 No.	检查项目（Check Item）	Yes	No
3	甲板上是否经常保持有人值班? Is a responsible person stationed continuously on deck.		
4	洗舱管线的压力是否符合洗舱手册的要求? Is the pressure in the tank cleaning line as specified in the manual.		
5	其他不在洗舱的货油舱的洗舱阀门是否全部关闭? Are all valves in the tank cleaning line closed and secured for all tanks not being crude oil washed.		
6	是否经常检查洗舱机及其驱动装置的工况? Are the washing machines in use, together with their drive units frequently checked and working properly.		
7	洗舱机的清洗周期设定是否与洗舱手册相符? Are the cycle times of the machines as specified in the manual.		
8	进行底部清洗时，吃水差是否合适并符合洗舱手册的要求? Will the trim be satisfactory and the recommended tank draining method allowed when bottom washing is in progress, as specified in the manual.		
9	是否经常检查污油水舱的油位以防止溢油? Is the level in the holdings tank or slop tank for tank washing frequently checked to prevent any possibility of an overflow.		
10	进行洗舱过程中，浮子液位计是否收起? Have float gauges been wound up during COW operation.		

表 7-9　原油洗舱作业结束后检查单

序号 No.	检查项目（Check Item）	Yes	No
1	货油管线与洗舱管线之间的阀门是否已全部关闭? Are all the valves between the discharge line and the tank wash line closed.		
2	全部洗舱管线是否已放残? Has the tank wash line been drained of crude oil.		
3	所有洗舱机阀门是否已全部关闭? Are all valves to the washing machines closed.		
4	所有货油泵、货油舱、洗舱管路是否已按照洗舱手册中的要求进行扫线? Are cargo pumps, tanks and pipelines properly drained as specified in the manual.		
5	所有货油舱的氧气含量是否在 8%以下，并且压力不少于 0.002 MPa（200 mmH_2O）？ Is the oxygen content of all tanks（including slop tanks）below 8% by volume and is the pressure not less than 0.002 MPa (200 mmH_2O).		
6	水封水位正常？ Is the water level of deck water seal tank normal？		

八、原油洗舱性质数据表

对于各种不同的原油其洗舱方法和洗舱的要求是不一样的，在洗舱之前我们可查阅该种原油的物质数据表。

1. 代码说明和MARPOL公约的最低要求

（1）**Conventional Tankers and Single Hulled Segregated Ballast Tankers**

A1 Minmum Maximum possible safe trim stripping tanks and lines. Strip all tanks at least three times

A2 Minmum MARPOL plus a bottom wash of remaining tanks.

A3 Full wash

A4 Minimum MARPOL plus a full wash of remaining wing tanks and a bottom wash of remaining centre tanks.

A5 No COW, expect with cutter stock such as heated gas oil. Otherwise treat as fuel oil, with maximum possible safe trim for stripping.

A6 Cargoes are small, generally carried in Product Tankers, and treated in the same way as Fuel Oil

A7 Minimum MARPOL plus a bottom wash of remaining cargo tanks,use the contents of the slop tanks which should be at least 10℃ higher than the cargo carried in the cargo tanks.

A8 Full wash, using the contents of the slop tanks which should be at least 10℃ higher than the cargo carried in the cargo tanks.

（2）**Double Hulled Segregated Ballast Tankers**

B1 Minmum MARPOL. Maximum possible safe trim stripping tanks and lines. Strip all tanks at least three times

B2 Minmum MARPOL plus a bottom wash of remaining tanks.

B3 Full wash

B4 Full wash required for wings tanks and bottom wash for centre tanks

B5 No COW, expect with cutter stock such as heated gas oil. Otherwise treat as fuel oil with maximum safe trim for stripping.

B6 Cargoes are small, generally carried in Product carriers, and treated in the same way as Fuel Oil

B7 Bottom wash required, using the contents of the slop tanks the contents of which should be at least 10℃ higher than the cargo tanks carried in the cargo tanks.

B8 Full wash, using the contents of the slop tanks which should be at least 10℃ higher than the cargo carried in the cargo tanks.

（3）**MINIMUM MARPOL REQUIREMENTS - FOR SBT TANKERS**

(a) Min MARPOL requirements are basically in place for sludge control purposes and to reduce oil pollution through COWing Heavy weather ballast tanks.

(b) Account is taken of the ship's trading pattern and the expected weather so that additional ballast water is not put into cargo tanks which have not been crude oil washed - In effect this means that the ship is entitled to COW his heavy weather ballast tanks every time, it would be difficult to argue against a ship doing this every time, typically they will be COWing one or two tanks dependent on ship design.

2. 原油性质及原油洗舱要求表

表 7-10　原油性质及原油洗舱要求

CRUDE NAME	Assay Date	API	Density kg/L	Gas to C4 % v/v	Pour Point C°	Wax Point C°	Total Wax % wt	Viscosity cSt	Min Temp. Single Hull Cargo SLOP	Min Temp. Double Hull Cargo SLOP	Single Hulled Tanker Winter COW	Single Hulled Tanker Summer COW	Double Hulled Tanker Winter COW	Double Hulled Tanker Summer COW	H_2S Liquid ppm wt	H_2S Vapour ppm
Abu Al Bu kuoosh	02/92	33.6	0.8565	1.55	-21	32	5.5	9.95/20 C°	No Heat	No Heat	A2	A2	B2	B2		
Azeri	09/98	34.6	0.8515	1.05	-3	29	9.0	15.6/20 C°	25 25	No Heat	A4	A4	B2	B2	0.5	10
Airlie Blend	12/96	43.7	0.8070	1.10	-15	8	4.5	2.48/20 C°	No Heat	No Heat	A1	A1	B1	B1		
Aksai	11/00	44.3	0.8045	1.50	-9	21	5.0	2.72/20 C°	No Heat	No Heat	A2	A2	B2	B1	280	0 - 50
Aktubinsk	01/01	41.8	0.8160	3.00	-48	18	6.0	4.40/20 C°	No Heat	No Heat	A2	A1	B2	B1	12	
Alaskan North Slope	06/01	31.0	0.8705	3.75	-27	13	4.0	13.7/20 C°	No Heat	No Heat	A2	A1	B2	B1	<1	
Alba	06/94	19.3	0.9380	0.06	-42	3	1.0	224/30 C°	-	35 35	-	-	B1	B1		
Algerian Condensate	06/85	64.3	0.7720	6.90	-60	-40	0.2	0.81/20 C°	No Heat	No Heat						
AL Rayyan	09/97	24.5	0.9065	0.90	-18	25	8.0	63.9/20 C°	No Heat	No Heat	A3	A2	B3	B2	1500	40000
AL Shaheen	12/96	29.0	0.8810	1.10	-18	19	6.0	21.5/20 C°	No Heat	No Heat	A2	A1	B2	B1		
Amna	09/99	36.8	0.8405	0.80	21	34	14.0	8.54/40 C°	40 50	35 45	A7	A7	B7	B7	0.6	100->2000
Anasuria	12/00	39.7	0.8260	3.15	-30	17	7.0	4.74/20 C°	-	No Heat	-	-	B2	B2	<1	
Anoa	09/91	45.0	0.8010	0.40	15	36	16.0	4.01/30 C°	35 45	30 40	A8	A8	B8	B8		
Antan	06/01	26.5	0.8950	0.90	-39	12	2.5	25.7/20 C°	No Heat	No Heat	A2	A1	B1	B1	<1	
Arab Extra Light	09/93	36.7	0.8410	1.05	-39	8	5.5	5.99/20 C°	No Heat	No Heat	A1	A1	B1	B1	0-1	50->2500
Arab Heavy	09/96	27.8	0.8875	2.00	-54	21	5.5	41.3/20 C°	No Heat	No Heat	A3	A2	B3	B2	0-15	50->2000
Arab Light	06/96	33.2	0.8585	2.00	-54	-6	4.0	10.2/20 C°	No Heat	No Heat	A2	A1	B2	B1	1 - 21	150->2000
Arab Medium	06/96	31.4	0.8680	2.75	-30	2	4.0	15.8/20 C°	No Heat	No Heat	A2	A1	B2	B1	0.7 - 18	50->2000
Ardjuna	06/93	35.3	0.8480	2.25	27	38	11.5	4.97/20 C°	45 45	40 40	A5	A5	B5	B5		
Asgard	11/01	42.2	0.8135	2.90	-9	-19	7.0	2.42/30 C°	-	No Heat	-	-	B2	B2	<1	
Ashtart	12/96	29.8	0.8765	0.70	-6	22	10.5	16.4/20 C°	35 45	30 40	A8	A8	B8	B7	3	
Attaka	09/97	43.5	0.8080	3.90	0	14	5.5	1.91/20 C°	No Heat	No Heat	A1	A1	B1	B1		
Bach Ho	09/99	40.2	0.8235	1.05	36	48	28.5	4.92/50 C°	50 50	50 50	A5	A5	B5	B5	0.2	
Badak	03/98	41.3	0.7094	1.55	-12	24	10.5	2.02/20 C°	No Heat	No Heat	A3	A2	B2	B2		0
Badin	06/95	44.6	0.8030	1.10	15	27	18.0	3.20/20 C°	30 40	25 35	A8	A8	B8	B7		
Balder	10/00	23.1	0.9145	0.35	-24	24	4.0	83.3/20 C°	-	No Heat	-	-	B2	B1	1	
Banff	12/96	36.9	0.8400	1.55	3	25	6.5	7.33/20 C°	-	No Heat	-	-	B3	B2		
Barents Sea	12/96	46.7	0.7935	0.10	-24	15	4.5	2.48/20 C°	No Heat	No Heat	A1	A1	B1	B1		
Barrow Island	09/90	36.7	0.8410	0.65	<-60	-12	0.5	2.96/20 C°	No Heat	No Heat	A1	A1	B1	B1		

CRUDE NAME	Assay Date	API	Density kg/L	Gas to C4 % v/v	Pour Point C°	Wax Point C°	Total Wax % wt	Viscosity cSt		Min Temp. Single Hull Cargo SLOP	Min Temp. Double Hull Cargo SLOP	Single Hulled Tanker		Double Hulled Tanker		H_2S Liquid ppm wt	H_2S Vapour ppm
												Winter COW	Summer COW	Winter COW	Summer COW		
Basra Light	03/02	30.8	0.8715	1.95	-60	11	5.0	11.7/30	C°	No Heat	No Heat	A2	A1	B1	B1	<2	100->600
Bay Marchand	10/00	34.9	0.8500	0.60	-27	4	3.0	9.42/20	C°	No Heat	No Heat	A1	A1	B1	B1	1	
Beatrice	03/92	37.7	0.8360	0.75	24	32	21.5	7.51/40	C°	-	35 45	-	-	B8	B7		
Bekapai	11/82	39.7	0.8260	0.85	-21	21	10.0	2.87/20	C°	No Heat	No Heat	A2	A2	B2	B2		
Belayim Blend	09/86	27.0	0.8[illegible]20	1.75	-3	27	6.0	53.9/20	C°	25 35	20 30	A8	A7	B8	B7		
Belida	03/94	45.7	0.7[illegible]80	1.90	15	31	13.0	2.89/30	C°	35 45	30 40	A8	A7	B8	B7		
Benchamas	09/00	43.6	0.8075	0.70	30	38	26.5	3.16/40	C°	45 45	40 40	A5	A5	B5	B5		
Beryl	05/01	39.2	0.8285	3.30	6	25	7.5	5.31/20	C°	-	No Heat	-	-	B2	B1	<1	
Bima	03/92	19.8	0.9345	0.05	6	37	13.0	224/50	C°	50 60	50 50	A4	A4	B2	B2		
Bintulu	09/95	36.0	0.8445	1.95	-21	24	9.0	3.27/20	C°	No Heat	No Heat	A2	A2	B2	B2		
Blenheim	06/95	38.3	0.8330	3.25	-18	23	5.5	5.01/20	C°	No Heat	No Heat	A2	A1	B2	B1		
Blina	03/89	35.5	0.8470	0.05	6	26	6.0	11.4/20	C°	25 25	25 25	A2	A2	B2	B2		
Bombay High	11/82	39.3	0.8280	2.15	6	37	15.0	2.85/20	C°	35 35	35 35	A3	A3	B3	B3	15	
Bonny Light	06/97	34.5	0.8520	1.90	-6	25	7.0	6.07/20	C°	No Heat	No Heat	A2	A1	B2	B1	1 - 12	
Bonny Medium	06/94	27.6	0.8890	0.70	-42	15	3.5	12.9/20	C°	No Heat	No Heat	A1	A1	B1	B1	1	
Bontang	06/95	50.8	0.7735	1.98	-24	17	6.0	1.10/20	C°	No Heat	No Heat	A1	A1	B1	B1		
Bouri	03/93	25.5	0.90[illegible]5	0.50	-12	16	9.5	42.1/20	C°	No Heat	No Heat	A3	A3	B3	B3		
Brass River	09/97	41.9	0.8155	3.60	-12	26	9.0	2.74/20	C°	No Heat	No Heat	A3	A2	B2	B2	1 - 7	0 - 50
Brega	12/93	42.1	0.8145	2.40	0	25	8.5	5.70/20	C°	25 25	No Heat	A4	A1	B2	B1		100 - >200
Brent Blend	03/00	38.0	0.8345	2.95	3	24	7.0	4.37/20	C°	25 25	No Heat	A2	A1	B2	B1	1.4	60 - 130
Bu Attifel	04/78	41.0	0.8200	0.53	39	42	N/A	6.50/50	C°	55 55	50 50	A5	A5	B5	B5		
Buffalo	10/00	52.7	0.7675	0.60	-60	6	5.5	1.37/20	C°	No Heat	No Heat	A2	A2	B2	B1	1	0
Bunga Kekwa	03/98	36.9	0.8400	0.15	36	39	35.0	5.18/50	C°	50 60	45 55	A7	A7	B7	B7		
Cabinda Export	03/95	32.7	0.8615	1.95	18	29	12.5	18.1/30	C°	35 35	30 30	A5	A5	B5	B5	10	80 - 175
Camar	09/91	36.0	0.8445	1.75	-33	30	10.5	4.70/20	C°	No Heat	No Heat	A3	A2	B3	B2		
Cano Limon	03/93	29.0	0.8810	0.05	-12	22	7.0	29.0/20	C°	No Heat	No Heat	A2	A2	B2	B2		
Captain	06/97	19.3	0.9378	0.00	-27	-3	2.0	535/20	C°	-	No Heat	-	-	B1	B1		
Castllla	10/00	12.8	0.9800	0.45	-9	72	6.5	1619/40	C°	60 60	60 60	A5	A5	B5	B5		
Ceiba		27.8	0.8395		-42					No Heat	No Heat			B2	B2	<2	0
Challis	12/90	39.9	0.8250	1.55	-9	6	5.0	3.04/20	C°	No Heat	No Heat	A1	A1	B1	B1		
Cheleken	12/98	34.5	0.8523	0.65	11	36	10.5	2.23/20	C°	30 35	25 25	A8	A7	B3	B2	1.6	0 - 50

CRUDE NAME	Assay Date	API	Density kg/L	Gas to C4 % v/v	Pour Point C°	Wax Point C°	Total Wax % wt	Viscosity cSt	Min Temp. Single Hull Cargo SLOP	Min Temp. Double Hull Cargo SLOP	Single Hulled Tanker		Double Hulled Tanker		H_2S Liquid ppm wt	H_2S Vapour ppm
											Winter COW	Summer COW	Winter COW	Summer COW		
Cinta	03/84	31.1	0.8700	0.10	39	47	27.0	50.7/40 C°	55 55	60 60	A5	A5	B5	B5		
Cooper Basin	12/90	48.1	0.7875	1.55	6	21	15.0	2.71/20 C°	20 20	No Heat	A2	A1	B2	B1		
Cossack	07/01	47.7	0.7890	3.90	-12	17	6.0	1.91/20 C°	No Heat	No Heat	A2	A1	B2	B1	<1	0
Crawford	12/89	33.5	0.8570	2.20	-6	26	5.5	10.6/20 C°	No Heat	No Heat	A1	A1	B1	B1		
Cupiagua	07/99	43.1	0.8100	3.00	15	33	13.5	2.43/30 C°	30 40	25 35	A8	A7	B7	B7	1.1	
Curlew	08/01	49.3	0.7820	4.75	-27	19	6.0	1.56/20 C°	-	No Heat	-	-	B2	B1	1	
Cusiana	01/01	42.2	0.8140	4.00	6	24	9.5	2.39/30 C°	55 55	No Heat	A2	A2	B2	B2	1	
Daqing	09/91	32.2	0.8640	0.30	36	41	27.5	23.6/50 C°	55 55	50 50	A5	A5	B5	B5	1	
Dauntless	09/97	32.6	0.8620	2.00	-9	14	8.5	16.3/20 C°	-	No Heat	-	-	B2	B2		
Diana Hoover	12/01	30.9	0.8710	2.45	-60	-2	1.5	17.7/20 C°	No Heat	No Heat	A1	A1	B1	B1		
Didon	9/98	34.0	0.8545	0.45	-9	26	10.5	9.61/20 C°	25 35	20 30	A8	A8	B8	B7	0.6	
Djeno	12/88	27.3	0.8905	1.25	12	25	8.5	69.2/30 C°	30 30	25 25	A3	A3	B3	B2		
Donan	06/92	39.0	0.8295	2.90	-6	25	7.5	5.03/20 C°	-	No Heat	-	-	B3	B2		
Draugen	06/94	40.5	0.8220	4.30	-42	18	4.5	3.97/20 C°	-	No Heat	-	-	B1	B1		0 - 40
Dubai Export	10/01	30.4	0.8735	2.15	-30	13	6.0	13.7/20 C°	No Heat	No Heat	A1	A1	B1	B1	1 - 9	170->200
Duc (Saybolt assay)	07/96	33.9	0.8550	2.02	-45	23	3.6	8.51/20 C°	No Heat	No Heat	A1	A1	B1	B1		0 - 20
Dulang	03/95	38.5	0.8320	0.20	30	37	29.0	4.27/40 C°	50 50	45 45	A5	A5	B5	B5		
Duri	12/94	21.0	0.9275	0.00	21	34	25.0	164/50 C°	50 50	45 45	A5	A5	B5	B5		
Durward	09/97	36.0	0.8445	2.45	-15	23	8.0	8.86/20 C°	-	No Heat	-	-	B2	B2		
Ebome	03/01	32.1	0.8645	0.55	-63	19	4.0	5.35/20 C°	No Heat	No Heat	A1	A1	B1	B1	<1	0 - 50
Ekofisk	08/96	38.9	0.8300	2.50	0	24	7.5	5.79/20 C°	No Heat	No Heat	A1	A1	B1	B1	1 - 2	0 - 8
Elang	10/01	56.9	0.7505	6.35	-63	8	6.0	1.12/20 C°	No Heat	No Heat	A1	A1	B1	B1	<1	
Eocene	10/00	19.0	0.9400	0.30	-45	14	4.0	336/20 C°	30 30	30 30	A1	A1	B1	B1	1	100
Escalante	06/01	23.4	0.9125	0.30	-6	24	11.0	270/40 C°	50 60	50 50	A7	A7	B2	B2	1	15 - 40
Escravos	12/95	35.1	0.8488	1.35	-12	28	8.5	5.70/20 C°	No Heat	No Heat	A3	A2	B3	B2	0.1	
Espoir	06/83	32.0	0.8650	2.10	-6	20	4.0	N/A	No Heat	No Heat	A1	A1	B1	B1		
Es Sahara	06/98	43.2	0.8095	1.85	-60	-9	2.5	3.02/20 C°	No Heat	No Heat	A1	A1	B1	B1		0 - 50
Es Sider	06/94	36.6	0.8415	2.40	9	29	9.0	10.5/20 C°	25 25	No Heat	A2	A2	B2	B2	4 - 82	50->2000
Ezzaouia	08/01	39.5	0.8270	1.00	30	39	25.5	4.55/50 C°	55 55	45 45	A6	A6	B6	B6	-	0 - 200
Fife	10/00	35.4	0.8470	1.20	6	26	7.5	9.63/20 C°	-	No Heat	-	-	B2	B2	<1	<10
Flotta Mix	07/99	36.9	0.8400	3.65	-9	27	7.0	7.07/20 C°	No Heat	No Heat	A2	A2	B2	B2	1 - 7	10 - 100

CRUDE NAME	Assay Date	API	Density kg/L	Gas to C4 % v/v	Pour Point C°	Wax Point C°	Total Wax % wt	Viscosity cSt		Min Temp. Single Hull Cargo SLOP	Min Temp. Double Hull Cargo SLOP	Single Hulled Tanker		Double Hulled Tanker		H$_2$S Liquid ppm wt	H$_2$S Vapour ppm
												Winter COW	Summer COW	Winter COW	Summer COW		
Foinaven	10/00	26.1	0.8975	0.00	-18	12	7.5	64.4/20	C°	No Heat	No Heat	A4	A2	B2	B2	1	150
Forcados	12/97	29.7	0.8775	0.80	-6	18	6.0	13.1/20	C°	No Heat	No Heat	A1	A1	B1	B1	1	10->200
Foroozan	03/95	31.4	0.8680	1.60	-42	10	5.0	15.0/20	C°	No Heat	No Heat	A1	A1	B1	B1		>800
Forties Blend	02/02	43.4	0.8085	4.05	-15	26	6.5	3.88/20	C°	No Heat	No Heat	A2	A1	B2	B1	<2	10-200
Fulmar	03/94	41.5	0.8175	4.15	0	23	7.5	4.47/20	C°	-	No Heat	-	-	B2	B2	2	
Galeota Mix	03/00	36.6	0.8411	1.00	0	24	6.5	4.81/20	C°	No Heat	No Heat	A2	A2	B2	B2	2	
Geragai	02/02	48.2	0.7370	3.40	-42	20	7.5	1.82/20	C°	No Heat	No Heat	A1	A1	B1	B1	<2	
Gippsland Blend	06/89	45.5	0.7990	1.25	6	27	16.5	2.92/20	C°	20 30	15 25	A7	A7	B7	B7	1	
Girassol	03/02	31.1	0.8700	1.85	-24	16	6.0	19.9/20	C°	No Heat	No Heat	A4	A2	B2	B2	<2	0
Glitne	11/01	32.2	0.8640	1.70	3	25	7.0	12.8/30	C°	-	No Heat	-	-	B2	B2	<1	
Gorm Blend	6/98	36.0	0.8445	3.15	-39	15	3.5	6.49/20	C°	No Heat	No Heat	A1	A1	B1	B1	<0.2	
Griffin	09/01	54.0	0.7625	3.65	-30	-1	2.5	1.30/20	C°	No Heat	No Heat	A1	A1	B1	B1	<1	
Gryphon	03/94	21.2	0.9260	0.55	-39	-8	1.0	180/20	C°	25 25	20 20	A1	A1	B1	B1	4	<10
Gulf of Suez Mix	10/00	29.9	0.8750	1.50	3	29	10.0	14.7/20	C°	25 35	25 35	A8	A8	B8	B8	<1	1
Gullfaks A	02/01	36.6	0.8415	2.50	-21	19	5.0	6.97/20	C°	No Heat	No Heat	-	-	B2	B1	<1	
Gullfaks "C"	03/96	35.2	0.8485	2.30	-15	22	5.5	8.34/20	C°	No Heat	No Heat	A1	A1	B1	B1		0 - 8
Handil	08/81	33.8	0.8555	1.75	30	37	21.5	3.54/40	C°	45 55	40 50	A8	A7	B7	B7		0
Hanze	12/01	38.6	0.8315	4.65	-54	-2	2.0	3.99/30	C°	-	No Heat	-	-	B1	B1	<1	
Harding Blend 65:35	09/98	20.6	0.9300	1.90	-36	1	1.0	124/30	C°	-	30 30	-	-	B1	B1		
Heidrun	06/96	28.3	0.8850	1.20	-54	0	2.5	17.7/20	C°	-	No Heat	-	-	B1	B1		<10
Hibernia	02/01	35.3	0.8480	1.75	3	29	8.5	5.19/40	C°	25 25	No Heat	A3	A4	B3	B2	1	
Hudson	09/93	33.6	0.8565	2.05	6	30	6.0	10.9/20	C°	25 35	No Heat	A8	A8	B3	B2		
Ikan Pari	06/90	47.3	0.7910	2.40	15	33	18.0	3.01/20	C°	30 40	25 35	A8	A8	B8	B7		
Ima	04/01	45.2	0.8005	3.45	15	27	14.5	1.72/40	C°	30 40	25 35	A8	A8	B8	B7	<1	0
Intan	12/90	30.0	0.8685	0.00	48	54	40.5	38.5/50	C°	60 60	60 60	A5	A5	B5	B5		
Iranian Heavy	12/96	31.0	0.8705	2.15	-24	21	6.5	16.8/20	C°	No Heat	No Heat	A3	A2	B3	B2	1 - 58	50->1000
Iranian Light	12/96	32.6	0.8620	2.25	-9	23	6.5	12.6/20	C°	No Heat	No Heat	A2	A2	B2	B2	0.1	150->1000
Isla	06/89	14.5	0.9685	0.05	-12	50	1.5	211/55	C°	60 60	55 55	A1	A1	B1	B1		
Isthmus	03/02	32.7	0.8610	1.75	-39	7	5.0	12.8/20	C°	No Heat	No Heat	A1	A1	B1	B1	150	3000 - 4000
Jabiru	06/92	42.4	0.8130	2.30	15	21	12.0	3.76/20	C°	30 40	25 25	A8	A7	B3	B2		
Kaji-Semoga	10/01	38.1	0.8340	2.75	18	35	16.0	3.33/40	C°	35 45	35 45	A8	A8	B7	B7	<1	0

CRUDE NAME	Assay Date	API	Density kg/L	Gas to C4 % v/v	Pour Point C°	Wax Point C°	Total Wax % wt	Viscosity cSt	Min Temp. Single Hull Cargo SLOP	Min Temp. Double Hull Cargo SLOP	Single Hulled Tanker		Double Hulled Tanker		H_2S Liquid ppm wt	H_2S Vapour ppm
											Winter COW	Summer COW	Winter COW	Summer COW		
Kerapu	03/98	43.3	0.8090	0.75	30	38	25.0	4.25/40 C°	45 55	40 40	A8	A8	B3	B3		
Kiame	12/98	29.3	0.8795	2.45	3	29	9.0	25.7/20 C°	25 25	No Heat	A4	A4	B3	B2	0.6	
Khaiji	07/99	28.0	0.8770	2.25	-21	15	6.0	45.4/20 C°	No Heat	No Heat	A2	A2	B2	B1	<1	
Kirkuk	09/99	33.7	0.8560	1.30	-15	27	7.0	10.8/20 C°	No Heat	No Heat	A4	A1	B2	B2	5	200->2000
Kole Marine Blend	03/94	31.8	0.8660	0.95	-15	29	6.0	13.4/20 C°	25 25	No Heat	A4	A2	B2	B2	1	5
Kuito	10/00	19.0	0.9395	0.20	-42	19	3.0	174/30 C°	35 35	30 30	A2	A1	B2	B1	<1	118
Kumkol	03/00	41.2	0.8190	1.85	15	28	16.0	5.53/30 C°	30 30	25 25	A4	A2	B2	B2	<1	0 - 50
Kutubu	09/95	44.1	0.8051	4.00	3	18	9.5	2.12/20 C°	20 20	No Heat	A2	A2	B2	B2		
Kuwait Export	12/96	30.4	0.8735	2.00	-57	10	8.0	16.7/20 C°	No Heat	No Heat	A2	A1	B2	B1	1 - 5	180->600
Kyle	03/01	37.4	0.8375	2.10	-6	25	7.0	4.34/40 C°	-	No Heat	-	-	B2	B2	<1	<10
Kyzyl Orda	01/01	38.2	0.8335	1.55	21	29	15.0	6.77/30 C°	35 45	30 40	A8	A8	B8	B7	9	
Labuan	06/95	31.6	0.8670	0.45	15	24	10.0	4.70/20 C°	30 40	25 35	A8	A8	B8	B7		
Lalang	12/92	38.1	0.8340	0.40	30	40	30.0	7.58/40 C°	45 45	45 45	A5	A5	B5	B5		
Laminaria	04/99	58.0	0.7463	3.80	-54	-1	1.0	1.05/20 C°	No Heat	No Heat	A1	A1	B1	B1		
Lavan Blend	03/97	33.7	0.8560	2.90	-30	6	5.5	9.43/20 C°	No Heat	No Heat	A1	A1	B1	B1		
Legendre	10/01	43.0	0.8105	2.60	12	18	9.5	2.51/20 C°	27 27	No Heat	A2	A2	B2	B2	<1	0
Leona	03/93	23.2	0.9140	0.85	-36	22	3.5	29.0/20 C°	No Heat	No Heat	A2	A1	B2	B1		
Liu Hua	09/96	22.8	0.9165	N/A	6	14	12.0	7.82/40 C°	25 35	20 30	A8	A7	B8	B7		
Liverpool Bay	09/99	44.7	0.8025	2.35	0	30	10.0	4.87/20 C°	-	No Heat	-	-	B2	B2		>150
Lokele	12/85	19.4	0.9375	0.35	-39	23	0.5	171/20 C°	No Heat	No Heat	A1	A1	B1	B1		
Lufeng	12/98	32.8	0.8610	0.00	42	47	38.0	16.5/50 C°	60 60	55 55	A5	A5	B5	B5	<1	
Lyell	12/88	35.2	0.8435	3.00	-12	23	7.0	7.65/20 C°	No Heat	No Heat	A2	A1	B2	B1		
M'Bya	06/89	34.4	0.8525	1.05	18	28	11.5	12.1/30 C°	30 40	30 40	A8	A7	B8	B7		
Makat	10/00	34.3	0.8530	0.70	-21	4	5.0	12.2/30 C°	No Heat	No Heat	A2	A1	B1	B1	2	0 - 50
Mandji	05/01	29.3	0.8795	1.30	-6	30	9.0	24.9/30 C°	20 30	20 30	A8	A7	B8	B7	<1	
Maralago	06/98	20.9	0.9280	0.75	-18	29	7.0	189/30 C°	35 45	30 40	A7	A7	B7	B7		
Margham Condensate	09/97	53.5	0.7645	8.75	-27	-6	2.0	1.11/20 C°	No Heat	No Heat						
Marlim	09/96	20.2	0.9320	0.50	-39	28	2.5	177/30 C°	35 35	30 30	A1	A1	B1	B1		
Marib Light	09/96	49.7	0.7805	5.55	-39	21	5.0	1.61/20 C°	No Heat	No Heat	A1	A1	B1	B1		0 - 50
Mars	09/97	28.4	0.8845	2.45	-39	14	3.0	29.9/20 C°	No Heat	No Heat	A1	A1	B1	B1		
Maui	03/97	43.1	0.8100	1.80	21	31	21.0	3.78/30 C°	35 45	30 40	A8	A8	B7	B7		

CRUDE NAME	Assay Date	API	Density kg/L	Gas to C4 % v/v	Pour Point C°	Wax Point C°	Total Wax % wt	Viscosity cSt		Min Temp. Single Hull Cargo SLOP	Min Temp. Double Hull Cargo SLOP	Single Hulled Tanker		Double Hulled Tanker		H_2S Liquid ppm wt	H_2S Vapour ppm
												Winter COW	Summer COW	Winter COW	Summer COW		
Maya	06/01	21.1	0.9265	0.95	-21	40	4.0	161/30	C°	25 35	No Heat	A8	A7	B5	B5	108	12000-18000
Mazari	06/89	42.9	0.8110	1.50	18	30	15.0	2.72/30	C°	35 45	30 40	A8	A8	B8	B7		
McKee	03/01	44.2	0.8050	0.65	18	25	19.5	4.37/20	C°	35 45	30 40	A8	A8	B8	B7	<1	
Merey	03/87	16.0	0.9590	0.20	-18	39	1.5	191/50	C°	50 50	50 50	A1	A1	B1	B1	26	
Mesa 28	03/91	27.3	0.8905	0.80	-24	20	5.0	29.6/20	C°	No Heat	No Heat	A2	A2	B2	B2		
Mesa 30	06/94	29.5	0.8785	1.10	-39	16	5.5	18.8/20	C°	No Heat	No Heat	A2	A1	B2	B1		
Minas	03/99	34.5	0.8521	0.20	36	42	32.0	22.5/40	C°	50 50	45 45	A5	A5	B5	B5		
Miri Light	12/96	32.4	0.8630	1.10	0	23	4.5	5.01/20	C°	No Heat	No Heat	A2	A2	B2	B1		
Miskar Condensate	12/01	54.2	0.7615	4.55	-21	-4	3.0	1.02/20	C°	No Heat	No Heat					<1	
Moudi	05/01	36.5	0.8420	2.50	-63	1	1.5	5.18/20	C°	No Heat	No Heat	A1	A1	B1	B1	<1	
Murban	12/95	39.3	0.8280	1.85	-6	23	8.0	5.47/20	C°	No Heat	No Heat	A2	A1	B2	B1	1 - 20	>130
N'Kossa	09/98	48.3	0.7865	3.60	-12	21	7.0	2.76/20	C°	No Heat	No Heat	A2	A2	B2	B2	1	
Nanhai	06/96	38.8	0.8305	0.85	33	42	25.5	6.36/40	C°	50 60	45 55	A7	A7	B7	B7		
Nemba	03/97	38.8	0.8305	2.90	9	28	8.0	5.57/20	C°	30 40	25 35	A8	A7	B8	B7		0
Nile Blend	09/99	34.9	0.8500	0.05	36	49	30.5	16.1/50	C°	50 60	50 60	A7	A7	B7	B7		0 - 50
Nijord	10/00	42.0	0.8150	2.25	-6	25	6.5	3.94/30	C°	-	No Heat	-	-	B2	B1	<1	
Norne	05/01	32.5	0.8625	1.00	12	29	11.5	6.01/40	C°	-	25 35	-	-	B8	B7	<1	0 - 8
NWS Condensate	03/97	59.6	0.7430	6.05	-60	-26	0.5	0.82/20	C°	No Heat	No Heat						0
Odudu	11/00	32.9	0.8600	1.50	3	26	6.0	7.51/20	C°	No Heat	No Heat	A4	A2	B2	B2	<1	100
Oguendjo	12/01	32.0	0.8650	2.40	12	28	9.0	14.8/30	C°	28 28	No Heat	A4	A2	B2	B2	<1	
Oman Export	09/94	33.8	0.8555	1.70	-30	-3	4.0	16.0/20	C°	No Heat	No Heat	A1	A1	B1	B1	1 - 7	180-12000
Onako Light	10/01	46.8	0.7930	3.55	-15	24	7.5	2.07/30	C°	No Heat	No Heat	A2	A1	B2	B1	<1	
Onako Medium	12/98	38.5	0.8318	2.30	-24	21	7.5	5.76/20	C°	No Heat	No Heat	A2	A1	B2	B1	30	
Oriente	12/93	28.1	0.8860	1.25	-12	26	6.0	34.7/20	C°	No Heat	No Heat	A2	A2	B2	B2		
Oseberg	11/01	37.5	0.8370	3.20	-9	21	4.5	4.36/20	C°	No Heat	No Heat	A1	A1	B1	B1	<1	0 - 10
Ostrica	10/00	34.4	0.8525	1.45	-36	4	2.5	13.1/20	C°	No Heat	No Heat	A1	A1	B1	B1	1	
Palanca	12/96	37.2	0.8385	2.20	6	29	9.0	6.78/20	C°	25 35	20 30	A8	A8	B7	B7	1 - 2	
Pennington	09/97	34.8	0.8505	0.95	3	19	6.0	4.80/20	C°	No Heat	No Heat	A2	A2	B2	B2		0
Pierce	11/00	38.1	0.8340	1.70	-6	25	7.0	6.86/20	C°	-	No Heat	-	-	B2	B2	2	
Prinos Blend	12/97	27.9	0.8870	1.50	-9	34	13.0	17.2/30	C°	35 45	30 40	A8	A8	B8	B8		
Prinos Export	03/97	20.8	0.9285	0.50	-21	29	8.5	4.94/20	C°	35 45	30 30	A8	A8	B3	B2		

CRUDE NAME	Assay Date	API	Density kg/L	Gas to C4 % v/v	Pour Point C°	Wax Point C°	Total Wax % wt	Viscosity cSt	Min Temp. Single Hull Cargo SLOP	Min Temp. Double Hull Cargo SLOP	Single Hulled Tanker		Double Hulled Tanker		H_2S Liquid ppm wt	H_2S Vapour ppm
											Winter COW	Summer COW	Winter COW	Summer COW		
Qatar Export	03/91	41.7	0.8165	4.00	-36	11	4.5	4.01/20 C°	No Heat	No Heat	A1	A1	B1	B1	7 - 25	>2500
Qatar Marine	03/99	32.2	0.8640	1.55	-24	7	6.5	11.7/20 C°	No Heat	No Heat	A1	A1	B1	B1	15	
Qua Iboe	06/97	35.7	0.8460	1.70	0	30	7.5	5.38/20 C°	25 35	No Heat	A8	A8	B3	B2	1 - 8	0 - 50
Rabi Blend	12/94	33.0	0.8595	0.10	9	41	18.0	32.2/30 C°	40 40	35 35	A3	A3	B3	B3		
Rabi Light	06/89	34.3	0.8530	0.75	33	43	18.5	14.1/40 C°	50 60	55 55	A8	A8	B8	B8		
Rang Dong	12/98	39.9	0.8250	1.55	33	36	26.5	6.65/40 C°	50 60	45 55	A8	A8	B8	B8	<1	0
Ras Budran	09/86	24.3	0.9075	2.05	-9	31	6.0	220/20 C°	25 35	25 35	A8	A8	B7	B7		
Ras Gharib	02/02	22.0	0.9215	0.75	3	35	11.0	102/30 C°	35 35	30 30	A3	A3	B3	B3	<2	
Ratawi	09/00	24.0	0.9095	1.45	-21	13	7.0	93.1/20 C°	No Heat	No Heat	A4	A2	B2	B2	1	
Rhemoura	12/96	31.2	0.8690	1.25	3	30	9.5	17.4/20 C°	35 35	30 30	A3	A2	B3	B2		
Romashkino	06/95	31.1	0.8695	1.90	-15	19	4.5	16.2/20 C°	No Heat	No Heat	A1	A1	B1	B1		
Ross	03/00	38.8	0.8305	2.55	3	27	8.5	N/A	-	No Heat	-	-	B3	B2	2	
Ruby	09/99	35.7	0.8460	0.85	30	37	22.0	8.40/40 C°	45 55	40 50	A7	A7	B7	B7	0.9	
Russian(Baltic)	06/01	32.2	0.8640	2.40	-18	15	4.5	9.17/30 C°	No Heat	No Heat	A2	A1	B1	B1	<1	25->600
Russian(Black Sea)	02/02	32.5	0.8625	2.15	-9	21	7.5	10.1/30 C°	No Heat	No Heat	A2	A2	B2	B2	2	0->4000
Russian Condensate	02/01	44.5	0.8035	1.85	-45	10	3.5	1.61/20 C°	No Heat	No Heat					320	>600
Saharan Blend	05/01	45.7	0.7980	4.40	-42	9	3.0	2.09/30 C°	No Heat	No Heat	A1	A1	B1	B1	<1	0 - 100
Saladin	03/93	48.4	0.7860	2.40	-18	1	2.5	1.71/20 C°	No Heat	No Heat	A1	A1	B1	B1		
Samgori	12/97	37.6	0.8365	0.40	9	28	8.5	5.64/20 C°	50 50	25 25	A3	A3	B3	B2		
San Sebastian	03/00	69.1	0.7050	5.55	-60			0.67/20 C°	No Heat	No Heat	A1	A1	B1	B1	<1	
Santa Barbara	06/97	33.7	0.8560	1.05	-21	26	6.0	5.62/30 C°	25 35	No Heat	A8	A7	B3	B2		
Sarir	09/87	36.6	0.8415	1.90	24	37	16.0	12.4/30 C°	40 40	35 35	A5	A5	B5	B5		
Schiehallion	07/99	26.3	0.8960	0.20	9	26	7.5	50.8/20 C°	-	25 35	-	-	B7	B7	0.5	
Sembilang	03/95	36.0	0.8445	0.05	42	44	35.5	13.5/50 C°	60 60	55 55	A5	A5	B5	B5		
Senipah	11/01	52.4	0.7690	4.80	-63	-14	1.0	0.91/20 C°	No Heat	No Heat	A1	A1	B1	B1	<1	
Seria Light	09/92	40.2	0.8235	1.80	9	19	6.0	2.70/20 C°	25 25	20 20	A2	A2	B2	B2		
Shengli	12/85	25.3	0.9020	0.30	30	36	13.5	116/40 C°	45 45	40 40	A5	A5	B5	B5		
Siberian Light	12/95	35.1	0.8486	1.60	0	25	7.5	8.78/20 C°	No Heat	No Heat	A2	A2	B2	B2		0 - 200
Siri	10/00	37.3	0.8380	3.30	3	34	8.0	5.55/30 C°	-	30 30	-	-	B2	B2	1	
Sirri	03/00	32.1	0.8645	1.95	-12	18	6.0	11.2/20 C°	No Heat	No Heat	A2	A2	B2	B2	<1	
Sirtica Blend	03/94	40.3	0.8230	3.70	3	26	7.5	5.09/20 C°	20 30	No Heat	A7	A2	B2	B2	1 -33	100->200

CRUDE NAME	Assay Date	API	Density kg/L	Gas to C4 % v/v	Pour Point C°	Wax Point C°	Total Wax % wt	Viscosity cSt	Min Temp. Single Hull Cargo SLOP	Min Temp. Double Hull Cargo SLOP	Single Hulled Tanker Winter COW	Single Hulled Tanker Summer COW	Double Hulled Tanker Winter COW	Double Hulled Tanker Summer COW	H_2S Liquid ppm wt	H_2S Vapour ppm
Skua	09/93	41.5	0.8175	2.30	9	20	11.0	3.42/20 C°	25 25	20 20	A3	A2	B3	B2		
South Arne	06/01	38.3	0.8330	3.95	0	25	7.0	7.47/20 C°	-	No Heat	-	-	B2	B2	<1	
Soyo	12/96	38.6	0.8315	1.70	15	33	13.0	4.53/40 C°	35 45	30 40	A8	A8	B8	B7		500-10000
Stag	07/99	18.4	0.9435		-30	-1	0.5	124/20 C°	No Heat	No Heat	A1	A1	B1	B1	0.4	0
Statfjord High Sulphur	09/97	37.8	0.8355	3.20	3	30	6.5	4.54/30 C°	-	No Heat	-	-	B2	B1		0 - 8
Statfjord Low Sulphur	09/97	39.0	0.8295	3.80	3	27	7.0	4.19/30 C°	-	No Heat	-	-	B2	B1		0 - 8
Syrian Hvy (Souedia)	03/94	24.2	0.9085	1.35	-30	22	3.5	78.3/20 C°	No Heat	No Heat	A2	A1	B2	B1		200->2000
Syrian Light	03/02	37.8	0.8355	1.65	3	25	9.0	4.12/40 C°	40 50	25 45	A8	A7	B8	B7	<2	0->2000
Talisman	12/89	41.1	0.8195	0.00	9	24	9.5	3.75/20 C°	25 25	25 25	A3	A2	B3	B3		
Tantawan	09/99	47.6	0.7895	1.85	-12	37	14.0	4.53/20 C°	35 35	35 35	A4	A4	B4	B4	<0.2	
Tapis Blend	12/97	45.3	0.8000	1.90	12	29	17.5	2.70/30 C°	30 30	25 25	A5	A5	B5	B5		
Tazerka	03/96	31.3	0.8685	0.50	-9	21	3.5	1.36/20 C°	No Heat	No Heat	A2	A1	B2	B1		
Tchatamba	04/01	44.3	0.8045	5.00	-6	26	7.5	2.50/30 C°	No Heat	No Heat	A4	A2	B2	B2	<1	
Tembungo	03/87	35.6	0.8415	0.35	9	21	5.5	3.45/20 C°	25 25	20 20	A2	A2	B2	B2		
Tempa Rossa	12/01	21.6	0.9235	1.85	-36	36	4.5	44.9/30 C°	No Heat	No Heat	A2	A2	B2	B2		
Tengiz	09/97	46.6	0.7940	3.50	-21	20	6.5	2.21/20 C°	No Heat	No Heat	A2	A2	B2	B2	75	0->200
Terengganu	06/95	47.4	0.7905	2.95	12	27	15.5	2.61/20 C°	30 30	25 25	A3	A2	B3	B2		
Thevenard	02/02	39.2	0.8235	1.55	-63	-3	1.5	3.00/20 C°	No Heat	No Heat	A1	A1	B1	B1	<2	0
Tierra de Fuego	03/00	43.2	0.8095	2.50	-9	24	6.5	3.91/20 C°	No Heat	No Heat	A2	A2	B2	B1	<1	
Triton	10/00	39.3	0.8280	2.75	-6	27	8.5	4.60/30 C°	-	No Heat	-	-	B3	B2	<1	
Troll	01/02	26.9	0.8930	0.70	-48	4	2.5	6.26/20 C°	No Heat	No Heat	A2	A1	B1	B1	<1	<10
Udang	06/94	37.6	0.8365	0.15	39	41	34.0	6.55/60 C°	55 55	50 50	A5	A5	B5	B5		
Ukpokiti	04/01	41.7	0.8165	2.05	12	27	11.5	2.74/30 C°	27 37	22 32	A8	A8	B8	B7	<1	0
Umm Shail	01/01	37.2	0.8385	1.90	-18	18	6.0	5.96/20 C°	No Heat	No Heat	A2	A1	B2	B1	31	
Urals Heavy	06/93	28.4	0.8845	1.95	-18	23	4.0	26.7/20 C°	No Heat	No Heat	A2	A1	B2	B1		
Val d'Agri	12/01	37.5	0.8370	3.39	-36	12	4.0	3.75/20 C°	No Heat	No Heat	A2	A1	B1	B1	<1	
Varandey	08/01	25.5	0.9005	1.55	-57	7	2.5	26.9/20 C°	No Heat	No Heat	A1	A1	B1	B1	9	
Varanus	03/91	37.5	0.8370	1.25	6	17	7.0	3.88/20 C°	No Heat	No Heat	A2	A1	B2	B1		0
Varg	11/01	36.1	0.8440	2.05	12	25	9.0	5.67/30 C°	-	22 22	-	-	B3	B2	<1	
Walio	03/99	36.3	0.8430	0.55	-9	29	10.0	7.37/20 C°	No Heat	No Heat	A2	A2	B2	B2	<1	
Wandoo	12/97	19.3	0.9380	0.00	-42	-7	1.5	171/20 C°	30 30	25 25	A1	A1	B1	B1		

CRUDE NAME	Assay Date	API	Density kg/L	Gas to C4 % v/v	Pour Point C°	Wax Point C°	Total Wax % wt	Viscosity cSt		Min Temp. Single Hull Cargo SLOP	Min Temp. Double Hull Cargo SLOP	Single Hulled Tanker		Double Hulled Tanker		H$_2$S Liquid ppm wt	H$_2$S Vapour ppm
												Winter COW	Summer COW	Winter COW	Summer COW		
West Desert	12/01	40.9	0.8205	3.00	12	27	11.0	2.97/30	C°	27 37	No Heat	A7	A7	B2	B2		
West Texas Inter	09/98	39.3	0.8280	2.00	-18	20	5.0	3.66/20	C°	No Heat	No Heat	A1	A1	B1	B1	5.3	
Widuri	06/92	32.6	0.8620	0.05	42	61	45.0	40.4/50	C°	60 60	60 60	A5	A5	B5	B5		
Wytch Farm	10/01	41.2	0.8190	2.90	-15	24	6.0	4.54/30	C°	No Heat	No Heat	A2	A1	B2	B1	<1	0 - 8
Xi Xiang	03/98	32.2	0.8640	0.00	36	43	29.0	22.5/40	C°	50 60	50 60	A8	A8	B8	B7		
Zaafarana	09/95	23.1	0.9150	0.90	6	34	9.0	41.0/40	C°	30 40	25 35	A8	A8	B8	B7		
Zafiro	03/97	29.6	0.8780	1.55	-9	22	4.0	14.7/20	C°	No Heat	No Heat	A1	A1	B1	B1		
Zafiro Blend	09/97	31.3	0.8685	1.90	-21	19	4.5	10.9/20	C°	No Heat	No Heat	A2	A1	B1	B1		
Zafiro Export	09/95	31.4	0.8680	0.75	21	27	15.0	22.3/30	C°	35 45	35 35	A8	A8	B3	B3		
Zakum Lower	05/01	39.8	0.8255	2.85	-18	17	6.5	4.40/20	C°	No Heat	No Heat	A2	A1	B2	B1	2	180
Zakum Upper	12/96	33.2	0.8585	2.50	-27	9	6.0	10.7/20	C°	No Heat	No Heat	A1	A1	B1	B1	3 - 5	
Zarzaitine	12.94	41.8	0.8160	2.85	0	13	6.5	4.95/20	C°	No Heat	No Heat	A2	A2	B2	B2	1 - 8	0->200
Zeit Bay	12/87	34.1	0.8540	3.75	3	23	5.0	13.0/20	C°	No Heat	No Heat	A2	A1	B2	B1		
Zuetina	03/96	39	0.8295	0.90	3	30	12.0	8.81/20	C°	No Heat	No Heat	A3	A2	B3	B2	0.1	50->2000

** Heat required

思考题

1. 原油洗舱的特点有哪些?
2. 国际公约对原油洗舱的操作有哪些要求?
3. 原油洗舱原理和目的是什么?
4. 原油洗舱注意事项有哪些?
5. 原油洗舱中有哪些安全要求?

第八章 货物操作与管理

本章按一个完整航次的顺序和工作程序重点介绍了船舶各个阶段的装卸货操作与管理，包括货油操作前的检查与准备，装卸货计划的准备与实施，装卸货的操作，货物计量及文件的管理，航行中货物的管理等几个方面的内容。

第一节 航次指示

要 点

船东或租家在获得船舶资料，尤其是船舶最大载货量，船舶最大吃水，装卸港的最小安全水深，航路中的允许的最大安全吃水，分管系双阀隔离情况下最多可装载货油种类，托运的货油种类和数量相关的信息后，征询船上几种装载方法和最佳配载方案后，船东或租家会综合各种因素給船上下达详细的航次指示。航次任务指示和卸货指示的内容。

必备知识

航次指示是海上货物运输合同对船舶进行装货、卸货、航行、保管货物操作的具体要求和命令，是船舶营运生产的唯一依据。它是由船东或租船人利用电报、电传、传真或电子邮件形式发给船舶。油船运输中我们常见的航次指示有以下几种形式：（1）开航指示；（2）航次任务指示；（3）卸货指示；（4）其他指示。

一、航次任务指示（Voyage order）

由于签订海上运输合同原因等，往往船舶航次开始时，船上只能得到开航指示，船东或租船人只通知船长船舶驶往的大概方向，当海上运输合同签订后，船上才能收到航次任务指示。航次任务指示中包含下列内容：

（1）装货港口及顺序。

（2）受载期。

（3）货物种类及货量。

（4）卸货港。

（5）货物承运过程中的要求。

（6）部分货物信息。

（7）装货港代理信息。

（8）相关联系人信息。

（9）要求报告的内容和被报告人联系方式。

（10）其他。

二、卸货指示（Discharging order）

受货物贸易等因素的影响，有时可能由于航次任务指示中没有明确的卸货港和卸货量等相关信息，船东或租船人需要给船舶再发布一个卸货指示。卸货指示包含下列内容：

（1）卸货港及顺序。

（2）卸货种类和卸货量。

（3）卸货中的要求。

（4）卸货港代理信息。

（5）相关联系人方式及报告内容。

船东或租船人根据货主等方面的要求，可能发给船舶一些补充指示和命令。船舶要按照最新指示执行。当货主、经纪人、代理等指示与船东或租船人的不一致时，要向船东或租船人核实、确认后执行。

思考题

1. 航次任务指示包含哪些内容?
2. 卸货指示包含哪些内容?

第二节　货油操作前的检查与准备

要　点

货油操作前的检查与准备，船/岸安全检查表。

必备知识

船舶抵达装/卸货港前，应做好抵港前的检查准备，并根据抵港检查单所列内容逐项检查和执行。

一、抵港前检查内容

货油操作系统安全警报及功能试验。

货油管线压力试验，试验压力及周期如下：

（1）每次货油操作前——1.1 倍工作压力。

（2）每年——1.25 倍工作压力。

（3）每五年两次——1.5 倍工作压力。

（4）监视、测量仪表的检查与校正，包括货控室、泵间及货油接管处。

（5）洗舱管线每次操作前按正常操作压力 1.1 倍试验，每年按 1.25 倍操作压力试验。

（6）惰气系统安全保护功能检查，包括惰气记录仪、警报及安全保护功能等。

（7）抵港前，负责货物操作的驾驶员应对测氧、测爆及测毒等气体测量仪器进行检查和校对，并做好相应的记录。应配备一定数量的便携式多功能测量仪用于货舱、泵间和其他封闭场所的进入。

（8）压载舱内压载水状况检查，包括水面有无油花及舱内烃气含量等。此外，其他隔离空舱也应进行检查。

（9）泵间压载管线用压缩空气进行压力试验。

（10）货舱高—高位溢流警报试验。泵间内部检查。

（11）货油接管吊进行检查和操作试验，做好抵港使用准备。

（12）系泊设备检查，包括设备、缆绳及动力装置等。

（13）熟悉相关法规、公约及港口规定，使所有操作人员予以遵守并监督、检查。

（14）对压力/真空（P/V）阀进行检查，包括防火网及阀的开关功能。

（15）对货舱超高、低压的设定进行检查，并进行功能试验。

（16）主透气桅防火网状况检查，确认状态良好。

（17）防污设备检查，防污材料应齐备。

（18）通信设备检查正常，以保证船/岸信息沟通。

（19）出海阀及盲板检查。

（20）应急设备及工具配备齐全。

（21）防污及保安应急联系单，该联系单应分别张贴在驾驶台、货控室及船长房间。

二、船/岸检查

开始作业前应与岸方共同完成船/岸安全检查单。应注意使用最新版本的《国际油船及油码头安全指南》（ISGOTT）船/岸安全检查单。应注意中央空调的循环方式采用部分内循环，防止装、卸货期间生活区内形成负压。

在船/岸之间进行任何操作前，必须对船/岸检查单中的所有内容进行检查、核实。船/岸检查单应符合 ISGOTT 的要求。

货油操作开始后，值班驾驶员每 6 h 核实检查单中项目，确认正常后，记录检查的具体时间并签字。

对关键项目（代码 R（重复检查）），船、岸双方事先应就检查的间隔达成一致。任何协议或程序，均应在检查表备注栏中注明，或以双方认可的方式交换意见。

双方检查完毕并确认各自职责后，应签署共同声明。

三、船/岸安全检查表

船长和码头代表共同负责船舶在码头停靠期间的安全作业。货油装卸或压载作业开始之前，船长或其代表以及码头代表应当：

（1）以书面形式约定装卸操作程序，包括最大装载或卸载速率。

（2）以书面形式约定货油装卸或压载作业期间，发生紧急事件时应采取的行动。

（3）填写并签署船/岸安全检查表。

（一）使用导则

为使泊位管理人和船长共同使用船/岸安全检查表而制定使用导则。

在船舶停靠期间，船长及船员应当严格遵守相关规定。船岸双方应通力合作，以实现安全高效的作业。

船/岸安全检查表内列明事项的责任在文件中加以分配。在相应空格内做出符号或者签字。在检查表最后声明上签字是对责任的确认，一旦签字，则逐条列明通过相互交换资料议定的安全作业最低标准。

检查表中的部分问题指明是由船方还是码头单独承担责任的，有些问题需要双方承担连带责任。灰色方框一般是用来识别仅适用于一方的问题，但是船方或者码头愿意的话可以在该部分打上符号或者签字。

责任的分配仅仅是为了明确在整个船舶停靠码头期间一方应当负责有关遵守情况，并不意味着另一方免除了进行检查遵守情况的责任，负责驾驶员和码头代表应亲自检查各自责任内的项目。在履行义务的过程中，代表应确信双方均完全接受安全作业的标准，并通过以下方式实现：

（1）确认胜任的人填写了本检查表。

（2）查阅了相关记录。

（3）如果情况需要，进行联合检查。

作业开始前以及此后作业过程中，出于共同利益的考虑，码头人员和船上负责驾驶员应视情检查船舶，确定船方有效的履行其在船/岸安全检查表中确认的职责。岸上也应进行类似检查。如果基本的安全标准无法遵守，则任何一方都有权要求停止货物装卸和压载作业，直至纠正措施得以满意实施。

（二）检查表的内容

船/岸安全检查表由四部分构成，前两部分（表 A 和 B）是关于散装液体石油，该部分内容适用于整个作业过程。表 A 要求实际检查，表 B 要求进行口头核对。表 C 是关于散装液体化学品装卸事宜，而表 D 是关于散装液化气装卸事宜。

安全作业要求考虑所有相关内容，并且认可单独或者共同承担相关责任。如果任何一方不愿承担分配的责任，则应在备注栏内注明，并且应当适当考虑作业是否可以继续进行。如果某一项目并不适用于该船舶、码头或者计划的作业，则应当在备注栏注明。

（三）项目代码

代码栏中的字母分别表示：

A（协议）——任何协议或程序均应在本检查表备注栏中注明，或以双方认可的方式交换意见。

P（准许）——在否定回答的情况下，未经港口当局书面准许不得进行作业。

R（重复检查）——表示在不超过声明同意的时间间隔重复检查的项目。

双方检查完毕并且接受各自分配的责任之后，应当签署共同声明。

（四）船/岸安全检查表

船/岸安全检查表

船名______________________________

泊位______________________________港口______________________

抵港日期__________________________抵港时间__________________

表 A—— 一般散装液体石油 —实际检查

一般散装液体石油	船舶	码头	代码	备注
1. 船岸之间的通道是否符合安全要求?			R	
2. 油船是否牢固系泊?			R	
3. 船/岸之间约定的通信系统使用是否正常?			A R	系统____ 备用系统______
4. 应急钢丝拖缆是否安置就位?			R	
5. 船上的消防水带和消防设备是否正确配置并随时可立即使用?			R	
6. 码头的消防水带和消防设备是否正确配置并随时可立即使用?			R	
7. 船上的货油和燃油的输油软管、管道和管汇状况是否良好，装配是否合乎要求并适合预定的用途。				
8. 码头的货油和燃油的输油软管、管道和管汇状况是否良好，装配是否合乎要求并适合预定的用途。				
9. 连接前货物装卸系统是否已经彻底绝缘并排尽，以确保盲板法兰的安全拆除?				
10. 船上排水孔和滴油盘是否已经堵塞严密，接油盘是否就位并已清空?			R	
11. 是否经常监测暂时拆除的排水孔塞?				
12. 岸上集油容器和储油柜是否得到妥善管理?			R	
13. 船上不使用的货油和燃油管接头是否已用盲板妥善封闭并上紧全部螺栓?				
14. 码头不使用的货油和燃油管接头是否已用盲板妥善封闭并上紧全部螺栓?				
15. 所有货油舱、压载舱和燃油舱舱盖是否保持关闭?				
16. 通海阀和舷外排出阀不使用时是否保持关闭并明显地系固?				
17. 生活区、物料间和机舱所有的外部舱门和舷窗是否都保持关闭? 机舱通风口可打开。			R	
18. 是否在室外放置有船舶应急防火控制图?				地点________

船舶如装有或要求应装有惰气系统(IGS),应回答下列问题:

惰气系统	船舶	码头	代码	备注
19. 固定安装的 IGS 压力记录器和氧气含量记录器是否保持有效运转?			R	
20. 所有货油舱舱气是否处于正压状态并且氧气含量体积比不超过 8%?			PR	

表 B— 一般散装液体石油—口头核对

一般散装液体石油	船舶	码头	代码	备注
21. 船舶是否随时保持自航移动的能力?			PR	
22. 船上是否有有效的甲板现场值班?船、岸是否有充分的监督?			R	
23. 船/岸是否已备妥足够人员以处理紧急情况?			R	
24. 是否已经议定货油、燃油和压载水的装卸程序?			AR	
25. 是否已经说明并理解船、岸所应使用的应急信号?			A	
26. 必要时是否已交换用于货油装运的材料安全数据表(MSDS)?				
27. 对所要装卸的货油中与有毒物质有关的危险性是否已经标志并理解?				H_2S 含量______ 苯含量______
28. 是否已经提供国际通岸防火接头?				
29. 是否采用已议定的油舱透气系统?			AR	方法______
30. 是否已经议定封闭式作业的要求?			R	
31. P/V 系统的效用是否已经验明正常?				
32. 如果油气回收管道连接了,是否已经议定了操作参数?			AR	
33. 如安装了独立高位报警装置,该报警装置的使用是否正常,并经过测试?				
34. 船岸油管接头是否有符合要求的绝缘措施?				
35. 岸上管路是否已经安装止回阀或研讨了相应的程序防止“倒流回船”程序?				
36. 是否已经指定吸烟室,而且吸烟要求得以切实遵守?			AR	指定吸烟室______
37. 是否确实遵行明火安全规则?			AR	
38. 船/岸电话和手机要求是否得以切实遵守?			AR	
39. 手电筒是否属于认可类型?				
40. 固定式 VHF/UHF 无线电对讲机设备电源是否接通或断开?				
41. 便携式 VHF/UHF 无线电对讲机是否属于认可的类型?				
42. 船上主要的无线电发射天线是否已接地,雷达设备电源是否已断开?				

一般散装液体石油	船舶	码头	代码	备注
43. 危险区域内的电器设备的电缆是否已与电源断开？				
44. 窗式空调机是否已经断开电源？				
45. 生活区是否维持正压力状态？				
46. 是否已经采用保证泵房充分通风的措施？			R	
47. 是否有应急逃生的具体准备？				
48. 是否已经议定了作业允许的最大风力和涌浪标准？			A	停止作业_______ 拆管_______ 离泊_______
49. 船舶保安员和港口设施保安员是否已经议定了安全协议？			A	

船舶如装有或者要求装有惰气系统（IGS），应回答下列问题：

惰气系统	船舶	码头	代码	备注
50. IGS 是否完全可用并处于良好工作状态？			P	
51. 甲板水封工作状态是否良好？			R	
52. 压力/真空断路器的液位是否正常？			R	
53. 固定式和便携式氧气分析仪是否经 过校准，是否都保持正常的工作性能？			R	
54. 所有油舱独立的 IGS 阀（如装有）启闭位置是否正确并锁定？			R	
55. 现场管理货油作业的所有责任人员是否都知道惰气设备发生故障时，卸载作业必须停止，并通知码头？				

船舶如装有原油洗舱设备（COW），并计划进行原油洗舱，则应回答以下的问题：

原油洗舱	船舶	码头	代码	备注
56. 是否按照任何的“原油洗舱手册”所包含的“抵港前原油洗舱检查表”已经圆满地完成了各项的检查？				
57. 按批准的原油洗舱手册所做的原油洗舱作业开始前、作业中和作业后检查表是否在使用？			R	

如果船舶计划在停靠期间进行清舱，应回答下列问题：

清舱	船舶	码头	代码	备注
58. 是否已经计划在船舶停靠岸边设施期间进行清舱作业？	是/否*	是/否*		
59. 如果回答“是”，是否已经批准清舱并议定清舱程序？				
60. 是否已经获准进行除气作业？	是/否	是/否		

*按照相应情况，删去“是”或“否”。

声明

我们，以下签名者，已按指示检查表 A 和表 B 各项目，确信所作的记录正确无误。

我们还根据需要做出了重复检查的安排，同意在检查表内标有“R”字母的项目应在不超过_____小时的时间间隔重新予以检查。

如情况有变，我们将立即通知对方。

船方	岸方
姓名________________ 职务________________ 签名________________ 日期________________ 时间________________	姓名________________ 职位________________ 签名________________ 日期________________ 时间________________

重复检查记录表:

日期:							
时间:							
船方签字:							
岸方签字:							

公司____

码头______________________**日期**__________________

船长________________________

船名________________________

港口________________________

(五)安全信件样本

船长阁下：

当贵方船舶在本码头停泊时，安全实施各项作业的责任就有赖于船长和我方负责码头代表共同的承担。我们谨此希望，在作业开始之前，就此基于石油行业和油船行业广泛承认的安全实践的“船/岸安全检查表”中所列的安全要求你的充分合作和谅解。

我们期望你和你属下的全体船员在贵方停靠本码头期间始终严格遵守这些安全要求，而我们这一方，将保证我们的人员同样这样做，并为了完成各项作业安全有效的共同利益与贵方充分合作。

为了我们相互之间的安全，在作业开始之前并自此后时时地有码头的一名职员，在适当的场合和贵方负责的驾驶员一道对贵方船舶进行常规检查，以保证“船/岸安全检查表”所列项目能够得到肯定的回答。在尚需采取纠正行动的情况下，我们将不同意开始作业，或者就是作业已经开始我们也将要求停止作业。

同样的，如果贵方认为由于我方员工的任何行为或者由于我方所管理的任何设备危及安全时，贵方也应该提出立即停止作业的要求。

在安全问题上绝不能有任何妥协。

请签收本信件并退还所附副本。

签名______________________

码头代表_________________

值班的码头代表____________

职位或职务_________________

联系方式___________________

签名______________________

船长______________________

船名______________________

日期/时间_________________

四、“船/岸安全检查表”填写导则

（一）表A—一般散装液体石油—实际检查

1. 船岸之间的通道是否符合安全要求？

船岸间的通道应按实际尽量设置在远离管汇的位置。

上下船的通道设施必须保证安全，这种设施可由适当的舷梯或扶梯与装配适当可靠的安全网组成。

在登船位置与码头之间的高度差较大或可能增大时，应当特别注意通道的安全。

在码头不能提供登船设施而使用船舶舷梯时，泊位上应有足够的登岸地点使舷梯有足够的自由移动余地，以便在各种潮情和船舶干舷变化中均可保持登船通道的安全和方便。

靠近登船地点处，码头应备有适当的救生器具。船上登船梯口附近备有救生圈。

夜间船岸通道应有安全和良好的照明。

应拒绝与船舶无正当业务关系或未经船长许可的人员登船。码头应与船方商定控制人员进出码头或泊位。

2. 船舶是否已经安全系泊？

回答这个问题的时候，应对需要足够的防碰安排予以相当的注意。

船舶在系泊中应充分的保持系牢。无论靠泊突堤码头还是岸壁码头，都应当保持所有系缆收紧以防止船舶移动；应随时注意由于风、流、潮汐或过往船舶以及作业进度引起的船位移动。

输油臂应脱开，货油作业应停止或者船应离泊时的风速应予说明。因为钢丝缆和纤维缆弹性差别大，不可将它们在同一方向（例如横缆、倒缆、艏缆或艉缆）上一道使用。

装有自动调节张力绞缆机的船舶，已经系泊完毕，就不应以自动方式使用这种绞缆机。

应当做好准备，以便在紧急情况下船舶能够快速、安全的离泊。在港内需要用锚的场合，这是应当特别加以注意的问题。

无论使用的系泊方法如何，紧急离泊作业应当在考虑可能涉及的风险的情况下共同议定。

不再使用的锚具应妥善地加以固定。

3. 船/岸之间约定的通信系统使用是否正常？

船舶值班驾驶员与岸上作业负责人之间应以最有效的方法保持通信联系。

在用电话通信时，船岸双方的电话应由能够与其监督管理员直接联系的人员连续看守。此外，管理人员的电话必须便于优先接通。当用RT/VHF通信时，最好用便携式的并由管理人员或者能够与管理人员随时取得联系的人员随身携带，如果使用固定设备，其使用原则与一般电话通信时相同。

选定的基本通信方式及其备用方式应当记录在检查表上，并且电话号码和/或通信频道的必要资料应当相互交换并作相应记录。

电话和便携式RT/VHF设备应符合相应的安全要求。

4. 应急钢丝拖缆是否已经正确放置？

应急钢丝拖缆（防火拖缆）应布置在船首和船尾的向海舷侧；系泊浮筒泊位时，该应急拖缆应布置在软管管线相反的舷侧。

现在用于配置应急拖缆的方法有多种。有些码头可能要求使用某种特定的方法，因此船方应当得到相应的通知。

5. 船上的消防水带和消防设备是否正确配置并随时可立即使用？

船上的消防设备应正确配置并随时可立即使用。

应配置足够数量固定式或便携式消防设备，使得其能覆盖船上的货舱甲板。船上的消防总管应保持压力，或者能够在短时间内迅速增压。

船岸双方应保证其消防总管系统能够以快速和方便的方法，必要时利用国际通岸消防接头连接起来。

6. 码头上的消防水带和消防设备是否正确配置并随时可立即使用？

码头上的消防设备应正确配置并随时可立即使用。

在适当考虑船舶和附近岸上货舱情况下，应配置足够数量固定式或便携式消防设备，使得其能覆盖码头的货舱甲板。岸上的消防总管应保持压力，或者能够在短时间内迅速增压。

船岸双方应保证其消防总管系统能够以快速和方便的方法，必要时利用国际通岸消防接头连接起来。

7. 船上的货油和燃油的输油软管、管道和管汇状况是否良好，装配是否合乎要求并适合预定的用途？

软管应处于良好状态、正确装配，以防止张力和压力超过设计的应力限度。

所有法兰接头应上紧全部螺栓，其他类型的接头应安装牢固可靠。

应保证软管和管道的结构材料适合于所装卸货油的性质，同时考虑温度和最大工作压力。

装卸软管上应有永久性（不能消除）的标志，用来识别所适用产品的最大工作压力、试验压力和此压力进行试验的最近日期，如果用于环境温度之外的情况，还有其最高和最低工作温度。

8. 码头上的货油和燃油的输油软管、管道和管汇状况是否良好，装配是否合乎要求并适合预定的用途?

软管应处于良好状态、正确装配，以防止张力和压力超过设计的应力限度。

所有法兰接头应上紧全部螺栓，其他类型的接头应安装牢固可靠。

应保证软管/输油臂的结构材料适合于所装卸货油的性质，同时考虑温度和最大工作压力。

装卸软管上应有永久性（不能消除）的标志，用来识别所适用产品的最大工作压力、试验压力和此压力进行试验的最近日期，如果用于环境温度之外的情况，还有其最高和最低工作温度。

9. 连接前货物装卸系统是否已经彻底绝缘并排尽，以确保盲板法兰的安全拆除?

应当明确用以确认船上和岸上货油系统已经绝缘并排尽的方法，并采用该方法用以确保连接前盲板法兰的安全拆除。该方法应防止:

• 由于货油从货油系统释放过程中出现意外，并无法控制造成污染
• 由于系统压力释放过程中突然出现无法控制的情况，而引起人身伤害

10. 船上排水孔和滴油盘是否已经堵塞严密，接油盘是否就位清空?

在适用的场合，船上的排水孔在作业期间应当严密堵塞，积水应当定期排干。

船上的管汇处应按照 OCIMF 建议装有固定式接油盘，倘若没有，则应使用便携式接油盘。

必要时所有的接油盘应当以适当的方法将其排空，在完成特定任务之后总是必须这样做。

只有在装卸腐蚀性液货时，排水孔需要保持畅通，但必须在管汇附近备有随时可供使用的充足的水源。

11. 是否经常监测暂时拆除的排水孔塞?

如为了排干甲板上的干净雨水，排水孔塞需要暂时取出，这样就必须经常对其密切监测。如果出现甲板溢流或者其他可能引起污染的情况时，排水孔必须立即密封。

12. 岸上溢油围栏和沉淀柜是否得到妥善管理?

业经实际相适应容量的岸上防溢油设施，如码头围墙、接油盘和集油柜等应就位并妥善维护。

码头管汇应当装有固定式接油盘。倘若没有，则应使用便携式接油盘。应当合理维护溢油或污水装卸设施，倘若没有自动系统，则此类装卸设施应当随时可用于处理溢油或者雨水。

13. 船上不使用的货油和燃油管接头是否已用盲板妥善封闭并上紧全部螺栓?

不在使用的货油和燃料管接头均应保持关闭并用盲板封住。盲板法兰应上紧全部螺栓，如果使用其他种类的配件，同样应妥善安装牢固。

14. 码头不使用的货油和燃油管接头是否已用盲板妥善封闭并上紧全部螺栓?

不在使用的货油和燃料管接头均应保持关闭并用盲板封住。盲板法兰应上紧全部螺栓，如果使用其他种类的配件，同样应妥善安装牢固。.

15. 所有货油舱、压载舱和燃油舱舱盖是否保持关闭?

除用于油舱透气的开口之外，各货油舱的所有开口均应保持关闭和气密。

除了液化气运输船以外，空距测量和取样孔必须进行测量和取样时可以短时间内打开。进行上述操作应考虑采用避免产生静电荷的控制措施。

如果国际的、国家的或地方的规则和协议要求使用封闭式空距测量和取样装置时，就应当使用这样的装置。

16. 通海阀和舷外排出阀不使用时是否保持关闭并明显地系固?

经验证明在货油管道与压载管系互相联通的情况下，这是一项船舶避免发生油污的重要预防措施。这类阀门的操作遥控设备应当显著的加以识别，以防止因为疏忽而被误开。

在适用时，对于上述的这类阀门应直观的核实其安全可靠性。

17. 生活区、物料间和机舱所有的外部舱门和舷窗是否都保持关闭。机舱通风口可打开?

在货油作业期间，生活区的外部舱门、窗门和舷窗都必须保持关闭。这些外部舱门应明显标示“货物作业期间，此门必须关闭”的字样。但是任何时候不得上锁。

该要求并不影响人员的合理进出，无人时这些舱门必须关闭。机舱通风口可以打开，但如果关闭通风口对于机舱内安全高效作业并不产生不利的影响，则应考虑关闭通风口。

18. 是否在室外有船舶应急防火控制图?

在甲板舱室外面，应有整套防火控制图永久的存放于显著标志的防风雨封闭容器内，以供岸上前来援助的消防人员使用，其中还包括有一份船员名单。

船舶如装有或按要求装有惰气系统（IGS），还应回答下列问题:

19. 固定安装的IGS压力记录器和氧气含量记录器是否保持有效运转?

所有的记录装置应接通电源，经过校准并且保持有效运转。

20. 所有货油舱舱气是否处于正压状态并且氧气含量体积比不超过8%?

货油作业开始之前，应检查每一个货油舱的舱气，证实含氧量不超过 8%的体积比。惰化油舱任何时候都应保持正压力状态。

（二）表B— 一般散装液体石油—口头核对

21. 船舶是否随时保持自航移动能力?

除非获得港口当局和码头主管人员许可船舶可以不移动者之外，船舶应当能够在接到临时通知时依靠本船的动力进行移船。

必须符合一定的条件才可以获得不移船的许可。

22. 船上是否保持有效的甲板现场值班? 船/岸是否都有充分的监督?

船岸双方都应当使作业处于不间断的监督管理之中。

监督的目的在于防止发生险情；倘若发生险情，现场管理人员应有足够可用的手段采取纠正措施。

船上和岸上的现场管理人员应与他们各自的监督人员保持有效的通信联系。

与作业有关联的全部人员应当熟悉所装卸物质的危险性，并且应当穿戴适当的防护服装和防护设备。

23. 船上和岸上是否有足够的人员以备处理紧急情况?

船舶停靠在码头的任何时候，在船上和岸上设施的地点，都应该有足够数目的人手在场以准备随时处理紧急情况。

24. 是否已经议定了货油、燃料油和压载水的装卸程序？

应预先计划好作业的操作程序，在作业开始之前由船岸双方的代表讨论并议定。经议定的作业具体安排应做出正式记录，并由船方和码头双方代表签字。所议定的程序如有改变，应由双方再议定。在双方达成协议之后，应将实质性的改变尽快地并在改变的程序付之实行之前充裕的时间内做出书面记录。无论如何，应当在负责达成这种改变作业程序的协议的船方和岸方的管理人员的工作时间内将这种改变做出书面记录。

在雷暴天气临近时，应暂停作业并关闭所有的甲板和透气系统的开口。

所装卸货物的性质、船舶设备和岸上设施、船员和岸方人员完成必要的操作和充分管理作业的能力，都是确定能否同时进行多种货物的装卸作业时应当考虑的因素。

船上和岸上两边的管汇系统，夜间应有安全和良好的照明。

初始装卸速率和最大装卸速率、平舱速率和正常停止作业所需要的时间都应预先议定。相关因素有：

- 所装卸货物的性质
- 船舶货油管路和透气系统的布置情况和容量
- 船/岸之间的软管和输油臂的许可最大压力和流量速率
- 避免储集静电的预防措施

应对上述内容做出正式的相关记录。

25. 是否已经说明并理解船、岸所应使用的应急信号？

预先约定的在岸上和船上发生紧急情况时所应使用的紧急信号，应使船上和岸上的全体人员完全理解。

船岸双方应当议定紧急关闭程序，并且做出正式记录，由船舶和码头代表签字。

协议中应当说明立即停止作业的情况。

应当适当考虑由于紧急关闭程序可能引起的危险。

26. 必要时是否已交换用于货油装运的材料安全数据表（MSDS）？

提供货物方（船方或码头）一经要求即应提供 MSDS 给接收方。

此数据表至少应当提供产品结构方面的信息，如化学名称、俗称、UN 号码以及以体积百分比或 ppm（视情况而定）形式表示的有毒成分的最大浓度。

27. 对所要装卸的货油中与毒性物质相关的危险性是否已经标志并理解？

油船运载的各种货油含有已知对人体健康有危害的物质成分，为尽量减轻对人员有害的影响，在运送这类货油的时候应当有货油构成成分的资料可供使用以便能够据此采用适当的预防措施。此外，有的港口国要求在运送货油时和发生意外溢油事件时，这种资料立即可供使用。特别针对含有 H_2S、苯或铅添加剂的货油。

28. 是否已经提供国际通岸防火接头？

该接头应当符合标准要求，如在作业开始之前没有实际连接，则在紧急情况发生之时即可供使用。

29. 是否已采用议定的油舱透气系统？

对于作业中使用的透气系统，应当在考虑货油性质和国际的、国家的或地方的规则以及协议的要求等条件下，达成协议并作记录。

油舱透气系统有三种形式：

- 通过打开的、用适当的挡火网加以防护的空距测孔与大气相通
- 包括惰气系统在内的固定式透气系统
- 通过其他油气系统通到岸上

30. 是否已经议定封闭式作业的要求？

许多码头都要求船舶在进行压载、装卸时，其操作无须依赖空距孔和观察孔。这样船舶就需要具备能够以封闭式方式监测油舱内部情况的装置，或者采用固定式的量舱设备或者使用通过气封装置的便携式量舱器具，最好有独立的满舱警报装置做后备。

31. P/V 系统的效用是否已经验明正常？

P/V 阀和/或高速排风装置的工作效能，应使用厂商配备的实验设施进行校验。而且以视觉或者用其他方法保证当时提升校验装置确实使得排气阀正常运作，进行这样的充分校验是完全必要的。有时，排气装置出现被咬住或者动作困难这会是提升校验装置的传动销受到剪切力，这也引起船方人员想到如果使用这样的排气装置，将会有灾难性的后果。

32. 如果油气回收管道连接了，是否已经议定了操作参数？

如有要求，就要使用油气回收管路，将货油舱可燃性油气回收到岸上。

最高和最低工作压力以及任何其他与油气回收装置的运作相关的制约因素，应经船方和岸方讨论和议定。

33. 如安装了独立高位报警装置，该报警装置的使用是否正常，并经过测试？

由于封闭式货物装卸作业越来越依赖测量系统，因此此类系统充分运作，并且提供独立满舱报警装置的备用系统就显得十分重要。该报警装置应配备听觉和视觉指示，并且应设定在一定水平，使得货舱在满舱之前停止相关作业。正常作业过程中，货舱内装载货物不应超过满舱报警装置设定的范围。

货舱内独立满舱报警装置应当在装货前进行测试，以确保其正常作业，但是系统具有电子自动测试功能，可以监测报警电路系统和感应装置并且确认仪器设定值，则不必进行上述测试。

34. 船/岸油管接头是否有符合要求的绝缘措施？

若不在船/岸输油管或金属输油臂上采取措施隔断船岸之间管道连接所形成的连续电流通路，主要来自防腐蚀装置的杂散电流就能够在进行管道连续或拆离的时候使其法兰表面发生电火花。

阻断这种电流通过的方法，通常是在码头管汇的每一个出口处装入一个绝缘法兰，或者将绝缘法兰装在金属输油臂上，阻断这种电流的另一种方法是在每套软管中装入一段非导电软管。

应确定这种绝缘装置到位、状态良好，而且不致由于接触导电性材料形成旁路。

35. 岸上管路是否已经安装止回阀或双方研讨了相应的程序防止“倒流回船”程序？

为了防止卸货作业停止时由于作业需要或者回压过大引起货油回流的情况出现，码头应确认

安装了有效系统，用来防止货油从岸上设施回流至船的情况出现。或者，相应地双方议定了保护船舶程序。

36. 是否已经指定吸烟室，而且吸烟要求得以切实遵守?

只能在船长和码头代表商定的场所吸烟。不得在码头和附近区域吸烟，但船长和码头代表商定的建筑物和场地除外。 直接进出的场所不得指定为吸烟区。允许吸烟的建筑物、场所和房间应当清晰标志。

37. 是否切实遵守明火安全规则?

明火（Naked light 或 Open fire）包括：火焰、火花、裸露的电灯或者任何具有等于或者高于作业中所装卸油品的自燃温度的热表面。

在船上和距离船舶 25 m 的范围内，除非已经满足所有适用规则的安全条件并经港口当局、码头代表和船长达成协议者外，应禁止使用任何明火。

38. 船/岸电话、手机要求是否得以切实遵守?

船/岸电话应当遵守防爆结构的要求，但在生活区内安全区域放置和使用的情况除外。 除非经主管机关批准，手机不得在危险区域使用。

39. 手电筒是否属于认可的类型?

电池型手电筒必须属于有关当局批准的安全类型。

40. 固定式 VHF/UHF 无线电对讲机设备电源是否接通或断开?

固定式 VHF/UHF 和 AIS 设备应当断开电源或者处于低功率状态（最高 1 W），除非船长在与码头代表商定后，确定了设备安全使用的条件。

41. 便携式 VHF/UHF 无线电对讲机是否属于认可的类型?

便携式 VHF/UHF 装置应当是经主管当局认可的安全类型。VHF 无线电话机只可在国际规定的波段内工作。

上述设备应妥善维护，损坏过的机件即使尚能工作，也不应使用。

42. 船上主要的无线电发射天线是否已接地，雷达设备电源是否已断开?

停港期间船舶主要无线电台不可使用，除非用于接收。主发射天线应予以脱开并接地。 卫星通信设备可以正常使用，除非另有通知。船舶的雷达设备不应使用，除非船长和码头代表商定，确定了雷达设备可以安全使用的条件。

43. 危险区域内的电器设备的电缆是否已与电源断开?

货油作业期间禁止在危险区域使用连接着移动电线的便携式电气设备，而且最好应将这种设备撤出危险区域。

用于船/岸通信的电话线最好应绕开危险区域。如不可能这样做，其布线及保护应做到不致由于其使用而产生任何危险。

44. 窗式空调机是否都已断开电源?

窗式空调机应与电源断开。

45. 生活区是否维持正压力状态？

生活区内必须维持正压力状态，并且必须设置防止易燃气体或有毒气体进入生活区内的程序或系统。可以通过空调系统或其他系统从非危险区通入干净空气实现。

空调系统不得在100%再循环状态下作业。

46. 是否已经采用保证泵间充分通风的措施？

泵房应进行机械通风，其通风设备应使整个泵室的舱气保持安全标准，整个作业期间通风设备应保持连续运作。如安装气体探测系统，则应正常运转。

47. 是否有应急逃生的具体准备？

船岸双方都应有安全迅速的紧急逃生路线。在船上紧急逃生准备可包括备好救生艇随时使用。

48. 是否已经议定了作业允许的最大风力和涌浪标准？

许多因素决定了货物装卸作业或者压载作业是否继续进行。码头和船方应当就下列限制因素进行讨论：

- 风速/风向以及对输油臂的影响
- 风速/风向以及对系泊完整性的影响
- 风速/风向以及对舷梯的影响
- 在无遮蔽码头，涌浪对系泊完整性或者舷梯安全的影响

双方应清楚理解上述限制条件。停止作业、断开软管或者输油臂以及离泊的标准应在检查表中的批注栏内写明。

49. 船舶保安员和港口设施保安员是否已经议定了安全协议？

对于SOLAS公约的缔约国，ISPS规则要求船舶保安员和港口设施保安员相互协作以实施各自的安全计划。

船舶如装有或按要求装有惰气系统（IGS），则应回答下列问题：

50. IGS是否完全可用并处于良好的工作状态？

整个惰气系统应处于安全可靠的工作状态，尤其重要的是所有的连锁跳闸装置、相关的报警装置、甲板水封、止回阀、压力调节控制装置、甲板总管惰气压力指示器、各舱的独立惰气阀（如装有）以及甲板P/V断路器。

各舱的独立惰气阀（如装有）应当容易识别并且开启/关闭的阀位指示器功能完好。

51. 甲板水封工作状况是否良好？

甲板水封必须处于安全可靠状态。特别是水封的供水情况和相关的报警装置的正常功能应当进行检查核实。

52. 压力/真空断路器的液位是否正确？

应核实 P/V断路器的液位，保证其液位符合厂商说明书的要求。

53. 固定式和便携式氧气分析仪是否经过校准，是否都保持正常的工作性能？

所有固定式和便携式氧气分析仪都应根据公司和/或厂商说明书的要求进行校准和检查，系统

中的氧气分析仪/记录器和足够数量的便携式氧气分析仪应当保持正常工作功能。

54. 所有油舱独立的IGS阀（如装有）启闭位置是否正确并锁定？

无论是在装载还是在卸载作业中，常规而又安全的做法是将所有的独立惰气供应阀（如装有）打开，以防止因疏忽造成的舱压过低或过高。在这种方式的作业中，各舱的压力和甲板惰气总管的压力相同，因此P/V断路器在整个系统的压力超出过低或者过高限度的情况下，起到安全阀的作用。如果由于潜在的油气污染或者为了进行量舱而需要减压等原因，而将独立惰气供应阀关闭，那么所有与货油作业相关的这些阀门应当清楚标明该阀所处的状态。每个独立惰气供应阀应装有锁定装置，并应由值班驾驶员控制。

55. 现场管理货油作业的所有责任人员是否都知道惰气设备发生故障时，卸载作业必须停止，并通知码头？

在惰气发生装置发生故障的情况下，货油卸载、排卸压载水和油舱清洗作业必须停止同时通知码头。

无论何种情况，船舶驾驶人员不得让任何油舱的舱压力下降到低于大气压力。

如果船舶装有原油洗舱系统并计划进行原油洗舱，则应回答下列问题：

56. 是否按照任何的“原油洗舱手册”所包含的“抵港前原油洗舱检查表”，已经完满地完成了各项的检查？

在认可的“原油洗舱手册”中含有专门用于每一艘船舶的“抵港前原油洗舱检查表”，该检查表应由船上负责驾驶员在抵达每一个计划进行原油洗舱的卸货港之前填写。

57. 是否原油洗舱检查表含有原油洗舱作业开始前、作业中和作业后？

在认可的“原油洗舱手册”中含有专门用于每一艘船舶的“抵港前原油洗舱检查表”，分别适用于原油洗舱作业开始前、作业中和作业后。这些检查表应在适当的时间填写，并应邀请码头代表参与。

如果船舶计划在停靠期间进行清舱，应回答下列问题：

58. 是否已经计划在船舶停靠岸边设施期间进行清舱作业？

船方和码头代表在装卸前商议过程中，应当确定船舶在停靠期间是否进行清舱作业，并且在检查表中作相应记录。

59. 如果回答“是”，是否已经批准清舱并议定清舱程序？

应当确认有关当局已经批准船舶在停靠期间可以进行清舱作业。清舱作业的方式以及作业范围应当予以议定。

60. 是否已经获准进行除气作业？

应当确认有关当局已经批准船舶在停靠期间可以进行除气作业，并且在检查表中做相应记录。

思考题

1. 抵港操作前应注意检查的内容有哪些？

2. 货油管线压力试验压力及周期如何?

3. 装卸货货油装卸或压载作业开始之前，船长或其代表以及码头代表应注意哪些问题和签署哪些文件?

第三节 装货计划

要 点

制订装货计划应考虑的因素，注意事项及货物对船舶稳性和强度的影响。

必备知识

一、货物对船舶稳性和强度的影响

（一）油船稳性及自由液面

现代双壳油船的稳性一般是足够的，但是仍需注意自由液面对稳性的削弱。因此，油船装载时，凡是装油的舱应尽可能在舱容的95%～98%，在满足船体强度条件要求的前提下，应留出空舱，这样既能减少自由液面对稳性的影响又可以减轻货油对舱壁的冲击。同样，压载舱作业时应非满即空，即使半舱压载水也要超过双层底高度。

（二）吃水差和纵倾

油船满载出港时，一般要求平吃水；航行中，通过合理地使用油水，使船舶具有一定的艉倾；如果港区水深较大，则开航时应使船舶有一定的艉倾，通过合理地使用油水，使船舶驶抵浅水区时达到平吃水。新建的油船都有专门压载舱，装油时为便于排净压水，要求有一定的艉倾。当舱容富余时，可在艏艉各留出一个油舱不装满，用于调整吃水差。当装载多种油品时，也可通过安排不同的油品舱位来满足吃水差的要求。

（三）剪力和弯矩

油船为艉机型船，满载时多呈中垂变形，装载时应尽量减缓其中垂变形。当留不满舱时，应选在船中部，当有两个以上不满舱时，其位置应适当隔开。部分VLCC，一般在中部的货舱区有压载舱，以便使船舶满载时中部可以留空；压载状态时，又可减少中拱。这样，就达到了抑制弯矩过大的目的。剪力大的部位一般发生在泵舱和其他空舱/装载舱相邻处。为了避免剪力过大而对船体有永久性损伤，相邻舱不应有较大的载荷差。如不得不如此，在条件允许的情况下，向对应压载水舱注入压载水，来减少剪力。

一般油船上均有各种装载状态下的货油装载舱和留空舱的推荐方案（装载手册），可供参考。

（四）船舶横倾

对于大型油船，仅仅当卸货扫舱时，可能会需要有0.5°左右的横倾。而在正常装货、卸货，特别是进出港时，应尽量避免船舶横倾。即使有小的横倾，船舶两舷的吃水也会相差很大。导致实际吃水增大，将会减小富余水深，并可能在浅水水域搁浅。注意，这种富余水深的减小，是用测深仪无法探测到的。

二、确定合理的装卸顺序

（一）应考虑的因素

（1）保证船舶的纵向强度在合理的范围（剪力/弯矩）。

（2）保证船舶有合适的吃水差。

（3）最快的装卸速度。

（4）最佳的扫舱顺序。

（二）装货顺序

（1）先是中部油舱，减轻中拱。

（2）然后艏部油舱，减小艉倾。

（3）各油舱普装。

（4）在距预定空档 1 m 左右时，停止普装，而改成从中部开始逐舱进行平舱。

（5）然后平艏艉舱，以利调整吃水差。

（6）最后，留少量货油装入中部舱。这个阶段，吃水差一般无明显变化。

在整个装货过程中，要始终保持船体正浮（无明显横倾）。

（三）卸货顺序

卸货顺序与装货基本相同。在条件许可的情况下，保证各舱液位有足够的梯度，一个舱进行扫舱作业时不影响其他舱正常卸货。即扫舱前段时间，卸货速度不会有太明显的减小。

三、确定合理的压载方案

油船一般有 45%～65%的时间处于压载状态。而压载的目的是减小过大的中拱和船体振动并有利于获得较大航速。因此，油船空航压载时，其中部压载舱尽可能注满，以减小中拱；根据 MARPOL73/78 公约的要求，总载重量不小于 2 万吨的原油船和不小于 3 万吨的成品油船的专用压载舱容量应使船舶的吃水和吃水差在整个航行中符合以下要求：

船中型吃水　$dMm > 0.02L_{bp} + 2.0$ (m)

艉吃水差　$t < 0.015L_{bp}$　(m)

艉吃水必须保证使螺旋桨浸没水中。

按照船上的装载手册上的相应程序要求进行即可基本满足上述标准。

四、配载计划

船长接到航次指示后应仔细阅读，对不清楚的地方及时与船东或租船人联系。尽快按航次指示的要求，参照本船货舱适装要求和装卸货设备及加温系统等因素，确认适装后立即指示大副根据航次任务的要求做出配载计划。船长对配载计划进行审阅和批准。如果有不适之处应及时报告船东或租船人。

如果航次指示中货物资料叙述不全，应及时与装货港口代理和/或发货人、租船人联系，获取相关货物资料信息。

(一)配载时应考虑的因素

1. 舱容

船舶可供装货的油舱容积能否满足计划的最大载货量，即船舶的舱容极限，一般情况下，不加温油最大可以装至油舱舱容98%，加温油最大可装至油舱舱容95%。还要充分考虑船舶从装货港到卸货港所经过的航区，如果是从寒冷的港口出发，装货温度比较低，航经热带水域或在热带水域港口卸货，货油温度会升高，必须充分考虑每一载运货油的膨胀系数及其特性，经过计算留出足够的舱容余量。

2. 载货量

航区、航道、港口、泊位的水深和船舶的最大吃水，限制了船舶的总载重量。载货量=船舶的总载重量－燃油－压载水－淡水－船舶常数－船存洗舱水等。船舶平吃水状态，在进出港口、过航道和浅点时，可以获得最大载重量。

3. 货物的特殊要求

要考虑本船货舱是否适合装载此类货油；能否满足加温及分舱要求。当要求两个或两个以上港口装、卸货油时，利用压载水调整，能否满足船舶吃水、吃水差及应力要求等；当承运多票货油时，根据不同货物品质，考虑其相容性，确定单阀还是双阀隔离，满足各种货物的隔票要求，避免造成混货；各种货物要求分装、分卸时，各种装载状态下的船舶强度；船舶的稳性、剪力和弯矩符合装载手册的要求。

4. 其他因素

(1)船舶货舱、货物管线、压载水舱、压载管线分布、限制情况。

(2)计算船舶初稳性高度时，必须进行自由液面修正。

(3)若航次中有过船闸、桥梁、空中电缆时，对船舶最大高度的限制。

(4)当船舶在限制吃水条件下，不能达到满舱、满载时，要合理配载，减小中垂，增加装货量。

(5)船舶货舱最大允许载货温度。

(6)必须遵守各港口的具体要求，充分考虑所在海域的自然条件及当时的气象情况等的特殊限制。

(二)配载图包括的内容

(1)船舶名称、装货港口名称、吃水、船体剪力、弯矩。

(2)货物名称、数量(MT、BBL/CBM)及所在舱位。

(3)货物所占各舱容体积的百分比、空档等。

(4)特殊要求。

(三)自由液面

1. 自由液面的效应

主要问题是货油舱和双层底舱的自由液面对横稳心高度的影响。

根据油舱的设计、形式与数目，其自由液面的影响会导致横稳心高度显著地降低。这种状况在不具备中纵舱壁的宽货油舱和没有中纵舱壁的被称为“U”形压载舱的条件下，将极为严重。

作业中最危险的阶段就是，在卸油期间同时向双层底压载舱注入压载水，和在装油期间这些压载舱处于排空的过程中。如果有足够数目的货油舱和双层底舱同时处于不满舱或半舱状态，全部的自由液面综合影响就完全能够使横稳心高度足以降低到使船舶的横稳性处于危险的临界程度。最终就会导致船舶突然间发生严重的横倾。在舱内有较大的液位深度而伴随着较高的重心高度时，大面积的自由液面更加有可能使船舶处在横稳性危险的状态中。

与货油和压载作业有关的人员应当认识到这种潜在的问题，因而所有的货油和压载作业都要严格依照船舶的装载手册来进行。

2. 自由液面的控制

船舶在装/卸货、压载及运输过程中，为最大限度地减少货油和压载水的重量及自由液面对船舶剪力、弯矩及船舶稳性的影响，大副在制定配载计划及货油装卸过程中，还应考虑以下相关因素：

（1）要随时注意燃油、淡水、货物比重，特别是专用压载水对 *GM* 值和 *KG* MARGIN 的影响。

（2）使船舶保持正浮状态。

（3）计算船舶初稳性高度时，必须进行自由液面修正。

（4）保证剪力和弯矩符合装载手册的要求。

（5）用专用压载水调整吃水差时，要特别注意码头水尺的限制，注意吃水差变化对货物空档的影响，避免货油溢出。

（6）当装港或卸港为两个或两个以上时，或因天气及其他原因造成船舶部分装载而移泊、锚泊或移锚地避风以及完货开航时，必须保证船舶稳性符合装载手册中关于完整稳性的要求，尤其是关于不满舱数量的要求。

（7）开航前,应计算和校对船舶的稳性，船长应审核并签署“稳性计算书”。

五、装货计划

为安全、高效地完成装货作业，根据配载计划、船舶设备、人员状况、装货港的要求制订装货计划。大副负责组织制订全面而详细装货计划。驾驶员、相关的轮机员要尽可能参与装货计划的制订。完成装货计划后，交船长审阅和批准。大副应向所有参加货物操作的人员详细说明，使装货作业的值班人员了解装货计划，并由驾驶员签字。

（一）装货计划应该考虑的因素

除制订配载计划时考虑的因素之外，至少还应当考虑下列事项：

1. 货物特性

（1）货油温度。装货温度过高，影响船舶的装货量；装货温度过低，容易超装。到港后和装货过程中，应及时了解和实际检测实装货油温度，及时调整货舱完货空档。

（2）货物的毒性。含高硫化氢（H_2S）货物，硫化氢对人体和环境非常有害。根据 ISGOTT 和船舶管理公司的要求，编制 H_2S 货物的操作程序、防护措施和注意事项。

2. 港口要求

（1）码头方式，如靠码头、单点系泊、多点系泊、船靠船等。

（2）货物种类和装货顺序、速度。确定各货舱装货顺序；提出开始、预装、普装及平舱时的具体操作要求和注意事项；装货港对减速和停止装货需提前通知的时间要求。

（3）港口规定：包括防污染规定，甲板值班要求，压载水管理规定，码头对船舶吃水和吃水差的限制等。其中有些港口不允许货舱内的油气排放到大气中，有些港口对排放的舱内气体质量有其严格要求。

3. 船舶值班人员

（1）值班人员数量和能力。

（2）值班人员对船舶设备的熟悉程度。

4. 船舶设备

（1）货物管线的布置。

（2）货舱油气回收系统。如果港方不允许货舱油气排入大气且有油气回收装置，应对该装置进行检查和试验，并在装货计划中明确油气回收装置的使用要求。

（3）船舶最大装货速率和单舱最大装货速率。在平舱阶段，舱内压力最好在 0.002 MPa（200 mm H_2O）以下。

（4）船舶强度和船舶稳性。尽量减少在装货过程中货舱内自由液面的影响。

（5）压载水、燃料油、淡水状态。压载水的排放计划与顺序，包括重力排放与泵浦排放的时间，并考虑保证足够的吃水差完成压载水排放操作。

（6）船舶消防和溢油设备。

（7）内、外部的通信联系方式及应急停止操作程序。

（二）装货计划的内容

内容至少包含下述内容：

（1）根据配载计划编制配载图（表），配载图中有各货舱货油品种、数量、货油的预计温度、比重、空距。

（2）根据码头信息确定各货舱装货顺序和所使用的货油管线。

（3）确定初装、普装和平舱不同阶段的装货速度。提出初装、普装和平舱的具体操作要求和注意事项。

（4）开始平舱时的空档和平舱顺序。

（5）预先计算出装货过程中每两小时的船舶强度、稳性数据。

（6）压载水操作计划。

（7）原油洗舱的操作计划（如果需要进行）。

（8）明确操作过程中的安全和防污染要求。

（9）应急停止装货程序。

（10）溢油防污染程序。

（11）说明有关载运的货物特性及相关要求。

（12）如果港方有回收石油气体的要求，应在装货计划中明确气体回收装置的检查和使用要求。

（13）装货码头的特殊要求，泊位的最大水深和码头的最大装货速率等相关信息。

（14）值班人员的在系泊、装货作业中的职责。

思考题

1. 确定合理的装卸顺序时应考虑哪些因素?
2. 配载图应包括哪些内容?
3. 装货计划应该考虑哪些因素?

第四节 装货作业

要点

装货作业前的准备，装货作业的操作方法及注意事项。

必备知识

一、抵港前准备

(一)货油舱适货

(1)货舱要清洁、无水、无其他液货。满足航次指示的要求。

(2)货舱惰化之后，舱内氧气含量低于 8%。

(3)每次装货之前进行高高位警报试验，使其处于良好工作状态。

(4)货舱压力、温度传感系统处于良好工作状态。

(5)P/V 阀、P/V BREAKER、主透气桅处于良好工作状态。

(二)船舶检查和甲板布置

1. 按要求准备好防污器材，并处于随时可用状态。消防器材按如下要求准备:

(1)至少 3 个灭火器被布置在船/岸货油管接口处。

(2)两条消防皮龙接在船/岸货油接口的两侧，消防枪喷嘴应为水雾两用型。

(3)船/岸货油接口相邻的两个甲板泡沫消防炮指向岸方。

2. 按要求准备好防污器材，摆放在货油管线接口附近。

3. 装/卸货油开始之前，所有甲板排水孔必须有效堵塞旋紧，以防止溢油流入码头周围的水域。如有积水，应定期排放(有的港口要求须征得岸方同意)，污油水则应转入污油舱或其他适当容器中。移动式防污泵应正确安放到位，并试验是否工作正常。

4. 在舷梯口处安放警示牌。在甲板上设置、标注安全通道。

5. 所有的货油管线上的阀门全部处于关闭状态。所有不用的管线出口，用盲板盲死，上满螺丝。所有货油管线出口阀，不论使用与否，都应安装压力表。

6. 白天悬挂国际信号 B 旗，夜间点亮一盏环照红灯。

7. 准备好吊具。

（三）泵间

（1）装货时，通往泵浦间的货油管线/阀要关闭。

（2）海底门确认已关死，并绑牢，在装货之前应进行气密试验，试验压力最大为 0.34 MPa（3.5 kgf/cm^2），保持至少 15 min，平时应至少每周进行气密试验并保持记录。

（四）货油控制室

货控室应张贴下述资料及数据：

（1）货物的物质安全资料表（MSDS）。

（2）船舶最大的装货速率、各舱装货速率及最大气体排放速率。

（3）最新的货油管线图、惰气系统、排气系统以及洗舱系统的资料。

（4）各货油泵不同转速下卸货量的工况图。

（5）在港期间的潮汐图表。

（五）检查和记录

（1）完成“抵港准备检查单”。

（2）完成《油船装货作业前检查表》，大副签字并由船长审核确认。

二、装货前准备

1. 召开船/岸安全协调会，就装货中的关键操作进行协商并达成一致后，形成文字记录。主要内容至少应包括：

（1）确定货油种类、装货顺序、装货量、装货速度（包括初始速度、最大速度和平舱速度）。

（2）确立通信方式和应急停止程序等。

（3）装货计划须经船/岸双方讨论,依据船上特别是岸上条件和环境的变化加以修正。任何变动均须正式记录并告知所有参与作业人员。

（4）了解港口关于涉及天气影响等方面的安全规定。如：停止货物操作、离泊等。雷雨天气,必须停止货油操作。

2. 配合商检验舱。验舱前，使货舱的惰气压力保持在接近大气压力的正压（0.001～0.002 MPa）。如时间允许，大副应尽量陪同商检验舱。事先准备两把打底尺交替测量，以缩短验舱时间。验舱结束后及时填写油脚证书（OBQ）或干舱证书（Dry certificate）。上述文件正式签署后方可进行装货作业。

3. 完成《船/岸安全检查单（Ship/Shore Safety Checklist）》。《船/岸安全检查单》的目的是对船舶、码头设备、仪器和货物操作准备工作的核查，保证船舶和码头及其全体人员的安全,由船方负责人和码头代表共同完成。

4. 按照装货计划准备管线及阀门，大副最后予以核实。进口阀门要求最后一个开启。

5. 准备装货的油舱惰气阀应始终处在开启状态，并锁定。

三、装货操作

（一）初装

按照船/岸双方共同确定的联系方式保持联系。当确认船/岸管线、岸罐和货油舱准备完毕后，由船方通知岸方开始装货。初装的速度要慢，为检查货油舱和管线提供足够的时间，防止设备意外损坏、溢油等事故的发生。

开始装货的速度，各油船不尽相同，初装速度取决于船舶本身的接受能力。通常以本船单舱最大接收货量为限。开始装货前，至少有两个以上货油舱保持在可以接收货油的状态，然后逐舱检查接收货油情况。开始装货后，进一步核查各管线有无泄漏和货舱进油情况，发现问题应立即查明原因，待解决之后才可以加速到普装速度。

无论在任何情况下发现漏油，应立即停止装货。待查明原因，解决漏油问题之后才可以继续装货。

（二）普装

当各舱进油达 0.5 m 以上，可由初装速度提高到普装速度。在此阶段安排人员检查船/岸连接货油管线和船舶货油管线、管线接口、管线上的阀门，确定是否有漏油现象。

装货速度取决于下列因素：

（1）货油管线的设计——货油管线任一截面上的流速不应超过 12 m/s。

（2）任一货油舱液位的上升速度不应超过 15 cm/min。

（3）透气管线的最大透气速度不应超过 36 m/s。

船舶的最大装货速度，不能大于船舶货舱透气桅的最大排放速度。通常情况下，普装速度小于船舶货舱透气桅的最大排放速度的80%。普装的速度及装货资料可从装货手册或说明书中获得。在选用最大装货速度时，还应考虑船龄及管路情况。对于老旧船，适当降低最大装货速度，并随时检查严防漏油。

在装货过程中，要做好下列事项：

（1）每 4 h 进行一次检查并填写《装货中安全检查单》。

（2）采取阶梯式油位装法，控制好各货舱液位形成梯度，确保各舱有序到达满舱，为平舱做好准备。

（3）普装过程中，始终保持船舶正浮状态，不使吃水差或船舶倾斜过大而伤害船体或发生溢油。

（4）每小时计算一次装货量和装货速度，与岸方进行核对并记录。

（5）每 2 h 计算一次船舶稳性及船体受应力的影响，将计算结果与装货计划进行比对。装有船舶状态监控计算机的船舶，要保持其在 ON LINE 的工作方式。

（6）在整个货油操作中，货舱压力应始终处于监控之下,记录仪保持运行状态。

（7）若装两种以上货油时，应在控制台做醒目标志，防止混装。

（8）装货时货油舱盖处于关闭状态，油气应从专门的排气系统排出，确保排气系统状态良好和防火网清洁，以保证在最大的装货速度时，排气系统能够把油气排出以防舱内过压。

（9）排放压载水时，加强对海面的监视，特别是对那些压载管线穿过货油舱的船舶。在泊位允许的情况下，保持足够的吃水差，以便将压载水全部排出，从而保证在有限的吃水条件下得到最大的装货量。

（10）货油操作的整个过程中，船舶最小载重量不能小于30%的总载重量，并保持螺旋桨始终浸没水中，以便应急情况下船舶紧急撤离。

驾驶员应督促甲板值班人员做好下列检查和巡视工作：

（1）及时调整系泊缆绳、防火缆。

（2）定时进行甲板面和船舶周围附近水域的巡视。

（3）检查出口处的压力表读数。另一舷侧的压力表也应检查，确认阀门密封良好。

（4）梯口值班，对外来人员进行检查、登记。未经船长允许闲杂人员不得登船。

（三）平舱操作

一般来说，当货油舱装到其总容积的90%时，通知岸方减速并开始平舱操作。平舱是装货操作的关键时期，大副必须在货油控制室现场亲自指挥。

（1）惰气压力不要太高，最好保持在0.002 MPa（200 mmH_2O）以下的正压。

（2）平舱前调整好缆绳，以便有充足的人力投入平舱操作。平舱时要求手动测量货油舱的空距，每次测量后，报告给货油控制室值班人员。值班驾驶员要对甲板的实测结果与货油控制室内监视器显示的货油舱空档进行比较，防止出现差错。

（3）最好先平边舱后平中舱，以使船舶始终保持正浮状态。

（4）平舱时应在一个舱完成之后再平另一个舱。2～3 个舱可以同时进行装货，以便通过调节各本舱阀的开度来控制平舱速度。在换舱时要本着先开后关的原则并确认阀的开度。

（5）对平完的货油舱保持连续监控，防止本舱阀关闭不严发生溢油。

（6）在平舱时，要将吃水差的情况考虑在内，尽量保持平吃水平舱。

（7）提前计算好货量。最后一个货油舱接近空距前，应考虑留有足够的舱容让岸方有停泵的时间。

（四）完货后操作

（1）值班驾驶员和水手配合商检量舱，注意货舱装完货之后，要等待 30 min，让可能带有静电的物质沉淀、消散。大副将计算结果与岸方货量进行核对，并填写必要的文件。值班驾驶员负责并指挥水手关闭所有货油舱阀，协助码头工人拆管，最后将通岸接头全部上满螺栓用盲板盲死。

完货后，货油管线全部放净。对高倾点的货油以防堵塞管路；对易挥发的货油，防止因温度变化造成管路压力升高而破坏管路/阀门等。

（3）根据《完货检查单》中内容逐项检查完成，防止遗漏。收好工具和器材，做好开航前的准备工作。离泊后要及时将货油管线与货油舱连通。

思 考 题

1. 装货作业前应做哪些准备工作?
2. 装货操作中在初装阶段、普装和平舱操作阶段应注意哪些事项?

第五节　卸货准备

要　点

卸货作业前的准备，根据卸货指示做好卸货计划。

必备知识

一、卸货指示

卸货命令由租船人和/或船东以电报、电传、传真和电子邮件等方式发到船上。内容包括：卸货港口码头、收货人、卸货数量、通信人及联系方式、防污安全要求等。

根据卸货指示提供的卸货港代理、收货人的联系方式，可以获取下列信息：

（1）港口资料：锚地、泊位、靠泊计划及卸货的时间安排；岸上油管直径、压力、多种货油时的卸货顺序等。

（2）港口要求：码头方式，如靠码头、单点系泊、多点系泊、船靠船等。卸货顺序、速度、船舶出口压力。

（3）对货油温度的要求。

（4）港口规定：防污染规定；甲板值班要求；压载水管理规定；码头对船舶吃水、吃水差的限制等。

卸货指示和代理、收货人的相关信息，为大副编制卸货计划提供了大量的依据和帮助。

二、卸货计划

配载计划为卸货计划奠定了良好的基础。在配载计划中已经考虑到了分港卸货、分票卸货的情况。但是有时卸货港的顺序、各票货物的卸货顺序会发生变化，此时应根据卸货指示和代理、收货人提供的相关信息来编写卸货计划。

1. 卸货计划考虑的主要因素

除了装货计划需要考虑的因素外，还应该考虑到：

（1）预备使用的货油泵、货油管线及其数量。

（2）在卸货过程中对货油的保温。

（3）卸货速度/速率以及码头货油管线最大允许卸货压力。

（4）由于临时停止卸货等原因，在寒冷天气中高倾点货油在管线内的凝固。

（5）多票货物分卸或多港卸货时，注意使用压载水调整船舶载重量，改善船舶强度和稳性。

（6）普卸的后期要保持货舱足够的空档梯度，为继续卸货和原油洗舱、扫舱提供充足的时间。

2. 卸货计划

为能安全、高效的进行卸货作业，大副应根据航次指示做好卸货计划，船长审核后签字。驾驶员、相关的轮机员要尽可能参与装货计划的制订。卸货计划完成后，大副应使参加卸货作业的值班人员了解卸货计划，驾驶员阅后签字。计划应包括下述内容：

（1）积载图（表）。积载图中有各货舱品种、数量、货油的温度、比重、空距。

（2）根据码头信息确定卸货顺序和所使用的货油泵、货油管线及卸货计划曲线图。

（3）卸货速度和具体操作要求和注意事项。明确要求每 2 h 应进行强度计算，同预先做出的每 2 h 的强度预算与实际状况相比对。

（4）压载水操作计划。

（5）原油洗舱的操作计划。

（6）应急停止卸货程序。

（7）溢油防污染程序。

（8）有关载运的货物（MSDS）特性及相关人员防护措施。

（9）卸货码头的特殊要求，泊位的最大水深等相关信息。

（10）值班人员的在各种操作中的职责。

三、准备工作

进入卸货港前的准备工作和抵达装货的要求基本相同，抵达卸货港前所需要特殊的要求如下：

（1）加温或保温：按照航次指示的要求，使货油达到卸货温度。

（2）锅炉、货油泵：按照设备要求，提前进行检测、启动和预热。

（3）惰气系统：检查警报、安全保护及联锁功能试验，氧气分析仪校正，检查压力调节阀及循环阀控制转换、记录仪工作、甲板水封液位是否正常。

（4）完成《油船卸货前检查单》。

思考题

1. 卸货计划考虑哪些主要因素？
2. 卸货计划应包括哪些内容？
3. 卸货前应做好哪些准备工作？

第六节 卸货操作

要 点

卸货作业前的准备，卸货作业的操作方法及注意事项。

必备知识

一、卸货前准备

船舶靠码头后，召开船/岸安全协调会，就卸货中的关键操作进行协商，达成一致，并完成《船/岸安全检查单》，大副和码头代表应逐项确认并签字，做好卸货准备。

1. 值班记录：要有详细的卸货记录，特别注意做好货油泵的记录。

2. 惰气系统确认：

（1）全部相关货油舱、包括污油水舱都已接通惰气总管。

（2）其他货油舱的所有开口包括透气阀都已关闭。

（3）惰气总管已与大气隔绝，如装有交叉接头接通货油总管，应同时将其隔离。

（4）惰气系统已经在运转。

（5）通向甲板惰气管路的隔离阀已经打开。

3. 备线：货油管路及货油阀的准备应在大副的指导下，由值班驾驶员完成。启动货油泵前，大副应再次确认；尽可能使用货油泵和岸管直通的管线。

4. 货油泵未准备好之前，不得先行打开出口阀。

5. 货油泵启动前应先将底管及货油泵内充油驱气，慢慢打开货油舱阀，利用油舱高液位货油的重力充满货油泵，并通过抽气系统将气排出。

二、开始卸货操作

（一）初始卸货

一切准备就绪并与岸方联系确认后，由码头通知船方开始卸货。慢慢启动货油泵，保持低速（100～200 r/min）运转 25 min，使货油泵透平充分预热。此时检查货油泵透平与货油泵有无异常声音和振动，如发现异常应立即停止并查找原因，排除故障后重新启动。

货油泵启动建立排出压力之后，再逐渐打开出口阀。甲板值班人员要密切注意货油管线出口的情况，特别是船、岸货油管线连接处。货油管线出口有油通过后，通知码头检查管线和岸罐接收货油情况。货油管线出口无异常后，安排另一值班人员检查货油管线是否有渗漏情况。

第一台货油泵运转正常、船/岸检查确认无异常后，启动其他货油泵加速卸货，直至达到码头要求的卸货速率。

注意事项：

（1）船上打开出口阀之前，岸方通往油罐的各阀必须先行开启。船上的出口阀门要等到货油泵运转且建立起足够的压力后才可打开，以免发生货油倒灌。

（2）在未接到码头明确的准备就绪信号前，船方不得打开出口阀门或启动货油泵。卸货必须以慢速开始，经过船岸全面检查核实无异常后,逐步提高到商定的卸货速度与压力。

（3）启动货油泵后，开启出口阀门的速度不要太快，开一圈缓一下，避免货油管线发生液击。

（4）在卸货油之前启动惰气系统，避免货油舱产生负压。现在大部分油船的货油泵和惰气系统是联动的。当货舱压力低到一定值时，货油泵无法启动；当惰气系统发生故障后，货油泵自动停止。

（5）在卸货的全过程中，船舶货油管线出口处要求一直保持有人值守。

（二）普卸

初始卸货正常后，遵照码头的要求逐步增加货油泵转速，提高卸货速率。增加货油泵转速时，要提前通知机舱值班人员。在增加货油泵转速过程中，甲板值班人员要密切监视甲板和货油管线出口处的情况，及时向货油控制室报告船舶货油管线出口压力。当出口压力或卸货速率达到码头要求后，稳定货油泵转速，保持船舶货油管线出口压力，此时即进入普卸阶段。

租船合同通常规定：船方应保证货油管线出口处的压力达到 0.69 MPa（100 PSI）。若船舶卸货速率达不到码头的要求，应尽可能满足码头对船舶货油管线出口处的压力要求；若码头没有对卸货速率和排出压力提出要求，船方应达到合同中规定的压力。

1. 在卸货过程中要做的检查和记录

（1）值班驾驶员每小时测量油位并计算卸货速度和货量，与码头进行比对并记录。

（2）每小时记录一次各货油泵转速、吸/排压力、温度及各货油管线出口压力。

（3）计算机货物监控系统保持在 ON LINE 状态。随时监测船舶强度、吃水差等。

（4）按照船舶压载计划进行压载作业以调整船舶吃水差，并记录各压载舱的开始和结束时间。

（5）按时完成《船/岸安全检查单》中的 RECHECK 项。

此外，驾驶员应指挥、督促甲板值班人员做好下列检查和巡视工作：

（1）及时调整系泊缆绳、防火缆。

（2）定时进行甲板面和船舶周围附近水域的巡视。

（3）检查货油管线出口处的压力表读数。另一舷侧的压力表也应检查，以确认阀门密封是否良好。

（4）梯口值班，对外来人员进行检查、登记。未经船长允许闲杂人员不得登船。

负责泵的轮机员定时巡视、检查泵间和货油泵的工作状态。发现任何跑、冒、滴、漏等异常现象，及时报告驾驶员，必要时应急停泵。

2. 普卸过程中的注意事项

（1）惰气压力应保持在较高范围内（推荐 49～98 MPa），以提高货油泵压头。当货油舱中高蒸气压货油降到某一低液位时，其压头不足以使货油泵保持原来维持的转速，这种情况下应保持货油舱中较高的惰气压力，以改善泵浦吸入性能。

（2）对货油泵进行大负荷调整时要提前通知机舱，防止锅炉负荷突变超出自动调节能力而发生蒸汽压力过高或过低、惰气含氧量超标等问题。卸载期间船方不应在未通知码头的情况下随意改变卸货速度。

（3）锅炉及其附属设备发生严重故障而影响正常卸货时，轮机人员应及时通知货控室。

（4）按照航次指示的要求保证卸货温度，特别是对于倾点（Pour point）较高的货油应予以高度重视。卸货过程中要一直处于保温状态。

（5）安排原油洗舱时，首先将各舱的货油卸掉 1 m，准备为原油洗舱提供清洁原油。

（6）当使用多台货油泵同时卸货，各货油管线出口联通时，各货油泵的转速、排出压力应尽可能保持一致，以防损坏货油泵。

（7）按时检查船体应力、弯矩、吃水及横倾情况，满足稳性要求。按装载计划核实，以确保符合安全限制，有任何差异均应立即报告大副。

（8）在货油操作的整个过程中，船舶最小排水量不能低于 30%的载重量，并使螺旋桨始终浸没在水中。始终保持船舶能够处于紧急撤离状态。

（三）扫舱操作

卸货收尾阶段是卸货的重要环节。大副要亲自指挥，驾驶员协助扫舱操作。

普卸过程中，按照卸货计划在扫舱作业前，使各货油舱的液位达到适合的梯度，为扫舱顺利进行打好基础。货油液位降到一定高度后，货油泵的卸货能力开始下降，要及时地分舱、分线；调整货油泵转速；调配好各货油泵的职能。避免货油泵之间争货，影响卸货速度。

1. 扫舱方法

（1）使用主货油泵扫舱。运用 1～2 个高液位舱带 1 个低液位舱，使用主货油泵进行扫舱，直接排空低液位舱。这是最快捷的扫舱方法。这种方法适合卸黏度小、流动性好、渣滓少的货油。注意调整货油泵转速和各本舱阀门的开度。

（2）使用 EDUCTOR 扫舱。舱内货油基本卸完后，使用 EDUCTOR 将货舱底油扫入 SLOP 舱，再使用主货油泵将 SLOP 的货油卸出。这是一种基本的扫舱操作方法，对于高倾点货油，强力推荐使用这种方法进行扫舱。卸加温或保温货油时，不能等到舱内货油基本卸空，应留有 50～80 cm 油深，使用 EDUCTOR 快速将货舱底油扫入 SLOP 舱，防止底油低于加温盘管后冷却而造成大量的 ROB。

（3）使用扫舱泵（真空泵）扫舱。使用扫舱泵（真空泵）进行扫舱。这种方法普遍用于最后扫 SLOP 舱和货油管线。

2. 自动卸货系统

很多新造的船舶安装了自动卸货系统（AUS）。AUS 的主要功能的是抽出货油泵入口管线中的气体，及通过分离器的液位的高度调节货油泵出口阀门的开度，调节货油泵的卸货速度。防止货油泵进入气体后空转，从而失去卸货能力。货油液位超过 2 m 油深时，货油泵几乎不会进气；当油深接近 2 m 时，启动 AUS；随着液位的降低，货油泵进气现象增加，此时就应降低泵速，AUS 由自动转换为手动工作模式，调解 AUS 出口阀的开度。当运用 1～2 个高液位舱带 1 个低液位舱，用主货油泵直接排空低液位舱的方法扫舱时，AUS 为我们提供了诸多方便。

3. 注意事项

(1)当货油舱中的液位下降到预定的扫舱油位时，货油泵降速，控制货油泵出口阀开度。

(2)扫舱过程中，尽量避免多台货油泵一起卸一个液位较低的货油舱。

(3)关小货油舱排出阀以保持足够的排出背压，提高货油泵吸入性能。绝不能用关于货油泵吸入阀的方法来调节流量，否则影响货油泵的吸入性能。

(4)保持较大吃水差以利扫舱操作。吃水差约为船长的2%。

(5)调整船舶吃水差时，要注意下列事项：船体强度；泊位水深、码头设施、港口要求；当要求分票或分港卸货时，要充分考虑到仍然有满舱的货油舱，防止货油外溢。

(6)若用污油水舱或其他选定的货油舱来接收扫舱的货油，应随时监控接收舱的空档，防止溢油。

(7)使用真空泵或EDUCTOR将油扫入SLOP舱时，要密切注意该舱液位空档，防止溢油。

三、完货后操作

(1)完货后，应将货油管中的存油排放到选定的货油舱或污油水舱。

(2)拆软管或输油臂法兰前，应关闭船上排岸总阀和岸上控制阀，打开放泄旋塞将残油放到积油槽或接油盘，货油总管与输油臂或软管拆开后，必须用盲板封死。接油槽或油盘中的残油放入污油水舱。

(3)准备好测量器具，及时进行测量工作。为保证测量准确,尽量把船调平。

(4)货量计算力求准确，若所测结果与岸方相差较大，应重新计测，并告知船长。

四、高硫化氢货油操作

近几年来，高硫化氢含量的货油越来越多,且浓度也在提高。在装载此类货油时，须采取如下预防措施：

(1)船舶抵装港前，确保货油管系、液压附件和通风系统密封良好；加温管系试漏，以防硫化氢(H_2S)漏入低压蒸汽系统进而进入机舱，造成人员中毒。

(2)压力/真空破断阀(P/V Breaker)内液位在正常范围内。

(3)所有生活区的门和入口保持关闭，防止货油气体进入。

(4)针对装载作业制订安全计划，包括通风程序、油气监测、个人防护器具、生活区和机舱通风设置及应急救护措施等。

(5)如若风速小于5 m/s，停止装货。

(6)甲板只保留值班及参与安全检查和装卸货操作人员，避免在甲板进行常规保养。来访人员进出生活区应有人陪同，并向其简要介绍货油危险和应急程序。

(7)硫化氢(H_2S)具有很强的腐蚀性，因此测量器具很可能无法正常工作。应经常检查其工作状况。

(8)在船对船驳载中,应特别注意船舶干舷高度的差异以及蒸发气自由扩散受限的可能性。接收船应保持较高的通风速率，并且船舶应依据当时情况适时调整风向以吹去扩散到生活区的蒸发气。

五、高倾点货油操作

油船所承运的货物日趋多样化，货油的特性也是不尽相同。其中有些货油的倾点较高，给装货、卸货和扫舱、扫线带来了不小的麻烦。同时也给航运公司带来经济和船期的损失。

一般认为货油的倾点高于 15℃就属于高倾点。特别是在卸货港环境温度（海水和空气）远低于货油倾点温度时，例如冬季北方港。

1. 配载和装货（Stowage and Loading）

（1）配载时应尽量减少预装货的货舱，目的是缩短扫舱时间和减少 ROB。

（2）各舱的装货量也应是接近相同的舱容比，以方便对货油加温、保温的控制。

（3）装完货后，将船中歧管内存油尽快地经放残管泄放到货舱内，必要时使用压缩空气或蒸汽，加快其流动，以缩短时间，防止凝管（卸货后同样也要重复这个操作）。

若有条件，应提前把放残管等细管用保温材料包裹，以减缓其温度下降的速度。这个方法同样适用于泵舱细管。

（4）装货后，如留有空舱，应在商检后启动扫舱泵把底管线扫空，防止空舱中底管内的货油凝结。

2. 加温和保温（Heating）

（1）严格遵照航次命令中的加温和保温要求，完货后即进行保温或加温操作。

（2）整个载货航程中加温或保温应尽可能连续，保证舱内的货油处于垂直微循环状态（特别是原油），目的是防止货油中的杂质沉淀。

（3）如根据经验感觉航次命令中的温度要求较低，应及时向租船人提出。

（4）一般来说，在运输途中货油温度必须高于它的浊点（Cloud Point）温度，才有利于卸货，不至于产生较大的 ROB。

一旦货油温度低于浊点温度，货油中的蜡质会析出，并漂浮在货油表面，待扫舱时蜡质就会留在舱底而无法吸入泵内（即使油温上升，这种情况也不会有大的改观）。

3. 卸货前和卸货中（Before and during discharging）

（1）抵港前检查货泵、泵舱货管及船中的歧管内是否有货凝结。

（2）将 SLOP 舱内污水（如无污水可提前注入海水几十立方米，可在卸港商检后进行）加热到 65℃左右，以备急用。

（3）整个卸货中保持足够的货舱加温，直到该舱被确认干舱。

（4）若条件许可，普卸后及早分线；预留足够的高位舱，以备不测。

（5）舱内货油高度在 0.8～1 m 时停货油泵，保持加温，等待时机用 EDUCTOR 扫舱。

（6）若码头允许（输油臂和梯子等对船舶干舷的限制），在充分考虑船舶的受力情况下，对于没有扫空的货油舱，尽可能晚注入压载水到其对应的压载舱，或注入压载水高度低于双层底。在确认其货油舱干舱后，向对应的压载舱注满压载水。

4. 如何将货油舱排空（How to draining cargo tanks）

（1）具体做法是保持该泊位所允许的最大的吃水差（通常为 2%船长），并向吸井的方向倾斜 0.5°，加速货油流向货油管线的吸口。

（2）使用 EDUCTOR 要保证足够的驱动压力（0.9 MPa），同时只能扫一个舱，中途不换不停，直到扫空该舱。

（3）扫舱顺序最好是在每条管线上从前向后，并且每个舱都要多抽一会儿，防止残油淹没喇叭口，给下航次装货造成不必要的麻烦。

（4）打底时要求值班水手报告底油的黏稠度，以决定是否结束扫舱。

（5）不用的甲板货油管线，要及时扫空。

（6）由于扫舱或其他原因没有向岸上卸货期间，应不超过 30 min 向岸线泵出几分钟货油，以防止甲板管线凝油。

（7）卸货、扫线结束后，立即用扫舱泵吸入 SLOP 舱内的高温污水冲洗整个货油泵和扫舱系统，然后泵入岸线或收回 SLOP 舱内，以防货油凝管。

5. 减少 ROB 的方法（The method for reducing ROB）

如果个别舱内舱底 ROB 较多，EDUCTOR 也抽不动，可以尝试下列两种方法：

（1）回灌法。即把预留的高位舱货油回灌到该舱，使得该舱的液位达到 1 m 左右；测量其货温，如果较低，待 1～2 h 温度上升后再用 EDUCTOR 抽干；如油温合适，可立即抽回。此法可反复使用，用以逐渐减少 ROB。

（2）洗舱法。即用固定洗舱机冲洗货油舱底部（保证压力 0.9 MPa），同时用 EDUCTOR 抽舱。该方法效果较明显，用作洗舱的货油温度最好高于卸货温度 10℃以上。缺点是其他舱的洗舱机和管线易堵。改善的方法是将还没有进行洗舱的货油舱洗舱机都开一点，让洗舱油在其内流动（不包括干舱）。

思考题

1. 卸货的初始阶段应注意哪些事项？
2. 在卸货过程中要做好哪些检查和记录？
3. 普卸过程中要注意哪些事项？
4. 油船上常用的扫舱方法有哪些？
5. 在装载高硫化氢含量的货油时，须采取哪些预防措施以确保安全？
6. 装运高倾点货油时，应如何将货油舱排空？

第七节　货油管理

要　点

从货舱液位检测，货舱压力、含氧量的控制，货油温度的控制，货物中含水量的测量和货物蒸汽之间污染几个方面阐明对货物管理的操作要求及注意事项。

必备知识

船舶除了负责货物的安全装、卸、运输外，还要负责货物在船期间的保管。有的油船需按照运输合同的规定在运输途中对货油进行加温、保温甚至降温。加温、保温或降温的目的是保证货油质量和顺利地将所承运的货油交给收货人。

一、货舱液位检测

从装货港到卸货港的途中，每天最少一次检测货油舱、压载舱和干隔舱的液位；大风浪天气航行中，每天最少要检测二次。检查结果记录并保存。没有船东或租船人的指示，不允许货舱之间相互转驳货油。如果因为特殊原因需要转驳货油，进行操作前，报告船东和/或租船人，做出相应计划并做好记录。

二、货舱压力、含氧量的控制

由于昼夜温度差和长航线，特别是南北航行，气温变化非常明显。船舶满载时，货舱内的空间很小，货舱压力受气温影响剧烈。

为了防止船体结构损坏，设有船舶货舱压力保护系统，如 P/V Breaker、单舱 P/V 阀、透气桅的释放保护系统等。当货舱压力超过保护系统的设定值后，保护系统启动。高压保护系统启动释放出货舱内的油气；真空保护系统启动后，空气被吸入货舱。随着空气的进入，货舱内气体中的含氧量升高。有一些船舶为了解决货舱内负压，防止空气进入，专门安装了惰气发生器。当压力大到警报点时，使用惰气发生器往货舱内充装惰气，保持货油舱内的氧气含量低于 8%。

货舱压力保护系统报警设置为：

（1）惰气总管线压力报警值为 P/V Breaker 启动值的 90%；真空报警值为零。

（2）各货油舱的压力报警值为各舱 P/V 阀启动值的 110%；真空报警值为零。

（3）整个航行中，保持合适的惰气压力，尽量避免无谓释放惰气，减少货油挥发损失。

三、货油温度的控制

载货航次开始后船舶要严格遵照航次命令中的加温和保温要求，完货后即进行保温或加温操作。整个载货航程中加温或保温应尽可能连续，保证舱内的货油处于垂直微循环状态（特别是原油），目的是防止货油中的杂质沉淀。货油温度过高或过低都可能造成货物变质或影响装卸货的操作。

货油加温过高对于货物本身及营运的经济性都是不利的，主要体现在如下几个方面：

（1）增加货物蒸发损失。

（2）降低原油洗舱时原油的溶解能力。

（3）加速原油中悬浮的水分和渣滓沉淀。

（4）浪费燃油。

（5）增大卸货过程中货油泵发生气塞、汽蚀的可能性，不利于卸货。

（6）会使货油泵壳温度迅速变热。为防止油温过高，货油泵一般都设保护装置，当达到 65～70℃时，该装置即接通，货油泵自动停止运转。

有些货油一旦温度过低，货油中的蜡质会析出，并漂浮在货油表面，待扫舱时蜡质就会留在舱底而无法吸入泵内，即使油温上升，这种情况也不会有大的改观。

因此在载运过程中，应合理计算加温开始时间及加温的步骤，避免货温过高，同时又要满足卸货或租家的要求。根据本船设备和货载情况，摸索出一套安全、易操作、省时、省燃料的加温规律。

在载运需加温的货物过程中，每天必须测量并记录货温，温度需在每舱的三个不同深度处测量。

四、货物中含水量的测量

原油、石油产品中都含有一定量的水和渣滓。这些货油在装船之前，进行过脱水和除渣处理。但是很难将货油中的水和渣滓完全清除，特别是原油。因为大部分原油、石油产品的比重小于水。货油装船后，经过一段时间的沉淀，大部分的水会沉淀在货舱底部。为了分清货油中水的来源和责任，要求分阶段进行货油舱底水测量。

（1）装货之后，与商检验舱同时进行货油舱底水检测。

（2）长航线船舶：海况允许条件下，船舶离开装货港口后 48～72 h 之间进行货油舱底水检测。

（3）抵达卸货港 24 h 之前，进行货油舱底水检测。

如果航次指示中有明确要求时，按照航次指示执行。每次的检测结果报告船东和/或租船人。

五、货物蒸汽之间污染

船舶承运多种货物时，应防止货物气体之间相互污染。由于货物性质的不同，危险程度、对人体的伤害、防护措施都不一样。因此在装卸货和运输过程中，要关闭各舱与惰气总管线的连接阀，并且阀门要被锁固。

锁固各舱与惰气总管线的钥匙必须由大副亲自掌管。

思考题

1. 船舶为了货物的安全运输，顺利地交付货物，在货物管理上应注意哪些方面？

第八节　货油测量与计算

要　点

货物的测量与计算方法。

必备知识

一、完货测量

（1）船长的义务：油船船东对其承载的货物具有法定义务。船长应准确地确认并保证所载货物的数量及质量。

（2）短货声明：当发货人提供的装船货量与船舶的计量存有差异时，船长应出具抗议书（LETTER OF PROTEST），递交发货人或其代表，或由代理转交发货人签字确认。

（3）测量注意：液货测量中存有许多不确定因素，极易产生误差。近十年来，液货运输行业作出了很大努力，以期提高液货测量的可靠性，制定了商检操作指南，给从事液货承运的相关方提供可靠的信息与参考。

（4）商检人员来自于独立机构，受雇于货主，监控货油质量和数量。鉴于此，商检能进入船/岸双方的设施进行检查，并与发货人联系密切。值得注意的是，大多的商检机构依附于当地的油厂或码头，尽管是专业独立机构，但发生事故出现利益冲突后，不可避免会产生某些倾向。因此，船方应对商检测量的结果及码头的操作时刻保持警醒与关注。

（5）商检的主要作用是出具装/卸货质量与数量证明。货物数量是以装港提单数为准的。少于提单数时，即为短货，可能会被投诉；货油被污染的主要原因是：货油与舱中的残留物、压载水或其他货物相混被污染；而岸上的污染，通常是由于不相容的货物隔离不当所致。船方为了防护自己，避免被货主投诉，就应注意对货物进行监控。

二、测量术语

为精准地测量、计算，在货油测算中，统一使用15℃时测量的货油容积，单位为立方米（m^3）或60°F时的容积，单位是桶（Barrel）。通常，船上很难得到货物的准确密度，特别是那些已产生层化的货油。加装货油的密度一般是从码头得到的，该密度是从岸罐或管线上的取样器取得的货油的密度，并用于其后船上的货油计算。从发货人得到的密度与从收货人得到的密度可能有一定的不同。一般来说卸货后货油的密度会略高，这是因为在装货、航行及卸货期间，部分轻馏分的油挥发损失所致。此种密度的变化，将会直接影响所测货油的重量，但对所测货油的容积影响甚少。

主要术语如下：

（1）TOV（Total Observed Volume）。指在环境温度、正常大气压力下，货油舱中所装物质的总容积。包括：货油（Oil）、底水（游离水FW）、货油中携带的污渣、水（S&W）及铁锈。底水指分离状态的水层，通常存于油舱的底部（取决于货油的比重），可通过试水膏或油水界面测量仪检测出来。

（2）GOV（Gross Observed Volume）。指在环境温度、正常大气压力下，货舱中所装物质总容积减去FW和底部污渣的容积。通常情况下，GOV不减去底部污渣，因其数量难以确定。

（3）GSV（Gross Standard Volume）。总标准容积。指在正常大气压力下，15°C时测得货油及S&W（货油中携带的污渣及水分）的容积。按常规计算，GSV等于GOV乘以VCF（容积校正系数）。VCF可从ASTM/IP石油产品测量表中查出。GSV是船上测量及报告的一个重要数据。

（4）S&W（Sediment & Water）。混入货油中的固体颗粒及分散存在的水。有时又称为基本杂质及水（BS&W）。

（5）NSV（Net Standard Volume）。适用于原油，指在标准状态下，GSV减去S&W后得出纯油容积。但对成品油来说,通常不用减去S&W。原油及成品油的油样通常装货后,从船上货油舱取得。

（6）TCV（Total Calculated Volume）。是指在标准温度下，货油、FW 及 S&W 的总容积。通常等于 GSV 加上所测出的 FW。

（7）对原油来说，短货的投诉都是以 NSV（Net Standard Volume）为准的。因此，若在装港 FW 及分散在油中的水少报，收货人将收到比装货港更多的水，而产生短货，应引起注意。一般来说，GSV 及 NSV 之间的差别大约是 0.1%。

（8）对成品油来说，短货的投诉是以 GSV 为准。

三、货量计算

1. 货油计算所需的数据

（1）密度：API@60°F；SG@15℃，从岸方商检处获得。

（2）油舱空档（ULLAGE），船上测出。

（3）油温（TEMP），船上测出。

（4）底水（FW），船上测出。

2. 货油计算方法

（1）用测得的空档查舱容表，得出总容积 TOV。

（2）用总容积 TOV 减去底水（FW）得出 GOV。

（3）根据密度与温度单位不同，查相应的体积校正表得出容积校正系数 VCF。

（4）货油标准温度下的容积 GSV＝GOV×VCF。

（5）货油的重量：标准温度下的容积×标准温度下的密度。

下面举两种船上常用的两种计算方法：

（1）若从岸方处获得 SG@15℃（真空中的密度）

• 测量各舱的空档、温度（摄氏温度）和底水（FW）；

• 用测得的空档查货油舱舱容表，得出 TOV；

• 用总体积 TOV 减货油中的底水（FW）得出 GOV；

• 用油温（摄氏温度）和 SG@15°C.为引数查 54A 表（原油时查此表）或 54B 表（成品油时查此表）得出体积、温度校正系数 VCF；

• 货油标准温度下的容积 GSV＝GOV×VCF；

• 货油在真空中的重量 MT＝标准温度下的容积 GSV×标准温度下真空中的密度 SG；

• 货油在空气中的重量 MT＝标准温度下的容积 GSV×（标准温度下真空中的密度 SG－0.0011）。

（2）若从岸方处获得 API@60°F

• 测量各舱的空档、温度和底水（FW）

• 将摄氏温度换算成华氏温度（乘 1.8 再加 32）

• 用测得的空档查货油舱舱容表，得出 TOV

• 用总体积 TOV 减货油中的底水（FW）得出 GOV

• 用（华氏）油温和 API 为引数查 6A 表（原油时查此表）或 6B 表（成品油时查此表）得出体积、温度校正系数 VCF

• 查表 API 表 11 得出 WCF

· 货油长吨 LT ＝GSV×WCF

· 货油公吨 MT ＝LT×1.01605

3. 容积校正系数（VCF）

把测得的容积换算成标准状况下容积的系数。当使用容积单位是标准的美国桶，温度用华氏，比重 API 时，查 ASTM/IP 石油产品测量表 6A 或 6B；当容积单位是立方米，温度用摄氏，比重 SG 时，查表 54A 或 54B。

4. 货物计量用表

（1）TABLE 5A/B：观测温度下的 API 换算为 600℉的 API，引数为观测温度下的 API。

（2）TABLE 6A/B：观测温度下的体积换算为 600℉的体积，引数为 600℉的 API。

（3）TABLE 23A/B：观测温度下的密度换算为 600℉的密度，引数为观测温度下的密度。

（4）TABLE 24A/B：观测温度下的体积换算为 600℉的体积，引数为 600℉的密度。

（5）TABLE 53A/B：观测温度下的密度换算为 150℃的密度，引数为观测温度下的密度。

（6）TABLE 54A/B：观测温度下的体积换算为 150℃的体积，引数为 150℃的密度。

（7）TABLE 1：长度、重量、体积单位换算。

（8）TABLE 2：温度换算。

（9）TABLE 3：600℉的 API 换算为 600℉的密度和 150℃的密度。

（10）TABLE 4：600℉ API 的桶换算为 150℃的立方。

（11）TABLE 9：600℉ API 的桶换算为短吨。

（12）TABLE10：600℉ API 的短吨换算为桶。

（13）TABLE11：600℉ API 的桶换算为长吨。

（14）TABLE 12：600℉ API 的长吨换算为桶。

（15）TABLE 13：600℉ API 的桶换算为公吨。

（16）TABLE 14：600℉ API 的长吨和短吨换算为立方。

（17）TABLE 21：600℉的密度换算为 600℉的 API 和 150℃的密度。

（18）TABLE 22：600℉密度下的桶换算为 150℃的立方。

（19）TABLE 26 和 TABLE 8 是“磅”的换算。

（20）TABLE 27：600℉密度下的桶换算为短吨。

（21）TABLE 28：600℉密度下的短吨换算为桶。

（22）TABLE 29：600℉密度下的桶换算为长吨。

（23）TABLE 30：600℉密度下的长吨换算为桶。

（24）TABLE 31：600℉密度下的长吨和短吨换算为立方。

（25）TABLE 33：600℉密度下的气体或汽油的观测温度下的密度换算为 600℉的密度。

（26）TABLE 34：600℉密度下的气体的观测温度下的体积换算为 600℉的体积。

（27）TABLE 51：150℃的密度换算为 600℉的密度和 600℉的 API。

（28）TABLE 52：600℉ API 的桶和 150℃的立方互换。

（29）TABLE 56：150℃的吨换算为立方。

（30）TABLE 57：150℃的立方换算为长吨和短吨。

（31）TABLE 58：150℃的吨换算为桶。

四、船舶经验系数（VEF）

经验系数是基于在一定时期内，船、岸双方数据之差得出的。一般是指 10 个航次。在船舶整个营运过程中，该系数可能会由于一系列的原因而改变。

该系数是大副判断提单数是否可靠的主要依据。因此，在完货前/后，通过测量得出船/岸双方的装货量是十分重要的。

一般来说，VEF 只用于一港装载全部货舱。若装多票货，只能评定总装货量与总提单量的可靠性。

VEF 的准确性是十分重要的，至少有 3 种方法来确定。

VEF 的作用：发现船舶的计算错误，判断提单数是否可靠，反映贸易的变化（不同的货物和装港）沉淀物的积聚比率，货舱除锈和清除垃圾及货物区域结构的改变。

VEF 是船舶货舱校量误差的重要标准，可随船体曲率、舱内构件、管路的变化而变化。有些船舶需要对已有的计量表进行调整，如对货油管的体积补偿等。

一般来说，不同测量方式之间的测量误差在 0.2%以内是可以接受的。船舶经过一段长航之后，货油轻馏分的挥发，不可避免的会产生部分货物损失。为了减少这种损失，正确地设定压力/真空（P/V）阀及确保货舱舱盖的密封是十分重要的。对于充惰气的船舶,尽量减少因日间温差引起的货舱压力释放。

如果对于船舶的测量结果不同的测量方式之间存在的测量误差一直大于 0.2%，货舱的舱容表应重新校量。

五、装货前存油量（OBQ）及卸货后存油量（ROB）

在实船计量中，准确测定 OBQ 及 ROB 是非常困难的。主要是因舱底污渣的性质及组成难以确定。有时还因货舱底部流油孔的堵塞，而使舱侧污渣测量不到，同时舱壁黏附的污渣也难以估量。

OBQ 及 ROB 测量的准确与否多与所承运货油的质量有关。若装载原油、重质燃料油相对误差就大；运载轻质产品时，相对小一些。

对船方来说，在不影响下一航次货油质量的前提下，希望多报 OBQ，以使在装货港的装货数量相对小；同样希望 ROB 少报，以表明在卸货港的卸货数量不短缺，避免引起货主的投诉。

计量舱内污渣时所遇到的最大问题之一是污渣浸入到液货中的那部分。液货与污渣混合后，所测液货的量会比实际大。

此外，当油舱中惰气压力为正压时，舱中的液体可在气体的作用下，沿测量管上升，从而造成测量结果比实际大。

发现货舱中存有液体污渣的话，计算时，一定要考虑船舶的平衡状态（TRIM）及侧倾（LIST）的影响。根据污渣数量，采用楔形公式（Wedge Formula）或用船上的测量校正表进行修正计算。若液体污渣较多时，还应进行温度校正。

商检验舱不只局限于货舱，还应包括所有的隔离空舱、压载舱及燃油舱等。完成全部舱室的检查是十分重要的。另外，商检还应确认管线已很好扫线，且管线存油已放泄到合适的舱室并计入计量。

六、对计量设备的要求

为了达到密闭输送之目的，岸方的测量是通过固定的自动计量装置实现的，该计量装置应经货主同意。船上以手动测量居多，特别是装前/卸后存量 OBQ/ROB 的计算及底水的测量。现油船多装设了自动封闭测量装置。

空档测量方式随码头及装载货油的不同而不同，对原油来说，通常使用电子测量设备。

无论使用什么测量系统，空档报告应精确到 5 mm。就准确性来说，电子设备的准确性是没问题的，一般的电子测量设备精确值为 3 mm，温度值为 0.2℃或 0.5℉。

船方的测量工具应做好维护保养，按时校正，并保证处于正常状态。

理想的电子计量设备每年应由认可的厂家进行校正，并出具证明。校正应在整个工作温度范围内进行，以便船方遇到投诉时，能充分证明对其进行过保养与校正。

七、测量注意事项

（1）负责陪同测量的驾驶员在离开货控室时应对舱内的空档有数，并核实商检记录数据是否准确。

（2）若检测到底水较多时，即要考虑到吃水的影响，还要取样保存以备化验。

（3）货油温度的测量，通常是测取货油上、中、底三处温度的平均值作为货油的温度。若测出温度不准或测点不充分，货量计算就不准。若用于计算的温度高于实际温度，算出的油数比实际的少；同理，若低，则算出的油数则多。

（4）测量时，若船舶前后、左右摇摆，应多测几次以得出可靠的空档值。如测取 5 次，去掉最高与最低值后，取其余 3 次值的平均值为正式的空档值。使用标准的油尺（非电子油尺）时，测取动作要快，一旦测锤触及油面，马上提起，若时间稍长，因液面的运动而使测取的空档减少，计算出的油量就多。这种因油尺触油时间太长而造成的不准确是不会通过增加测量的次数来纠正的。

思考题

1. 熟悉油船上常用的货油计算方法。
2. 熟悉船舶经验系数（VEF）的来源和应用。
3. 熟悉测量的注意事项。

第九节　货物文件及记录

要　点

掌握货物文件及记录的要求。

必备知识

一、货油操作文件

1. 装货港船长文件

（1）装货准备就绪通知书（NOR）。
（2）污油水证书，由码头代表签署。
（3）事实记录（STATEMENT OF FACTS）。
（4）提出的抗议书（PROTEST）。
（5）配载图（LOAD DISTRIBUTION DIAG）。
（6）提单（B/L）。
（7）货物数量报告。
（8）货物质量报告。
（9）原产地证明。
（10）舱单。
（11）油样接受记录。
（12）代理的时间表（AGENT'S TIME TABLE）。
（13）油气回收通知。

上述文件及商检报告的副本应按船东要求发送到船东相关部门。

2. 装货港大副文件

（1）船舶经验系数（VEF）。
（2）由独立的商检与码头代表签署的空距报告。
（3）船舶防毒品走私偷渡搜寻检查单。
（4）冷工作业许可证。
（5）装货计划。
（6）装货记录。
（7）货油质量控制表（装货港）。
（8）抵港前检查单。
（9）开航前检查单。
（10）船、岸安全检查单。
（11）装后空距报告（ULLAGE REPORT）。
（12）装货前船存油脚证书（OBQ）。
（13）干舱证书（装货前）(DRY CERTIFICATE)。
（14）装货作业前检查单。
（15）装货作业中检查单。

（16）货舱压力/真空阀检查记录。

（17）货舱高位和高高位警报试验记录。

（18）量油三用尺检查记录。

（19）排压载水作业前检查记录单。

（20）进入泵间检查单许可证。

3. 卸货港船长文件

（1）卸货准备就绪通知书/NOR（NOTICE OF READINESS）。

（2）由码头港口当局签署的原油洗舱报告。

（3）事实记录（STATEMENT OF FACTS）。

（4）提交或收到的抗议书（PROTESTS）。

上述报告或文件应妥善保存，并按船东规定发送到相关部门。船长在收到（PROTESTS）抗议书后，应认真签注“FOR RECEIPT ONLY”。并确认收到的抗议书（PROTEST）反映的问题是否属实。

4. 卸货港大副文件

（1）船舶防毒品走私偷渡搜寻检查单。

（2）由独立的商检与码头代表签署的空距报告。

（3）由商检或码头签署的作业记录（PUMPING LOG）。

（4）冷工作业许可证。

（5）卸货计划。

（6）卸货记录（泵压记录）。

（7）原油洗舱计划。

（8）原油洗舱记录。

（9）货油质量控制表。

（10）开航前检查单。

（11）船岸安全检查表。

（12）卸前空距报告。

（13）卸货后船存油脚证书（ROB）。

（14）船舶经验系数（VEF）。

（15）抵卸港前检查单。

（16）卸货作业前检查单。

（17）卸货作业中检查单。

（18）抵港前原油洗舱检查单。

（19）原油洗舱作业前检查单。

（20）原油洗舱作业中检查单。

（21）原油洗舱结束后检查单。

（22）货舱压力/真空阀检查记录。

（23）货舱高位和高高位警报试验记录。

（24）量油三用尺检查记录。

（25）惰性气体系统警报试验记录。

（26）货油泵应急停止试验记录。

（27）压载水作业前检查单。

（28）进入泵间许可证。

二、装卸货记录

1. 装卸货记录（Cargo loading/discharging record）

（1）船舶在装、卸港常规测量计算包括：装货前测量计算（OBQ）；装货后测量计算；卸货前测量计算；卸货后测量计算（ROB）。

（2）除此之外，还有装、卸货期间的测量。从对货物数量监控来说，最重要的测量还是指在装、卸货及压载操作期间的测量。每次测量结果都应记录在船舶的装卸货记录中，并作为船舶操作状态的即时记录。

（3）一般来说，手动测量要比遥测准确。但遥测有速度快的优势，适合于装、卸货速度快的情况。不论使用那种计测方法，在整个操作过程中应使用同一种方法。

（4）每小时的计量有两个目的：一是监控货舱是否达到平舱、扫舱的液位，何时完货；二是通过船、岸双方即时数据对比，随时监控船、岸双方是否存在测量误差。

2. 货油装卸操作记录（Statement of facts）

“CARGO LOADING/DISCHARGING RECORD”和“STATEMENT OF FACTS”(CARGO LOG)是非常重要的货物操作文件。“STATEMENT OF FACTS”记录了货物操作过程中的事实细节，主要包括：

（1）起/停货泵的时间。

（2）货舱的转换（并注明使用的管线）。

（3）管线的转换。

（4）压载操作，包括：清洁压载、货舱压载及永久压载舱。

（5）船舶在各个时期的状态。

（6）船/岸发生的不正常的事件。

（7）停止货物操作的原因（特别是岸方要求时）。

思考题

1. 装卸货港船长、大副需要的文件有哪些？

2. 装卸货港需要记录的文件有哪些？

第十节 货物质量

要 点

造成货油污染的原因，船公司对货物质量控制要求。实施提前离港程序的注意事项，寒冷天气对货物操作设备的维修保养以及完整的货物文件和记录。

必备知识

一、货物文件

（1）通常，商检提供货物操作前后的相关文件。

（2）空档报告应由船方做出并由商检签字。所有文件应归档存好以备其后的参考。

（3）若在操作方面或对码头代表提供的文件存有异议，船方应出具声明。包括：装、卸货的数量问题；装、卸货的质量问题。

（4）由于岸方的原因而使货物操作延误，如暂停、高背压、管线不足等。

（5）装货前存油 OBQ 及卸货后存油 ROB 的性质。

（6）污油水的数量和性质。

（7）岸方缺货。

（8）卸货操作时，应保存详尽的货油操作记录。记录内容包括：使用的泵；操作状态；货油泵吸、排压力；货油总管压力；是否进行原油洗舱或内部扫舱。

（9）原油洗舱的记录同样重要，它证明船舶按合理的方式进行了洗舱。原油洗舱后，清除污渣的效果难以判断，但船上应有一个记录证明。该记录应包括：每舱洗舱开始、完成的时间；循环的次数；每舱的状态（顶部冲洗，底部冲洗等）；洗舱机的种类及洗舱管线的压力（泵处、管线最远处）。

二、提前离港（EDP）

（1）某些港口为了快速离泊，给船方及商检人员以很大压力，所有货舱的计量、货油文件的填写都是在匆忙中完成的。

（2）EDP 通常是指船舶在提单数未确定之前离港。在此情况下，船方还没有岸方给出的装货量，因而也就不能及时地提出货差报告。一旦收到提单（通常为 TELEX）后，船方应尽快将船、岸双方的数据加以比较，若相差很大应立即报告租船方。

（3）有时，船舶要求返回到装港对数据重新核算，也可能在合适的中间港安排商检上船。在提前离港（EDP）操作中，最重要的是：避免由于船方在装港的计量问题上，造成船期损失而使船方承担责任。

三、货油质量控制

1. 货油污染的原因

（1）由于阀关不严或操作失误造成混货。

（2）加工操作过程中的携带污染。

（3）被空岸罐中的其他产品残余物或货油管中的残余物污染。

（4）来自于管路中的残水、洗舱水及冲洗水；加热盘管的漏泄及油舱上部漏水等。

（5）由于结构缺陷造成的交叉污染（如舱壁裂纹）。

（6）空舱舱壁上黏附的其他外部杂质或涂层不良脱落物造成的污染。

（7）由于船上货油系统中的外来物造成的污染。

（8）由于惰气系统及充惰气而造成的交叉污染。

（9）货油加温时，如果局部货油温度加得过高，可能会引起货油变质。

（10）同时装运几票货时，要特别谨慎小心，防止由于误操作或设备问题，造成混货。

（11）其他原因。

2. 取样及保管

（1）船员或商检人员的取样，应贴好标签，并至少包括下述信息：

• 船名

• 操作状态——卸货前/卸货后/装货前

• 货油产品

• 样品来源——舱号/货管/货泵

• 油样类型——顶部/中间/底部/运行中/混合

• 认可的取样器——商检的/船上的

• 取样的日期和时间

• 取样地点——港口/泊位/锚地

• 密封号

（2）船上保存的油样应记录在油样记录簿中，船方取样后应取得码头代表或商检人员的确认并签字。

（3）油样应妥善保管，在船存放至少一年。

（4）如若船舶或船东因货物质量遭到第三方的投诉，应首先通知船舶，并将所有相关的油样送到岸上船东代表处。

3. 公司对货物质量控制要求

（1）在装载前、装货中、完货后对船舶应进行适货、安全检查。

（2）水洗舱后，船舶应扫净货舱、管线、泵体、滤器内的洗舱水。必要时，应进行掏舱，除去洗舱污水及污染物。

（3）大副和商检验舱后，装货前，商检签发货舱适货证书,如发现舱内残存货油，要签发装货前存量（OBQ）证书。卸货后，商检要签发干舱证书，若发现舱内残存货油要签发卸货后存量 ROB 证书。

（4）大副与码头长在装货前对货载情况进行讨论。完货时，如果舱容允许，船方应尽最大可能争取“岸停”。

（5）装货前，特别是多票货同时作业时，应严格按操作计划准备管线及惰气系统。隔离阀及其他相关阀门正确到位，防止混货和气体污染。航行中大副每天至少两次检查油舱空档和各隔离阀的关阀状态，防止由于机械/液压原因导致阀门微开。

（6）在装港，船舶应向托运人、商检索取货油相关化验报告及货样化验报告，货样至少在船保存一年。

（7）下列情况,应向相关方递交声明：

• 船数多于或少于提单数

• 装货数量少于船上或租船人要求的数量

• 货油测量存有底水

• 其他应递交抗议书的情形

（8）应严格按航次命令的要求对货油进行适当而均匀的加温,防止由于局部加温过高而影响货油质量。

（9）船舶应将货物装卸及运输管理中的重大事项做好记录。

（10）如果卸货后存船量（ROB）是由于港口吃水差受限不能进行原油洗舱及不能被船上设备卸出，应在卸货后存船量（ROB）证书上加以标注，防止由此引起对船东的索赔。

（11）按航次运输合同规定，在实行提前（EDP）条款时，船长应按照装货港口提前离港（EDP）要求办理离港手续并及时将船舶计量数据报告公司。如果收到的装船数据大于船舶计量数据时，必须通知公司并出具抗议书，说明装船数据与计量数据的差异情况，交由代理以获得发货人或其代表的签字确认，并应在抗议书上注明代理在未得到船东书面授权前不得签署提单。

（12）装卸港《货物质量控制表》在相应的港口完成后，应尽快同其他货运文件一起传给船东。

四、寒冷天气货物操作设备维护

（1）船舶航行在严寒地区，为了防冻必须采取相应措施，如防止设备及管路结冰，注意放残，特别是加温管加温结束的放残。

（2）在寒冷天气，气动阀及控制系统有时变得反应慢甚至因结冰而影响操作，因此应确保空气干燥器及压缩机工作正常，系统中的阻水器清洁，管路吹除。

（3）密切注意海水的吸入情况，特别是处在淡水区域时，确保吸入阀处不能被冰堵死。

（4）当不进行惰气操作时，系统中的海/淡水应放泄干净，水封应加温，PV 密封液应加防冻液。

（5）加热盘管放残并用压缩空气吹除盘管，如若在港使用加温管，可开旁通阀，使部分蒸汽旁通循环。进入寒冷地区之前，对货油管路及洗舱管路放净以免造成货油堵塞。

（6）如若上航次是加温货，应确保所有舱已放泄干净，特别是货油管吸口处。

（7）消防管线残水放净后将放残阀关闭以便应急时立即使用。存水管路在不使用时应全部放净，包括：淡水管、冲洗管、压缩空气管、压载水管，这些放水阀应该做好标记，并保持开启。检查所有的放残阀没有被水锈及其他杂物堵塞，舷梯及救生艇气马达在不使用时应拆下放在温度较高的地方。

（8）放水的管路或系统应做好记录。在寒冷天气状况下，应经常检查PV阀以避免凝水结冰影响该阀的操作，若船上压载淡水，在进入寒冷地区前，用海水置换。集油盘放残畅通，甲板泄水孔除冰后堵塞。

（9）确保压缩空气管路放残。防污泵按一定的时间间隔操作，放残阀操作正常，无冰冻。

思考题

1. 通常的货物文件有哪些？
2. 货油污染的原因有哪些？
3. 寒冷天气中怎样对货物操作设备进行维护？

第九章
压载水操作与管理

本章按船舶航次的实际操作为线索从压载管系的检查、清洁压载水、专用压载水、风暴压载、压载航行的操作、压载水的置换、压载舱的冲洗以及压载记录等方面介绍了压载水的操作与管理。

第一节　压载管系检查

要　点

压载管系检查方法。

必备知识

（1）管线内装满水。

（2）静态压头测试：压载管线内保持装满水状态，各阀关闭。一条测试管也要注满水，其上部装有清晰可视的塑料管，并且该管一直延伸到甲板高度。监视测管内液位高度变化，持续 12 h，并做好记录。

（3）月度检查：（更适合载货航行时）用压缩空气将压载管线加压到 0.3 MPa 后断开。如果由于压载管线或舱内各阀的泄漏导致压力下降，那么就要证实是管线漏，还是舱内阀关不严。若舱内阀状态良好，压载管线必然有问题。若压载管线经过货油舱，哪个货舱出现水迹，问题就出现在经过该货舱的那一段压载管线上。

（4）每两天检查邻近货油舱的专用压载舱（SBT）中的烃气含量，将其结果记录在专用记录簿中。

（5）抵达卸港前压载管线的检查：抵港前 24 h，将压载管线内的水放净，通过放残阀检查压载管线内烃气含量。

（6）压载管线经过货油舱的船舶，在进行舱内检查时，压载管线要注满水，保持 0.3 MPa（3 bar）压力，并不超过 0.35 MPa（3.5 bar）。

思 考 题

1. 怎样进行压载管系的检查和试验？

第二节　压载水作业

要　点

压载水作业操作的注意事项，压载水作业的风险评估和风险控制报告。

必备知识

压载水作业主要包括压载水的压载、排放、置换、风暴压载以及压载水舱内部清淤、冲洗等作业。

在进行每项作业前，都必须进行风险评估，并制定出相应的防护措施，然后根据风险评估结合实际情况制订出详细压载水作业计划。如下表列举了我们常用两种压载水作业的风险评估和风险控制报告即专用压载水舱压载水作业和专用压载水舱排压载水作业风险评估及风险控制报告（见表 9-1 和表 9-2）。

压载作业一般情况下都是在装卸货过程中进行的，此时的压载作业应由船方和码头代表共同讨论并以书面方式加以约定，草拟这种协议时，应牢记下列事项：

（1）责任驾驶员必须计算压载重量所施加的船体应力，以保证船体应力不超过许可限度。

（2）停靠码头时，含有烃气的油舱进行压载之前，责任驾驶员必须征求码头代表的意见，必须遵守所有适用于装载挥发性石油的安全检查事项和预防措施，还应遵循封闭式装载的操作方法。

（3）含有烃气的货油舱在压载期间，被驱出的气体与空气混合时可能处于可燃范围内，因此必须同装载货油时一样通过被认可的透气管系排出这种气体。

（4）在先前曾装过那些被要采取封闭式作业的货油的油舱进行压载时，应同样以“封闭”方式装入压载水。

（5）含有烃气的油舱，不得以灌装方式从舱顶装入压载水。

（6）除了专用压载舱以外，如果货油与压载同时操作，则在进行这种操作之前必须得到油码头代表的同意。

（7）至于各种压载水的操作与管理将在后面的章节中做详细的介绍。

表 9-1　专用压载水舱压载作业风险评估及风险控制报告

存在的风险		风险程度	应对风险应采取的安全措施	剩余风险程度	确认
1	压载舱内压入泥沙等导致舱内金属构件腐蚀、常数变大、载货量减少	重大风险	1. 压载水作业前应仔细核查船舶收到的各种信息，是否有当地主管机关发布的关于压载水域（或码头）加装压载水的预警报告，以确保所压压载水的水质，还可查阅进港指南和航路指南以获取相应的信息，例如： A. 国内宁波、舟山水域和美国密西西比河等港口的水质即为高泥沙含量的水质 B. 黄渤海水域的青岛港的底质为黑色黏度较大且对钢铁有较大腐蚀性的污泥底质 2. 无论计划在何种水域压水，都应对拟压区域的水质（泥沙含量、浮游生物含量）状况进行直观判断以确保水质，若拟压区域水质较差，可在满足船舶吃水、稳性、强度、安全等前提条件下合理选用高低位海底门、并尽可能少压入压载水，且压水后应在合适水域尽快置换清洁压载水 3. 为防止压载舱内压入污泥等海底污物，压入压载水的时机应尽量选择在： A. 如配合卸货操作，则应等船舶吃水减小后且船底富裕水深大于 5 m B. 如航行时压水，则只要能满足安全航行要求，就应尽可能选择水质好水深大的海域进行压载作业 C. 高潮水流平稳泥沙含量较少时 4. 压水初始阶段，应依靠内外海水压力差采用自压法压水，待舱内水位达到距外界海面约 2 m 左右时（即自压速度大幅度降低后）开始启动压载泵压水，启动方式应以低速启动压载泵排舱内压载水的方法进行，这样可以冲刷压载水系统的海底门，防止污物淤堵海底门和把污物压入压载舱内，待泵以低速运转正常后再转入正常泵压水操作 5. 初始自压时开阀的大小应根据海底底质及污物的情况决定，如海底松散泥沙较多（如宁波、舟山水域）或黑色污泥底质（如青岛港水域），阀应当尽量以小开度进行压水，以免开度过大在海底门处由于大量高速压入水流而形成过大的吸口负压，而把海底污物吸进舱内，不利于今后压载舱清污	可接受风险	
2	船体结构、强度受损	重大风险	1. 船上必须配备有“船舶压载水管理计划” 2. 船舶压载水的数量由船长参考“船舶压载水管理计划”及本船需要决定，还应充分考虑航线、海况、天气、载货、港内作业及船舶可能引起的船体应力的影响 3. 压载水操作应记入甲板航海日志和压载水管理计划且记录具有连续性 4. 大副必须首先做好压载水计划，经船长审批同意后安排好人员值班： A. 在货物作业期间应设置一名值班驾驶员，两名值班水手和一名泵操作员，在非货物操作期间，除大副在货控室专职压载水操作外，还应增设一名预备驾驶员（可以不固定在货控室，但应随叫随到） B. 大副在做压载水计划时应特别注意船舶的强度，保证剪力和弯矩在合理的范围内，绝对不能超出设计极限值，即：剪力 SF 不得超过许用剪力的 100%；弯矩 BM 不得超过许用弯矩的 100% C. 还必须保证船舶的吃水差应在合理的范围内：如配合卸货扫舱时，就应使吃水差在合理的范围内尽可能的大；如在航行状态则应在保证螺旋桨不露出水面的前提下，吃水差不大于船长 $L_{OA}\times 1.5\%$	可接受风险	

存在的风险		风险程度	应对风险应采取的安全措施	剩余风险程度	确认
			5. 每两天应对压载舱进行可燃气体探测并保持相应的记录： A. 测点位置应选则在同一高度平面位置的前、后、左、右位置，每一平面高度应以 3 m 为间隔 B. 如果舱内仍保留有部分压载水，则应提取压载水样尤其应包括表面层水样并进行检查 C. 如果船舶刚经历过恶劣的天气、海况，则只要条件允许就应立即对舱气进行检测并提取水样检查 D. 压载水舱气各种成分应是：碳氢气体含量 0%，硫化氢气体含量 0%一氧化碳气体含量 0%，且压载水面无油迹，如上述含量非零则必须仔细排查气体来源 6. 每个压载舱应以不超过 6 个月的时间间隔进行入舱检查，且舱内构件、焊缝良好无污染物存在 7. 每次压载水作业前应检查压载水舱的通风筒及其滤网状态是否良好无锈蚀和破损 8. 整个压水作业过程应遵照已制定好的计划进行，如在卸货过程中还应根据实际情况适当调整压水操作，实时监控船舶剪力、弯矩等状态，使整个船舶作业在安全范围内进行 9. 压水过程中应要求甲板当值水手实测各舱液位，和货控室液位显示仪进行比对，尤其是液位已经达到 85%的压载舱，此时应适当关小舱阀控制水位上涨速度，一经压水达到舱容的 95%，就应彻底把本舱阀关闭，绝对禁止把压载舱压冒，使水从压载舱透气桅喷出，这样会破坏透气桅中的白钢防火网等结构，还可能引起舱室结构破坏等后果		
3	损坏码头设施（如输油臂、岸梯）	重大风险	1. 压载作业时不得使船舶吃水超过泊位的最大安全吃水，还应满足泊位的净空要求，防止顶坏、拉坏岸梯和输油管、臂，否则应停止压载或排出压载水 2. 打入压载水时，应在安全允许的限度内，使具有较大自由液面的未满压载舱的数量降至最少，因为过量自由液面有可能导致船舶倾侧，从而危及输油臂的许可角度，尤其是对双壳油船影响更大	可接受风险	
4	船舶搁浅	重大风险	1. 指示二副做好压载作业期间的压载水域（或码头）的潮汐表 2. 确切掌握压载作业水域（或码头）水深，信息渠道来源可为测深仪、测深锤实测，海图资料、码头港口信息 3. 压载作业时不得使船舶吃水超过航行水域（或泊位）的最大安全吃水，否则应停止压载或排出压载水	可接受风险	
5	压载舱油污染	重大风险	1. 载货装态时，每两天应对压载舱进行可燃气体探测并保持相应的记录： A. 测点位置应选择在同一高度平面位置的前、后、左、右位置，每一平面高度应以 3 m 为间隔 B. 压载水舱气各种成分应是：碳氢气体含量 0%，硫化氢气体含量 0%一氧化碳气体含量 0%，且压载水面无油迹，如上述含量非零则必须仔细排查气体来源 2. 作业前如果舱内仍保留有部分压载水，则应提取压载水样尤其应包括表面层水样并进行检查；如果船舶刚经历过恶劣的天气、海况，则只要条件允许就应立即对舱气进行检测并提取水样检查	可接受风险	

存在的风险		风险程度	应对风险应采取的安全措施	剩余风险程度	确认
			3. 船舶在通过 ODME 向舷外排放含有油分的污水时，绝对禁止进行向压载水舱内打压载水作业 4. 进行压水作业时，必须安排专职人员沿船舷巡回检查，一旦发现水面有油污、污物、海底油管泄漏等异常情况，应立即停止压水作业		
6	中毒、窒息	中度风险	1. 进入泵间前应完成“进入封闭场所检查单”和“进入泵间检查单” 2. 进入泵间前要进行通风；进行测氧、测爆、测毒并取得大副的同意后方可进入 3. 进入泵间人员要携带便携式测氧、测爆、测毒设备及便携式通信设备，并在进入泵间许可证规定的时间内增加必要的泵间舱气测量次数 4. 离开泵间要向值班驾驶员报告 5. 发现问题及早撤离	可接受风险	
7	水舱溢流导致透气口损坏	可接受风险	1. 压载水作业前应试验 95%高位警报，并做记录 2. 压水前应检查各舱人孔道门是否盲紧 3. A. 检查压载舱液位，实时监控系统是否工作正常，并且应在每次压载操作过程中与甲板水手实测值进行比对，记录不同液位深度值时的误差值并列表以备今后作业时参考 B.误差值不固定，或误差值较大超过 10 cm 则应大副会同电机员予以校正	可接受风险	
备注	在实际工作中，可能会出现其他新情况，还需要进行风险评估，制定和采取相应的安全措施。				
参加作业人员					

评估责任人 ____________________　　日期：____________________

表 9-2　专用压载水舱排压载水作业风险评估及风险控制报告

存在的风险		风险程度	应对风险应采取的安全措施	剩余风险程度	确认
1	损坏码头设施（如输油臂、岸梯）	重大风险	1. 如果排压载水是为了配合装货作业，则不得使船舶吃水超过泊位的安全吃水范围，还应满足泊位的净空要求，防止顶坏、拉坏岸梯、本船舷梯、输油管、臂，否则应停止压载水操作 2. 打排压载水时，应在安全允许的限度内，使具有较大自由液面的压载舱的数量降至最少，因为过量自由液面有可能导致船舶倾侧，从而危及输油臂的许可角度，尤其是对双壳油船影响更大	可接受风险	
2	对海洋环境造成污染	中度风险	1. 船上必须配备有“船舶压载水管理计划” 2. 大副必须首先做好排压载水计划，经船长审批同意后安排好人员值班： A. 在货物作业期间应设置一名值班驾驶员，两名值班水手和一名泵操作员 B. 在非货物操作期间，甲板应至少设置一名巡回检查水手、一名泵操作员，货控室除大副专职压载水操作外，还应增设一名预备驾驶员（可以不固定在货控室，但应随叫随到） 3. 必须向当地主管机关提出书面申请，经其检查、批准后方可进行 4. 打排压载水操作应记入甲板航海日志和压载水管理计划且记录具有连续性	可接受风险	

存在的风险		风险程度	应对风险应采取的安全措施	剩余风险程度	确认
			5. 如果压载水舱有空舱或部分空舱，则也应每两天对压载舱进行可燃气体探测并保持相应的记录： A. 测点位置应选则在同一高度平面位置的前、后、左、右位置，每一平面高度应以 3 m 为间隔 B. 压载水舱气各种成分应是：碳氢气体含量 0%，硫化氢气体含量 0%。一氧化碳气体含量 0%，且压载水面无油迹，如上述含量非零则必须仔细排查气体来源 6. 排压载水前应按照“排压载水作业前检查单”提取所有压载舱的水样进行检查，并填写“船舶排压载水前取样记录”，确保无油，该水样应在船保留几个航次 7. 如果船舶刚经历过恶劣的天气、海况，则只要条件允许就应立即对舱气进行检测并提取水样检查 8. 排水时应派专职人员巡视船舷附近海面，尤其是所使用的压载管系的出海口附近水面，如发现任何可疑的油污，应立即停止排水并查找原因。		
3	船体结构、强度受损	中度风险	1. 大副在做打排压载水计划时应特别注意船舶的强度，保证剪力和弯矩在合理的范围内，绝对不能超出设计极限值，即： A. 剪力 SF 不得超过许用剪力的 100% B. 弯矩 BM 不得超过许用弯矩的 100% 2. 还必须保证船舶的吃水差应在合理的范围内： A. 如果是在装货作业过程中，为了尽可能干净的扫排压载水，可以通过调整装货使吃水差在合理的范围内足够大 B. 如果是在航行状态排水，则应在保证螺旋桨不露出水面的前提下，吃水差不大于船长 $L_{OA}\times1.5\%$ 3. 每个压载舱是应以不超过 6 个月的时间间隔进行入舱检查，且舱内构件、焊缝良好无污染物存在 4. 整个打排压载水作业过程应遵照已制定好的计划进行，在装货过程中打排压载水，还应根据实际情况可做适当调整，实时监控船舶剪力、弯矩等状态，使整个船舶作业在安全范围内进行 5. A、检查压载舱液位，实时检查监控系统是否工作正常，并且应在每次打排压载水操作过程中，每 4 h 要求甲板水手实测进行比对，记录不同液位深度值时的误差值并列表以备今后作业时参考 B. 如误差值不固定，或误差值较大超过 10 cm 则应大副会同电机员予以校正	可接受风险	
4	泵浦损坏	中度风险	打排压载水过程中应要求甲板当值水手实测各舱液位，和货控室液位显示仪进行比对，尤其是液位已经低于 1 米的压载舱，此时应适当降低压载泵的转速，防止泵由于进气而运转不稳，如果不加以处理而使压载泵经常处于这一状态，将会损伤泵轴。如果泵经过降速处理排水状况仍然不能得到缓解，就应该立即转入 EDUCTOR 扫水	可接受风险	
5	火灾、爆炸	中度风险	1. 作业期间甲板必须安排专人巡回检查，如果发现甲板表面弥漫有油气或其他易燃、有毒的气体，则禁止排水作业 2. 每次打排压载水作业前应检查压载水舱的通风筒及其滤网状态是否良好无锈蚀、破损、阻塞	可接受风险	

存在的风险		风险程度	应对风险应采取的安全措施	剩余风险程度	确认
6	中毒、窒息	中度风险	1. 进入泵间前应完成“进入封闭场所检查单”和“进入泵间检查单” 2. 进入泵间前要进行通风；进行测氧、测爆、测毒并取得大副的同意后方可进入 3. 进入泵间人员要携带便携式测氧、测爆、测毒设备及便携式通信设备，并在进入泵间许可证规定的时间内增加必要的泵间舱气测量次数 4. 离开泵间要向值班驾驶员报告 5. 发现问题及早撤离	可接受风险	
7	水舱溢流导致透气口损坏	可接受风险	1. 如果在打排压载水的过程中进行调整吃水差的操作，也应当防止溢流的情况发生 2. 作业前应进行95%高位警报试验，并做记录 3. 作业前应检查各舱人孔道门是否盲紧	可接受风险	
备注	在实际工作中，可能会出现其他新情况，还需要进行风险评估，制定和采取相应的安全措施。				
参加作业人员					

评估责任人 ______________ 日期：______________

思考题

1. 压载水作业主要包括哪些方面？
2. 压载作业应注意哪些事项？

第三节 清洁压载水的操作

要 点

清洁压载水的操作的注意事项。

必备知识

（1）向货油舱内压水时，如果为了舱内的检查、筏检等，或者为了降低通岸接管（MANIFOLD）处的高度，应做好详尽计划，并核实在整个操作过程中，船体强度都在许可范围内。

（2）在此种情况下，相关货油舱要进行原油洗舱（COW），货油管线、货油泵都要扫除干净。

（3）如果为了筏检、或舱内按计划进行维修保养，这时货油舱要除气。除此之外，在整个油船运行期间，货油舱要惰化，氧气含量保持在8%以下。

（4）若向货舱内压水，深思熟虑的程序是这样的：打开货油泵的吸入阀，与货油泵相连的通海阀（海底门）保持关闭。如可能先启动扫舱泵，在货油泵和通海阀（海底门）之间建立一个真正的真空度。其后，再启动货油泵，尽快提高转速，保持良好的真空，然后打开通海阀，确信海水流入。打开通海阀时机在油船货舱压水操作中是最关键的操作之一。在过去，由于不正确的操作，在这个阶段发生很多污染事故。这时终止所有的货油操作，与压载操作无关的所有阀都要关闭。不能打开，直到压载操作结束并关闭通海阀。防止货油倒流出海，污染水域。

（5）应牢记：保持泵的最大排量。由于压头低，泵出口阀的开度要适当地减小。

（6）通海阀只能在压载期间打开，结束后立即关闭。

（7）港内清洁压载水排放操作，必须向当地主管部门申报并获得同意后方可进行。

（8）当排出货油舱内的压载水时，例如恶劣天气的压载等，要遵守 MARPOL73/78 公约第 9 条，做好详尽计划，并核实在整个操作过程中，船体强度均在许可范围内。

（9）清洁压载舱（CBT）内的压载水要经过船上排油监控装置（ODME）进行排放，这种排放要满足 MARPOL 37/78 公约附则 I 的要求。

（10）若装港有接收污油水设施，船舶在向其排放污油水之前，要事先得到船东/租船人的许可。

思考题

1. 向货舱内压水的程序是怎样的?
2. 对于装运过原油的船舶，若向货舱内压水，相关货油舱是否需要进行原油洗舱?

第四节　专用压载水的操作

要　点

专用压载水的操作程序及注意事项。

必备知识

一、压载水的排放

（1）压载水的排放是货物操作计划的一部分，在港期间操作一定要征得港方的同意。

（2）抵达装港前，按照压载水管理计划进行压载水的置换，并做适当记录。

（3）在排压载水之前，对压载水进行检查，确信无油。

（4）在排压载水之前取样，该水样保留几个航次。

（5）在装货过程中，做出详尽计划，保证最小的安全排水量和吃水差。

二、压载水的压入

（1）压载水的压入是货物操作计划的一部分，一般在卸货港进行。

（2）专用压载可以与卸货同时进行，使用专用压载舱、泵、管线，但不要影响扫舱时的吃水差及船体受力，操作方法要在卸货计划中详细说明。

（3）压载前，确认专用压载管线与货油管路隔开。

（4）压载前应按照《压载水作业前检查单》检查水质及取样。在整个操作过程中，按计划压载，满足最小的安全排水量以及通岸接管（MANIFOLD）与岸管线的高度。

（5）操作中应仔细观察，不使水位超过计划规定数量，并随时注意监控船舶稳性、强度的变化，还要用压载水和货油的液位来调整船舶吃水差，特别是近于卸货结束扫舱时保证有一定的吃水差。避免压载舱压冒，否则某些码头对此可能进行处罚。

（6）压载完毕后，检查压载水的表面是否无油迹。

（7）在海上，为避免摇晃而损坏加温盘管或者货舱结构，压载时利用避风处/庇护所进行压载是一种谨慎做法。此操作过程受船长监控，相关操作人员与驾驶台应一直保持通信畅通。

（8）准备使用风暴压载舱进行压载，应与船东/租船人联系。

（9）查阅气象报告/天气图后，再决定是否排压载水。

（10）排压载水时，要遵守MARPOL73/78公约第9条，无论如何应当向经营人询问目的装港、岸上污油水接收设施等是否可用。

思考题

1. 专用压载水的排放和压入的操作应注意哪些事项？

第五节　恶劣天气时的作业程序

要　点

风暴压载操作程序及注意事项。

必备知识

一、风暴压载操作

1. 是指对于设计为专用压载舱（SBT）的船舶。在恶劣天气情况下，根据需要向设计有指定货油舱“风暴压载舱”（Heavy Weather Ballast Tank）压载的一种方法。指定的“风暴压载舱”的位置都是在船中，其目的是为了降低压载航行时中拱对船舶结构的不利影响。“风暴压载舱”的指定，可以从船舶资料中找到根据，例如《原油洗舱手册》，《排油监控装置（ODME）手册》等。有些船舶，如7.2万吨级油船，在《原油洗舱手册》中指定4P/S为“风暴压载舱”。

2. 船舶应在开航之前利用各种手段对其航行中可能遭遇的恶劣天气做出预见性判断。在天气情况异常恶劣的航程中，为了保证船舶的安全，船长认为有必要可以向设计有单独压载舱的货油舱即“风暴压载舱”进行压载作业。

3. 就货油舱压载而言，在进行压载航行前，必须要经过对货油压载舱进行洗舱后再进行压载作业。

4. 原油洗舱后，货油舱内产生的烃气超过通常存在的水平。这些油舱随后的压载就会导致大量的烃气被排放到大气中。

5. 用下述方法中的一种来避免压载油舱中烃气的散发：

（1）收容气体于卸空油舱法。把拟压载的油舱上部空间直接连通到拟卸载的油舱。通过压载同步进行使压载舱的舱气收容到卸空的油舱中。

（2）采用气体压缩法。在卸油结束时控制舱气压力处于最低，同时通过惰气管路连通所有的货油舱。压载时，从压载舱出来的气体经过惰气管路转移到所有可以利用的货油舱空间，在所有透气阀、空距测量孔等关闭的条件下，气体被压缩在船内，压力升到P/V阀及PV Breaker设置的安全界限之内。所有的止回装置必须保持关闭以防止惰气倒流到惰气发生装置中。

6. 货舱压载操作需要连接货油和压载管线，使用压载泵。检查货油舱管系和压载管系连接设定、连接短管和压载泵等设备是否处于良好工作状态。

7. 无论何种、何时的压载，都必须先启动压载泵，低速运行后，再打开通海阀（正常情况应在关闭状态），以避免污物流出，污染海面。

8. 阀门的操作顺序。

9. 含有烃气的非惰化油舱在装进压载水时应依照下列操作程序：

（1）首先应打开各舱的本舱阀；

（2）应将压载水的初始流量限制在进舱流速低于1 m/s，直到淹没纵桁，或者如果没有纵桁则直到压载水在舱内的深度至少达 1.5 m。这些措施是避免产生喷射效应所必需的，这种效应可导致压载水进舱地点附近笼罩着的水滴或水雾中聚集起静电荷，当存在足够的电荷时，就不可能排除放电和起火的可能性。

（3）船舶风暴压载舱的压载一定要压满，以减少自由液面进而提高稳性。

（4）风暴压载舱内的压载水是油污压载水（Dirty ballast），所以在排放前须按照 MARPOL 公约的规定执行，并须在《油类记录簿》中做好该压载水的排放记录。

10. 正常情况下，使用指定的货油泵通过高位的出海阀（Overboard）（通常应在关闭状态）排出。在排出压载水之前，测量并确认舱内的油水界面。排油监控装置（ODME）必须保持连续开启运转状态。

11. 装有惰气系统的油船排出货油舱的压载水时，必须充惰气以置换所排出的压载水，使货油舱舱气含氧量保持在不超过8%体积比的状态。

12. 使用船舶配载仪对货油压载舱压载状况下的船体强度和稳性进行校验，并做好记录。

二、排出压载水

1. 港内压载水排出前

必须向当地主管机关提出书面申请，经其检查、批准后方可进行。排出前压载水应按照《排压载水作业前检查单》检查水质及取样，操作之前必须确认压载水不带油污，出口应使用高位排出口，小心观察出海口，不要带出油污或铁锈。出现异常，则应立即停止排放，余量转入污油水（SLOP）舱，适时安排排岸处理。

2. 排水过程

（1）要有专人监视，防止污染，尤其是剩水较少时，泵速要减慢，或用扫舱泵。一定要遵守港口规定和严格执行 MARPOL73/78 公约中的有关规定。始终保持货舱内惰气压力在 0.005 MPa（500 mmH_2O）以上，过低要马上补充。

（2）在整个操作中要明确职责。

三、风暴压载舱压水、排水具体作业程序

1. 根据船舶资料确定本船的恶劣天气压载，编制恶劣天气压载程序，张贴在货油控制室。

2. 每次装载原油卸货过程中进行 COW 时，要包括风暴压载舱。

3. 船长根据天气预报和海况，决定本航次是否进行恶劣天气压载。

4. 大副按照船长指示，编制风暴压载舱压水计划，交船长阅批。

5. 做向风暴压载舱（货油舱）压水准备：

（1）备妥锅炉。

（2）备妥扫舱泵。

（3）备妥货油泵。

（4）连接货油管线与 SEA CHEST（装连接短管或盲板）。

6. 尽可能选择大风浪之前往风暴压载舱压水。

7. 压水操作：

（1）首先开启扫舱泵到 SLOP 舱管线上的阀门。

（2）开启扫舱泵经过货油泵到 SEA CHEST（装连接短管）管线上的阀门（除了装连接短管两端的截止阀）。

（3）启动扫舱泵（往复泵），使扫舱泵进口端产生负压。

（4）然后开启装连接短管两端的截止阀，先里后外。

（5）利用扫舱泵将管线及货油泵中的残油吸入 SLOP 舱（3～5 min）。

（6）货油泵吸入端压力呈正压，启动货油泵（离心泵不能在吸入端处于封闭状态下启动）。

（7）停扫舱泵，关扫舱泵管线上的阀门。

（8）货油泵运转后，先将海水打入 SLOP 舱，然后压入风暴压载舱。

（9）达到计划的压载水量后，停货油泵，同时关闭连接短管两端的截止阀，先外后里。

（10）关闭所有管线上的阀门。

（11）切断货油管线与 SEA CHEST（装连接短管或盲板）连接。

8. 记录压水检查、实验、操作过程。

9. 船长根据天气预报和海况，决定排出风暴压载舱中的压载水。

10. 大副按照船长指示，编制风暴压载舱排水计划，交船长阅批。

11. 排水准备：

（1）备妥锅炉。

（2）备妥货油泵。

（3）进行 ODME 试验。

（4）开启通往舷外的阀或盲板。

12. 排水操作：

（1）备妥风暴压载舱排水管线。

（2）启动 ODME。

（3）启动货油泵排风暴压载舱的压载水。尽可能使用压水时用过的货油泵。

（4）密切注意 ODME 的检测结果和 SLOP 舱的液位，防止压载水不符合排放标准，大量的压载水灌入 SLOP 舱，造成 SLOP 舱溢冒。

（5）符合排放标准的压载水，直接排放入海。

（6）剩余的高含油量压载水利用货油泵或扫舱泵驳入 SLOP 舱。抵港后，安排港口接收。

（7）如果高含油量压载水比较多，要认真计算 SLOP 舱的容积，防止造成 SLOP 舱溢冒。

（8）排压载水结束，停泵、关管线上的所有阀门。

13. 记录排压水时的检查、实验、操作过程。

注意：（1）拆装连接短管或盲板前，要检查管线，备好工具、接污油水的器具；（2）压水、排水、启动、停泵时，及时配合阀的操作。

思考题

1. 风暴压载操作的程序是怎样的？

第六节　压载航行

要　点

压载航行的注意事项，压载方案的制订。

必备知识

当船舶完成其卸货作业，就开始了压载航行，压载水的数量由船长参照船舶“压载水管理手册”，在充分考虑航线、天气及港内作业等特殊情况后决定。一般压载方案会达到艉倾 1～3 m 的吃水差，适当的艉倾会使航速增加达 0.5 kn 之多。压载量还得考虑航路、航道吃水限制以及桥梁、架空电缆高度的限制。

船舶应在开航之前利用各种手段对其航行中可能遭遇的恶劣天气做出预见性判断。在天气情况异常恶劣的航程中，为了保证船舶的安全，船长认为有必要可以向设计有单独压载舱的货油舱，即“风暴压载舱”进行压载作业。

根据要求，如果在海上航行期间需要更换压载水时，要充分考虑船舶的各种因素、天气、海况、船舶离最近陆地距离等，在确保所压压载水水质的同时，确定置换压载水的方法，做好计划。压载水置换期间要特别注意船舶的强度，保证剪力和弯矩在安全合理的范围内，绝对不能超出设计极限值，并按要求做好相应的记录。

航行期间要经常观察各压载舱液位有无变化，特别是经过冰区航行或恶劣天气海况后要仔细检查，防止发生船体或结构的损坏而不能及早发现，延误采取有效措施的时机。

思考题

1. 压载航行中，对压载水管理应注意哪些事项？

第七节　压载水的置换

要　点

压载水置换的方法及注意事项，操作要点。国际公约和港口当局对压载水置换的要求。

必备知识

一、压载水置换

为了控制海洋有机物、沉积物、淤泥，最现实可行的方法，就是在深海或者公海水域进行压载水的更换。更换压载水最好在水深超过 2 000 m 的水域进行。达到下列情况可被允许：置换地点至少离最近的陆地 200 n mile 以外，水深至少在 200 m，并且很少受沿岸和河口影响。必要时通过代理向港口当局了解下一港口的特殊要求和规定，并采取特殊的控制措施，满足港口要求。当船在港内或在大陆架水域时，要注意清除的沉积物，不能排放到这些水域里。沉积物必须根据当地港口的规定要求向岸上处置。同时记载入航海日志，并保留收据。

二、专用压载舱压载水的管理

1. 船舶在海上航行期间更换压载水时，要充分考虑船舶的各种因素、天气、海况、船舶离最近陆地距离等，是否收到当地主管机关关于压载水域（或码头）加装压载水的预警报告，以确保所压压载水的水质。

2. 至少每周两次对压载舱进行可燃气体探测并保持相应的记录。

3. 定期对各压载舱进行仔细检查，以确保舱内构件和焊缝良好，无污染物存在。各压载舱透气帽、测量孔均应处于正常的工作状态，以确保各压载舱满足基本的压载条件。

4. 在非预警区域拟压水时，应对拟压区域的水质（泥沙含量、浮游生物含量）状况进行直观判断，以保证压载水的水质。若拟压区域水质较差，可在满足船舶吃水、稳性、强度、安全等前提条件下，合理选用高低位通海阀，并尽可能少压入压载水，且压水后应在合适水域尽快置换清洁压载水。

5. 大副必须首先做好计划，经船长审批同意后，安排好航行和排水的值班，压载水置换期间要特别注意船舶的强度，保证剪力和弯矩在安全合理的范围内，绝对不能超出设计极限值。

6. 置换方法有三种：溢流法、排空压入法和混合方法。

（1）采用溢流法，要求压入的水量是舱容的 3 倍，耗费时间长，消耗燃油多。一般不推荐完全采用该方法。但在恶劣天气情况下又必须置换压载水时，这种方法是最安全的。

（2）排空压入法，是最直接、最快捷的方法。但由于船舶结构强度的限制，很多船船中处的弯矩、剪力不能满足要求，因此不能完全适用该法。有的船（例如 7.2 万吨油船），因为在船中部位设有深压载舱，可以这样做，若天气允许，这种方法最适用。

（3）混合方法，将溢流法和排空压入法融合起来，扬长避短。艏艉舱用对称的排空压入法，船中部则采用溢流法。该法普遍适用。

思考题

1. 对压载水置换的具体要求是怎样的?
2. 压载水置换方法有几种?

第八节 压载舱的冲洗

要 点

压载水舱内部清淤、冲洗作业程序。压载水处理剂清洗的使用方法及注意事项。

必备知识

一、使用压载水处理剂清洗

1. 清除淤泥

（1）淤泥能在较短时间里在压载舱中生成。如果这些淤泥遗留在压载舱内，会影响装货数量，增加燃油消耗。为解决这一问题，就需有规律地使用压载水处理剂，把它投入压载舱中对压载水进行处理。压载水处理剂的参考用量为每千吨水投入 15～40 L。

（2）在泥和泥浆已经聚集的情况下，就要增加压载水处理剂的投药量，一般为每千吨水投入 100～200 L 处理剂。为使处理剂渗入污泥中应当进行良好的搅动，可通过使用消防皮龙或移动式洗舱机来完成。

2. 松软覆层的清除

（1）覆层的厚度将决定清洗的方法。对于 10 mil（1 mil=0.0254 mm=0.001 in）以下的覆层，可把 TC#4 清洗剂直接喷在覆层上，浸泡一段时间后再用水冲掉即可。

（2）如果覆层大于 10 mil，应对其人工清刮，清刮完成后再喷上 TC#4 清洗剂，浸泡一段时间后再用水冲掉即可。

无论上述两种情况中的哪一种，所遗留的残余物都应当清除。清除方法是加入 0.5%液碱清洗剂和向舱内注入 70%仓容的海水，然后在舱内搅动 24 h。总之，这一方法适用于 SBT 或 CBT 压载舱。

二、专用压载舱（SBT）不使用压载水处理剂清洗

每半年进行一次冲洗和检查，控制海洋有机物、沉积物、淤泥在压载舱内的存留，除了进行压载水置换之外，在置换压载水同时进行压载舱冲洗。方法是：首先排净 2～3 个选定压载舱的压载水，使残余的有机物、泥沙等留在压载舱几率最小。然后灌入 1～2 m 水深的压载水，进行二次冲洗压载舱的底部，再用压载泵将水排空。然后压载舱再重新压满。用这种方法，逐个压载舱进行冲洗、置换。船舶轻微的摇晃可能增加冲洗的效果。然而，船舶偏离原航向绝对不能大于 15°。此方法最好在离港后，离开浑浊水域立即进行。做冲洗压载舱计划时，要充分考虑船舶的剪力、弯矩和扭矩。当发现压载舱内存有大量沉积物时，应该进行掏舱。

至少每 6 个月检查一次压载舱，将沉积物情况记录到舱体状况报告内，此报告需发到公司。

三、压载水舱内部清淤、冲洗作业程序

1. 大副制订压载水舱内部清淤、冲洗作业计划，所有参加人员了解计划内容，使每个人清楚自己的职责。

（1）现场负责 1 人（在压载舱口）。

（2）每个皮龙小组 3～4 人。

（3）现场辅助 1 人（在压载舱口）。

（4）排污水负责人。

（5）船长或值班驾驶员为外部监督、协调。

2. 压载水舱内部清淤、冲洗作业计划完成，经船长批阅后执行。

3. 船舶摇摆超过 5°时，不能安排压载水舱内部清淤、冲洗作业，要避开狭水道和通航密集水域。尽可能在船舶空载时进行压载水舱内部清淤、冲洗作业。

4. 要提前 10～14 h 打开压载舱的前后人孔道门（装货期间不能开压载舱盖），进行自然通风换气。

5. 压载舱的人孔道门开启通风时，要放置安全网或围栏和警示标志，防止人员落入压载舱和摔倒。

6. 进入压载舱前，大副或指定驾驶员测量压载舱内空气质量并记录：

（1）每个压载舱最少要取 6 个测量点，即：前、后，上、中、下。

（2）氧气含量为 21%。

（3）二氧化碳含量不高于气体浓度的 2%。

（4）碳氢气体含量小于气体浓度的 1%。

（5）硫化氢气体含量小于 5 ppm。

（6）压载舱内的空气质量符合上述标准后，方可进入压载舱。

7. 压载舱内空气达不到安全标准，要使用机械通风。达到标准方可进入压载舱，并保持对作业场所的连续通风。

8. 压载水舱内部清淤、冲洗连续工作时间超过 4 h，要重新检测压载舱内空气质量并记录。

9. 压载舱口备妥应急救护器材：（1）氧气呼吸器；（2）急救医药箱；（3）安全带；（4）担架。（5）救生索，救生索外端必须生根；（6）备用照明设备；（7）工具、工具袋和吊索。

10. 大副负责填写进入封闭处所检查单。

11. 保证通信联络畅通，保证压载舱内两部对讲机，其他岗位各一部对讲机。

12. 压载舱内的检查人员与现场负责人规定好内外联络信号，要定时向现场负责人报告，压载舱内的检查人员所在位置和安全情况等。

13. 进入压载舱的工作人员至少有两人佩带气体检测仪，当检测仪报警后，要立即通知压载舱内、外的现场负责人，尽快撤离危险区域。

14. 进入压载舱的检查人员应佩戴好适宜的劳保用品，如安全帽、工作服、工作鞋、手套等。

15. 进入压载舱的检查人员，除手电筒和对讲机之外，禁止携带其他工具上下直立式梯子。手电筒和对讲机要背挂在身上，上下舱时应两手扶梯，禁止一手携物，一手扶梯上下。

16. 禁止 2 人以上同时在一段直立式梯子中上或下。

17. 直立式梯子上有人攀爬时，其他人员禁止站在梯子下方。

18. 禁止佩戴湿滑皮手套攀爬直立式梯子，必须使用便于把握、攀登的纱线手套。

19. 禁止在压载舱内的加强材上行走或站立（无扶着点时）。

20. 冲洗压载舱时，尽可能使用直径 45 mm 的消防皮龙作为冲洗管，直径 60 mm 的皮龙作为输水管线。

21. 按照压载舱内的积水情况，通知使用喷射泵及时排水；

22. 在压载舱内清淤、冲洗作业，工作强度大，活动空间小，脚下不平坦，并且湿滑、泥泞，空气条件差。安排工作时，注意下列事项：

（1）安排有经验、体质好的人员，在压载舱内工作。

（2）人员做好防寒和防水保护，防止感冒。

（3）压载舱内设置足够的照明设备。

（4）在压载舱内连续工作时间不得超过 4 h。

（5）每个皮龙清洗小组 3～4 人，适时进行轮换。防止单一工作，造成过度疲劳和精力不集中。

（6）至少两人操作一根洗舱皮龙。防止洗舱皮龙处于无人看管状态。

（7）安排好饮食供应。

23. 疲劳人员攀爬立式梯子时，要系安全保护索。

24. 清淤、冲洗作业结束，人员离开压载舱后，由现场负责人认真清点人员和工具。确认一切无误之后方可关闭压载舱的人孔道门。

25. 一旦发生事故，立即启动封闭处所救助应急程序。

思考题

1. 简述压载水舱内部清淤、冲洗作业程序和注意事项。

第九节 压载记录

要 点

压载水作业记录形式和各种记录的保存期限。

必备知识

1. 船舶压载水记录；任何压载水的操作按要求都要记录，以下表 A 和表 B 是压载水记录的样本，此记录按要求保存两年。

2. 船舶压载水置换记录；保存期限两年。

（1）压载水置换要按“船舶压载水管理记录”表（A）和（B）做好以下记录：日期、船舶位置（经/纬度）、操作情况（置换方式）、压载舱号及位置、初始容量、最后容量、使用的泵及时间等。

（2）驶往澳大利亚、新西兰、以色列、美国及黑海港口的船舶，应按港口当局申报表内的详细内容填写。表 C 是这些国家和地区常用的压载水置换报告表的形式。

表 A（供参考）

BALLAST WATER MANAGEMENT RECORD LOG (1)

船舶压载水管理记录（一）

Ship 船舶 ____________________ IMO No. 国际海事组织编号__________

Record events which are relevant to ballast water management and requirements by quarantine of fier, such as sediment remove during drydocking, or tank washing at sea. Each entry should be completed with the signature and rank by the officer in charge.

记录有关船舶压载水管理事宜及检疫官员对船舶要求，例如进坞时清除水舱污垢物，航行中洗舱等。每一项记录都必须有主管人在报告后签名并注明其职位。

Date 日期	Events / Activities 操作情况	Remarks 备注

表 B（供参考）

BALLAST WATER MANAGEMENT RECORD LOG (2)

船舶压载水管理记录（二）

SHIP 船舶 ____________ IMO No. 国际海事组织编号____________

Tank Location 压载水舱位置	Date 日期	Initial Content 初始容量/吨	Final Content 最后容量/吨	Ship Position 船舶位置(港口/经纬度)	Pump Used / Gravitate 使用水泵/自排	Operation Gravitate 使用时间/自排时间	Salinity 含盐量	Signature 主管人签名	Rank 职位

表 C（供参考）

BALLAST WATER REPORTING FORM

(TO BE PROVIDED TO PORT STATE AUTHORITY UPON REQUEST)

1. VESSEL INFORMATION 2. BALLAST WATER

Vessel Name:	Type :	IMO Number:		Specify units :M^3,MT, LT, ST
Owner :	GT:	Call Sign :		Total Ballast Water on Board : CBM
Flag :	Arrival Date:	Agent :		
Last Port and Country :			Arrival Port:	Total Ballast Water Capacity : CBM
Next Port and Country :				

3. BALLAST WATER TANKS BALLAST WATER MANAGEMENT PLAN ON BOARD? YES__ NO__, HAS THIS BEEN IMPLEMENTED? YES__ NO__

TOTAL NO. OF TANKS ON BOARD : NO. OF TANKS IN BALLAST :

NO. OF TANKS EXCHANGED : NO. OF TANKS NOT EXCHANGED : IF NONE IN BALLAST GO TO NO. 5

4. BALLAST WATER HISTORY : RECORD ALL TANKS THAT WILL BE DEBALLASTED IN PORT STATE OF ARRIVAL; IF NONE GO TO NO. 5													
Tanks/Holds (List multiple sources/tank separalely)	BW SOURCE				BW EXCHANGE (ER / FT): FT Circle one Empty/Refill or Flow Through					BW DISCHARGE			
	DATE DDMMYY	PORT or LAT. LONG.	VOLUME (units)	TEMP. (units)	DATE DDMMYY	ENDPOINT LAT. LONG	VOLUME (units)	% Exch.	SEA Hgt. (m)	DATE DDMMYY	PORT or LAT. LONG	VOLUME (units)	SALINITY (units)
TOTAL:							cbm						
Ballast Water Codes :Forepeak=FP,Aftpeak=AP,Double Bottom=DB, Wing=WT,Topside=TS,Cargo Hold=CH, O=Other													

IF EXCHANGES WERE NOT CONDUCTED, STATE OTHER CONTROL

ACTION (S) TAKEN : ______________________

IF NONE, STATE REASON WHY

NOT: ______________________

5. IMO BALLAST WATER GUIDELINES ON BOARD (IMO RES.A.868(20))? YES___ NO:__

RESPONSIBLE OFFICER'S NAME AND TITLE (PRINTED) AND SIGNATURE : ______________________

3. 压载舱检查记录；保存期限两年。
4. 压载舱清淤记录；保存期限两年。
5. 原油洗舱（COW）记录；保存期限两年。
6. 排油监控装置（ODME）使用记录；保存期限两年。

思考题

1. 压载水作业记录有几种形式？
2. 各种记录的保存期限？

第十章 货油的危害及控制

本章主要介绍了油船上的毒气、惰气对人体的危害及防范；石油和可燃气的燃烧爆炸危险；进入封闭场所的要求；热工冷工作业要求及油船上维修保养及使用电器的注意事项；对油船上工作人员的防护。

第一节 毒 气

要 点

石油及其产品中主要的有毒气体及特其特性。

必备知识

油船所载货油主要是原油和成品油，成分复杂，其蒸气中主要含有以下一些有毒气体。

1. 烃气（C_aH_b）

烃是碳氢化合物的简称，烃分为饱和烃和不饱和烃。当含碳量（*a*）小于 6 个时，就呈气体状态，具有毒性。石油中的烃类多是饱和烃，而不饱和烃如乙烯、乙炔等，一般只在石油加工过程中才能得到。石油中的烃有三种类型：烷烃、环烷烃、芳香烃。

2. 苯（C_6H_6）

苯在常温下为一种无色、有甜味的透明液体；苯可燃，有毒，易挥发，并具有强烈的芳香气味。苯是一种碳氢化合物也是最简单的芳香烃。它难溶于水，易溶于有机溶剂，本身也可作为有机溶剂。原油及其产品多含有微量苯。

3. 硫化氢（H_2S）

硫化氢是一种剧毒、强腐蚀性和易燃的气体。它的气味可闻起点很低，并有特别的臭鸡蛋气味。无色、比空气重，其相对蒸气密度为 1.189，且该气体可溶于水。很多种原油都带着大量的硫化氢从油井流出，但在这种原油装船之前，通常经过稳定化处理降低硫化氢含量。然而，有时稳定化的硫化氢含量可能临时降低，因此油船会接收硫化氢含量高于常量的货油。此外，有些原油从来就不经过稳定处理而总是含有大量的硫化氢。在精制石油产品中，如石油脑、燃料油、石油沥青和粗柴油（Gas oils）中也可遇到硫化氢。

思考题

1. 石油及其产品中主要含有哪些有毒气体?
2. 哪些石油产品中易含有硫化氢?

第二节　燃烧和爆炸

要　点

爆炸三要素，烃气和空气的混合物爆炸极限。

必备知识

自从 100 年前海上运输散装原油开始，一直采取了特别的预防措施来避免船上火灾和爆炸的发生。卸完油后在货舱中残存的原油和沉淀物都将散发出可燃的烃气，在压载航行期间也要考虑货舱区域的危险性。如果要在这样的区域工作的话，一定要进行可靠的清洁、通风、检查和燃气测量。只有这样做才能保证工作区域没有可燃气体。如果要进行焊接和气割工作，包括明火作业和能产生火花的作业时，一定要对热工作业区域采取特殊的防范措施以保证工作区域没有可燃气体。

在船上的可燃气危险区域装载原油，一定要采取严格的防范措施来避免点火源的存在。尽管这样，着火和爆炸事故还是经常发生，随着油船的尺寸越来越大，这种危险也变得越来越大。货舱爆炸和油着火的共同点都是因为烃气与空气中的氧气发生反应，继而产生了热量。爆炸和油着火的不同是在爆炸事故中，烃气和氧气被点燃前已经混合在一起，因此燃烧非常迅速，温度和压力剧增，最终压力升高到致使船舱被猛烈的炸开。而在油着火事故中，在开放的空气中从表面蒸发的烃气量是有限的，而氧气也因为空气循环的原因而被限制。

一、爆炸三角形

爆炸三要素:（1）可燃气体;（2）氧气;（3）火源。

爆炸三角形（见图 10-1）可作警告标志:

原油和原油沉积物产生烃气。当原油或沉积物被点燃或燃烧时，从表面挥发出的烃气和空气中的氧气反应产生热量，大量的热量的产生又导致大量的烃气从表面蒸发出来，导致灭火更加的困难。

在货舱中，原油或者沉积物产生的烃气和空气混合，当混合气被点燃后，那么爆炸将会发生。

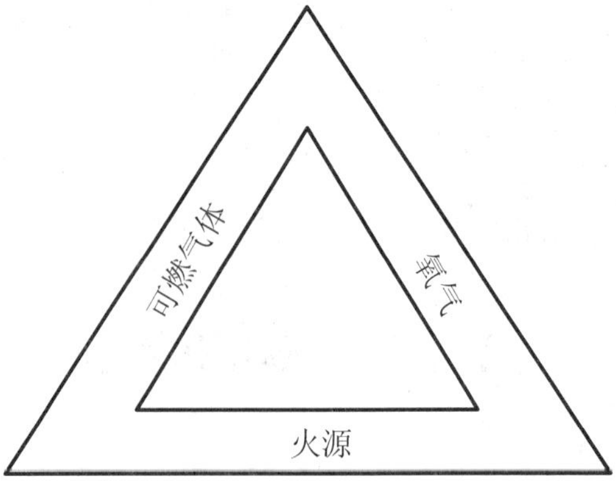

图 10-1　爆炸三角形

二、爆炸极限

烃气和空气的混合物是否能够被点燃取决于烃气在混合物中的浓度。

爆炸和浓度太高两者间的分界线叫做“爆炸上限（Upper Explosion Limit）”，简写为 UEL。爆炸和浓度太低两者间的分界线叫做“爆炸下限（Lower Explosion Limit）”，简写为 LEL。

各种不同的纯烃气和来自不同石油液体的混合物气体，它们的可燃限度范围略有差异。非常粗略地，可以分别用丙烷、丁烷和戊烷的纯烃气来表示原油类、车用或航空汽油类和天然汽油类产品的混合气体。表 10-1 列出了这三种气体的可燃范围，该表还列出其中每一种气体在空气中的混合比例由占 50%体积降低到其 LEL 时所需要的用于稀释的空气量。这种典型资料对于表明油气在大气环境中容易消散到非可燃浓度是非常适当的。

在实践中就一般防患目的而言，油船所装运的各类货油的爆炸下限和爆炸上限，通常分别采用 1%和 10%的体积比。

表 10-1　三种气体的可燃范围

气体种类	爆炸范围，烃气在空气中的体积百分比/%		混合气由占 50%体积降至 LEL 时所需用于稀释的空气体积倍数
	上限	下限	
丙烷	9.5	2.2	23
丁烷	8.5	1.9	26
戊烷	7.8	1.5	33

思考题

1. 爆炸三元素？
2. 爆炸下限和爆炸上限，通常分别采用的体积比是多少？

第三节 健康危害

要 点

烃气、苯、硫化氢有毒气体对人体的健康危害。

必备知识

一、烃气

低浓度的烃气对人体的影响主要是恶心、头痛和眼睛刺痛，伴随着类似醉酒那样的反应迟钝和昏眩。而高浓度的烃气可导致麻痹、失去知觉甚至死亡。

烃气的毒性变化主要取决于烃气中的烃的含量。如果混有其他毒气，能大幅度提高其毒性。表 10-2 列出一些在较高浓度下的典型反应。

表 10-2 较高浓度烃气时人体的反应

体积比浓度	反应情况
0.1%（1 000 ppm）	1 h 后眼睛感到刺痛
0.2%（2 000 ppm）	0.5 h 内眼、鼻和咽喉都会感到刺痛，头昏目眩，心绪不安
0.7%（7 000 ppm）	15 min 内发生醉酒症状
1.0%（10 000 ppm）	醉酒状急剧发作，如不马上脱离现场会导致昏迷，甚至死亡
2.0%（20 000 ppm）	可立即瘫痪、死亡

二、苯

吸入苯蒸气或皮肤接触苯而引起的中毒，有急性、慢性之分。

急性苯中毒主要对中枢神经系统产生麻醉作用，对眼睛有刺激性，需用大量清水冲洗；皮肤接触可变干燥，脱屑，皲裂，有的可能发生过敏性湿疹，高浓度的苯对皮肤有刺激作用。吸入可导致呼吸困难，出现昏迷和肌肉抽搐，严重者可能导致呼吸及心跳停止。

慢性中毒除影响神经系统外，还影响造血系统。神经系统最常见的表现为神经衰弱和自主神经功能紊乱综合征；个别病者可有肢端感觉障碍，出现痛、触觉减退和麻木，亦可发生多发性神经炎。造血系统损害的表现是慢性苯中毒的主要特征，以白细胞减少和血小板减少最常见；中性粒细胞内可出现中毒颗粒和空泡，粒细胞明显减少易致反复感染；血小板减少可有皮肤粘膜出血倾向，女性月经过多；严重患者发生全血细胞减少和再生障碍性贫血；个别有嗜酸性粒细胞增多或有轻度溶血。苯还可引起骨髓增生异常综合征。有研究报告指出，苯引起白血病多在长期高浓度接触后发生，最短 6 个月，最长 23 年。

三、硫化氢

硫化氢通过呼吸道进入机体，与呼吸道内水分接触后很快溶解，并与钠离子结合成硫化钠，对眼和呼吸道黏膜产生强烈的刺激作用。硫化氢吸收后主要与呼吸链中细胞色素氧化酶及二硫键起作用，影响细胞氧化过程，造成组织缺氧。吸入极高浓度时，强烈刺激颈动脉窦，反射性地引起呼吸停止；也可直接麻痹呼吸中枢而立即引起窒息，产生“电击样”死亡。

按吸入硫化氢浓度及时间不同，临床表现轻重不一。轻者主要是刺激症状，表现为流泪、眼刺痛、流涕、咽喉部灼热感，或伴有头痛、头晕、乏力、恶心等症状。检查可见眼结膜充血、肺部可有干罗音，脱离接触后短期内可恢复；中度中毒者黏膜刺激症状加重，出现咳嗽、胸闷、视物模糊、眼结膜水肿及角膜溃疡；有明显头痛、头晕等症状，并出现轻度意识障碍，肺部闻及干性或湿性罗音。X 线胸片显示肺纹理增强或有片状阴影；重度中毒出现昏迷、肺水肿、呼吸循环衰竭，吸入极高浓度（1 000 mg/m^3 以上）时，可出现“闪电型死亡”。严重中毒可留有神经、精神后遗症。

具体影响见表 10-3。

表 10-3　硫化氢对人体的影响

硫化氢浓度（按体积比的 ppm）	生理影响
0.1～0.5 ppm	由气味可首先察觉
10 ppm	可能导致恶心、眼睛微感刺痛
25 ppm	眼睛和呼吸道受刺激，有刺鼻气味
50～100 ppm	嗅觉开始迟钝 长时间暴露在 100 ppm 硫化氢浓度下可导致这些症状的逐步增加 继续暴露其中 4～48 h 后可导致死亡
150 ppm	2～5 min 内丧失嗅觉
350 ppm	吸入硫化氢 30 min 后可能会致命
700 ppm	立即昏迷，数分钟后死亡。导致痉挛、大小便失禁。如不立即抢救，呼吸将停止，然后导致死亡
700+ ppm	立即死亡
注：应将过度暴露于硫化氢气体中的中毒人员尽可能快地转移到新鲜空气中。 如果采取迅速的行动，硫化氢中毒的症状是可以消除的，并能增加挽回中毒人员生命的机会。	

三、与毒气检测有关的名词解释

工业团体和石油公司常常参考美国政府工业卫生学者会议（ACGIH）制定的关于应保护工作人员在工作环境防止有害蒸气的指南。被引用的数值被称为“临界限度值”（TLVs），以气体在空气中所占百万分之一体积单位的数值（ppm）来表示。

虽然人们认为暴露于 TLV 浓度并不一定是导致严重影响健康的原因，这些数值只是作为指导。最好的做法是将所有大气污染浓度保持在与合理的实际情况同样低的水平。

TLV：Threshold Limit Value 的缩写，中文为容许浓度，即使连续多日重复暴露于有害物质条件下工作也不认为会对健康带来不利影响的有害物质的浓度。

TLV-TWA：Threshold Limit Value Time Weighted Average，中文为时间加权平均被暴露限度值。这是指在1天8 h或者一周40 h的日常工作中，即使反复暴露于有害物质条件下，也不会对几乎所有的劳动者产生健康上的不利影响的有害物质加权平均浓度。

TLV-STEL：Threshold Limit Value Short Term Exposure Limit的缩写，中文为短时间被暴露限度值。这是指在劳动者即使15 min连续暴露于有害物质条件下，且每天的暴露于有害物质下的时间如果低于TLV-TWA时也不会对劳动者产生健康上的不利影响的有害物质的浓度。

TLV-C：Threshold Limit Value Ceiling的缩写，中文为被暴露限度值。这是指劳动者暴露于有害物质条件下工作时，即使是瞬间性也不得超过的有害物质的浓度。

下面是我国国标（GB 50493-2009）中有关名称解释：

最高容许浓度 Maximum Allowable Concentration（MAC）：指工作地点、在一个工作日内、任何时间均不应超过的有毒化学物质的浓度。

短时间接触容许浓度 Permissible Concentration-Short Term Exposure Limit PC-STEL）：指一个工作日内，任何一次接触不得超过的15 min时间加权平均的允许接触浓度。

时间加权平均容许浓度 Permissible Concentration –Time Weighted Average（PC-TWA）：指以时间为权数规定的8 h工作日的平均允许接触水平。

直接致害浓度 Immediately Dangerous to Life or Health concentration（IDLH）：指环境中空气污染物浓度达到某种危险水平，如达可致命或永久损害健康，或使人立即丧失逃生能力的水平。

思考题

1. 慢性苯中毒有哪些表现？
2. 多大浓度的硫化氢人就能闻到？
3. 多少浓度的烃气能导致人死亡？

第四节　惰性气体成分

要　点

惰气的成分及对人体的危害。

必备知识

惰气是化学成分稳定，不支持物质燃烧的气体。来源主要是船舶的主辅燃油锅炉或惰气发生器的排烟，经过洗涤塔和甲板水封进入货油舱内。主要成分是：氮气77%，二氧化碳13%，氧气4%和少量下列的有毒气体。

1. 一氧化碳

一氧化碳一般可以在惰性气体中呈现大约0.01%（以容积）的浓度，相当于100 ppm。应该注意在某些情况下可能变得更高。

这个浓度一定要用空气稀释或置换，使其减少到25ppm TLV以下。一氧化碳中毒是由一氧化碳代替氧气与血液中的血色素结合引起的，使血液丧失其在肺中吸收氧的能力，这将导致内部窒息。在60%到70%的血色素与一氧化碳结合时将会发生死亡。一氧化碳中毒的症状是头痛和睡意、意识低落和呕吐。中毒的处理中最重要的是供给氧气，如果必要结合人工呼吸。

2. 氮氧化合物

典型新鲜烟气含有按体积比大约200 ppm的氮氧化合物，多半是经水洗涤除不掉的氧化亚氮（NO），氧化亚氮缓慢地与氧反应生成二氧化氮（NO_2）。当这些烟气停留在舱内，由于易溶解的二氧化氮溶解到游离水中或者由于聚合而产生亚硝酸和硝酸，就使二氧化氮的总浓度经过1～2天的时间下降到10～20 ppm的水平，此后再降低到这一水平以下就非常缓慢了。

氧化亚氮是无色气体，在25 ppm的TLV-TWA值是略有气味；二氧化氮的毒性更大，其TLV-TWA值为3 ppm。

3. 二氧化硫

二氧化硫是燃烧高含硫量燃料油类所产生的烟气，二氧化硫（SO_2）的典型含量约为2 000 ppm。惰气系统洗涤塔清除这种气体的效率决定于洗涤塔的设计和运行，其输出惰气具有的二氧化硫含量通常在2～50 ppm之间。

二氧化硫对眼睛、鼻和咽喉产生刺激作用，对于过敏的人还会造成呼吸困难，在其2 ppm的TLV-TWA值时可以区别出特殊的臭味。

4. 固体颗粒

越细小的颗粒物对人体危害越大，粒径超过10 μm的大颗粒物可被鼻毛吸留，也可通过咳嗽排出人体，而粒径小于10 μm的可吸入颗粒物可随人们呼吸沉积肺部，甚至可以进入肺泡、血液。在肺部沉积率最高的是粒径为1 μm左右的颗粒物，沉积于肺泡高达80%，并且沉积时间也最长，可达数年之久。这部分颗粒物在肺泡上沉积下来，损伤肺泡和黏膜，引起肺组织的慢性纤维化，致使肺泡的换气机能下降，导致肺心病，心血管病、加重哮喘病、引起慢性鼻咽炎、慢性支气管炎、呼吸困难、肺功能损失等等一系列病变，严重的可危及生命。

思考题

1. 惰气的主要成分是什么？
2. 惰气中的固体颗粒对人体有什么危害？

第五节 静电危害

要 点

导致潜在的静电危险的三个基本步骤，洗舱时的静电危险和消除静电危险的方法。

必备知识

油船上的许多作业都会产生静电，但并没有着火的危险，除非在可燃气环境下的突然放电。导致潜在的静电危险有三个基本步骤。

一、三个基本步骤

1. 电荷的产生

当两个相异的物体相互接触（这两个物体可能都是液体，或都是固体，或一个是液体，另一个是固体），接触面上存在着电荷的不平衡，如果使用机械作用将其分开，其中的一个带有多余的正电荷，另一个带有多余的负电荷。这些分开的电荷总是试图通过导电进行重组，然而如果其中的一个物体的导电性较差，电荷的重组就会受到限制，从而在两个物体间形成电势差。这个机理可以解释：人在合成材料的地毯上行走时以及抓住合成材料的绳子时，人体带有电荷；液体在管路中被泵送时，带有电荷；洗舱时液滴带有电荷。

纯气体不会产生电荷。然而，流动的含有颗粒的气体能产生很高的电荷，灭火器喷出二氧化碳时就会产生很高的电荷，由于气体的膨胀，喷嘴处存在二氧化碳固体颗粒，使喷嘴具有很高的电势。

2. 电荷的聚集

电荷在一个物体上的聚集程度取决于电荷产生的速率和电荷衰减的速率。如果出现明显的电荷聚集，那么电荷衰减的速率一定较低。炼制的石油产品和某些溶剂的导电性较低，因此对这些液体进行作业时，很容易产生电荷，另一方面原油因具有相对较高的导电性而不容易聚集电荷。然而，由导电性很高的水滴组成的水雾，因为水滴的彼此隔断，所以能积聚静电荷。

3. 静电的释放

在固体、液体以及水雾等物体上聚集的电荷可以在该物体和周围的物体之间产生电场，如果某一点的电场超过大约 3 000 kV/m，就会发生静电释放。如果带有电荷的物体是导体，就会出现静电释放火花。在这种情况下，带电物体中所储存的能量能自由移动，按照一般的形式消耗能量。要想产生易燃性的火花，一般来讲，带电物体的电势不会低于 1 kV。火花的易燃特性与带电物体的极性无关。

二、洗舱时的静电危险

研究表明：洗舱时，水雾中的水滴带有电荷，所带电荷的大小取决于油舱中剩余的油量以及洗舱水中表面活性剂的数量。使用化学清洁剂进行闭式循环（洗舱水循环使用）进行洗舱会产生很高的电荷。

带电的水滴在整个油舱内产生空间电势。舱壁的电势为零，而在舱内中心处，如在对 VLCC 进行开式洗舱时，最高空间电势可达到 + 40 kV。采用闭式洗舱，空间电势更高。例如，当洗舱水中原油含量较高时，曾有报道空间电势达到 + 120 kV。有证据表明，在其他条件相同时，较小尺寸油舱中产生的电势较小。最大空间电势随油舱尺寸、洗舱机的数量、洗舱机所用的洗舱水量的增加而增加。

洗舱时，从洗舱机喷出的水流被分裂成细长的小水柱，小水柱形成彼此孤立的导体并带有正电荷。当小水柱尚未离开喷枪时，电场使小水柱上带有电荷，电荷数量的多少取决于电场的强弱，随后由局部的空间电势所控制。由于舱底区域的空间电势比洗舱机喷嘴附近的要低，因此当小水柱下落到舱底时，在小水柱和舱底一些接地建筑物（如舱底加强板、人行道、梯子）之间就产生了电势差，结果在两者之间就会产生火花。研究发现：产生能够点燃可燃气体的火花，喷枪附近的空间电势必须超过 10 kV，小水柱的长度必须超过 0.5 m。还有另外一种情况，在从油舱上部建筑物下落的小水柱和喷枪之类的突出物之间也会产生火花。因为上部建筑物的空间电势较低，而喷枪之类的突出物附近具有较高的空间电势。在这种情况下，小水柱并不带有正电荷，但会在舱内电场的作用下被极化。由于只有超过临界值时，小水柱和建筑物之间才会产生火花。因此尽管小水柱不断产生，但火花只是偶尔出现。

三、消除静电危险的方法

ISGOTT 给出了两种消除洗舱时产生静电危险的方法。

1. 通过控制洗舱机的数量、洗舱机的大小、洗舱水的类型、洗舱水的温度和成分等方法控制产生电荷的速率，从而将空间电势限制在安全范围以内。

2. 控制舱内的气体，使其在整个洗舱过程中处于不可燃状态。这可以通过将烃蒸汽的浓度控制在可燃烧范围之外或者降低支持燃烧的氧气浓度来达到此目的。因此洗舱可以在下列任何一种条件下进行：

（1）使用惰性气体。唯一的要求是使舱内气体中氧的含量不超过 8%。舱内必须保持正压，并随时监控惰性气体中氧的含量。（SOLAS 公约已经要求 20 000 总吨及以上的油船必须装有惰性气体系统，尽管现有的某些油船能豁免）。

（2）烃蒸汽的浓度在下限之下。通过降低烃蒸汽的浓度在燃烧的下限之下，使得舱内气体不可燃，预防措施就是达到并维持这样一个状态，以及避免火源。

（3）烃蒸汽的浓度在上限之上。主要要求是将烃蒸汽的体积浓度控制在 10%～15%以上。

（4）难以控制的方法。不知道是否存在可燃气体，预防措施是设法降低产生静电的程度，将着火的危险降低到最低。

四、泵送导电性差的流体时存在的静电危险

导电性差的石油产品，如汽油、柴油、煤油、石油溶剂和润滑油等，在被泵送通过管路和滤器时会产生静电。电荷是由于石油产品中的微量可电离物质的存在而产生的。当产品流经管路，

带一种极性的离子随着液体流动被优先吸引到管道的内表面，而相反极性的离子仍随流体一起向前。这种离子的流动可看作几个微安的电流。如果没有接地，则导致电荷聚集，最终通过危险的瞬态放电将电荷传至邻近的接地导体。

在油舱内，电荷在液体和舱壁之间释放。电荷衰减的速度取决于液体的导电性。流体的导电性差，释放过程将会很慢，并且电荷将在舱内聚集。这会在液体表面产生较高电压，并在液体表面和接地物体的突出部位（如固定的洗舱机的喷枪）或者接地的金属导体（如干舱尺、测量尺）之间产生刷形放电。相反，如流体具有较高的导电性，电荷将会迅速释放，不会或很少产生电荷聚集。

孤立的导体，例如没有接地的放在油舱下部的取样器或任何没有接地的漂浮于液体表面的导体物质将会获得电势，因为绝缘导体会被油舱气体空间的电场极化，或者和带电荷的石油产品接触而产生电势。这将导致在舱口和内部区域产生易燃性的瞬态放电。

除了在输送过程中产生电荷外，在油舱内也能产生电荷。已经知道，混在油舱中石油产品里的水滴可以产生大量的电荷，当它们在石油产品中沉淀时可以在石油产品表面产生非常危险的高电压，称为“沉淀”电压。

装入低导电性的石油产品，只有在油舱中的空气可燃时才会产生危险。因此，在油舱充满惰气、石油产品的温度低于它的闪点和油舱在装货前没有烃气的情况下，就不需要采取预防措施。如果油舱内有可燃气体，ISGOTT 建议装货过程中采取下列预防措施：

（1）为防止放电火花的出现，所有的舱内导体互相之间应该很好地连接并和船体相连接。

（2）到单独油舱内的支管内的液体流速不应超过 1 m/s，直到所有的飞溅和表面动荡停止。这种预防措施主要是尽可能减少水的分散和消除沉淀电压的危险。

（3）为防止刷形放电的出现，在装货过程中及完成后 30 min 内，不允许有测量液位的设备或取样设备放在舱底，应特别注意在舱底的设备应该与船体电连接。

经验表明，遵守以上预防措施，低导电性液体可以安全驳运。同样，采取正确的预防措施，洗舱也可以在过浓或过稀的可燃气体中进行。无论如何，对于两种作业，在油舱中充入惰性气体无疑是最有效的安全措施。

五、使用惰气的危险

惰气会带有由锅炉产生的电荷，该电荷由少量的烟灰颗粒所携带，因为大部分颗粒已经由冷却塔所洗掉。往油舱内充入惰气的过程中，静电荷会在空档空间内聚集。这种电荷在油舱中产生空间电势，并可以导致静电放电。既可以在孤立的带电导体与油舱之间（如取样设备和邻近接地物体之间）瞬态放电，也可以在带电气体和接地突出物（如洗舱机）之间产生刷形放电。这种电势要衰减到在孤立导体不能产生火花放电的临界值，可能需要几小时。

在通常环境中的放电不会产生危险，因为油舱内的大气是不可燃的。如果惰气系统被破坏并且空气进入到油舱中，则会产生危险情况，危险是由已存在于舱中的电荷或再次充入惰气时产生的电荷引起。与惰气有关的潜在危险已经引起较长时间的注意，已在 ISGOTT 中给出了相关的操作指南。

任何孤立导体引入舱内产生的空间电势足以产生危险的火花这个事实说明，在对没有充惰气的油舱进行取样时，还要加强防范措施。ISGOTT 和 IMO 建议：在充气结束后的 5 h 之内，都要将放入舱内的仪器安全接地。

万一惰气系统失灵，所有卸货和排压载水的作业都必须停止，直到系统恢复正常。

思考题

1. 如何在原油洗舱时防止静电危害?
2. 如没有惰气，装货完毕后如何量舱和取样?
3. 何种石油产品容易产生静电?
4. 为减小静电危害，对注入舱内的货油流速有何要求?

第六节　进入封闭空间的预防措施

要　点

掌握进入封闭场所的要求。

必备知识

船员进入封闭舱室所冒的风险以及由此而必须采取的各种预警和预防措施是任何一位船员必须牢记和遵守的，来不得半点马虎大意。调查表明，很多的船上人员的伤亡事故都发生在密闭舱室。

进入密闭舱室须采取下列措施:

1. 首先应按规定对进入该封闭场所和将做的工作进行风险评估。

2. 进入封闭舱室或泵间场所作业的人员，应清楚预进入场所的环境条件、安全作业要求，会正确使用呼吸器及对缺氧人员实施急救。

3. 进入封闭处所作业，必须按程序进行。甲板部由大副负责，轮机部由轮机长负责。大副负责测氧、测爆、测毒，合格后由船长或主管负责人签发经测试合格的舱室进入许可证。舱室每次测量后签发的许可证仅为单舱使用，最长有效时间为 6 h。

4. 大副在测量时应遍及舱室各处并记录以下内容:(1)测定日期和时间;(2)测定点;(3)测定仪器和方法;(4)有毒气时要指明毒气的种类;(5)测定时现场条件;(6)测定次数及测定结果。

5. 测定结果在氧气体积比 20.8%，烃气低于 LFL 的 1%，毒气不能超过指明气体种类及其 TLV-TWA 要求值的情况下，方可进入作业现场。在氧气浓度可能发生变化的作业中，应该保持必要的测定次数或连续监测。

6. 进入作业场所前，必须准备好自给式呼吸器、安全带、救生索，规定好内外联络信号。救生索外端必须绑扎牢固。

7. 作业舱室必须采取充分的通风换气措施，使作业场所含氧量始终达标，否则，禁止进入作业现场。在缺氧的舱室内严禁使用过滤式面具。

8. 每次作业前，要仔细检查呼吸器具和安全带，发现异常应立即停止使用。

9. 自给式呼吸器必须置放于明显的、方便取用的位置，以保证在缺氧的情况下，能迅速佩戴，实施抢救和撤离现场。

思考题

1. 进入封闭场所的注意事项?

2. 谁有权批准进入封闭场所工作?

第七节　进行维修保养工作的预防措施

要　点

货油泵、货油阀、货油管路或电气设备因维修拆卸解体之前，应遵守的操作程序。油船在码头、在港锚泊期间所要进行的修理工作的注意事项。

必备知识

油船在航行期间一般不做有危险性的修理工作，特别是舱面区域、泵舱，与货舱有关的各系统更不宜进行。油船在码头、在港锚泊期间所要进行的修理工作一定要实施“工作许可”制度。油船在事先未同码头或港口主管当局达成书面协议前，不得进行任何能使油船丧失自航能力的修理或工作。油船在进行修理工作之前，必须获得港口主管当局的许可，在获得许可之前还要满足有关先决条件。油船在停泊泊位要进行修理或维护保养作业的负责人必须事先向码头代表通报。双方应根据具体的作业性质就所应采取的安全措施达成协议。无论是对电气设备的修理，或是因修理电动设备需将其电源断开作业，都应取得“电气设备电源切断证明”。可通过拉闸或彻底拆除保险丝来达到断开电源的目的。为了防止电源再次意外接通，应考虑制订一保险安全制度，例如在闸门（开关）外挂上标志和警告牌等。在修理中用电动设备或工具时应获得许可证。许可证中应清楚注明所涉及的具体设备或场所内允许的使用范围、应遵守的各种条件和持续工作时间限制等。

货油泵、货油阀、货油管路或电气设备因修理而拆卸解体之前，应遵守以下操作程序：

（1）必须检测气体中烃气和毒气的含量。

（2）负责人应保证现场的工作条件是安全的。

（3）应获取工作许可，其中详细注明应遵守的各项安全标准和应完成的具体工作项目，许可证的有效期不超过6 h。在拆开货油系统之前，应先用水将其冲洗，打开后的管段应用水冲净附着的石油残渣。所有工作表面，在工作期间都应保持清洁。

惰气能引起严重窒息，必须严加注意避免惰气进入封闭舱室。对惰气系统打开修理前应尽可能先除气；当系统一经打开，则应予以通风，以免发生缺氧的危险。在检修工作之前和检修过程中，必须始终保持正压通风。经检测氧气的含量未达到 20.8%时，任何人不得进人洗涤塔或甲板水密舱。当有人员在洗涤塔内工作时，必须不断监测其中的氧含量并应始终关注工作人员的情况。

油船修理工作由外来人员承担时，外来承包者除应向港口主管当局申请许可外，另外还需获得码头主管人员准许，以考虑油船在港修理时影响到码头安全的有关事宜，以明确安全职责和义务。应确认外来修船人员必须熟悉并严格遵守有关的操作规程，应指派专人对外来修船人员的作业进行安全和质量方面的监督。

思考题

1. 当有外部人员来船维修时，有何要求？
2. 修理洗涤塔时需要注意什么？

第八节　热工作业和冷工作业

要　点

热工和冷工作业的要求；热工作业的风险评估和许可证签发。

必备知识

一、热工作业

热工作业是指任何涉及电、气焊或燃烧和其他包括打磨，电气作业及使用可能产生火花的非防爆电器设备的作业，如在危险区域进行钻孔作业具有火灾或爆炸危险则也可认为是热工作业。包括：

（1）电气焊、气割。

（2）热工铆接、钻、磨。

（3）用喷灯烧、烤。

（4）铜焊、锡焊，以及

（5）使用内燃机和非本质安全型的不被认可的设备等。

1. 热工作业的分类

（1）A 类热工作业。系指在机舱内的如下作业：

• 工作间的热工作业

• 轮机长指定场所进行的热工作业

• 在其他处所使用手电钻、电砂轮、电刷等产生热源和火花，但不与燃油舱或燃油管线相关的作业

（2）B 类热工作业。在生活区后部的开敞甲板上，船舶动态和作业许可的状况下所进行的热工作业。

（3）C 类热工作业。除了 A 类和 B 类场所以外的热工作业，包括在机舱内与燃油舱或燃油管线相关的作业。

2. 热工作业前的准备工作和注意事项

（1）需进行热工作业的场所、舱室和油舱，必须经过充分的通风、洗舱和除气。

（2）气体检测结果将在下列限制以内：

• 烃气最大 1% LEL

• 氧气体积比最小不低于 20.8%

（3）使用船上手提仪器对作业现场附近的气体进行不间断的监测。

（4）清理干净工作区域的易燃物（至少保证 10 m 以内），而且舱室内的锈垢、油渣彻底清除。如在货舱内，其加热盘管、货油管路和扫舱管路等已用蒸汽或其他有效方法进行了冲洗，有关的阀门应确认关闭。

（5）需要考虑到断开工作区域的探火系统并通知驾驶台值班驾驶员和机控室。

（6）至少在现场准备 2 个手提干粉灭火器或二氧化碳灭火器。

（7）开启消防泵，并保持消防管系压力，在工作场所接好 2 条皮龙。

（8）在作业区域附近保持有专人值守。

（9）确信足够的通风设备将烟气抽走，并保持连续通风。

（10）封闭舱室的热工作业必须保证相邻和对角舱室达到烃气和氧气含量的热工作业要求，包括其邻舱，如燃油舱和货油舱等。

（11）在电焊、烤烧、切割之前，应尽可能铲除涂料以减小发烟。

3. 热工作业的风险评估和许可证的签发

对该项热工作业进行风险评估并制定相应的预防措施。

如果是在港区进行热工作业，必须了解和遵守当地的规章。一般情况下，应经主管机关批准，尤其应获得“除气证书”后才能按照程序的规定进行热工作业。

货油泵间由于其位置、功能、设计和操作形成了其特殊的危险性，所以给出特殊的预防是完全必要的。泵间含有大量的通往船舶各处的货油管系，这个系统的任何渗漏都可能引起可燃气体或有毒气体迅速蔓延，除非严格遵守正规的维修保养、检查、监视程序，否则货油泵间也存有大量的潜在发火源。根据以上原因，在泵间进行的计划热工作业，无论是在装载或压载状态下，不予批准明火作业。

A 类热工作业不需要热工作业许可证，但必须要在工作前征得轮机长和船长的同意，热工作业要按热工作业程序进行。在锚泊期间如需进行焊接作业，必须遵守港方有关规定或征得港口当局同意方可进行。

B 类热工作业须在船舶动态和作业许可的状况下，经轮机长和船长认可后签发许可证，热工作业要按热工作业程序进行，热工作业许可证有效期不可超过 6 h。

C 类热工作业，船上没有批准该热工作业许可证的权力。在特殊情况下，当在本质上认为作业是为了船舶安全或者在船舶的紧迫的操作能力不能够等到下次计划的厂修时，对有计划的 C 类热工作业，船长须向船公司主管部门报告即将进行作业的详细情况，船公司主管部门直接签署或授权其代表签发热工作业 C 类许可证，许可证将以书面的方式发给船上，船舶在获得热工作业"C 类"许可证后才能进行。热工作业许可证有效期应不可超过 6 h。

如果需要，在港内进行热工作业前必须获得港口当局的许可；当进行货物、压载、洗舱、除气、驱气、惰化及加装燃油作业期间，禁止进行热工作业。

二、冷工作业

该项作业通常包括：锤打、刮铲、敲锈；使用气动工具和其他认可工具；冷工铆接、钻孔；掏舱（包括清除舱内残渣、锈垢和沉积物等）。

一般认为，冷工作业属于一般高温工作，仅能产生较少的火花。但是在货舱内进行上述作业时，烃气浓度同样不应超过 LEL 的 1%。

进行该项工作前应做好风险评估，并针对不同的内容做好准备工作。

如果进行清舱、掏舱等作业，该项工作即是有关封闭场所内的工作，应按照其有关规定进行。大副应做好组织工作，如通信联络系统，即舱内要有人携带并管理使用对讲机，甲板上要有专人照料。舱内应有足够的光源，事先应备足空桶，用于装载油渣等。若船上备有空气吊，最好应使用。甲板上应备足垃圾袋来装载吊上来的油渣等物质，使用的工具应放在帆布袋内吊放入舱。在作业人员出来时，在出口附近要备妥吸油毡或棉纱等。工作期间，保持连续通风。

舱内作业人员如感到不适，比如有头痛、头晕或恶心等异常反应及其他事故时，必须采取安全措施，比如停止其工作；必要时将其抬出油舱，在甲板上进行必要的抢救。

思考题

1. 什么是热工作业？
2. 热工作业要求？
3. B 类热工作业许可如何取得？
4. C 类热工作业许可如何取得？
5. 在港内的热工作业有何要求？

第九节　用电安全的预防措施

要　点

掌握用电安全的预防措施。

必备知识

1. 包括移动照明在内的所有便携式电气设备必须经主管当局认可并必须在付诸使用之前仔细检查可能存在的缺陷。尤其注意保证绝缘完好和电缆连接牢固，并在设备整个使用期间保持这种状态。还须特别注意，防止软质电缆（移动使用的导线）遭受机械性的损伤。

2. 在危险区域使用的便携式灯具和电气设备必须是经过认可的类型。应特别注意避免软质电缆或移动使用的导线遭受任何机械性的损伤。

3. 禁止在货油舱内和相邻的处所或油舱甲板上使用移动电缆连接的便携式电气设备，除非该设备在使用的整个期间符合以下要求：

（1）准备使用这种设备与导线的舱室内部或舱室上方符合热工作业的安全条件。

（2）各相邻舱室也都符合热工作业安全条件，或者业已经驱气使烃含量体积比少于1%并已惰化，或者完全充满了压载水，或者这些条件的任何结合。

（3）通往不符合热工作业安全条件或未按前述要求驱气的其他各舱室，所有的各种油舱开口均已关闭和保持关闭。

（4）这种设备，包括全部移动导线是本质安全型的。

（5）这种设备，被装在认可的防爆外罩内部。

（6）任何软质电缆应为认可类型、格外坚固耐用、具有接地导体，并以认可的方式与防爆外罩永久性地连接。

另有某些型号的设备，只被认可在油舱甲板上使用。上述要求不适合与信号灯、航行灯或认可类型的电话机连用的软质电缆的正当使用。

4. 虽然认可类型的气动灯具可以使用于危险区域，但为了避免在其器具上储集静电，应遵照下列预防事项：

（1）供气系统应装有存水弯管。

（2）供气软管应属于低电阻材料。

（3）固定安装的部件应接地。

5. 手电筒、灯具和电池电源的便携式设备，油船上必须只能使用业经主管当局认可的适用于易燃环境中的手电筒。超高频/甚高频便携式无线电对讲机必须是本质安全型的。手表、微型助听器和心脏起搏器之类的小型电池电源不认为是有效火源。

6. 除非被认可适合在易燃环境中使用，否则，便携式收音机、磁带收录机、电子计算器、使用电池的照相机、拍照的闪光灯部件、手机和无线电寻呼机，均不得在油舱甲板上或可能存在可燃气体的地方使用。

7. 三用量油尺（如UTI或MMC等）为电池驱动的电子装置，需有船级社的认可证书，并应经验证适用于易燃大气环境。

8. 使用电池的照相机设备可通过闪点或电动部件，例如光圈控制器和胶卷绕卷机械装置的操作产生引火火花。因此，这种设备不应在危险区域使用，除非其业经验证适用于危险区域。这样的照相设备可供使用：

（1）没有闪光灯。

（2）没有使用电池或电源驱动的部件的照相设备，例如无闪光灯的塑料一次性照相设备类型，这类照相机可认为能安全适用于危险区域。

9. 一次性照相机可使用内置闪光灯，但必须注意保证不在危险区域使用这类照相机。另外，也可使用由发条机械装置驱动的照相机，或者带有用于设置光圈和绕卷胶卷的直接机械装置的照相机，这类照相机也被认为适用于危险区域。

10. 其他便携式电器设备。

未经认可类型的任何其他电气设备或电子设备，无论是电源驱动还是电池驱动，在危险区域范围内均不得被启动、打开或使用。这包括但不仅限于无线电设备、计算器、照相设备、手提电脑、掌上电脑以及由电力驱动而未经认可适用于危险区域的任何其他便携式设备。

11. 鉴于这类设备的现实可用性及其广为使用，应采取适当措施防止其在危险区域的使用。必须告诫工作人员严禁使用未经认可的设备。

12. 固定安装的电气设备。在危险区内以及即时在那些预计偶然才会出现易燃气体的场所固定安装的电气设备，必须都是认可类型的并应妥善维护，以确保这种设备及其电线线路不会成为火源。

13. 电气设备的维护。防爆或本质安全型电气设备的设计所提供的安全完整性可能会被不正确的维护方法所破坏。即使是实施最简单的维修和维护操作都必须严格遵循厂商的使用说明书，以保证这种设备保持安全的状态。特别注意的是更换防爆灯泡后不正确的装配方式可导致对防爆灯完整性的破坏。为了协助日常的维护和维修，船上应提供安装于船上的特定系统和布置的详细维护手册。

14. 绝缘试验。只有在不存在可燃气体混合物时才能实施绝缘试验。

思考题

1. 在油船上使用手机、数码相机有何要求？
2. 便携式无线电对讲机的使用有何要求？
3. UTI 或 MMC 必须有何种证书？

第十节　使用合适的人员防护设备

要　点

油船工作人员的防护装备的种类及使用注意事项和保养须知。

必备知识

油船工作人员的防护是油船安全的一个重要方面，人员只有在安全防护的条件下工作，才有可能保证船员的人身安全，真正实现油船的安全管理。

一、防护服

1. 近火服

消防服装在某种程度上具有防热辐射以及防烧伤的作用，但它们不是耐火材料制成的，在接触火焰时均会发生焦化现象。目前，在油船上准许使用的防护服是用轻质防火纤维制成的，并套以铝皮外罩，被称作为“近火服”，穿着这种服装不能直接进入火区。近火服主要包括：

（1）带头罩的外衣和裤子（覆盖双腿、上身和双臂）。

（2）覆盖整个头部、双肩和上身的头罩（带有一个反射热量的透明护罩）。

（3）厚手套。

（4）双脚的特殊覆盖物。

这种消防衣外表覆盖有高度反射材料（可反射 90%辐射热），穿戴它可将消防员包围在抗热体内，可以接近火。但是，直接接触火焰则不能起防护作用。消防员佩戴的自带气式呼吸器必须位于抗热消防衣的里面。否则，靠近火时呼吸器内的气体被烤热，吸入后会损害穿戴者的呼吸道。扑灭乙类和丙类火时穿戴抗热消防服特别有效，它使消防人员能够尽可能靠近火，以进行有效的灭火。如果在接近火时用水冷却或水雾保护，穿戴者就更安全。

2. 蹈火服

蹈火服是另一种防护服，消防人员穿着此服装并佩戴呼吸器具，可以直接进入火区，并不会使人员遭到伤害。但很少有船舶配备。早期的石棉消防服现已不再推荐使用，与用新型防火材料制成的防护服相比，石棉吸热和传热的能力要大得多，而且石棉服的防火效果不能持久，特别是在潮湿情况下，遇火而产生的蒸汽会烫伤穿着人员，更重要的是它的纤维对人体肺部有致癌的危险。

蹈火服进入火区的消防衣包括长筒靴、裤子、外衣和头罩。这些物品都是由镀铝、反射热的玻璃纤维材料所制成的。最外一层是镀铝玻璃纤维。视野护罩是由特殊反射热的材料做成的，并密封在头罩内。衣服上的拉带和扣子围绕着穿戴者形成气密。穿上衣服后，头罩的带子结在外衣上，所以不会意外脱落。衣服里面带着一个空气包（自带气式呼吸器）。衣服（不是空气包）可存放在手提包里。

消防衣的大小和肥瘦可按消防员体型进行调整，消防人员应熟悉穿戴程序并加以训练，直至能够迅速地带上空气包、穿好消防衣。每次使用后，应该清洗（特别是去油污），贮存之前如有破裂应该用所配备的修理盒或者按照制造厂的说明书来加以修补。空气包内必须放有一个充满空气的钢瓶。

进入火区消防衣于 815.5℃高温下，在一个短时间内可使穿戴者不与火焰直接接触而得到保护。穿这衣服可以进入火区进行救护工作，或关闭燃料阀以及执行类似的应急任务。但是穿戴者必须速进速出，做完必须做的事后，不能在火区逗留徘徊。

3. 工作防护服

工作防护服是由一种在其表面加上一层耐油且不吸油材料的棉织物制成的。它能使穿着人员在工作中遇到飞溅油滴而不会渗透污染人员的皮肤。但使用过久，这一特性会减退，久之将失去这一作用。

4. 防静电服

油船防静电服是由专用的防静电洁净面料制作。此面料采用专用涤纶长丝，经向或纬向嵌织导电纤维，具有高效、永久的防静电作用。缺点：吸汗能力差，穿着不舒适。另外，纯棉工作服不但穿着舒适也有一定的防静电作用。但有实验表明，随着相对湿度的降低，纯棉织物带电量会增大。

二、呼吸器

在紧急情况下人员需进入含有毒气、烟雾或缺氧状态的舱室时，必须佩戴呼吸器。在特殊情况下，而且在没有其他选择余地的条件下，进入封闭舱室时也必须佩戴呼吸器。呼吸器应能向使用者提供足够的空气。这种空气可以存储在随身携带的钢瓶中，也可由新鲜空气源通过软管输送。在油船上还配有防毒面具和含有各种化学呼吸剂的滤毒罐型防毒面具。但在高浓度石油气和缺氧环境下这些器具就不具有防护作用了，所以它不可取代呼吸器。

1. 新鲜空气式呼吸器

目前，某些油船仍存有老式套头式的呼吸器，它只有一种头盔而不是面具。这种呼吸器仅用一条软管就可以把新鲜空气输入到使用者所戴的面具中去。通常是用风箱或回转泵通过软管把新鲜空气强制输入头盔内。这种呼吸器可使使用者较长时间地工作。使用这种呼吸器时，应遵守以下规定：

（1）空气源必须新鲜。

（2）软管的所有接头和端部连接必须气密。

（3）面具或头盔必须经过检查，确保气密。

（4）风箱或气泵必须经过检查，确保提供正确气压。

（5）软管总长不得超过 37 m。

（6）使用者应使软管避开各种突出物。

2. 自给式呼吸器

这种呼吸器带有一个便携式或背带式的压缩空气罐。空气罐通过面具向使用者提供空气。使用者可将面具调整到适合自己的气压和气密程度。压力计显示出气罐中的压力，并在供气量不足时由声响报警器发出声响，使用者在吸气时打开给气阀方可得到空气补偿。在使用这种呼吸器时应注意以下几点：

（1）面具必须经过检查和调整，确保气密。

（2）气压和气压计在使用前必须经过检查。

（3）低压报警器在使用前必须经过检查。

（4）使用期间应经常观测压力计，掌握供气情况。

使用后期应留出充分富裕时间，以便从危险环境中脱身。在低压报警器发生警报时，使用者必须立即离开现场。应该特别注意的是，供气的延续能力取决于使用者的体力和劳动强度。

3. 空气管路式呼吸器

用空气管路式呼吸器比单独的自给式呼吸器更佳，它可使空气压缩设备使用时间更长，也可使使用者能更远地深入到封闭舱中去工作。

这种呼吸器包括一套面具和一条小口径软管输送压缩空气的装置。从空气压缩机输出的空气首先要经过适当的过滤，然后降压到设计值，以适合面具用气的需要。因输气软管的直径较小，所以空气压力不得再减弱，供气源压力经过调整后应始终保持恒定。当空气压缩机不能保持稳定的输气压力时，就应把供气源与事先准备好的储气罐接通，以应付紧急情况。在输气软管中还设有一条通话线路，可使值守人员和使用者之间沟通联络。

4. 紧急逃生呼吸器（EEBD）

紧急逃生呼吸器由压缩空气瓶、减压器、压力表、输气导管、头罩、背包等组成，能提供单人 10 或 15 min 以上的恒流空气，可供处于有毒、有害、烟雾、缺氧环境中的人员逃生使用，仅用于从危险气体的场所逃生。紧急逃生呼吸装置不得用于救火、进入缺氧舱或液货舱，也不得供消防队员穿着使用。其配备一个能遮盖头部、颈部、肩部的防火焰头罩，头罩上有一个观察视窗。

三、属具

人员防护的属具有长筒靴和手套（耐油材料制）、头盔和面罩，还有包括以下主要属具：

（1）主管机关认可的合格手电筒。它可以在任何燃气浓度环境下使用都不会产生任何点燃危险，即它应是本质性安全的照明器具。

（2）救生索。救生索也称救助索、救命索、安全绳。它是由耐火材料制成的绳索，中心夹有钢丝。救生索附以救生吊环一起使用。它的作用是联系舱里和舱外的情况，其信号由使用者与值守者事前约定；更可以通过救生索寻找和吊运使用者。

四、使用、维护、存放和管理方法

1. 使用

所有的呼吸器、防护服日常都应定期对全体船员进行安全使用训练。由于呼吸器的使用有许多技能和知识，所以对油船上的工作人员，特别是对油船消防队队员来说，应经常进行使用训练和演习，以增长实践经验。训练应遵照制造厂商的使用说明书，如不当的操作或错误操作都会给使用者带来生命危险。

人员应当根据情况需要使用防护用品和服装，在特殊情况下穿着湿的防火服应防止蒸汽烫伤。在使用中一旦发现呼吸器供气情况可疑，必须马上撤离作业现场。

2. 防火服的存放

（1）各种防火服均应干燥存放。

（2）防火服应存放于呼吸器具附近。

（3）存放场所应不受天气影响，并且清楚标明。

3. 维护、保养

（1）负责管理的船员应定期检查、维护，如到期或损坏及时申请换新。

（2）将储气瓶充满待用并经常检查气压计，存放处应经常清扫，保持卫生、干燥。

（3）呼吸器应由专人负责检修保养，一旦发现缺陷应立即修复。

（4）对呼吸器进行的检查、保养事项要做好记录并妥善保存。

思考题

1. 蹈火服和近火服有何区别？
2. EEBD 在何种情况下使用？
3. 使用新鲜空气式呼吸器的注意事项有哪些？
4. 自给式呼吸器使用有哪些注意事项？

第十一章
防污染

本章重点介绍了油船操作性污染的特点和预防、MARPOL 公约对船舶操作性污染进行控制应采取的相应措施；油船溢油危害及一些国家对油污的特殊规定；船舶对大气造成的污染与预防措施等，以及对油类记录簿和IOPP证书的详细介绍。

随着海洋运输业的发展，世界船队规模不断增大，从船舶上排入海洋及大气中的各种有害物质的数量与日俱增，使海洋环境日趋恶化。据国际海事组织的一份出版物估计，每年由各种污染源排入海洋的石油总量至少有320万吨。船舶污染的控制已经成为目前航运界主要考虑的问题。近几年海上运输货物以8%的增长率逐年递增，石油类产品更以超过10%的增长量，中国沿海石油类运输增量更大。船舶数量和吨位的增加，直接影响到从船上排入海洋的各种各样废物的数量，从而产生对海洋有害的影响。由于碰撞、搁浅、触礁、火灾、爆炸等船舶的意外事故导致有害液体外溢造成污染，以及船体缺陷造成的污染，应该在公司和广大船员共同努力下，在日常安全管理和设备维护过程中逐渐减少和降低。公司还应经常上船对船舶工作给予检查、督促和技术指导，教育船员增强敬业精神，并建立相关的规章制度约束船员的行为，使整个管理过程体现出一种良好的机制，最终达到杜绝意外事故和污染事故的发生。

IMO及许多国家的专家围绕船舶造成水域污染的途径进行分析，按照排放的途径和方式可以将船舶对海洋的排放分为操作性污染和事故性污染。从定义上来看，操作性污染是指船舶营运（航行、停泊、装卸）过程中，船员有意或无意地将船舶污染物排放入海的行为。大量污染行为是对机舱含油舱底水、油船的含油压载水和洗舱水的不正当处理排放等。如一艘10万吨级的油船，压载水不经处理而排放，每个航次就有100～150 t的油排入海中，若全部油舱清洗一次，所用的洗舱水不经任何处理排出舷外，将有200 t石油一起排入海洋。

第一节 操作性污染

要 点

操作性污染是指船员不遵守有关规定，违章排放舱底水、污油、废机油等，或因装卸油时的工作失误，错开阀门或法兰盘接头脱落，加油时满舱外溢或输油管破裂等原因造成的污染。通过对其污染特点的分析，介绍MARPOL公约对船舶操作性污染进行控制主要采取的措施以及船舶操作性污染事故的预防。

必备知识

一、操作性污染的特点

由于操作性污染是在船舶的营运过程中产生的，它有以下一些特点。

1. 发生时间的不确定性

船员在值班期间处理压载水、舱底水等作业时，会受到业务素质、技术熟练程度以及注意力等主观因素的影响，随时可能将污染物质排入海洋；另外，设备的技术状况也会影响操作的安全性，如果正在执行合理排放操作时，设备出现故障也会造成排放污染。

2. 发生地域的分散性和随机性

不管船舶是在航行中、锚泊时还是靠泊后，船员的作业都是不间断的，所以船舶在其经过的任何航区都有可能因为操作人员的疏忽和故意以及设备故障而随即发生。

3. 发生性质的隐蔽性

对于船员无意地不正当排放，由于发生时是随机的和突发的，不管是操作人员或者是外部监管部门都难以立即发现；而对于船员的故意排放，他会选择不易被发现的地点和时间进行比较隐蔽的操作，以逃避监管和打击，一般也很难对造成污染事故的船舶进行目标锁定。

二、MARPOL 公约对船舶操作性污染进行控制采取的主要措施

1. 对有害物质进行定义和分类

六个附则都对其所涉及的有害物质进行了明确定义，有的还作了分类，并对不同的有害物质制定了不同的排放标准。而且为了使各国能更好地理解条款和保护海洋环境，如附则 I 中对油船货油舱处所排油和所有船舶机器处所油类或油性混合物的排放也分别进行了规定。

2. 要求船舶具有相应的防污结构和设备

如在油水混合物不可避免的地方提供油水分离设备对分离后的油和水妥善处理后再排放入海。船上还应配备符合规则要求的排油监控系统、滤油设备、油/水界面探测器、原油洗舱，大型油船必须设置双层底或双层船壳、生活污水处理装置、标准排放接头、粉碎和消毒系统、焚烧炉等。

3. 控制排放范围，设立特殊区域

含油混合物经处理后都必须按规则的要求在规定的区域以允许的速率进行排放。附则 I 设立了各自的特殊区域，在这个区域内，由于其海洋学和生态学的情况以及其交通的特殊性质等公认的技术原因，需要采取特殊的强制办法以防止油类物质污染海洋。

4. 配置接收设备

按规则，缔约国有义务在以上区域提供足够的接收设备，使之不造成对船舶的不当延迟。

5. 船舶按规则应持有相关的防污证书和文件

（1）制订船上污染应急计划。

（2）持有防污证书。

（3）备有记录簿。附则Ⅰ要求凡 150 总吨及以上的油船及 400 总吨及以上的非油船，均应备有《油类记录簿》第一部分（机舱的作业记录），凡 150 总吨及以上的油船除满足以上要求，还应备有第二部分（货油和压载记录）。各附则对记录簿的填写都作了具体规定，相关操作都应按规定写入记录簿中以供海事管理机构检查。

三、船舶操作性污染事故的预防

1. 总体要求

（1）安全系泊。当船舶停靠在码头时，所使用的缆绳要有足够的强度和数量，定时检查受力情况，及时调整，保证缆绳处于拉紧状态，相同方向的缆绳受力应均匀，尤其是在涨落潮时更要注意进行检查。

（2）检查阀门及排水孔。涉及油类作业的任何操作，在作业前应检查有可能把油排入海里的所有阀门，保证这些阀门都是关闭的。在操作过程中不用的阀门，应该关紧，并确保这些阀门不会被打开。同时应堵塞在作业期间万一溢油时可能作为排油通道的所有甲板下水孔。

（3）检查软管。作业前应检查输油软管和有关设备。软管损坏是造成溢油的主要原因。使用期间要定期试压检查，以保证尽早发现溢漏和损坏。

（4）准备好吸油材料。作业前应准备好木屑、吸油毡等用于处理可能发生少量溢油的吸油材料。

（5）通信联系设备。在船舶与码头、驳船、海上加油或过驳船之间的驳油作业期间，应备有通信联络设备并保持通信畅通。

（6）申请港口接收。船舶在港口需要排放油污水、残油时，应事先向港口主管机关提出申请，以便港口提供接收设备。

（7）制订防污应急计划。应按计划定期进行应急演习，并做好相应的记录。

（8）排放压载水（SBT）前要检查压载水舱是否含油，以防含油的压载水被排放入海。

（9）通往舷外阀、舱底舷外阀应关闭好，并且张贴特殊的警告，防止被意外打开。

（10）对船壳、防水舱壁、阀门或管线要经常检查，防止可能导致海洋污染或影响货油安全操作的泄漏。

2. 加装燃油、装卸货油作业注意事项

（1）认真执行港口有关防污染规定及有关要求。

（2）做好加装燃油和装卸货油的全过程管理，所有船员要通力合作，加强值班责任心，防止发生油污染事故。

（3）夜间作业要适当增加值班人员，准备充足的照明设备。

（4）制订加装燃油或装卸货油计划，安排好先后顺序和各舱的数量。

（5）调整好船舶吃水。

（6）寒冷天气作业，应提前对受油舱加温。

（7）制定溢油应急对策，确认发生意外时作业双方各自采取的应急措施。

(8) 作业双方要协同配合，确认好联系方式并建立良好的合作联系和工作程序。

(9) 确保输油软管或输油臂与船舶歧管牢固连接。

(10) 歧管下面的集油槽要处于可集油状态并不能有杂物。

(11) 燃油、滑油油舱通风管周围要有大小合适的集油槽。

(12) 未使用的货油、燃油管路歧管开口、排污及通风开口，未使用的量油孔开口适当地用盲板封死。

(13) 所有的排水孔和排水开口要有效的堵牢，向舷外排放口要关紧。

(14) 在作业最初阶段的速度要尽量放慢，等到所有管路正常工作后，再加快速度。

(15) 对每个舱要经常监测，防止装满后溢出。

(16) 作业结束时确认油管已扫净残油，关闭总管，关闭所有的阀门和盲板。

(17) 相关的操作和细节要做好记录。

3. 机舱污水的排放

(1) 停泊在锚地和港池内的船舶，禁止向舷外排放。需要时要向主管部门申请，经同意后按要求操作。

(2) 航行途中的船舶排放应遵照 MARPOL73/78 公约的规定，即：舱底污水不是来自货油泵舱的舱底；舱底污水未混有货油残余物；船舶正在航行途中；未经稀释排出物的含油量不超过15ppm；船舶所设油水过滤设备正常运转。

(3) 确保没有旁通油水分离器从专用污油水舱或舱底直接向舷外排放。

(4) 应急舱底泵应处于良好状态，应急舱底吸口要清楚标志。

(5) 航行途中排放机舱污水，应加强与驾驶台联系，做好《油类记录簿》的填写。

4. 发生油类作业跑、冒事故的原因

(1) 气候因素，如寒冬、酷暑、黑夜、暴雨等。

(2) 设备因素，如输油管系、阀门、控制设备等技术状况。

(3) 油品因素，即油温、油压及油品本身的物理性质。如黏度、凝点、密度等。

(4) 船员因素，如船员的责任心、工作经验、技术状况、精神状态、疲劳程度等。

5. 常见的跑、冒油现象

(1) 卸油中，海底阀未关或未关紧。

(2) 输油软管爆裂或法兰头脱落造成跑油。造成输油软管爆裂或法兰头脱落的主要原因是由于输油管系内的压力过高。如果是刚一启动就发生，大致是这样的原因：受油方的进油阀门尚未开启；由于天气寒冷，输油软管中残油冻结；输油管受损或老化，经受不起压力；输油软管法兰头连接不善。

(3) 受油方油舱转换时操作失误。如未开空舱，就将满舱的阀门关死，造成管系压力增高。

(4) 另一舷装油管阀门（盲板）未关紧造成跑油。

(5) 油舱或空气管冒油。这种情况常分为满舱冒油和未装满而由空气带出两种。满舱冒油常见的有：供油量超过受油方的申请，造成冒油；受油方值班人员擅离职守；受油方量油不及时，造成满舱；装油中开错（或关错）阀门，导致满舱冒油；舱容未弄清楚或油舱中存油未测准，造成超量冒油；量油管堵塞或量油管有异物，造成量油不准。舱未满冒油的原因有：泵压过大，造成出气不及时；因船体倾侧，导致量油不准；空气管堵塞，造成透气不良；油温太高，油料气泡；船员责任心不强，相互联系不畅通。

思考题

1. 操作性污染有哪些特点？

2. MARPOL 公约附则 I 设置了哪些特殊区域？

3. 如何预防船舶操作性污染？

第二节　溢油操作

要　点

事故性溢油是指船舶因发生碰撞、搁浅、触礁、着火爆炸等意外事故，造成货油或燃油大量泄漏导致的突发性溢油事故。国际海上溢油应急反应情况，美国 OPA90 给国家、船公司、船舶带来的新要求；油污事故报告程序。

必备知识

一、溢油事故的危害

石油是目前人类生产和生活中所必需的能源和资源。石油经开采加工后经由管线和水路、陆路运输线被送往世界各地，其中海上船舶运输作为全球贸易中难以替代的运输方式，占据了石油总运量中很大的份额。然而船舶航运历来有很大风险，搁浅、触礁、碰撞、火灾、爆炸、沉船等海损事故时有发生，并且经常伴有因油船货舱和船舶燃料油舱破损而造成的较大规模溢油污染事故。

溢油污染导致的后果是难以想象的。美国马萨诸塞州曾发生过这样一起溢油事故：名为“佛罗里达”号的油驳船因故溢出大量原油，不仅当时对海洋生态环境造成了极大破坏，而且 4 年以后，这一带海域大型海底栖生物仍未得到明显恢复；7 年以后，潮间带的某些蟹类还未完全恢复。据专家估价，溢油对生态造成的破坏和影响至少要持续 10 年。这使世界各国对溢油污染无不谈虎色变。

我国面临着越来越严峻的溢油污染的挑战。1993 年我国从石油出口国转变为进口国后，为适应越来越多的油船进出水域和港口，沿海新建了很多超大型油船泊位。随着国内经济的迅速发展，沿海南北方向石油运输量也迅速增长，而运量的增长必然导致污染事故发生率的加大。这意味着，只要有船在航行，随时都可能有大规模突发性事故发生。溢油对环境造成的影响和破坏令人触目惊心。近 20 年间，我国沿海已发生 50 t 以上的重大溢油事件 39 起，溢油量达 22 922 t。

1998 年，油船“安福”号在福建湄州湾外触及水下不明物体，泄漏原油 500 多吨，造成湾内海域大面积油污染。沿海 30 个自然村、近 30 km 海岸线上的潮间带、礁石、滩涂和养殖设施上黏附大量原油，被污染海域水产养殖功能几乎完全丧失。

1999 年 3 月 24 日，在珠江口海域，由于两船相撞，589 t 重油从其中一艘油船严重破损的货油舱泄漏入海，受污染海岸线长达 60 km，直接经济损失高达 964 万多元人民币。还有无法估价的对生态环境的现实和后续性影响和破坏。

二、国际海上溢油应急反应情况简介

1. 日本溢油应急反应力量简介

日本溢油应急力量主要由海上保安厅和海上防灾中心组成。

（1）海上保安厅：主要负责在海域进行监视、监督工作。针对大面积溢油，海上保安厅拥有自己的溢油清除和围控设备以及消防船，并且保证这些设备随时可用。海上保安厅为了保障对海上溢油事故的有效反应，还建立沿海环境基础数据，并且通过互联网向油污防治机构提供相关信息。为了处理海上溢油事故，海上保安厅还预测溢油漂移的方向，帮助围控和清除海上溢油。此外，海上保安厅还派出巡逻船和飞机监控海上污染，特别加强对航行密集区域监控行动。

（2）日本海上防灾中心：1976 年根据日本防治海上污染和自然灾害相关法律，建立了日本海上防灾中心，它也是日本民间海上防灾的核心机构，它接受海上保安厅的指示，在发生溢油应急事故时，采取措施清除溢油。它下属四个委员会——溢油清除、船舶消防、器材和训练委员会。该中心拥有海上防灾用的船只、器材。同时还开展海上防灾训练，推动有关海上防灾的国际协作，进行海上防灾工作的调查、研究等。

海上溢油事故发生时，日本海上防灾中心负责清除海上溢油和其他有毒液体物质，日本海上防灾中心和国内 159 家灾难防治机构签订了合同，建立了全国的防治体系。如果发生大面积的溢油事故后，肇事者无力采取措施时，日本海上防灾中心可以根据海上保安厅的指令采取行动来清除溢油，肇事者承担相应清污费用。也可以应肇事船舶所有人的委托，日本海上防灾中心采取措施消除海上溢油。日本海上防灾中心在国内各地为油船船东提供溢油应急反应设备和器材。

2. 英国溢油应急反应力量简介

英国海上溢油应急反应主要由英国海上污染控制中心负责，它隶属英国运输部海岸保卫厅，履行国际海事组织对于溢油反应方面的公约。该中心具有航空遥感监视能力、评估溢油量和溢油飘移的计算机系统，以及空中或船上喷洒溢油分散剂的能力和拥有回收或转移海上或岸上溢油的设备。英国海上污染控制中心主要承担在大的溢油事故中的海上反应和岸线清除的协调工作，在协调岸线油污清除工作方面对各地政府相关部门进行技术指导。

海上污染控制中心和地方政府在由运输部的海岸保卫处（在全国设立 21 个救助协调中心）、海上安全厅、渔业部门、环境部门、国防部和气象局以及大自然保护组织、各大石油公司和英国溢油控制协会组成的支持系统的支持下开展应急反应工作。海上溢油事故一旦发生，较小的事故可以由海岸保卫处的救助协调中心来组织处理，更大的事故由海上污染控制中心和地方政府来协调各相关部门来展开行动。

支持系统的相关部门按各自职责向海上污染控制中心提供支持，与其他国家略有不同的是国防部在有偿情况下对海上污染控制中心提供相关知识、设备及人员的援助。各大石油公司与海上污染控制中心签署志愿协议，以便海上污染控制中心在大的溢油事故时能得到这些公司的支持。此外，英国大不列颠溢油控制协会是英国溢油应急反应的一个重要支持组织，它是一个代表各公司利益的商业协会，为所有英国和海外的工业和海运污染提供设备和服务，拥有的红色报警体系能 24 h 快速为各成员公司提供各种应急反应设备和器材。

3. 美国溢油应急反应力量介绍

1989 年，美国埃克森石油公司的“埃克森·瓦尔迪兹”号油船在美国阿拉斯加的威廉王子湾触礁搁浅，漏出原油 3.6 万吨，致使 1 609 km 的海岸、7 770 km^2 海域被污染，威廉王子湾的海洋生态系统遭到了破坏，大量野生动物死亡，渔业资源受到危害，渔场被迫关闭。美国海岸警卫队对该起事故跟踪了三年，埃克森石油公司为该起事故污染支付的罚款、清污费、赔偿费和其他费用约合 80 亿美元。在“埃克森·瓦尔迪兹”号油船事故之后，美国又发生了几起重大溢油事故，引起了美国各界的强烈反响，在保护海洋环境的强大压力下，美国两院通过了《1990 年油污法》。

美国的污染应急体系于 20 世纪 70 年代开始初建成形，随着应对灾难和紧急事件的有关法律法规的相继颁布实施，污染应急体系与美国其他的灾难和紧急事件应急体系一样，具有统一的、规范的框架模式。即首先由各州和地方政府对自然灾害等紧急事件作最初反应，如果紧急事件超出地方政府处理范围，在地方申请下，由总统正式宣布该地属于受灾地区或出现紧急状态，紧接着是“联邦应急方案”随之投入实施。这一应急模式使美国建立了既具有本国特点的、又符合国际公约要求的国家溢油应急反应系统，对海上突发污染事故能够迅速有效地做出反应，控制或减少污染损害。因此，美国溢油应急反应体系主要构成是：国家溢油应急反应指挥中心和相关的州政府、地区建立的溢油应急反应系统。国家溢油应急反应指挥中心由联邦环保总署、内政部、交通部等 16 个政府部门组成，主要负责制订全国海上溢油防治工作的规划、指挥协调各州政府、地方溢油应急反应行动。各州政府主要负责行政区域内溢油防治工作规划和协调有关部门的应急配合和支援工作。地区应急反应组织主要承担具体的溢油应急行动的指挥、清污等工作。

在美国，应急反应既要根据溢油级别，也要根据反应责任来确定。溢油事故发生后，首先由发生溢油的公司及它的保险公司对溢油事件负责，责任公司相关人员会马上按照法律规定启动溢油应急预案，并按照计划向相关部门汇报。汇报的相关内容有溢油时间、位置、责任船只的相关资料、溢油情况、相关海况、进行自救情况和打算进一步的行动、计划雇佣相应级别的溢油清除法人进行溢油清除作业等。

溢油发生并且上报后，根据溢油种类和发生溢油的地点的不同，将有不同的机关做出反应。这些常设机构主要有美国环保署（EPA）、美国海岸警卫队（USCG）、美国运输部（DOT）、国家紧急事件代理机构（SERC）、联邦紧急事件处理署（FEMA）和当地紧急事件委员会（LEPC）。这些机构根据有关法律分别履行各自不同的责任，并在应急反应过程中，按照国家反应体系的具体规定或承担指挥监控和管理，同时给予专业清污公司技术、设备和人员上支持与辅助，以保证即使在环境恶劣，清污公司无法工作的情况下，也可以进行快速有效的溢油回收工作。

对于较大的污染事故，负责泄漏和溢油的相关组织会按污染严重程度及时地上报联邦政府的国家溢油应急反应中心（该中心由美国海岸警卫队成员组成），一旦收到此报告，国家溢油应急反应中心将根据泄漏发生的情况，立刻通告事先指定的美国环保署或美国海岸警卫队现场协调员参与溢油应急，并按照国家反应体系的规定程序重新建立反应组织。现场协调员根据当地反应和监控情况来确定是否需要联邦政府的参与。

美国海岸警卫队国家突击队由三支布局战略要点的国家突击力量和一个协调中心组成，其主要任务是应对溢油和化学品泄漏。协调中心拥有国家溢油应急设备清单，为国家反应体系应急演练和培训计划的制定与实施提供协助。国家反应突击力量在发生重大海洋环境污染事件时及时参与应急反应行动。

其他协助力量还包括国家污染基金中心和辖区反应组等。在应急反应中，辖区反应组的作用更为突出。美国海岸警卫队在每一个管辖区设立一个辖区反应组，保证本辖区内美国海岸警卫队的所有设备的维修和保养、对地方应急计划的制订提供技术协助以及配合现场协调员的工作。

美国在溢油防备和反应方面，不仅制定了较为完善的法律法规、建立了国家反应体系，而且还建立科学的溢油预防、控制和应对策略系统、信息库系统、溢油鉴别系统以及污染损害赔偿体系。

在处理溢油应急处理工作中，美国还实施油污基金制度。联邦政府建立 10 亿美元的油污基金，各州政府也通过立法建立了 1 亿美元油污基金制度。此外，对肇事者实行溢油污染责任追究。油污基金的建立可以迅速将溢油的污染损害控制在一定的范围，采取措施进行清除，随后，对污染损害程度进行评估，追究肇事者的赔偿责任。

美国还建立溢油清除协会会员制度，保证溢油清洁公司机构正常运转和快速的反应。美国是一个比较注重自由竞争和市场化经营的国家，在溢油反应清除和防污管理工作中，由国家主管机关制订一个入市的准则，面向所有社会群体开放，通过市场化、商业化的动作决定公司的生存问题和经营。

4. 我国溢油应急反应力量介绍

我国的船舶溢油应急体系建设工作从 20 世纪 90 年代中期开始起步。我国于 1998 年 3 月 31 日加入《1990 年国际油污防备、反应和合作公约》。为做好履约工作，我国在 2000 年 4 月 1 日生效的《中华人民共和国海洋环境保护法》中，对溢油应急体系的建立和应急计划的实施提出了明确要求，加快了履约步伐。同时授权国家海事行政主管部门负责制订全国船舶重大海上溢油污染事故应急计划，加强了对溢油应急反应的组织管理。

目前，我国船舶溢油应急预案体系初步建立，明确了应急行动中各部门职责、辖区敏感资源分布、应急力量构成、应急行动程序等内容。

交通部海事局在全国范围内开展了各级应急预案体系的建设工作，目前已经基本建设完成了国家级、省级、港口级、船舶级应急预案体系。《中国海上船舶溢油应急计划》已颁布实施。涵盖了中国所有水域，成为我国船舶溢油应急预案体系建设工作的纲领性文件。在它的指导下，所有沿海省市已于 2008 年年底完成了应急预案编制工作。

为更好地履行国际公约，加强国际联系与协作，我国与周边国家和地区共同研究编制了《西北太平洋行动计划区域溢油应急计划》，现已生效实施。为更好的整合国内资源，加强国内区域间的协作，交通部海事局主持编制完成并实施了《珠江口区域海上溢油应急计划》、《台湾海峡水域船舶油污应急协作计划》、《渤海海域船舶污染应急联动协作机制》等协作行动计划。建立了船舶溢油应急组织管理机构，组织、协调溢油事故应急反应行动，取得了较好的实践效果，保证了应急行动的快速、高效。

研究开发溢油监视监测系统，为事故发现、溢油跟踪、应急决策等提供信息支持，目前船舶溢油监视监测体系已覆盖全国海域。海事管理部门在传统船舶巡航的基础上，建设了 24 个船舶交通管理系统，在沿海主要港口建立了闭路电视监控系统，并开始使用计算机溢油扩散模型、卫星遥感监测和直升机空中监测等先进技术拓展监测手段，提高了溢油监测的准确性。

船舶溢油应急力量不断壮大。国家在一些重点水域投资建设大型应急设备库及应急技术交流示范中心，各沿海省市结合区域特点，通过政府专项投入、港航企业自身投入、扶持专业清污公司市场化运作等手段，建设专兼职清污队伍。目前，国家已经先后在烟台、秦皇岛建设完成了两个国家溢油应急设备库，以及应急技术交流示范中心。两中心分别配置了卫星监视系统、监测系统、溢油清除控制系统，配备了先进的水面溢油回收船、性能多样的收油机、各种规格的围油栏、吸油材料、溢油存储设备等。

三、油污事故报告程序

船长或负责管理该船的其他人员应按照 IMO A648(16)决议通过的《船舶报告制度及船舶报告要求总则》（包括危险货物、有害物质和/或海洋污染事故报告指南）的要求报告，报告包括以下内容：

1. 何时报告

（1）实际发生的排放：凡涉及下列情况都应该报告最近沿海国：

①由于船舶或设备受损，或为保障船舶安全和海上救助人命所进行的排放；或

②船舶运行时油类的排放超出公约所允许的数量或瞬时排放率。

（2）可能发生的排放：尽管尚未发生排放，但可能发生的排放，因此需要报告。涉及下列情况时船长应报告：

①影响船舶安全的故障、失灵或损坏，例如碰撞、搁浅、火灾、爆炸、结构受损、进水、货物移动；和

②造成航行安全性下降的机器或设备故障和受损，例如舵机、推进器、发电系统、关键的船载导航设备故障或失灵事故。

2. 报告程序

报告程序为初始报告、补充报告和附加报告。

（1）初始报告：在实际发生或存在可能发生的排放时按规定格式立即报告。

（2）补充报告：当发出初始报告后，以适当的间隔进一步报告油污事态发展和处理的情况，报告的格式同初始报告。

（3）附加报告：与初始报告同时或稍后向沿岸国家和船东或船舶经营人报告船损及要求或建议，报告的格式同初始报告。

（4）报告内容：报告应按统一规定的格式填写，其内容包括：

AA. 船名，呼号，船旗国；

BB. 发生事故的日期、时、分；

CC. 船位，用纬度（N、S）和经度（E、W）表示船位；

DD. 用距陆标的距离和真方位表示的船位；

EE. 真航向；

FF. 航速（节）;

LL. 预定航线;

MM. 监听电台频率;

NN. 下次报告日期、时、分;

PP. 船上货物/燃油的数量和种类;

QQ. 缺陷、故障、损坏的简况;

RR. 污染简况，包括估计溢出油量;

SS. 天气和海况简况（风向风速，浪向浪高）;

TT. 与船舶所有人、经营人、代理人联系的细节;

UU. 船舶尺寸和类型（船长、船宽、吃水、类型）;

XX. 附加资料（事故简况；外援需要；正在采取的措施；船员人数及受伤细节；保赔协会或当地相应机构细节；其他）。

3. 污染事故发生后报告联系人

A. 污染发生在美国水域

立即报告

如果污染发生在美国水域，船长应熟悉船舶 VRP 手册，它包含有立即报告的联系人的信息。

QI（OPA 90）

USCG national response centre

Tel +1 800 424 8802 or +1 202 267 2675 or

USCG marine safety office closest to the spill

船舶代理

公司

当地 P&I 的代表

迟延或没有报告会造成严重的财物后果包括对个人和公司的巨额罚金。

B. 污染发生在其他水域

如果污染发生在航行中，会对海洋环境和邻近的海岸线造成影响，船长应立即报告污染事故：

邻近的海事当局

公司

P&I 保险公司

最近的 P&I 代表

如果船舶在锚地或码头发生污染时，船长应熟悉船舶 SOPEP 手册，并立即报告污染事故：

海事当局

代理

公司

P&I 保险公司

最近的 P&I 代表

四、OPA90 实施后对国家、船公司、船舶带来的新要求

（1）美国政府授权海岸警卫队对事故进行处理和调查,在现场指挥具有绝对权威。

（2）成立了油污清洁公司,总部设在华盛顿，在主要港口设有分支机构,各分支机构储备了大量的清洁油污器材，一旦发生油污事件，总部值班员可以就近调集专业人员和器械。该公司致力于开展如何控制费用支出和减少油污损害的研究工作，是美国海岸警卫队认可的专业公司。公司成员由海岸警卫队退休人员，有经验的石油公司职员，资深船长组成；经注册向社会和船公司提供清污工作咨询和服务。

（3）世界经营油船公司，在管理上设有专门机构或者溢油应变岸基指挥负责人和美国当地溢油应变联系人，在美国指定专门的油污清洁公司。

（4）国家和石油运输船公司应制订应急计划（CONTINGENCY PLAN）。目前赴美的油船都配有经美国海岸警卫队认可的船舶应变计划（VESSEL RESPONSE PLAN –VRP）。它的作用是：一旦发生意外溢油事件，按照船舶应变计划的程序，船岸双方快速做出反应，使溢油得到有效的控制，措施得当，把损失降到最小范围。

（5）按照船舶应变计划规定的演习内容，船舶每 3 个月举行演习，训练一次，详细填好 2 份记录单。在演习过程中，船长负责电话报告美国油污清洁公司（QI）负责人，报告内容包括：船舶名称、船舶 IMO 编号、地理位置、演习种类、演习时间（GMT）。确认 QI 通话负责人的姓名，记入其中一份演习记录单中，两份演习记录单和通信收据存入船舶应变计划相应一栏以便备查。

（6）船/岸每年与各轮举行一次联合演习（SHIP/SHORE COALITION EXERCISE）。

五、溢油应急反应程序

船舶溢油可分为操作性溢油和事故性溢油两大类。无论何种情况，溢油操作都应以船上油污应急计划（SOPEP）中的程序为指南予以实施。如果溢油污染事故发生在美国水域应以船上油污应急计划（VRP）中的程序为指南予以实施。

（1）以最快最有效的方式发布溢油警报，启动溢油应急计划。

（2）迅速组织人员进行溢油控制和溢油回收，将油污面积和污油数量降到最低。

（3）充分利用本船的防污设备与器材，将溢油控制在本船内，防止油污入海。

（4）如发生大面积的溢油，以至船舶自身难以控制，船舶在采取相应措施的同时，依据联系单（CONTACT LIST）向港口，码头，最近的主管机关报告，寻求相应援助。

（5）与公司主管部门，岸上指定人员（DPA）联络，报告情况，寻求岸基支持。

（6）做好相关记录，以备总结与调查。

思考题

1. 发生油污事故时的报告程序是什么？

2. OPA90 对船舶有哪些要求？

3. 简述溢油应急反应程序。

第三节 大气污染

要 点

MARPOL 公约修正案生效对船舶空气污染减排的影响，防止船上油气和惰气的排放对大气造成污染应采取的措施。

必备知识

一、MARPOL 公约修正案生效对船舶空气污染减排的影响

新的更为严格的减少船舶有害气体排放规则预计将对大气环境和人类尤其是居住在港口城市和沿海社区的居民的健康产生显著的有益影响。经修订 MARPOL 公约附则Ⅵ（防止船舶污染空气规则）于 2010 年 7 月 1 日在全球范围内生效，随之而来的将是特殊敏感区域的硫氧化物（SO_x）排放的重大减少。该附则修正案于 2008 年 10 月获得通过。

MARPOL 公约附则Ⅵ所带来的重要改变是逐步减少全球船舶硫氧化物的排放，即至 2012 年伊始，全球硫化物的控制总量降低到初始的 3.5%（而目前的含量为 4.5%），然后直到 2020 年年初，这一总量将下降到 0.5%，而对这一方案完成可行性审查将不迟于 2018 年进行。

经修订的附则Ⅵ允许排放控制区（ECAs）如果在被证明的确有需要对船舶排放的一种或三种有害物质进行防治、减少和控制的情况之下且在附则缔约国的建议之下被授权对硫氧化物、特殊物质或氮氧化物（NO_x）或者上述三种类型由船舶排放的物质制定特定指标进行管控，这一建议被国际海事组织予以采纳。

排放控制区内适用的硫化物含量限量指标自 2010 年 7 月 1 日起被减少到了 1%，而到 2015 年 1 月 1 日这一指标将下降到 0.1%。这就意味着自 2010 年 7 月 1 日起航经排放控制区的商船将必须使用低硫含量的燃油（或者使用其他可以替代的办法减少排放）。

经修订的附则Ⅵ列出了两大硫氧化物排放控制区，分别是波罗的海海域以及包括英吉利海峡在内的北海海域。一个新的美洲控制硫氧化物、氮氧化物和特殊物质的排放控制区于 2010 年 3 月获得国际海事组织通过。新规则对这一排放控制区（于 2011 年 8 月产生效力，而这一区域正式成为排放控制区将于 2012 年 8 月生效。

随着最为严格的“第三层”发动机管制的产生，船舶发动机排放氮氧化物（逐步递减的规则也同时生效，这类发动机将于 2016 年 1 月 1 日及以后被安装到需要在排放控制区内进行作业或航行的船上。MARPOL 公约附则Ⅵ防止船舶污染大气规则至今已有 59 个国家批准，代表了世界商船船队大约 84.23%的总吨位数。

与此同时，国际海事组织强调了减少船舶排放温室气体（GHGs）是国际海事组织为全世界努力阻止气候变化和全球变暖所做出的贡献，而目前在这一方面已经在技术和实际应用层面取得了较好的进展，而进一步即将采取的措施则为基于市场的手段的减排措施。

二、防止船上油气和惰气的排放对大气造成污染应采取的措施

（一）油气散发控制装置

当油船在码头进行装载时，把装进舱的货油或压载水置换的油气收集起来，然后将其输送到岸上进行处理和加工。然而，重要的是牵涉到操作上和安全上的问题，由于共通的油气气流关联到船舶和码头，因此使作业介入了许多另外的必需有效地加以控制的危险。关于油气散发控制与处理装置的详细技术指导的出版物有许多来源。IMO 已制定了油船油气收集装置和码头油气散发控制装置的设计、建造和操作的国际标准，OCIMF 关于油气管汇设备布置的指导内容也已经发表了。应注意油气散发控制系统可以用于安装惰气系统的油船，也可以用于无惰气系统的油船。

（二）运输中油气损失的控制

1. 油气损失控制的意义

运输过程中，由于货油的挥发，油气从货油舱中泄漏或由于货油舱中压力太高油气经压力/真空（P/V）阀释放到大气中，一方面造成大气的污染，另一方面也造成了货油损失，严重时会引起货主的投诉。

2. 影响油气损失的因素

（1）货舱未满。

（2）加温过高。

（3）货油搅动或摇动。

（4）货油舱的密封不好（如货油舱口密封条失效，压力/真空阀及压力/真空破坏阀漏泄）。

（5）载货航行长。

（6）在温度较高的地区航行。

3. 控制油气损失的方法

（1）适当控制货油加热温度，加温不能太高，满足卸货、扫舱温度即可。

（2）保证货油舱的密封性能，定期对相关设备进行维修保养。

（3）高温地区可考虑对货油舱进行海水冷却降温。

（4）控制货油油气释放。

4. 货油挥发物控制程序

（1）在运输过程中的原油总会产生油气。当油气压力太高时，通常会释放到大气中。但船员往往不知道何时或在什么压力下停止释放。过多的油气排放一方面造成了货油的损失，另一方面也造成了大气污染。为了减少此种损失，ISTEC（Intertanko Safety, Technical and Environmental Committee）制定了减少挥发污染与货油损失的程序。

（2）货油挥发物控制程序（VOCON PROCEDURE）曾获得 2003 年海洋及大气环境保护二等奖。使用该程序可降低运输过程中 80%的油气挥发，因而极大地控制了大气污染及货物的损失。

（3）使用该程序不需要任何额外的设备。仅当货油舱内压力过高释放时，监视并记录释放过程中的压力降，当货油舱内压力由快速下降变为恒定下降时，及时停止释放的操作，如图 11-1 所示。

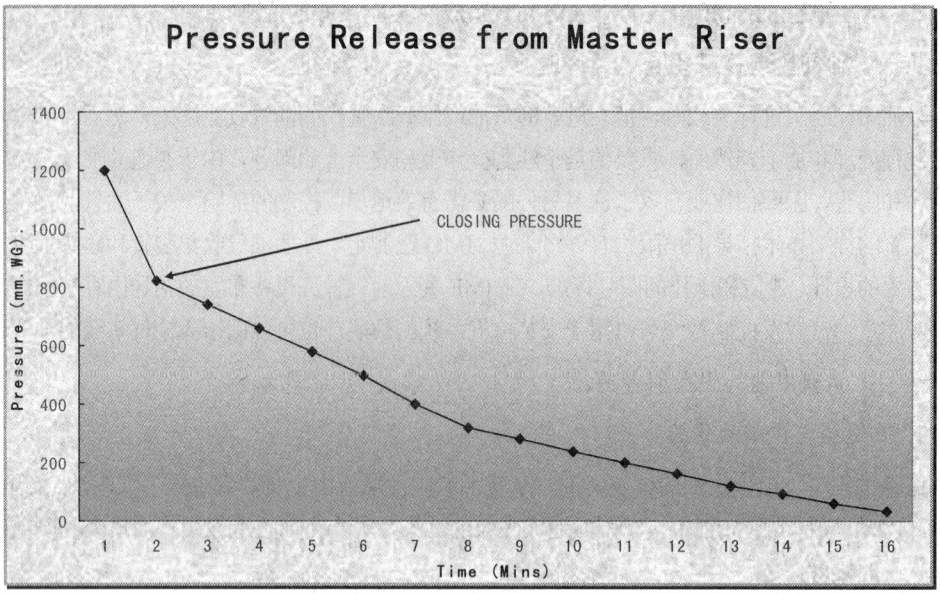

图 11-1　主桅压力释放监测曲线

5. 货油挥发物控制程序操作步骤

（1）在打开主桅透气阀或压力/真空（P/V）阀前，记录惰气总管中的气体压力。

（2）打开压力释放阀，并按一定的时间间隔监视记录总管中的压力。

（3）间隔记录时间为：主桅透气阀每 30 s，压力/真空阀每分钟。

（4）画出压力下降曲线，手描画出或通过货控室中惰气压力记录仪画出。使用记录仪画时，注意送纸的速度应符合记录时间的要求。

（5）经过压力快速下降后，下降变得平缓，此时是释放停止，关阀时刻。

（6）释放停止后，监视舱中的压力以便得到油气/惰气的最终压力。

思考题

1. MARPOL 附则 VI 的主要内容有哪些?

2. 货油挥发物控制程序。

第四节　油类记录簿及 IOPP 证书

要　点

IOPP 证书及附件和油类记录簿的内容。油类记录簿作为一种船舶防污染文书具有一定的法律效力，是港口国检查的必检项目之一，尤其是防污染检查时重点检查的对象。

必备知识

一、油类记录簿

油类记录簿格式如下。

油类记录簿

第1部分——机器处所的作业
（所有船舶）

船　　名：

船舶编号或呼号：

总吨位：

使用期自：　　　　　　　　　　至：

注：凡150总吨及以上的油船和400总吨及以上的非油船船舶，均应备有《油类记录簿》第I部分，以记录有关机器处所的作业。对于油船，还应备有《油类记录簿》第II部分，以记录有关货油/压载的作业。

引　言

在本引言之后，是机器处所作业的项目综合一览表。如适用，机器处所的作业情况应按照《经1978年议定书修订的1973年国际防止船舶造成污染公约》（MARPOL公约）附则I第20条的规定，相应的记入《油类记录簿》。这些项目按作业项目分组，每项作业由一个字母来表示。

填写《油类记录簿》时，日期、作业代号字母和项目数码，应记入相应的表格内，所要求的细节，应按时间顺序记入空栏。

每记完一项作业，应由主管高级船员签署姓名和日期，每记完一页，应由船长签字。

《油类记录簿》包括许多油量参考数。油舱测量装置的精度、温度变化和残油皆可影响到这些读数的精确度。在填写《油类记录簿》时，应予相应的考虑。

应记录的项目清单

（A）燃油舱的压载或清洗

1　压载燃油舱的编号。

2　从上次装油后是否已清洗，如未清洗，说明上次所装的油类。

3　清洗过程：

.1　清洗开始和结束的船舶位置和时间；

.2　对具体油舱已采用的一种或其他种方法的清洗（用化学品冲洗、蒸洗、清洗；

使用的化学品种类和数量）；

.3　驳入清洗水的油舱的编号。

4　压载：

.1　压载开始和结束的船舶位置和时间；

.2　如油舱未清洗时的压载量。

（B）从（A）部分所述燃油舱排放污压载水或洗舱水

5　燃油舱的编号。

6　开始排放时的船舶位置。

7　完成排放时的船舶位置。

8　排放期间的船舶速度。

9　排放方法：

.1　通过15ppm设备；

.2　排往接收设备。

10　排放量。

（C）残油（油渣）的收集和处理

11　残油的收集

在一航程结束时，留存在船上的残油（油渣）量，每星期不得超过一次。当船舶短程航行时，残油量应每周记录一次①。

.1 分离的油渣（燃油和润滑油净化所产生的油渣）以及其他残油（如适用）

__________油舱的编号 ______________________________

__________油舱的舱容 ______________________________ m^3

__________留存总量 ______________________________ m^3

.2 此外，由于油舱布置造成的其他残油（如机器处所内的泄漏、渗漏、排气油等产生的残油）（如适用）：

__________油舱的编号 ______________________________

__________油舱的舱容 ______________________________ m^3

__________留存总量 ______________________________ m^3

①仅指在IOPP证书附件格式A和格式B中第3项所列的油舱。

12　残油的处理方法

说明处理的残油数量，排空的油舱及留存的油量：

.1　排至接收设备（注明港口）①；

.2　驳入另一（或其他）油舱（注明油舱及油舱总容量）；

.3　已焚烧（注明焚烧作业的总时间）；

.4　其他方法（予以说明）。

（D）机器处所积存的舱底水非自动排放舷外或其他方法的处理

13　排放或处理的数量。

14　排放或处理的时间（开始和结束）。

15　排放或处理的方法：

.1 通过 15ppm 设备（说明开始和结束时的船舶位置）；

.2 排至接收设备（注明港口）①；

.3 驳入污油水舱或收集舱（注明油舱；注明驳入量及留存在油舱内的总量）。

（E）机器处所积存的舱底水自动排放舷外或其他方法的处理

16　将该系统定为自动向舷外排放的作业方式时的时间和船舶位置。

17　将该系统定为自动将舱底水驳入收集舱的作业方式时的时间和船舶位置。

18　将该系统定为手动作业方式时的时间。

19　向舷外排放的方法：

.1 通过 15 ppm 设备。

（F）排油监控系统的情况

20　系统失效时间。

21　系统已修复运转时间。

22　故障原因。

（G）意外或其他异常的排油

23　发生的时间。

24　发生时船舶所在地点或船位。

25　油的大概数量和种类。

26　排放或逸漏的情况、原因和一般说明。

（H）燃油或散装润滑油的灌装

27 灌装：

.1 灌装的地点；

.2 灌装的时间；

.3 燃油的品种和数量并注明油舱编号（说明补充的数量和油舱的总容量）；

.4 润滑油的品种和数量并注明油舱编号（说明补充的数量和油舱的总容量）。

（I）附加的操作程序及一般说明

船 名____________________________

船舶编号或呼号____________________

货油/压载水作业（油船）[①]/机器处所作业（所有船舶）[①]

日　期	代号（字母）	项目（编号）	作业记录/主管高级船员签字

船长签字______________

①不适用者划去。

②船长应从包括油驳和油槽车在内的接收设备的操作人员处得到1份收据或证明，详细记录驳运的油舱冲洗水、污压载水、残油或含油混合物的数量，连同驳运的时间和日期。该收据或证明，如附于《油类记录簿》时，可有助于船长证明其船舶未涉嫌油污染事故。该收据或证明应与《油类记录簿》一同保存。

油类记录簿

第II部分——货油/压载的作业

（油船）

船　　名：

船舶编号或呼号：

总吨位：

使用期自：　　　　　　　　　　至：

注：凡150总吨及以上的所有油船应备有《油类记录簿》第II部分，以记录有关货油/压载的作业。该类油船还应备有《油类记录簿》第I部分，以记录有关机器处所的作业。

船　　名______________________________

船舶编号或呼号________________________

货油舱和污油水舱平面图

（实船填写）

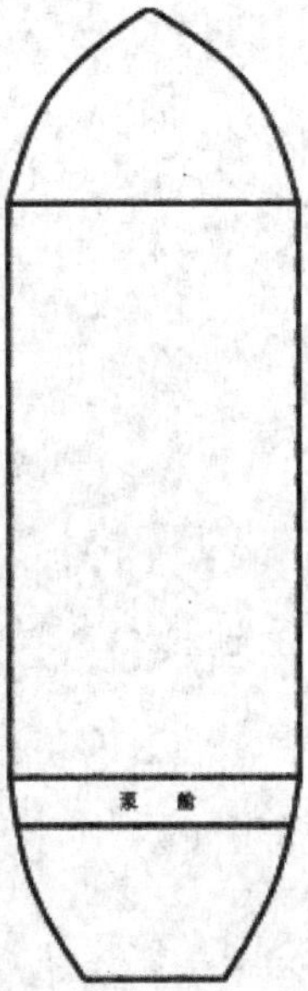

油舱编号	容　积
污油水舱的深度	

（注明每一油舱的容积和污油水舱的深度）

引　言

在本引言之后，是货油/压载作业的项目综合一览表。如适用，货油/压载作业情况应按照《经1978年议定书修订的1973年国际防止船舶造成污染公约》（MARPOL公约）附则I的第20条的规定，相应的记入《油类记录簿》。这些项目按作业项目分组，每项作业由一个字母来表示。

填写《油类记录簿》时，日期、作业代号字母和项目数码，应记入相应的表格内，所要求的细节，应按时间顺序记入空栏。

每记完一项作业，应由主管高级船员签署姓名和日期，每记完一页，应由船长签字。对于按MARPOL公约附则I第13C条的规定从事特定贸易的油船，其《油类记录簿》中的相应记载，应由港口国主管当局签署（该句仅填入从事特定贸易油船的《油类记录簿》中）。

《油类记录簿》包括许多油量参考数。油舱测量装置的精度、温度变化和残油皆可影响到这些读数的精确度。在填写《油类记录簿》时，应予相应的考虑。

应记录的项目清单

（A）货油的装载

1 装油的地点。

2 所装油类和油舱编号。

3 装油总量（说明补充装油量和油舱的总容量）。

（B）航行中货油在船内的调驳

4 油舱编号

.1 从：

.2 至：（说明调驳的油量和油舱的总量）

5 4.1 的油舱是否驳空？（如未驳空，说明剩余量）

（C）货油的卸载

6 卸油的地点。

7 已卸油舱的编号。

8 油舱是否卸空？（如未卸空，说明剩余量）

（D）原油洗舱（仅适合于采用原油洗舱的油船）

（经原油清洗的每一油舱需填写）

9 进行原油洗舱的港口或船舶位置（如在两个卸货港之间进行洗舱）。

10 已洗油舱的编号①。

11. 使用洗舱机的数量。

12 洗舱开始的时间。

13 采用的洗舱方式②。

14 洗舱管路的压力。

15 洗舱结束或中止的时间。

16 说明用何方法证实油舱是干的。

17 备注③。

（E） 货油舱的压载

18 压载开始和结束时的船位。

19 压载过程：

.1 压载的油舱编号；

.2 压载开始和结束的时间；

.3 接纳的压载量。说明进行作业的每个油舱的压载总量。

①当个别舱所具备的洗舱机台数多于《操作及设备手册》所述的同时作业的洗舱机台数时，则该舱用原油清洗的部分应予注明，例如：No.2 中间舱前部。

②根据《操作及设备手册》写明是采用一段清洗法还是多段清洗法。如采用多段清洗法，则应写明这些洗舱机在该段作业中冲洗的垂向范围和次数。

③如果《操作及设备手册》中的程序未被遵守，则应在备注栏内写明原因。

（F）清洁压载舱的压载（仅适合于采用清洁压载舱的油船）

20 压载舱的编号。

21 水冲洗时的船舶位置或清洁压载舱装入压载水的港口。

22 泵和管路中留存物被冲洗至污油水舱时的船舶位置。

23 冲洗管路后驳入污油水舱内或预备存放污油水的货油舱内的含油污水量（注明油

舱编号），说明总数量。

24 清洁压载舱装入补充压载水时的船舶位置。

25 关闭用于隔离清洁压载舱与货油舱及扫舱管路的阀门的时间和船舶位置。

26 船上所装清洁压载水的数量。

（G）货油舱的清洗

27 已清洗的油舱编号。

28 港口或船舶位置。

29 清洗所用的时间。

30 清洗方法。

31 洗舱废液驳至：

.1 接受设备（注明港口和数量）①；

.2 污油水舱或指定作为污油水舱的货油舱（注明油舱编号；说明驳入量及总量）。

（H）污压载水的排放

32 油舱编号。

33 开始排放入海时的船舶位置。

34 完成排放入海时的船舶位置。

35 排入海的数量。

36 排放时的船舶速度。

37 排放时排油监控系统是否工作？

38 对废液和排放处水面是否保持经常性检查？

39 驳入污油水舱的含油污水的数量（注明污油水舱编号），说明总量。

40 排入岸上接收设备（注明港口名称和说明总量）②。

①人工水龙冲洗、机械清洗和/或化学品清洗。如用化学品清洗，则应说明化学品的名称和使用的数量。

②船长应从包括油驳和油槽车在内的接收设备的操作人员处得到 1 份收据或证明，详细记录驳运的油舱冲洗水、污压载水、残油或含油混合物的数量，连同驳运的时间和日期。该收据或证明，如附于《油类记录簿》时，可有助于船长证明其船舶未涉嫌油污染事故。该收据或证明应与《油类记录簿》一同保存。

（I）污油水舱水的排放入海

41 污油水舱的编号。

42 自上次驳入残余物后沉淀的时间，或

43 自上次排放后沉淀的时间。

44 开始排放的时间和船舶位置。

45 开始排放时总存量的液面上部空档值。

46 开始排放时油/水界面的上部空档值。

47 逐次排放的数量和排放率。

48 最终排放的数量和排放率。

49 终止排放的时间和船舶位置。

50 排放时排油监控系统是否工作？

51 终止排放时油/水界面的上部空档值。

52 排放时的船舶速度。

53 对废液和排放处水面是否保持经常性检查？

54 确认污油水舱水的排放完毕时，船舶管路系统中所使用的阀门均已关闭。

（J）残油和其他未经处理油性混合物的处理

55 油舱的编号。

56 每一油舱处理的数量。

57 处理方法：

.1 排入接收设备（注明港口和数量）①；

.2 与货油混合（注明数量）；

.3 驳入（一个）其他油舱（注明油舱编号，驳入的数量和油舱内总量）；

.4 其他方法（予以说明）；说明处理的数量。

①船长应从包括油驳和油槽车在内的接收设备的操作人员处得到1份收据或证明，详细记录驳运的油舱冲洗水、污压载水、残油或含油混合物的数量，连同驳运的时间和日期。该收据或证明，如附于《油类记录簿》时，可有助于船长证明其船舶未涉嫌油污染事故。该收据或证明应与《油类记录簿》一同保存。

（K）货油舱内的清洁压载水的排放

58 开始排放清洁压载水时的船舶位置。

59 排放舱的编号。

60 排放完毕时舱内是否排空？

61 如与58所述不同，排放完毕时的船舶位置。

62 对排出水和排放处水面是否保持经常性检查？

（L）清洁压载舱的排放（仅适用于采用清洁压载舱的油船）

63 排放舱的编号。

64 开始排放清洁压载水入海的时间和船舶位置。

65 完成排放入海的时间和船舶位置。

66 排放的数量：

.1 排放入海；或

.2 排入接收设备（注明港口）。

67 在排放入海前或排放中，压载水有无任何油污迹象？

68 是否用油分计进行排放检测？

69 压载水排放完毕，关闭用于隔离清洁压载舱与货油舱及扫舱管路的阀门的时间和船舶位置。

（M）排油监控系统的情况

70 系统故障发生时间。

71 系统已修复运转时间。

72 故障原因。

（N）意外或其他异常的排油

73 发生的时间。

74 发生时船舶所在港口或船位。

75 油的大概数量和种类。

76 排放或逸漏的情况、原因和一般说明。

（O）附加的操作程序及一般说明

从事特定贸易的油船

（P）压载水的装载

77 压载舱的编号。

78 压载时的船舶位置。

79 装载压载水的总量，m^3。

80 备注。

（Q） 船内压载水的重新配置

81 重新配置的原因。

（R） 压载水排入接收设备

82 排放压载水时所在港口。

83 接收设备的名称或牌号。

84 排放压载水的总量，m^3。

85 港口当局的官员签名、印章和日期。

二、IOPP 证书

IOPP 证书和附件格式如下。

国际防止油污证书

（注：本证书应附有结构和设备记录簿）

经____________________政府授权，由____

（国家全名）　　　　　　　　　　（按本公约规定授权的适任人员或组织全名）

根据经 1978 年议定书修订的和经 MEPC.39(29)决议修正的《1973 年国际防止船舶造成污染公约》（以下简称公约）的规定签发。

船舶概况[①]

船　　　　名________________________________

船舶编号或呼号________________________________

船　籍　港________________________________

总　吨　位________________________________

船舶载重吨（公吨）②________________________________

IMO 编号③________________________________

船舶类型④：

油船

按本公约附则 I 第 2（2）条规定的设有货油舱的非油船船舶

上述各类以外的其他船舶

兹证明：

1 本船已按本公约附则 I 第 4 条的规定进行了检验。

2 检验查明，本船的结构、设备、系统、附件、布置和材料及其状况，在各方面均属合格，且本船符合公约附则 I 的适用要求。

本证书有效期至________________⑤在此期间应按本公约附则 I 第 4 条进行各种检验。

签发于________________________

（证书签发地点）

________________　　　　________________________

（签发日期）　　　　（经授权签发证书的官员签字）

（主管当局盖章或钢印）

①或者，船舶概况可在表格中横向排例。

②对油船而言。

③根据 A.600(15）决议《IMO 船舶编号体系》，该资料可自愿填入。

④不适用者划去。

⑤填入主管机关根据本公约附则 I 第 8（1）条规定的失效日期。该日期如未根据本公约附则 I 第 8（8）条予以修正，其日、月相当于本公约附则 I 第 1（31）条定义的周年日。

年度检验和中间检验的签署

兹证明该船业经按照公约附则 I 第 4 条的要求进行了检验，并符合公约有关规定。

年度检验：

签字______________________________

（经授权官员签字）

地点______________________________

日期______________________________

（主管当局盖章或钢印）

年度检验/中间检验[①]：

签字______________________________

（经授权官员签字）

地点______________________________

日期______________________________

（主管当局盖章或钢印）

年度检验/中间检验[①]：

签字______________________________

（经授权官员签字）

地点______________________________

日期______________________________

（主管当局盖章或钢印）

年度检验：

签字______________________________

（经授权官员签字）

地点______________________________

日期______________________________

（主管当局盖章或钢印）

①不适用者划去。

根据第 8（8）（C）条规定的年度/中间检验

兹证明已按本公约附则 I 第 8（8）（C）条规定进行了年度/中间检验，查明该船符合本公约的相关规定：

签字______________________________

（经授权官员签字）

地点______________________________

日期______________________________

（主管当局盖章或钢印）

在适用第 8（3）条情况下，有效期限少于 5 年的证书展期签署

该船符合本公约的相关规定，且本证书按本公约附则 I 第 8（3）条规定应视为有效，有效期限至

________________________止。

签字______________________________

（经授权官员签字）

地点______________________________

日期______________________________

（主管当局盖章或钢印）

在已完成换证检验并适用第 8（4）条情况下的签署

该船符合本公约的相关规定，且本证书按本公约附则 I 第 8（4）条规定应视为有效，有效期限至

________________________止。

签字______________________________

（经授权官员签字）

地点______________________________

日期______________________________

（主管当局盖章或钢印）

在适用第 8（5）或 8（6）条情况下，将证书有效期展期至驶抵进行检验的港口或给予宽限期的签署

本证书根据公约附则 I 第 8(5)或(6)Φ条的规定应视为有效，有效期限至______________止。

签字______________________________

（经授权官员签字）

地点______________________________

日期______________________________

（主管当局盖章或钢印）

在适用第 8（8）条情况下，周年日提前的签署

根据本公约附则 I 第 8（8）条规定，新的周年日为______________________________。

签字______________________________

（经授权官员签字）

地点______________________________

日期______________________________

（主管当局盖章或钢印）

根据本公约附则 I 第 8(8)条规定，新的周年日为______________________________。

签字______________________________

（经授权官员签字）

地点______________________________

日期______________________________

（主管当局盖章或钢印）

附　录　　　　　　　　　　　　　　　格式B

（经1999年修订）

国际防止油污证书（IOPP证书）附件
船舶结构和设备记录

按照《经1978年议定书修订的1973年国际防止船舶造成污染公约》（以下简称“公约”）附则I的规定。

注：
1 本格式用于IOPP证书中列为前二种类型的船舶，即“油船”及“按公约附则I第2（2）条规定的设有货油舱的非油船船舶”，对IOPP证书中列为第3种类型的船舶，应使用格式A。
2 本记录应永久附于IOPP证书之后，IOPP证书应随时保存在船上。
3 如记录正本的文字即非英文又非法文时，则该文本应包含有其中一种文字的译文。
4 方格内填入（X）表示“是”及“适用”，填入（-）表示“否”及“不适用”。
5 除另有规定外，本记录所述条款系指公约附则I的条款，所述决议系指国际海事组织通过的决议。

1 船舶概况

1.1 船　名

1.2 船舶编号或呼号

1.3 船籍港

1.4 总吨位

1.5 船舶装载容积　m^2

1.6 船舶载重量　t（第1（22）条）

1.7 船长　m（第1（18）条）

1.8 建造日期

1.8.1 签订建造合同日期

1.8.2 安放龙骨或船舶处于相似建造阶段的日期

1.8.3 交船日期

1.9 重大改建（如适用时）

1.9.1 签订改建合同日期

1.9.2 改建开工日期

1.9.3 改建完工日期

1.10 船舶状况

1.10.1 按第I(6)条的规定为新船 □

1.10.2 按第I(7)条的规定为现有船舶 □

1.10.3 按第I(26)条的规定为新油船 □
1.10.4 按第I(27)条的规定为现有油船 □
1.10.5 由于交船的意外延迟，主管当局同意该船作为第I（7）条所指的“现有船舶” □
1.10.6 由于交船的意外延迟,主管当局同意该船作为第I(27)条所的“现有船舶” □
1.10.7 由于交船的意外延迟,不要求该船符合第24条的规定 □
1.11 船舶种类
1.11.1 原油油船 □
1.11.2 成品油油船 □
1.11.2 (bis) 不载运第13G(2bis)条所述的燃油或重柴油,或润滑油的成品油油船 □
1.11.3 原油/成品油油船 □
1.11.4 兼装船 □
1.11.5 按公约附则I第2(2)条规定为设有货油舱的非油船船舶 □
1.11.6 专用于装载第15(7)条所指成品油的油船 □
1.11.7 该船既作为具有COW的“原油油船”，也作为具有CBT的“成品油油船”，为此已分别发给单独的IOPP证书 □
1.11.8 该船既作为具有有CBT的“成品油油船”，也作为具有COW的“原油油船”，为此已分别发给单独的IOPP证书 □
1.11.9 载运油类的化学品液货船 □
2 控制机器处所舱底水及燃油舱排油的设备（第10条和第16条）
2.1 在燃油舱内装载压载水：
2.1.1 该船在正常条件下可在燃油舱内装载压载水 □
2.2 所装滤油设备的型式：
2.2.1 滤油设备(15ppm)(第16(4)条) □
2.2.2 具有报警和自动停止装置的滤油设备(15ppm)(第16(5)条) □
2.3 该船直至1998年7月6日被允许以现有设备进行营运(第16(6)条)，并备有：
2.3.1 不具有报警装置的滤油设备(15ppm) □
2.3.2 具有报警和手动停止装置的滤油设备(15ppm) □
2.4 认可标准：①

①参见本组织1977年11月14日A.393（X）决议通过的《关于油水分离设备和油分计国际性能和测试技术条件的建议案》，该决议取代了A.233（VII）决议；见IMO出版物IMO-608E。进一步参见本组织海上环境保护委员会MEPC.60（33）号决议通过，于1993年7月6日生效的《机舱舱底水防污设备的指南和技术条件》，该决议取代了A.393(X)和A.444（XI）决议；见IMO出版物IMO-646E。

2.4.1 油水分离器/滤油设备：

.1 已按A.393(X)号决议认可 □

.2 已按MEPC.60(33)号决议认可 □

.3 已按A.233(VII)号决议认可 □

.4 已按国家标准认可，但国家标准未以A.393(X) 或A.233(VII)号决议为基础 □

.5 未经认可 □

2.4.2 处理设备已按A.444(XI)号决议认可 □

2.4.3 油分计：

.1 已按A.393(X)号决议认可 □

.2 已按MEPC.60(33)号决议认可 □

2.5 该系统的最大排量为________________ m^3/h

2.6 第16条的免除：

2.6.1 按照第16(3)(a)条的规定，该船免除16（1）或16（2）条的要求。

该船营运限定在____________特殊区域内航行 □

2.6.2 该船设有如下储存舱（柜）用于留存所有船上的含油污水：

舱柜编号	舱柜位置		容积（m^3）
	肋骨号从____到____	横向位置	
			总容积______（m^3）

2.6.3 该船设有将舱底水驳送至污油舱的装置以代替储存舱(柜) □

3 残油（油渣）的留存和处理措施（第17条）及舱底水储存舱（柜）①

3.1 该船设有如下残油（油渣）舱柜：

舱柜编号	舱柜位置		容积（m^3）
	肋骨号从____到____	横向位置	
			总容积______（m^3）

①本公约未要求舱底污水储存舱（柜），3.3的表自愿填写。

3.2 除残油舱外附加的残油处理措施：

3.2.1 残油焚烧炉，处理能力____________L/h □

3.2.2 适用于燃烧残油的辅锅炉 □

3.2.3 残油与燃油混装的舱柜，舱容_____(m^3) □

3.2.4 其他可接受的措施：______________________ □

3.3 该船设有如下储存舱（柜）用于留存所有船上的含油污水：

舱柜编号	舱柜位置		容积（m^3）
	肋骨号从____到____	横向位置	
			总容积______（m^3）

4 标准排放接头（第19条）

4.1 该船设有将机器处所的舱底水残余物排至接收设备的管路，并装有1只符合

第19条规定的标准排放接头 ☐

5 结构（第13条、24条及25条）

5.1 按照第14条要求，该船：

5.1.1 要求设有SBT、PL及COW ☐

5.1.2 要求设有SBT及PL ☐

5.1.3 要求设有SBT ☐

5.1.4 要求设有SBT或COW ☐

5.1.5 要求设有SBT或CBT ☐

5.1.6 不要求符合第13条规定 ☐

5.2 专用压载舱（SBT）

5.2.1 该船设有符合第13条规定的SBT ☐

5.2.2 该船设有符合第13条规定的SBT，其保护位置（PL）的布置符合第13E条的规定 ☐

5.2.3 SBT的分布如下：

	☐		
		☐	
		☐	
	☐		总容积______（m^3）

5.3 清洁压载舱（CBT）

5.3.1 该船设有符合第13A条规定的CBT，并可作为成品油油船营运 ☐

5.3.2 CBT的分布如下：

	☐		
		☐	
		☐	
	☐		总容积______（m^3）

5.3.3 该船备有1份有效的《清洁压载舱操作手册》，日期________ ☐

5.3.4 该船CBT压载与装卸货油是使用公共的管路及泵装置 ☐

5.3.5 该船CBT压载是使用分开独立的管路及泵装置 ☐

5.4 原油洗舱（COW）：

5.4.1 该船设有符合第13B条规定的COW系统

5.4.2 该船设有符合第13B条规定的COW系统,但尚未按第13（6）条及修正的COW，技术条件（A.446（XI）决议①）中4.2.10的规定进行效用验证 ☐

5.4.3 该船备有1份有效的《原油洗舱操作和设备手册》，日期______ ☐

5.4.4 该船不要求设置COW，但已设有符合修正的COW，技术条件（A.446（XI）决议①）中安全方面的规定 ☐

①参见国际海事组织出版物IMO-617E。

5.5 第 13 条免除:

5.5.1 该船仅从事于_______之间的特定运输,按第 13C 条规定免除第 13 条的要求 □

5.5.2 该船按第 13D 条规定,具有特殊压载布置,因而免除第 13 条的要求 □

5.6 货油舱的尺度限制和布置(第 24 条):

5.6.1 该船需要按第 24 条规定建造,并符合该条要求 □

5.6.2 该船需要按第 24(4)条规定建造,并符合该条要求 □
(见第 2(2)条)

5.7 分舱和稳性(第 25 条):

5.7.1 该船需要按第 25 条规定建造,并符合该条要求 □

5.7.2 已根据第 25(5)条要求,按认可的格式给该船提供了资料和数据 □

5.7.3 该船需要按第25A 条规定建造,并符合该条的要求 □

5.7.4 第 25A 条对兼装船所要求的资料和数据已以主管机关认可的书面程序提供给了该船 □

5.8 双壳体结构:

5.8.1 该船需要按第 13F 条规定建造并符合下列要求:

.1 第(3)款(双壳体结构) □

.2 第(4)款(具有双弦结构的中高甲板油船) □

.3 第(5)款(经海上环境保护委员会认可的替代方案) □

5.8.2 该船需要按第 13F(7)条规定建造并符合其要求(双层底要求) □

5.8.3 该船不需要符合第 13F 条的要求 □

5.8.4 该船按第 13G 条规定:

.1 要求不迟于______符合第 13F 条 □

.2 下列舱柜或处所不能用于装载油类_______ □

.3 已按第 13G(7)条和 MEPC.64(36)号决议予以接受 □

.4 按 MEPC.64(36)号决议于________认可的操作手册已提供给了船上 □

5.8.5 该船不需要符合第13G 条的要求 □

6 将油类留存船上(第 15 条)

6.1 排油监控系统:

6.1.1 该船按 A.496(XII)号决议或 A.586(14)号决议[①](不适用者划去)中的定义列为_______类油船 □

6.1.2 该系统包括:

.1 控制装置 □

.2 计算装置 □

.3 运算装置 □

6.1.3 该系统设有：

.1 启动连锁装置 ☐

.2 自动停止装置 ☐

6.1.4 油分计系按 A.393(X)决议或 A.586(14)号决议[2]（不适用者划去）认可，适用于：

.1 原油 ☐

.2 黑色成品油 ☐

.3 白色成品油 ☐

.4 证书附件所列的类油有毒液体物质 ☐

①在 1986 年 10 月 2 日或以后安放龙骨或处于相似建造阶段的油船应安装按 A.586（14）号决议认可的系统；见国际海事组织出版物 IMO-646E。

②安装在 1986 年 10 月 2 日以前建造的油船上的油分计参见由本组织 A.393（X）号决议通过的《关于油水分离设备和油分计国际性能和试验技术条件的建议案》。安装在 1986 年 10 月 2 日或以后建造的油船上的作为排油监控系统部件的油分计参见由本组织 A.586（14）号决议通过的《油船排油监控系统指南和技术条件》；分别见国际海事组织出版物 IMO-608E 和 IMO-646E。

6.1.5 该船已备有 1 份《排油监控系统操作手册》 ☐

6.2 污油水舱：

6.2.1 该船设有____个污油水舱，总容积为____m^3，占载油量的___%，系按照：

.1 第 15(2)(c)条 ☐

.2 第 15(2)(c)(i)条 ☐

.3 第 15(2)(c)(ii)条 ☐

.4 第 15(2)(c)(iii)条 ☐

6.2.2 已有货油舱指定作为污油水舱 ☐

6.3 油/水界面探测器：

6.3.1 该船设有按 MEPC.5(XIII)决议[1]要求认可的油/水界面探测器 ☐

6.4 第 15 条的免除：

6.4.1 按照第 15(7)条规定，该船免除第 15(1)、(2)及(3)条的要求 ☐

6.4.2 按照第 2(2)条规定，该船免除第 15(1)、(2) 及(3)条的要求 ☐

6.5 免除第 15 条：

6.5.1 按照第 15(5)(b)条规定免除第 15(3)条的要求，该船营运限定在：

.1 按照第 13C 条的要求进行特殊贸易航行：______________ ☐

.2 特殊区域内航行：________________________________ ☐

.3 特殊区域外距最近陆地 50n mile 以内，航行时间不超过 72 h 的航程或少于如下限定的时间：____________________ ☐

7 泵系、管系和排放布置(第 18 条)

7.1 专用压载水的舷外排放口位于：

7.1.1 水线以上 □

7.1.2 水线以下 □

7.2 除排放总管外，清洁压载水的舷外排放口②位于：

7.2.1 水线以上 □

7.2.2 水线以下 □

7.3 除排放总管外，用于排放污压载水或来自货油舱区域的油污水的舷外排放口②位于：

7.3.1 水线以上 □

7.3.2 水线以下，连同符合第18(6)(c)条的分流装置 □

7.3.3 水线以下 □

7.4 货油泵和货油管路的排油（第18(4)和(5)条）：

7.4.1 卸油完成后将所有货油泵货油管路泄空的措施：

.1 将泄出物排至某一货油舱或污油水舱 □

.2 专设一小直径管路将泄出物排至岸上 □

---

①参见由本组织海上环境保护委员会MEPC.5（XIII）号决议通过的《油/水界面探测器技术标准》；见国际海事组织出版物IMO-646E。

②仅指可被监控的排出口。

8 船上油污应急计划（第26条）

8.1 该船备有符合第26条规定的船上油污应急计划 □

9 化学品船装运油类的等效措施

9.1 该船设有下列设备用以替代污油水舱（见上述6.2）和油/水界面探测器（见上述6.3）作为化学品船装运油类的等效措施：

9.1.1 油水分离设备，能使排出物含油量小于100ppm，排量为_______m^3/h □

9.1.2 一个储存舱，容量为_______m^3 □

9.1.3 一个收集洗舱水的舱，其为：

.1 一个指定的专用舱 □

.2 一个指定为收集舱的货油舱 □

9.1.4 一台固定设置的驳运泵，将含油排出物通过油水分离设备排出舷外 □

9.2 油水分离设备已按A.393(X)决议①要求认可，且适用于附则I范围内的所有货品 □

9.3 该船持有1份有效的《散装运输危险化学品适装证书》 □

10 类油有毒液体物质

10.1 按本公约附则II第14条的规定，该船已获准装运所附货物清单②中所列的类油有毒液体物质 □

11 免除

11.1 根据第2(4)(a)条的规定，本公约附则I第II章和第III章中的一些要求业经主管机关准许免除，免除项目为本记录的下列条款：____________________ □

12 等效（第3条）

12.1 附则I中某些要求的等效措施业经主管机关认可，其认可项目为本记录的下列条款：

____________________ □

兹证明本记录准确无误。

签发于____________________________

（签发记录的地点）

______________ ____________________

（经授权签发本记录的官员签字）

（主管当局盖章或钢印）

①参见由本组织海上环境保护委员会MEPC.60（33）号决议通过，于1993年7月6日生效的《机舱舱底水防污设备的指南和技术条件》，该决议取代了A.393（X）号决议；见国际海事组织出版物IMO-646E。

②应附有经发证机关签署、盖章、注明日期并核准的允许装载的类油有毒液体物质清单。

思考题

1. 如何正确记录机舱处所积存的舱底水排放入海？
2. 《油类记录簿》Part II 对污油水排放入海需要记录的内容有哪些？
3. 加装燃油收据的作用有哪些？
4. IOPP证书附件中的主要内容有哪些？

第十二章
安全文化和管理体系

本章主要介绍了《国际安全管理规则》(ISM 规则)的产生与内容、船舶安全管理体系(SMS)概述、企业安全文化的影响、未遂事件的相关内容及对油船管理自我评估的简介等。

第一节　国际安全管理规则

要　点

国际海事组织制定 ISM 规则着重于船东及船舶有效管理营运、保障旅客及船员生命安全、防止海洋环境污染。规定船舶所有人或经营人严格遵守，并强制在一定期限内实施。安全管理体系的有效地运作，实现保证海上安全、防止人员伤亡、避免对环境特别是海洋环境造成危害以及对财产造成损失的目标。

必备知识

一、国际安全管理规则产生的背景

20 世纪 80 年代以来，海上运输向大规模、多样化发展，伴随而来的海难事故也不断发生，并呈逐年递增的趋势。据伦敦海上保险商协会公布的 1987～1991 年世界船队全损船舶统计资料表明，全世界船队全损船数和全损总吨位均呈增长趋势。有资料表明，在海难事故中约有 80%以上是由人为因素造成的。上述严峻的现实引起了国际航运界的极大关注，认识到没有一个行之有效的管理体系支持，是不能保证船舶安全和防止污染的。因此，这方面的关注就导致了 ISM 规则的产生。

ISM 规则为船舶安全营运和防污染提供了一个国际标准。我国政府为扭转中国籍船舶滞留率（Ship detained-code30）高，以及中国唯一被列为欧洲、美国和亚太三个地区“黑名单”的航运大国的船队（方便旗除外）的局面，交通运输部决定将第二批实施 ISM 规则的航运公司于 2000 年 7 月 1 日前均要按 ISM 规则的要求建立 SMS，并取得参与国际运输资格的“符合证明”(DOC)。

二、国际安全管理规则的内容

（一）ISM 规则简介

ISM 规则是国际海事组织第 18 届大会（IMO A741（18）号决议）通过的，全称为《国际船舶安全营运和防止污染管理规则》（International Management Code for the Safe operation of Ship and for Pollution Prevention），简称《国际安全管理规则》（International Safety Management Code），英文缩写 ISM 规则或 ISM code/ISMC。该规则于 1994 年 5 月 17～24 日由《1974 年国际海上人命安全公约》（SOLAS 公约）（前述）新增第Ⅸ章规定为强制性规则。其目标是保证海上安全、防止人员受伤或丧失生命，避免对环境（尤其是对海上环境）及对财产的损害。

（二）ISM 规则适用范围

除了政府经营的用于非商业性目的的船舶外，对于国际航行的客船（包括载客高速船）。500 总吨及以上的油船、化学品液货船、气体运输船、散货船和载货高速船，在 1998 年 7 月 1 日前强制性地实施 ISM 规则；500 总吨及以上的国际航行的其他货船和海上移动式平台在 2002 年 7 月 1 日前强制实施 ISM 规则。除上述以外的船舶及其所在船公司也可自愿实施 ISM 规则。

（三）安全管理体系的基本要求

1. 公司和船舶制定、实施及保持符合国际安全管理规则的要求，该要求包含下列内容：

（1）安全和环境保护方针；船公司建立的安全和环境保护方针，应描述如何达到 ISM 规则规定的目标，并应保证船岸双方机构的所有层次都执行和维护该方针。

（2）保障船舶安全营运及环境保护，符合有关国际公约及船旗国政府法规的须知和程序。

（3）明确岸上和船上人员的权限和相互间的通信联络方式。

（4）按 ISM 规则报告事故及不合格的程序。

（5）应急情况的防备及处理程序。

（6）内审及管理评审程序。

2. 船舶应由持有符合证明（DOC）的公司营运。

（四）证书

实施 ISM 规则的船公司和船舶应持有下列证书。

1. *船公司*

由主管机关或主管机关认可的机构或应主管机关请求的另一缔约国政府审验，符合 ISM 规则，签发"合格证书"即符合证明（DOC）。船上应保存一份 DOC 副本，以便验证。

2. *船舶*

由主管机关或主管机关认可的机构审验，符合 ISM 规则，签发"安全管理证书"即 SMC。公司及其船上管理是按照经批准的安全管理体系（SMS）进行营运的。为了便于新建立的公司或对现有 DOC 需新增船种的公司实施 ISM 规则，经过主管机关审核后可以发给公司有效期不超过 12 个月的"临时符合证明"（IDOC）。对接受的新船及公司对新到的船舶承担管理责任时，可签发有效期不超过 6 个月的"临时安全管理证"（ISMC）。在特殊情况下，主管机关可对该 ISMC 再展期 6 个月。

（五）验证和监督

船上所持有的DOC副本和SMC证书其效力与其他SOLAS公约证书相同，均应接受港口国主管机关的检查。对不具备或不符合规定的证书，或涂改、伪造证书者，港口国监督机构将依法扣留船舶，停止其国际航行业务。在进行港口国检查时，当有明确理由认为船长或船员不熟悉与船舶有关的、必要的安全与防污染程序时，船舶必须接受该港口国政府主管机关对船舶安全管理要求的检查，直到符合要求。

按IMO《主管机关实施ISM规则的导则》、国际船级社协会（IACS）《ISM规则认证程序要求》以及中国船级社《船舶安全管理体系认证规范》的规定，公司和船舶经初次审核符合ISM规则的要求后，取得有效期为5年的DOC（对公司）和SMC（对船舶）。船公司应在发证日期的每周年日前后3个月内，申请并接受年度审核并对DOC进行签署；DOC到期前6个月可申请进行换证审核，但在DOC到期日前必须完成换证审核，并换新DOC。船舶应在发证后的第二与第三周年日之间申请并接受中间审核，并在SMC上签署；在SMC到期前6个月可开始申请进行换证审核，但在SMC到期日前必须完成换证审核并换新SMC。

三、船舶安全管理体系（SMS）概述

安全管理体系（SMS）是指能使公司人员和船上人员有效实施公司的安全与环境保护方针所建立的文件化的体系。SMS是一个自我约束、自我调整的安全管理系统。每个公司只应建立并保持一个SMS，这个体系应覆盖该公司所处的所有安全行为。它既可满足公司内部安全管理的需要，也可适应外部安全保证的要求，并能满足ISM规则的要求，达到安全、营运和成本的统一。这个体系应在实践中不断改进，不断完善。安全管理审核是确定安全管理体系活动及其有关结果是否符合计划的安排，以及这些安排是否有效地实施并适合于达到预定目标的、系统的、独立的检查。

四、公司DOC的颁发和有效性

我国由海事局受理公司的申请。

1. 初次验证

公司向主管机关、或主管机关认可的机构提交认证申请和规定的资料。

初次验证的程序：审查申请资料、主管机关派审核组对公司进行预审、现场审核，合格后即签发DOC。

公司各地负责安全和防止污染管理的分支机构、公司营运的每艘船舶应具有DOC副本。DOC有效期为5年。

2. 定期验证

为保持DOC的有效性，应进行年度审核。年度审核应在DOC签发之日的每周年日前后3个月内进行。

3. 换新验证

换证审核申请应在DOC有效期届满前6个月提出。换证审核按初次审核的要求进行，并在DOC到期日前完成审核。换证审核通过后，主管机关将重新签发DOC。

4. 临时验证

下列公司可向主管机关申请签发临时符合证明（DOC）：

（1）新建立的公司。

（2）发生影响安全管理体系运行的体制变更的公司。

（3）现有 DOC 不适用于新增船种的公司。

（4）主管机关认为可以发给 DOC 的其他公司。

申请签发 DOC 的公司应具备一定的条件，申请时应附送有关材料。临时审核通过后，主管机关将签发 DOC，其有效期为 6 个月，特殊情况可展期 6 个月。

五、船舶外审

1. 船舶外审是指船旗国主管当局授权的审核组织对船舶运行的管理体系所做的审核，包括船舶的 ISM 和 ISPS 体系外审及公司管理体系外审时的代表船审核。

2. 船长要组织船员精心准备，积极配合审核组做好审核。船长应确保：

（1）普通船员对健康、安全和环保管理体系有了解，特别强调：领会公司的健康、安全和环保方针；熟悉自己在健康、安全和环保管理体系中的职责；熟悉本船的应急部署和程序，自己在各种应急中的岗位和职责；知道公司健康、安全和环保管理体系中的指定人员和 ISPS 中的首席公司保安员、公司保安员和本船船舶保安员。

（2）高级船员对健康、安全和环保管理体系有全面的了解。特别强调：熟悉公司的健康、安全和环保方针；熟悉自己在健康、安全和环保管理体系中的职责及与其他船员/部门的相互关系；熟知程序手册和船舶手册中与自己职责有关规定；熟悉本船的应急部署和程序，自己在各种应急中的岗位和职责；知道公司健康、安全和环保管理体系中的指定人员和 ISPS 中的首席公司保安员、公司保安员和本船船舶保安员。

（3）对审核员提出的不符合报告，经船舶确认后，立即实施纠正措施，力求尽快纠正；确定责任部门和责任者；由责任部门和责任者制定纠正措施后，请审核员确认；规定纠正期限，组织实施，尽量在审核员离开前消除不符合；纠正的结果和证据由公司负责报告审核组织。

（4）对在审核过程中未能纠正的不符合项，应确定产生不符合和严重不符合的区域，指定实施纠正措施的责任者；分析不符合产生的原因，组织制定切实可行的防止再发生的预防措施；将实施纠正措施的证据，如学习记录、《航海日志》、《轮机日志》及其他活动记录的复印件，在规定整改日期内传真或寄给公司。

3. 公司会及时将审核员确认的不符合关闭的证据寄船。船长应确保所有审核记录资料存档保存。

六、国际安全管理规则对船公司的影响

1. ISM 规则改变了船公司的安全管理模式

ISM 规则与以往 IMO 的规则有所不同，以往的规则主要是针对船舶设备、船员的知识技能等方面的，而 ISM 规则主要是针对船公司的安全管理。其核心是要求船公司和船上建立和保持符合 ISM 规则要求的安全管理体系（SMS）。我们国家的船公司有多年安全管理经验，有一定的管理基础，但没有成套的安全管理体系，这与 ISM 规则的要求差距很大. 我们的安全管理可以说主要依靠传统的方法，头痛医头，脚痛医脚，各个环节没有有机的结合。通常是出了事故，上级指示或要检查就抓一抓安全，至于船上执行得怎么样也没有一个具体的考核制度。安全管理没有向

深层次进行，随意性太大，没有形成管理体系。而ISM规则就是要求船公司改变随意的管理模式，建立一套完整的安全管理体系。

ISM要求各船公司所建立的安全管理体系，要符合规则的功能要求。

(1) 颁布安全和环境保护的方针：安全和环境保护的方针是公司安全管理的纲领，要求公司在进行安全管理中执行并保持此方针。公司的安全管理至少应实现ISM规则要求的目标。

(2) 确保船舶的安全营运和环境保护符合有关的国际和船旗国立法的指令和程序：加强安全管理很重要的一方面就是要确保船舶的运行遵守有关的国际公约、规则及船旗国立法，改变以往那种有法不依各行其是的做法。

(3) 明确船岸人员的权限和相互之间的联系渠道：ISM规则要求公司的安全管理责权分明，明确船岸人员的权限，做到事事有人管，责任有人担，而且船岸间各级人员之间有顺畅的信息交流渠道。

(4) 明确事故和不符合规则规定的情况的报告程序：改进安全很重要的方法就是从事故中吸取教训。这就要求所有的事故，不符合规则的情况，必须及时报告，报告后有人分析，结论能够反馈. 改变以往能不报就不报，报了也无人管的状况，这样才能不断改进我们的安全管理水平，完善安全管理体系。

(5) 确定对紧急情况的准备和反应程序：以往在处理紧急情况时，多是凭个人的经验，往往考虑不周，而造成不应有的损失。ISM规则要求制定出各种紧急情况下应变的准备和反应程序，帮助指挥员和工作人员消除险情或减少损失。

(6) 制定内部评审和管理性复查程序：管理工作的好坏很大程度上要看监督怎样，只要有严格的监督制度，才能保证决策的执行，反过来又能促进管理水平的提高。制定严格的评审和复查程序，是保证安全管理体系顺利运行和不断完善的必要条件。ISM规则要求各船公司建立的安全管理体系是一个协调的、自我调节的、自我完善的、闭环的系统，这将从根本上改变了传统的安全管理模式，乃至经营模式。

2. ISM规则增加了船公司的责任

传统的安全管理在很大程度上是依靠船上的船员来进行的，公司主要关心证书是否有效，而监督机构也只检查船舶的证书和设备状况。公司的安全管理无人来干涉，怎么管，管哪些方面是公司内部的事情。ISM规则的强制实施，第一次出现了规范和监督公司内部安全管理的国际性规则。每一个公司的安全管理要按ISM规则的要求进行，管什么内容，怎样管理都不再是各单位内部的事情了。所有安全管理工作都要受到有关国际公约和国内法规的制约，不遵守这些规定，公司将没有资格在国际航运市场上进行竞争，这就大大增加了各公司安全管理的责任。从航运法规方面讲，ISM规则的实施，也使船东在事故中依靠船员的过失来免除自己的赔偿责任和限制自己责任的权力受到挑战。因为根据大量的事故统计分析表明，有50%的事故是由于公司管理方面的原因造成的，而根据ISM规则，这些责任是由船东来负担的，与船员无关。ISM规则实施以后，传统意义上的船舶适航将有所改变。传统意义上的船舶适航要求：船舶开航前和开航当时，应谨慎处理，使船舶处于适航状态，妥善配备船员，装备船舶和配备供应品，并使货舱适货。而ISM规则实施后，船舶的适航除传统含义外，应包括船公司和船舶的安全管理取得证书，并符合规则的要求，从而能适应所从事的运输。通过以上分析不难看出ISM规则的实施不仅仅增加了船公司安全管理的责任，也增加了其他方面的责任．各公司在准备和实施ISM规则的过程中，应充分注意这些方面的问题。

3. ISM规则给船公司带来了效益

ISM规则实施的目标是保证海上安全，防止人员伤亡，避免对环境，特别是海洋环境造成危害以及对财产造成损失．通过实施规则将海事中人为因素降到最低。海事统计分析表明，在以往的事故原因中，涉及人为因素的事故占80%，因此ISM规则的实施将大大降低海事的发生频率，减少海事造成的损失，使航海更安全，海洋更清洁，最终最大的受益者还将是船公司，船公司以往疏于安全管理，往往是因为他们只看到安全管理的投入，而没有分析其效益．船公司的安全管理不好，易造成船舶低于公约要求的标准，在接受港口国或船旗国的检查时，会受到罚款、滞留的处罚，从而增加经营成本。这种船在航运市场上的揽货能力将受到很大的限制．安全管理不好的船，也易发生海事，发生海事是船公司增加成本的主要原因之一。一旦发生海事，势必造成物质损失和人员伤亡。伴随而来的将是索赔、修理和船期损失，以及公司信誉的下降。这些都会给公司带来很大的损失．尽管以上有些费用是由保险公司来支付，但归根到底还是要由被保险船舶来分担．因此搞好安全管理，有效地控制损失，将会提高公司的经济效益。

实施ISM规则，建立安全管理体系，有利于提高船公司的安全管理水平，增强人员的安全意识，能使船舶的安全状况达到公约、法规的要求，减少事故发生的可能性．提高了公司的经营效率和公司的信誉，增强了公司的竞争能力。这样能够更好地取得货方的信任，并获得最优惠的保险费率。从总体上降低了船公司的经营成本，获得了更高的效益。

ISM规则的实施，给船公司的安全管理带来了重大的变革。船公司在组织实施规则的过程中，不应只简单地局限在建立一套符合ISM规则的安全管理体系上面，应全面考虑实施规则对船公司增加的责任和带来的效益。这样才能顺利地实施ISM规则，并从中获益。

思考题

1. ISM的适用范围？
2. 安全管理体系有哪些基本要求？
3. ISM实施对船舶和公司带来哪些影响？

第二节　企业安全文化和管理体系

要　点

企业安全文化的建设。TMSA是油船管理者根据固有标准衡量自己表现的工具，鼓励管理者根据关键要素找出最优管理方法；TMSA对风险评估和管理的变更、等级制相关的规定。

必备知识

一、企业安全文化

企业安全文化是企业的经营管理学，是企业个性化的重要表现，越来越多的企业在弘扬企业多年来的发展优势的同时，结合国际上先进的管理模式，着重创新发展为具有自己特色的经营管理模式。实践证明，建设先进的企业文化，必须始终做到与时俱进，不断创新，使企业文化凝聚时代的精华，体现企业的特色，反映企业的风貌，企业才能充满生机和旺盛的活力。

经济全球化的发展趋势，使航运企业面临的形势越来越复杂，影响和制约企业发展的因素趋于多样化，企业必须尽快适应环境，并不断创造新的环境。企业文化是企业内部共同的价值观和共同的信念引导下形成的特殊凝聚力和员工的归属感，从而形成一种适应国际市场风云变化的能力。创新是企业最重要的品质。企业生产经营管理本身不只是一种业务过程和行政组织过程，也是一种文化过程，在落实具体工作的过程中，是一个渗透人性化管理的过程，是一个以人为本为基本出发点和落脚点的过程。成功企业文化建设的实践证明，企业文化管理是当代先进的企业管理方式，是落实全心全意依靠员工办企业，充分尊重员工意愿，实行以人为中心加强企业管理，充分发挥员工主动性和积极性，形成内敛外强企业形象的重要表现。在一定意义上，它是企业发展成熟的标志，是企业经营管理者成熟的标志，也是现代企业员工高层次的价值追求。事实说明，企业文化作为一种新型的管理理论，以人为本，以创新为魂，已经成为企业应对挑战，提高素质，加强管理，促进改革，不断适应市场竞争的不竭动力。

（一）企业安全文化的概念

船舶安全文化的定义可以理解为是船员在船舶运输生产活动中创造的关于安全生产和安全生活的精神、意念、行为与物态的总和，是安全价值观与安全行为准则相互融合的体现。船舶安全文化是企业文化的重要组成部分。船舶安全文化的内涵是十分丰富的，主要有普及船舶的安全文化，提高船员的安全意识；规范的管理程序是可靠的安全保证，当前船队实行的质量安全管理体系是全球公认的一种国际化的基本管理标准，是国际海事组织的强制规定，也是航运企业进入国际航运市场的基本条件，只有满足这一标准才能进行国际间的海上运输业务。良好的内部环境，才有稳定的安全形势，远洋船舶具有流动分散，环境险恶，工作艰苦，涉外性强，突发事故多，远离陆地和独立作战等特点。船舶安全文化建设受到外部自然环境多变和国际形势变化的影响，更和内部环境息息相关，如一些老旧船因其设备陈旧，工况不良，结构损耗和环境恶劣等原因容易发生安全事故。在船舶内部环境中，对安全生产起决定作用的是人为因素，包括内部良好的人际关系和团队精神。

（二）企业安全文化建设的主要内容

根据国家安全生产监督管理总局颁布的（企业安全文化建设导则），企业安全文化建设由安全承诺、行为规范与程序、安全行为激励、安全信息传播与沟通、自主学习与改进、安全事务参与、审核与评估七个要素组成。

1. 安全承诺

建立包括安全价值观、安全愿景、安全使命和安全目标等在内的安全承诺；领导应对安全承诺做出有形的表率，让各级管理人员和员工切身感受到领导对安全承诺的实践；各级管理人员应对安全承诺的实施起到示范和推进作用，形成严谨的制度化工作方法，营造有益于安全的工作氛围，培育重视安全的工作态度；全体员工应充分理解和接受公司的安全承诺，并结合岗位工作任务实践这种安全承诺。

2. 行为规范与程序

内部行为规范是公司安全承诺的具体体现和公司文化建设的基础要求。公司应确保拥有能够达到和维持安全绩效的管理系统；建立清晰界定的组织结构和安全职责体系，有效控制员工的行为；程序是行为规范的重要组成部分，公司应建立必要的程序，以实现对与安全相关的所有活动进行有效控制的目的。

3. 安全行为激励

在审核和评估自身安全绩效时，除使用事故发生率等消极指标外，还应使用旨在对安全绩效给予直接认可的积极指标；在任何时间和地点，挑战所遇到的潜在不安全实践，并识别所存在的安全缺陷，员工应受到鼓励；对员工所识别的安全缺陷，公司应给予及时处理和反馈；建立员工安全绩效评估系统；建立将安全绩效与工作业绩相结合的奖励制度，审慎对待员工的差错，避免过多关注错误本身，而应以吸取经验教训为目的，权衡惩罚措施，避免因处罚而导致员工隐瞒错误；在组织内部树立安全榜样或典型，发挥安全行为和安全态度的示范作用。

4. 安全信息传播与沟通

建立安全信息传播系统，综合利用各种传播途径和方式，提高传播效果；优化安全信息的传播内容，建立安全事项良好沟通程序；确保公司与政府监督机构和相关方、各级管理人员与员工、员工相互之间的沟通。

5. 自主学习与改进

建立有效地安全学习模式，实现动态的安全管理过程；建立正式岗位适任资格评估和培训系统，确保全体员工充分胜任所承担的工作；将与安全相关的任何事件，尤其是人为失误或组织错误事件当做能够从中汲取经验教训的机会和信息资源，从而改进行为规范和程序，获得新的知识和能力；鼓励员工对安全问题予以关注，进行团队协作，利用既有知识和能力，辨别和分析可供改进的机会，对改进措施提出建议，并在可控条件下授权员工自主改进。

6. 安全事务参与

全体员工应认识到自己负有对自身和同事安全的重要责任；建立让所有承包商参与安全事务和改进过程的机制，对公司的安全绩效改进做出贡献；员工参与方式应包括但不局限于：建立在信任和免责基础上的微小差错报告制度；成立员工安全改进小组；定期召开安全会议；对风险预见性分析和不安全行为或状态的自查自评活动。

7. 审核与评估

对自身安全文化建设进行定期全面审核；在安全文化建设过程中及审核时，应采取有效的安全文化评估方法，关注安全绩效下滑的前兆，给予及时的控制和改进。

（三）企业安全文化的作用

（1）企业安全文化对安全生产具有导向作用。带着正确的安全文化理念，开展和参与安全生产工作。

（2）企业安全文化对安全生产具有激励作用。安全管理工作中有正负激励机制，安全文化也能形成正负激励效应。

（3）企业安全文化对安全生产具有凝聚作用。安全是大家的，大家共建安全才能更安全。

（4）企业安全文化对安全生产具有协调作用。处理好安全与生产、质量、成本等之间的关系。

（5）企业安全文化对安全生产具有约束作用。该做的做到位，不该做的绝对不做。

（6）企业安全文化对事故具有应急作用。应急预案，万一事故发生能够降低事故的危害性。

（7）企业安全文化对企业文化具有支撑作用。安全文化是企业文化的重要组成部分。

（四）多元文化

船员职业具有明显的国际化特征，船员在船工作中可能接触到不同的船员，这些船员在国别、性别、语言、种族等方面往往存在着很大差异，即使是同一国家的船员，也会有地区差异和文化层次参差不齐的情况。为了实现船舶的安全航行，船员也应重视和学习不同国家和地区的语言、文化、习俗等。考虑不同个体和团队的文化背景，提高自己的文化意识，克服多元文化和文化差异带来的困难，发挥不同文化的协同作用，避免由于文化的不同导致交流与沟通中的冲突进而对船舶的安全状况产生不利的影响。

1. 多元文化的差异

航运业是一个全球性的行业，联系着世界上不同的民族和人种，也联系着不同的文化。当不同的文化相遇时，文化差异就会集中的表现出来，特别是对船舶这一相对独立的环境而言，尤其如此。

（1）语言差异：语言文字是人们交流、传递信息和思想的产物，也是人们进行交际沟通的工具。语言文字的相通或相异，往往是由于文化的共同性和差异性造成的。当说者和听者的语言不一致时，就会产生沟通的困难。

（2）价值观的差异：来自不同文化背景的人的价值观不同，其行为方式和态度也不同，容易造成一定的冲突。

（3）认知差异：偏见是跨文化沟通中难以避免的一种现象，因为在跨文化沟通中，信息来源是有限的或存在不正确的信息，从而造成一些模棱两可的情况，不同文化背景下的人们通过自己独特的视野来看待与己相关的事情，必然会给沟通带来障碍。

（4）非语言沟通的差异：沟通的手段不限于语言，非语言沟通同样可以帮助人们传达信息和思想。由于不同国家文化的差异性，非语言沟通也会造成跨文化交流中的障碍。

（5）生活和工作方式的差异：在强调个人为主的文化里，人们往往把生活的各部分分得很清，在工作、家庭、朋友之间有着明确的界限。

（6）沟通习惯的差异：中国人很少直话直说，尤其是传递负面信息时，也不习惯西方人的追问方式以及直面交锋。

2. 船上多元文化的交流

（1）文化意识的需要：在船上，船长、驾驶台其他成员以及引航员应对来自不同文化背景的船员的文化差异和文化的相似性保持敏感，不具备这种文化敏感性，就会产生交流和协作方面的许多问题。例如错误理解命令与指示、缺乏忠诚和尊重、缺乏团队工作等。

（2）尊重他人的文化：每个人都觉得自己的文化是最好的，其他文化都不如自己。培养接受和尊重不同文化的意识，是拓展我们视野的良好开端，同时我们也了解对方对我们的期望。

（3）认识文化差异：只有认识到在不同文化里什么可以做，什么是禁忌，才能避免误会。要做到这一点，首先要了解自己所在的文化，还需要了解跨文化基本理论和具体国家文化的知识。

协同文化差异：在充分了解自己的文化的基础上，通过学习掌握跨文化理论，这样才能在与来自不同文化背景的人员交往中，能在意识上清楚文化差异，在态度上尊重其文化，同时在行为上能正确表现自己，避免文化差异所造成的误会和不信任感，建立良好的跨文化工作关系。

（4）培养文化融合的团队：真正的国际化船员必须是愿意与不同于自己文化背景的人打交道、有良好的文化敏感性和灵活性的人。

（5）建立共同的价值观：在一种文化中被认为是有价值或是神圣的事物，可能在另一文化中被认为是无关紧要的，所以共同的价值观可以消除文化差异造成的隔阂，使人们更快地融入到组织当中来。

（6）创造良好的组织沟通氛围：和谐融洽的组织氛围，可以消除沟通时双方的紧张感和约束感，另外要保证组织有畅通的沟通渠道。例如船长应主动创造交流的机会，增加对下属船员的信任，保证沟通渠道清晰明确。

二、油船管理和自我评估

（一）目的和范围

OCIMF 出版的“油船管理和自我评估”，（Tanker Management Self Assessment，TMSA）程序是一个用来帮助船舶经营人衡量和改进其管理体系的工具。该程序鼓励船舶经营人针对给出的关键绩效指标（Key Performance Indicator，KPI）和最佳实践指导去评估自身的安全管理体系。最佳实践是解决问题和达到关键绩效指标的最有效的途径，在诸如安全和优良环境关键领域内，最佳实践能创造最佳的行为和良机。公司应在船队范围内，通过使用一致运用的改进的步骤和程序来传递最佳实践。

船舶经营人可应用他们评估的结果来持续发展一个能够改进优良安全和环境的相应方案。TMSA 程序仅提供指南，船舶营运和数据分配的责任完全取决于船舶经营人自己。各石油公司将极其努力谨慎地选择保持保养和管理优异的船舶进行期租。TMSA 程序建立在 ISM 规则基础上并可在船舶经营人之安全管理规则的有效性方面提供给租船人有价值的反馈。使用一个统一的途径收集信息将减少经营人的双重努力。TMSA 积极鼓励船舶经营者达到船舶管理的高标准和持续改进，并且在（OCIMF）认可的现行的行业的最佳实践方面提供指导。

（二）质量体系的创立和指南

1. 油船管理和自我评估介绍

TMSA 程序提供了一个评估船舶经营人之管理体系的标准框架。

该程序提供给船舶经营人一个指南，该指南阐述一个规范化管理体系内的各种主要要素。指南还提供“关键绩效指标”（KPI）范例。TMSA 程序用于帮助船舶经营人改进他们的管理体系和帮助行业获取在石油公司检查方面的全面信息。

质量评估过程是 TMSA 程序的中心内容。其他内容结合 ISM 规则是对船舶经营人的要求和行业指南，其中心内容描绘了船舶经营人的管理体系，体现符合 ISM 规则要求和一个持续循环改进。

2. TMSA 指南的 12 个要素

- 要素 1 管理、领导艺术和责任
- 要素 2 岸基人员的招聘及管理
- 要素 3 船员招聘及管理
- 要素 4 设备的可靠性和维修保养标准
- 要素 5 航行安全
- 要素 6 货油、压载和系泊作业
- 要素 7 变更管理
- 要素 8 事故调查和分析
- 要素 9 安全管理
- 要素 10 环保管理
- 要素 11 应急预案及应急计划
- 要素 12 措施、分析和改进

（三）指南的应用和执行

关键绩效指标（KPIs）是一个不连续的用来跟踪公司满足其目标和方针政策有效性的指标。它是一套“至关重要的指标”，它表明了公司操作的状态。当将其用作衡量体系的部分时，它们将确定衡量过程的质量和已经实现目标的程度。

使用 KPIs 来衡量质量体系：船舶营运人能够使用包含在该文件中的数据来评估他们的质量体系和论证达到每一要素的程度。

船舶营运人使用衡量数据：KPI 数据为营运人提供了一个使用这些结果来管理他们持续改进程序的时机。营运人可以决定使用 KPI 数据作为单一的决策工具，或结合正在使用的管理工具来改进他们的质量体系。无论哪一种情形，反馈都应给营运人一个清楚的、客观的绩效描述，并允许他们识别出差距和未来的改进计划。

（四）船舶工作风险评估（Task Risk Assessment，TRA）

船舶工作风险评估的作用是仔细考察会在正常作业时带来损害的因素，以便能决定是否采取了充分的预防措施或是否应该采取进一步的措施以防止伤害的发生。评估的目的是尽量减少船上的事故和伤害。评估应确定在工作场所中哪些是现时存在的危险以及执行工作时会发生的那些重大风险。评估应包括考虑到现时已为控制风险做出的预防措施，例如工作许可证、禁区、警告牌、个人保护设备等。

1. 油船的风险

油船的风险主要有：碰撞；搁浅、触礁；火灾、爆炸；油污染；机损；海损；货损、货差；

人员伤害。

油船承运散装石油及石油产品等危险货物，除了直接货油污染、火灾事故外，碰撞、搁浅、海损等都可能导致严重的油污和火灾事故。油污和火灾事故给人们的生命和财产带来了极大的伤害和经济损失。根据国际海事的调查结果显示，80%的事故是人为因素造成的，其中80%以上是人的失误所造成。

2. 油船管理自我评价

石油公司国际海事论坛（OCIMF）出版的“Tanker Management and Self Assessment”（TMSA）的目的是进一步提高油船公司的安全管理、操作水平和风险管理、控制能力。

TMSA 中主要内容为：

（1）风险识别 Risk Analysis；

（2）风险评估 Risk Assessment；

（3）风险管理和控制 Risk Management and Control；

（4）管理变更 Change Management；

（5）事故调查 Incident Investigation。

TMSA 为船舶安全管理体系的有效落实和长久发展提供了一套高效的管理工具。

世界上一些先进的油船开始实施 TMSA 评估制度。为了保障船上人员和财产安全、保护海洋环境防止污染，油船公司为每项已经识别的船舶日常操作风险，制定了操作流程、规则和特定的控制措施，形成“船舶日常工作风险评估及风险控制报告”。船舶应在日常操作时使用对应的船舶日常工作风险评估及风险控制报告。进行风险评估，要按照相应的内容逐条核对、准确评估，并保存好相关的记录。同时船舶风险评估制度还要求船舶针对具体的工作、参加人员、客观条件和环境等非日常操作，实施风险评估并制定具体操作措施进行风险管理和控制。

通过风险评估可以使人们提高安全意识和风险防范能力；风险管理和控制措施为人们的操作行为提供了规范的工作流程，从而避免和减小事故的发生和损失。

附表1 VLCC 靠离作业风险评估

工作内容：大型船舶靠、离泊作业

存在的风险		风险程度	应对风险应采取的安全措施	剩余风险程度	确认
1	人员伤害	重大风险	1. 按规定着装，做好每个人的劳动保护 2. 现场指挥应纵观全局，保持与操作人员的密切协同 3. 加强人员培训，提高安全意识，作风严谨，工作认真，站位要正确 4. 严格控制出缆速度，禁止野蛮作业	可接受风险	
2	碰撞、搁浅	中度风险	1. 提前对港区及沿岸海图进行认真、细致研究，采用最安全的航线；估计到可能遇到的所有危险并按步骤定下相应的预防或应急措施 2. 抵港前，应对所有助航仪器以及车、舵、锚等设备进行试验，保证其状态 3. 注意守听高频和控制中心发布的安全信息	可接受风险	

存在的风险		风险程度	应对风险应采取的安全措施	剩余风险程度	确认
			4. 开启不同波段的雷达，配合以其他瞭望，及早确认他船动态和所用避让措施 5. 谨慎驾驶，避免不必要的追越；避免在弯曲和复杂水域会船；多用车让，少用舵让；要做到“淌航稳，制动快，停得住” 6. 无关人员不得上驾驶台，以保持驾驶台安静和正常工作秩序 7. 控制船速，尽量缩短船舶在港口或航道出入口的停泊时间 8. 注意吃水与水深和空船高度与碍航物净空高度之间的关系		
3	偏离航道及触碰灯浮等助航标志	中度风险	1. 认真瞭望，谨慎驾驶，控制船舶位于航道中央或稍偏上风舷侧航行 2. 及早减速，以便淌航或等引航员时能够保有可维持舵效的最小速度 3. 及时定位和修正航向，要估计到航道灯浮或其他助航标志灭失、偏离的可能 4. 保持与引航站的密切联系，尽可能减少等待时间	可接受风险	
4	碰撞拖船、工作船，拖缆和缆桩、船壳的损坏	中度风险	1. 缩小拖船与船舶之间的速度差，避免对船舶的快速冲击 2. 准备足够强度的引缆和 STOPPER 3. 提前与引航员达成共识，避免拖船的冲击性拖拉 4. 必须监控拖船顶推有标志的加强部位 5. 控制船速，防止将拖船带翻	可接受风险	
5	触碰码头及设施	中度风险	1. 按照船舶大小和载况使用足够数量的拖船 2. 备妥双艏锚于应急位置 3. 靠泊前搞清预计靠泊时的风流向、风流速 4. 应考虑到大型船舶的特点，控制余速，车舵的使用要留有一定的提前量	可接受风险	
6	不能正常作业	中度风险	1. 通过代理或引航员预先获得泊位的靠离条件 2. 每时每刻对周边环境了如指掌，以防能见度突然降低 3. 对风大、浪急等特殊港口情况，在无足够拖船协助的情况下可推迟进港。 4. 提请更换引航或推迟进港 5. 遇有其他危及安全的情况或无把握时可延缓进港时机	可接受风险	
备注：在实际工作中，可能会出现其他新情况，还需要进行风险评估，制定和采取相应的安全措施，并将其补充在本评估单中。					
参加作业人员					

作业开始时间________年____月____日____时　作业完成时间________年____月____日____时

评估责任人 ____________________

附表 2　VLCC 单点系泊风险评估

海上单点系、离泊作业

除了正常情况下靠、离泊作业存在的风险外，还存在下列风险。

存在的风险		风险程度	应对风险应采取的安全措施	剩余风险程度	确认
1	联系和沟通不够被投诉	中度风险	1. 根据港口引航员和/或 Loading Master 的要求，提前确认靠离时间，在给定的锚地选择适合本船的抛锚点 2. 根据 Loading Master 的要求，控制好船位和船速，在指定的地方停车保持航向 3. 涌浪大的海域，事先和引航员和/或 Loading Master 沟通，通报信息	可接受风险	
2	油气含量、压力及硫化氢超标	中度风险	1. 提前充、排舱气，按照将要靠泊的港口具体要求调整货舱油气含量、硫化氢含量和气体压力 2. 抵港前利用惰气系统对所有货舱进行填充—排放—测量，使其达到限定的范围	可接受风险	
3	人员伤害、接油槽和输油管线的损坏，锚机缆车的损坏，碰撞浮筒、工作船、拉断引缆和锚链	中度风险	1. 抵港前进行海上单点系泊的操作的培训 2. 提前把船首两个外挡缆车缆绳倒出，把准备好的专用引缆盘到倒好的缆车上 3. 按配员情况安排好船首带缆人员，如果船尾需带拖船要按 Loading Master 指挥适当安排人员适时去带拖船 4. 对于接管首先要确保安全，开吊人员要注意力集中听从指挥者指挥。其他人员要站位合适，海底管线吊上主甲板接油槽后，在拆下盲板前确认管线阀们处于关闭状态，但有的海底管线阀们关不严，拆卸时容易把残油喷出 5. 千万不能用提升缆把船绞到位置或者保持船位 6. 离泊时，把防摩擦链段用绞缆机倒出松到水中并将提升缆缓慢地通过导缆孔松出 7. 当系泊在传统形式浮筒或者单点系泊浮筒时，应始终为船员备妥一些必要的工具，如大斧头、大锤和撬杠	可接受风险	
4	污染、擦碰单点系泊浮筒和海上输油管线	中度风险	1. 听从港口引航员（Loading Master）指挥，控制好船位、船速和航向，为保舵效，主机用车频繁，机舱一定做好准备 2. 根据当时风浪情况，对引航员做些提醒 3. 系泊期间，船头安排人员 24 h 值班，当船要漂到浮筒上或者过度摇摆及对缆绳受力情况和浮筒位置随时向货控室报告 4. 系泊期间，一般要求在不备车时 10 min 内主机能用，事先和引航员和/或 Loading Master 得到确认 5. 经常检查海底油管情况，防止损坏和油渗漏；注意艉拖船缆的受力 6. 保持不间断的有效的通信联系，包括 CCR 和甲板值班人员，以及与引航员、码头长的联系沟通 7. 为避免损伤海底管道和单点系泊浮筒的锚链，除非在极其紧急的情况下，否则不应抛锚	可接受风险	
5	引航员/和或 Loading Master 投诉抱怨风险	中度风险	1. 引航员梯、组合梯按要求提前准备好 2. 控制好船位和船速，在指定的地方停车保持航向。千万不能操之过急 3. 大副一定事先和 Loading Master 确定装货顺序，种类。海底管线的容量。防止置换时发生货损货差 4. 合适、礼貌招待。尤其是海湾一带信伊斯兰教的 Loading Master	可接受风险	
备注	在实际工作中，可能会出现其他新情况，还需要进行风险评估，制定和采取相应的安全措施，并将其补充在本评估单中。				
参加作业人员					

作业开始时间____年___月___日____时　　作业完成时间____年___月___日____时

评估责任人________________

附表3　VLCC系泊装货风险评估

第一部分工作内容：装货作业（装货前准备阶段）

存在的风险		风险程度	应对风险应采取的安全措施	剩余风险程度	确认
1	配载不合理导致装卸货无法正常进行、混货、船体强度受损、吃水不满足要求等	重大风险	1. 认真研究航次命令，着重应考虑装货港、卸货港、航行过程中所经海峡、水道等重要水域有无吃水的限制，尤其是航线较长、同时跨越多个载重线海区、海水密度变化较大的航程，在制定配载计划时应充分考虑到燃油消耗，海水密度修正等因素，要做到在航程的任意航段都满足载重线规定 2. 合理分配舱位，如多票货装载应考虑到对扫排压载水的影响，在装、卸货作业中和作业后使垂拱值尽可能最小 3. 由于装载多票货物当抵卸港时由于可能出现的不同种卸货顺序方案所引起的对船体强度和状态的影响，因此需事先考虑所载货种在卸港的各种可能卸货顺序制定出最适宜的配载计划 4. 多票货装载还应考虑隔票的问题，可采取单管线装载、双阀截止	可接受风险	
2	装货计划书不合理导致装货无法正常进行、不能在紧急情况下使船舶安全自离、船体结构强度受损、吃水差不合理、混货	重大风险	1. 根据配载计划预先计算制定每两小时的装货船舶状态，需考虑吃水、吃水差、船体强度、剪力、弯矩、稳性、便于扫排压载水 2. 要考虑在整个货物操作过程中，船舶最小排水量不能低于30%的载重量并使螺旋桨始终浸没在水中，以便应急情况下船舶紧急撤离 3. 装货过程中驾驶员和大副记录、检查所需的各种文件及注意事项准备妥当且整编造册在货控室明显处摆放好，切实做到在采取行动前完成各种相应检查单，做到行动有据可依，防止违背体系文件盲目动作导致事故	可接受风险	
3	通信联系不畅导致不能安全作业	重大风险	1. 建立良好的通信途径，明确船舶内、外部工作频道 2. 如果岸方人员驻船协调装货沟通，则必须使其在货控室的便捷联系范围之内，防止因联系沟通不畅导致意外的发生，和出现意外险情后无法有效沟通停止危害而继续扩大险情的风险	可接受风险	
4	人员中毒	重大风险	1. 提前和代理、货主等联系了解货油的MSDS资料，预知油品的毒性等理化特性进而采取有效的防范措施，根据实际货油性质，可考虑使用适当的呼吸保护设备 2. 所有舷窗及通往居住区的门都应关闭（保留外舷一个安全通道）。如使用空调应保持部分循环状态，保持居住区内正压，防止油气进入，值班水手应保持安全巡视 3. 进入泵间前要进行通风；进行测氧、测爆、测毒并取得大副同意和完成进入泵间许可证后方可进入；进入泵间人员要携带便携式测氧、测爆、测毒设备及便携式通信设备，在许可证规定时间范围内还应进行多次测量泵间舱气；离开泵间要向值班驾驶员报告；发现问题及早撤离 4. 鉴于货油的毒性和/或挥发性，在量舱与采样的操作过程中，有必要防止或尽量减少油气从货油舱的液面空间逸出。只要有可能，就必须使用封闭式的量舱与采样设备 5. 进行量舱或取样时，操作人员必须小心避免吸入油气。应保持头部充分避开排除的气流，应站在与风向成直角的方向 6. 监控货油舱气，防止硫化氢超标人员中毒 7. 装载含硫化氢的货油时，甲板通常只准保留参与安全检查	可接受风险	

	存在的风险	风险程度	应对风险应采取的安全措施	剩余风险程度	确认
			与装卸操作人员，去甲板的当值人员还应随身携带便携式硫化氢探测仪，访客进出生活区应有人陪同，并简要介绍货油危险和应急程序 8. 含高硫化氢的货油在装载前应切实做好加温管系试漏以防止硫化氢漏入低压蒸气系统而进入机舱，造成人员中毒 9. 装载高硫化氢的货油如风速低于 5m/s 应停止装货 10. 船靠船驳载作业时应特别注意船舶干舷高度的差异以及蒸汽自由扩散受限的可能。接收船应保持较高的通风速率，并且船舶应调整方向使风向可以带走扩散到生活区处的油蒸汽，尤其当装载高硫化氢及高蒸汽压的货油		
5	溢油、油污染	重大风险	1. 抵装港前试验和保养高高位警报，仔细辨别各舱警报浮子、警灯和/或警笛是否有失灵的情况，对于装有多个警报器的大型油船当做试验时还应仔细辨别多个警笛、警灯中是否存在有失灵的 2. 检查干舱尺、取样尺、UTI 尺的工作状态，检查 UTI 尺的电池电量是否充足 3. 检查货控室的控制监控面板的各种警报警示灯是否工作正常 4. 因硫化氢有很强的腐蚀性，当装载高硫化氢的货油时，测量器具很可能无法像平常那样工作，因此应经常检查其工作状况，如多台仪器测量比对校验 5. 检查配载仪是否工作正常且各种相关数据状态输入正确 6. 海底门确认已关死并绑牢，在装/卸前进行气密试验 7. 防污器材摆放准确到位且数量足够并且设备都已处于立即可用状态，防止当意外发生而不能就近第一时间取得防污器材而使污染扩大 8. 清污和回收溢油用救生艇处于立即可用状态（起落钢丝卷筒的帆布护罩和其他手柄等护罩解掉，充电电源线拔掉等） 9. 由水手长负责将所有的下水孔塞正确旋紧，舷边丝阻旋紧，液压机械设备的接油槽丝阻旋紧，机舱各种油槽的丝阻旋紧，出口阀处货油接油槽的盲板旋紧封死，不用的出口阀的盲板旋紧封死；对于老旧油船由于下水孔锈蚀虽然孔塞旋紧仍然有渗漏的风险，因此应当在旋紧孔塞的基础上采用水泥封死堵漏；放甲板积水的人员当拿掉孔塞后必须在现场值守直至积水放净后重新旋紧孔塞 10. 船舶围油栏是否已经安放正常	可接受风险	
6	火灾、爆炸	重大风险	1. 抵达装货港口前，值班驾驶员应对测氧仪、测爆仪等气体分析仪器进行检查和校对并作好相应的记录 2. 测量时至少用两台仪器同时测量并进行相互比较 3. 监控压载水舱气 ，探测是否存在可燃气体 4. 监控货油舱气，舱内含氧量体积比不得超过 8%，否则不可以进行装货作业（油舱内氧气浓度的测量位置应在甲板以下一米处及油舱空挡的中间处） 5. 监控货舱舱压，以防由于温度的变化引起负压而吸进空气 6. 禁止明火作业、禁止外来人员携带违禁品登船（如火机火柴、易燃可燃物品）、禁止吸烟（指定吸烟场所除外）、禁止在室外使用没有许可证的通信设备、禁止使用相机等警示板在甲板登船处摆放到位 7. 救生艇和救生设备处于立即可用状态（起落钢丝卷筒的帆	可接受风险	

存在的风险		风险程度	应对风险应采取的安全措施	剩余风险程度	确认
			布护罩和其他各处护罩解掉，充电电源线拔掉等） 8. 消防器材摆放准确到位且数量足够（器材种类、数量、位置应清晰列表于风险评估单中），防止因火灾和爆炸发生而出现无法得到和接近消防器材；扑灭透气桅火灾的舟车式灭火器要与透气桅连接正确且状态良好，透气桅端的开关阀无锈蚀卡死状况，工作正常；锚链水阀应彻底关闭以防消防系统水压不够；泡沫灭火系统和消防水系统应正确连接且立即可用；通知轮机部应使消防系统的机舱部分始终处于立即可用状态 9. 装货作业期间，油舱内惰气压力应保持合理的正压,否则应终止作业； 10. 按要求关闭雷达设备、电台设备、VHF 和 AIS 设备的发射功率应选择 1 W 的低挡位 11. 雷雨天气情况下，禁止作业		
7	备管线不正确导致管线憋压、跑油、溢油、混货的风险	重大风险	1. 由驾驶员带领水手备妥管线，本次所用的出口阀用标志旗准确示意，不用的出口阀则应彻底盲死；其他不用的所有阀应全部彻底关死并上标记，开的阀要开到位；泵间的相应各阀也要彻底关死；所有的阀的状态应在货控室面板上明示，坚决杜绝开错阀、备错管线而出现装货时憋管、跑油、溢油、混货和出口阀处接口指示不清而接错油管，关阀不到位出现混货、已平完的舱溢油、不该装的货舱进油的风险 2. 检查出口处法兰紧固螺丝的状况是否良好（勤检查细化到时间安排），法兰口的平面涂层是否完好没有损伤，涂层如有损伤则检查涂层下金属面有否损伤是否良好；螺丝断裂岸方货油管脱离造成重大污染的风险，涂层或金属面损伤导致跑漏油的风险，岸方拒绝船舶的风险 3. 有关的相应各阀是否为彻底关闭状态（包括有：出口阀、每一出口阀相连的放残阀、通向货舱的放残阀、扫舱管线通向出口阀处的左右两道分支阀、船中各燃油加油管线的所有放残阀、各管线所连取样考克阀） 4. 彻底关闭甲板连通管线处的两道透气阀 5. 最终装货前大副要亲自复查确认管线、阀的准备是否正确 6. 装货前泵间也要重点复查，防止因为是装货作业而出现疏忽大意造成泵间的跑冒滴漏和污染 7. 如若本航次需装载两票以上货物，应事先在货控台上做出醒目标志，如有特殊要求可以采用单管线双阀截止装载，防止混装	可接受风险	
8	惰气系统工作异常导致作业不能正常进行	重大风险	1. 监控货舱舱压可发现系统异常征兆 2. 本舱惰气阀开位正常且锁死，钥匙只由大副一人控制 3. 透气桅手柄无锈死或不灵活的现象，保养到位，自动旁通阀工作正常 4. P/V Braker 液位正常，如果船舶在高纬度寒冷天气环境下作业应当在进入寒冷区域前采取防冻措施（如添加防冻液） 5. 检查甲板水封水泵运转是否正常，液位高度是否正常，水封内泥沙是否过多进而阻碍水流及磨损水泵，水封内是否水质浑浊或生长藻类等阻挡观察镜，甲板水封加温设施是否渗漏、堵塞等工作不正常，低温冻结 6. 检查惰气系统的指示灯、警报灯、警报笛是否工作正常	可接受风险	

存在的风险		风险程度	应对风险应采取的安全措施	剩余风险程度	确认
9	潜在的船体、各种管系、阀损坏导致渗漏，管线、阀无法操作的风险	中度风险	1. 监控压载水，可发现货舱和船体结构是否损坏，液压管系是否损坏 2. 检查和活络压载水舱阀、货油舱阀可发现阀是否出现破损胀死，要留有查找问题和检修的时间，或者重新制定装货方案 3. 监控压载水舱气，可发现船体结构是否有损坏	可接受风险	
10	卸货作业所涉及人员对作业期间职责和值班不明确将导致各种意外情况	中度风险	1. 认真开好装货前安全会，使所有涉及的装货人员对本次装货作业的程序和注意事项清晰明了 2. 船上值班人员应严格遵守中远集团规定的“驾驶台规则”、“值班规则”及“雾航规定” 3. 设置安全通道，明确标志出禁止区域，严格梯口检查，专人值守，认真执行保安检查规则，对外来人员在船的行踪应进行不间断的有效监控 4. 实施装货作业时，应在主要通道处和布告牌处张贴或悬挂告示，无关人员不得开/闭管系的任何阀门 5. 密切注意泊位周围水域环境的变化及其过往的船只，避免兴波过大造成浪损拉断输油臂 6. 甲板值班人员配备要充分，除一人保持在梯口值班外另一名值班人员要经常的巡视甲板检查缆绳的系泊状态，货油管线、加油管线、各层生活区等保证全船的安全及生产工作的顺利进行 7. 注意潮汐的变化及时调整系泊缆绳，二副做出潮汐表张贴于货控室和出口阀水手值班处 8. 保证岸梯或船梯及上下人员的安全，及时调整 9. 排放压载水时，值班水手要注意观察水面是否有油花排出，一旦发现立即向货油控制室报告	可接受风险	
11	人员磕、碰、绊、跌受伤	中度风险	1. 作业人员必须穿戴符合油船安全操作要求的工作服、工作鞋、工作手套、护目镜、安全帽 2. 夜间工作一定要随身携带个人便携式防爆照明器具，并且甲板照明系统应保持正常工作 3. 甲板作业人员应走防滑通道，严禁在甲板上奔跑 4. 甲板表面无油迹及多余物品，保持甲板整洁 5. 冰雪寒冷天气环境下作业时，可在作业通行区加敷锯末或草垫进行防滑	可接受风险	
12	液压阀无法遥控打开导致作业不能正常进行	可接受风险	1. 至少两台便携式手动开阀液压泵应摆放到位：一台放置在船中出口阀处，另一台应摆放在泵间底部最便于看到和取用的位置（现场要有备用液压油，开盖加油用扳手） 2. 同时检查以下各项：泵内液压油量是否充足；油管是否老化以防高压破损；泵体和手柄是否有锈蚀卡死或破损；扳手与加油盖是否相匹配且加油盖能正常旋开。如状态不良则修复或换新	可接受风险	
备注	在实际工作中，可能会出现其他新情况，还需要进行风险评估，制定和采取相应的安全措施，并将其补充在本评估单中。				
参加作业人员					

作业开始时间_____年___月___日_____时　　作业完成时间_____年_____月____日_____时

评估责任人 ____________________

第二部分工作内容：装货作业（初始装货阶段）

存在的风险		风险程度	应对风险应采取的安全措施	剩余风险程度	确认
1	开始装货时的作业繁杂易产生疏忽从而导致岸管憋压、漏油、海洋污染	重大风险	1. 白天和夜晚正确升降和开启危险品作业信号灯 2. 在开始装货前应启动开关阀液压泵将所有应该处于关闭状态的货油系统、压载系统的阀重新顶关一下 3. 验舱、计算结束且双方满意签字后才可打开商定好的初始装货货舱的舱阀、相应下舱阀 4. 待和主管码头长确认船岸一切准备就绪后才可以通知当值水手开相应货油管出口阀 *对于采用透气桅透气方式进行装货的船舶应由当值水手同时检查透气桅是否打开（此项检查至关重要，此两项工作必须作为一整体严格操作），并时时监控舱压（以防岸方原因拖延供油而导致我方船舶舱压过低，尤其是高纬度寒冷环境下装货） *对于采用油气回收系统装货的船舶应事先接好油气回收管，并按要求打开油气管出口阀，也应时时监控舱压	可接受风险	
2	渗漏、油污染、断缆船移等事故	重大风险	1. 一旦当值水手打开出口阀开始装货后必须在出口阀处严密监视装货情况，观察有无异常情况；耳朵贴近油管听有无过油的声音及声音变化情况可知是否已开始装货和装货速度大小情况；看出口阀处压力表有无读数可知管线阀是否正常开启；看船舶附近海面是否有油花等异常情况 2. 另一当值水手应同时沿本次装货所用管线巡视检查防止漏渗淌油，重点位置为各管线法兰连接处、膨胀接头连接处、装货出口阀的对侧各出口阀、盲板、法兰 3. 泵操作员重点检查泵间和各货舱管线相连的阀和法兰，泵间的压载系统所涉及的管线、阀门 4. 当值驾驶员和大副严密监视货控室的所有的货舱液位、舱压监视器 5. 此时应注意必须要求码头长留在货控室或附近便于立即联系到的舱室，同时必须保持货控室对船舶内部和外部的联络通畅 6. 甲板面上应有预备人员同时协助当值水手检查管线和调整缆绳（防止因此时潮汐变化强烈而出现断缆、船舶移位损伤岸方输油臂等事故）。装货初始阶段工作量大，检查项目繁多，要求时间紧，且此阶段最宜出现意外问题，所以如若采用正常普装时的水手当班安排制度则会明显感觉人手紧张，故应在初始阶段增设业务熟练的预备人员协助检查（水手长为最佳人选） 7. 要牢记：无论任何时候有漏油、溢油，或有任何疑难和怀疑时，都要毫不犹豫地叫大副或船长	可接受风险	
3	静电危害将导致火灾、爆炸	重大风险	1. 初始装货速度控制为不得超过 1 m/s，直至货舱进油喇叭口完全淹没，所有货舱内的激溅和表面搅动全都已经停止，减少静电的产生 2. 待一切检查正常，舱内油位 0.5 m 以上后方可联系码头长逐渐增加装货速度，待码头长确认同意后船方可打开装载此票货的所有货舱舱阀开始装货，提速阶段仍应按前面所述严格检查，直至达到船岸双方所事前商定的普装速度	可接受风险	

存在的风险		风险程度	应对风险应采取的安全措施	剩余风险程度	确认
4	装货前船岸间安全会议内容不详细导致卸货顺序错误、混货、不满足泊位吃水要求	中度风险	与岸方人员联合开好安全会，落实好各种注意事项及关键点（如油温，倾点，加温温度，保温温度，API，装货顺序，完货顺序，背压，初始所装货舱，装货初始速度，普装速度，平舱速度，最终完货货舱，油管内置换油种油量，硫化氢含量，及其他油品特性	可接受风险	
5	商检不准确、不正确可导致货差、被货主投诉、意外的静电放电	中度风险	1. 大副或驾驶员陪同商检认真做好查验舱，准确合理的计算出OBQ 2. 验舱时要使用安全的验舱尺，防止尖端静电放电危险的产生 3. 验舱时保持船舶左右正平且尽量减少吃水差 4. 合理降低舱压，保持正压并接近大气压力为好，防止上收量尺时尺头在接近测量孔处因舱气吹而增大OBQ；下放干舱尺或UTI尺时要匀速轻放，防止尺子在舱底横躺或打底速度过大油迹飞溅而增大OBQ 5. 验舱结果双方认可满意后应立即进行计算，大副和商检对双方的计算结果核对满意后即可签字盖戳，并填写必要文件，船方正本文件自己保存，复印件提交对方	可接受风险	
6	液击造成洗舱机、阀令、阀体、膨胀接头、管路损坏等事故	中度风险	当开始自排或起泵排放压载水、开始动阀装货或进行货舱转换时，应低速缓慢地进行，防止货油管线、压载水管线的任何压力骤升和骤降。由此可将由于剧烈压力变化造成的液击损伤的可能性最小化，否则会造成阀令、阀体、膨胀接头、管路损坏等事故	可接受风险	
备注	在实际工作中，可能会出现其他新情况，还需要进行风险评估，制定和采取相应的安全措施，并将其补充在本评估单中。				
参加作业人员					

作业开始时间______年____月____日______时　　　作业完成时间______年____月___日_____时

评估责任人 ____________________

第三部分工作内容：装货作业（普装阶段）

存在的风险		风险程度	应对风险应采取的安全措施	剩余风险程度	确认
1	人员值班不到位导致舱压不正常、缆绳调整不及时而断缆或船移	重大风险	1. 严格执行装货前甲板安全会所制定的值班制度，加强责任心，大副和驾驶员必须对当值水手的当班检查情况进行有效的监督，交接班驾驶员及交接班水手必须在彻底检查确认无误后方可交接班，责任划分清楚 2 .时时监控液位变化状况、装货速度、船体强度应力情况，驾驶员每小时记录打印 3. 时时监控大舱惰气压力情况	可接受风险	

存在的风险		风险程度	应对风险应采取的安全措施	剩余风险程度	确认
	位、延长在港作业时间		4. 大副、驾驶员或当值水手也应定期巡视检查本舱惰气阀是否始终处于开启状态，并锁定 5. 对于采用油气回收系统装货的船舶应检查油气回收系统有无泄露		
2	漏油、溢油	重大风险	1. 开舱数目和普装速度要匹配，接收货油所开舱阀量必须大于普装速度 2. 在选用最大装货速度时，应考虑船龄及管路情况，根据管线年龄而适当降低最大装货速度，要随时检查，严防管破漏油 3. 要经常安排当值水手用 UTI 尺实测各舱液位空挡并与货控室监控显示器进行比对，防止发生溢油事故的风险，此项应严格进行不得疏忽 4. 如果采用全速装货尤其是装载多票货则应在普装一正常后即开始按计划适时采用阶梯式油位装法，确保按次序从前至后一个接一个平舱，同时又便于在整个装货过程中保持适宜的吃水差进行扫排压载水，对于计划 SLOP 舱装货的船应格外注意 SLOP 舱的液位变化（因为 SLOP 舱与其他货舱相比通常舱容都非常小），溢油事故最易在此舱发生	可接受风险	
3	雷雨天气导致火灾和爆炸	重大风险	必须停止货油操作	可接受风险	
4	完货时多、短货	中度风险	当舱内货油液位超过 3/4 舱时就应当用 UTI 尺进行油温的测量，且应该至少使用两把尺进行温度比对，把实测得出的最为接近完货后真实油温的数值输入配载仪进行油量修正，此测量应伴随着液位的上升跟踪进行：可防止完货时多货或短货的风险	可接受风险	
5	作业区风向、风速不好使油气聚集、弥漫在甲板和生活区，导致人员中毒和火灾的隐患	中度风险	要监控我船作业泊位附近的风速，以保持一定风速的横向吹开风为宜，尤其当装载高蒸汽压货油时如风速低于 5 kn 时应及时通知码头，停止装货	可接受风险	
备注	在实际工作中，可能会出现其他新情况，还需要进行风险评估，制定和采取相应的安全措施，并将其补充在本评估单中。				
参加作业人员					

作业开始时间______年____月____日________时　　　作业完成时间______年______月_____日_______时

评估责任人 ______________________

第四部分工作内容：装货作业（平舱阶段）

存在的风险		风险程度	应对风险应采取的安全措施	剩余风险程度	确认
1	平舱方法不当导致平舱速度过快溢油	重大风险	1. 当第一个根据装货计划进行平舱的货舱，液位上升接近至根据吃水差修正好的最终完货空档 1 m 时，即可视为进入平舱阶段，且通知岸方 2. 平舱时应使船舶尽量保持正平状态，可采取先平边舱后中舱的方式，如若只有边舱的船舶可左右对称一组组进行平舱 3. 除岸方临时另有变更情况之外，应严格按照已制定好的且已经为各相关作业人员周知的装货计划进行平舱。两个相继需平舱的货舱之间的完货时间间隔应使甲板量舱人员能有充分的时间从一舱到下一舱 4. 当已装货量达到本票货申请货量的 90%时应通知码头进行减速配合船舶平舱	可接受风险	
2	人员值班数量不足、值班不到位导致断缆、船移、溢油、污染	重大风险	1. 平舱前调整好缆绳，以便有充足的人力投入到平舱作业，应参照装货初始阶段增设预备人员，随时投入到平舱阶段的工作，此预备人员应分别包括货控室和甲板面作业人员 2. 平舱开始前应彻底检查货控室和甲板面上所有涉及的作业人员的对讲机电池电量，和货控室与岸方的对讲机和或高频电话的频道和电池电量，且都应进行通信联系试验，使所有通信器材都保持在最佳的工作状态 3. 对于已平舱结束的舱及其所有舱阀应在面板做出完货的清晰标志，防止误操作，且应告知货控室所有当值人员经常监视其空距，以防出现本舱阀门渗漏或未关闭彻底而造成溢油污染的风险	可接受风险	
3	舱压过高、过低导致结构损坏、空气吸进货舱	重大风险	1. 降速后可适时关小透气桅进行货舱保压，以 200 mm 水柱正压为好，防止完货后舱压过低进而出现负压的风险，对于采用油气回收系统的船舶也应适时进行关小出口阀门进行保压的操作 2. 最终完货时应彻底关闭透气桅或货油回收系统的出口阀进行保压，防止出现负压 3. 如完货时舱压过高则会增加商检验舱取样时的难度	可接受风险	
4	完货、关阀时操作不当导致憋管、阀	重大风险	1. 当最后一个货舱快满时，应考虑有足够的时间让岸方停货 2. 完货时的船舶状态应为正平，尽量减少中垂量 3. 对于有吃水受限要求的船舶，如用压载水进行辅助调整船舶状态还应认真考虑吃水受限问题 4. 最终完货后，在没有得到岸方许可之前严禁关闭出口阀和至少开一个与之相贯通的货油舱，防止憋管 5. 一旦岸方明确告知船方关闭出口阀，则应立即关闭出口阀和相应货舱本舱阀，进而转入完货后阶段的作业	可接受风险	
备注	在实际工作中，可能会出现其他新情况，还需要进行风险评估，制定和采取相应的安全措施，并将其补充在本评估单中。				
参加作业人员					

作业开始时间______年____月____日____时　　作业完成时间______年____月____日_____时

评估责任人 ________________

第五部分工作内容：装货作业（完货后阶段）

存在的风险		风险程度	应对风险应采取的安全措施	剩余风险程度	确认
1	管线放残操作不当导致放残不净、污染、驳载受油船溢油	重大风险	1. 首先应预计出完货时间，完货前 0.5 h 通知甲板部水手长等相关人员提前到位进行放残、拆管前的准备，使作业连贯，防止拖延时间 2. 完货并完全关闭出口阀后，必须进一步彻底核实检查与放残有关的相应各阀是否为完全关闭状态（包括有：出口阀、每一出口阀相连的放残阀、通向货舱的放残阀、扫舱管线通向出口阀处的左右两道分支阀、船中各燃油加油管线的所有放残阀、各管线所连取样考克阀） 3. 指定残油所要放入的舱号，防止混货，并且应注意该舱应留有足够的放残空间，在放残期间全程监控空档变化，防止溢油污染的风险 4. 一旦货控室与岸方确认可以拆管则应立即告知水手长开始作业，并指派一名驾驶员现场负责与岸方人员进行沟通配合 5. 通常放残应一根管线一根管线进行；所需开启的阀有：通向指定放残舱的放残阀、需要进行放残的管线出口阀处所连的放残阀），彻底打开构成通路后方可通知岸方人员进行吹扫管线；放净后彻底关闭该管线，转入下一管线放残操作 6. 当船靠船作业放残时，还应注意完货时由于两船之间可能有相当大的干舷差别，如受油船方准备驳载的软管，则受油船还必须为完成驳载时软管中的油量留出受载余地 7. 待岸方人员通知该油管吹扫结束后，作业现场水手长和驾驶员应认真核实是否已经放净；方法为：耳朵贴近放残细管听有无液体流动的声音，扳手敲击出口阀管线和甲板面上横的放残管线,根据回声仔细辨别残油是否已经放净 8. 放残核实满意后，彻底关闭放残所涉及的所有阀并通知岸方人员，得到其许可后方可进行拆管作业，防止阀忘关或未关严而导致拆管时油气喷溅造成污染	可接受风险	
2	拆管操作不当损伤我方油管法兰	重大风险	1. 拆管时应注意防止损伤出口阀管口处的法兰，此种损伤通常由岸方油管法兰在被拆离时擦碰我方管口所致，此损伤如未发现并及时处理则可能导致下次装卸货作业时出现渗漏，严重则导致跑油污染 2. 拆管并检查满意后彻底上好出口阀盲板，回收并储放好防污和消防器材，清理甲板做好开航准备	可接受风险	
3	验舱，取样不熟练将导致在港作业时间延长，招致货主抱怨	中度风险	1. 首先应预计出完货时间，完货前半小时通知商检等相关人员（或遵循事先商定好的时间程序）。使作业连贯防止拖延时间 2. 大副或驾驶员与验舱操作熟练的水手配合商检人员进行量舱 3. 所用 UTI 尺应选择测量油温和空档最为准确的，并把该尺固定作为装港和卸港商检时专用尺，并把该尺证书复印件准备好事前提供给商检 4. 下放 UTI 尺测量空档，当快要接近油面时应缓慢下放，尺头接触油面后蜂鸣器开始出现变声指示，一旦该蜂鸣音由断续变为连续并保持不变则此时的空档示数即为验舱商检空档 5. 温度的测量应选择舱内液油的上中下三个位置进行，具体的深度位置通常由大副和商检现场决定，在需测量的指定深度处尺头应大幅度上下移动使尺头的温度尽快与测点位置的油温相一致，以防止二者间由于温差较大油温测量不准，最终导致货量计算不准	可接受风险	

存在的风险		风险程度	应对风险应采取的安全措施	剩余风险程度	确认
			6. 安排水手协助岸方相关人员采集货舱油样 7. 接受岸方提供的油样和油样收据		
4	计算不准确导致货损、货差，进而招致货主的投诉和抱怨	中度风险	1. 验舱结果双方认可满意后应立即进行货量计算，如若装载两票以上的货油则还应考虑货舱内横纵底管内的不同油种油量的问题 2. 大副和商检对双方的计算结果核对满意后即可签字盖戳，并填写必要文件，船方正本文件自己保存，复印件提交对方。待双方查验所有文件全都做好收妥后即为计算作业结束 3. 如对商检和码头方的任何文件存有异议应及时同船长协商，并谨慎加写备注	可接受风险	
备注	在实际工作中，可能会出现其他新情况，还需要进行风险评估，制定和采取相应的安全措施，并将其补充在本评估单中。				
参加作业人员					

作业开始时间______年____月___日______时　作业完成时间_____年_____月___日_______时

评估责任人________________

思考题

1. 如何建立企业安全文化以及它的重要作用是什么？
2. TMSA 指南的 12 个要素是什么？
3. 船舶风险评估的作用有哪些？

第三节　未遂事件

要　点

未遂事件（Near Miss）是指船舶管理和船舶设备存在某些隐患或者缺陷，但还没有形成事件。为了把可能发生的事故消灭在萌芽中，船舶全面实施未遂事件排查活动。未遂事件报告（Near Miss Report），呈报公司管理职能部门审核。

必备知识

一、未遂事件定义

它是指船舶管理和船舶设备存在某些隐患或者缺陷，还没有形成事件。船舶管理涉及很多方面，它是依据国内外法规，公司管理规定对船员、设备、货物、环境保护等方面实施有效的安全管理。发生任何事件，事故都不是偶然的，它是由很多人为失误、设备潜在的缺陷等因素最终酿成事故。为了把可能发生的事故消灭在萌芽中，船舶全面实施未遂事件排查活动，同时，按照公司规定，可以随时报告或者每月月底把本月自查的未遂事件整理成未遂事件报告（Near Miss Report），呈报公司管理职能部门审核。

二、未遂事件报告主要内容

1. 未遂事件报告填写的一般要求：船舶名称，呈报公司部门名称，报告编号，报告人姓名、职务，报告日期，未遂事件发现日期，事件发现地点、场所。

2. 未遂事件的类型：包括职业健康、航行停泊、结构设备、通信导航、防止污染、保安保卫、货物操作和管理体系。

3. 未遂事件的描述，要求简明扼要说明未遂事件的过程。

4. 未遂事件的原因分析。

5. 未遂事件的风险等级判定：

（1）类风险严重未遂事件（十分高风险）。

（2）.类风险严重未遂事件（高风险）。

（3）类风险严重未遂事件（中等风险）。

（4）类风险严重未遂事件（低风险）。

（5）类风险严重未遂事件（小风险）。

6. 纠正措施/预防措施或建议。

7. 船舶，部门每周对未遂事件进行讲评，这些未遂事件要在部门安全会议或者船舶安全会议上进行讨论，找出事件发生原因，吸取教训，预防措施，大家引以为戒，杜绝发生类似事件。所有记录要妥善存档以备石油公司详细的交叉检查。

8. 是否需要公司职能部门提供支持。当未遂事件的解决方案超出了船员自身能力，需要公司提供支持要在报告中注明。

9. 公司对风险等级确认，提出处理意见。

10. 未遂事件报告是否需要呈报安全质量经理。

11. 由公司主管人，主管部门或者安全质量经理审核签字，注明未遂事件报告关闭日期。

（三）未遂事件报告保存要求

一式两份，一份填写船舶保留，一份按未遂事件内容报公司相关部门。本报告单保存期两年。

四、火灾隐患及设备状况主要项目排查表

火灾隐患及设备情况主要项目排查表的内容包括，但不限于以下各项：

1. 主机

（1）所有排烟管的隔热保护装置是否完好 Y □ / N □

（2）高压油管、接头及安全保护套状况是否良好 Y □ / N □

（3）排烟管膨胀接头状况是否良好 Y □ / N □

（4）缸头、排烟管等附近是否存在棉纱等易燃物 Y □ / N □

（5）各部件是否存在燃、滑油的滴漏现象 Y □ / N □

（6）烟囱排烟是否夹带火星 Y □ / N □

2. 副机

(1) 所有排烟管的隔热保护装置是否完好　Y□/N□
(2) 高压油管、接头及安全保护套状况是否良好　Y□/N□
(3) 排烟管膨胀接头状况是否良好　Y□/N□
(4) 缸头、排烟管等附近是否存在棉纱等易燃物　Y□/N□
(5) 各部件是否存在燃、滑油的滴漏现象　Y□/N□
(6) 烟囱排烟是否夹带火星　Y□/N□

3. 锅炉

(1) 自动点火程序及安全保护装置是否良好　Y□/N□
(2) 手动点火及有关安全操作是否熟练　Y□/N□
(3) 排烟管、膨胀接头和隔热保护装置是否良好　Y□/N□
(4) 燃烧器是否有燃油滴漏现象、附近是否有易燃物　Y□/N□
(5) 烟囱排烟是否夹带火星　Y□/N□

4. 焚烧炉

(1) 点火燃烧状况是否良好　Y□/N□
(2) 排烟管高温报警功能是否良好　Y□/N□
(3) 排烟管、膨胀接头和隔热保护装置是否良好　Y□/N□
(4) 垃圾投料口挡板是否保持关闭、及周围是否存在易燃物　Y□/N□

5. 应急发电机

(1) 主发电机跳电时，是否能自动启动并电运行　Y□/N□
(2) 排烟管、膨胀接头和隔热保护装置是否良好　Y□/N□
(3) 缸头、排烟管附近是否存在易燃物　Y□/N□
(4) 应急发电机房是否按规定配足消防器材　Y□/N□

6. 其他应急设备

(1) 燃油速闭阀功能是否良好　Y□/N□
(2) 各风机油泵停止切断装置是否良好　Y□/N□
(3) 各风机风门挡板是否活络及关闭时气密性是否良好　Y□/N□
(4) 所有消防设备是否维护良好并随时可投入使用　Y□/N□
(5) 应急救火泵自吸能力、排出压力和运行状况是否良好　Y□/N□
(6) 烟雾报警系统是否工作正常　Y□/N□

7. 救生安全设备

(1) 救生艇是否良好维护并定期释放　Y□/N□
(2) 救生艇内食品、饮用水等物品配备是否齐全并在有效期内　Y□/N□
(3) 救生艇发动机是否正确保养，所用柴油是否充足　Y□/N□
(4) 救生筏释放装置是否状况良好并可有效释放　Y□/N□

（5）机舱逃生通道是否畅通，照明是否足够 Y□/N□

8. 演习训练

（1）消防和救生演习是否熟练 Y□/N□

（2）各种消防设备的使用和维护是否有效培训 Y□/N□

（3）大型灭火系统的释放程序是否熟悉、熟练 Y□/N□

（4）机舱逃生路线是否熟悉，标志是否清晰 Y□/N□

（5）各种呼吸器使用是否熟悉，气瓶气压是否足够 Y□/N□

9. 电器设备

（1）房间是否私自改接电线和违规使用大功率电器 Y□/N□

（2）是否存在电线老化现象 Y□/N□

（3）电线及电器设备的绝缘状况是否良好 Y□/N□

（4）大功率马达的接触器是否定期保养且状况良好 Y□/N□

（5）洗衣机房内的各电器设备工况是否良好 Y□/N□

（6）各变压器的使用工况是否良好 Y□/N□

（7）电焊机及其电缆的使用工况是否良好 Y□/N□

10. 其他注意事项

（1）船尾缆绳是否有效保护，以免被烟囱喷出的火星点燃 Y□/N□

（2）驾驶台两侧及其他生活区外部是否放置塑料、拖布等易燃品，以免被烟囱喷出的火花点燃。 Y□/N□

（3）是否有效执行防火巡视路线检查 Y□/N□

注：1. 表中“Y”为YES，“N”为NO。请用“✓”来表示所填报的设备状况。

2. 船舶对缺陷内容要逐项描述，整改措施要细化，并明确完成时限和责任人。

船长签字：__________ 轮机长签字：__________ 大副签字：__________

思考题

1. 未遂事件（Near Miss）的定义。
2. 未遂事件（Near Miss）的报告内容有哪些？
3. 火灾隐患及设备状况排查的主要项目有哪些？

第十三章
外部检查

本章的重点内容是油船应对营运中所面临的外部检查，包括船旗国监督检查、港口国监督检查、石油公司检查以及码头检查。船旗国监督检查主要介绍了中华人民共和国船舶安全检查规则。

第一节 船旗国监督检查

要 点

船旗国监督检查是指船旗国当局对注册船舶定期的常规性的安全检查。悬挂五星红旗船舶的常规安全检查由船长根据情况向海事局部门提出申请，检查官员将检查结果填入《安全检查记录簿》。船舶和公司收到船旗国当局检查员的检查报告后，对其检查出的缺陷要积极落实整改措施，并整改情况报告给船旗国当局的有关部门。

必备知识

船旗国监督检查是指船旗国当局对注册船舶定期的常规性的安全检查。一般情况下，悬挂五星红旗的液货船，每半年一次；悬挂国外方便旗的船舶每年一次。

悬挂五星红旗船舶的常规安全检查由船长根据情况向海事局部门提出申请，检查官员将检查结果填入《安全检查记录簿》。悬挂方便旗船舶的常规安全检查由公司根据情况向船旗国当局提出申请。

船舶和公司收到船旗国当局检查员的检查报告后，对其检查出的缺陷要积极落实整改措施，并将整改情况报告给船旗国当局的有关部门。

附录　中华人民共和国船舶安全检查规则

第一章　总　则

第一条 为规范船舶安全检查活动，保障水上人命、财产安全，防止船舶造成水域污染，根据《中华人民共和国海上交通安全法》、《中华人民共和国海洋环境保护法》、《中华人民共和国内河交通安全管理条例》等法律、行政法规和我国缔结、加入的有关国际公约，制定本规则。

第二条 本规则适用于对中国籍船舶以及航行、停泊、作业于我国港口（包括海上系泊点）、内水和领海的外国籍船舶实施的安全检查活动。

本规则不适用于军事船舶、公安船舶、渔业船舶和体育运动船艇。

本规则所称“船舶安全检查”，是指海事管理机构按照本规则规定的程序，对船舶技术状况、船员配备及适任状况等进行监督检查，以督促船舶、船员、船舶所有人、经营人、管理人以及船舶检验机构、发证机构、认可组织等有效执行我国法律、行政法规、规章，船舶法定检验技术规范，以及我国缔结、加入的有关国际公约的规定。

第三条 船舶安全检查遵循依法、公正、诚信、便民的原则。

第四条 中华人民共和国海事局统一管理全国的船舶安全检查工作。

其他各级海事管理机构按照职责开展船舶安全检查工作。

第二章　船舶安全检查和处理

第五条 船舶安全检查分为船旗国监督检查和港口国监督检查。

船旗国监督检查是指对中国籍船舶实施的船舶安全检查；港口国监督检查是指对航行、停泊、作业于我国港口（包括海上系泊点）、内水和领海的外国籍船舶实施的船舶安全检查。

第六条 船舶安全检查，应当由至少两名安全检查人员于船舶停泊或者作业期间实施。

禁止对在航船舶进行安全检查，但法律、行政法规另有规定的除外。

第七条 从事船舶安全检查的人员应当具备必要的船舶安全检查知识和技能，并取得相应等级的船舶安全检查资格证书。

海事管理机构应当配备足够、合格的船舶安全检查人员和必要的装备、资料等，以满足船舶安全检查工作的需要。

第八条 船舶安全检查的内容包括：

（一）船舶配员；

（二）船舶和船员有关证书、文书、文件、资料；

（三）船舶结构、设施和设备；

（四）载重线要求；

（五）货物积载及其装卸设备；

（六）船舶保安相关内容；

（七）船员对与其岗位职责相关的设施、设备的实际操作能力以及中国籍船员所持适任证书所对应的适任能力；

（八）船员人身安全、卫生健康条件；

（九）船舶安全与防污染管理体系的运行有效性；

（十）法律、行政法规、规章以及国际公约要求的其他检查内容。

第九条 海事管理机构应当根据中华人民共和国海事局制定的选船标准以及国际公约、区域性合作组织的规定，结合辖区实际情况，按照公平对等、便利公开、重点突出的原则，合理选择船舶实施安全检查。

经海事管理机构检查的中国籍船舶或者经《亚太地区港口国监督谅解备忘录》成员当局检查的外国籍船舶，自检查完毕之日起六个月内不再进行检查，但下列船舶除外：

（一）客船、油船、液化气船、散装化学品船；

（二）发生水上交通事故或者污染事故的船舶；

（三）被举报低于安全、防污染、保安、劳工条件等要求的船舶；

（四）新发现存在若干缺陷的船舶；

（五）依选船标准核算具有较高安全风险指数的船舶；

（六）中华人民共和国海事局指定检查的船舶。

第十条 检查人员实施船舶安全检查，在登船后应当向船方出示有效证件，表明来意。先进行初步检查，对船舶进行巡视，核查船舶证书、文书和船员证书。

有下列情形之一的，检查人员应当对船舶实施详细检查，并告知船方进行详细检查的原因：

（一）巡视或者核查过程中发现在安全、防污染、保安、劳工条件等方面明显存在缺陷或者隐患的；

（二）被举报低于安全、防污染、保安、劳工条件等要求的；

（三）两年内未经海事管理机构详细检查的；

（四）中华人民共和国海事局要求进行详细检查的。

第十一条 检查人员实施详细检查时，船长应当指派人员陪同。陪同人员应当如实回答检查人员提出的问题，并按照检查人员的要求测试和操纵船舶设施、设备。

第十二条 检查人员应当运用专业知识对船舶存在的缺陷作出判断，并按照有关法律、行政法规或者国际公约的规定，提出下列一种或者几种处理意见：

（一）开航前纠正缺陷；

（二）在开航后限定的期限内纠正缺陷；

（三）滞留；

（四）禁止船舶进港；

（五）限制船舶操作；

（六）责令船舶驶向指定区域；

（七）驱逐船舶出港；

（八）法律、行政法规或者国际公约规定的其他措施。

第十三条 船舶有权对海事管理机构实施船舶安全检查时提出的缺陷以及处理意见当场进行陈述和申辩。海事管理机构应当充分听取船方意见。

第十四条 实施船旗国监督检查结束后，检查人员应当签发《船旗国监督检查记录簿》；实施港口国监督检查结束后，检查人员应当签发《港口国监督检查报告》。

检查人员应当在《船旗国监督检查记录簿》或者《港口国监督检查报告》中标明缺陷及处理

意见，签名并加盖船舶安全检查专用章。对于缺陷处理意见为滞留的，检查人员应当在《船旗国监督检查记录簿》或者《港口国监督检查报告》中注明理由。

第十五条 海事管理机构采取本规则第十二条第（三）、（四）、（七）项所列处理措施之一的，对于中国籍船舶应当通报船籍港海事管理机构；对于外国籍船舶应当通过中华人民共和国海事局通报其船旗国政府、国际海事组织。

第十六条 导致滞留的缺陷如与船舶检验机构、发证机构或者认可组织有关的，还应当通报相关的船舶检验机构、发证机构或者认可组织。

接到通报的船舶检验机构、发证机构或者认可组织应当核实和调查有关缺陷情况，采取相应的措施，并将相关情况及时反馈给发出通知的海事管理机构。

第十七条 船舶以及相关人员应当按照海事管理机构签发的《船旗国监督检查记录簿》或者《港口国监督检查报告》的要求，对存在的缺陷进行纠正。

中国籍船舶的船长或者履行船长职责的船员应当对缺陷纠正情况进行检查，并在航行日志中进行记录。

第十八条 船舶在纠正导致海事管理机构采取本规则第十二条第（三）、（四）、（五）、（七）项所列处理措施之一的缺陷后，应当向海事管理机构申请复查。对其他缺陷纠正后，船舶可以自愿申请复查。

海事管理机构接到自愿复查申请，决定不予复查的，应当及时通知申请人。

第十九条 海事管理机构可以根据需要对缺陷纠正情况进行跟踪检查。

对已经纠正的缺陷，经复查或者跟踪检查合格后，检查人员应当在船舶安全检查报告中签名并加盖船舶安全检查复查合格章，海事管理机构应当及时解除相应的处理措施。

第二十条 从事国际航行的中国籍船舶所有人、经营人或者管理人应当按照中华人民共和国海事局的规定，定期将船舶在境外接受检查和处罚的情况向船籍港海事管理机构报告。

对连续两年不能返回国内港口接受船旗国监督检查的船舶，经中华人民共和国海事局授权，船籍港海事管理机构可以到船舶所在地港口对船舶实施船旗国监督检查。

第二十一条 中国籍船舶在境外发生水上交通事故或者污染事故的，或者在境外被滞留、禁止进港（入境）、驱逐出港（境）的，船舶所有人、经营人或者管理人应当在船舶到达国内第一个港口前，将船舶在境外接受检查和处罚的情况向船籍港海事管理机构报告。

对发生第一款规定情形的船舶，中华人民共和国海事局可以根据事故或者缺陷的性质以及客观条件，指定有关船舶检验机构对其实施境外临时检验。

第二十二条 船舶存在可能影响水上人命、财产安全或者可能造成水域环境污染的缺陷和隐患的，船员及其他知情人员应当向海事管理机构举报。

海事管理机构应当为举报人保守秘密。

第二十三条 海事管理机构应当建立健全船舶安全检查信息公开制度，并接受社会公众和有关方面的咨询和监督。

第二十四条 船舶安全检查不免除船舶、船员及相关方在船舶安全、防污染和保安等方面应当履行的法定责任和义务。

第三章 《船旗国监督检查记录簿》和《港口国监督检查报告》使用规定

第二十五条 中国籍船舶应当随船携带《船旗国监督检查记录簿》。

《船旗国监督检查记录簿》由船舶或者其所有人、经营人、管理人向海事管理机构申请换发、补发。

《船旗国监督检查记录簿》使用完毕或者污损不能继续使用的，应当申请换发，并交验前一本《船旗国监督检查记录簿》。因遗失或者灭失等原因申请补发的，应当书面说明理由，附具有关证明文件，并提供最近一次对其实施船旗国监督检查的海事管理机构名称。

第二十六条 《船旗国监督检查记录簿》应当连续使用，保持完整，不得缺页、擅自涂改或者故意毁损。

《港口国监督检查报告》以及使用完毕的《船旗国监督检查记录簿》应当妥善保管，至少在船上保存两年。

第二十七条 除海事管理机构外，任何单位、人员不得扣留、收缴《船旗国监督检查记录簿》或者《港口国监督检查报告》，也不得在《船旗国监督检查记录簿》或者《港口国监督检查报告》上签注。

第二十八条 船舶不得涂改、故意损毁、伪造、变造《船旗国监督检查记录簿》或者《港口国监督检查报告》，不得以租借、骗取等手段冒用《船旗国监督检查记录簿》或者《港口国监督检查报告》。

第四章 法律责任

第二十九条 违反本规则，有下列行为之一的，由海事管理机构对违法船舶或者其所有人、经营人、管理人处1 000元以上1万元以下的罚款；情节严重的，处1万元以上3万元以下的罚款。对违法人员处以100元以上1 000元以下的罚款；情节严重的，处1 000元以上3 000元以下的罚款：

（一）拒绝或者阻挠检查人员实施船舶安全检查的；

（二）弄虚作假欺骗检查人员的；

（三）未按照《船旗国监督检查记录簿》或者《港口国监督检查报告》的处理意见纠正缺陷或者采取措施的；

（四）船舶在纠正按照第十九条规定应当申请复查的缺陷后未申请复查的；

（五）未按照第二十条第一款、第二十一条第一款规定将船舶在境外接受检查和处罚的情况向船籍港海事管理机构报告的；

（六）涂改、故意损毁、伪造、变造《船旗国监督检查记录簿》或者《港口国监督检查报告》的；

（七）以租借、骗取等手段冒用《船旗国监督检查记录簿》或者《港口国监督检查报告》的。

第三十条 中国籍船舶未按照规定携带《船旗国监督检查记录簿》的，海事管理机构应当责令改正，并对违法船舶处1000元罚款。

第三十一条 检查人员徇私舞弊、玩忽职守或者滥用职权的，海事管理机构应当按照有关规定作出处理。

第三十二条 海事管理机构在实施船旗国监督检查中发现船舶存在的缺陷与船舶检验机构、发证机构和认可组织有关的，应当根据相关规定对船舶检验机构、发证机构、认可组织或者其工作人员开展调查和处理。

第五章　附　则

第三十三条 本规则所称缺陷，是指船舶技术状况、船员配备及适任状况等不符合我国法律、行政法规、规章、船舶法定检验技术规范和我国缔结、加入的国际公约要求的情况。

第三十四条 船舶申请复查的，应当按照规定交纳复查费用并负担相应的交通费用。

第三十五条 《船旗国监督检查记录簿》和《港口国监督检查报告》由中华人民共和国海事局统一印制。

第三十六条 本规则自2010年3月1日起施行，1997年11月5日交通部发布的《中华人民共和国船舶安全检查规则》（交通部令1997年第15号）同时废止。

思考题

1. 船旗国检查对船舶安全检查的主要内容有哪些？
2. 根据船舶缺陷，检察人员会提出哪些处理意见？

第二节　港口国监督检查

要　点

港口国监督（Port State Control，简称PSC），亦称港口国管理、港口国监控、港口国检查，是指港口国当局对抵港的外国船舶实施的，以船员、船舶技术状况和操作要求为检查对象的，以确保船舶和人命财产安全、防止海洋污染为宗旨的一种监督与控制。

必备知识

一、港口国监督检查的发展过程

1. 背景

港口国监督可以说是由来已久，它是随有关国际公约的诞生而出现的。但在巴黎港口国监督谅解备忘录签署之前，仅停留在对船舶的证书、文件的检查上。直接导致巴黎港口国监督组织形成的原因是："AMOCO CADIZ"号油船事故。1978年3月17日，"AMOCO CADIZ"号油船在法国的Brittany海岸搁浅，造成溢油23万吨的严重污染事故。在强大的社会压力下，1980年12月，法国海洋部长邀请西、北欧13个国家的有关当局的部长们召开会议，就如何加强对进入本地区的外国籍船舶检查进行了研究讨论，并形成了一致意见，决定对船舶的实际技术状况进行检查。会后由设立的工作组起草了港口国监督谅解备忘录。1982年1月，13个国家的部长们再次会聚，在巴黎签署了该备忘录。巴黎备忘录于1982年7月1日正式生效实施。

2. 现状

巴黎备忘录正式生效实施时有 14 个成员国。之后波兰、加拿大和俄罗斯先后加入，目前是17个成员。另外，美国、日本和克罗地亚作为合作当局参加有关活动。继巴黎备忘录签署并付诸实施之后，越来越多的国家和地区认识到港口国监督的重要性和必要性。

1992年拉美洲7个国家签署了拉美港口国监督谅解备忘录。

1993 年亚太地区 18 个国家和地区签署了亚太地区港口国监督谅解备忘录，又称为东京备忘录，目前正式成员有14个。

1996年，加勒比海地区20个国家签署了加勒比海地区港口国监督谅解备忘录。

目前正在商讨中的关于建立港口国监督区域性组织的还有地中海地区、波斯湾地区和西非地区等。

3. 发展趋势

由港口国监督组织的发展过程看，区域合作是港口国监督的必由之路。以往的经验表明，港口国监督靠单个国家是不行的，所以有必要进行区域合作。也正是由于这种区域合作的需要,目前已经或即将成立的港口国监督区域性组织正在形成全球网络，覆盖主要航运发达地区。由此可见，由各区域性组织并通过这些区域性组织的合作。港口国监督将无处不在。

操作性检查将被各主管当局重视起来，并成为港口国监督检查的一个非常重要的组成部分。巴黎备忘录1991年3月的部长理事会议决定将港口国监督检查扩大到对人员实施检查。即操作性检查。国际海事组织第681号决议采纳了这个作法，并经修订形成了第742号决议。目前，操作性检查已全面开展，只有少数几个国家不实施。但随着条件的成熟，这种检查将逐步推广到所有主管当局。随着操作性检查的逐步推广，检查范围也将进一步扩大。特别值得提到的是，港口国监督已被纳入国际安全管理规则的履约机制之中。这不仅仅是港口国监督所依据的有关国际公约由于修改增加内容使得检查范围扩大，更主要的是由于随着国际安全管理规则的实施，对船舶安全与防污染软件要求方面的内容大量增加，使得检查范围将大幅扩大。港口国监督对船舶所有人或经营人和船长提出的要求包括：船舶应当将船舶证书、文件整理成册并使之处于良好备查状态；船舶应当备有经认可的安全设备明细表和安全操作文件、规章清单。那么，港口国监督对实施国际安全管理规则的检查一方面要检查证书是否有效、合法，另一方面要检查船舶按规则要求备有的一系列文书、文件和资料，而且船舶的状况、设备和船员还要符合有关文件的要求。

二、港口国检查的影响

港口国监督对整个水上运输的各个有关方面都产生了不同程度的影响。当然最主要的还是对船舶安全监督方面的影响。港口国监督对船舶安全检查的统计结果，一定程度上反映了船旗国主管当局船舶安全监督管理的水平和船队自身安全管理的水平。如果统计结果表明，某个船旗国或船级社或船东的船舶，滞留率连续或大幅度超出平均值，那么这些船舶将被列入检查的黑名单，从而导致港口国主管当局对该船旗或船级或船东所属船舶进行更频繁更详细的检查，这无疑会直接或间接地影响到船队的经济利益。而且也必将对船旗国主管当局、船级社、船队的声誉造成不良影响和严重后果。所以严格的港口国监督会促使船东投入更多的资金对船舶进行修理，改善船舶的技术状况，或是将低于标准的船舶拆解或卖掉；促使船级社严格地进行船舶的入级检验和法定检验与发证；也促使船旗国主管当局强化管理手段，采取必要的措施对船舶的营运条件加以限制。港口国监督对航运安全起到了积极的影响，尤其对港口国保护海洋环境和海洋资源起到了重要作用。

三、港口国监控程序内容简介

IMO 于 1995 年 11 月 23 日大会通过了 A787（19）号决议，即《港口国监控程序》。《港口国监控程序》共分 6 章和 7 个附录，内容简介如下：

第 I 章 总则

阐述了该程序目的在于为实施港口国监督检查提供基本指导，并在检查中实施；船舶、船舶设备或者船员所存在的缺陷识别，在管理程序和使用方面取得一致；给予港口国监控的授权条款。适用范围：对公约非缔约国的船舶不给予优惠待遇的原则；对程序中使用的术语给予明确定义和意义，包括："明显依据"、"缺陷"、"滞留"、"检查"、"详细检查"、"PSC 官员"、"经认可的机构"、"停止作业"、"低于标准的船舶"、"有效证件"。

第 II 章 港口国监督检查

阐述了 PSC 官员进行检查依据的情况；PSC 检查官应由港口国主管机关授权；检查应尽一切可能避免不适当的滞留或者延误船期；登船检查方法；进行详细检查的"明显依据"的范围；PSC 官员的专业和资历要求；为 PSC 检查官员制定了一般程序指南。

第 III 章 详细检查

阐述了 PSC 检查官进行详细检查的依据：

（1）如果船舶未携带有效证书。

（2）PSC 官员观察有明显依据认为该船状况或者其设备实质上与证书所载项目不符。

（3）船长或者船员不熟悉基本的船上程序；关于船舶构造及设备要求指南，包括船舶构造检查及应特别注意散货船和油船结构完整性和适航性，机器处所，载重线勘定，救生设备，防火设备，避碰规则，货船构造安全证书，货船无线电设备等检查；关于 MARPOL 73/78 公约规定的排放要求的指南，包括检查依据，可能违反排放规定事件的信息来源，港口国应采取的行动，原油洗舱操作检查，对卸货油，扫舱和预洗舱操作的检查；关于操作性要求的监督指南，包括应变部署，语言交流，消防和弃船演习，船损控制和船上油污应变计划，防火控制图，驾驶台操作，货物操作，机电设备操作，机械处所油类和含油混合物处理，油船货物处所的装卸和洗舱程序，包装类危险货物和有害物质处理；关于最低配员标准和发证；关于 STCW 公约进行的监督和配员监督，规定了 PSC 官员该项检查的内容，根据配员标准和 STCW 公约规定滞留船舶应考虑的情况。

第 VI 章 干预和滞留

阐述了低于标准船舶的确认条件；有关缺陷信息的提交条件；港口国对低于标准船舶的反应行动；港口国采取纠正措施的责任和滞留船的指南。

第 V 章 报告要求

阐述了 PSC 官员检查结束后应向船长提供一份报告，报告内容应按本程序附录提供的格式填写；船长或者船旗国收到认定的缺陷报告应即时做出反应；港口国应将结果和详情报 IMO 和缔约国。

第 VI 章 审议程序

阐述了 IMO 应确保关于缺陷和纠正措施的信息能被广泛地获得，并由一个专门委员会定期评估缺陷报告，报告中应摘要船旗国的行动和船旗国发表的意见。

本程序的 7 个附录是：

（1）关于滞留船舶的指南。

（2）关于按照 MARPOL 73/78 公约附则 I 进行调查和检查的指南。

（3）关于 MARPOL 73/78 公约附则 II 进行调查和检查的指南。

（4）证书和文件清单。

（5）检查报告格式。

（6）关于违反 MARPOL73/78 公约的报告格式。

（7）船旗国对缺陷报告的意见的报告格式。

四、船舶迎接港口国检查准备工作

（1）船长、政委和轮机长应领导全体船员做好迎接港口国检查抵港前的自查工作。

（2）船舶应按制定的维修保养计划，定期对各种机电设备和船舶结构，进行正常的检查和维修保养，尤其对救生、消防、防污染等应急设施、甲板通风透气设施，合理安排自修计划，努力扩大自修范围，提高维修保养水平。如果发现船上人员无法完成的修理项目，及时与公司主管部门联系，安排厂修，使各种机电设备处于正常的工作状态。

（3）平日要认真查找隐患，对发现的缺陷和不符合项进行彻底地整改和纠正。

（4）严格施行救生、消防和防污染等应急演练。

（5）无论在国内或国外，船长、政委和轮机长均应在受检时着装整洁地陪同检查官检查。对检查官提出的问题应认真答复，对缺陷和不符合项应通过各种努力力争当场消除解决。不能当场解决的，也应以积极的态度做出纠正的承诺，以保证船舶的正常营运。

（6）当检查官在检查报告中开具滞留项（即缺陷代码为 30 项）时，船长在与公司沟通之前，不得在该报告上签字。船长应以最快的方式与公司总调度室联系，通报情况并接收指导意见。任何情况下，船长不得在空白的检查报告上或没有注明缺陷性质代码的检查报告上签字。

（7）检查官登船后，船舶应立即将检查官到达的信息向公司总调度室报告。

（8）港口国检查结束后，应立即将当时情况连同港口国检查的报告向公司总调度室报告，不得延误。对检查单中的缺陷项目要根据缺陷情况填写不符合报告并落实整改措施。

（9）船员应尽力自修解决港口国检查时提出的缺陷项目。船员无能力自修解决的项目由公司负责安排修理。缺陷纠正后，船长将抵港动态通知代理，由代理申请和安排检查官上船复查，并消除缺陷批注。船长应在缺陷消除后，及时将整改报告反馈至原检查港口国机关，同时抄送公司存档。

（10）根据巴拿马当局的要求，为了改进 PSC 检查的信息交换，凡悬挂巴拿马旗的船舶在每次 PSC 检查后，船长应代表船东/经营人，立即向巴拿马当局 PSC 管理部门报告并抄送公司。同时，还应使用固定格式报告缺陷纠正措施。若检查官要求认可组织（如船级社或检验机构）参与本次检查之中，则该认可组织应向巴拿马当局 PSC 管理部门提供检验报告。出现此类情况时，船长应立即与公司沟通，以便及时安排检验和提供报告。

思考题

1. PSC 检查官进行详细检查的依据是什么？

2. 船舶如何做好 PSC 检查的准备工作？

第三节　石油公司检查

要　点

石油公司检查的核心内容是液体散货船安全检查问题列表（VIQ），是否能通过石油公司的检查，是非常重要和不言而喻的。如果不能通过检查，则该船将失去在货运市场的竞争力，失去市场，将无货可运和无允许的码头可靠，是一件非常严重的事情。应对石油公司检查的注意事项。

必备知识

一、石油组织对油船检查的特性

（一）石油组织对油船检查的目的

石油组织对第三方油船进行检查，即对公司的租船、或将运载公司的货物、或将停靠公司的码头、或运载与公司利益有关货物的船舶进行检查，其目的是避免人员受伤害、财产损坏以及为海洋环境提供保护。特别是油船在货物操作过程中，避免人员与财产的损害、防止海域污染。这里的人员和财产安全，不仅是通常所指船舶，而且主要是指石油组织的人员和财产安全。石油公司对油船的检查，不仅与船公司管理、船舶管理密切相关，而且还涉及船舶设计、建造等方面。因此，“检查要求”对船舶设计、建造有一定的参考作用，“检查要求”对油船的承租、保险也有参考作用。

（二）石油组织对油船检查的机构

石油组织均成立自己的核查/检查机构，该机构仅对公司负责。检查人员是具有丰富航海经验的船长和轮机长，有的也包括有丰富检验经验的检验、造船和海事人员。检查人员经过石油组织规定的培训合格后，才能承担检查工作。石油公司的检查机构、检查人员的资格，不需要任何其他机关认可，完全是公司自己的事情。这实际上是市场行为，因为“你”要为“我”服务，“你”就得满足“我”得要求。石油组织对第三方油船的检查，一般都收取费用。

（三）石油组织对油船检查的程序

各检查机构对油船检查的范围和程序不尽相同，但一般可包括以下步骤：

（1）船东或营运人向拟承运石油公司或停靠货码头的负责检查机构提出申请（用 E-mail 或 Fax 或书面）。

（2）一般检查机构均使用或接受“石油公司国际海事论坛”（OCIMF）的“船舶检查调查表”（VIQ），检查机构提供相应的电子版。

（3）船上按 VIQ 进行自检，做好接受检查准备工作；可按 VIQ 内容，再加上“保安”（需要时），分工负责，做好接受检查的各项准备工作。埃克森·莫比尔（Exxon Mobile Corporation）检查内容与此相同，欧洲化学品分类协会（CDI）、挪威 Statoil/Norsk 检查内容，均基于此提出，与上述调查表基本相同。

建议各部分内容分工如下：

- 一般资料——船长/轮机长
- 证书与文件——船长/轮机长
- 船员管理——船长
- 航行——大副
- 安全管理——船长/轮机长
- 防污染——大管轮/大副
- 构造状况——大副
- 货物与压载系统——大副/大管轮
- 惰性气体与原油洗舱系统——大管轮/大副
- 系泊——大副
- 通信与电子设备——电机员
- 机舱与操舵装置——大管轮
- 总体外观与状况——大副
- 船到船驳运资料——大副
- 化学品液货船资料——大副
- 气体运输船资料——大副
- 装船资料——大副
- 保安（需要时）——船长

（4）对船公司进行检查，主要按《国际安全管理规则》（ISM），重点是考察船公司的能力、管理水平和政策水平。

（5）检查机构按 VIQ 项目采用“船舶检查报”（SIRE）程序进行检查。对申请进行评估后，可在装卸货港口或石油公司所在国境外船东拟定的港口登船检查。

（6）首次检查，一般按石油公司的标准，用 VIQ 逐项对照检查，提出检查意见、缺陷和建议；但由于每个检查人员的经验不同，往往还涉及更广泛的问题；船上也可对此提出意见，并由船长确认、签署。

（7）船公司提出纠正缺陷的措施，即整改后的情况，供检查机构确认并予以批准；检查机构认为必要时，要进行二次登船检查。

（8）对已接受检查过的船舶，如船舶发生重大机/海损事故，除要报检查机构外，检查机构还要派员调查。

（9）检查周期，各石油公司有不同的规定，有的每次在停靠码头或进行货物操作前进行检查，有的则给予一段时间（如1年）有效期，具体要求应注意与有关检查机构联系、确认。

（四）石油组织对油船检查的特点

各石油组织对油船的检查，尽管有些不同，但归纳起来，具有“标准多、范围广、要求高、证件多”的特点。这不仅涉及船公司的管理、船上设备与管理，而且还涉及船舶的设计与建造、船级与法定证件的签发，以及石油组织要求的船级社“公正性”证件的签发。

1. 标准多

石油组织对油船检查的标准多。油船除应满足有关国际公约和船级社规范的规定外，还应符合船舶抵达的港口国的有关规定，以及石油公司及其行业的有关要求，主要有以下一些。

（1）OCIMF/ ICS/IAPH（石油公司国际海事论坛/国际海运联盟/国际港口协会）的出版物：

• 油船与油码头国际安全指南

（2）OCIMF/ ICS 的出版物：

• 油船保持海上清洁指南

• 预防货油泵舱通海阀溢油

（3）OCIMF 的出版物：

• 船上兴奋剂与酒精控制指南

• 系泊设备指南

• 有效系泊

• 船到船过驳指南

• 油船总管与辅助设备的建议

（4）Exxon Mobil Corporation（美国埃克森·莫比尔）的出版物：

• 海上环境与安全衡准（ME & SC）

（5）ICS 的出版物：

• 驾驶程序指南

• 油船（石油）安全手册

• 化学品船安全指南

• 液化气体船安全指南

（6）USCG（美国海岸警卫队）的出版物：

• 油船规则

2. 证件多

石油组织对油船检查的证件多。除检查按 IMO 海安会 704 号通函“要求船上保存的证书和文件一览表”外（2004 年 7 月 1 日后，增加船舶保安证书），还要检查船员的适任证书和相关的培训证书及其他证件，并要求应有英文。这些证件需要主管机关和船级社签发，特别是在法定检验和船级检验外的由船级社签发的公正性证明。例如：

• 最少安全配员证书

• 船员资质证书

- 健康证书
- 运输证明与货物安全资料清单
- 程序与布置手册（P&A）
- 货物储存或稳定证书
- 原油洗舱手册
- 船上货物的资料卡
- 压载手册
- 惰性气体操作手册
- 油类/货物记录簿
- 货物驳运程序
- 船舶响应计划
- 符合 MARPOL 附录 V 的垃圾簿
- 安全手册
- 货物软管/货物管系试验证明
- 船舶操作手册
- 固定与便携式消防设备使用证明
- 船舶 P/V 阀压力设定
- 专业呼吸器的使用证明
- 救生筏保养证明
- 美国水域污染财务责任证书
- 油船检查信函（美国）
- 系泊绞车刹车力试验证明
- 系缆索证书
- 起重设备证书
- 艏锚制链器证书
- 应急拖带装置证书
- 状况评估计划
- 加强检验报告卷宗等

3. 范围广

石油组织对油船检查的范围广。除检查船级证书与法定证书是否齐全和有效外，还要检查其他证件是否齐全、有效，是否满足其标准要求。检查范围如：

- 船员管理（资质、英文、培训）
- 安全管理
- 标准与资料
- 船舶状况（总体、构造）
- 安全设备配备
- 机舱与操舵装置

- 操作安全
- 航行
- 防污染
- 系泊
- 通信与电子设备
- 货物操作与处理
- 船舶卫生清洁
- 健康安全与个人保护等

4. 要求高

石油组织对油船检查的要求高。即使已具有有效的公约证书和船级证书，以及已经港口国检查，石油公司仍对停靠其码头的船舶进行检查；同时，油船除应满足有关国际公约与船级社规范的要求外，还应满足石油组织提出的更高要求，而这些要求涉及船舶的设计与建造、发证、船员的管理和船员的操作等。例如：

- 装卸货时防止货泵舱内的海底阀渗漏污染措施
- 系泊设备能力及其布置
- 港内压载与排放压载水的操作要求
- 起重设备配备
- 酒精与麻醉品不定期测试记录
- 进入封闭处所和缺氧处所的程序规定等

（五）对石油组织检查缺陷的分析

通过大量的石油组织对中国油船检查缺陷的分析，发现这些“缺陷”不仅涉及船公司与船舶的管理，而且还涉及船舶的设计、建造、检验等方面问题，以及对公约的理解问题。

1. 证书与文件方面

（1）要求船上配备的标准不齐或不是最新版本。

（2）某些法定证书附录不在船上或证书与其附录不在一起。

（3）缺少石油组织要求的并由船级社签发的公正性的证书和证明。

（4）救生艇筏的降落设备和承载释放设备没有进行定期检验的证明。

（5）船上没有船级社批准的第二透气布置图及其说明书；

（6）有些被检查文件没有英文。

2. 设计与建造方面

（1）起居处所的舷侧门不能自动关闭。

（2）通向船首的安全通道没有及时设置。

（3）货油管接头处没有固定的溢流柜（Spill tank）或溢流柜不符合要求。

（4）气体回收装置不符合石油公司国际海事论坛（OCIMF）的要求。

（5）泡沫柜的泡沫液未充满。

（6）驾驶台两侧救生圈不符合要求，且存放不当，不能达到迅速投放。

（7）救生艇筏的集合与登乘地点，没有装设应急照明系统

（8）机舱逃生标志未张贴。

（9）机舱短测量管无自动关闭装置。

（10）货泵舱通海阀没有检查渗漏设施。

（11）机舱污水有直通舷外的排出口；按 MARPOL 73/78 公约规定不应设有此排放口。

（12）货泵舱抽风筒高位开口开着，甲板上无法将其关闭；按规定泵舱内抽风筒有低位和高位开口，高位开口应能在泵舱外的上甲板上进行操纵。

（13）货泵舱可燃气体探测位置不符合 OCIMF 的要求。

（14）货油软管未进行压力试验。

（15）惰性气体支管的截止阀没有锁，或有锁但不起锁闭作用（即不能防止被关闭）。

（16）便携式测量仪数量和软管长度不足。

（17）应急发电机燃油柜未充满。

（18）应急发电机的燃油柜没有速闭阀。

（19）配电板前面和后面没有绝缘垫。

（20）系泊缆绳没有证书。

（21）系泊绞车没有刹车力试验证书。

（22）导缆孔是开式的。

（23）系缆绳材料不符合 OCIMF 的要求。

（24）钢缆尾索没有证书。

3. 船上维修保养方面

（1）锚链制链器不能使用。

（2）绞缆机刹车带损坏。

（3）保护栏杆断裂。

（4）艏尖舱储藏室潮湿。

（5）测深仪不能工作。

（6）引航员软梯踏步损坏。

（7）液压管路采用临时修理（如用水泥箱、钢夹带、玻璃纤维包扎等）。

（8）液压油管漏油。

（9）货油舱舱口盖渗漏。

（10）油舱透气管上的防火网损坏。

（11）甲板上货油管支架有裂纹。

（12）空气管头有裂纹。

（13）甲板上蒸汽管漏汽。

（14）货油控制室内的操作控制板的工作指示灯不亮。

（15）消防员装备破损。

（16）消防箱损坏。

（17）救生艇不能立即释放。

（18）救生艇吊艇索状况差。

（19）救生圈的环索状况差。

（20）应急启动空气瓶没有空气。

（21）排气管防护套丢失。

（22）主辅机漏油。

（23）电缆箱或电缆线穿过舱壁或设备不水密或不气密。

（24）货油泵轴封渗漏。

（25）货泵舱的抽风机壳有裂纹。

（26）惰性气体总管和油舱的压力表不工作。

（27）惰性气体鼓风机出口与惰性气管连接橡皮接头裂开。

（28）船上油污应急计划沿岸国家联系人名单没有更新。

（六）石油组织对有关公约规定的具体要求

1. 标准与文件方面

（1）船上应保存加强检验的足够资料。根据A744（18）附则A第7条和MSC125（75）规定，油船应实施加强检验程序，加强检验报告档案和支持性文件应长期保存在船上。

◆检验报告：

——船舶结构检验报告；但加强检验（ESP）不适用5年以下船龄或符合MARPOL73/78公约第13F条的双壳油船；

——状况评估报告；

——厚度测量报告；

——检查计划。

◆支持性文件：

——先前船舶修理史；

——先前船舶装货和压载史；

——货舱和压载舱主要结构图；

——船上人员对上述处所检查情况记录，包括普遍性缺陷、舱壁和管路泄漏情况、舱内涂层或防腐系统状况。

（2）船上应有有效的《海员培训、发证和值班标准国际公约》（STCW）、《国际海上避碰规则》（COLREGS）以及石油公司要求的标准。根据A746（18）检验导则的规定，船舶的所有证书、记录簿、操作手册及其他特定的须知和文件，均应存放在船上，以供检查时使用。船上应备有有效的STCW、COLREGS出版物。同时，还应备有石油公司要求的标准，如OCIMF规定的出版物。

（3）需要检查的文件和资料应为中、英文。这里包括法定证书与船级证书、船旗国主管机关签发的文件（如油类记录簿、应变部署表）、石油组织检查需要船级社签发的文件，以及船上安全会议记录。

2. 航行方面

驾驶台应设有方位罗经复示器。

3. 安全管理方面

（1）根据 SOLAS 公约Ⅱ-1/3-4 规定，1996 年 1 月 1 日以后建造的 20 000 t 以上的液货船，应设置应急拖带装置；以前建造的，应在以后第 1 次坞内检验时装置，但不迟于 1999 年 1 月 1 日。同时，OCIMF 要求，首尾应急拖带装置的布置图应在驾驶台内展示。

按 OCIMF 规定，应急拖缆一般船首尾各一条，一端系固在拖缆桩上，而带有连接眼环的另一端通过导缆器至舷外端，且在眼环上系一根引缆回到甲板上进行操纵。在货物作业期间，及时调整眼环距离水面 1～2 m 之间。这样，在需要拖带时，1 个人能在 15 min 内把此眼环与拖船的拖索连接好。

（2）封闭式救生艇应既能在甲板上降落，也能在救生艇内操作降落。按《国际救生设备规则》（IBC 规则）6.1.2.2 规定，封闭式救生艇既能在甲板上由 1 个人降落并能在操作位置看到救生艇降到水面，还能在救生艇内操作降落。只能在甲板上降落，不符合规定。

（3）驾驶台两侧救生圈不符合要求，及其附件存放位置应适当。根据 SOLAS 公约Ⅲ/7.1.3 和 IBC 规则的规定，驾驶台两侧应各设 1 个带有自亮浮灯、自发烟雾信号及可浮救生绳。一般救生圈为 2.5 kg，为使驾驶台两侧救生圈能迅速施放，其质量不小于 4 kg。附件的存放位置不应阻碍救生圈的投放，即不应放置在救生圈投落的通道上，也不应使救生圈落下时增加其阻力。

可浮救生绳的长度应不小于救生圈存放处到最轻载重水线的距离或 30 m，其直径不小于 8 mm，破断负荷不小于 5 kN。

（4）救生艇内应标出每一座位的标志。根据《国际救生设备规则》4.4.2.3 规定，在救生艇内应明显地确定并标出每一乘员座位的位置。

（5）附加救生筏两舷登筏安全绳的长度应达到水面。根据 SOLAS 公约Ⅲ/31.1.4 规定，救生艇筏存放点至船首、尾端水平距离超过 100 m 的货船，可在船首和船尾设置救生艇筏。而公约Ⅲ/11.7 规定，主管机关可允许提供进入在水面上的救生艇筏的认可装置来代替梯子。可使用登筏安全绳，但登筏安全绳的长度应足以从艇筏处达到水面；登筏安全绳末端应有防松夹头。

（6）货泵舱装设固定的可燃气体探测仪及其布置。根据 SOLAS 公约Ⅱ-2/4.5.10 规定，货泵舱应设置固定式持续监测的可燃气体探测仪，在机器控制室、货物控制室和驾驶台内设连续声光报警。由于几乎所有的石油蒸气、化学品蒸气和液化气体的蒸气（除甲烷外）的比重均比空气重，因此，探测器应布置在处所的下方，一般在花钢板以上不超过 1 m 处。

（7）根据 IBC 规则 3.3 规定，货泵舱应设有固定式提升设施，以便将受伤人员不受任何阻拦的提升起来。

（8）应急消防泵设在船舶首部时，在所有营运情况下应能有效吸水。根据《国际消防安全系统规则》第 12 章 2.2.13 规定，消防泵应能在船舶所有营运工况可能遇到的横倾、纵倾、横摇和纵摇条件下，均能得到要求的排量和压力。船舶进出船坞的情况除外。因此，如消防泵设在首部，则应计算出最小吃水，泵的位置应能有效吸水。

（9）、机舱起重设备也应有年度检验和负荷试验证明。根据 ILO 规定，机舱起重设备也应每年进行一次年度全面检验、每 5 年进行一次包括负荷试验在内的全面检查。

4. 防污染方面

（1）卸货结束后，应将船上货物留存量（ROB）记录在货物记录簿上。

根据 MARPOL73/78 公约附则 I 提供的油类记录簿第 II 部分规定，无论在航行中或货物装卸操作中，均应记录每一货油舱的货油存量。

（2）船上应有直接读出舱内容量的仪表，尤其是设有惰性气体系统的油船。

（3）所有系缆绞车底座处应设溢流围栏，并设有泄放塞子。

按 USCG 规定，凡是可能发生溢油的设备周围，均应设置围栏，以防止油溢出而造成污染；围栏应用塞子塞好，以便将溢油收集。

5. 货物与压载系统方面

（1）船上应保存经批准的液货舱第二透气系统布置图及其说明。根据 SOLAS 公约 II-2/4.5.3.2.3 规定，1992 年 2 月 1 日以后建造的船舶，对具有公共透气系统液货舱或液舱组，应安装第二透气系统，以防止透气系统出现故障时，货舱出现超压或负压；对以前建造的船舶，应在 1998 年以后的第 1 次坞内检验时装设。该系统布置图及其说明，应经船级社批准，并应保存在船上。

（2）液货舱除设有闭式测量装置外，还应设有手工测量装置。根据 SOLAS 公约 II-2/4.5.5.3.3 规定，20 000 t 以上油船，应设置闭式测量装置。而 INTERTANKO 根据 OCIMF 要求提出，具有原油洗舱系统的船舶，除闭式测量装置外，每个舱至少还应设有 3 个限制式手工投垂测量（Handle drip）装置。

（3）货油舱除设有溢流报警外，还应设有高液位报警。根据 SOLAS 公约 II-2/11.6.3 和 SC71 的规定，应采取措施，防止液体从透气系统上升至超过设计压头的高度。为此，每个液货舱均应设置高位报警和溢流控制。

但按《油船和油码头国际安全指南》（ISGOTT）要求，每个液货舱的高位报警一般为该舱容的 95%；而溢流报警控制为该舱容的 98%。

（4）惰性气体系统至每个液货舱支管上的截止阀应有锁紧装置。按《国际消防安全系统规则》15.2.3.2.1 的规定，上述截止阀应有锁紧装置，以防止将此阀不适当被关闭。另外，此阀还应有开关指示装置，否则不符合规定。

6. 惰性气体系统与原油洗舱系统方面

（1）专用压载舱应有安装固定式气体监测系统。根据 SOLAS 公约 II-2/4.5.7.2 规定，双舷侧处所和双层底处所内，应装设测量可燃气体的设备。4.5.5.1.3.1 规定，双舷侧处所应设惰性气体接管，以供给惰性气体使双舷侧处所惰化。4.5.7.2.2 又规定，双舷侧处所的便携式可燃气体测量仪，应与设固定式可燃气体测量装置配合使用。

（2）建议船上配 2 台手提式可燃气体、氧气测量仪和毒气测量仪。尽管 SOLAS 公约 II-2/4.5.7 规定船上至少配备 1 台可燃气体测量仪及足够的备件即可，但往往备件不足，造成“缺陷”，所以建议配 2 台。另外，还应有适当的手提式氧气和可燃气体测量仪。

OCIMF 还要求油船配备毒气测量仪。ISGOTT 第 15 章指出，石油产品和惰性气体均有毒性，这些毒性物质为苯、二甲苯、硫化氢、四乙铅、四甲铅等。

(3)手提式(可燃气体、氧气和毒气)测量仪应有足够长的取样软管。根据SOLAS公约Ⅱ-2/4.5.7规定，液货船应配备手提式测量仪和足够的备件，并应与固定式测量仪配合使用。OCIMF规定，手提式测量仪的取样软管应有足够的长度，能有效地对处所上、中、下部位进行取样。

(七)石油组织对油船的附加要求

1. 船级社的证书或证明方面

(1)系泊绞车应有船级社证书；应定期进行刹车力试验。系缆绞车刹车力低，船与船或船与码头之间产生移动而可能发生溢油；系缆绞车刹车力过大，可能导致船上或岸上设备损坏的危险。因此，一般绞缆机设置均采用埃克森(Exxon)的系泊能力标准(BHC)，要求至少12个月对绞缆机刹车力进行测试。靠泊时，船员必须精心关注和检查，及时调整绞缆机刹车力，以防止船舶漂泊或脱离码头。绞车用于收放系缆绳，绞缆机的刹车力应小于系缆绳破断负荷的60%。

(2)系缆绳应有船级社的证书。按OCIMF规定，系缆绳应有船级社的证书，并保存在船上。以作为更新系缆绳选择破断负荷的依据，同时也是不断调整系缆机刹车力的依据。

(3)艏锚制链器应有船级社的证书。船舶抛锚后，主要依靠制链器制动来承受锚链的拉力。因此，石油公司要求锚链制链器应有船级社的证书。

(4)船上应有船级社的船舶状况季度通知单(Quarter List)。IACS成员对其入级船舶，每个季度均发送船舶状况通知单，石油公司要求船上保存此通知单。

(5)稳性计算程序应经船级社认可。

(6)原油洗舱手册应经船级社批准。

(7)惰性气体系统操作手册应经船级社批准。

(8)装载仪应经船级社批准。

(9)排油监控装置(ODME)操作手册应经船级社批准。

(10)按ISGOTT规定，为了载货交接监管的目的而进行的舱容测量的舱容曲线，及所使用的闭式测量系统装置或流量计装置，必须经过船级社的检验与认可。

(11)要求船上装有蒸气回收系统，其必须经船级社认可。

(12)货物软管应有船级社证书及制造厂说明书，压力试验间隔期应不超过1年。

(13)应注意停靠码头或装卸货作业期间的证书有效期。船舶持有效的法定证书和船级证书，在货物操作开始时至少应有2个月的有效期。此外，还应有相关的石油组织和/或港口国批准的有效证件。如停靠美国港口，还需要USCG签发的有效液货船审查信函(TVEL)；化学品船或液化气体船的符合证明。

(14)船上起重设备(包括机舱起重设备)应有船级社证书。

(15)艏艉应急拖带装置应有船级社证书。

(16)防火拖缆应有船级社证书。

(17)救生艇筏的降落设备和承载释放设备应有定期检验的证明。

(18)船上应有船级社批准的第二透气布置图及其说明书。

2. 资格证书方面

（1）应有其他的作业证书。按 ISGOTT 规定，船上应有热工作业许可证、冷工作业许可证、封闭场所进入许可证。

（2）船长应有 12 个月以上的船到船货物驳运的经验。按 OCIMF 规定，油船的船长和船员应进行船到船货物驳运的操作培训，船长至少应具有 12 个月以上的操作经验。

3. 安全管理方面

（1）面向货油区域有开口的处所内设置的灯（如艏楼物料间的灯），应是防爆型的。

（2）主甲板应有足够的照明。按 OCIMF 规定，主甲板上应有足够的照明，在货油管接头区域的照明亮度（照明处甲板上方 1 m 处）至少为 50 lux，在主甲板上至少为 10 lux。

（3）不允许用明火来检测感温式探测器。

（4）应制定人员进入泵舱与无货物舱室（压载水舱）的程序。OCIMF、ICS、IAPH 均明确规定，人员进入上述处所时，应有通风、可燃气体测量、人员陪同及其通信、救助等措施的程序。

（5）、油船上应装有足够的起重设备。按 OCIMF 规定，油船应安装起重设备，其安全工作负荷为：

• A 类（16 000～20 000 t）：10 t

• B 类（20 001～60 000 t）：10 t

• C 类（60 001～160 000 t）：15 t

• D 类（160 000 t 以上）：20 t

（6）按 OCIMF 规定，为防止系缆装置在放、带缆时跳出，应采用闭式导缆装置。禁止 1 个导缆器穿 2 根系缆绳。

（7）OCIMF 的“系泊设备指南”与“有效系泊”、Exxon 的“海上环境与安全衡准”中，对系泊设备设置的规定，比船级社规范要求高。

（8）系缆绳材料。按 OCIMF 建议，系缆绳材料应为钢丝、尼龙和合成纤维；不使用聚丙烯，认为聚丙烯绳在接近破断负荷时，由于摩擦会产生静电失火危险。

（9）应有足够数量的船到船货物驳运操作的闭式导缆器。按 OCIMF《船到船货物驳运指南》9.3 的规定，船到船进行货物驳运操作，应使用闭式导缆器，防止两船干舷不一致时系缆绳滑出。

（10）规定处所应有安全告示。按 ISGOTT 规定，应在规定处所标示“严禁吸烟”和“严禁明火”等的固定式和移动式告示牌。如：

——液货船登船口和生活区域出入口，在醒目位置张贴“严禁吸烟”和“严禁明火”的警告；

——燃油舱、柴油舱和滑油舱或其附近，应张贴“不准明火”的警告；

——在货泵舱出入口，应张贴“未经许可严禁入内”的警告。

（11）船上应有热工作业的规定。按 ISGOTT 2.8 的规定，对船舶安全或船舶即时作业能力是必需的，而且不能被延迟到下次修理计划的热工作业，船上应有相应的规定。

（12）样品存放位置应适当。

（13）货物操作计划应具体，并包括货物和压载水的操作。按 ISGOTT 第 7 章的规定，货物和压载水的操作应考虑船舶的许多因素，如稳性、惰性气体系统、封闭式装卸舱的超压和负压等；油船与油码头之间的联络、各舱装卸顺序、装卸过程中压载水的排灌作业、船舶纵倾、吃水、可能承受的最大应力等。

（14）OCIMF 要求船上应有“货物安全资料表”（MSDS），并张贴在货物控制室内。

（15）应急发电机燃油柜应装满油；燃油柜的容量应保持其全负荷连续工作 18 h，一般情况下应装满。

（16）舱门、舷窗和窗口应保持关闭。按 ISGOTT 6.1.2 规定，在生活区，所有从油舱甲板直接通向生活区，或除泵房以外的机器处所的、或从任何高度俯视油舱甲板的、或俯视烟囱前面的船尾甲板的所有外部舱口、舷窗和类似开口，均必须保持关闭。在特殊情况下，如船尾部进行装油时或构造上的特殊性，可能还必须关闭其他的舱门和舷窗。必须保持关闭的舱门应加以明确的标志。

4. 防污染方面

（1）船上应有油水记录簿。

（2）船上应有压载水管理计划。IMO 安委会 868（20）决议规定船上应有经批准的“压载水管理计划”，石油公司要求油船在货物操作中应对压载水操作进行管理。

（3）防止泵舱海底阀泄漏污染措施及程序。ISGOTT 规定，在卸货、压载、洗舱作业过程中，为保证连接货油的海底阀确保不发生意外的漏油，应定时进行监控。为防止泄漏，可采用不使用该阀时关闭、锁闭、甚至封死的措施。如采用关闭措施时，应提供检查此阀泄漏的设施及试验程序，即在海底阀与泵吸口阀管段上，至少设 2 个阀，两阀之间设置试验附件、放气孔、泄放孔和压力表等，如采用锁闭措施时，通海阀与货物操作系统采用可拆短管连接，不用时可将短管拆掉。

如果采用封死措施时，不用时可用眼镜盲通法兰，使货物操作系统与通海阀盲断。法兰厚度应与管子法兰厚度相同。另外，在操作中，应严格按照操作程序，先启动泵，使泵的吸入管段形成适当的真空度，然后再打开海底阀。

（4）防止主甲板上溢油通过其排水孔污染水域。ISGOTT 规定，在开始装卸货前，应将甲板上的排水孔全部塞好、堵死。如甲板上有污油水，则应设法将其排入污油水舱或其他容器。但如甲板有雨水时，可临时把排水孔打开，雨水排出后立即将排水口塞好。

（5）货油管接头处应设溢流柜（Spill tank）。

（6）主甲板上后部横向挡板与主甲板两舷侧挡板的高度。根据 SOLAS 公约Ⅱ-2/4.5.1.6 规定，应设有使船上溢油远离起居处所和服务区域的设施。一般是通过安装高度至少为 300 mm、延伸到两舷连续固定的挡板来达到此目的。舷侧挡板高度无明确规定，USCG 规定，前后端挡板高度为 200 mm，中部高度为 100 mm；而 OCIMF 建议，主甲板后部挡板高度为 400 mm，两舷侧挡板高度为 250 mm；Exxon 对大于 10 万吨的要求与 OCIMF 相同，而小于 10 万吨的，可分别至少为 250 mm 和 100 mm。

5. 惰性气体系统与原油洗舱系统方面

（1）ISGOTT 规定，设有惰性气体系统的液货船，尽量设置闭式测量和取样装置，确保安全。

（2）ISGOTT 规定，油船还应备有有毒气体的测量仪，以测量硫化氢、苯、甲苯、二甲苯等。一般应每年由认可的机构校核 1 次。

（3）应有每个货油舱的最大装货速度和透气能力的资料。

二、世界主要石油公司对油船的检查

大的石油公司有：BP/SHELL/CHEVRON-TEXACO/EXXON-MOBIL。

小的石油公司有：TOTAL/PETRONAS/STATOIL/SUNOCO/CONOPHILLIPS 等。

三、通过石油公司检查的重要性

对于液货船（油船、液化气船和化学品船）来说，是否能通过石油公司的检查，其重要性是不言而喻的。如果不能通过检查，则该轮将失去在货运市场的竞争力，失去市场，将无货可运和无允许的码头可靠，是一件非常严重的事情。对液货船来说，是否能通过石油公司检查的重要程度与一个国家能否加入 WTO 相类似。

如果船公司所属的船舶，经常不能通过石油公司的检查，将严重挫伤公司员工的士气，损坏公司的外部形象和声誉，船公司将面临严重的信任危机，失去货主，失去客户，发展和生存将会非常困难。

四、能否通过石油公司检查的主要因素

船舶是否能通过石油公司的检查，取决于很多的因素，主要的因素有：

1. 市场因素

（1）市场对液货船的需求程度，如货少船多，货多船少。

（2）检查公司对该轮的需要程度。

2. 船东因素

（1）船公司的声誉和实力如何。

（2）船东对船舶的管理能力如何，如岸基管理，岸基支持，SMS 的完整和正确否等。

3. 船舶状况

（1）单船壳还是双船壳。

（2）船舶的新旧程度。

（3）船舶的结构和设备状况如何，是否有重大的缺陷。

（4）船舶的方便旗国、船级社、船员的国籍等。

（5）船舶在过去的 12 个月内是否发生过事故。

4. 外界的评价

（1）船舶近期的各种检查记录情况，如 PSC 的检查记录。

（2）租家和港口等方对船舶的评价如何。

5. 检查官的因素

（1）检查官对受检船舶的船东和船员是否有偏见或歧视。

（2）检查官的身体状况和心情如何。

6. 船员因素

（1）船员的业务能力和管理能力如何。

（2）受检船员与检查官的沟通和配合的好坏。

以上的因素都会在不同程度上影响到检查官对船舶检查的“重视程度”、“检查的力度”和“最终的检查结果”。因此船舶是否能通过石油公司的检查，有时带有偶然性，但是不可否认的是一家船公司的船舶总体的通过率的高低，则完全能表明该公司的整体实力和综合管理水平。

思考题

1. 石油组织对油船检查的特点有哪些?
2. 石油组织检查中容易出现的缺陷有哪些?
3. 船舶如何做好石油公司检查的准备工作?
4. 影响船舶通过石油公司检查的主要因素有哪些?
5. 简述通过石油公司检查的重要性。

第四节　码头检查

要　点

油船抵达锚地或者引航站，在靠泊之前实施的一项船舶安全检查。其目的是确认船舶安全状况是否满足油码头安全系泊和安全货物操作的要求。

必备知识

一、靠泊之前码头对船舶的安全检查

油船抵达锚地或者引航站，在靠泊之前实施的一项船舶安全检查。其目的是确认船舶安全状况是否满足油码头安全系泊和安全货物操作的要求。

1. 准备工作

在接到码头靠泊指示，引航员、系泊长登船之前，大副、驾驶员、甲板值班人员在舷梯口做好相应的准备和接待工作。在通常情况下，登船人员有引航员、助理引航员、系泊长（Mooring Master）。系泊长负责安全检查。

2. 检查内容

货油舱的含氧量低于 8%，货油舱的压力要保持正压状态。一般情况下，装货前压力 0.005 MPa（500 mmH_2O），卸货前压力 0.002 MPa（200 mmH_2O），这样方便货油舱量舱作业。检查内容还包括系泊设备、单点系泊设备、绞缆车、缆绳、引缆、缆桩、系泊滚轮，各种管线外部检查，甲

板区域设施外观检查，泵间设备检查，海底门检查，等等。

3. 靠泊之前的安全检查

靠泊之前的安全检查是一项很重要的工作。在安全检查中，如果被发现有较大的缺陷，系泊长有权取消船舶靠泊计划，责令船舶立即整改，待二次复查合格后方可靠泊。因此，抵港前准备工作十分重要。

二、在码头货物作业中对船舶的安全检查

一些码头特别是大石油公司旗下管理经营的码头也会对系泊在其码头进行装卸货作业的油船进行安全检查，其检查程序和标准类似石油公司的检查，对船舶进行全面的评估已确认码头对该轮的接受程度。

（一）靠泊期间系泊缆具的管理是否符合要求

（1）船方人员应经常检查和谨慎照管油船的系泊缆具，岸方有关人员也应对系泊缆具定期检查和谨慎管理。

（2）应定期检查系缆系统。

（3）油船应保持与碰垫接触。

（4）发生或可能发生下列情况使船舶系泊安全受到威胁时，应使用拖船协助保持船位：

- 风速显著增大或者风向转变
- 涌浪
- 潮流高峰期
- 船底富裕水深受到限制
- 其他油船过往的距离太近

（二）船上是否保持有效的甲板现场值班，是否有充分的监督

在整个装卸过程中应始终保持如下的安全措施：

（1）一名驾驶员负责值班。船上配备足够的处理安全作业的船员，安排适任船员在甲板不间断值班。

（2）值班驾驶员与油码头值班人员保持联系。

（3）船岸通信系统应保持良好的工作状态。

（4）在开始装卸和人员交接班时，值班驾驶员和油码头值班人员应各自确认自己和全部值班人员对装卸操作的通信方法已充分了解。

（5）所有有关的货物操作人员应清楚正常停泵的要求和紧急停止作业的处理方法。

（三）船岸之间是否保持良好的通信联系

（1）值班驾驶员应与油码头值班人员保持良好的通信联系。

（2）通信系统选用的方式以及相应的电话号码或频道应记录在册，并经船岸双方的代表签字确认。

（四）油船是否张贴了规定的声明告示

油船抵达油码头，应以适当的语言文字在舷梯口张贴告示：

（1）WARNING 警告。

（2）NO NAKED LIGHTS 严禁明火。

（3）NO SMOKING 严禁吸烟。

（4）NO UNAUTHORISED PERSONS 未经许可，拒绝登船等。

（5）在适当部位应设置带荧光“紧急脱险路线”（EMERGENCY ESCAPE ROUTES）方向的警示标志。

思考题

1. 码头对船舶检查的主要内容有哪些?
2. 船舶如何做好检查的准备工作?

第十四章
油船安全操作

本章主要介绍了油船安全操作的相关内容，包括码头系泊、单点系泊、船靠船过驳作业，以及直升机操作和超大型油船操作的一些相关内容。

第一节　码头系泊

要　点

油船的系泊作业对于油船船员和码头系泊人员来说存在巨大的风险。为保证油船安全而有效地靠泊码头突堤，并确保在装卸货期间能够安全系泊，应对所有参与系缆作业的人员进行正规培训，确保其适任并意识到作业所具有的危险性和应采取的预防措施以及注意事项。

必备知识

安全系泊，把船舶稳定的系泊于码头指定位置是船舶顺利完成装卸货物的基础。码头设施、泊位外部环境、船舶系泊设备、参与操作人员的素质是决定船舶安全系泊的关键因素。

一、码头结构

（一）一字形码头

码头工作平台与系缆墩基本在一条直线上。系泊缆绳以前后倒缆和艏缆、艉缆为主，由于码头结构原因没有办法带横缆。所有系泊缆绳与船舷夹角接近为零。如果系泊期间遇到较强的吹开风会非常危险。这类码头通常为岸壁式没有横流，适合于中小型船舶。

（二）弓形码头

油船码头大部分属于弓形码头，系泊缆绳分布情况良好。但是有些泊位有横向或接近横向的吹开潮流。当泊位水深与船舶吃水比小于1.3∶1，又处于满载时，容易发生断缆、船舶漂离泊位事件。停靠这样的码头时：（1）要尽可能地增加系泊缆绳数量；（2）船岸要密切配合，接好岸线后尽快启泵卸货，减少船舶满载吃水状态在泊位的停靠时间；（3）必要时申请拖轮护泊，直到水深与吃水比大于1.5∶1。

二、码头地理位置

为了满足超级油船靠泊的吃水条件，以及对城市环境保护、居民安全方面的考虑,大多数码头建在远离城市、距离海岸线比较远的地方而缺少遮风避浪条件；有的建在航道或河道旁边，受过往船只掀起的涌浪和水流方向的影响比较大。油船在系泊装卸货作业中，连接岸上输油臂或者软管时要求船舶前后、横向移动在合理的安全范围内，因此船舶系泊缆绳始终保持在适当收紧状态尤为重要。

三、靠泊操作

对于油船，尤其是满载的大型油船靠泊操作时，都是以拖船动力为主，船舶动力为辅，在拖船的协助下进行靠泊。在船舶向码头靠拢时，采取船舶与码头之间几乎平行接触。船舶相对于泊位的靠泊速度控制不超过 5 cm/s，一般在 2～5 cm/s 平行靠拢泊位。

1. 人员配置

油船靠泊作业属于关键性操作，在驾驶台人员配备上依照 SOLAS 公约和国际油码头海事论坛的要求，增派一名驾驶员协助接送引航员和靠泊工作。这样，驾驶台人员至少应有船长、2 名驾驶员、2 名值班水手。

2. 值班驾驶员要提前做好“船长与引航员的信息交流卡”

船长签字确认后要有引航员的签名确认，使引航员明白船舶设备概况，车、舵、锚等设备及导航仪器，助航仪器的工作状态。

3. 信息交流

船舶抵港之前，船长要尽可能地通过代理或者其他有关方面了解港口最新资料。当引航员登船之后，船长应主动向引航员询问并清楚靠泊方案及泊位情况、靠泊能力、泊位长度、泊位及附近水深，泊位附近航道情况、碍航物及其位置、大小，潮汐、潮流情况及流向、流速，哪一舷靠泊、接货油管尺寸、数量，是否需要掉头，系泊缆绳布局，计划使用拖船数量、拖船功率，以及拖船上工人的合作配合能力，VTS 情况及船舶位置报告制度。

4. 注意事项

值驾人员要密切注意车舵的反应，最忌操反舵反车，靠泊之前按要求对车舵等及其所有助航仪器进行试验，保证其工作正常。舵工应正确执行舵令，驾驶员要随时监控每一项指令的执行情况，按要求迅速准确地给出舵角或航向（把定），发现舵效不良或把定有困难时，舵工要及时报告船长和引航员。

四、缆绳配置

油船或者大型油船的系泊缆绳数量通常为船首尾各为 3 根艏缆、3 根横缆、2 根倒缆或者 4 根艏缆、2 根横缆、2 根倒缆。外舷艏艉部各配置一根防火缆。

同一方向的系泊缆绳应使用相同材质的缆绳，并尽可能伸出相同长度的缆绳。在货物操作期间，尤其在船舶卸货扫舱阶段，船舶吃水差较大，驾驶员应通知甲板值班人员及时调整缆绳，始终保持船舶整体紧贴码头碰垫（Fenders）。

五、靠泊期间的系泊管理

甲板值班人员有责任巡回检查和谨慎照管油船的系泊缆具，岸方适当资格的人员也应对系泊缆具定时检查，以亲自确认缆具确实被适当照管。当看到缆绳松弛或被拉得太紧时，应全面检查整个系缆系统，以便收紧或放松个别缆绳而不致使油船移动，或者将过度的负荷分散到其他缆绳上。油船应保持紧贴码头碰垫，而且在油船稍有离开碰垫的情况下，不可使系缆发生松弛。

当存在或预计到有下列情况发生时，应考虑使用拖船协助保持船舶位置：

（1）风速显著增大或者风向转变，尤其当油船有大的干舷时。

（2）涌浪。

（3）潮流高峰期。

（4）龙骨下富裕水深受到限制。

（5）其他过往船舶的距离太近，船速过快。

思考题

1. 码头结构对系泊船舶的影响是什么？
2. 靠泊期间系泊管理的要求有哪些？
3. 船长与引航员的信息交流卡的主要内容有哪些？

第二节　单点系泊

要　点

单点系泊 Single Point Mooring 油船不用靠港，而是在离岸足够水深处，设置一浮式单点卸油装置，通过漂浮在海面上的浮筒和铺设在海底与陆地储藏系统连接的管道，将油卸输至岸。在海上设置多个浮筒，供船舶停靠并进行装卸作业的系统。单点系泊的操作要点及注意事项。

必备知识

一、单点系泊（SPM/SBM）

单点系泊时的一切操作均应按照 OCIMF 和 ISGOTT 的 Single Point Mooring Maintenance & Operations Guide 等指导文献标准实施，并应做到如下几方面。

1. 抵港系泊之前的船舶自查和准备

（1）主机试验包括正车，倒车，停车试验。

（2）舵系统的操作试验。

（3）锚机、绞缆机的运转试验。

（4）制链器（Chain Stopper）活络检查。

（5）备妥单点系泊需用的绞缆车（即将原车缆绳倒出），并备妥引缆（长度视岸方的要求）。

（6）检查、试验起重设备。

（7）备妥认可的输送人员吊篮。

（8）其他检查均应按照ISGOTT中检查单完成。

2. 系泊中的注意事项

（1）进港靠泊时一定要控制好船速，绝对不能操之过急。

（2）在连接货油管线过程中，值班驾驶员和水手长应在现场指挥。

（3）除正常值班外，船首始终保持有一人值守，注意系泊链的方向以及受力情况。如发生系泊链受力或松弛过大、与船艏向偏离较大和任何损坏或异常情况，应立即向值班驾驶员报告，并及时通知住在船上的引航员和装货负责人（Loading Master），以便指挥船艉部拖船采取相应措施。

（4）经常检查船舶附近水域的情况，防止海底油管损坏出现油渗漏的现象；注意船艉部拖船缆绳的受力情况。

（5）保持不间断地有效通信联系，包括:货油控制室和甲板值班人员，以及与引航员、码头长的联系沟通。

（6）船舶动力，主机保持处于随时可用状态。

（7）按照应急程序，做好一切应急准备工作。

（8）一切操作过程及检查结果都必须做好详细的记录。

一般情况下，装卸货物作业期间，安排一名船员保持在船首，随时观察系泊链的方向和吃力情况及与浮筒的距离并向装货负责人（Loading Master）报告。由Loading Master通知系在船尾的拖船进行船位的调整。如系泊海域受到季风影响，主机应始终处于备车状态，轮机员需在机舱当值。值班驾驶员应密切关注天气变化，及时与大副、船长和装货负责人联系。如大风接近本船时，应立即停止货物作业，关闭货油通岸管路（Manifold）的出口阀，甲板部人员处于前后准备状态。利用主机动力减缓系泊链的受力，必要时，拆管、解链离泊。

系泊在油田中的储油船（FSPO），油船将会随着风、流的影响而转动；也有储油船利用多个锚链系泊，而不随风、流的影响而转动。在此情况下，货物操作期间应特别关注风、流的方向，当与储油船的首尾向不一致时，应及时告知装货负责人，并让拖船及时顶推，将船位摆正，否则将导致离泊。

在浮筒泊位系泊时，应采取突堤码头靠泊中同样的所有常规预防措施。在具有浮筒系泊设施的码头，对于远洋油船来说最好能得到有关海上作业安全所必需的专门资料，这些资料可通过指派上船的系泊船长向码头或者通过向主管机关或引航机构咨询来获得。

不符合要求和标准的系泊布置，常常在单点系泊作业中导致险情的发生和延误作业时间。因此，船舶和单点泊位双方装备上的良好设计，船舶方面各项标准设备的准确就位，将会大大减少人员伤害的危险性。海上码头单点系泊设备的专门配备将为船舶安全地系固于单点泊位提供更加有效的方法。

在单点泊位进行系泊时，驾驶台与船首之间建立良好的通信制度并保持有效的通信联系是非常必要的。船方必须完全清楚将其系牢的系泊缆具的类型和必需绞起输油管接头的重量，码头必须告知所需引缆的长度与规格。

在船舶系泊的作业过程中，当正在用拖拽系泊大缆的引缆将缆具收绞上船的时候，而船舶未用上船首制链器的情况下，此时不得使船舶产生后退或偏荡，以避免在操作中增加缆具的额外负荷。将引缆导向绞缆滚筒或储存滚筒周围的滑轮、托架滚柱等必须转动自如，以免引缆过分磨损。务必注意人员不要站在那些因引缆断开而可能受到伤害的位置。有的单点泊位，对于15 0000载重吨以上的油船需用两套同样的缆具系泊，在这种情况下，两套缆具不宜通过同一个船首导缆孔。

二、多点系泊（Multiple Buoy Mooring，MBM）

1. 多点系泊种类

（1）锚泊式多点系泊。船舶到达系泊预定位置，船首抛八字形双锚，出链长度依据泊位水深而定。船尾部使用船舶缆绳分别系在4～5个浮筒上，艉缆方向浮筒2～3个，系带4～6根缆绳，横缆浮筒位于船艉两舷各一个，系带2-4根缆绳。

（2）浮筒式多点系泊。系泊位置由多个浮筒组成，一般前后各4～5个浮筒，分别系带艏缆、横缆、艉缆和横缆。

2. 多点系泊方式

多点系泊方式与船舶驶入锚地或者靠泊比较相似。进入泊位要与引航员或者系泊长（Mooring Master）密切配合。锚泊操作和系泊缆绳操作、系泊值班注意事项参照锚地作业和靠码头作业。

思考题

1. 单点系泊中的注意事项。
2. 多点系泊的种类和方式。

第三节　船靠船过驳作业

要　点

船靠船驳载作业，从安装碰垫、靠船系泊到接货油管、卸油，在整个作业中船员的劳动强度很大，避免全船处于疲劳状态。船靠船海上驳载作业的操作要点及注意事项。

必备知识

一、名词解释

船靠船（STS）：船靠船过驳作业（Ship to Ship Transfer Operation）是指互相系靠的船舶之间的液态货物过驳作业。这种作业可能在一艘船锚泊或二艘船都在漂航或机动状态下进行。包括驶近操纵、靠泊、系缆、离泊、接管、拆管和货物过驳在内的整个过程。

主碰垫：主碰垫是大型碰垫，用以缓解靠泊产生的碰撞，以及具有足够厚度用以防止船舶之间接触，且在一船靠向另一船时可以滚动。

副碰垫：副碰垫是用来防止两船之间的接触，它们应该可以滚动，通常在靠离操作期间，将它们沿船的前后端部放置显得非常有用。

定向船：定向船是接受行动船的靠泊，以某一航向和维持该航向的最低速度的船只。

行动船：行动船是进行船舶靠离操纵，靠泊于某一处于锚泊状态，或者在航状态船舶的船。通常行动船是相对较小的船。

二、船靠船的条件和要求

1. 当计划进行船靠船过驳作业时，要确保作业的船舶在设计和设备配置方面符合船靠船过驳作业的要求及相关建议，能够使系泊作业、软管操作和通信联系安全和有效地进行。船东应及早将检查单 1 中要求的信息通知船靠船组织者。有关船舶尺寸、干舷高度、货油歧管位置、系缆位置及碰垫的详细信息应及早通知两船的船长。建议不使用驾驶台两翼伸出舷外的船舶进行船靠船过驳作业。

2. 货物操作的适用性，在靠泊前应考虑：

（1）使用货油歧管的尺寸和数目。

（2）在货物作业中预计货油歧管距水面的最大和最小高度。

（3）两船的干舷高度差。

（4）货物吊车工况是否正常及安全工作负荷是否符合要求。

（5）软管船侧系固以防摩擦损伤。

（6）两船货油歧管布置是否符合 OCIMF 对货油歧管布置的要求。

3. 当计划进行船靠船过驳作业在某一国家的领海或专属经济区时应得到其主管机关的认可。

4. 选择船靠船过驳作业的区域时应考虑的因素：

（1）是否需要通知沿岸主管机关并获得其认可。

（2）对风浪特别是对涌浪的遮蔽。

（3）当时和预报的气象情况、潮流。

（4）对近海设施的安全距离。

（5）可用的专属船靠船过驳作业的区域。

（6）靠离泊作业操作要求需要的足够水域和水深。

（7）航行或漂航进行货油过驳作业要求需要的足够水域和水深。

（8）水下管线和电缆及人工礁石、历史名胜的水域。

（9）安全且有良好抓力的锚地。

（10）船舶交通密集程度。

（11）紧急情况和溢油的应急响应。

（12）保安。

5. 气象条件。

6. 如果雇用能提供船靠船过驳作业服务的公司进行操作，其适任的人员和良好的设备是安全可靠和有效地进行船靠船过驳作业的重要保证。

三、基本安全原则

1. 一般性原则

船靠船过驳作业的船长要确保遵守“Ship to Ship Transfer Guide”建议的操作程序外，也要保持国际上认可的安全标准，诸如《国际油船和油码头安全指南》（ISGOTT）。

（1）风险管理。船靠船过驳作业前，相关的部门要进行风险评估提供足够的信息以确保完全明了各项操作，风险评估应包括所有的操作风险及管理、控制和消除风险的方法。风险管理有多种方法可用，检查单就是其中的一种方法。风险评估至少应包括识别与操作有关的风险如碰撞、硫化氢含量、货物蒸汽压力等；评估风险的程度及后果；预防或控制风险；处理不可预测事件的程序。

（2）防止疲劳。在船靠船过驳作业过程中为预防疲劳，船靠船监督、负责过驳作业的高级船员应遵守 ILO、IMO 和国家法规关于休息时间的相关规定。另外休息处所过度噪声也会使人员疲劳，应对休息处所噪声进行监控。

2. 安全演习

船舶和船员应熟悉应急信号、程序和应采取的行动，尽最大的努力在船靠船过驳作业前进行一次应急演习，要想对所有可能发生的应急情况都演习一次是不现实的，但可对船靠船过驳作业中最常发生的应急情况如系泊失败、火灾进行演习，演习中应包括：

（1）拉响警报的程序。

（2）停止所有操作。

（3）应急集结处所和准备启动应急程序。

（4）系泊作业组成员就位。

（5）应急拆卸货油软管。

（6）备好主机随时可用等。

3. 检查单

在船靠船过驳作业过程中，要严格遵守检查单中的程序。

4. 货物过驳期间的安全要求

（1）吸烟和非防爆照明。应严格执行吸烟和非防爆灯使用的规则，警示要醒目，应专门指定吸烟场所且有明显标示。

（2）配电板接地。配电板上接地指示灯亮起，意味着电路故障，对此要立即检查，进行绝缘隔离，以防止产生电火花。

（3）锅炉和内燃机。对于装有锅炉设备的船舶，吹灰作业应在两船驶近操纵之前完成。过驳作业中发现烟囱冒火星时必须立即停止过驳作业。

（4）货管中电流和静电荷的消除。为了消除在两船之间引发电火花的电位差，接管时应该：

- 每根软管应安装一单独绝缘法兰（或安装在一船的货油歧管上）
- 每根软管应装有可阻断电流的一段管子
- 使用特殊制造能阻止静电荷积聚或两船之间电流流动的货油软管

（5）其他可产生电火花之场所。所有船靠船系泊缆绳应是绝缘的，诸如用尼龙缆绳，或者在钢丝缆头上接有合适长度（11 m）的尼龙（或相似材料）琵琶头。

（6）使用无线电。两船的主发射天线应该接地，且在一船与另一船系靠期间，一律不许使用。用于船内通信的手提无线电（对讲机）应是防爆安全型。

（7）使用雷达。当雷达扫描天线指向他船之甲板或其附近时，不要使用 10 cm 波段雷达。

（8）货油蒸汽积聚。当出现对船舶和人员有害的货油蒸汽积聚在任一船舶的甲板上或货油歧管处时，船靠船过驳作业应立即停止直至认为安全时方可恢复过驳作业。可燃或有毒气体可能在甲板的上层建筑下风处产生涡流或积聚，高浓度的可燃或有毒气体也有可能进入机器处所和生活区。因此在过驳作业前接受货油的船舶（Lightering）应提供给卸货的船舶（STBL）最后所装货油有害蒸汽的详细信息，特别是硫化氢气体的浓度，以便他船提前做好安全防护准备工作。

（9）雷暴。在过驳区域出现或即将出现雷暴时，应终止货物过驳作业。

（10）厨间炉灶。货物过驳作业期间，禁止使用烧油或燃气的炉灶。

（11）消防设备准备就绪。双方船舶应备好消防器材以备急用，每船的泡沫枪应指向作业中的货油歧管处，并保持随时可用的相应状态。

（12）居住场所。所有通向居所之门应在货物过驳作业期间保持关闭，每船船长应指定远离主甲板货油区域的门专供人员出入。所有供人员出入的门应在人员通过后立即关闭。居所空调系统应转到内部循环模式。

（13）未授权的船舶。货物过驳作业期间，未经授权的船舶不许靠泊船靠船过驳作业中的任何一船。

5. 安全值班

船靠船过驳作业中船员不仅要负责货物的操作，而且也要保证航行或锚泊时船舶的安全，因此此类操作需要更多的船员，船长应预计船靠船过驳作业大约所需的时间，在整个作业中合理安排好船员值班并保证船员的最低休息时间。

6. 直升机操作

两船系泊在一起后，禁止未经船靠船组织者、船靠船监督、两船船长同意的直升机操作。在货油过驳、加装燃油和压载水操作期间禁止直升机操作。

四、通信

1. 语言

双方船舶应使用共同通信语言，确保船靠船过驳作业期间双方有关信息的沟通。

2. 警告

若过驳区域是在港方当局的管辖之外，应向过往船只发出警告，以 VHF 告知如下内容：

- 参与作业的船名
- 作业的地理位置
- 作业开始时间和预计期限
- 作业的性质
- 请求宽让

3. 驶近、系泊和解缆中的通信

两船应通过 VHF 尽早建立起联系，继而转到工作频道。此时应互相交换信息，完成检查单 2 和 3 中的检查项目。解缆之前必须确认同样的 VHF 通信，完成检查单 5 中的检查项目。

4. 货物过驳期间的通信

货物过驳作业的全部时间内，两船的主要负责船员之间应保持无线电通信包括备用通信设备的畅通。

5. 通信失败时的程序

若在驶近操纵过程中通信中断，就是放弃这次操纵，每船应接着采取行动，按《国际海上避碰规则》用相应的声号表达。

货物作业期间，若两船意外地通信中断，应发出紧急信号，立即终止作业。在满意的通信重新建立之前，不应继续作业。

五、船舶操纵和靠离作业

1. 船舶准备

两船船长应在操作开始前做好如下的准备工作：

（1）熟悉操作指南建议的操作程序、船东或船靠船组织者给出的相关指示。

（2）关键的货物操作和安全设备按 ISGOTT 描述的程序进行试验。

（3）确认主机、舵机、所有航海和通信设备工作可靠。

（4）船舶应正浮（无横倾）和保持一适当吃水差。

（5）按照系泊计划做好系泊准备。

（6）备好货油歧管、起重设备。

（7）确认符合检查单 1 中的各项要求。

（8）碰垫和软管按本操作指南的要求准备就绪。

（9）应急行动程序。

（10）气象情况。

（11）保安等级。

2. 信号

在船靠船过驳作业期间，应按《国际海上避碰规则》和当地法规，显示灯号和鸣放声号。

3. 基本靠泊原则

（1）一船在锚泊状态。在风和流不是来自同一方向的情况下，锚泊船将会偏荡，使行动船靠泊困难，锚泊船应将其任何偏荡趋势立即通知给行动船。有条件时，应使用一拖船协助。潮流变换的当口，不应进行靠泊作业。

（2）两船均在机动状态下。定向船以保持航向的最低速度（大约 5 kn）做定向，保持风流来自船首或接近船首方向。行动船（一般较小）则进行靠泊操纵。

①定向船应满足行动船对航向的要求；

②船速的控制应以调节主机转速（或螺距）的手段进行，定向船之车速调整，只应按行动船

之要求进行；

③两船船长或船靠船监督对安全操作有任何怀疑时，应终止靠泊作业；

④整个作业期间内，每船负责保持各自的正规瞭望；

⑤两船应以相同航速，在无需倒车情况下平行靠泊；

⑥两船在近距离的船间效应；

⑦良好的通信。

4. 操纵两船联合体进行锚泊作业

两船在机动状态下靠泊后，若准备在锚泊状态下进行货物过驳，则定向船应驶向预计的锚泊过驳位置，行动船应停车，正舵或摆舵随行于定向船。

①定向船应使用非系船一侧的锚，在锚泊操作中不宜过多使用倒车；

②自行动船系靠好至定向船下锚的一段时间，后者负有两船联合体的责任；

③定向船进行锚泊操纵时，应将欲使用的任何车、舵行动通知给行动船；

④锚泊结束后，两船各自负有锚泊值班责任。

5. 货物过驳中的船舶操纵

（1）锚泊过驳。锚泊中进行的货物过驳，要安排好安全值班，包括甲板面上当值和驾驶台锚泊当值。

（2）航行中过驳。两船系靠一起作为一联合体，在航行中进行货物过驳，其安全和避碰要由“定向船”负责。要求每船驾驶台保持正规瞭望。“定向船”以一稳定之航向和保向的最低速度。行动船停车正舵，作为被拖船。为减少拖带的冲击负荷，定向船应谨慎地改变机器转速，仔细渐次地调整航速。选定的航向、航速应由两船船长同意，尽量减小两船之间的相对运动和湍流。

（3）漂航过驳。两船联合体在随风流漂航中进行货物过驳，两船应保持备车状态。若因恶劣天气，使船摇摆而无法正常作业时，应谨慎地用车，将船调在摇荡最为轻微的航向上。

6. 系泊缆绳和绞缆机械

（1）应使用质量和状态均良好的缆绳，绞缆机械应处于良好工作状态。

（2）船舶系在一起之后，应该对系泊情况进行安全有效的监护照料。

（3）在系泊方案上，应使系缆长度合适，兼顾防止船舶之间的相对运动和缆绳张力过大。

（4）同一方向系缆材质应为相似材料。

（5）应避免开式导缆孔。

（6）在整个船靠船过驳期间，绞缆机械随时可用。

7. 解缆程序

（1）离开锚泊船的解缆。在正常风流条件下，于锚泊中进行的船靠船过驳作业在过驳结束后，“定向船”可保持锚泊状态进行解缆。由于难于估计气象条件和潮流因素对船舶的影响，因此在离泊作业中要十分小心，应选用经验丰富的人员进行操作和拖船的协助。

（2）在漂航或航行中过驳后的解缆。对漂航中或航行中进行的船靠船过驳作业，通常应使两船之联合体艏向迎风，再行解缆。

8. 离泊程序

在离泊作业中要特别注意两船触碰。一般情况下,应先前后单绑,再解掉所有的艄缆;行动船船首在风流作用下偏离定向船一合适角度,再解掉所有艉缆,操纵船舶驶离定向船。

六、货油过驳作业

1. 过驳前检查

货油过驳开始之前,两船的主要负责船员之间应建立起良好通信,完成过驳前检查单4中的检查项目,同时也应注意《国际油船和油码头安全指南》(ISGOTT)中所列的相应检查项目。

2. 货油过驳计划

货油过驳计划应得到两船的书面认可,计划中应包括以下信息:

(1)需要过驳的油种、数量。

(2)货油的信息如比重、温度、对静电荷积累货油的注意事项。

(3)详细的货油操作系统、货油泵的数量、最大的工作压力。

(4)原油洗舱程序。

(5)货油对加温的要求。

(6)初始装货速率、最大平舱速率及通知转换速率、停止货油泵需要的时间间隔。

(7)正常停止和应急停止程序。

(8)应急和溢油程序。

(9)值班安排。

(10)关键性操作计划。

(11)当地主管机关对货油过驳作业的相关要求。

(12)货物安全数据表。

(13)装货船应提供上一航次所装货油的详细信息。

(14)货油软管的连接、监控、放残和拆卸。

3. 货油过驳的一般要求

(1)要求在整个货油过驳作业期间,卸货船和收货船均应有负责船员在各自货物出口就位,察看管子是否漏泄。另外,卸货船要安排值班人员在货泵控制处所或货控室值班,保持通信畅通并能按要求采取行动。

(2)货油过驳应以低速开始,以便收货船检查货管系统是否正确备线;在平舱时过驳速率应减到两船同意的平舱速率。整个货油过驳作业期间,两船应对过驳速率每小时进行一次核对,如发现两船的数据相差过大应停止过驳作业直到问题被解决。

(3)过驳速率。货油过驳开始前,对每一不同阶段货物作业所要求的流速,收货船必须告知给卸货船。若有必要改变过驳速率,收货船也要相应地通知卸货船。商定的过驳速率除考虑正常操作的因素外,也应包括以下因素:货油软管的限制;船舶货油管线、通风系统对装货速率的限制;由于气象原因造成货油软管活动对过驳速率的限制。

(4)货油的操作应在封闭的条件下进行,量舱孔、取油样孔应关闭。

(5)正确操作货油泵、阀门,防止由于压力激增对货油管线或货油软管造成损坏。

（6）对静电荷积累货油的操作要特别注意，采取的预防措施应遵循 ISGOTT 的要求。

（7）货油过驳作业期间，适当地进行压载水的操作，以尽量减少两船干舷的高度差和过多艉倾。

（8）整个货物过驳期间，应对缆绳和碰垫密切照料和监护，防止擦伤和过分挤压。若需要重新部署或调整缆绳，只应在整个系泊状态处于严格控制的前提下进行或考虑是否需要停止其他的作业。

4. 货物过驳结束后的操作

（1）拆管之前，应放残至一船或另外一船。

（2）拆下的软管要上牢盲板。

（3）货油歧管要上牢盲板。

七、设备

1. 碰垫

（1）碰垫的放置。主碰垫应该沿着船壳平行体放置，在系泊和解缆时起主要防护作用。副碰垫用于保护船壳首尾部分，以避免系解缆时意外碰撞。碰垫使用的数量和部署的位置应能满足碰垫之间可以均衡分摊两船船壳平行体承受的最大撞击负荷。使此负荷能被广泛地分布于两船船壳上，且应顾及到船体内部强固部件的位置和适应程度。

（2）对碰垫的要求。按化解碰撞能量和分隔程度的要求选择碰垫。碰垫挤压后的直径必须始终足以保证在船舶横摇时，上层建筑之间不相接触。每一漂浮碰垫的直径应不大于较小船只最低干舷的一半，以免因船舶运动而搭到甲板上。

（3）选择碰垫指南（见表 14-1）。

公式：船靠船的靠泊系数 $C=2AB/A+B$。其中，A、B 分别为两船排水量

表 14-1　Quick Reference Guide to Fender Selection for Standard STS Operations

Berthing Coefficient	Relative Velocity	Berthing Energy	Fenders	Typical Pneumatic Fender
1.000	0.30	002.4	3 or more	1.0×2.0
3.000	0.30	007.0		1.5×3.0
6.000	0.30	014.0		2.5×5.5
10.000	0.25	017.0		2.5×5.5
30.000	0.25	040.0	4 or more	3.3×6.5
50.000	0.20	048.0		3.3×6.5
100.000	0.15	054.0		3.3×6.5
150.000	0.15	071.0	5 or more	3.3×6.5
200.000	0.15	093.0		3.3×6.5
330.000	0.15	155.0	4 or more	4.5×9.0
500.000	0.15	231.0		4.5×9.0

2. 货油软管

（1）货油软管标准和要求。货油软管应是为过驳石油或石油产品特殊设计制造的。使用的货油软管及附件应符合 EN1765 的要求，同时对货油软管的操作、仓储、检查和实验应遵循 BS1435-2 及 OCIMF 的相关要求。

（2）货油软管的尺寸和长度。货油软管的直径主要是由所要求的流动速率和其他一些因素决定的，如果管径大于 12 in 时操作会变得非常困难还要注意由于软管的扭曲而损坏。软管的长度一般为两船最大的货油歧管高度差的两倍。软管最小弯曲半径（MBR）为：

$$MBR = 软管口径 \times 6$$

（3）软管的检查试验。货油软管应根据制造厂家、BS1435-2（英国标准）、OCIMF 指南的要求定期的进行检查试验，并保留检查试验记录。

（4）标记。制造厂家、商标、建造规范、最大工作压力、生产日期、系列号、标明软管是导电/不导电/半不导电/防止静电荷积聚型、服务类型（油类或化学品）。

（5）流速（参照表 14-2）。

表 14-2 (a)　Throughput *v* Inside Diameter at Velocity = 12 m/s

Velocity 12 meters/second			
Nominal Inside Diameter of Hose		**Throughput**	
6	152	788	4 950
8	203	1 400	8 810
10	254	2 180	13 700
12	305	3 150	19 800
16	406	5 600	35 200
20	508	8 750	55 000

表 14-2(b)　Throughput *v* Inside Diameter at Velocity = 15 m/s

Velocity 15 meters/second			
Nominal Inside Diameter of Hose		**Throughput**	
6	152	985	6 190
8	203	1 750	11 000
10	254	2 730	17 200
12	305	3 940	24 700
16	406	7 000	44 000
20	508	10 900	68 000

表 14-2(c)　Throughput v Inside Diameter at Velocity = 21 m/s

Velocity 21 meters/second			
Nominal Inside Diameter of Hose		Throughput	
6	152	1 370	8 600
8	203	2 450	15 400
10	254	3 930	24 000
12	305	5 520	34 500
16	406	9 780	61 500
20	508	15 315	96 300

3. 缆绳

在钢丝缆上应连接琵琶头（尼龙或其他合成材料），缆绳琵琶头的长度不应小于 11 m。缆绳和系泊设备应符合 OCIMF 系泊指南的相关要求。

八、紧急状态下的行动

1. 应急计划

尽管船靠船过驳作业能安全的完成，但发生事故的风险和潜在的严重后果依然存在。因此要求船靠船的组织者建立并完善其应急计划。对船靠船过驳作业进行风险评估。应急计划应包括所有的操作风险及管理、控制和消除风险的方法；评估风险的程度及后果；预防或控制风险；处理不可预测事件的程序。应急计划还应考虑到能否得到岸基的支持，在可能的情况下结合当地主管机关相应的应急计划。在船靠船过驳作业前，应急计划应得到船靠船组织者、两船和当地主管机关的同意。

2. 紧急信号

任何一船中出现紧急情况，应立即鸣放经两船同意的信号示警，所有人员应按应急计划行动。在任何时间，两船都应处于尽早戒备状态。紧急信号应是船汽笛所发出的一组急促声响。

3. 对紧急局面的戒备状态

双方船舶应做出如下的安排：

（1）任何时候都应备妥主机以供急用。

（2）足够的船员并能在短时间内将货油软管放残、拆卸。

（3）货油泵和相关货油操作的应急停止装置应在货物过驳前进行试验。

（4）系泊设备处于随时可用状态，在系泊处准备备用缆绳，以便在断缆时更换。

（5）应备好消防设备、溢油器材，保持随时可用。

4. 紧急局面

在船靠船过驳作业中紧急局面出现时，船长应评估当时的形势并采取相应的行动。应采取或考虑到如下措施：

（1）停止货油过驳作业。

（2）拉响警报；。

（3）通告两船船员紧急局面的性质。

（4）应急情况时船员集结的位置。

（5）启动应急程序。

（6）货油软管放残、拆卸。

（7）系泊作业成员就位。

（8）船舶主机备妥并随时可用等。

5. 安全训练

船舶的船长应该频繁地对船员进行消防和安全训练。指定紧急集合位置，明确人员的各自职责、对消防和安全设备进行实地示范。更换船员时，新接班者应立即编入队伍。要保持负有安全责任的高级船员的连续性。在船靠船过驳作业开始前 24 h 内，应进行一次应急训练。

九、船靠船安全检查单

检查单 1 – 预定日期前的信息（对每一船）

CHECK LIST 1 – PRE-FIXTURE INFORMATION (FOR EACH SHIP)

船名 Ship's Name:			
船舶经营人（Ship's Operator）:	租船人（Ship Charterer）:	船靠船组织人（STS Organiser）:	
序号 No.	卫通号码（INMARSAT NO.）:	船舶经营人确认 Ships Operator's Confirmation	备注 Remarks
1	船舶总长度是多少? 在装载和压载吃水下的平行体长度是多少? What is the LOA? What is parallel body length at loaded and ballast drafts?		
2	船舶是否可保持最少 2 h、5 kn 以下的船速? Can the ship maintain less than 5 knots for a minimum of two hours?		
3	船舶集管处的安置是否符合 OCIMF 关于油船集管和相关设施的建议? Is the ship's manifold arrangement in accordance with OCIMF *Recommendations for Oil Tanker Manifolds and Associated Equipment*?		
4	船舶的起重设施是否符合 OCIMF 关于油船集管和相关设施的建议? Is the ship's lifting equipment in accordance with OCIMF Recommendations for Oil Tanker Manifolds and Associated Equipment?		
5	在驳载过程中预计的自水线到货油管最大和最小高度是多少? What is the maximum and minimum expected height of the cargo manifold form the waterline during the transfer?		
6	船舶是否配备足够的封闭式导缆孔以接受他船的缆绳? Is the ship fitted with sufficient enclosed fairleads to receive the other ship's mooring lines?		

7	为带他船倒缆的封闭式导缆孔和缆桩设施是否位于船中前后 35 m 以内? Are enclosed fairleads and mooring bitts configurations fitted for the other ship's spring lines and are they positioned within 35 metres forward and within 35 metres aft of amidships?		
8	船舶是否能由缆车提供所有的带缆? Can the ship supplying the moorings provide all lines on winch drums?		
9	如果带缆是钢丝，其是否装了最少 10 m 的化纤缆头? If moorings are wires， are they fitted with synthetic tails at least 10 metres in length?		
10	在所有的封闭式导缆孔附近是否有合适尺寸和足够强度的带缆桩以接受系缆琵琶头? Are there full-sized mooring bitts of sufficient strength suitably located near all enclosed fairleads to receive mooring ropes' eyes?		
11	船舶两侧是否没有悬于外面的探照灯? Are both sides of the ship clear of any overhanging projections?		
12	驳载是否已达成协议? Is the transfer are agreed?		
13	驳卸船/接收船（不适用者删除） FOR DISCHARGING SHIP/ RECEIVING SHIP (Delete as appropriate)		
姓名（Name）:			
职务（Rank）:			
签名（Signature）:		日期（Date）:	

检查单 2 – 操作开始前

CHECK LIST 2 – BEFORE OPERATIONS COMMENCE

驳卸船名 （Discharging Ship Name）:				
接受船名 （Receiving Ship Name）:				
驳载日期（Date of Transfer）:				
序号 No.	检查内容 ITEM	驳卸船检查 Discharging Ship Checked	接受船检查 Receiving Ship Checked	备注 Remarks
1	两艘船舶是否均已被船东告知检查单 1 已圆满完成? Have the two ships been advised by shipowners that Check List 1 has been completed satisfactorily?			
2	是否已建立了无线电联系? Are radio communications well established?			
3	是否就操作语言达成协议? Is language of operation agreed?			
4	是否就驳载区域外的集结点达成协议? Is the rendezvous position off the transfer area agreed?			

5	靠船和带缆程序是否已达成协议，是否已经决定了由哪条船提供缆绳? Are berthing and mooring procedures agreed and is it decided which ship will provide the mooring ropes?			
6	船舶是否正浮并有合适的吃水差? Is the ship upright and at a suitable trim?			
7	是否主机等机器，舵机和航海仪器已经过试验并发现其工作良好? Are engines, steering gear and navigational equipment tested and found in good order?			
8	是否已向轮机员就主机速度（和速度调整）需要做了简要说明? Are the engineers briefed on engine speed (and speed adjustment) requirements?			
9	驳载区域的天气预报是否已经得到? Has a weather forecast been obtained for the transfer area?			
10	吊货管设备是否合适并已备好随时可用? Is hose lifting equipment suitable and ready for use?			
11	货油管是否处于良好状态? Are hoses in good condition?			
12	碰垫和碰垫属具是否处于良好状态? Are fenders and fender pennants in good condition?			
13	是否就带缆程序向船员做过简要说明? Are the crew briefed on the mooring procedure?			
14	是否就应急计划达成协议? Is the contingency plan agreed?			
15	有关驳载作业是否已通知地方当局? Have local authorities been advised about the operation?			
16	是否已发布了航海警告? Has a navigational warning been broadcast?			
17	是否通知他船检查单 2 已圆满完成? Has the other ship been advised that Check List 2 is satisfactorily completed?			
18	驳卸船/接受船（不适用者删除） FOR DISCHARGING SHIP/ RECEIVING SHIP (Delete as appropriate)			

姓名（Name）:	
职务（Rank）:	
签名（Signature）:	日期（Date）:

检查单 3 – 最后接近和带缆前

CHECK LIST 3 - BEFORE RUN-IN AND MOORING

驳卸船名（ Discharging Ship's Name）：				
接受船名 （Receiving Ship's Name）：				
驳载日期 （Date of Transfer）：				
序号 No	检查项目 ITEM	驳卸船检查 Discharging Ship Checked	接受船检查 Receiving Ship Checked	备注 Remarks
1	检查单 2 是否已圆满结束? Has Check List 2 been satisfactorily completed?			
2	主碰垫是否漂浮于其合适的位置? 碰垫属具是否在良好状态? Are primary fenders floating in their proper place? Are fender pennants in order?			
3	如需要，副碰垫是否在位? Are secondary fenders in place， if required?			
4	靠船侧的突出物是否已收近? Have over side protrusions on side of berthing been retracted?			
5	是否配备了熟练的舵工? Is a proficient helmsman at the wheel?			
6	货油出口是否已备好并标志? Are cargo manifold connections ready and marked?			
7	航向和速度信息是否已经交换并明了? Has course and speed information been exchanged and understood?			
8	主机速度的调整是否只通过改变转数或螺距来控制? Is engine speed adjustment controlled only by changes to revolutions or pitch?			
9	是否已显示航行信号? Are navigational signals displayed?			
10	是否有足够的照明? Is adequate lighting available?			
11	是否已备好绞缆机和锚机动力，其是否在良好状态? Is power on winches and windlass and are they in good order?			
12	缆绳的引缆，制缆索和引缆是否备好? Are rope messengers, rope stoppers and heaving lines ready for use?			
13	是否备好所有缆绳? Are all mooring lines ready?			
14	系缆人员是否已经在位? Are mooring gangs in position?			

15	与系缆人员的联系是否已经建立? Are communications established with mooring gangs?			
16	与靠船侧相反侧的锚是否已经备妥抛锚? Is the anchor on opposite side to transfer made ready for dropping?			
17	是否通知他船检查单 3 已圆满完成? Has the other ship been advised that Check List 3 is satisfactorily completed?			
18	驳卸船/接受船（不适用者删除） For discharging ship/ receiving ship (Delete as appropriate)			
姓名（Name）:				
职务（Rank）:				
签名（Signature）:		日期（Date）:		

检查单 4 – 货物驳载前

CHECK LIST 4 - BEFORE CARGO TRANSFER

驳卸船名（Discharging Ship's Name）:				
接受船名（Receiving Ship's Name）:				
驳载日期（Date of Transfer）:				
序号 No	检查内容 ITEM	驳卸船检查 Discharging Ship Checked	接受船检查 Receiving Ship Checked	备注 Remarks
1	所有国际船/岸安全检查单所需的内容全部检查完? Are all requirements from the International Ship/Shore Safety Check List complied with?			
2	舷梯是否已在位并绑妥? Is the gangway in good position and well secured?			
3	是否已建立起了船舶之间的联络? Is an inter-ship communications system established?			
4	是否已就应急信号和停止程序达成协议? Are emergency signals and shutdown procedures agreed?			
5	是否在整个驳载期间维持机舱值班并使主机随时可用? Is an engine room watch maintained throughout transfer and is the main engine on standby?			
6	是否在前后系缆位置备妥太平斧或合适的割缆工具? Are fire axes or suitable cutting equipment in position at fore and aft mooring stations?			
7	是否建立了驾驶台和/或锚泊值班? Is a bridge watch and/or an anchor watch established?			

8	是否建立起了对系缆、碰垫、出口油管看管和货油泵控制特别注意的甲板值班？ Is a deck watch established to pay particular attention to moorings, fenders, hoses manifold observation and cargo pump controls?			
9	是否就初始的卸货速度与他船达成协议？ Is the initial cargo transfer rate agreed with other ship?			
10	是否就最大的卸货速度与他船达成协议？ Is the maximum cargo transfer rate agreed with other ship?			
11	是否就平舱的卸货速度与他船达成协议？ Is the topping-off rate agreed with other ship?			
12	货油管是否很好的支撑和悬挂？ Are the cargo hoses well supported and suspended?			
13	是否在货油管接口处备妥了快速拆管所需的工具？ Are tools required for rapid disconnection located at the cargo manifold?			
14	是否通知他船检查单 4 已圆满完成？ Has the other ship been advised that Check List 4 is satisfactorily completed?			
15	驳卸船/接受船（不适用者删除） For discharging ship/ receiving ship (Delete as appropriate)			

姓名（Name）：	
职务（Rank）：	
签名（Signature）：	日期（Date）：

检查单 5 – 离船解缆前

CHECK LIST 5 - BEFORE UNMOORING

驳卸船名（Discharging Ship's Name）：				
接受船名（Receiving Ship's Name）：				
驳载日期（Date of Transfer）：				
序号 No	检查内容 ITEM	驳卸船检查 Discharging Ship Checked	接受船检查 Receiving Ship Checked	备注 Remarks
1	在拆管前是否已经将货油管中的油放掉？ Are cargo hoses properly drained prior to hose disconnection?			
2	货油管和出口是否已经用盲板盲死？ Are cargo hoses or manifolds blanked?			
3	靠船侧是否已无障碍物（包括货管起吊装置）？ Is the transfer side of the ship clear of obstructions (including hose lifting equipment)?			

4	离船和解缆方法是否已与他船达成协议? Has the method of unberthing and of letting go moorings been agreed with the other ship?			
5	碰垫，包括碰垫属具，是否在良好状态? Are fenders, including fender pennants， in good order?			
6	是否已备好绞缆机和锚机动力? Is power on winches and windlass?			
7	所有带缆场所缆绳的引缆，制缆索是否备好? Are there rope messengers and rope stoppers at all mooring stations?			
8	是否所有的船员已在其带缆场所待命? Are the crew standing by at their mooring stations?			
9	是否已经与他船共同检查了通信联系? Are communications checked with other ship?			
10	与带缆班组的通信联系是否已经建立? Are communications established with mooring gangs?			
11	是否检查了附近的通航情况? Has area traffic (shipping) been checked?			
12	是否已指示带缆班组，只有在操纵船需要时才可解缆? Are mooring gangs instructed to let go only as requested by the manoeuvring ship?			
13	是否通知他船检查单 5 已圆满完成? Has the other ship been advised that Check List 5 is satisfactorily completed?			
14	驳卸船/接受船（不适用者删除） For discharging ship/ receiving ship (Delete as appropriate)			
姓名（Name）:				
职务（Rank）:				
签名（Signature）:		日期（Date）:		

十、典型的美湾船靠船介绍

1. 船靠船作业准备工作及注意事项

大型油船海上船靠船过驳作业将受到各种不利因素，包括天气海况、海上船舶交通密度、货物性质、两船机械设备性能及操作人员技能等诸多因素的影响，因此为了船舶的安全，周密的计划、有效的预防措施及充分的准备工作十分重要。

依据国际石油公司海事论坛《船靠船驳载指南》的要求：

（1）做好 STS 过驳作业风险评估 TASK RISK ASSESSMENT（TRA），包括系统风险的识别，如碰撞等。

（2）油气压力。

（3）硫化氢含量。

（4）评估可能潜在的风险。

（5）识别和预防措施。

（6）风险控制到最低限度的措施。

（7）处理应急事件的程序。

船靠船驳油作业船员培训要在抵港前 24 h 之内完成，在任何情况下不得大于 7 天。主要培训内容应包括以下几方面：

（1）发出应急警报程序。

（2）应急停止货油操作程序。

（3）应急站和准备开始的紧急程序。

（4）紧急拆下货油管程序。

（5）主机随时可操纵程序。

两船实施船靠船系泊作业期间使用 3 cm 雷达，它的发射频率 9 000 MHz，安全辐射距离超过 10 m，它的天线辐射功率正好越过船舶居住区上层建筑，不会引起点燃的危险物质，雷达操作在 3 cm 波段正常情况下是安全的，因此，船靠船期间应选用 3 cm 雷达。

两船驳载涉及船靠船系泊作业，船载自动识别系统（Automatic Identification System，AIS）要处于完全工作状态，包括输入船舶在航动态、锚泊的动态。船舶甚高频电话在两船作业期间设置高功率，以便于保持与周围联系，发布和接收航行警报。

2. 船靠船文件的准备工作

（1）船靠船作业紧急应变计划（Contingency plan for STS operation）应事先准备好。在这份计划中重点包括：主机和舵机失灵、一旦失火、一旦溢油的紧急应变措施，紧急通信联系程序。在计划中也包括本船货控室值班和驾驶台值班人员姓名、职务，值班时间编写在应变计划中，两船船长或大副相互签署确认。

（2）接送直升机/船舶操作检查清单。

（3）船岸安全检查单（Ship /shore safety checklist）。两船双方主管人员高频电话确认（曾在波罗的海丹麦船靠船驳载期间港口国驳载防污检查官有此项要求）。

（4）递交船舶保安声明。

3. 对接货船舶的状况评估

当决定进行驳载作业时，租船人或者代理会发来一份接货船的详细船舶概况，并征求船长是否接受该船前来进行船靠船驳载作业。评估的重点是：

（1）船舶建造日期。

（2）船舶长度。

（3）上次船舶船级社检验日期。

（4）石油公司检查日期。

（5）港口国检查日期。

（6）船舶保险单。

（7）美国海岸警卫队颁发的符合证书油船检查信。

（8）上次承运的货物。

（9）船员国籍及配员。

如果接货船的船舶长度与本船船舶长度接近一致，系泊作业时两船驾驶台侧翼要错开，避免船舶摇晃相互磕碰损坏船舶结构。

4. 防止软管渗漏造成污染

大部分驳载公司提供的卸货软管是整条 12 in 管，在岸上经过压力试验，这种软管不会在中间部分发生渗漏。但是，有的驳载公司提供两段软管，由母船负责连接。两段软管接头悬垂于两船之间，当货油通过悬垂软管接头时产生较大的冲击压力，对接法兰处很容易渗漏。正确的方法是，法兰面清洁干净，抹上法兰油，使用新垫床，使用前先放在甲板试验，确认无任何渗漏，方可安放悬挂于两船之间。

5. 船靠船驳载检查单

总共 5 份表格，船长事先填好 1 号检查单和船舶系泊布置图，并在图上标明每个巴拿马出缆孔距船中具体的距离，这两份附件以电子邮件的方式，通过代理抄送海上驳载服务公司。

2 号检查单：操作开始前，其中值得一提的是在接货船上的系泊船长（Mooring master）会通过对讲机确认防止海生物装置是否关闭 Cathodic protection equipment /Anti-fouling equipment；3 号检查单：两船接近和带缆前；4 号检查单：货物驳载前；5 号检查单：离船解缆前。这 4 份检查单，在两船实施船靠船和驳卸作业过程中，每份检查都要在操作之前，两船船长和大副分别通过 VHF 高频电话或者驳载公司提供的专用对讲机相互确认完成时间，方可进行每一项实际操作。

6. 布置碰垫作业前的准备工作

艏艉倒缆绞缆车上的钢缆卸扣解开，卸下尼龙短缆琵琶头，钢丝缆琵琶头用于连接和绞起 4 个大型碰垫的前后钢缆。船舶艏艉各准备好 2 根引缆，甲板部系泊带缆分为两个组，当刚开始带缆时，船尾带缆组要在船首就位负责带艏倒缆，然后按分工在船尾部完成带缆。

7. 抵达美国水域之前的试验

美国水域领海权为 3 n mile，当船舶进入美国水域之前 12 h 之内，依据美国联邦法典§33 CFR 164.25 条款的内容进行各种设备试验，并详细的记入航海日志。

以美湾驳载区加尔维斯顿为例，Galveston Lightering Zone 位于德克萨斯港（Texas City）以南 58 n mile，为船舶进入德克萨斯港、休斯敦港水尺受限而设定的驳载区。船舶进入德克萨斯港和休斯敦港，主航道限制淡水吃水为 39 ft。值得注意的是，在驳载结束后船舶要有适当的艉倾，当驶入淡水中才能保持平吃水。

加尔维斯顿驳载区海底废弃钻井障碍物很多，据当地系泊引航员介绍，被割断的废弃钻井钢管距海底高度约 1.5 m，虽然水深 30～40 m 不妨碍船舶航行，但是锚泊时要避开海底废弃钻井障碍物，以免锚链受到损坏。大型油船进入驳载区域，首先要选择合适的抛锚位置等待过驳作业，如果初次在美湾驳载，事先要及时询问代理推荐安全锚位。

美湾西南通道驳载区（SW pass lightering area）位于密西西比河口南部，与驳载船会面位置北纬 28°17.5′，西经 092°32′。驳载区内油井架密度很大，锚泊时特别注意避开海底管线和废弃井架障碍物。

船靠船驳载作业，从安装碰垫，靠船系泊，接货油管，卸油，一般经历两条船驳载作业，然后进港卸下全部货油。在整个卸货作业中船员的劳动强度很大，调整好船员休息时间也是一项重要工作，在不影响作业的情况下，要保证一部分船员按正常值班，避免全船处于疲劳状态。

船靠船海上驳载作业是一项关键性操作，也是一项高风险作业，在进行船舶安全工作评估（TRA）中，驳载期间船员劳动强度大，睡眠不足的不安全因素要充分考虑。因此，有组织，有计划，有条不紊的实施每一项操作十分重要，周密的计划，是成功的一半。

思考题

1. STS 靠离操作的基本安全原则。

2. STS 对使用的驳油软管的标准和要求以及软管的操作注意事项。

3. STS 中对货物过驳的安全注意事项。

4. STS 的应变计划的主要内容应包括哪些?

5. STS 对碰垫的要求和安装位置。

第四节　船舶/直升机间操作

要　点

由于船员和直升机领航员之间的背景、资历和经验不同，基本技能互不相通，缺乏共同理解，为了避免可能在直升机/船舶间作业过程中发生事故，直升机/船舶间操作的常识和要求，以及需要油船船员了解的操作要领。

必备知识

一、简介

由于船员和直升机领航员之间的背景、资历和经验不同，基本技能互不相通，缺乏共同理解，为了避免可能在直升机/船舶间作业过程中发生事故，有必要在此介绍直升机/船舶间操作的常识和要求，以及需要油船船员了解的操作要领。

直升机/船舶间操作通常有以下三种主要情况：

（1）船舶公司与直升机经营人之间建立的服务性合同。

（2）引航机构与直升机经营人之间建立的输送引航员的合同。

（3）船舶发生应急/救援时需要直升机援助的应急/救援操作。

船公司从时间、费用、安全和便利方面进行综合权衡后，在决定进行直升机/船舶间的操作前，要充分考虑到船舶接近港口和为保证船舶安全航行的行动给直升机/船舶间的操作带来的潜在危险，在诸多因素中，安全因素是最重要的。

直升机/船舶间的操作并不是非常频繁的，多数船舶也没有为直升机/船舶间的操作而作特殊设计。由于船舶甲板上的结构和环境十分复杂，众多的会给直升机操作带来危险的障碍物在空中不易被发现，所以提供下列信息是非常重要的：

（1）船舶可被识别。

（2）船舶的直升机作业区域位置。

（3）识别船舶直升机作业区域位置附近的障碍物。

（4）可供识别的船舶直升机作业区域的标记。

（5）识别直升机/船舶间操作的任何限制。

二、直升机/船舶间的安全操作原则

（一）基本原则

船舶和直升机领航员都需要清楚的理解直升机/船舶间操作的安全要求。使用直升机运送人员或物料上下船要严格遵守相关国家和地区的安全标准。

通常双引擎直升机被用来进行直升机/船舶间的操作。在一些情况下，当地的法规规定双引擎直升机可进行直升机/船舶间的操作；单引擎直升机仅限于绞车作业或在天气良好的情况下也可进行直升机/船舶间的操作。

良好的沟通是直升机/船舶间安全操作的重要因素。因此船舶和直升机领航员清楚理解各自的职责，船长和直升机领航员在直升机/船舶间的操作前和操作过程中对操作计划安排的充分理解和认同是非常必要的。

（二）船舶经营者的职责

船舶经营者负责选择有良好声誉的直升机经营人，以保证达到必要的直升机/船舶间的安全操作标准。船舶经营者应确保参与直升机/船舶间操作的船员经过足够的培训及设备处于良好的工作状态。

1. 船长的职责

船长对船舶的安全负有最终责任。当船长对将要实施的直升机/船舶间的操作是否符合公司有关安全、责任、赔偿及保险方面的要求有任何怀疑时，应在直升机/船舶间的操作实施前寻求公司的帮助和建议。

在制订直升机/船舶间的操作计划时，船长应考虑到驾驶台班组人员在配备方面的要求，包括当发生事故时可利用的人员和适当的应急反应。

船长应明确下列几点：

（1）船长应与直升机领航员就将要实施的操作达成共识。

（2）船长是否具有实施直升机/船舶间操作的决定权。

（3）如果船上没有专门的直升机操作区域，船长负责指定船上一个能满足直升机操作最低标准要求的区域并提供直升机领航员必要的相关信息。

（4）船长因为船舶安全的原因可以在任何时候终止直升机/船舶间的操作或缩短操作时间，并且直升机必须立即让清船舶。如有可能，船长和直升机领航员应讨论下一步的适当行动。

（5）船长负责指定甲板负责人和成员及客货负责人。

（6）船长应确保参与直升机/船舶间操作的人员在保证船舶、人员及直升机乘员安全方面接受过正规的培训，甲板组组长和成员应熟悉直升机的绞车作业和直升机的降落程序，对直升机/船舶间的操作和应急反应进行过定期演练。

（7）船长负责监控与直升机建立的无线电通信频道，并适时通知领航员降落许可，当不安全因素正在形成和发展时警告领航员。

2. 甲板负责人（DPO）的职责

甲板负责人（DPO）就下列事项应对船长负责：

（1）管理直升机作业区域。

（2）当直升机到达前，停止甲板影响直升机安全操作的所有活动，备好操作区域。

（3）负责旅客的安全上下，监督包裹和货物的装卸并协助直升机乘员装运作业。

（4）核查使用正确的装运清单。

（5）对已告知直升机领航员并经其认可的将要装运的危险货物进行确认。

（6）按照船舶的应急计划启动消防和救助程序。

（7）确保船上的消防和救助设备工作正常，如有任何缺陷应立即报告船长。

3. 甲板组成员的职责

（1）协助甲板负责人管理直升机作业区域。

（2）在直升机乘员的指挥下协助旅客上下直升机。

（3）在直升机乘员的指挥下进行包裹和货物的装卸。

（4）备好消防和救助设备，使之随时可用。

（5）在甲板负责人的指挥下，操作消防和救助设备。

4. 客货负责人的职责

（1）备好上下旅客的名单和货物装卸清单，包裹和货物应准确称重并标注。

（2）在登机前对旅客进行安全简介。

5. 驾驶台值班驾驶员的职责

在协助直升机/船舶间安全操作的同时，首要职责为保证船舶安全航行，驾驶员的附加职责包括：

（1）及时通报船长当时和预报的当地气象条件，以便船长做出是否进行直升机/船舶间操作的决定。

（2）至少在直升机预定起飞 1 h 前通报直升机领航员当时的气象条件。

（3）在直升机/船舶间的操作过程中保持与直升机领航员和甲板负责人的通信联系。

（4）做好直升机操作记录，包括直升机位置报告的定时记录（10 min），如果在预定的时间没有收到直升机的位置报告应发出警报。

注：当值班驾驶员因为安全航行的原因不能兼顾上述任务时，以上的工作应安排给其他人。

6. 乘客的职责

应服从甲板负责人和直升机领航员的指挥。乘客负责自己包裹的重量应符合相关的规定。如果在飞行中发现任何影响安全飞行的因素应立即通知领航员。

三、对船舶的一般要求

（一）船舶作业区域

1. 降落区域

适合于直升机降落的作业区域。降落区域也可用于绞车作业，而且提供给直升机降落的区域必须有足够的尺寸和无障碍。

2. 绞车作业区域

仅用于绞车作业的区域。

船舶能够提供足够可用的和合适的空间是理想的直升机降落和绞车作业区域。当有两个以上的位置可供选择时，船长应寻求直升机领航员的建议，考虑障碍物的位置、尺寸、空气动力和船舶运动对直升机操作的影响，对可供选择的作业区域做出评估，以选择最好的直升机作业区域。作业区域应设在甲板上，如果可能，作业区域可确定在左舷或右舷侧范围。作业区由外部作业区和内部清爽区域组成。只要有可能，清爽区域应被封闭在船舶舷侧内，大多的作业区域可扩展到舷外，而清爽区域则不可如此。

（二）降落区域的位置和尺寸

1. 船舷侧的降落区域

D 为包括直升机转叶转动时直升机的总长。

作业区由外部作业区域和内部清爽区域组成。

清爽区应包含最低 1*D* 的圆形区域，最好没有障碍物的存在。若有，该障碍物的高度不得超过 2.5 cm，而且这些障碍物的存在不能影响直升机的安全操作，在清爽区域内不可移动的障碍物例如洗舱机等应有清晰的标志。

直升机操作区域是为了直升机的安全操作，因为直升机的转叶会超出清爽区域，因此，这个扩大区域的直径至少为 1.25*D*，若可能这个区域应在船舶主甲板上。在这个区域内的障碍物最大高度不能超过 25 cm。当降落区域在船舶舷侧，清爽区域应延伸到甲板舷侧 1.5*D*，同时操作区域应延伸到甲板舷侧 2*D*。整个区域内甲板舷侧的栏杆应放倒或移走。如图 14-1 所示。

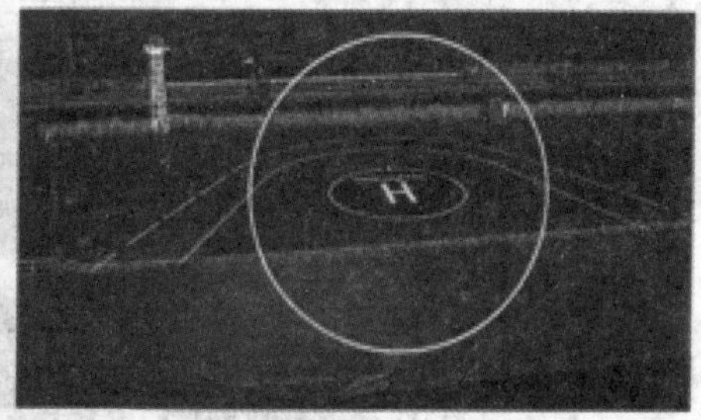

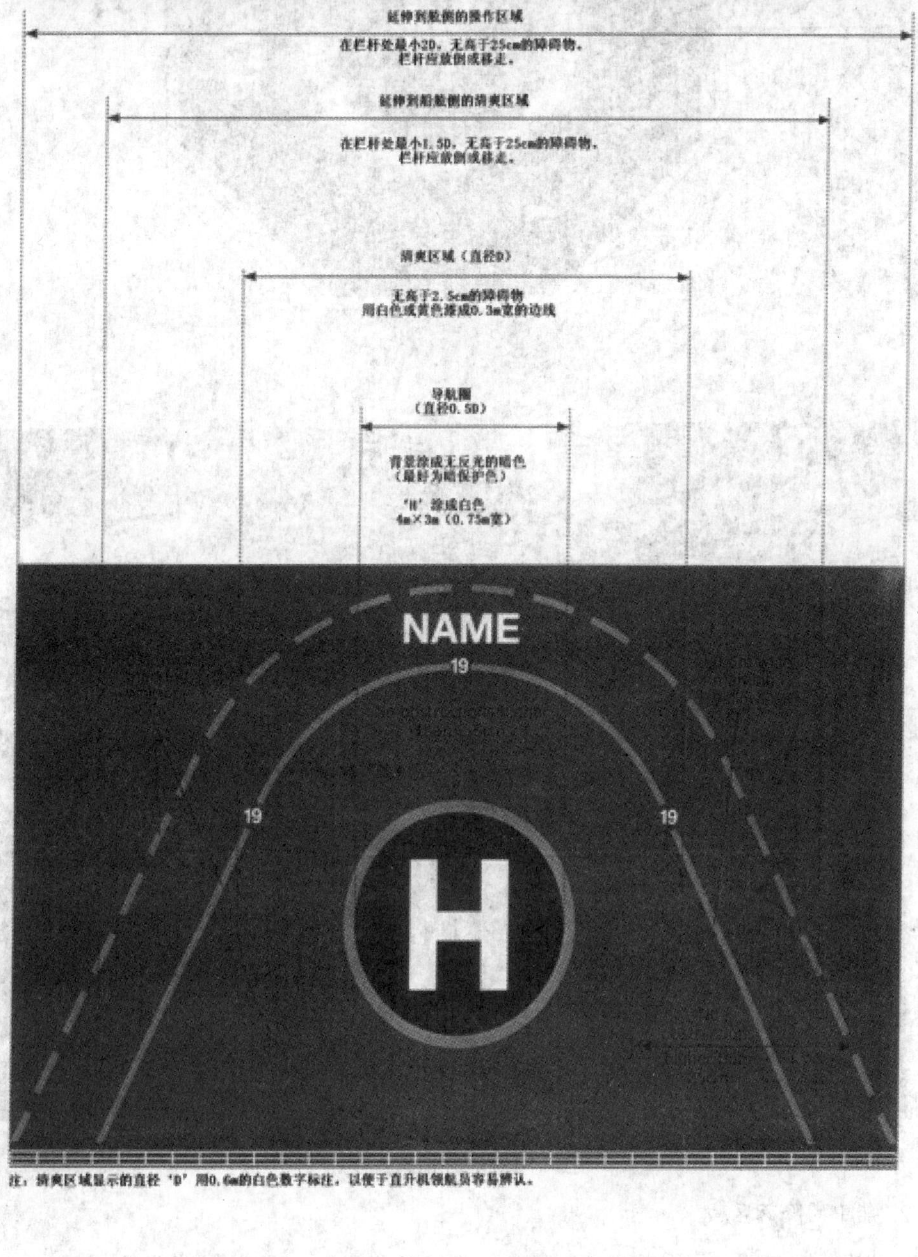

注：清爽区域显示的直径'D'用0.6m的白色数字标注，以便于直升机领航员容易辨认。

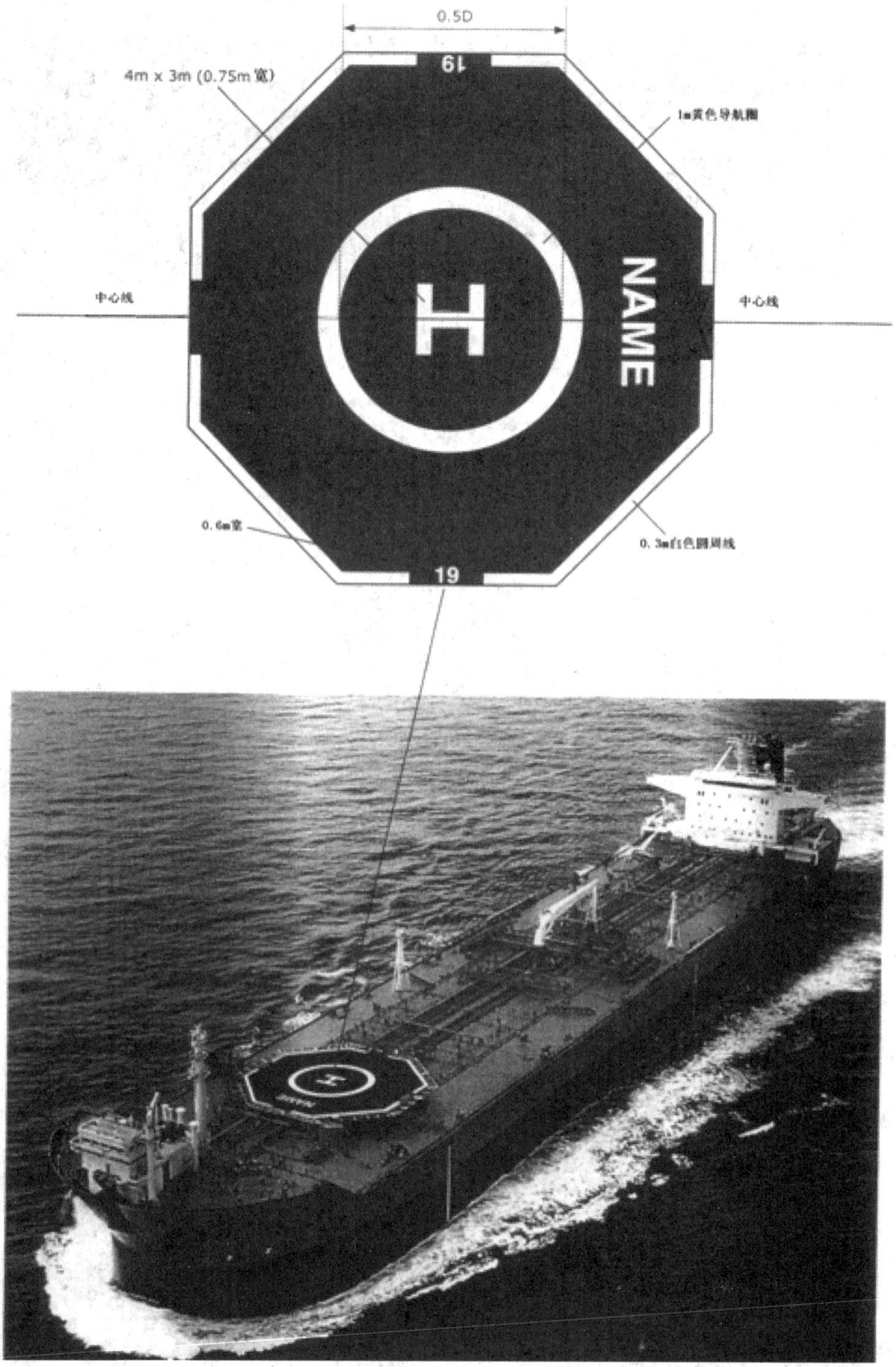

图 14-1 直升机操作区域

2. 船中的降落区域

有些船舶不能提供一个来自船舷侧降落区域的清爽作业区，如可能应提供在船中部的中心线或接近中心线处的降落区域。在这种情况下，清爽区应包含最低 1*D* 的圆形区域，最好没有障碍物的存在。如有，该障碍物的高度不得超过 2.5 cm，而且这些障碍物的存在不能影响直升机的安全操作。在清爽区域内不可移动的障碍物例如洗舱机等应有清晰的标志。沿着船舶中心线在清爽区域前后建立两个对称的 150°的直升机操作（障碍物限制）区域，这个区域应从清爽区域开始前后延伸 1*D*，在这个区域内的障碍物最大高度不能超过 25 cm。如图 14-2 所示。

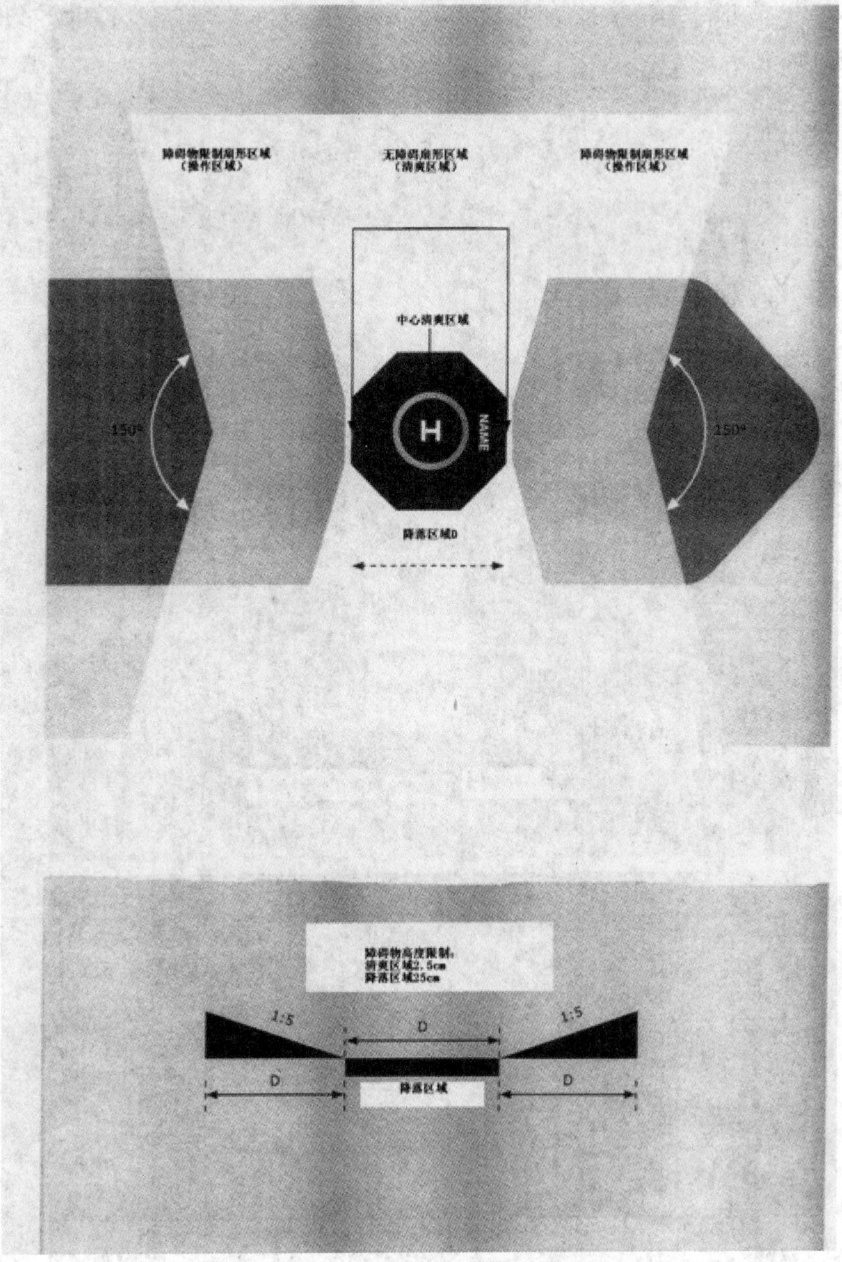

图 14-2　直升机船中降落区域

（三）绞车作业区域的位置和尺寸

当船舶不能提供直升机降落区域时，可以选择提供一个直升机绞车作业区域。绞车作业区域是由清爽区域和操作区域组成。清爽区域应是直径最少 5 m 的圆形区域，该区域应能在直升机绞车作业中容纳乘客和物料备品，此区域内应无障碍物。操作区域是从清爽区域向外扩展的区域，其直径最少为 2*D*，并分为内外圈两个部分，操作区域有可能延伸到舷外。内圈的直径应为 1.5*D*，其内的障碍物不得高于 3 m，外圈的障碍物不得高于 6 m。不推荐直升机绞车作业区域设在艉甲板。如图 14-3 所示。

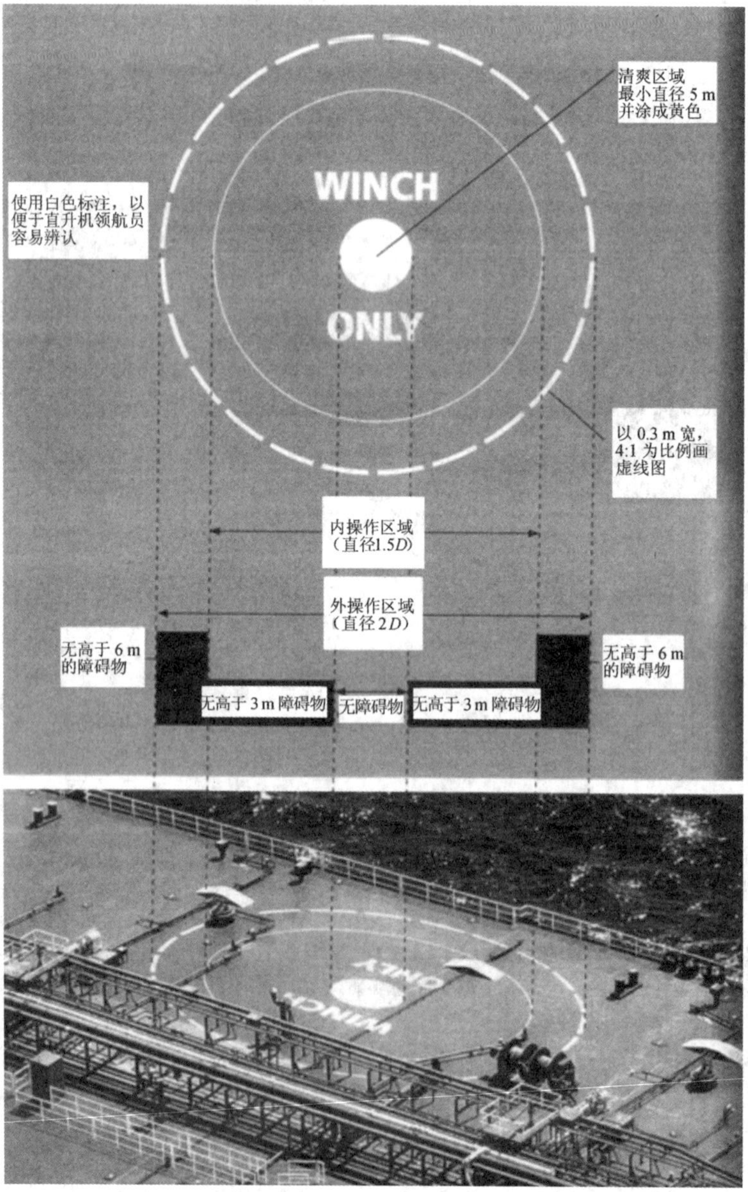

图 14-3　绞车作业区域

（四）环境因素对直升机安全操作的影响

1. 空气动力因素

应考虑下列三个空气动力因素对直升机安全操作的影响：

（1）船体周围的气流在一些位置会产生潜在的乱流。

（2）船舶比较大的建筑物周围下风侧会产生紊流。

（3）从船舶烟囱及废气口排出的热气也会产生紊流和热气流。

2. 海浪因素对直升机安全操作的影响

由于海浪的作用造成船舶的前后颠簸和摇摆，会对直升机/船舶间的操作存在潜在的危险。为了保证直升机/船舶间的安全操作，应充分考虑下列几个方面是否符合安全操作标准：

（1）海浪的大小及相对于船舶航向的运动方向。

（2）船舶的大小。

（3）船舶在海浪作用下的运动状态。

（4）船舶是否系泊或在航。

（5）直升机/船舶间的操作是在夜间还是白天。

（五）直升机降落区域和绞车作业区域的标记

降落和绞车作业区域应永久地作出标记，直升机着陆装置和操作人员所适用的区域应具有防滑表面。所推荐的油漆颜色应符合当前的国际标准和最好的习惯做法。由于船舶主甲板的油漆颜色不尽相同，因此降落区域和绞车作业区域的标记应能够清晰地与主甲板的颜色区分开来。

（六）船舶对直升机操作区域的附加考虑

（1）直升机降落区域和绞车作业区域要清洁、干净、无油污和水。

（2）整个直升机作业区域应防滑。

（3）应考虑在降落区域固定直升机所需要的工具和设备。

（4）如果可能，应至少布置两个上下直升机的通道，保证机组人员和乘客在降落区域发生事故时逃往上风区。

（5）所有高于高度限制的栏杆应收回或放倒，也不能影响上下直升机的通道。

（6）船舶应测量、记录并通报直升机降落区域的风向、风速、气温、气压、能见度、云量等当时的气象情况和海况。

（7）船舶应能准确地测出降落区域的上下颠簸和摇摆的幅度，强烈建议船舶安装船舶运动状态感应系统以准确探知降落区域的运动状态。用肉眼的观测不作推荐。

（8）在作业区域内对直升机的操作存在危险的障碍物应有醒目的标记，以使直升机领航员能从空中识别。

（七）夜间作业

直升机夜间作业应注意以下几点：

（1）对降落和绞车作业区域应有足够的照明。

（2）风向信号旗应被照亮。

（3）为防止干扰直升机操作人员在夜间的观察，不应使用摄像闪光灯设备。

（4）如果用甲板灯照明降落区域和绞车作业区域，船长应保证甲板灯不干扰直升机领航员在降落和起飞时的夜间观察。

（八）消防和救助设备

对配有直升机操作设施的船舶，消防和救助设备应按照 SOLAS 公约 II-2 规则 18 的要求进行配备。对甲板设有直升机降落区域或绞车作业区域的船舶应按以表 14-3 中配备器材，同时张贴在器材存放位置便于检查.

表 14-3　船舶接待直升机操作指南

GUIDE TO HELICOPTER/SHIP OPERATIONS

消防器具和救助设备

Fire fighting appliances and rescue equipment

<table>
<tr><td colspan="4">Summary of required fire fighting and rescue equipment
船舶机场灭火和救助设备需求概要</td></tr>
<tr><td colspan="4">In close proximity to the helicopter landing area, the following fire fighting appliances should be provided: 在最接近直升机场区域，应提供如下消防器具：</td></tr>
<tr><td>Dry powder
干粉灭火</td><td colspan="3">One or two suitable extinguishers with a total capacity of not less than 45 kg
1 个或者 2 个适当的灭火机，总容量不小于 45 kg</td></tr>
<tr><td>Carbon dioxide(CO_2)
二氧化碳</td><td colspan="3">One or two extinguishers with a total capacity of not less than 18 kg
1 个或者 2 个灭火机，总容量不小于 18 kg</td></tr>
<tr><td rowspan="5">Foam system
泡沫系统</td><td colspan="3">An application system consisting of monitors or foam making branch pipes, capable of delivering foam to all parts of helicopter operating area in all weather conditions in which helicopters can operate. The system should be capable of delivering a discharge rate as identified below for at least five minutes
应用的监控系统或者泡沫分支管路，在任何天气状况下，有能力释放泡沫覆盖整个直升机场操作区域，保护直升机能够安全起降操作。这个系统至少持续 5 min，应有能力释放卸出速度同等与下列表中所列保持一致</td></tr>
<tr><td>Category
直升机种类</td><td>Helicopter overall length
直升机总的长度</td><td>Discharge rate foam solution (litres/min)
喷射泡沫速度：L/min</td></tr>
<tr><td>H 1</td><td>Up to but not including 15 m
等于但是不包括 15 m</td><td>250 L</td></tr>
<tr><td>H 2</td><td>From 15m up to but not including 24 m
从 15 m 以上，但是不包括 24 m</td><td>500 L</td></tr>
<tr><td>H 3</td><td>From 24 m up to but not including 35 m
从 24 m 以上，但是不包括 35 m</td><td>800 L</td></tr>
</table>

Fire hoses 皮龙带	At least two nozzles of an approved dual purpose type(e.g. jet/spray) and hoses sufficient to reach any part of the helicopter operating area 至少被认可类型的两用喷嘴（例如喷嘴/喷雾）足够长度消防皮龙能够到达直升机场区域任何地方	
Fire fighters' outfits 消防员装备	At least two complete fire fighters outfits as required by the IMO fire safety Code. 依据国际海事组织安全防火规则，至少配备 2 套消防员装备。	
Emergency tool/equipment 应急工具/设备	As a minimum, the following equipments, ready for immediate use and stored in a manner that provides for protection from the elements: 最低配备，提供如下设备随时可以使用和存备的方式，作为基本保护设备：	
	-Large axe　大型太平斧	-Ladder　便携梯子
	-Red emergency signalling lamp 红色应急信号灯	-Lifeline, 5 mm diameter×15 m in length 救生绳直径 5 mm，长度 15 m
	-Crowbar 撬杠	-Side cutter pliers 虎钳切割机（台式钢丝切割机）
	-Adjustable wrench 可调整的活动扳手	-Set of assorted screwdrivers 一套组合螺丝刀（用于拧螺丝的工具）
	-Fire resistant blanket　防火毯	-First aid kit　急救药箱
	-60 cm bolt/wire cutters 60 cm 螺栓/钢丝切割机（大型号）	-Harness knife complete with sheath 具有外套系在身上的水手刀
	-Grab or salving hook 抓勾或者救援钩	-Heavy duty hacksaw, complete with 6 spare blades 钢锯一把，备用 6 根锯条

四、通信和船舶操作程序

（一）概述

任何直升机/船舶间操作的成功，取决于建立和维持一个良好的通信。这不仅仅应用于直升机与船舶之间的通信，而且包括与船东或直升机经营人、船舶代理人和直升机领航员之间的通信联系。

作业期间的通信必须是在直升机和船舶之间直接进行。

为了避免任何误会和通信障碍，推荐的以下通信格式，也可适用于 VHF 通话。

在船舶和直升机操作之前，有必要就船舶为直升机降落或绞车作业所能提供的便利条件进行信息交换。在第一次通信信息交换中，船舶必须向直升机操作人员提供降落区域清爽范围的直径（或绞车作业区域作业范围的直径）和它在船上的位置，并且应收到直升机经营人的确认。

（二）通信设备

直升机必须设置能至少在 VHF16 频道和两个其他单独的频段上传送和接收的船用 VHF 无线电台，船舶应设定在 VHF16 频道上值守。

(三)通信格式

推荐的通信格式、种类和内容基于以下的范例:

1. 船长对代理(预计作业前的 24 h)

(1) Request helicopter operation in_______

Latitude_______ Longitude________

Standard rendezvous position________

ETA (GMT)_______DATE______

Anticipated course _______degrees

Anticipated speed _________ kts

(2) Vessel has facilities

For landing with a clear zone of ______ Meters

For winching only with a maneuvering zone of _____ Meters

(3) Helicopter facilities are on Port side/Starboard side/Centre line

(4) I have _______ crew members to embark/disembark weighing _____ kg

(5) I have _______ to land (e.g. mail, stores) weighing _____ kg

(6) Please ensure all this information is passed to Helicopter operator concerned

搭载直升机人员的名单必须详述,它包括姓名、国籍、护照编号、签证等信息。

对空运货物的描述必须包括重量、体积和装载货物类型。

直升机经营人批准后,确认的通信联系由代理发送到船上。

2. 代理对直升机经营人的通信

无论用任何方式,应确保所有的基本信息传达给直升机经营人。以下项目应依顺序发送,并要求直升机经营人答复。直升机经营人应对会遇位置确认,如认为不合适,必须向船长提出建议。在代理完成对船上的确认通信后,代理应给直升机经营人发送同样的通信格式和内容:

- Name of vessel and call sign
- ETA (GMT/Date)
- Position
- Course
- Speed
- Type of ship's operation area
- Dimensions of clear/manoeuvring zone
- Position of operating area
- Number of crew to embark on ship
- Number of crew to disembark from ship
- Other requirements
- Will helicopter carry underslung load?

直升机降落区域和绞车作业操作区域的详细计划图（见图 14-4）应附在上述信息的后面。图 14-5 为直升机事故——船长的职责及建议的行动计划。

Ship details

Date compiled	18 November 2008
Name of Ship	SAMARINDA
Company Name	Carthusian Shipping Line
Max Deck Height	26m
D Value	19m
Contact Name	Capt David Wilkinson

Obstructions

Item	Description	Height
■	**Tank Wash Line**	**0.6m**
■	**Vent**	**2.3m**
▨	**Control Box**	**30cm**
■	**Vent**	**2.3m**

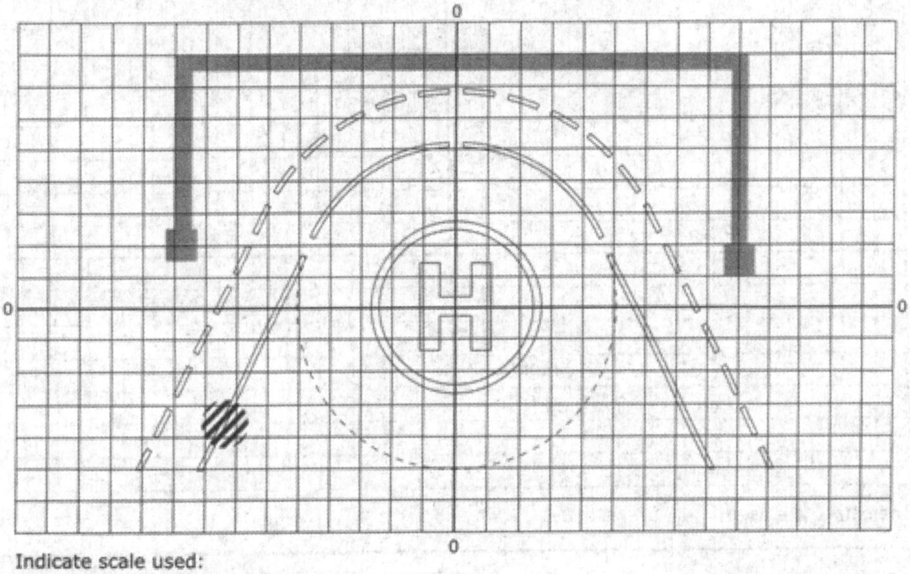

Indicate scale used: ....

（a）直升机降落/操作区域计划

Ship details

Date compiled

Name of Ship

Company Name

Max Deck Height

D Value

Contact Name

Obstructions

Item	Description	Height

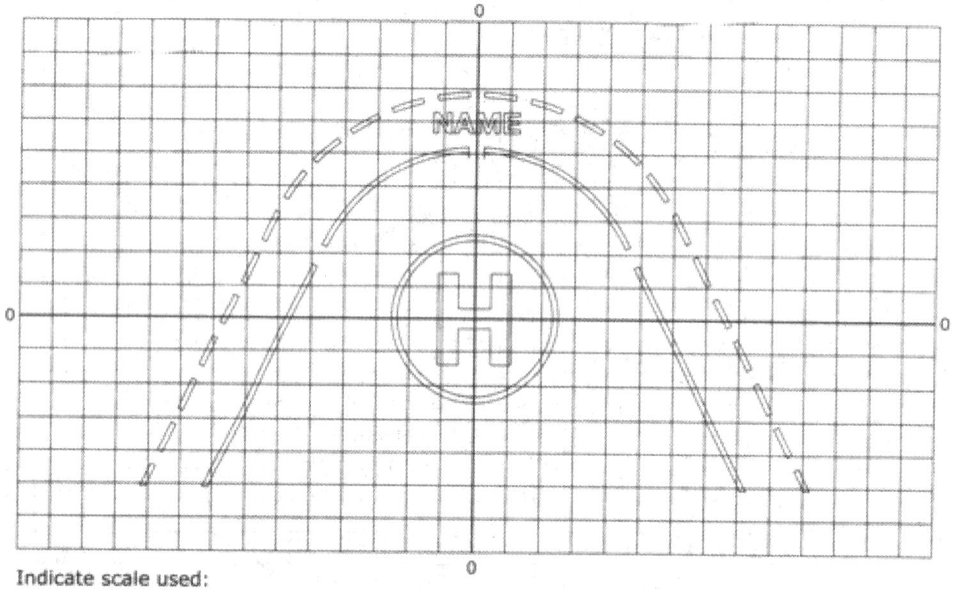

Indicate scale used: ....

Insert ship's photograph here

(b) 船舷侧布置

Ship details

Date compiled ______________________

Name of Ship ______________________

Company Name ______________________

Max Deck Height ______________________

D Value ______________________

Contact Name ______________________

Obstructions

Item	Description	Height

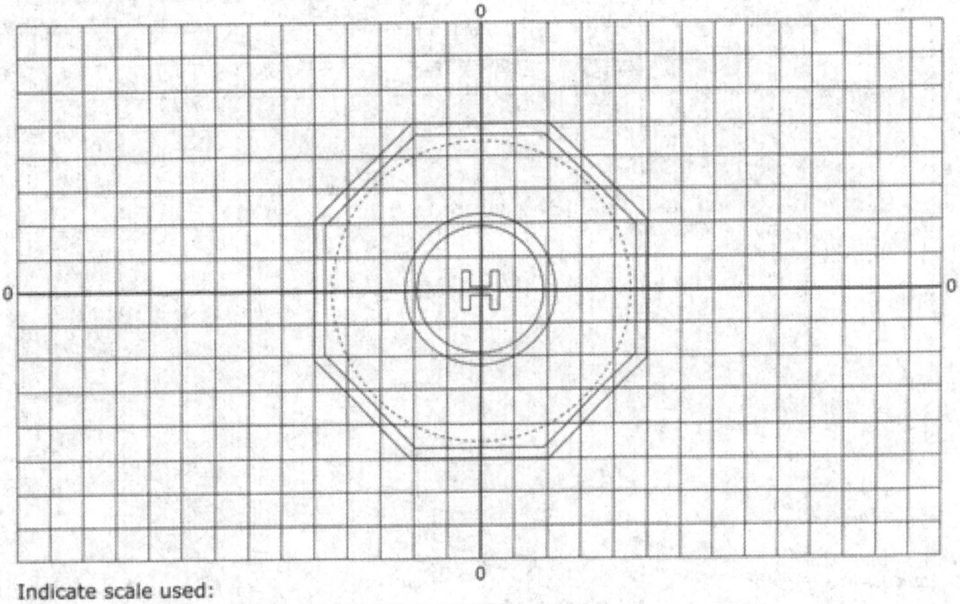

Indicate scale used: ....

Insert ship's photograph here

（c）船中布置

Ship details

Date compiled ____________________

Name of Ship ____________________

Company Name ____________________

Max Deck Height ____________________

D Value ____________________

Contact Name ____________________

Obstructions

Item	Description	Height

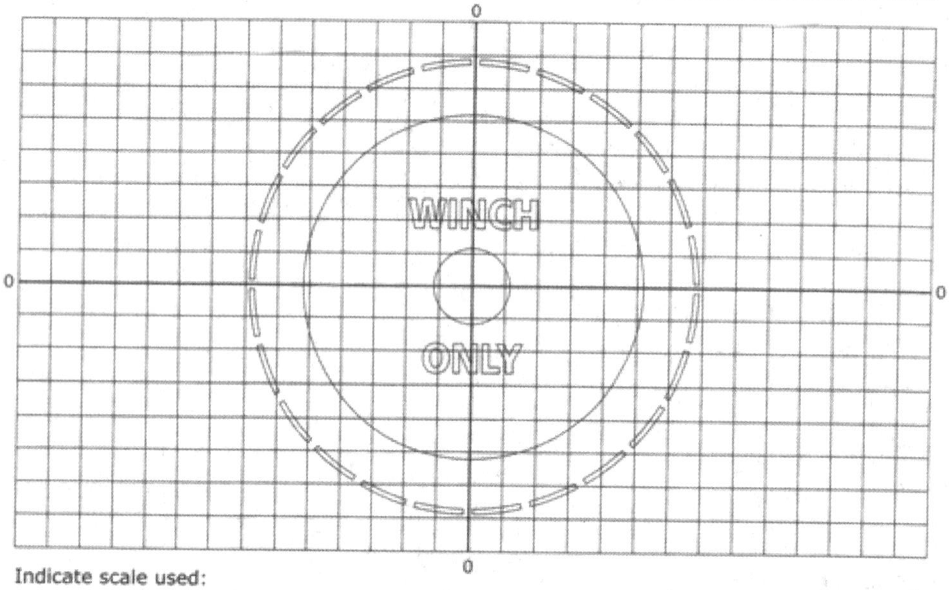

Indicate scale used: ....

Insert ship's photograph here

（d）绞车作业区域

图 14-4　直升机降落区域和绞车作业操作区域的详细计划图

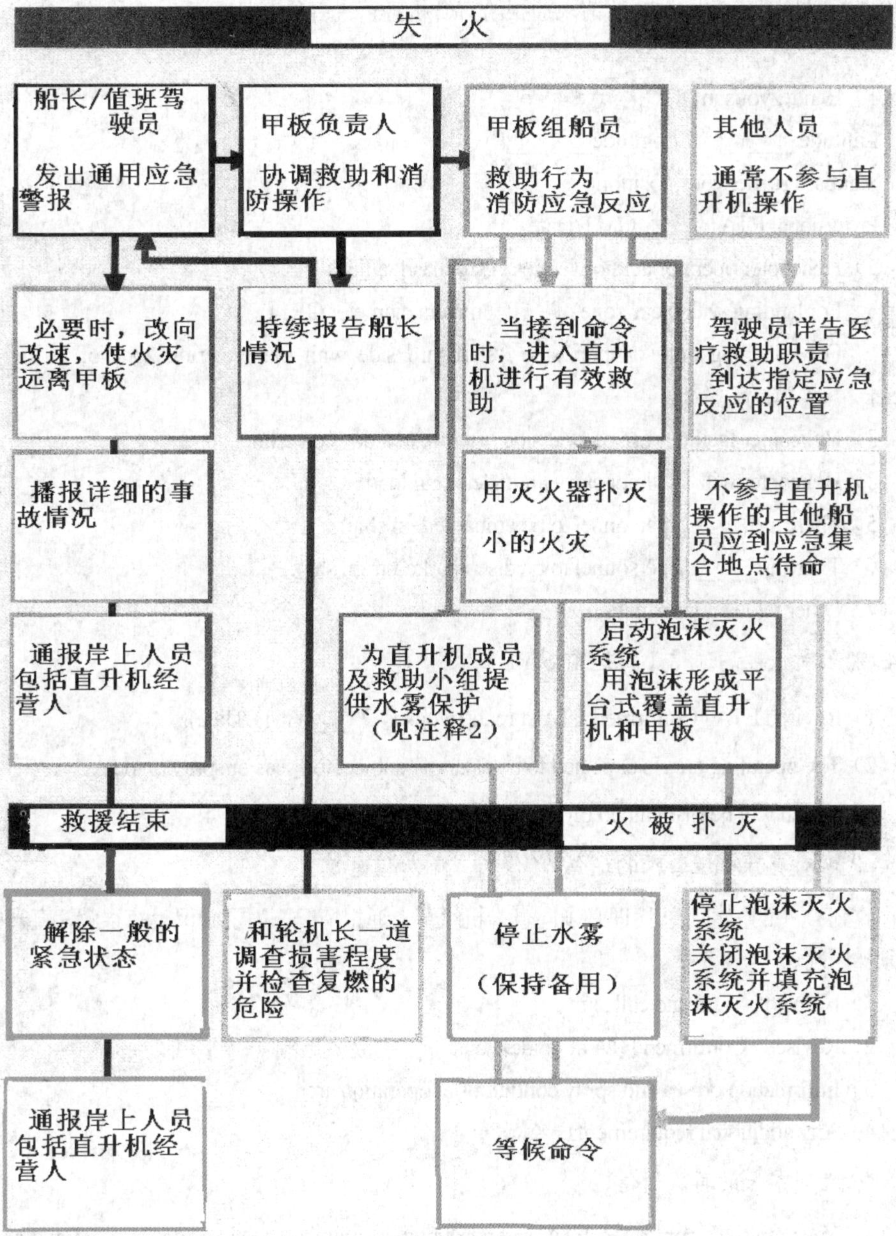

注释：
1. 应佩带斧头、钢丝钳和撬杆；
2. 应控制或停止水雾，以使水雾不会破坏泡沫的毯式覆盖层。

图 14-5 直升机事故——船长的职责及建议的行动计划

3. 代理对船长的通信

代理就船长对直升机作业的请求通报给直升机经营人并经其认可后对船长的回复。内容如下：

（1）Rendezvous in

Latitude ________ Longitude________;

Standard rendezvous position ________;

Provisional ETA ______ GMT/Date.

（2）Helicopter operator acknowledges vessel has facilities

For landing with clear zone of _____ meters diameter OR;

For winching only on port side / starboard side with maneuvering zone of ______meters diameter.

（3）Helicopter facilities are on port side / starboard side / centerline.

（4）Helicopter will / will not carry an underslung load.

（5）There are ______ personnel to be embarked on ship.

（6）There are ______ personnel to be disembarked from ship.

（7）Other relevant information.

4. 船长对代理的通信（抵达前 6 h）

（1）Revised ETA / Confirmed ETA at rendezvous is _____ (GMT/Date).

（2）The operating area is expected to be clear of / subject to / seas or spray on deck.

（3）Watch will be maintained on VHF CH16.

5. 代理对直升机经营人的通信 （修订或附加信息）

在收到 D 中的信息后，代理必须向直升机经营人通报情况。为了确保没有误解，直升机经营人必须加以确认:

（1）Name of vessel and call sign.

（2）Revised / Confirmed ETA at rendezvous.

（3）Information on sea and spray conditions at operation area.

（4）Any additional requirements.

6. 代理对船长的再次通信

（1）Your revised / confirmed ETA at rendezvous position ___ GMT/Date received and passed to helicopter operator at ____ time/date.

（2）Helicopter will contact you on VHF channel 16.

7. 直升机与船舶间的通信

当船舶与直升机之间建立起直接联系后，实际的通信将以口语的形式进行。为了避免误会，以下内容可供适当的时候选择使用。

直升机对船舶:

（1）Join me on VHF Channel ____.

（2）Query – What is your exact position?

（3）Query –What is your course?

（4）Query –What is your speed?

（5）Query –What is the present relative wind direction and speed across your deck?

（6）Query –What are the pitch， roll， sea and spray conditions at operating area?

（7）I understand that your vessel:

a. Has a landing area with a clear zone of ___ meters diameter on the port / starboard side / centre line, or

b. Has a winching area with a maneuvering zone of ___ meters diameter on port / starboard side.

c. I propose to work on the port / starboard/centerline landing / winching area.

（8）I will be overhead your vessel in _______ minutes

（9）I have you in sight

（10）Query – Is the ship ready?

（11）Query – Is the deck party ready?

（12）Query – Is the operating area clear of unnecessary personnel?

（13）Query – Is the fire fighting equipment ready?

（14）Please confirm that there are no obstructions above the operating area.

（15）Please confirm that all passengers have been briefed on hoisting procedures.

（16）Please confirm permission to land

（17）I am standing by

（18）I expected to be ready in _____ Minutes.

（19） Please maintain your course and speed (if possible).

（20）Can you alter course to ____ degrees?

（21）Can you reduce speed to ____ knots?

（22）Please advise when you have steadied on your new speed/course.

（23）Can you resume your original course and speed?

（24）Acknowledgement.

船舶对直升机：

（1）My vessel’s position is ____ nautical miles from ____ (Prominent point).

（2）My vessel:

a. Has a landing area with a clear zone of ___ meters diameter on the port/starboard/centerline, or

b. Has a winching area with a maneuvering zone of ___ meters diameter on the port/starboard side.

（3）My vessel is / is not ready for you to approach.

（4）Stand-by. I expect to be ready for you to approach in ____ Minutes.

（5）My present course is ___ degrees.

（6）My present speed is ___ knots.

（7）The relative wind is ____ degrees _____ knots.

（8）I am shipping light spray on deck / heavy spray on deck.

（9）I am pitching / rolling moderately / heavily.

（10）Query – Do you wish me to alter course?

（11）Query – Do you wish me to reduce speed?

（12）The ship is ready – all preparations have been made.

（13）Passengers have been briefed with aircraft specific/generic safe approach data.

（14）Affirmative: you have permission to proceed with the operation.

（15）Affirmative: you have permission to land.

（16）Acknowledgement.

（四）正常的操作程序——直升机飞抵前

1. 船舶负责监控和报告气象情况

值班驾驶员应至少在直升机预定起飞一小时前通报直升机领航员当时的气象条件，如果气象条件超出下列情况应通知直升机经营人：

（1）风速超过 40 kn。

（2）阵风超过 50 kn。

（3）水平能见度小于 2 n mile。

（4）垂直能见度小于 152.4 m（500 ft）。

（5）海浪高于 3 m。

2. 直升机飞离直升机基地

当直升机飞离基地时，直升机领航员应通知船舶直升机预计抵达时间。值班驾驶员收到直升机的抵达时间信息后应通知船长，同时通知甲板负责人并备好救生艇或救助艇。

3. 直升机飞抵前的检查

甲板负责人应在直升机抵达前对设备和准备情况进行检查，有的船舶需要按照特殊的检查单进行检查。下列基本要求适用于所有船舶：

（1）设备。所有相关直升机/船舶间操作要求的消防和救生设备、器材要进行检查，保证其工作状态良好并随时可用。

（2）人员配备。甲板负责人应佩带便携式对讲机和驾驶台保持联系，根据操作要求配备足够的甲板组成员，消防员应穿好消防服。

（3）检查总则

• 直升机操作区域内或附近的活动物体应固定或移走，特别注意轻质小物品，清除冰和积雪；

• 直升机操作区域内或附近的吊货索具应放低并固定；

• 风向信号旗应悬挂在易被直升机领航员看见的地方；

• 如必要，应清洗甲板，防止甲板尘土被直升机旋转的转叶形成的下沉气流吹起；

• 启动消防泵，保持消防皮龙足够的压力；

• 应在直升机操作区域附近的上风侧备好消防皮龙和泡沫灭火系统，但皮龙的喷嘴不应对着操作区域，避免发生意外；

- 救助艇备好；
- 夜间作业前照明灯和信号灯应正确开启；
- 甲板组成员就位，所有乘客离开直升机作业区域；
- 吊钩的操作者应戴高强度胶皮手套，穿绝缘靴鞋以免静电电击；
- 所有甲板组成员应穿着颜色醒目的专用背心、防滑鞋、戴安全帽并束紧；
- 上下直升机的通道清爽；
- 船舶准备就绪后，值班驾驶员应通知直升机。

4. 直升机降落前的进一步检查

（1）甲板组成员应明了直升机将要降落。

（2）甲板负责人确认甲板上浪没有影响到直升机的操作区域。

（3）确认甲板上的支柱、吊杆已放下并固定，船舷栏杆已放倒或移走。

（4）应备好引绳，当需要时用以固定直升机。

（5）甲板活动管系应移走，管头应盲死。

（6）通知所有甲板人员远离直升机的转叶和排气口。

5. 降落前直升机领航员的检查

一般情况下，最少在直升机抵达前 15 min 领航员要与船舶建立联系并更新直升机的预抵时间，了解最新的气象情况。与值班驾驶员确认直升机操作的类型。并检查下列各项：

（1）船舶的准确位置、航向、船速、相对风速和风向，直升机操作区域的颠簸和摇摆情况。

（2）降落区域的清爽区域直径，直升机绞车作业区域的操作区域直径。

（3）甲板船员是否就绪，操作区域是否清爽。

（4）消防器材是否备好。

（5）确认在操作区域内无障碍物。

（6）当直升机绞车作业时，是否通告所有乘客相关的工作程序及注意事项。

（7）直升机详细的回航载荷。

6. 航行

直升机领航员应利用一切手段来识别船舶。尽管比较大的直升机在较远的距离上不易被船用雷达探测到，但船舶应利用雷达探测直升机的位置并加以跟踪。在能见度不良或船舶处于拥挤水域时，直升机一旦被船舶发现，值班驾驶员应通报直升机领航员他所处的真方位来协助领航员识别船舶。

如果可能，在整个直升机/船舶间的操作中，应保证船舶的可操纵性不受限制。如船舶的操纵性受到限制，如船舶在锚地抛锚，船长应和领航员进行协商在这种情况下能否安全地进行直升机/船舶间的操作。

在直升机操作过程中，当船舶需要改变航向和航速时，应立即通知领航员。在这种情况下，直升机领航员可延缓或停止操作。特殊情况下为了保证直升机的稳定性，直升机即使降落在甲板上船舶也需要保持航向。

（五）信号传递程序

1. 船舶国际信号

船舶除应显示由《1972 年国际海上避碰规则》中规则 27（b）（Ⅰ）和（Ⅱ）要求的信号外，还应悬挂国际信号“D”旗。

在夜间拥挤水域，应依照国际电信联盟的无线电规则第四章传送以下类型的安全通信：

SECURITE _____ (ship's name) will be engaged in night helicopter operations in position _____ N/S _____ E/W (or in relation to a clearly defined geographic point) at ____ hours for approximately ___minutes. Please give a wide berth.

2. 对直升机的视觉信号

直升机的领航员不期望能从空中看到复杂的手势信号，但是普遍公认的必要的视觉信号应是“拇指向上”、“拇指向下”和“舞动手臂”（通常手臂的舞动仅在水平方向）。

甲板负责人负责对直升机发送信号。

3. 无线电通信丧失

在无线电通信发生故障时，应采取以下程序：

（1）直升机应环绕船舶飞行。

（2）船舶应发送有关的灯光信号：

- 常亮白灯——已备好接收直升机
- 一连串的短闪——延迟不到 15 min 接收直升机
- 用莫尔斯码长时间的发送一连串的字母信号“N”——表示延迟时间超过 15 min

4. 警告信号

在作业区域内闪红灯表示要求直升机领航员作业立即停止。

（六）基本的操作程序

1. 值班驾驶员

当直升机到达时，值班驾驶员应告知直升机领航员船舶的实际情况，以便使飞行计划尽可能的接近通常的飞行惯例。直升机降落甲板后或绞车作业中，值班驾驶员应保持和直升机领航员的无线电联系，当出现警报或危险时应立即通知领航员，因为这些情况出现时，可能会要求直升机作业停止和飞离船舶。

2. 甲板组成员

甲板组通常是由一名值班驾驶员和从事作业所需要的人员所组成。应预先通告甲板组成员注意直升机的噪声导致在直升机周围的口语通信更加困难。

甲板组成员在直升机的作业区域内活动，应遵守乘客指南。如果在直升机与放倒的船舶护栏之间工作或走动，应特别小心。甲板组人员应穿着颜色醒目的专用背心，穿着防滑靴鞋。戴防护头盔或头带受话器时，应用连接在防护头盔外面的束带将其牢固的扣紧。

为了保证与驾驶台的通信，值班驾驶员应携带手提式对讲机，头带受话器和消除噪声的麦克风最好。

如果进行绞车作业，甲板组中的一人应负责操作吊钩。操作吊钩的人员应戴高强度橡胶手套和穿着绝缘靴鞋，以避免来自吊钩上蓄积的静电冲击带来的伤害。

3. 消防

如果有足够的船员可用，应专门成立一个消防小组，其成员不应在正常的直升机作业中担任作业任务。消防小组应在直升机操作区域外并距操作区域合适距离的位置准备。为了统一指挥，消防小组应属于甲板组成员。如果船员人数不足，甲板组成员应兼顾所有的消防职责，消防器材应备好。泡沫和水枪喷嘴在正常作业期间不应指向直升机。

4. 直升机作业区域

除直升机抵达前的检查外，甲板负责人应确保：

（1）由直升机运送的任何物料、货物或邮件应备妥并置于直升机作业区域外方便操作的地方。

（2）应向所有搭乘直升机的人员进行安全和操作程序简介，应站在直升机作业区域外并能安全登机的地方。

（3）所有的文件包括物料单证，应迅速地检查核对后返回到直升机。

5. 直升机

直升机机组人员通常由一个或两个领航员组成，如果是绞车作业或是悬吊作业，还需要一个绞车手。在盘旋、降落和起飞的操作期间，他们之间的相互配合具有很高水平。直升机与船舶间的通信在任何时候保持畅通，但在正常作业中通信应尽量避免。无论如何，甲板负责人应站在领航员的视野范围内，使直升机领航员能观察到他发出的任何信号。

6. 应急停止

除非直升机进入紧急状态，直升机不应关闭引擎。如果应急停止，直升机转叶在减速期间会弯曲，可能对附近的人员带来伤害。所以人员应等到直升机的转叶完全停转后，方可接近。

（七）直升机降落和卸货

1. 直升机降落

甲板组成员应远离直升机作业区域，直到直升机安全地降落到甲板上，直升机领航员应关闭直升机避碰信号灯，发出清爽信号（拇指向上信号）表示人员进入作业区是安全的。甲板负责人应站在领航员的视野范围内及作业区域的上风显著位置，以便领航员能观察到他发出的必要信号。

2. 乘客下直升机和卸货

直升机发出清爽信号后，甲板负责人应指挥甲板组船员进入直升机作业区域，协助从直升机卸下行李和物料并放到远离直升机作业区域的地方。如果发现任何可疑物品或包裹，甲板负责人应按照船舶保安计划处理。

卸完物料和行李后，直升机组员会发出乘客离机的信号，乘客应在甲板负责人的指挥下离机和领取行李。直升机绞车手或组员应协助甲板负责人指挥乘客在直升机周围的活动，由于直升机的转叶在不停地转动，人员应从直升机前部的 2 点或 10 点的弧线处接近或离开直升机，人员应时刻处于直升机领航员的视线之内。接近或离开直升机的安全通道。如图 14-6 所示。

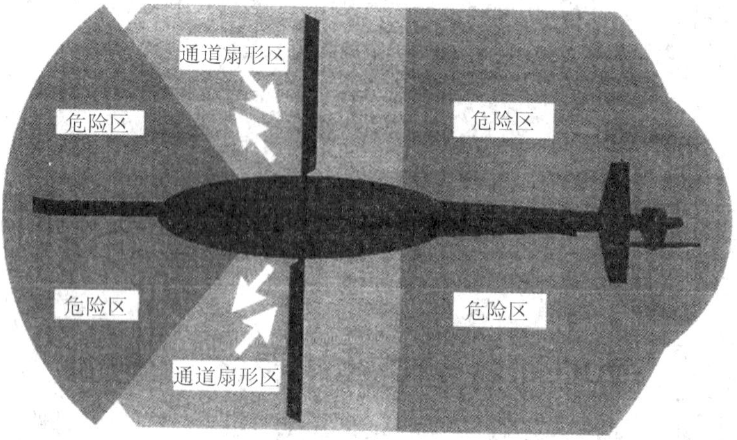

图 14-6　直升机安全通道扇形区

3. 安全操作

当直升机降落到甲板后，应牢记下列注意事项以确保安全操作：

（1）在直升机转叶下作业时，应特别注意人体或长的物体进入直升机的转叶系统。

（2）所有的吊装用具应从直升机附近移走，物料应捆扎好，以免被直升机转叶下的气流吹走。

（3）对于装备固定浮力装置的直升机，应有刚性支架的保护，人员应蹬踏在刚性结构的踏板上，而不应站在无防护的浮力装置上，或在其上放置货物。

（4）甲板负责人确认甲板组员已远离直升机作业区域且直升机作业区域清爽后，才可示意直升机可以升空。

（八）盘旋

1. 绞车作业

当直升机在甲板上方盘旋进行物料或乘客运送时，由绞车手操纵绞车进行作业。

绞车吊钩不允许被系固在船上任何部位。

吊钩作业人员必须戴防护头盔、高强度橡胶手套和穿绝缘鞋靴。

在甲板上的吊钩作业人员和直升机上的绞车手在操作中扮演着重要角色。当乘客正在降下时，如有必要，吊钩作业人员应稳住他们，而不必给予更进一步的协助。当乘客上升离开甲板时，吊钩作业人员应保证吊带佩戴正确并稳住他们。由于直升机的转叶会产生使人员受到伤害的静电，因此，防静电电缆通常会系在吊钩的下面，当绞车作业时，此电缆线应先接触到船舶甲板以释放积蓄的静电荷。

应特别注意绞车缆绳和吊钩在任何时候都不能被船上的物体绊住，特别是在有风的气象条件下。

当吊货网兜正在吊起时，吊钩作业人员应稳住每一个荷载；当降落在甲板上时，解掉吊钩，而不需要甲板组的其他组员协助。吊钩作业人员应确保每一吊货物正确地积载并吊起，吊钩应处于安全的闭合状态。仅由吊钩作业人员操作吊钩的作业。拇指向上的信号表示吊钩已被卡紧或已从荷载上脱开。在吊钩起升时，应用手稳住，直到绞起离开甲板。

绞车吊起货物的负荷不应超过直升机经营人所建议的最大安全绞车起吊重量。

如果要交付多吊货物时，空的绞车网兜应放在最后一吊的网兜里从船上绞起收回直升机。

2. 悬吊载荷

（1）重载货可以携带在直升机的下面。直升机设计了专用吊钩，在应急状态下，重载货能被立即释放。

（2）甲板组应保证货物投落区域的清爽，在辅助索释放以前，甲板组成员不要试图去接收或稳住重载货，以免人员受到比较重的辅助索的伤害。

（3）某些悬吊重载货的形状对直升机操作可能会有不适宜的空气动力影响。当携带这样的载荷时，应与直升机经营人进行协商。

（4）货兜里的货物应尽快地卸下，如果有多吊货物需交付时，货物降落区域应清爽一吊后，再进行下一吊作业。

（5）悬吊用的网兜，折叠放入一个较小的绞车网兜里，用绞车回收到直升机；

（6）甲板组成员应注意空的吊货网兜和吊索应远离直升机降落区域，以免被卷入直升机的转叶系统。

（九）直升机的装载和离船

1. 装载货物和旅客登机

在直升机组员的指挥下，按甲板负责人的指令，甲板组成员应装载货物和行李，甲板负责人应提供给直升机装货清单和旅客名单。

直升机组员指挥乘客登机，乘客应坐在座位上并系好安全带。关闭舱门前，直升机应核对乘客人数，起飞前对乘客进行安全简介。

2. 起飞

直升机领航员在起飞前应通报值班驾驶员详细的飞行计划，包括下列部分或全部内容：

（1）直升机呼号或飞行编号。

（2）飞行路线和目的地。

（3）起飞时间。

（4）初始的飞行高度。

（5）机上共有人数。

（6）飞行时间。

（7）包裹/货物的重量。

（8）燃油数量。

上述信息值班驾驶员应做好记录，并复述给直升机领航员，记录应留船保存 3 个月。

3. 直升机驶离

直升机起飞后，领航员应发送以下信息：

（1）直升机呼号或飞行编号。

（2）起飞地点。

（3）起飞时间。

（4）返回基地的初始航向。

（5）初始飞行高度。

（十）直升机乘客指南

1. 概述

所有乘客应了解并遵守以下程序，确保安全和迅速的完成作业。该资料应显示在船上显著位置。

乘客应：

（1）未经甲板负责人明确指示，不得接近或离开直升机。

（2）当接近或离开直升机降落门时，以半蹲姿保持在直升机前部安全通道内，并应在直升机领航员或组员的视线内，快速行动但不允许奔跑。

（3）保持远离直升机尾部转叶的位置。

（4）避开直升机的排气处以避免热气灼伤。

（5）在直升机飞越水面期间，应穿着直升机经营人提供的经航空主管部门认可的救生衣。（注：当直升机发生事故需要人员逃生时，救生衣充气后将会影响撤离，只有人员在逃离直升机后救生衣才可充气。不要穿自动充气或是嵌入浮力块的衣服。）

（6）由于某些场合的需要，人员必须穿着经相关部门认可的救生服。

（7）带好直升机提供的耳塞/耳朵保护装备。

2. 降落

（1）登机时乘客应

• 在得到甲板负责人明确指示后进入直升机作业区域，并保持半蹲姿行进

• 坐在由直升机领航员或绞车手指定的位置

• 迅速系好座位上的安全带并了解飞行安全规则

（2）下机时乘客应

• 保持坐在座位上，直到领航员和绞车手指示离开

• 下机时应采用半蹲姿，并按指挥迅速离开直升机

3. 绞车作业

当乘客用直升机绞车登机时，为了防止被船上的物体绊住，乘客应注意：

（1）所有乘客要远离障碍物。

（2）确认随身携带的提包、手提式对讲机或其他物品系好并紧贴身体。

（3）准备随时向直升机绞车操作员发出停止绞车作业的信号，停止信号是向水平方向伸出一只手臂，手掌向下。

（4）甲板组的吊钩操作员在乘客即将吊离甲板时应扶稳乘客。

乘客用直升机绞车登机程序：

（1）登机乘客应站在绞车作业区的中央，接受直升机绞车操作员的指挥，并尽量站在绞车的正下方。

（2）防静电电缆接触船舶甲板释放静电荷前不要试图抓住吊钩或吊环。

（3）当吊钩或吊环落下后，用一只手抓住吊钩或吊环并移到绞车正下方的位置。

（4）快速地把绞车吊环带系在腋下，准备好后发出“拇指向上”的信号。

（5）保持双臂紧抱或双手紧抓住吊环或保持双臂紧贴身体的两侧（直升机的乘员会指示应采用哪种方法）。

（6）在直升机舱口，绞车手会转动你面对机外，然后他会按照安全操作章程协助你到直升机内，直到有明确指示才能摘掉绞车吊环带。

（7）坐在绞车手指定你的座位。

（8）迅速系好座位上的安全带，并了解飞行安全规则。

乘客用直升机绞车离机程序：

（1）直到得到明确指示才可离开你的座位。

（2）允许绞车手检查绞车吊环带是否系妥。

（3）当绞车手指示你下机时，先坐在舱口内，当准备好后，发出拇指向上的信号。

（4）当你到达甲板时，抓住并快速的解掉吊环、使身体避开吊具，特别注意脚下甲板上多余的绞车缆绳。

（5）保持低头，双臂下垂快速地离开操作区域。

（十一）乘客和货物装卸程序

1. 乘客登机前的安全简介

直升机起飞前（登机前）应向乘客介绍下列设备的存放地点及使用方法：

（1）安全带。

（2）救生衣（没有指示不要脱下）。

（3）救生筏。

（4）救生设备。

（5）应急逃生门。

2. 对一般的货物操作注意事项

船长确保明白并遵守直升机经营人对货物及行李或包裹的操作程序。货物清单应备妥并提供直升机领航员一份复印件。

3. 对危险货物操作的注意事项

对危险货物的空中运输应遵守国际间的协议（ICAO/IATA）。

除非已得到直升机经营人的认可危险货物不能被装上直升机，一般应提前 24 h 通知直升机经营人并取得许可。危险货物要有清楚的标记。

船舶应通知直升机经营人有关危险货物的下列信息：

（1）货物的名称。

（2）货物的危险性。

（3）货物的重量和数量。

以上信息也应在直升机抵达后通报直升机领航员。在特殊情况下，即使没有 24 h 的通知，在得到直升机经营人/领航员许可后，也可装运危险货物。

4. 旅客舱装运货物/行李

在直升机领航员许可下，乘客的随身提包只允许携带一些阅读刊物，在乘客舱室的货物和行李包裹应放在不影响直升机内应急通道的地方。

5. 禁止旅客携带的物品

下列物品禁止旅客随身携带或装在行李包裹内上直升机：

(1) 黏性物品。

(2) 气雾剂罐。

(3) 含酒精的饮料。

(4) 罐装饮料。

(5) 打火机。

(6) 受控药品（有处方的除外）。

(7) 爆炸品。

(8) 可燃气体或液体，催泪弹等。

(9) 磁性物品。

(10) 火柴等。

(11) 含水银的设备及水银箱。

(12) 油及油脂类。

(13) 油漆和溶剂。

(14) 个人的电子设备（电池卸下除外）。

(15) 有毒物品、除草剂、杀虫剂。

(16) 放射物品。

(17) 武器包括刀具。

(18) 蓄电池。

手机应在登机前关闭并在远离直升机后才可开启。

五、对油船的要求

1. 油船

油船由于甲板有很大的空间且障碍物少，在一般情况下是适于直升机作业的船舶。尽管运载货物的本身具有危险特性，在采取了充分的安全预防措施支持下的正确蒸气排放控制程序，使相关的直升机操作危险降到了一个相当低的水平。

大型油船能为大型直升机提供直升机/船舶间操作的降落区域和在降落区域的另一侧提供直升机的绞车作业区域。使用直升机的降落区域操作比绞车作业的危险性小，是一种快捷的操作方式。

小型油船的甲板通常有很多的障碍物，直升机的操作区域受到克令吊、灯桅、透气桅等的影响。但对那些能提供合适直升机操作区域的小型油船来说直升机降落区域或绞车作业区域应做好标记。

2. 蒸气的消散

由于空间允许，在油船的甲板上或其上空进行直升机的操作是最合适的方式。如果注意到下面的注意事项，那么直升机/油船间操作相关的危险就会大大降低。

调查显示：(1) 当直升机在甲板上空盘旋时，强大的下沉气流会使甲板上的蒸气很快地消散；(2) 如果直升机降落到甲板上直升机的转叶不停止转动，甲板上的蒸气或空气混合气体会在到达直升机前由于降落区域空气的紊流作用会在很大程度上被驱散。

3. 蒸气排放控制

如果在海上没有进行货油舱除气作业，标准的习惯做法是将所有的货油舱完全封闭。因此，甲板上蒸气可能来自P/V 阀的释放或由于货油舱密封/舱盖缝隙的泄漏。在直升机的操作中，这些蒸气会被穿过甲板面的风或直升机的下沉气流吹走。然而，为了保证最小量的甲板上的蒸气存在，船舶应在直升机抵达前的30 min 内释放货油舱内的蒸汽压力并封好货油舱。有惰气系统的船舶应使货油舱内的蒸汽压力保持在最小的正压状态。所有的货油舱盖或甲板开口应封闭关牢。只有这样当事故发生时，才能把灾害控制在甲板上。

4. 安全

在正常的情况下，直升机不会停止其引擎。但在紧急情况下，领航员会关闭引擎和电源，转叶一旦停止转动，由于直升机转叶生成的下沉气流消失，可燃气体可能会积聚在直升机的周围。船长只有确认下列条件满意时才能给领航员发出重新启动直升机引擎和电源许可的指令：

(1) 已检测过直升机周围的可燃气体含量。

(2) 甲板负责人在其他方面确认直升机的重启是安全的。

在这种情况下，如可能，应操纵船舶使直升机处于潜在甲板蒸气源的上风位置。

5. 干舷

由于满载油船的干舷通常比较低，在风浪不大的情况下，也可能会造成甲板上浪，从而使船长操纵船舶保持在最适合直升机操作的航向上的能力受到限制。

六、利用直升机应急撤离

(一) 总则

本节是针对船舶发生应急情况时需直升机援助的操作程序指南，并结合航海通告中多数国家所推荐的内容以及IAMSAR 第三卷关于国际航空和航海搜救手册。

(二) 伤病员用直升机撤离

一旦有伤病员需利用直升机进行撤离船舶时，应注意下列几点：

1. 请求协助

当请求直升机协助时，船长应：

(1) 当船舶不在直升机的飞行作业距离范围内时，船长应立即决定和安排与直升机的会遇地点并实施绕航。

(2) 应尽可能提供伤病员的医疗信息。

(3) 伤病员病情发生变化时应及时通报。

2. 伤病员的准备

直升机到达前，伤病员应：

(1)若病情许可，应将伤病员移到接近直升机操作区的位置。

(2)提供伤病员所接受医疗的详细记录。

(3)备妥病人的海员证、护照、医疗记录等必要文件。

(4)如果需要，准备将伤病人员移到直升机提供的担架上。

(三)直升机的应急操作区域

由于一些船舶的设计、大小和所载货物的性质而不适合直升机的正常操作，在紧急情况下，应考虑给直升机选择船上最佳的位置以便能使直升机运送人员或设备。例如用直升机接走伤病员，送医生或专业修理人员上船，或为保证漂在外海失去动力船舶的安全运送必需的重要设备等。

这种应急操作一般采用直升机绞车作业方式，任何时候应满足直升机绞车作业所需的最低要求。然而，某些船舶并不能满足这些最低要求，因此船舶应寻找船上最高，且无障碍物的地方，能使直升机安全操作和盘旋。绞车作业区应尽量靠近舷侧，直升机操作区域内无高过 3 m 的障碍物。天线/立柱应放低或移走。如可能应选择两个这样的位置，船舶两侧各一个，以便当船舶不能操纵时，可供领航员根据风向选择使用。

当选择了最安全的直升机绞车作业区域位置后，应对作业区域附近高的障碍物上部涂上清晰地油漆，但不要做成前述直升机作业区的永久标志，以免引起混淆。

应在驾驶台显著位置张贴所选直升机应急作业区域的示意图。

如果船上没有可供直升机安全操作的位置，直升机操作应考虑使用救生艇或救助艇（气象条件和其他安全条件许可）。救生艇或救助艇应处在船舶的下风。

对于配备全封闭式救生艇的船舶，这种操作方式可能是不可行的，但在没有其他方式可用时，也可考虑此方式。

七、直升机的事故

1. 处理直升机事故程序

当直升机发生事故时，应立即启动船舶应急反应程序。其注意事项如下：

(1)乘客和机组人员应尽快逃离直升机。

(2)如可能，直升机的所有电源应关闭。

(3)应特别注意油箱泄漏，消防组人员应防止泄漏的燃油着火，并蔓延到船舶的其他地方。

注：即使直升机的碰撞没有撕裂油箱，当残骸被吊起时燃油也会泄漏，同样，破损结构也可能会刺破油箱。若可能，残骸应留在原地并固定，等待事故调查官员的到来。

2. 灭火程序

当直升机失火时，注意以下事项：

(1)直升机的油箱型号和安装位置有较小差异。大型直升机，它的油箱通常被安装在乘客舱的下方，大部分与直升机转叶的支柱在一条线上。对于小型直升机来说，油箱的位置在乘客舱后部的下方或乘客后排座椅的下方。

(2)不同型号直升机舱门的操作不同。舱门的设计在紧急情况打开时有的可以被抛弃或有的一部分舱门可以被抛弃。大型直升机，舱门一般都是向里滑动打开。直升机内都清楚的显示舱门和应急逃生舱门的开启方法和指示。如果舱门打不开，要进入碰撞的直升机的内部应从直升机的前部进入。

(3) 如果低速飞行的直升机和甲板相撞往往伴随着转叶、齿轮箱折断，机身撞击破损，船员应预防被残骸碎片所击伤。

(4) 引起火灾的巨大隐患是由碰撞造成泄漏的燃油接触到直升机机舱高温部件或撞击产生的火花而引燃的。

(5) 由于直升机燃油的数量有限，初始火灾较小。即使直升机倒过来燃油从破裂的燃油箱流入机舱，火灾从机舱蔓延到形成大的火势有一个时间间隔（1～2 min），应立即使用船上的灭火器材控制住火势。

3. 直升机甲板的应急程序

(1) 直升机撞到甲板

- 发出警报
- 启动灭火程序
- 保持甲板和驾驶台的联系

(2) 紧急降落

- 发出警报
- 设立直升机可用的甲板空间
- 备妥消防器材、人员到位
- 保持甲板，驾驶台和直升机的联系

(3) 直升机撞到甲板后，燃油溢出，但没有起火

- 发出警报
- 用泡沫覆盖直升机表面及周围甲板
- 人员逃离直升机
- 保持甲板，驾驶台和直升机（若可能）的联系

(4) 直升机降落中的紧急情况

- 直升机迫降甲板
- 保持驾驶台和直升机的联系

(5) 人落水（船上）

- 发出警报
- 启动船上人落水应急反应程序
- 通知直升机有人落水并寻求直升机协助的可能性

4. 直升机水上迫降

(1) 发出警报。

(2) 启动船上人落水应急反应程序，释放救助艇。

(3) 保持甲板、驾驶台、救助艇和直升机（若可能）的联系。

(4) 在直升机的转叶停转以前，不要试图采取任何的救助行动。

八、直升机/船舶间操作检查单

1. 通则（由甲板负责驾驶员进行检查）

（1）是否所有在作业区域内或作业区域附近的未紧固的物体已被固定或移走？

（2）是否所有在作业区域以内或附近的天线、立柱或克令吊被放下或固定？

（3）信号旗或风向袋是否升起在能被直升机领航员清楚看到的地方？

（4）是否与值班驾驶员通报关于船舶的准备情况？

（5）甲板组负责人是否备有与驾驶台通信用的手提式对讲机？

（6）消防泵是否启动并达到满意的工作压力？

（7）消防皮龙是否备妥（皮龙应靠近并避开作业区域）？

（8）泡沫灭火系统、泡沫枪和手提式泡沫灭火器是否备妥？

（9）干粉灭火器是否有效待用？

（10）甲板组人员是否正确着装并到达指定位置？

（11）消防皮龙和喷嘴没有指向作业区域？

（12）救援组是否已做好准备？

（13）是否有为人员落水准备的救生艇待放？

（14）以下属具是否备妥？

板斧；撬棍；钢丝钳（60 cm）；红色应急信号/手电筒；可调扳手；紧急救助设备；防火毯；救生钩；钢锯（备有6锯片）；梯子；救生绳（直径5 mm，长15 m）；钳子；整套螺丝刀；急救箱；水手刀。

（15）夜间作业灯已正确打开否？

（16）甲板组准备好了吗？是否穿着颜色鲜艳的专用背心和带头盔的防护服？所有乘客避开操作区域了吗？

（17）吊钩操作人员是否已装备有高强度橡胶手套、橡胶靴鞋和头盔以避免静电的危险？

（18）进出操作区域的通道是否清爽？

2. 降落

（1）甲板组是否清楚即将进行直升机的降落？

（2）在甲板作业区域内，是否没有受到海浪的影响？

（3）舷侧护栏、柱子和其他的障碍物已被放倒或移走了吗？

（4）如可能，可移动式的管子已被移开了吗？管子的终端已被盲死？

（5）是否准备好用来固定直升机的绳索（仅由直升机领航员决定是否固定住直升机）？

（6）所有人员应注意避开转叶和排气口了吗？

3. 液货船附加检查项目

（1）没有装备惰气系统的船，在直升机作业前30 min将油舱压力释放了吗？

（2）装备惰气系统的船，货油舱压力减少到最小的正压了吗？

（3）油船所有甲板开孔在通风作业后被封闭了吗？

思考题

1. 直升机/船舶间的安全操作中船长和值班驾驶员的职责。
2. 对配有直升机操作设施的船舶如何配备消防和救生设备。
3. 直升机降落前的准备工作包括哪些?
4. 直升机/船舶间的安全操作对油船有哪些特殊要求?
5. 处理直升机事故的应急程序。

第五节　超大型油船安全操作

要　点

超大型油船的操纵特性以及在大风浪中航行、雾航和受限水域航行的安全操作。

必备知识

本节仅针对超大型油船的特点，重点讨论超大型油船的安全操作。关于油船安全管理、操作的基础知识和其他船舶的共性问题请参考其他章节或书籍。

超大型油船（Very Large Crude oil Carrier，VLCC）的载重量为16万～40万吨。近年来我国新造的VLCC大部分为30万级的原油船，没有安装货油加温设备。主要装载中东和西非等产地的原油，从中东和西非运往远东和欧美地区。

超大型油船的操纵特性如下：

（1）旋回性能良好；航向稳定性一般；应舵性能差。

（2）方形系数 C_b 为0.82～0.86，下沉量比其他类型船舶相应地增大。浅水效应和岸壁效应较突出。

（3）单位排水量主机功率远较一般船为低，进行机动操纵异常呆笨。

（4）淌航中丧失舵效的时间出现得较早，通常船速4～5 kn时即失去舵效。

（5）由于船舶吃水和水深的关系，新加坡海峡、我国大部分的港口航道和泊位，对超大型油船都有一定的限制。

一、大风浪中航行

风浪对航行中船舶的影响：顶风减速，顺风加速，受横风浪时不仅产生横漂，而且产生旋转力矩，造成保向困难和船舶横向摇摆。超大型油船受风浪冲击面积大，受到的对船体的冲击力比一般船舶更大。这样冲击力可能几倍几十倍于一般船舶。但是超大型油船的强度并没有几倍几十倍的增强。其操纵者不能误认为超大型油船的抗风浪能力比一般船舶强。

1. 顶浪航行

大洋中最容易产生的波浪的波长是 80～140 m，波浪周期为 7～10 s。VLCC 船长大部分为 300 m 以上，满载时吃水为 20 m 左右，风浪的主要影响是浪击，风浪对船首的冲击力与船和风浪相对速度的平方成正比。采取减速措施可以减小波浪的冲击，或调整航向；压载航行时吃水 7～11 m，大风浪中螺旋桨会出现“飞车”现象和船首“拍底”现象。应避免船首正面迎浪，保持船首与风浪的夹角在 20°左右和采取减速措施、向风暴压载舱内压水，增大船舶吃水，减小风浪对船体的冲击和影响。

船长必须应用良好船艺确定恶劣天气下的航速，以避免涌浪对船/货的损害和防止不必要的油耗。超大型油船顶浪航行时，当主机在正常转速时，船速已降下 1 kn 则表明船首已遭受巨大撞击，可能对船体造成严重损坏。大型船舶往往驾驶台到船首有 200～300 m 的距离。在夜里，驾驶台可能注意不到船首在破浪，提醒船长密切注意这一情况。夜里遭遇大风浪时，次日白天一定要检查船首及甲板。如果船首/甲板上浪，应适当调整航向，以方便安全检查。检查人员由一驾驶员负责并带好与驾驶台联系的通信设备，并要有足够的安全措施，例如，配置安全绳和穿好防护服。大风浪过后，如果条件允许，轮机长应指导大副尽早检查船体结构。

2. 横浪航行

横浪航行时产生的横摇对船舶威胁最大。当船舶的横摇周期与波浪周期接近时，发生的“谐摇”现象可以使甲板大量上浪，横摇越摇越剧烈。VLCC 横摇超过 12°时船上的物品开始移动。满载航行时干舷比较低，大量上浪可能造成甲板机械的损坏。在大风浪中或船舶处于台风区域的任何一个部位，均应避免横浪航行，特别要避免“谐摇”现象出现。

3. 顺浪航行

顺浪航行可以大大地减少海浪对船舶的冲击力。但是船尾容易上浪，尤其是波速大于船速时；同时舵面受冲击力很大，并且顺浪航行航向不易稳定。应避免使用过大舵角，以防过多降低稳性。

4. 大风浪前准备工作

认真接收气象预报，密切注意天气变化，在大风浪来临之前应全面检查并做好下列应对大风浪的措施：

（1）保证船舶水密，甲板所有的开口处关闭并水密；关闭通风孔并加盖防水帆布。

（2）确保甲板上的排水孔畅通。

（3）加固、绑牢活动物件、设备。清理甲板上的活动物品。

（4）做好应急准备，检查机械、通信设备，使其保持良好的工作状态。

（5）压载航行时，根据气象预报情况，考虑向风暴压载舱内压水。

（6）必要时对各水舱、燃油舱尽可能注满或抽空，以减少自由液面进而提高稳性。

（7）检查救生、消防、堵漏设备是否正常。

（8）甲板通道装好扶手绳（索），尤其是冬季甲板上结冰时。

（9）按要求填写《恶劣天气航行检查单》。

二、雾航

船舶在雾、霾、雪、暴风雨、沙暴或其他类似原因而使能见度受到限制或在其附近航行时（以下简称雾航）应严格遵守《国际海上避碰规则》中的有关条款、各港港章的有关规定。

1. 雾中航行要求

驾驶人员应通过正规瞭望，细心观察，从灯光、水线、目标等的变化中判断是否视线正在下降/恶化，船舶是否正在驶近雾区。

当能见度在 3～5 n mile 时，即认为是能见度不良，应处于雾航的戒备状态。并做好一切雾航准备，驾驶员应报告船长，通知机舱，开启雷达，按规定施放雾号，注意守听 VHF 和加强瞭望等。

当能见度小于 3 n mile 时，即认为是能见度严重不良，值班驾驶员应叫船长并由船长指挥航行。值班驾驶员此时应将船位、周围船舶动态及已采取的措施报告船长，并协助船长谨慎驾驶。通知机舱备车，将雷达调整到最佳工作状态，并正确使用。不论白天、夜间必须显示航行灯。

值班驾驶员在雾袭来之前，应获得准确船位，并记录附近船只动态，以利避让。

能见度严重不良时，船长必须立即到驾驶台亲自指挥，坚持在驾驶台值守。

机舱接到备车航行通知时，值班轮机员应立即报告轮机长，轮机长应下机舱检查核实机动操纵的一切准备工作。

遵守《国际海上避碰规则》第 6 条的规定，以安全航速行驶。以便能采取适当而有效的避碰行动，并能在适合当时环境和情况的距离内把船停住。

为确保船舶雾航安全，当视线恶劣、渔船密集、避让困难、航道复杂及船长对航行安全无把握时，在条件许可的情况下，船长有权择地锚泊、绕航或滞航，切勿盲目航行。

当能见度严重不良，减速或停船或择地抛锚已成为必要时，应立即采取相应措施。

增加瞭望人员。全船应保持肃静，以免干扰驾驶员的听觉瞭望。雾中航行必须利用一切有效手段保持正规瞭望，禁止与工作无关的交谈，打开驾驶台门窗，充分利用视觉、听觉观察可疑动向和音响。

当航经近岸、船舶密集、水道狭窄等复杂水域时，应增派瞭头人员。瞭头人员应及时将所发现或听到的情况及疑点报告驾驶台。

守听 VHF16 频道，并应在 VHF16 频道的通话间隙中用中、英文交替发布本船雾航警报的安全信息，内容不应少于：船名、时间、船位、航向、航速、动态。

雾中航行，严禁使用自动舵。

2. 雾航避碰行动

必须遵守《国际海上避碰规则》第 19 条（船舶在能见度不良时的行动规则）中的规定。

船长和值班驾驶员应进行雷达连续观测和标绘，以判断来船动向及最近会遇距离，对危险来船采取早让、宽让的避让行动。

雾中航行两船相遇，当有碰撞危险时，无直航船、让路船之分，两船均应及早采取避免碰撞的行动。

除已断定不存在碰撞危险外，当听到他船的雾号显似在本船正横以前，或者与正横以前的他船不能避免紧迫局面时，应将航速减低到能维持其航向的最小速度。必要时，应把船完全停住，而且，无论如何，应极其谨慎地驾驶，直到碰撞危险过去为止，切忌盲目转向。

雾中避让来船，在条件允许的情况下，应早让（一般距 6 n mile 时采取行动）、宽让（最近会遇距离应大于 2 n mile）、大幅度让（用大舵角明显转向），切忌连续用小舵角避让。采取避让行动后应继续观察避让效果，直至来船安全通过。

当本船仅凭雷达测到他船时，应判定是否正在形成紧迫局面和（或）存在碰撞危险，若是如此，应及早地采取避让行动，如果这种行动包括转向，则应尽可能避免：

（1）除对被追越船外，对正横前的船舶采取向左转向。

（2）对正横或正横后的船舶采取朝着它转向。

三、受限水域航行

1. 狭水道

狭水道是指相对水深或相对宽度较小，因而给通过该水域的船舶进行操纵带来不利影响的水域。例如，港区、江河、运河、锚地、岛礁区、雷区及狭窄海峡等。狭水道内，航道狭窄弯曲，水浅滩多甚至还有暗礁、沉船或渔栅等障碍物，水文气象条件多变，船舶交通密集。

2. 浅水区域

浅水区域是相对的，它取决于水域水深 H 与船舶吃水 d 的关系。对一般船舶来讲可能不是浅水区域，而对于 VLCC 来讲它就是浅水区域。因为其特点 VLCC 在浅水区域中航行和操纵时，受浅水效应的影响与一般船舶相比更加明显。主要体现为：

（1）下沉量明显增大。

（2）船速下降，船舶主机负荷增大。

（3）船舶操纵性能降低。

为了选择避免触底的富余水深，首先必须考虑的因素是船底下的有限富余水深是多少。在考虑富裕水深时，至少应该注意以下几个因素：

（1）船舶下沉量与船速 v 的平方成正比。

（2）在超大型油船的速度范围内出现的船首下沉的现象多于船尾下沉。

（3）受涌浪影响船舶摇摆而产生的船体升降运动，使船舶局部吃水增大。

（4）潮汐受天气等因素的影响。

（5）各国家、地区对富余水深的要求。

3. 注意事项

为确保航行安全，进入狭水道之前必须做好以下工作：

（1）研究和掌握该水道的地理、地貌特点、水文气象条件、航道宽度、航道浅点水深和通航密度。

（2）在计划航线上确定避险方法和导航方法，浮标导航、岸标导航（如人工叠标、自然叠标等）单标方位导航等。

（3）在航用海图上标绘避险方法，如物标方位线避险法、平行线避险法、距离圈避险法；

（4）在航用海图上标绘转向点和施舵点及新航向。

（5）根据水深、船速和潮汐计算富余水深。

在狭窄水道内航行时，应按照航行标准安排驾驶台小组成员（Bridge Team Members）。加强瞭望并谨慎驾驶，避免发生碰撞和触浅等事故。

思考题

1. 超大型油船的操作特性。
2. 大风浪航行的注意事项。
3. 雾航的安全准则。
4. 受限水域航行的注意事项。

参考文献

[1] 孔宪波. 油船安全操作和管理. 大连: 大连海事大学出版社, 2010.
[2] 李玉平. 散装液体货船高阶管理. 大连: 大连海事大学出版社, 2010.
[3] 赵金文, 张树峰. 大型油船货物操作管理实务. 大连: 大连海事大学出版社, 2008.
[4] 钱闵. 油船安全知识与安全操作. 3 版. 大连: 大连海事大学出版社, 2009.
[5] 罗思殿. 船舶维修技术实用手册. 长春: 吉林科学技术出版社, 2005.
[6] 殷佩海. 船舶防污染技术. 大连: 大连海事大学出版社, 2000.
[7] 方泉根. 驾驶台资源管理. 北京: 人民交通出版社, 2006.
[8] 中华人民共和国海事局. 1978 年海员培训、发证和值班标准国际公约马尼拉修正案（中英文对照）. 大连: 大连海事大学出版社, 2010.
[9] OCIMF. International Safety Guide for Oil Tanker & Terminals. 2008.
[10] IMO. International Convention for the Prevention of Pollution from Ships, 1973 as modified by the Protocol of 1978.
[11] IMO. International Convention for the Control and Management of Ship's Ballast Water and Sediment, 2004.
[12] IMO. International Convention for the Safety of Life at Sea, 1974, as amended.
[13] ILO. Maritime Labour Convention, 2006.
[14] IMO. Crude Oil Washing Systems (4 Edition).
[15] IMO. Guideline for Inert Gas Systems.
[16] OCIMF. Effective Mooring.
[17] OCIMF. Mooring Equipment Guidelines(2 Edition).
[18] ICS, OCIMF. Ship to Ship Transfer Guide (Petroleum).
[19] OCIMF. Single Point Mooring Maintenance and Operations Guide.
[20] ICS. Guide to Helicopter/Ship Operations.
[21] OCIMF. Recommendations for Oil Tanker Manifolds and Associated Equipment.
[22] OCIMF. SIRE Harmonized Vessel Particulars Questionaire, 2008.
[23] ICS, OCIMF. Guidance Manual for the Inspection & Condition Assessment of Tanker Structure, 1997.
[24] UK MCA. Code of Safe Working Practices for Merchant Seamen.